U0493782

◆『十三五』国家重点出版物出版规划项目

◆2020年度民族文字出版专项资金资助项目

◆国家社会科学基金重大项目『西南少数民族医药文献数据库建设及相关专题研究』(项目编号:16ZDA238)成果

◆降拥四郎全国名老中医药专家传承工作室学术成果

基于数据库建设的中国西南少数民族医药文献抢救与整理丛书

南派藏医药文献书目提要

主编 降拥四郎

西南交通大学出版社
·成都·

图书在版编目（CIP）数据

南派藏医药文献书目提要 / 降拥四郎主编. -- 成都：西南交通大学出版社，2025.5
（基于数据库建设的中国西南少数民族医药文献抢救与整理丛书）
“十三五”国家重点出版物出版规划项目 2020 年度民族文字出版专项资金资助项目
ISBN 978-7-5643-9737-1

Ⅰ. ①南… Ⅱ. ①降… Ⅲ. ①藏医－医学文献－图书目录－中国 Ⅳ. ①Z88：R291.4

中国国家版本馆 CIP 数据核字（2024）第 029469 号

基于数据库建设的中国西南少数民族医药文献抢救与整理丛书
“十三五”国家重点出版物出版规划项目
2020 年度民族文字出版专项资金资助项目

Nanpai Zangyiyao Wenxian Shumu Tiyao
南派藏医药文献书目提要

主编 降拥四郎

策划编辑 / 吴 迪 郑丽娟 姜远平
责任编辑 / 吴启威
责任校对 / 左凌涛
封面设计 / 曹天擎

西南交通大学出版社出版发行
（四川省成都市金牛区二环路北一段 111 号西南交通大学创新大厦 21 楼 610031）
营销部电话：028-87600564 028-87600533
网址：https://www.xnjdcbs.com
印刷：四川玖艺呈现印刷有限公司

成品尺寸 185 mm × 260 mm
印张 38.75 字数 742 千
版次 2025 年 5 月第 1 版 印次 2025 年 5 月第 1 次

书号 ISBN 978-7-5643-9737-1
定价 198.00 元

基于数据库建设的中国西南少数民族医药文献抢救与整理丛书

编写委员会

顾　问：	忠登郎加	土登彭措	达　娃
	华尔江	邓　都	杨宝寿
主　任：	张　艺	降拥四郎	赖先荣
	郭世民	袁涛忠	
委　员：	梁志庆	曾商禹	泽翁拥忠
	刚焕晨雷	岩温龙	普元柱
	冯兹阁	刘建勤	德　洛
	谭　荣	佟　枫	王　张
主　编：	张　艺	降拥四郎	赖先荣
	郭世民	梁志庆	
副主编：	袁涛忠	谭　荣	曾商禹
	泽翁拥忠	刚焕晨雷	德　洛
	普元柱	冯兹阁	刘建勤
	岩温龙		
编　委：	扎西卓玛	扎西革白	木吉南克尖参
	丹珍措	旦真吉	白　马
	尕让卓玛	尕藏措	西绕燃智
	杨昌东知	何鹏飞	邹璟琳
	沈宇明	拉　姆	罗日准
	金　锦	郎卡益珍	俞永琼
	索南卓玛	夏刀才让	桑吉康卓
	塔洼机	甲巴拉则	高　敏
	林艳芳	倪　凯	才让吉
	达瓦罗布	仁真降措	曲英卓玛
审　校：	忠登郎加	邓　都	华尔江
	更藏加	王天虹	俞　佳
	张　丹	邝婷婷	

《南派藏医药文献书目提要》编写委员会

顾　　问：忠登郎加　　邓　都　　华尔江

主　　编：降拥四郎

副 主 编：泽翁拥忠　　刚焕晨雷　　德　洛

秘　　书：夏刀才让

编　　委：（以姓氏笔画为序）

才让吉	扎西卓玛	扎西革白	扎西央宗
木吉南克尖参	丹珍措	仁真降措	旦真吉
白　马	尕让卓玛	尕藏措	西绕燃智
刚焕晨雷	曲英卓玛	达瓦罗布	杨昌东知
邹璟琳	拉　姆	拉目才让	罗日准
泽邓叶西	泽翁拥忠	郎　巴	郎卡益珍
卓格措	俄松措	索南卓玛	索郎王曲
夏刀才让	桑吉康卓	塔洼机	德　洛

审稿人员：（藏文版）

忠登郎加　　邓　都　　华尔江　　更藏加

（汉文版）

张　丹　　王天虹　　俞　佳　　邝婷婷

总序

Foreword

我国是全国各族人民共同缔造的统一的多民族国家，少数民族医药作为我国传统医药体系中不可或缺的部分，几千年来积累了数量庞大的古籍文献。近年来，我国政府对古籍文献的保护和整理工作极为重视，在国务院及国家行政部门支持下，民族医药发展受到高度重视。2022年，中共中央办公厅、国务院办公厅联合印发的《关于推进新时代古籍工作的意见》着重指明了少数民族古籍工作的重要性，提出“推动少数民族文字古籍文献的抢救保护”“围绕铸牢中华民族共同体意识，深入整理反映各民族交往交流交融历史的古籍文献，挖掘弘扬蕴含其中的民族团结进步思想，引导各族群众树立正确的中华民族历史观”等重要指导意见。

2018年，中国申报的“藏医药浴法——中国藏族有关生命健康和疾病防治的知识和实践”被列入联合国教科文组织人类非物质文化遗产代表作名录。同年，由国家档案局组织申报、现保存于西藏自治区藏医院的藏医药学巨著《四部医典》被选入《世界记忆亚太地区名录》，并在2023年成功入选《世界记忆名录》，标志着我国的民族医药成功走向世界。作为民族医药文化的重要载体，古籍文献的发掘整理成为传承和创新民族医药的重要资源。藏医药的拉萨北派藏医水银洗炼法、仁青常觉配伍技艺、甘孜州南派藏医药，苗医药的骨伤蛇伤疗法、九节茶药制作工艺等，彝医药的彝医水膏药疗法、拨云锭制作技艺等，傣医药的睡药疗法等大量民族医药技艺入选国家级非物质文化遗产代表性项目名录，标志着民族医药在古籍文献、原创理论、适宜技术、特色药物、成方制剂、经方验方，以及口碑医药史料等方面取得了一定成果，基本复原了藏、苗、彝、傣等民族医药文化的原貌。

本丛书基于以上民族医药发展背景而成，作为2016年申报批准的国家社会科学基金重大项目“西南少数民族医药文献数据库建设及相关专题研究”（批准号：16ZDA238）的重要成果之一。丛书同时入选了“十三五”国家重点出版物出版规划项目、2020年度民族文字出版专项资金资助项目。编写组按计划完成了资料搜集工作与实地调研，通过文献收集、田野调查等方式，对藏、苗、侗、彝、傣、壮、土家、纳西等民族的医药古籍和现代文献、原创理论、适宜技术、经方验方、成方制剂等文本，以及口碑医药素材和音视频多媒体资料等进行收集整理，调研地点包括藏、傣、苗、壮、彝、侗、土家、纳西等少数民族聚居区以及北京、上海等全国信息技术中心、图书馆等，进行了实地调研、考察和学习，最终完成了南派藏医药、彝医药、纳西医药、傣医药等“基于数据库建设的中国西南少数民族医药文献抢救与整理丛书”五册，分别为：《南派藏医药文献书目提要》《彝医药文献书目提要》《纳西医药文献书目提要》《傣医药文献书目提要》《喀斯特地区少数民族医药文献书目提要》，共搜集相关书籍800余种。其中南派藏医药、彝医药、傣医药均为汉文、民族文字双语版本，包括了藏文、傣文、彝文等医药古籍、经卷、图画、现代书籍等形式。

本丛书包含了藏医药、傣医药、彝医药、苗医药、土家医药、侗医药等内容，具有分布地域典型性，民族文化多样性，内容资料系统性、翔实性，文献评述客观性等鲜明的特色。本丛书的出版是第一次以西南少数民族医药文献作为整体并探索其融合交流，以严谨的科学态度挖掘了西南地区的少数民族医药文献历史和文化交流史，体现了中华民族命运共同体的价值观和文化观，具有人文史料价值、传统文化价值、医药实用价值、潜在经济价值、民族凝聚价值等，以及较高的学术研究价值和现实参考价值，有力地促进了西南少数民族医药文献的保护、传承和创新。

本丛书收集的西南少数民族医药文献资源能够有效促进民族医药理论、文化、药物、诊疗技术等的保护与传承，能够促进民族医药数据的深入挖掘以及数字化信息平台的建设，使其规范化、公开化，从而得到有效利用。同时，也能促进西南不同少数民族医药学科之间的交叉对比，以分析它们之间的关联性、差异性，以此促进民族医药的发展和创新。

本丛书尽可能地收集了西南地区少数民族的医药古籍和现代文献，包括木刻版、手抄本、印刷长条书、经书手稿等，但是对一些珍贵的遗散在民间的古籍文献及民间藏本、抄本的收集整理仍显不足，仍待我们今后继续深入挖掘。基于本丛书内容，项目组采用了数据库构建设计、数据挖掘和GIS可视化显示技术等方法，构建了西南少数民族医药数字化平台，并上升到文化价值高度，为民族医药文献的抢救性发掘和传承创新提供了多学科新理论和新方法。

本丛书的出版得益于国家社会科学基金重大项目承担单位成都中医药大学的牵头规划，得到了西南民族大学、云南省中医中药研究院、贵州黔东南民族医药研究院、贵州中医药大学、云南中医药大学等民族医药兄弟院所的科研工作者的大力支持，初步探索了西南少数民族医药及其文献的相互关系，为开展西南少数民族医药文化交流的内在联系研究提供了极其有益的、可资借鉴的示范研究模式和方法，同时，对推动中国少数民族医药的传承与发展也具有重要的理论价值和实践意义。

编写组

2023年12月

སྔོན་འགྲོའི་གཏམ།

རང་རྒྱལ་ནི་མི་རིགས་མང་ཞིང་ཤེས་རིག་དར་བའི་གནའ་བོའི་རྒྱལ་ཁབ་ཅིག་ཡིན་ཞིང་། དེར་ལོ་རྒྱུས་ཡུན་རིང་ལྡན་པ་དང་ཕུན་སུམ་ཚོགས་པའི་མི་རིགས་ཁག་གི་འོད་སྣང་འབར་བའི་རིག་གནས་ཡོད་ལ། དེའི་ནང་ནས་བོད་མི་རིགས་ཀྱི་ཕུལ་བྱུང་སྲོལ་རྒྱུན་རིག་གནས་ནི་ཀྲུང་ཧྭའི་རིག་གནས་དང་འཛམ་གླིང་རིག་གནས་བང་མཛོད་ཁྲོད་ཀྱི་འོད་མདངས་བཀྲ་བའི་ནོར་བུ་རིན་པོ་ཆེ་ལྟ་བུ་ཞིག་ཏུ་ཆགས་ཡོད།

བོད་ཀྱི་གསོ་བ་རིག་པ་ནི་ཀྲུང་ཧྭ་མི་རིགས་ཀྱི་སྲོལ་རྒྱུན་གསོ་རིག་བང་མཛོད་ནང་གི་གྲུབ་ཆ་གལ་ཆེན་ཞིག་ཡིན་ལ། འདི་ནི་བོད་མི་རིགས་ཀྱི་མེས་པོ་གོང་མ་རྣམས་ཀྱིས་གནའ་སྔ་རབས་ནས་བཟུང་གངས་ལྗོངས་ས་མཐོའི་ཐོག་གི་ནད་རིགས་སྣ་ཚོགས་ལ་འཐབ་རྩོད་ཞིབ་འཇུག་བྱས་པའི་ལག་ལེན་ནང་ཐོབ་པའི་ཉམས་མྱོང་ཕྱོགས་བསྡོམས་བྱས་ཤིང་བློ་གྲོས་ཀྱི་རྩལ་ལས་ཐོན་པའི་ཉིང་བཅུད་ཅིག་ཡིན་པ་མ་ཟད། དེར་ཐུན་མོང་མ་ཡིན་པའི་རིག་པའི་གཞུང་ལུགས་ཀྱི་མ་ལག་ཆ་ཚང་བ་དང་ནད་ཐོག་སྨན་བཅོས་ཀྱི་ཉམས་མྱོང་ཕུན་སུམ་ཚོགས་པོ་ཡོད་པས། མི་རིགས་རང་ཉིད་ཙམ་དུ་མ་ཟད་སྤུན་ཟླའི་མི་རིགས་གཞན་དག་གི་རིགས་རྒྱུད་སྤེལ་འཛིན་དང་། ལུས་ཁམས་བདེ་སྲུང་། ནད་རིགས་འགོག་བཅོས་སོགས་ཀྱི་ཐད་ལ་བསུབ་ཐབས་མེད་པའི་མཛད་རྗེས་རླབས་ཆེན་བཞག་ཡོད། ད་ལྟའང་སྔར་བཞིན་ཀྲུང་ཧྭ་མི་རིགས་ཀྱི་རྩ་ཆེན་གྱི་རྒྱུ་ནོར་ཞིག་ཡིན་པའི་ངོས་ནས་རང་རྒྱལ་གྱི་དེང་རབས་སྨན་བཅོས་འཕྲོད་བསྟེན་གྱི་བྱ་གཞག་ཁྲོད་དུ་ནུས་པ་གལ་ཆེན་བཏོན་དང་འདོན་མུས་སུ་མཆིས།

བོད་ལུགས་གསོ་རིག་གི་ལོ་རྒྱུས་ནི་སྤྱི་ལོའི་སྔོན་གྱི་དཔལ་ཡོན་ལྡན་པའི་ཞང་ཞུང་རྒྱལ་རབས་ཀྱི་དུས་ནས་འགོ་བཙམས་ཏེ། སྤུ་རྒྱལ་བཙན་པོའི་རྒྱལ་རབས་སུ་རྒྱུད་འཛིན་དང་འཕེལ་རྒྱས་བཏང་ནས་ད་བར་ལོ་ངོ་སུམ་སྟོང་བརྒྱད་བརྒྱ་ལྷག་གི་ལོ་རྒྱུས་ལྡན་ཡོད། དེ་ཡང་ལོ་རྒྱུས་འཕེལ་རྒྱས་འགྲོ་བའི་བརྒྱུད་རིམ་ནང་རང་རེའི་བོད་ཀྱི་མེས་པོ་ཚོས་མཚོ་བོད་ས་མཐོའི་རང་བྱུང་ཁོར་ཡུག་ཁྲོད་དུ་ནད་རིགས་སྣ་ཚོགས་གདོང་ལེན་བྱས་ནས་དང་ཐོག་སྙེས་དཔང་གི་བཀོལ་སྤྱོད་བཏང་བ་ནས་ཉམས་མྱོང་གསོག་འཇོག་གི་བར་དང་། ངག་ཐོག་ཏུ་སྒྲོག་པ་ནས་ཡིག་ཐོག་ཏུ་བཀོད་པའི་བར། མེད་པ་ནས་ཡོད་པའི་བར། གནའ་ནས་ད་བར་བརྒྱུད་ནས་རིག་གཞུང་གི་རྨང་གཞི་གྲུབ་པའི་ཐོག་ད་དུང་རྒྱ་ནག་དང་། རྒྱ་གར། ཏ་ཟིག་སོགས་རྒྱལ་ཕྱི་ནང་གི་སྔོན་ཐོན་གསོ་རིག་གི་ཤེས་བྱའི་སྙིང་བཅུད་བསྡུ་ལེན་བྱས་ཏེ་རྒྱུན་ཆད་མེད་པར་རྒྱ་ཆེ་ཆེར་དང་འཕྲུས་ཇེ་ཚང་དུ་བཏང་ནས་མཐར་དཔལ་ལྡན་གསོ་རིག་རྒྱུད་བཞི་དང་། སྨན་དཔྱད

ཐླ་བའི་རྒྱལ་པོ། ཤེལ་གོང་ཐྲེང་སོགས་བོད་གངས་ཅན་གྱི་ཡུལ་དུ་ཁྱད་དུ་འཕགས་པའི་གསོ་རིག་གི་བསྟན་བཅོས་མང་པོ་བརྩམས་ནས་འགྲོ་བ་ཀུན་གྱི་བསོད་ནམས་ཀྱི་བགོ་སྐལ་དུ་རིན་ཐང་བྲལ་བའི་ཡིད་བཞིན་གྱི་ནོར་བུ་གཟི་འོད་འབར་བའི་ལམ་སྟོན་གྱི་སྒྲོན་མེ་ལྟ་བུ་ཞིག་ཏུ་གྱུར་ཡོད།

བོད་ཀྱི་གསོ་བ་རིག་པའི་སྨན་བཅོས་ལག་ལེན་འཕེལ་རྒྱས་ཕྱིན་པ་དང་ཆབས་ཅིག་དུས་རབས་བཅོ་ལྔ་པ་ནས་བཟུང་བོད་ཀྱི་གསོ་བ་རིག་པ་དེ་བྱང་ལུགས་དང་ཟུར་ལུགས་ཀྱི་སྲོལ་ལུགས་ཆེན་པོ་གཉིས་རིམ་བཞིན་བྱུང་ཡོད་དེ། དེ་ཡང་བྱང་ལུགས་ཞེས་པ་ནི་དུས་རབས་བཅུ་བཞི་པའི་ནང་འགོ་ཚུགས་ཏེ་གཙང་ངམ་རིང་གི་ཁུལ་ལྷེ་བ་བྱས་པའི་གཙང་སྟོད་བྱང་གི་ས་ཁོངས་སུ་བོད་ལུགས་སྨན་པའི་རྒྱུད་པ་ཟམ་མི་ཆད་པར་བྱུང་བའི་ལུགས་ཆེན་པོ་ཞིག་ཡིན། བྱང་ལུགས་ཀྱི་ཐོག་མའི་སྲོལ་གཏོད་པ་པོ་ནི་བྱང་པ་རྣམ་རྒྱལ་གྲགས་བཟང་ཞུ་བ་དེ་ཡིན་ལ། དེ་ལས་མཆེད་པའི་རྒྱུད་པ་ནི་མཆོག་ཉིད་ཀྱི་དངོས་སློབ་མཆོག་གྱུར་མིའི་ཉི་མ་མཐོང་བ་དོན་ལྡན་ཞུ་བས་མཚོན་ལྷུན་གླིངས་པའི་གདུང་རྒྱུད་དང་། གོང་སྨན་པའི་གདུང་རྒྱུད་རྣམས་ཡིན་ཞིང་། ཁོང་རྣམ་པས་རྒྱུད་ཀྱི་དགོངས་པའི་འགྲེལ་ལུགས་དང་། སྨན་དཔྱད་བྱ་ཐབས་གང་ཐད་གཙང་སྟོད་བྱང་ངོས་ཀྱི་ས་བབས་དང་། གནམ་གཤིས། འཚོ་བ་སྤྱོད་སྟངས་སོགས་ཀྱི་ཁྱད་ཆོས་དངོས་དང་བསྟུན་ནས་ཡུན་རིང་ལག་ལེན་གནང་བའི་ཉམས་མྱོང་རྣམས་ཕྱོགས་བསྒྲོམས་ཀྱིས་གཞུང་འགྲེལ་བརྩམས་པ་དང་། སྨན་སྦྱོར་གསར་བཟོ། སྨན་རྫས་ངོས་འཛིན་བྱེད་པ་སོགས་རང་གི་ཐུན་མོང་མ་ཡིན་པའི་ཁྱད་ཆོས་ལ་བརྟེན་ནས་གཙང་སྟོད་བྱང་གི་ཕྱོགས་སུ་བོད་ལུགས་གསོ་རིག་གི་བསྟན་པ་རྒྱ་ཆེར་སྤེལ་ནས་དཔལ་ལྡན་བྱང་ལུགས་ཞེས་པའི་སྲོལ་ཆེན་དེ་ཉིད་གཏོད་པར་མཛད། བྱང་ཞེས་པ་ནི་ས་ཁད་མཐོ་ཞིང་གྲང་ངར་ཆེ་བའི་ཡུལ་ཏེ་རྒྱ་མཚོའི་ངོས་ལས་སྨི་བཞི་སྟོང་ཡན་གྱི་ས་ལ་ཁྱབ་ཆེ་བར་ཡོད་ལ། གནས་དེར་འབྲོག་ལས་གཙོ་བོ་གཉེར་གྱི་ཡོད་པས་ཁུལ་དེ་ལ་གནས་བཅའ་བའི་མི་རྣམས་ཀྱི་འཚོ་བའི་གོམས་གཤིས་སུ་ཤ་མར་སོགས་སྣུམ་ཆོལ་ཆེ་བའི་ཁ་ཟས་ལ་ལོངས་སྤྱོད་པ་ཤས་ཆེ་ཞིང་། སྨན་རྫས་ཀྱི་ཐོན་ཁུངས་ལ་འབྱོང་དང་། རྐྱང་། གཉན། དགོ་བ་སོགས་སྲོག་ཆགས་རིགས་དང་། བྱ་ཐོད་སུག་པ་དང་། ཧོང་ལེན། རེ་སྐོན་རྩི་དམར་སོགས་སྐྱེ་དངོས་རིགས་དང་། ལྕགས་རྡོ་དང་། དངུལ་རྡོ། ཟངས་རྡོ་སོགས་གཏེར་དངོས་ལས་བྱུང་བའི་སྨན་རྫས་ཀྱི་ཐོན་ཁུངས་ལེགས་པོ་ཡོད་ཅིང་།ས་བབ་མཐོ་བ་དང་མཁའ་རླུང་དཀོན་པའི་རྐྱེན་གྱིས་རླུང་ནད་དང་ཁྲག་རླུང་མཐོ་བའི་ནད་ཐོག་སྣ་པོ་ཡོད་པས། སྨན་སྦྱོར་ཐད་སྟོད་ལུགས་སྤང་རྩེ་བཅུ་གཉིས་དང་། བྱང་ལུགས་སེ་འབྲུ་བཅུ་གསུམ་ལ་སོགས་ཐུན་མོང་མ་ཡིན་པའི་སྦྱོར་བ་མི་འདྲ་བ་གསར་གཏོད་མཛད་ཡོད་ལ། ནད་གཞིའི་གནས་ཚུལ་མི་འདྲ་བར་བསྟོས་ནས་སྨན་སྦྱོར་བཟོ་ཚུལ་གྱི་ལག་ལེན་ཡང་མི་འདྲ་བ་ཡོད། བྱང་ལུགས་ཀྱི་བསྟན་བཅོས་དཔེར་ན། བྱང་པ་རྣམ་རྒྱལ་གྲགས་བཟང་གི་བཤད་རྒྱུད་ཀྱི་འགྲེལ་བ་བདུད་རྩིའི་རྒྱུན་དང་། མིའི་ཉི་མའི་རྒྱུད་བཞིའི་འགྲེལ་བ་བཀོད་པ་རྣམ་བཞི། བྱང་པ་བཀྲ་ཤིས་དཔལ་བཟང་གི་ཕྱི་རྒྱུད་འགྲེལ་བ་

དགོས་འདོད་འབྱུང་བ་རིན་པོ་ཆེའི་མཛོད་ལ་སོགས་རྒྱུད་འགྲེལ་དང་། ནད་ཐོག་སྨན་རྫས་སོགས་ཀྱི་བསྟན་བཅོས་མི་ཉུང་བ་མཛད་ཅིང་། དེ་དག་གི་དམིགས་བསལ་ཁྱད་ཆོས་ནི་སྔ་རབས་ཀྱི་འགྲེལ་བ་གང་ལས་ཀྱང་བརྗོད་དོན་གསལ་ཞིང་རྒྱུད་ཀྱི་གནད་མ་ལུས་པ་ཕྱག་པར་བཀྲོལ་བའི་དགེ་མཚན་ཁྱད་འཕགས་ལྡན་ལ། གཞུང་ཡོངས་ལ་སྨན་དཔྱད་ཡན་ལག་བརྒྱད་པ་དང་། འགྲེལ་པ་ཟླ་ཟེར་སོགས་ལས་ལུང་གང་ལ་གང་འཚམ་གྱིས་དྲངས་ཡོད། ཕྱག་པར་དུ་རང་གི་འཚོ་བའི་ཁོར་ཡུག་དང་ཉམས་བཞེད་ཐུན་མོང་མ་ཡིན་པ་རྣམས་དང་། རྒྱུད་ཀྱི་གནད་འཕྲང་འགའི་བློ་སྐྱེས་དང་། སྨན་རྫས་དུ་མའི་ངོས་འཛིན་སོགས་བརྗོད་བྱ་ཕུན་སུམ་ཚོགས་པོ་ཡོད་པ་བཅས་མདོར་ན་བྱང་ལུགས་ཀྱི་བཞེད་པ་རྣམས་མི་ཉམས་པར་དར་ཞིང་རྒྱས་པར་མཛད་ཡོད།

བྱང་ལུགས་ཞེས་པ་ནི་དུས་རབས་བཅོ་ལྔ་པ་ནས་འགོ་ཚུགས་པའི་བོད་ཀྱི་ལྷོ་ཕྱོགས་ལ་ཐོག་བྱང་མཁར་ལྷེ་བ་བྱས་པའི་དྭགས་ཀོང་གཙོ་གྱུར་གྱི་ས་ཁོངས་སུ་བོད་ལུགས་སྨན་པའི་རྒྱུད་པ་ཟམ་མ་ཆད་པར་བྱུང་བའི་ལུགས་ཆེན་པོ་ཞིག་ཡིན། བྱང་ལུགས་འདིའི་ཐོག་མའི་སྲོལ་གཏོད་པ་པོ་ནི་བྱང་མཁར་མཉམ་ཉིད་རྡོ་རྗེ་ཞེས་ཞུ་བ་ཡིན་ལ། ཁོང་དགུང་ལོ་༡༧ཙམ་ལས་མ་བཞུགས་ཀྱང་མཚན་གྱི་སྙན་གྲགས་ས་གསུམ་འགེངས་པར་བྱེད་པའི་སྐྱེས་བུ་དམ་པ་ཞིག་ཡིན། ཁོང་ལས་བརྒྱུད་པའི་མཚན་ལྡན་གྱི་དངོས་སློབ་བཞིས་མཆོན་པ་རིམ་བཞིན་བྱང་མཁར་བློ་གྲོས་རྒྱལ་པོ་ལ་སོགས་ཡང་སློབ་དང་། འབྲི་གུང་ཆོས་གྲགས་སོགས་འབྲི་གུང་པའི་གདུང་རྒྱུད་རྣམས་ཡིན་ཞིང་། ཁོང་རྣམ་པའི་རྒྱུད་ཀྱི་དགོངས་པའི་འགྲེལ་ལུགས་དང་། སྨན་དཔྱད་བྱ་ཐབས་སོགས་ནི་བོད་ལྷོ་རོང་ཁུལ་གྱི་ས་བབས་དང་། གནམ་གཤིས། འཚོ་བ་སྐྱོད་སྟངས་སོགས་ཚ་ཁུལ་གྱི་ཁྱད་ཆོས་དངོས་དང་བསྟུན་ནས་སྨན་རྫས་ཁག་གི་རོ་ནུས་ཞུ་རྗེས་ངོ་བོ་ངེས་ཚིག་བྱེད་ལས་རྣམས་གཏན་ལ་ཕབ་པ་དང་། བསྟན་བཅོས་འཆད་སྤེལ། སྨན་ངོ་སྦྱོད་པ་སོགས་མདོར་ན་རང་གི་ཐུན་མོང་མ་ཡིན་པའི་ཁྱད་ཆོས་ལ་བརྟེན་ཏེ་ལྷོ་རོང་རྒྱུད་དུ་བོད་ལུགས་གསོ་རིག་གི་དབང་ལུང་ཁྲིད་གསུམ་རྒྱ་ཆེར་སྤེལ་ཏེ་དཔལ་ལྡན་བྱང་ལུགས་ཞེས་པའི་སྲོལ་ཆེན་དེ་ཉིད་བཏོད་པར་མཛད། བྱང་པ་ཞེས་པ་ནི་ས་ཁད་དམའ་ཞིང་ཚ་དྲོད་ཆེ་བའི་ཡུལ་ཏེ།རྒྱ་མཚོའི་ངོས་ལས་སྤྱི་བཞི་སྟོང་མན་གྱི་ས་ལ་ཁྱབ་ཆེ་བར་ཡོད་ལ། དཔེར་ན། སྤང་ལྗོང་ནི་ས་རྒྱ་ཆེ་ལ་གསོང་ལུང་སྟར་སྒྲིག་ཏུ་གནས་པ། ས་རྒྱུ་བཞའ་ཚན་ཆེ་བས་ཤིང་སྣ་མང་ཞིང་སྐྱེ་དངོས་ཕུན་སུམ་ཚོགས་པ་བཅས་ཀྱིས་འབྲུ་རིགས་འདེབས་འཛུགས་བྱ་རྒྱུ་གཙོ་བོར་གཉེར་བས་ཁུལ་དེ་དག་ལ་གནས་བཅའ་བའི་མི་རྣམས་ཀྱི་འཚོ་བའི་གོམས་གཤིས་ཀྱང་སྐྱེ་དངོས་ལས་བྱུང་བའི་བཟའ་བཅའི་རིགས་ལ་ལོངས་སྤྱོད་པ་ཤས་ཆེ་བས། སྨན་རྫས་ཀྱི་ཐོན་ཁུངས་ནི། ནེ་ཙོ་དང་། འཇོལ་མོ། སྟག གཟིག དོམ། དྲེད་སོགས་སྲོག་ཆགས་ཀྱི་རིགས་དང་། དབྱི་མོང་དཀར་པོ་དང་། ཤ་སྐྱི། ཤུ་དག དབང་ལག་སོགས་རྩི་སྨན་རིགས་ཀྱི་ཐོན་ཁུངས་བཟང་པོ་ཡོད་ལ། ནད་གཞིའི་ཐད་ས་བབ་དམའ་སར་བད་ཀན་ལས་གྱུར་པའི་ནད་མང་ཆེ་བ་ཐོག་སླ་བས། དེ་ལ་བརྟེན་པའི་སྨན་སྦྱོར་བྱང་ལུགས་ཟླ་

ཤེལ་ཆེན་མོ་དང་། དྭགས་སྨན་བཅོ་ལྔ། ཟླ་ཤེལ་བདུད་རྩི་མ་སོགས་བད་ཀན་ནད་རིགས་ལ་ཕན་མིན་ཁྲིད་ནུས་ལྡན་པའི་སྨན་སྦྱོར་ཡང་མི་ཉུང་བ་ཡོད། ནད་རིགས་མི་འདྲ་བར་གཞིགས་ནས་སྨན་རྫས་སྦྱོར་བཟོའི་ལག་ལེན་ཡང་མི་འདྲ་བ་ཡོད། ཟུར་ལུགས་ལ་བསྟན་བཅོས་དཔེར་ན། ཟུར་བས་མཛད་པའི་བྱེ་བ་རིང་བསྲེལ་དང་། རོ་སྙོར་ལྷུགས་ཀྱི་ཕྲེང་བ། རིན་ཆེན་འབྲུངས་དཔེའམ་སྨན་ངོ་གསལ་བྱེད། སྐྱེམས་པ་ཚེ་དབང་གི་རྒྱུད་བཞིའི་རྣམ་བཤད། ཟུར་མཁར་བློ་གྲོས་རྒྱལ་པོའི་སྨན་གྱི་རོ་ནུས་ཞུ་རྗེས་ཀྱི་རེའུ་མིག མཚོ་སྨད་མཁན་ཆེན་གྱི་ཕྱི་རྒྱུད་འགྲེལ་བ་དཀའ་གནད་གསལ་སྒྲོན་སོགས་རྒྱུད་འགྲེལ་དང་ནད་ཐོག་སྨན་རྫས་ཀྱི་ནང་དོན་ཕུན་སུམ་ཚོགས་ལ་རྒྱས་བསྡུས་སྣ་ཚོགས་མཛད་ཡོད་པ་དེ་དག་གི་དམིགས་བསལ་ཁྱད་ཆོས་ནི་གསོ་རིག་གི་བསྟན་པ་རྒྱས་པ་ལ་དགོངས་ནས་མ་དག་པའི་རང་བཞིན་རྣམས་སུན་དབྱུང་དང་། དགོངས་གཞི་དགོས་པ། དངོས་བསྟན་ཤུགས་བསྟན། ཕྱིར་བཏང་དམིགས་བསལ། ཚིག་དོན་མ་ལུས་པ་སོ་སོར་གསལ་ཞིང་རྟོགས་སླ་བར་ལུང་རིགས་སྦྱོང་བ་རྣམ་པར་དག་པའི་སྒོ་ནས་གཏན་འབེབས་མཛད་དེ་དཔལ་ལྡན་ཟུར་ལུགས་པའི་སྲོལ་རྒྱུན་མི་ཉམས་དར་ཞིང་རྒྱས་པར་མཛད་ཡོད།

མདོར་ན་བྱང་ལུགས་ཀྱི་རྒྱུད་པ་རྣམས་ནི་གཙོ་བོ་རིག་པའི་གཞུང་ལུགས་ཞིབ་འཇུག་དང་། ཉམས་སྦྱོང་རྩོམ་སྒྲིག རྩོད་གླེང་འགྲེལ་བཤད་སོགས་ལ་ཁྱད་པར་དུ་མཁས་པ་དང་། ཟུར་ལུགས་ཀྱི་རྒྱུད་པ་རྣམས་ནི་གཙོ་བོ་ནད་ཐོག་ལག་ལེན་དང་། སྨན་རྫས་སྡེབ་སྦྱོར་སོགས་ལག་ལེན་ནུས་རྩལ་བཀོལ་སྤྱོད་ཐད་ལ་མཁས་པར་འདུག བྱང་ཟུར་ལུགས་གཉིས་ཀྱིས་ཕན་ཚུན་བར་རིག་གཞུང་འགྲན་གླེང་སོགས་ཀྱིས་བོད་ལུགས་གསོ་རིག་རྒྱུད་འཛིན་དང་འཕེལ་རྒྱས་ལ་སྐུལ་འདེད་དང་ནུས་པ་ཟླ་ཕྲག་ཏུ་བཏོན་ཡོད།

དུས་རབས་བཅུ་བདུན་པ་དང་བཅོ་བརྒྱད་པའི་སྐབས་ནི་བོད་ལུགས་གསོ་རིག་མདོ་ཁམས་ས་ཁུལ་དུ་རིམ་བཞིན་དར་རྒྱས་འགྲོ་བའི་དུས་སྐབས་ཤིག་སྟེ། དུས་སྐབས་དེ་མདོ་ཁམས་ས་ཁུལ་དུ་ཤུགས་རྐྱེན་ཆེ་བའི་བོད་ལུགས་གསོ་རིག་མཁས་དབང་ཁག་གཅིག་བྱོན་སྦྱོང་ཡོད་ཅིང་། དཔེར་ན་ལ་སི་ཏུ་ཆོས་ཀྱི་འབྱུང་གནས་དང་། ལ་དེའུ་དམར་དགེ་བཤེས་བསྟན་འཛིན་ཕུན་ཚོགས། ལ་ཀརྨ་ངེས་ལེགས་བསྟན་འཛིན། ལ་ཀརྨ་ངེས་དོན་བསྟན་འཛིན་འཕྲིན་ལས་རབ་རྒྱས་སོགས་དང་། ཉེ་དུས་སུ་འབྲུངས་པའི་ངེས་དོན་གྱི་པཎྜི་ཏ་ཆེན་མོ་མཁན་ཆེན་ཁྲོ་རུ་ཚེ་རྣམ་རིན་པོ་ཆེ་སོགས་བསྟན་འཛིན་གྱི་སྐྱེས་བུ་དམ་པ་མང་པོ་འགྲོ་བའི་དོན་དུ་རྒྱུན་མི་ཆད་པར་བྱོན་ཏེ་ཕྱི་ཤེས་བྱ་གཞུང་གི་སྐོར་དང་། ནང་གདམས་པ་དོན་གྱི་སྐོར། གསང་བ་ལག་ལེན་དམར་ཁྲིད་ཀྱི་སྐོར། ཡང་གསང་ཉམས་སྦྱོང་ཐབས་ཀྱི་སྐོར་སོགས་གསོ་རིག་གི་བསྟན་བཅོས་བསམ་གྱིས་མི་ཁྱབ་པ་མཛད་དེ་ཕྱི་རབས་པ་རྣམས་ལ་ཁྱད་དུ་འཕགས་པའི་གཅེས་ནོར་བཞག་ཡོད། དེ་ཡང་དཔེར་ན་མཁས་པའི་དབང་པོ་དེའུ་དམར་བསྟན་འཛིན་ཕུན་ཚོགས་ཀྱིས་རྩོམ་པར་མཛད་པའི་སྨན་རྫས་རིག་པའི་སྐོར་དྲི་མེད་ཤེལ་གོང་ཤེལ་ཕྲེང་འདི་ཉིད་ཕྱོགས་བརྒྱུད་ཚུལ་དུ་བྱུང་བའི་ཡིད་འཕྲོག་སྐད་གྲགས་ཅན་ཞིག་

ཡིན་ལ། དཔེ་ཆ་འདིའི་ནང་གཙོ་བོ་སྐྱེ་དངོས་དང་། སྲོག་ཆགས། གཏེར་རྫོའི་སྨན་མཐའ་དག་གི་རོ་ནུས་དང་རང་བཞིན། མངོན་བརྗོད། འབྱུངས་དཔེ་སོགས་ཞིབ་རྒྱས་སུ་བཀོད་ཡོད་ལ། སྨན་རྫས་རྣམས་སྡེ་ཚན་བཅུ་གསུམ་དུ་ཕྱེ་ནས་བྱེ་བྲག་ནང་གསེས་ལ་རྩ་བའི་སྨན་རིགས་རྣམ་གྲངས་ཆིག་སྟོང་ཆིག་བརྒྱ་དོན་དྲུག་དང་། ནང་ཚན་རིགས་དབྱེའི་རྣམ་གྲངས་ཉིས་སྟོང་ཉིས་བརྒྱ་གོ་བཞི་ཡོད་པ་སྔོ་འབུམ་ནང་གི་རྒྱས་ཤོས་ཤིག་ཡིན། དྲི་མེད་ཤེལ་ཕྲེང་ནང་འཁོད་པའི་སྨན་གྱི་ངོས་འཛིན་དང་རྒྱས་བཤད་འབྱུངས་དཔེ་སོགས་བོད་ལྗོངས་ཙམ་མ་ཟད། མཚོ་སྔོན་དང་། ཀན་སུའུ། སི་ཁྲོན། ཡུན་ནན། ནང་སོག་བཅས་ཀྱི་སྨན་པ་ཚོའི་ཞིབ་འཇུག་ལག་ལེན་གྱི་གཞི་འཛིན་ས་དང་། ཚད་ལྡན་སྔོ་འབུམ་འབའ་ཞིག་ལ་བརྟེན་ནས་བེད་སྤྱོད་གནང་སྟེ་འགྲོ་དོན་རྒྱ་ཆེན་མཛད་བཞིན་ཡོད།

བོད་ལུགས་གསོ་རིག་གི་མཁས་དབང་གྲགས་ཅན་ཀརྨ་ངེས་དོན་བསྟན་འཛིན་འཕྲིན་ལས་རབ་རྒྱས་མཆོག་དགུང་ལོ་ཉི་ཤུར་སོན་སྐབས་འཆི་མེད་ནོར་བུའི་ཕྲེང་བ་ཞེས་པ་བྱུང་ཟུར་མཁས་པའི་མཛོད་ཀྱི་ཆེ་རྒྱ་ཡོངས་ཀྱི་དྲུང་འཚོ་བ་དག་གི་མན་ངག་ཉེར་མཁོ་གཅེས་སོ་འཚོལ་བསྡུ་གནང་ཞིང་བླ་མའི་མན་ངག་གིས་མཛེས་པར་བརྒྱན་པ་འདི་ཉིད་རྩོམ་འབྲི་གནང་ཡོད་པ་དང་། འཆི་མེད་ནོར་ཕྲེང་ནང་གི་སྨན་སྦྱོར་རྣམས་ནི་འགྲོ་ཁྱབ་ཆེ་ལ། ཕན་ནུས་ཁྱད་དུ་འཕགས་པ་ཤ་སྟག་ཡིན་སྟབས་ཐར་ནས་བཟུང་དབུས་གཙང་དང་། མདོ་ཁམས་སྟོད་སྨད་བཅས་ཀྱི་བོད་ལུགས་སྨན་པ་ཕལ་ཆེར་གྱིས་ནད་ཐོག་ཏུ་བཀོལ་སྤྱོད་བྱས་ཏེ་འགྲོ་བ་ནད་པའི་ཚེ་སྲོག་བསྐྱབས་དང་སྐྱོབ་བཞིན་པའོ།།

དེ་ཡང་ངེས་དོན་གྱི་པཎྜི་ཏ་ཆེན་མོ་ཁྲོ་རུ་ཚེ་རྣམ་རིན་པོ་ཆེ་མཆོག་གིས་བརྩམས་པར་གནང་བའི་རྒྱུད་བཞིའི་འགྲེལ་ཆེན་དྲང་སྲོང་དགྱེས་པའི་ཞལ་ལུང་ནི་སློབ་དཔོན་ཉིད་ཀྱི་རྣམ་དཔྱོད་ཀྱི་རྩལ་དང་། ཉམས་མྱོང་ཟབ་མོས་ལེགས་པར་བརྒྱན་ཏེ་ཆད་པ་གསབ། འཁྲུགས་པ་སྒྲིབས། གབ་པ་མངོན་དུ་བཏོན། ཐེ་ཚོམ་རྩད་ནས་ཕྱུངས་ཏེ། ཚན་རིག་གི་ལྟ་བ་དང་། རིག་གཞུང་གི་ལྟ་བ། དེང་དུས་ཀྱི་ལྟ་བ་མཚོན་པའི་སྒོ་ནས་རྒྱུད་ཀྱི་དངོས་བསྟན་དགོངས་དོན་གསལ་ཞིང་ཞིབ་པར་འགྲེལ་བཤད་བྱས་ཤིང་། འདི་ནི་འདས་པའི་ལོ་གྲངས་སུམ་བརྒྱའི་ནང་ཚུན་དུ་བྱུང་བའི་རྒྱུད་འགྲེལ་ཐམས་ཅད་ཀྱི་ནང་ནས་རྒྱས་ཤོས་དང་། དུས་རབས་ཉི་ཤུའི་དུས་མཇུག་དང་དུས་རབས་ཉེར་གཅིག་པའི་དུས་འགོར་བཞག་པའི་ རྣབས་ཆེན་གྱི་མཛད་རྗེས་ཆེ་ཤོས་ཤིག་ཡིན།།

བོད་ལུགས་གསོ་རིག་གི་གནའ་གཞུང་ཡིག་ཆ་སྡོག་འདོན་དང་། ཞིབ་འཇུག ལེགས་སྒྲིག དཔེ་སྐྲུན་བཅས་བྱ་རྒྱུ་ནི་བོད་ལུགས་གསོ་རིག་རྒྱུད་འཛིན་དང་དར་སྤེལ་གཏོང་བའི་ཐབས་ལམ་གལ་ཆེན་ཞིག་ཡིན་ལ། འགྲོ་བ་མིའི་བདེ་ཐང་གི་ཚད་གཞི་ཇེ་མཐོར་གཏོང་བ་དང་། ལུས་ཁམས་འཚོ་སྲུང་གི་ཞབས་ཞུའི་ཐབས་ལམ་སྣ་ཚོགས་འདོན་སྤེལ་གནང་སྟེ། འཕྲུལ་ཕྱུགས་གཉིས་ལ་ཕན་བདེ་འབྱུང་བའི་དགེ་བའི་བྱ་བ་བཟང་པོ་ཞིག་ཏུ་མཐོང་ནས་༢༠༢༠ལོར་ཁྲིན་ཏུའུ་ཀྲུང་ལུགས་གསོ་རིག་སློབ་གྲྭ་ཆེན་མོ་མི་རིགས་གསོ་རིག་སློབ་གླིང་གིས་ཟུར་ལུགས་གསོ་རིག་དཔེ་རྙིང་

ལེགས་སྒྲིག་ཚོ་ཆུང་ཞེས་པ་ཆེད་དུ་བཙུགས་ཏེ་ཞིབ་འཇུག་པ་ཀྲང་དབྱི་ལགས་ཀྱིས་འགན་ཁུར་དང་མི་སྣ་སྒྲིག་འཛུགས་གནང་སྟེ་མདོ་ཁམས་ས་ཁུལ་གཙོ་བོར་བཟུང་ཏེ་ཐེ་དགེ་དང་། ཆབ་མདོ། མགོ་ལོག་སོགས་ས་གནས་ཁག་ཏུ་རྟོག་ཞིབ་ལ་བསྐྱོད་ནས་ཟུར་ལུགས་གསོ་རིག་གི་དཔེ་སྙིང་འཚོལ་བསྡུ་བྱས་པར་གྲུབ་འབྲས་ངེས་ཅན་ཞིག་ཐོབ་ཡོད་པ་དང་དུས་མཚུངས་སུ་ད་དུང་ལས་གཞིའི་ཚོ་ཆུང་ལ་ལོ་དེར་སྟོ་ཉུབ་འགྲིམ་འགྲུལ་སློབ་ཆེན་དཔེ་སྐྲུན་ཁང་གིས་རྒྱབ་སྐྱོར་ཐོབ་ནས་གསོ་རིག་དཔེ་སྙིང་ཡིག་ཆ་ལེགས་སྒྲིག་ལས་གཞི་བདེ་བླག་ངང་སྤེལ་རྒྱུར་འགན་ལེན་བྱས་ཡོད།

ཐེངས་འདིར་པར་སྐྲུན་བྱས་པའི་《ཟུར་ལུགས་བོད་ལུགས་གསོ་རིག་གི་དཔེ་སྙིང་ཡིག་ཆའི་དཀར་ཆག་》ནང་གི་དཔེ་སྙིང་མང་ཆེ་བ་དགོན་པ་ཁག་དང་། དཔེ་མཛོད་ཁང་། དངོས་མང་བཤམས་སྟོན་ཁང་། སྨན་རྩིས་ཁང་། སློབ་གསོའི་སྡེ་ཁག དམངས་ཁྲོད་མི་སྒེར་བཅས་ཀྱི་ལག་ནས་འཚོལ་སྡུད་བྱས་ཤིང་། ལེགས་སྒྲིག་དང་རྩོམ་སྒྲིག་བྱས་པའི་བརྒྱུད་རིམ་ནང་ང་ཚོས་ད་དུང་མཚོ་སྔོན་ཞིང་ཆེན་བོད་ལུགས་གསོ་རིག་ཞིབ་འཇུག་ཁང་གིས་ལེགས་སྒྲིག་དང་པར་སྐྲུན་བྱས་པའི་བོད་ལུགས་གསོ་རིག་གི་གསུང་རབ་ཡིག་ཆ་ཕྱོགས་བསྡུས་བོད་ལུགས་གསོ་རིག་ཚིག་མཛོད་ཆེན་མོ་ཞེས་པ་དཔྱད་གཞིར་བཟུང་བ་དང་། གསོ་རིག་ཚིག་མཛོད་དེའི་ནང་ང་ཚོས་ཀྱང་རིན་ཐང་ལྡན་པའི་དཔྱད་གཞིའི་ཡིག་ཆ་མང་པོ་སྙེད་བྱུང་།

《ཟུར་ལུགས་བོད་ལུགས་གསོ་རིག་གི་དཔེ་སྙིང་ཡིག་ཆའི་དཀར་ཆག་》ནང་སྡུད་སྒྲིག་བགྱིས་པའི་གསོ་རིག་མཁས་དབང་རྣམས་ནི་ཟུར་ལུགས་གསོ་རིག་གི་ཡུལ་བྱུང་མི་སྣའི་མཚོན་བྱེད་ཁག་ཅིག་ཡིན་ལ། སྐྱེས་ཆེན་དམ་པ་ཁོང་རྣམས་ནི་མི་ཚེ་གང་བོར་མི་རིགས་གསོ་རིག་གི་བྱ་གཞག་གསར་གཏོད་མཛད་མཁན་ཤ་སྟག་ཡིན། འཇིག་རྟེན་མི་ཡུལ་དང་བྲལ་ཏེ་ཞི་བར་གཤེགས་ཟིན་ནའང་། ཁོང་ཚོས་མི་རབས་རྗེས་མར་བཞག་པའི་རིན་ཐང་བྲལ་བའི་རིག་གཞུང་རྩ་ཆེན་དང་། དཀའ་སྤྱད་འབད་བརྩོན་གྱིས་སློབ་གཉེར་བྱེད་པའི་རྣམ་འགྱུར། འགྲོ་བ་མིའི་ཚེ་སྲོག་བསྐྱབས་པའི་མཛད་རྗེས་རྣམས་ནི་རང་རེའི་བོད་ལུགས་གསོ་རིག་གི་བསྟན་པ་འཛིན་པའི་རྗེས་འཇུག་དོན་གཉེར་ཅན་རྣམས་ཀྱིས་སློབ་སྦྱོང་དང་དཔྱད་གཞིར་བཟུང་སྟེ་ས་མཐུད་དར་སྤེལ་གཏོང་རྒྱུར་བཤོལ་དུ་མི་རུང་བའི་འོས་འགན་ཞིག་ཏུ་གྱུར་ཡོད།

《ཟུར་ལུགས་བོད་ལུགས་གསོ་རིག་གི་དཔེ་སྙིང་ཡིག་ཆའི་དཀར་ཆག་》རྩོམ་སྒྲིག་བྱེད་པའི་ཐད་རྒྱ་བོད་ཡིག་རིགས་གཉིས་ཀྱི་ཐོག་ནས་ནང་དོན་རྩོམ་སྒྲིག་བྱས་པ་དང་། ཁྱད་པར་དུ་མདོ་ཁམས་ས་ཁུལ་གྱི་དུས་རབས་རིམ་བྱུང་གི་བོད་ལུགས་གསོ་རིག་མཁས་དབང་བཞི་བཅུ་ལྷག་གི་མི་ཚེའི་བརྒྱུད་རིམ་ཁྲིད་དུ་ཤེས་བྱ་གཞུང་གི་དགོངས་དོན་དང་། ནད་ཐོག་སྨན་བཅོས་ཀྱི་ཉམས་མྱོང་། སྨན་རྫས་སྦྱོར་བཟོའི་ལག་རྩལ་སོགས་རྩ་ཆེའི་ཡིག་ཆ་བསྡུ་སྒྲིག་བྱས་ཡོད་པ་མ་ཟད། ད་དུང་མཁས་དབང་རྣམས་ཀྱིས་བསླབ་པ་སློབ་གཉེར་བྱ་ཚུལ་དང་རྒྱུན་འཛིན་བྱེད་སྟངས་འཚོལ་

ཞིབ་གནང་ཡོད།

ཐེངས་འདིའི་དཀར་ཆག་བསྡུ་སྒྲིག་བྱས་པའི་ནང་དོན་ནི་གཙོ་བོ་གོང་རིམ་གྱི་འཆར་གཞི་ལྟར་གསུང་འབུམ་སོ་སོའི་མཚན་བྱང་དང་། མཛད་པ་པོའི་མཚན། དུས་རབས། པར་གཞི། ཉར་ཚགས་བྱ་ཡུལ། ནང་དོན་གནད་བསྡུས། དེ་མིན་གསུང་འབུམ་སོ་སོར་རིག་གཞུང་གི་རིན་ཐང་། ནད་ཐོག་སྨན་བཅོས་ཀྱི་རིན་ཐང་། གསོ་རིག་གི་རིན་ཐང་སོགས་གང་ཡོད་དབྱེ་ཞིབ་དང་གདེང་འཇོག་བྱས་ཏེ་ང་ཚོས་མ་འོངས་པར་བོད་མི་རིགས་ཀྱི་སྨན་པ་ཀུན་རབས་པ་རྣམས་ཀྱི་སྨན་རྒྱུན་འཛིན་སྐྱོང་བྱ་རྒྱུའི་ཕྱོགས་ལ་རྨང་གཞི་བཟང་པོ་ཞིག་བཏིང་ཡོད་པར་སྙམ།

ཐེངས་འདིའི་དཀར་ཆག་བསྡུ་སྒྲིག་གི་ཚན་པ་གཅིག་གི་ནང་ང་ཚོས་ཆེད་དམིགས་ཀྱིས་གསུང་འབུམ་སོ་སོའི་མཛད་པ་པོའི་ལོ་རྒྱུས་མདོར་བསྡུས་རེ་ངོ་སྤྲོད་ཞུས་ཡོད་ཀྱང་། མཛད་པ་པོ་འགའ་ཞིག་གི་རྣམ་ཐར་ཁ་གསལ་མེད་ཅིང་དཔྱད་གཞིའི་ཡིག་ཆ་ཚང་བ་ཞིག་མ་རྙེད་སྟབས་གཙོ་བོ་མཛུག་བྱང་དང་། སྨན་བརྒྱུད་སོགས་འབྲེལ་ཡོད་དཔྱད་གཞིར་བརྟེན་ནས་ངོ་སྤྲོད་བྱས་ཡོད། དཔེར་ན་མཁས་དབང་ཨེམ་ཆི་པད་མ་དབང་གྲགས་སོགས་མཛད་པ་པོ་འགའ་ཞིག་གི་རྣམ་ཐར་འབད་པས་བཙལ་ཀྱང་མ་རྙེད་སྟབས་ད་རེས་སྐབས་འདིར་བར་སྟོང་མི་འཇོག་ཀ་མེད་དུ་གྱུར། ད་རེས་ཆད་ལྷག་ཏུ་གྱུར་བའི་ནང་དོན་ཁག་ད་དུང་སུ་མཐུད་ནས་འཚོལ་ཞིབ་བྱས་ཏེ་ལག་སོན་བྱུང་ན་དཔར་ཐེངས་རྗེས་མར་ཁ་སྐོང་དང་ནང་དོན་འཕྲུས་ཚང་དུ་གཏོང་རྒྱུའི་རེ་བ་ཡོད།

ཐེངས་འདིའི་དཀར་ཆག་བསྡུ་སྒྲིག་བྱེད་པའི་ལས་དོན་ལ་ང་ཚོའི་མི་རིགས་གསོ་རིག་སློབ་གླིང་གི་དགེ་རྒན་རྣམ་པ་དང་ཞིབ་འཇུག་སློབ་མ་རྣམས་ཀྱིས་དཔྱད་གཞིའི་ཡིག་རིགས་འཚོལ་བསྡུ་དང་། ནང་དོན་རྩོམ་སྒྲིག རྒྱ་བོད་ཡིག་སྒྱུར། དཔེ་རིས་བར་འཇུག་སོགས་ཀྱི་ཐད་ལ་དཀའ་སྤྱད་དང་བློ་གྲོས་བཏོན་ནས་ལས་གཞི་ལེགས་འགྲུབ་ཡོང་བ་དང་གྲུབ་འབྲས་གཟེངས་སུ་ཐོན་པར་འགན་ལེན་བྱས་ཡོད་པས་གོ་སྐབས་འདི་དང་བསྟུན་ཏེ་སྙིང་ཐག་པ་ནས་ཐུགས་རྗེ་ཆེ་ཞུ་རྒྱུ་ཡིན། ད་དུང་དཀར་ཆག་འདི་ཉིད་ཕྱོགས་བསྒྲིགས་བྱེད་པའི་ཐོག་མཐའ་བར་གསུམ་དུ་དཀར་མཛེས་ཁྲུལ་བོད་སྨན་ཁང་གི་འབུམ་རམས་སྨན་པ་འགྲོ་འདུལ་རྣམ་རྒྱལ་ལགས་དང་། ལྷོ་ནུབ་མི་རིགས་སློབ་ཆེན་གྱི་དགེ་རྒན་ཆེན་མོ་བདུད་འདུལ་ལགས་དང་ཀུན་བཟང་རྒྱལ་ལགས་གཉིས། ཛ་བ་བོད་སྨན་ཁང་གི་སྨན་པ་འབུམ་རམས་པ་དཀོན་དཔལ་བཟང་རྒྱ་མཚོ་ལགས་དང་། སེ་དགེ་རྫོང་བོད་སྨན་ཁང་གི་སྨན་པ་འབུམ་རམས་པ་ཨོ་རྒྱན་བསྟན་འཛིན་ལགས་སོགས་ཀྱིས་ལས་གཞི་འདི་ལ་དགོས་ཚོར་ཆེན་མོའི་ངང་ནས་ཞལ་བཀོད་ལྷུག་པར་བསྐུལ་ཞིང་། དོགས་གནད་སྐོར་ལ་བཀའ་འདྲི་ཞུ་སྐབས་སུན་སྣང་མེད་པར་ཞལ་ལན་གནང་བ། ད་དུང་དཔེ་སྐྲུན་མགོ་འདོན་དང་ཞུ་དག་ལེགས་སྒྲིགས་སོགས་ཀྱི་བྱ་བར་རོགས་རམ་རྒྱབ་སྐྱོར་གནང་བ་བཅས་ལ་གོ་སྐབས་འདི་དང་བསྟུན་ཏེ་སྙིང་ཐག་པ་ནས་ཐུགས་རྗེ་ཆེ་ཞུ་རྒྱུ་ཡིན།

ང་ཚོས་རྒྱ་བོད་ཤན་སྦྱར་གྱི་སྒོ་ནས་དཀར་ཆག་འདི་འདྲ་ཞིག་ལེགས་སྒྲིག་དང་དཔེ་སྐྲུན་བྱས་པ་ནི་ཐེངས་དང་པོ་ཡིན་ལ་གསར་གཏོད་ཀྱི་རང་བཞིན་ལྡན་པའི་ལས་ཀ་ཞིག་ཀྱང་ཡིན་པས་ལེགས་སྒྲིག་མི་སྣའི་ཉམས་མྱོང་དང་ཤེས་ཡོན་གྱི་ཆུ་ཚད་ཞན་པར་མ་ཟད། དུས་ཡུན་ཐུང་བ་སོགས་ཀྱིས་རྐྱེན་ལས་ཞུ་དག་མཐར་ཕྱིན་པ་མ་བྱུང་བར་ད་དུང་མ་རྟོགས་པ་དང་། ལོག་པར་རྟོག་པ་སོགས་ནོར་འཁྲུལ་མི་ཉུང་བ་ཞིག་འབྱུང་སྲིད་པས་གཟུར་གནས་མཁས་དབང་རྣམས་དང་དཔྱོད་ལྡན་བློ་གྲོས་ཅན་རྣམས་ཀྱིས་ལོ་རྒྱུས་ཁུངས་ལྡན་གྱིས་བདེན་དཔང་མཛད་ནས་སྐྱོན་བརྗོད་དགག་བཅོས་ཡོ་བསྲང་གནང་རྒྱུར་སྙིང་ཐག་པ་ནས་རེ་འདུན་ཞུ་བཞིན་ཡོད།

ཇི་སྐད་དུ། དེ་ཕྱིར་དོན་མེད་གཡེང་བ་རྒྱང་བསྲིངས་ཏེ། ཐོན་ཐོན་མཁས་པའི་རྣམ་ཐར་ཇི་བཞིན་དུ། གཞུང་ལུགས་རྒྱ་མཚོའི་དགོངས་དོན་མ་ལུས་པ། ཁོང་དུ་ཆུད་ཕྱིར་བརྩོན་འགྲུས་ལྷག་གིས་སྦྱོང་། ཅེས་དང་།

སྨར་སྨྲས་པ། མཁས་དབང་གོང་མའི་མཛད་རྗེས་བླ་མེད་རྣམས། གང་ཟག་སྙིང་ལྡན་གཅིག་ལས་གཅིག་བརྒྱུད་ནས། རྒྱུན་མི་ཆད་པར་འགྲོ་དོན་མཛད་པ་དང་། གསོ་རིག་བསྟན་པའི་འཕྲིན་ལས་སྐྱོང་ཕྱིར་ཅིག་ཅེས་ཁྲིན་ཏུའུ་ཀྲུང་ལུགས་གསོ་རིག་སློབ་ཆེན་མི་རིགས་གསོ་རིག་སློབ་གླིང་གི་དགེ་མིང་འཛིན་པ་འཇམ་དབྱངས་བསོད་ནམས་ཀྱིས་བོད་རབ་བྱུང་བཅུ་བདུན་པའི་འཕར་བ་ཆུ་སྟག་ལོའི་སྤྱི་ཟླ་༡༢་པའི་ཚེས་༡༠ཉིན་སློས་ལྡན་གྲོང་ཁྱེར་དུ་སྦྱར་བ་དགེའོ།།

前　言

我国是由全国各族人民共同缔造的统一多民族国家，中华民族是多民族不断交往交流交融而形成的，有着悠久的历史和灿烂的文化。其中，藏民族优秀传统文化是中华优秀传统文化宝库中的瑰宝，更是全人类优秀文化的重要元素和组成部分。

藏医药文化是我国传统医药文化宝库的一颗璀璨明珠，也是藏民族传统文化的重要组成部分。藏医药学是藏族人民长期同疾病作斗争的经验总结和智慧结晶，具有独特而完整的理论体系和丰富的临床经验，对藏民族及其他民族的繁衍生息和防病健身作出了不可磨灭的贡献。藏医药学作为中华民族的宝贵财富，在我国的现代医疗卫生事业中发挥着重要作用。

藏医药学的历史可追溯至公元前象雄文明时期，距今已有三千八百多年的悠久历史。在漫长的发展历程之中，世世代代生活在青藏高原的藏族人民，面对独特的自然环境和艰苦的生存环境，在与各种自然灾害和疾病作斗争的过程中，从零星的经验积累到成为一种医学体系，从口头传授到文字记载，藏医药经历了从无到有、从古到今、从简单到复杂的过程。这期间，藏医药学广泛学习和吸取了中医药学、古印度的阿育吠陀医学及阿拉伯医学的精髓，通过不断的扩充和整理，形成了《四部医典》（又称《医学四续》）《月王药诊》《晶珠本草》等藏医学史上富有影响的经典医学巨著，为藏医学的传承和发展留下了宝贵财富。

随着藏医药学医疗实践的发展，从15世纪开始，藏医药学逐渐形成了北方和南方两大派系，标志着藏医药学发展进入了百花齐放、百家争鸣的阶段。南北两派的命名主要以派系创立人所处地理位置为根据，北派属高海拔寒冷地区，北派也称强巴派；南派属低海拔河谷湿热地区，南派也称苏派，在藏语里，“苏”指的是低海拔和热带地区。南北两派的区别主要表现在对《四部医典》的注释、药物原材料的辨认、火灸和放血疗法的穴位、药物方剂配伍与炮制加工等方面各有独到之处。南派和北派均把《四部医典》作为指导教科书，在发展的过程中，北派将高海拔地带出产的藏药材作为研究重点，擅长治疗多发于北方高寒地区的疾病；南派则将南方低海拔地带出产的藏药材作为研究重点，擅长治疗多发于南派低海拔地区的疾病。如南派藏医代表人物苏喀·娘尼多吉，他是南派藏医的创始人，1439年生于今西藏林芝市朗县境内，他虽然只活了37岁，但从小勤奋好学，智力过人，成为整个涉藏地区享有极高声誉的藏医学家，著有《千万舍利子》等医书；他同时研制了很有名的治疗心脑血管疾病的药物“七十味珍珠丸”及胃病良药“佐珠达西”等名贵药品，为推动藏医药学的蓬勃发展作出了不可磨灭的贡献。还有另外一位先贤苏喀·洛珠杰布，他是娘尼多吉的外孙，也是一名杰出的藏医药学家，他对藏医经典著作《四部医典》做了详细的诠释，编著的《祖先口述》是对《四部医典》诠释类著作中最为权威的医著，藏医学史上第一部《四部医典》的木刻版也是在他的主持下于1566年完成的，他在继承和推广南派藏医药方面起了举足轻重的作用。此外，相对来说，北派擅长理论研究、文献挖掘、辩论解说；而南派更擅长临床实践、操作技能、方剂配伍、炮制加工等实践技能操作。南派和北派的形成和发展，以及两个派系之间的学术争鸣，强有力地推动了藏医药的传承和发展。

17—18世纪是藏医药学在多康[①]地区逐步振兴的时期。一批很有影响力的藏医学者在多康地区出现，较为著名的有司徒·曲吉迥乃、帝玛尔·丹增彭措、噶玛·额勒丹增及噶玛·额顿丹增赤列绕杰，以及近代的藏医大师措如·次朗等名医大家。他们纷纷著书立说，留下了宝贵的藏医学财富。

康巴[②]，是南派藏医药的重要发祥发展地之一，南派藏医药在该地区经过不断的实践与发展，形成了具有浓郁康巴地域特色的医药学诊疗技术、用药方法和学术理论，历代名医辈出，并伴有大量颇具影响的著作和方药问世。

著名藏药学家帝玛尔·丹增彭措所著的藏药学名著《晶珠本草》，收录2 294味藏药，对药物的形态、性味及功能等进行了详细记载。这是历代藏医药书籍收录药物数量最多的经典著作。这本医著的药物分类接近现代科学的分类方法，至今仍在植物分类学、动物学、天然药物学的分类上有重要的参考价值。《晶珠本草》的内容和价值，可以和中医经典著作《本草纲目》媲美，现已被列入我国经典本草著作，载入藏族历史和藏药学教科书中。

噶玛·额顿丹增赤列绕杰大师编写的近代藏药名著《藏药验方精选·长生宝鬘》，内容简明扼要，重点突出，文字通俗易懂，所选验方皆切合实用，极易掌握和使用。书中介绍了近200种藏成药，从每种方药的组成剂量到其功能主治均有记

① 多康：“安多”和“康”的合称，包括西藏东部、青海西南部、甘肃甘南州、四川西部、云南迪庆州。

② 康巴：又称“康”，包括四川甘孜州、木里县，西藏昌都市，青海玉树州，云南迪庆州。

载。书中收载了宇妥·宁玛云丹贡布、宇妥·萨玛云丹贡布、帝司·桑杰嘉措等医学大师及南北两派杰出医家，以及他的上师噶玛·额勒丹增的临床窍诀和秘方。

藏医大师措如·次朗撰写的《甘露精要八支隐秘秘诀续大疏·章松喜言》的主要内容是对宇妥·云丹贡布所著的《四部医典》从词义到内容进行了全面详细的诠释，是一部《四部医典》的通俗解释本，且被公认为是《四部医典》最明确的标准诠释本。

历代的藏医大师们医术精湛，德高望重，一生勤奋刻苦，治病救人，善于总结前人经验，勤于著书立说，对继承和发扬藏民族优秀的文化作出了巨大的贡献。他们留给后世的极其珍贵的文化遗产和严谨求实的作风，值得每一位从事藏医药事业的人继承和弘扬。在近现代历史的长河中，这些珍贵的精神文化遗产，涵盖了藏医药学大师们的生平事迹以及他们所撰写的藏医药学著作等大量文献资料。遗憾的是，这些宝贵的知识和智慧尚未得到充分的挖掘和妥善的保护。不仅如此，它们也未能得到应有的重视、深入的学习、系统的研究、有效的传承、持续的发展、广泛的应用以及积极的推广。这种情况不禁让人感到深深的遗憾和痛惜。因此，对于藏医药学这一非物质文化遗产，我们亟需采取一系列切实有效的措施，以深入挖掘其内在价值，妥善保护其文献资料，并推动其实现更好的传承与发展。具体而言，我们应该加大对藏医药学著作的整理与研究力度，通过系统的文献梳理和学术探讨，揭示其独特的医学理论和治疗方法，为现代医学提供有益的补充和借鉴。同时，我们还应该加强对藏医药学传承人的培养和支持，通过师徒传承、教育培训等方式，确保这一宝贵的知识和智慧能够得以延续和发扬光大。

藏医药古籍文献是藏医药学知识的主要载体，是藏民族灿烂文化遗产中的宝贵财富，是藏民族文化博大精深的具体体现，民族医药典籍浩繁，内容博大精深，不仅具有重要的历史文化意义，更有科学与经济上的巨大潜在价值，是一个有待开发的宝藏。

藏医药古籍文献的挖掘、研究、整理、出版是传承藏医药文化的重要途径和措施之一，也是提高人类社会健康水平、提供多样化的养生保健服务的有效手段，是利在当代、功在千秋的善举。为了全面挖掘、整理、抢救和保存珍贵的民族医药古籍，弘扬和发展民族传统文化，在国家社会科学基金重大项目“西南少数民族医药文献数据库建设及相关专题研究”的支持下，2020年成都中医药大学民族医药学院成立了由张艺研究员担任组长的“南派藏医药古籍文献整理小组”，迅即展开了以康巴地区为中心，辐射德格、昌都、果洛等地的实地调研和考察工作，并取得了阶段性成果。同年，项目组获得了由西南交通大学出版社申报的国家“十三五”国家重点出版物规划项目和2020年度民族文字出版专项资金资助项目的支持，确保了项目的顺利进行。

本次出版的《南派藏医药文献书目提要》中所收载的医学著作绝大部分是从寺院、图书馆、博物馆、藏医院、教育部门和民间个人手中收集来的。在整理和编辑过程中，我们还参考了由青海省藏医药研究院整理出版的藏医药经典文献集成《藏医药大典》，这为本医著的古籍文献的收集提供了很多有价值的资料。

《南派藏医药文献书目提要》所收录的藏医药学家，是南派藏医学界优秀人物的代表，是毕生致力于民族医学事业的开拓者和创业者。这些大师们虽然已离开了人间，但他们留给后世的极其珍贵的文化遗产和严谨刻苦的治学态度、诲人不倦的师表之风、救死扶伤的高尚医德，值得每一位从事藏医药工作的人认真学习借鉴和弘扬。

《南派藏医药文献书目提要》使用藏汉两种文字整理记载了多康地区四十多位历代藏医药大师们的生平事迹、学术思想、临床经验、诊疗技术等珍贵资料，探索凝练了大师们的成才之路和传承模式，从文献的成书年代、作者、内容、保存和学术价值、临床价值、医学价值等方面进行了分析评价，为下一步民族医药专家的传承研究打下了良好的基础。

我们特地为书中文献的作者写了生平简介，但其中个别作者因缺乏传记资料，只有从闻法录或后记中见到的师承关系尽力去判断。

这里，我要特别感谢成都中医药大学民族医药学院藏医教研室的各位老师和研究生们，他们在资料收集、整理、文字加工、内容编排、汉藏翻译、插图及校对等方面，付出了辛劳和智慧，做了大量卓有成效的工作，确保了项目的顺利完成。此外，我还要感谢四川省甘孜州藏医院的忠登郎加主任藏医师、阿坝州藏医院的华尔江主任藏医师、西南民族大学的邓都教授和更藏加教授，德格县藏医院的伍金丹增主任医师，他们从百忙之中抽出时间审阅文稿，在提供文献资料的同时还提出了宝贵的修改建议，在此致以最诚挚的谢意!

整理出版《南派藏医药文献书目提要》是一项开创性的工作，由于研究整理人员的水平和能力有限，且时间较仓促等原因，在整理工作上难免有疏漏，敬请广大读者和专家指正，以期再版时能有较大提高。

降拥四郎

2022年12月于成都

目　录

Contents

༡ ཟུར་མཁར་མཉམ་ཉིད་རྡོ་རྗེ།

1 苏喀·娘尼多吉

༢ ཐག་དབོན་བསོད་ནམས་བཀྲ་ཤིས།

2 查温·索朗扎西

༣ སྐྱེམས་པ་ཚེ་དབང་།

3 金巴 · 次旺

༤ བྱར་པོ་པཎ་ཆེན་རྡོ་རྗེ་ཕ་ལམ།

4 夏尔波班钦 · 多吉帕朗

༥ སྐྱ་བ་ཤཱཀྱ་དབང་ཕྱུག

5 噶瓦释迦旺久

༦ ཟུར་མཁར་བློ་གྲོས་རྒྱལ་པོ།

6 苏喀・洛珠杰布

༧ འབྲི་གུང་ཆོས་གྲགས།

7 直贡曲扎

༨ བོད་མཁས་པ་མི་ཕམ་དགེ་ལེགས་རྣམ་རྒྱལ།

8 藏地智者·迷旁格列郎杰

༩ འབྲི་གུང་ཚེ་དབང་བརྟན་པ།

9 直贡·泽旺丹巴

༡༠ དར་མོ་སྨན་རམས་པ་བློ་བཟང་ཆོས་གྲགས།

10 达莫曼让巴·洛桑曲扎

༡༡ དཔོན་ཚང་ཡེ་ཤེས།

11 奔仓益西

༡༢ དེའུ་དམར་བསྟན་འཛིན་ཕུན་ཚོགས།

12 帝玛尔·丹增彭措

༡༣ གོང་རོང་སྨན་བླ་དོན་གྲུབ།

13 贡荣曼拉 · 顿珠

༡༤ སི་ཏུ་ཆོས་ཀྱི་འབྱུང་གནས།

14 司徒 · 曲吉迥乃

༡༥ ཀརྨ་ངེས་ལེགས་བསྟན་འཛིན།

15 噶玛 · 额勒丹增

༡༦ འབེ་ལོ་ཚེ་དབང་ཀུན་ཁྱབ།

16 白洛·才旺更恰

༡༧ གླིང་སྨན་བཀྲ་ཤིས་འབུམ།

17 岭曼·扎西本

༡༨ ཀརྨ་རབ་འབྱོར།

18 噶玛让觉

༡༩ ཀརྨ་རིན་ཆེན་དབང་རྒྱལ།

19 噶玛仁钦旺杰

༢༠ སྡེ་དགེ་དྲུང་ཡིག་གུ་རུ་འཕེལ།

20 德格秘书格日培

༢༡ ཀརྨ་ངེས་དོན་བསྟན་འཛིན་འཕྲིན་ལས་རབ་རྒྱས།

21 噶玛·额顿丹增赤列绕杰

༢༢ ཀརྨ་བསྟན་འཕེལ།

22 噶玛丹培

༢༣ ཀརྨ་ཚུལ་ཁྲིམས།

23 噶玛次成

༢༤ ཀརྨ་མཚན་དཔེ།

24 噶玛灿白

༢༥ སྡེ་དགེ་ལྷ་སྨན་ཆོས་གྲགས་རྒྱ་མཚོ།

25 德格拉曼・曲扎嘉措

༢༦ ཨེམ་ཆི་པད་མ་དབང་གྲགས།

26 恩秋・白玛旺扎

༢༧ ཀརྨ་ཆོས་རྒྱལ།

27 噶玛却杰

༢༨ གོང་སྤྲུལ་ཡོན་ཏན་རྒྱ་མཚོ།

28 贡珠 · 云丹嘉措

༢༩ འཇམ་དབྱངས་མཁྱེན་བརྩེའི་དབང་པོ།

29 降央钦孜旺布

༣༠ ཨོ་རྒྱན་ཐེག་མཆོག།

30 奥尖塔乔

༣༡ ཀརྨ་རྒྱལ་མཚན།

31 噶玛坚村

༣༢ ལྷ་མཆོག་ཚེ་དབང་དཔལ་འབྱོར།

32 拉却泽旺班觉

༣༣ འཇུ་མི་ཕམ་འཇམ་དབྱངས་རྣམ་རྒྱལ་རྒྱ་མཚོ།

33 居·迷旁降央郎杰嘉措

༣༤ བྱང་ཆུབ་རྡོ་རྗེ།

34 相曲多杰

༣༥ སྡེ་དགེ་ལྷ་སྨན་རིན་ཆེན་འོད་ཟེར།

35 德格拉曼·仁青威色

༣༦ རྡོ་རྗེ་བདེ་ཆེན་གླིང་པ།

36 多吉·德庆郎巴

༣༧ མགོ་ལོག་སྨན་པ་སྟག་ལྷ་ནོར་བུ།

37 果洛曼巴·达拉罗布

༣༨ རྟ་དཀར་སྨན་པ་ཆོས་དབྱིངས་འོད་ལྡན།

38 达盖曼巴 · 却央奥旦

༣༩ ཁམས་གཙང་འབྲུག་རྒྱལ།

39 康苍周嘉

༤༠ སྨྲ་བསམ་རིན་ཆེན།

40 玛桑仁钦

༤༡ མཁན་ཆེན་ཁྲོ་རུ་ཚེ་རྣམ།

41 堪布措如·次朗

ཟུར་མཁར་མཉམ་ཉིད་རྡོ་རྗེའི་ངོ་སྤྲོད་མདོར་བསྡུས།

苏喀·娘尼多吉简介

ཟུར་མཁར་མཉམ་ཉིད་རྡོ་རྗེ་སྟེ། མཚན་གཞན་ལ་དཀོན་མཆོག་རིན་ཆེན། གཡུ་ཐོག་འབངས། དཔའ་བོས་བསྐྱངས། ཀུན་ལ་བྱམས་པའི་བློ་གྲོས། ལྷུན་གྲུབ་རྒྱལ་མཚན། རྣམ་སྣ་མི་སྟེ་ཨ་བོ་ཆོས་རྗེ་ཞེས་སུ་གྲགས། ཁོང་ནི་དྭགས་པོ་ལ་ཐོག་ཟུར་མཁར་དུ་གྱེར་དཀར་གྱི་སྨན་པའི་རིགས་ཡིན་པ་དང་། ཡབ་རིག་འཛིན་ཕུན་ཚོགས་དང་། ཡུམ་ཀུན་མཁྱེན་བཀྲ་ཤིས་རྣམ་རྒྱལ་གྱི་ལྷུམ་མོ་ཕུན་ཚོགས་དཔལ་འཛོམ་གཉིས་ཀྱི་སྲས་སུ་རབ་བྱུང་བདུན་པའི་དོན་གྲུབ་ཅེས་པས་མོ་ལུག（སྤྱི་ལོ་༡༤༣༩）ལོར་སྐུ་བལྟམས། རང་གི་ཡབ་དང་། ཤ་ར་རབ་འབྱམས་པ། སྨན་སྟོན་དབང་ཕྱུག་བཟང་པོ་སོགས་སྐྱེས་བུ་དམ་པ་དུ་མར་བསྟེན་ནས་རིག་གནས་མཐའ་དག་དང་ཁྱད་པར་དུ་གསོ་བ་རིག་པར་སྦྱངས་པ་མཐར་ཕྱིན་མཛད། དགུང་ལོ་བཅུ་པར་ཆོས་དབྱིངས་རྩེར་བཞུགས་ཏེ་ཐོས་བསམ་མཛད་སྐབས། རྨི་ལམ་དུ་གཡུ་ཐོག་ཡོན་ཏན་མགོན་པོས་རང་ཉིད་ལོ་བགྲེས་ཤིང་རིག་པ་ཉམས་པས་ཅི་རིགས་པར་དཔལ་ལྡན་རྒྱུད་བཞིའི་མ་དག་པའི་ཆ་ཧྲི་སྙེད་ཅིག་འདུག་པར་བྱི་དོར་གྱིས་ཤིག་ཅེས་པའི་གསུང་གི་ལུང་བསྟན་གནང་ཞིང་། ད་དུང་ཁྱེད་ཀྱི་བླ་མ་གཡུ་ཐོག་ཡོན་ཏན་མགོན་པོ་ཡིན། ཁྱོད་ཀྱི་ཆོས་སྐལ་གསོ་བ་རིག་པ་ཡིན། ཞེས་སོགས་ཀྱི་ལུང་བསྟན་བསྩལ། དགུང་ལོ་བཅུ་བཞིར་བཞེས་སྐབས་བྱང་པ་འཚོ་བྱེད་མིའི་ཉི་མས་དྲི་རྨེད་མཛད་དེ། ཁྱེད་སྐྱེས་བུ་སུ་ཞིག་གི་དྲིན་ལས་རིག་བྱེད་གང་ལ་མཁས། རིགས་རུས་ཚོ་འབྲང་གང་ཡིན། གཞུང་ལུགས་ཆེ་བ་གང་ལ་རྒྱབ་བརྟེན། མཁས་པ་མི་དགུའམ་དེ་ལས་གཞན་པའི་མན་ངག་གང་ལ་འདྲིས། སྨན་དཔྱད་ལག་ལེན་ཁྱད་པར་ཅན་གང་

དང་གང་མཛད། སྦྱོང་བ་གང་སྒོར་ལ་གདེངས་དང་ལྡན། གནས་ངེས་པ་ཅན་ནམ་ངེས་པ་མེད། ངེད་ལ་བརྟེན་པ་འགའ་ཞིག་པོ་ཉ་དང་འཕྲིན་གྱིས་མཚམས་སྦྱར་ན་བྱུང་དུ་བརྟེན་དུ་ཨེ་ཅུང་། གཞན་དོན་དུ་འདི་ངོས་ལ་ཕེབས་པ་ཙམ་བསྐྱལ་ན་དོན་ལ་ཕེབས་པ་ཨེ་འཆར། ཁྱོད་ཉིད་ཀྱིས་མཛད་པའི་བསྟན་བཅོས་ཇི་ཙམ། ངེད་ཀྱང་མཚན་ཇི་སྐད་འབོད། ཕོ་བོ་སྦྱོན་ཁྱེད་དང་ལས་དཀར་པོས་འབྲེལ་བ་ཞིག་ཡིན་པར་གདོན་མི་ཟ་བའི་ངེས་ཤེས་མང་པོ་ཡོད་པས། བྲུ་ལས་རིང་དང་བརྙས་ཐབས་མ་ཡིན་པའི་ལན་རྒྱལ་མ་ཞིག་ཏུ་འཚལ། ཞེས་པའི་ཕྱག་བྲིས་ལ་ལན་ཇི་བཞིན་གནང་ཅུང་། མིང་དོན་དང་རིགས་ཅུས་སོགས་ཚིགས་སུ་བཅད་ནས་ཕུལ་བ་གོང་དུ་མིའི་ཉེ་མའི་རྣམ་ཐར་སྐབས་སོང་བ་དེ་ལྟར་དང་དགུང་ལོ་བཅུ་དྲུག་སྐོར་ནས《གཡུ་ཐོག་སྙིང་ཐིག་གི་བླ་སྒྲུབ་སྒྲུབ་བསྐུལ་མུན་སེལ་ཐུགས་རྗེའི་ཉི་འོད་》ལ་ཁ་སྐོང་ཞལ་ཤེས་ལྷན་ཐབས་དང་། དེའི་གེགས་སེལ་བཞི་མཛད་པར་དགོངས་ནས། ཐོག་མར་འབྱུང་བ་ལུས་འཁྲུགས་ཀྱི་གེགས་སེལ་ལ་ཚིགས་བཅད་ལྷུག་ཅི་རིགས་པའི་དཔེ་ཚན་དུ་བྱས་པ་པོ་ཏི་རིང་བསྲེལ་ཙམ་གྱི་ནང་ནས་མན་ངག་བྱེ་བ་འབྱུང་བས《བྱེ་བ་རིང་བསྲེལ་》དུ་གྲགས་པ་ཁྱོན་མཚན་དཔེ་བཞི་བརྒྱ་དང་བཅུ་དྲུག་ཡོད་པ་ཞིག་བརྩམས། དེ་རྗེས《དཔལ་ལྡན་རྒྱུད་བཞིའི་འགྲེལ་ཆེན་པོད་ཤེལ་ཕྲ་མོ་》དང་། 《སྨྲི་དོན་ནམ་རྒྱུད་ཀྱི་དཀའ་གནད་རྣམས་ལ་དྲི་ཚིགས་དཔྱལ་དཀར་མེ་ལུང་།》《ལེགས་བཤད་ཉི་ཟེར།》《ཕྱོགས་ཀྱི་སྨན་པ་རྣམས་ལ་སྤྲིངས་ཡིག》《རང་གཞན་ལ་ཕན་པའི་བསླབ་བྱ་》སོགས་ཀྱི་བཀའ་རྩོམ་མཛད། ཤར་ཕྱོགས་མདོན་དགའ་ཞེས་བྱ་བར་གཉལ་ལོར་བྱར་གསུམ་དང་། ཨེ་ཉང་ཀོང་གསུམ་དང་བཅས་པའི་སྨན་པ་ཐམས་ཅད་བསྡུས་ཏེ《རིན་ཆེན་འབྲུངས་དཔེའམ་སྨན་ངོ་གསལ་བྱེད།》《རོ་སྐོར་ལྟགས་ཀྱི་ཐིང་བ།》《བདུད་རྩིའི་སྦྲོན་མེ་སྨན་གྱི་བྱིངས་》ལ་སོགས་པ་རོ་ནུས་ཞུ་རྗེས་ངོ་བོ་ངེས་ཚིག་བྱེད་ལས་བསྟན་བཅོས་རྣམས་འཆད་ཅིང་། སྨན་ངོ་ངོ་སྦྱོད་སོགས་འཆད་རྩོད་རྩོམ་གསུམ་གྱི་སྒོ་ནས་གསོ་རིག་གི་བསྟན་པ་ཉིན་མོ་ལྟར་གསལ་བར་མཛད། དགུང་ལོ་ཉེ་ཤུ་རྩུན་ནས་ཤ་ར་བ་རབ་འབྱམས་པ་དང་མཇལ་བས་སྟོད་རྗེན་དང་སྒོམ་ཐག་མཛད། དགུང་ལོ་སོ་བདུན་པ་ཤིང་ལུག་གྲོ་བཞིན་ཟླ་བའི་ཚེས་བཅོ་ལྔ་ལ་གཟུགས་སྐུའི་བཀོད་པ་བསྡུས། དེ་ལྟ་བུའི་བདག་ཉིད་ཆེན་པོ་དེ་ལ་གསོ་བ་རིག་པའི་ཕྱོགས་ཀྱི་མཐར་ཕྱིན་གྱི་སློབ་མ་བཞི་ཞེས་པ། མན་ངག་མཐར་ཕྱིན་མི་འགྱུར་ཚེ་བརྟན་དང་། འཕྲིན་ལས་མཐར་ཕྱིན་ཕྲག་དཔོན་བསོད་ནམས་བཀྲ་ཤིས། ལག་ལེན་མཐར་ཕྱིན་ཚེ་འབུམ་རྡོ་རྗེ། བཤད་པ་མཐར་ཕྱིན་ལི་ཆུང་པདྨ་སྐྱབས་བཅས་དང་། གཞན་བྱིན་རླབས་ཞུགས་པའི་སློབ་མ་བརྒྱད་དང་། ཤེས་རབ་ཅན་གྱི་སློབ་མ་བཅུ་དྲུག་སྐད་གྲགས་ཅན་གྱི་སློབ་མ་ཉི་ཤུ་ལ་སོགས་པ་དུ་མ་ཞིག་བྱུང་ནས་ཟུར་ལུགས་དྲི་མ་མེད་པའི་བཞེད་སྲོལ་སྤེལ་ཞིང་། འཚོ་བྱེད་མཁས་པའི་དབང་པོ་ཟམ་མི་ཆད་པ་རྣམས་ཀྱིས་དཔལ་ལྡན་མི་ཉམས་གོང་དུ་འཕེལ་བའི་འཕྲིན་ལས་བཟང་པོས་ལུས་ཅན་ཀུན་ལ་ཕན་བདེའི་དགའ་སྟོན་འཛད་མེད་དུ་སྩོལ་བར་ཡོད་བཞིན་ནོར་བུ་དང་གཉིས་སུ་མེད་པའི་ཁྱད་ཆོས་མངོན་པར་འཕགས་པ་བྱུང་བ་ཡིན་ནོ།།

苏喀·娘尼多吉，这位杰出的藏医学家，别名贡觉仁青、宇妥邦、巴维嘉、衮拉强贝洛追、伦珠坚参、达玛萨米即阿乌曲杰，他的一生充满了传奇色彩。其生于藏历第七绕迥土羊年（1439），出生地位于塔波拉妥苏喀尔地区（今属西藏山南市）。其家族杰嘎为医学世家，其父亲为仁增彭措，母亲为更钦扎西郎杰之妹彭措巴宗。自幼，苏喀·娘尼多吉就跟随父亲以及夏惹瓦热降巴、曼顿·旺秋桑布等多位贤者学习，掌握了各类知识，尤其在医学方面表现出了非凡的才能。他年仅10岁的时候，就已经开始在曲莹孜这个地方学习。并且相传宇妥·云丹贡布在梦中向他预示："由于我年事已高，智识有所衰退，在《四部医典》中存在许多不妥之处，希望你能予以校正。你的上师是宇妥·云丹贡布，你的法缘便是医学。"14岁时，苏喀·娘尼多吉与弥尼玛·童瓦顿丹有过书信交流，这显示了他早熟的智慧和对医学的深刻理解。16岁时，他开始对《宇妥精要清除悲痛黑暗之恩德阳光》进行补遗，并且计划编著注释卷四部。不久之后，他完成了《千万舍利子》这部巨著，全书共四百一十六卷；他还著有《〈四部医典〉释论·精细琥珀》《续义释说·白银鉴》《格言·日光》《给诸方医师之书信》《利己利他之教诫》等多部著作。在东部温嘎地方，他召集了涅、洛、恰三地以及埃、酿、贡三地的医生，深入地讲授了《药物识别》《药味铁串》《甘露池》《甘露库》《后续·药物辨别·甘露明灯》等藏药理论知识，这些讲授活动为"藏医南方学派"的理论奠定了坚实的基础。20岁以后，他与夏惹瓦热降巴相晤，从此开始了参禅打坐的修行生涯。苏喀·娘尼多吉的智慧和学识，在医学领域和精神修行上都达到了极高的境界。

苏喀·娘尼多吉不仅是一位伟大的医学家，还是一位卓越的教育家。他培养了四位精通医学的杰出弟子，他们分别是精通诀窍者明久次旦、精通功业者查温·索朗扎西、精通实践者次崩多吉、精通记载者礼琼·白玛杰布。除此之外，他还拥有八位受加持的弟子、十六位慧智弟子、二十位成名弟子，以及十六位不知其真名只呼其外号的弟子。这些弟子共同继承并发扬了苏喀·娘尼多吉的医学理论，创立了藏医学（苏喀）南派纯正学说，这一学说的创立标志着"南派学说"的正式发端。苏喀·娘尼多吉的医学思想和教育实践对后世产生了深远的影响，他的名字和成就将永远被铭记在藏医学的历史长河中。

在藏历木羊年（1475）七月十五日，苏喀·娘尼多吉这位卓越的人物结束了其生命旅程，安详地辞世，享年37岁。尽管其生命历程短暂，却充满了传奇色彩。苏喀·娘尼多吉不仅是一位智者，更是一位备受尊敬的医者。他的逝世，对当时的社会与文化产生了深刻的影响，其智慧与教诲至今仍被人们传颂与怀念。

ཟུར་མཁར་མཉམ་ཉིད་རྡོ་རྗེའི་གསུང་འབུམ།

苏喀·娘尼多吉医著

༄༅། །དཔལ་ལྡན་ཟུར་མཁར་བའི་ཁྱད་ཆོས་ལྡན་པའི་མན་ངག་བྱེ་བ་རིང་བསྲེལ་པོད་ཆུང་རབ་འབྱམས་གསལ་བའི་སྒྲོན་མེ་ཞེས་བྱ་བ་བཞུགས་སོ། །

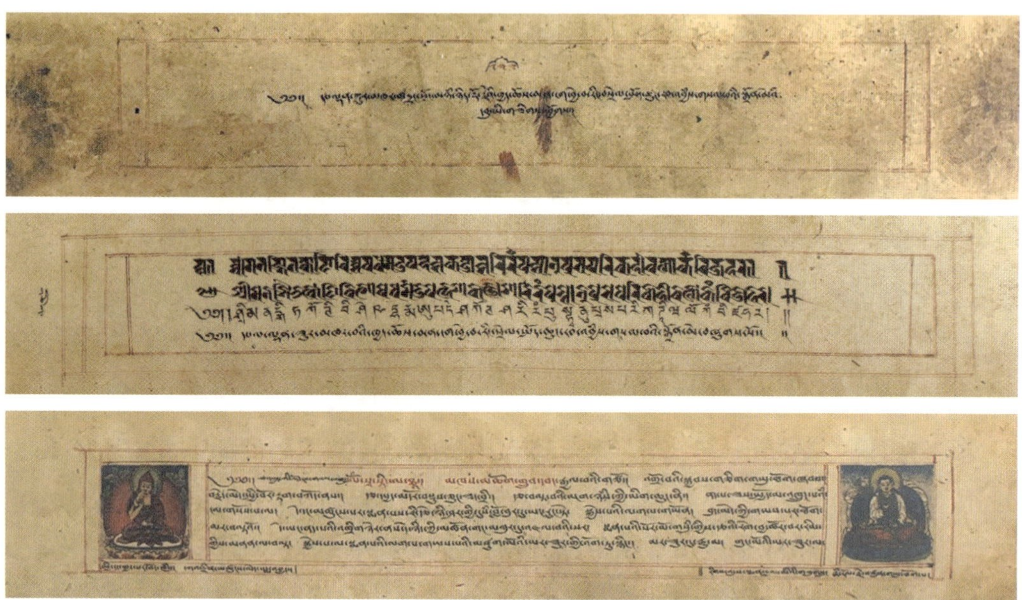

གསུང་རྩོམ་འདིའི་མ་ཡིག་ནི་པར་མ་ཡིན། པོ་ཏི་གཅིག་ཡོད། ཡིག་གཟུགས་དབུ་མེད། ཤོག་གྲངས་རེར་ཐིག་ཕྲེང་༧། ཐིག་ཕྲེང་རེར་ཡིག་འབྲུ་༤༧། ཁྱོན་བསྡོམས་ཤོག་གྲངས་༤༢༧བཞུགས། ད་ལྟ་ཁྲིན་ཏུའུ་ཀྲུང་ལུགས་གསོ་རིག་སློབ་གྲྭ་ཆེན་མོའི་དཔེ་མཛོད་ཁང་དུ་ཉར་ཚགས་བྱས་ཡོད།

ནང་དོན་གནད་བསྡུས།

དེབ་འདི་ནི་གཡུ་ཐོག་སྙིང་ཐིག་གི་གེགས་སེལ་གཞི་བྱས་པའི་འབྱུང་བ་ལུས་འཁྲུགས་ཀྱི་གེགས་སེལ་ཆེད་དུ་གཙོ་བོར་མཛད་པས་ནང་དོན་ལ་ཡང་ལག་ལེན་ཕྱོགས་ཀྱི་ནད་ངོས་འཛིན་ཚུལ་དང་། གསོ་བའི་ཐབས། དེ་ལས་འཕྲོས་པའི་ཡན་ལག་གི་ཕྱོགས་བཅས་རྣམ་པ་གསུམ་དུ་བཀར་ཡོད། ཕྱོགས་རེ་རེ་ནས་ཡང་རྩོམ་པ་པོས་ཉམས་མྱོང་

ལས་ཐོན་པའི་ཐབས་དང་མན་ངག་ཐུན་མོང་མ་ཡིན་པའི་ཚོ་ག་མང་དུ་སྤེལ་ཡོད་ལ། ལྷག་པར་དུ་སྨན་གྱི་ངོས་འཛིན་ཚུལ་སྦྱོ་ཡི་བུ་མོ་སྤུན་བདུན། ཆིག་ཐུབ་དཀར་པོ་སོགས་དང་། སྦྱོར་བ་ལ་རྗོ་སྦྱོར། སྦྱོ་སྦྱོར་སོགས་དང་། དེ་མིན་བྱིན་པའི་ཉ་ལོག་དང་།མཛེ་ནད། གཉན་ཚད་སྔ་ཚོགས་ཀྱི་མི་ནོར་བའི་གཟེར་འཚོལ་ཐབས་དང་བཅོས་ཐབས། ནུ་མའི་བཅོས་བདེ་བའི་འཁོར་ལོ་དང་། དབང་པོ་སྒོ་ལྔའི་བཅོས་ཐབས་སོགས་རྩོམ་པ་པོའི་ཉམས་མྱོང་ཁོ་ན་བསྒྲིགས་ཡོད་ལ། ནད་ཐོག་ལག་ལེན་སྐབས་གསོ་ཐབས་རྩལ་དུ་བཏོན་ནས་རྒྱུ་རྟགས་དབྱེ་བ་བཅོས་ཐབས་བཅས་ལྷམ་མེར་བཀྲམས་ཡོད་པར་རྒྱུད་འཛིན་བྱས་ཆོག་པའི་ཡོན་ཏན་ཕུན་སུམ་ཚོགས་པར་སྣང་། བརྩམས་ཆོས་གྲགས་ཅན་འདི་ནང་དོན་ཆེན་པོ་གསུམ་གྱི་སྒོ་ནས་བསྟན་ཡོད་དེ། ནད་ཀྱི་ངོས་འཛིན་ཚུལ་དང་། ནད་གསོ་བའི་ཐབས།དེ་ལས་འཕྲོས་པའི་ཡན་ལག་གི་ཕྱོགས་བཅས་སོ། ངོས་འཛིན་རྟགས་ཀྱི་ལེའུར་གཙོ་བོ་ནད་རིགས་ཀྱི་རྒྱུ་རྟགས་དང་རྩ་རྟགས་ཀྱི་སྐོར་ཞིབ་ཅིང་རྒྱས་པར་བརྗོད་ཡོད་ལ། གསོ་བྱེད་ཐབས་ཀྱི་ལེའུར་གཙོ་བོ་ཉེས་གསུམ་གསོ་ཐབས་མང་པོ་རྩོམ་པ་པོའི་ཉམས་མྱོང་དང་སྦྱར་ནས་བྲིས་ཡོད། དེ་ལས་འཕྲོས་པའི་ཡན་ལག་གི་ལེའུར་རྩོམ་པ་པོའི་ཉམས་མྱོང་ལས་ཐོན་པའི་ཐབས་དང་ཐུན་མོང་མ་ཡིན་པའི་མན་ངག་གི་ཚོ་ག་མང་དུ་སྤེལ་ཡོད།

གསོ་རིག་གི་རིན་ཐང་།

གཞུང་འདིར་བོད་ཀྱི་གསོ་རིག་གི་བརྩམས་ཆོས་གྲགས་ཅན《གསོ་རིག་རྒྱུད་བཞི།》 དང་རྒྱ་གཞུང་ཆེན་མོ《ཡན་ལག་བརྒྱད་པའི་སྙིང་པོ་བསྡུས་པ།》གཉིས་ཀྱི་ཉིང་བཅུད་ཕྱོགས་སུ་བསྡུས་ནས་བསྟན་ཡོད་པར་མ་ཟད། སྨན་གཞུང་འདིར་སྨན་སྦྱོར་མང་པོའི་སྦྱིབས་ཐབས་དང་ནད་རིགས་མང་པོའི་བཅོས་ཐབས་སོགས་རྩོམ་པ་པོ་རང་གི་ཉམས་མྱོང་ཁོ་ན་བསྒྲིགས་ཡོད་ལ། ནད་ཐོག་ལག་ལེན་གྱི་རིན་ཐང་ཁྱད་དུ་འཕགས་པས།བོད་ཀྱི་གསོ་རིག་གི་ནད་ཐོག་ལག་ལེན་ལ་གདམས་ངག་ཟབ་མོ་ཞིག་གིས་ཁ་གསབ་བརྒྱབ་འདུག

《秘诀千万舍利子小卷・明灯》

本医著母本为木刻本，字体为乌梅[①]体，每页7行，每行47字，共487页。此书现由成都中医药大学图书馆收藏。

---

① 乌梅：藏文དབུ་མེད།的音译，直译为“无头”，指藏文草书字体。

内容提要：

本医著主要内容分为三大章节，210个小节，即诊断章、治疗章、分支章。诊断章，共6小节，对疾病的脉象、尿象等做了详细的讲解；治疗章，共179小节，对三邪病、二合病、聚合病、寒热症、血病、黄水病、疫病、虫病、上体刺痛病、疮疡创伤、零星病等15类疾病的临床治疗内容做了讲解；分支章，共25小节，对马等牲畜疾病的治疗法、四组痼疾的治疗法、吸收精华的九条脉管的认识、五种寒水石的辨识、人造盐和人造晶体的制作法等进行介绍。

医学价值：

本医著凝练了藏医经典著作《四部医典》和古代印度医学巨著《八支集要》里的一切医学精髓，结合医者宝贵医学经验及秘诀，详述独具藏医特色的治疗方案，对藏医临床实践具有非常重要的指导作用。全书记载了历代杰出藏医学家的传承秘诀及作者自身的长期医学实践经验，具有很强的指导性、操作性与科学性，为藏医临床实践水平的提高作出了巨大的贡献。

༄༅། །བྱེ་བ་རིང་བསྲེལ་གྱི་ཆ་ལག་གྲངས་མེད་གསུང་ངག་ཏུམ་བུ་ཁྲིགས་སུ་བཀོད་པ་ཞེས་བྱ་བ་བཞུགས་སོ། །

གསུང་རྩོམ་འདི་《མན་ངག་བྱེ་བ་རིང་བསྲེལ། །》ཞེས་པའི་དཔེ་དེབ་གཅིག་ཡོད་པས་དེའི་ནང་དུ་བཀོད་ཡོད་དེ་ཤོག་ངོས་༣༦༡ནས་༥༦༣བར་གསལ། ཁྱོན་བསྡོམས་ཤོག་གྲངས་༢༠༣བཞུགས།

ནང་དོན་གནད་བསྡུས།

གཞུང་འདི་ནི་ཟུར་མཁར་གཙོ་བྱས་པའི་མཁས་པ་མང་པོའི་གསུང་ངག་ཏུ་མ་ཁྲིགས་སུ་བསྡེབས་པ་ཞིག་སྟེ། ནད་ཕྲ་རགས་སྣ་ཚོགས་ཀྱི་གཙོ་བོ་སྨན་བཅོས་དང་དཔྱད་བཅོས། ཐུགས་བཅོས་ཟབ་མོ། སྨན་སྦྱོར་སྣ་ཚོགས་ཀྱི་ལག་ལེན་སོགས་དུས་རབས་མང་པོའི་ལག་ལེན་སྦྱོང་བྱང་གྲགས་ཅན་རྣམས་བསྡུས་ནས་ཚན་ཆུང་༡༢༨གསུངས་ཡོད།

གསོ་རིག་གི་རིན་ཐང་།

གཞུང་འདིར་བརྗོད་གཞི་ཁུངས་བཙུན་ཞིང་ལུང་རིགས་ཀྱིས་ཕྱུག་པ། དབང་ལུང་ཁྲིད་གསུམ་གྱི་ལག་ལེན་མན་ངག་རྣམས་གནད་དུ་འཁེལ་བ། འཚོ་བྱེད་བློ་མཆོག་དམན་ཀུན་གྱིས་རྟོགས་སླ་ལ་སྤྱོད་བདེ་བ་སོགས་ཀྱི་དགེ་མཚན་ཁྱད་དུ་འཕགས་པ་ཡོད་པས། རྗེས་འཇུག་སྐལ་ལྡན་གྱི་སྐྱེས་བུ་རྣམས་ལ་བོད་ཀྱི་གསོ་བ་རིག་པའི་གཞུང་ལུགས་སློབ་སྦྱོང་དང་ལག་ལེན། ཞིབ་འཇུག་གི་དཔྱད་གཞིའི་རིན་ཐང་བཅས་ངེས་ཅན་ཞིག་ལྡན་ནོ། །

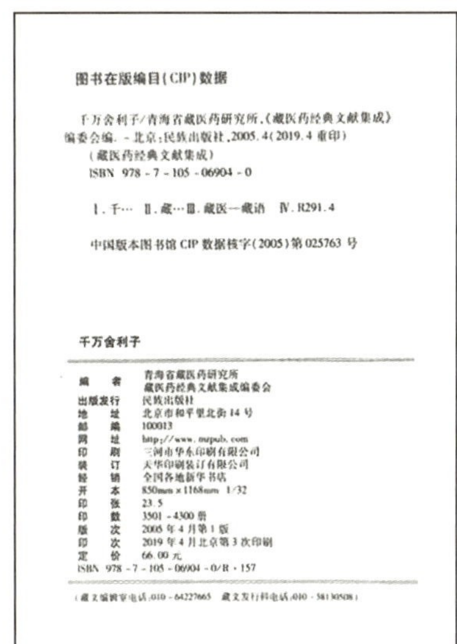
图书在版编目(CIP)数据

千万舍利子/青海省藏医药研究所,《藏医药经典文献集成》编委会编. - 北京:民族出版社,2005.4(2019.4重印)
(藏医药经典文献集成)
ISBN 978-7-105-06904-0

Ⅰ.千… Ⅱ.藏…Ⅲ.藏医—藏语 Ⅳ.R291.4

中国版本图书馆CIP数据核字(2005)第025763号

千万舍利子

编　者	青海省藏医药研究所 藏医药经典文献集成编委会
出版发行	民族出版社
地　址	北京市和平里北街14号
邮　编	100013
网　址	http://www.mzpub.com
印　刷	三河市华东印刷有限公司
装　订	天华印刷装订有限公司
经　销	全国各地新华书店
开　本	850mm×1168mm 1/32
印　张	23.5
印　数	3501－4300册
版　次	2005年4月第1版
印　次	2019年4月北京第3次印刷
定　价	66.00元

ISBN 978-7-105-06904-0/R・157

(藏文编辑室电话:010-64227665　藏文发行科电话:010-58130508)

《千万舍利子分支无数零星教言汇编》

本医著收载于《千万舍利子》中第361页至563页，共203页。

内容提要：

本医著是以苏喀巴为主的众多名医教言汇编，共179个小节。主要介绍历代医家的临床经验，如各种疾病的药治、外治、念诵咒语疗法的临床使用经验，并梳理了各种方剂的配伍和制作实践等。

医学价值：

本医著为多种疑难杂症提供了具有藏民族特色的治疗方法，内容通俗易懂，特别对临床医生具有一定的应用价值。对于医学生的理论学习、临床实践、科学研究也具有一定的指导价值。

༄༅། །ཁྲི་བ་རིང་བསྲེལ་གྱི་ཆ་ལག་གྲངས་མེད་གསུང་ངག་དུམ་བུ་ཁྲིགས་ཀྱི་ལྷན་ཐབས་སུ་བཀོད་པ་ཞེས་བྱ་བ་བཞུགས་སོ། །

གསུང་རྩོམ་འདི་《མན་ངག་ཁྲི་བ་རིང་བསྲེལ།》ཞེས་པའི་དཔེ་དེབ་གཅིག་ཡོད་པས་དེའི་ནང་དུ་བཀོད་ཡོད་དེ་ཤོག་ངོས་༥༦༤ནས་༧༠༩བར་གསལ། ཁྱོན་བསྡོམས་ཤོག་གྲངས་༡༤༦བཞུགས།

ནང་དོན་གནད་བསྡུས།

དེབ་འདི་ནི་གཙོ་བོ་གོང་གི་གྲངས་མེད་གསུང་ངག་དུམ་བུ་ཁྲིགས་སུ་བསྡེབས་པ་ཞེས་པ་དེའི་ལྷན་ཐབས་ཀྱི་ཚུལ་དུ་བྲིས་པ་ཞིག་སྟེ། གཙོ་བོ་མགོ་བོའི་བཤལ་སྣན་བརྒྱུད་མ་དང་། མིག་ནད། ཙ་སྦྱོར། སྐྲངས་འཇོམས། བསེ་སོག ཆུ་སེར།འབྲུ་བ། མཛེ། འབྲས། ཤུ་བ། སྟོད་འཚངས། གཉན་རིམས། གདོན། དུག་སོགས་ཀྱི་བཅོས་ལ་བཤལ་དང་། ཙ་སྦྱོར། བྱུག་པ། ཕོང་དུ་གཏོང་བྱའི་སྨན་དང་ཐབས་ཀྱི་གསོ་བཅོས་ལག་ལེན་ཇི་སྙེད་ཅིག་དང་། ཁྱད་པར་དུ་ཐེལ་ཚེ་དམར་པོའི་རྒྱུ་གདམས་དང་གནམ་ལྕགས་ཐེལ་བའི་འཕྲུལ་བཤལ་སོགས་ཁྱད་མཚར་ཅན་གྱི་བཅོས་ཐབས། དབང་རིལ་དང་འཕྲུལ་སྨུག་སོགས་ཀྱི་བཟོ་ཐབས། བདུད་རྩི་ལྔའི་བཅུད་ལེན། མདེའུ་དམར་འདྲེན་གྱི་ཆོ་ག་སོགས་ཀྱི་ལག་ལེན་རྣམས་ཚན་ཆུང་༧༣ བཀར་ནས་བསྟན་ཡོད།

གསོ་རིག་གི་རིན་ཐང་།

གཞུང་འདིར་གཙོ་བོ་མགོ་བོའི་བཤལ་སྣན་བརྒྱུད་མ་སོགས་དོན་ཚན་༧༣་བསྟན་ཡོད་ལ། གཙོ་བོ་མགོ་ནད་དང་། མིག་ནད། བསེ་སོག དུག་སོགས་ཀྱི་ཁྱད་མཚར་ཅན་གྱི་བཅོས་ཐབས་དང་སྨན་རྫས་བཟོ་ཐབས། གསོ་བཅོས་ལག་ལེན་སོགས་ཞིབ་པར་བརྗོད་ཡོད་པས་འཚོ་བྱེད་སྨན་པ་ཚོ་ལ་ངེས་མཁོའི་ཟུར་ལྷའི་སྨན་ཡིག་ཅིག་ཡིན།།

《千万舍利子分支无数零星教言汇编之补遗》

本医著收载于《千万舍利子》中第564页至709页，共146页。

内容提要：

本医著为《无数零星教言汇编》的补充，主要记载治疗头部疾病、眼病、梅毒、腹泻、麻风、气血上壅症、疫瘟、邪气、中毒症等疾病的治疗手段。特别是记载了盖红印疗法、天杵腹泻法、马宝和“制墨”工艺及五味甘露滋补方、体内箭镞手术拔除法等73个小节。

医学价值：

本医著记载了治疗头部疾病、眼病、梅毒、腹泻、麻风、气血上壅症、疫瘟、邪气、中毒症等疾病的藏医独特治法和药物制剂技术，既是确保藏药临床用药安全的操作指南，又是藏医药一线工作人员必备的藏药材参考用书。

༄༅། །བྱི་བ་རིང་བསྲེལ་གྱི་ཆ་ལག་ཁ་སྐོང་ཚོར་བུའི་མཛེས་རྒྱན་ཞེས་བྱ་བ་བཞུགས་སོ། །

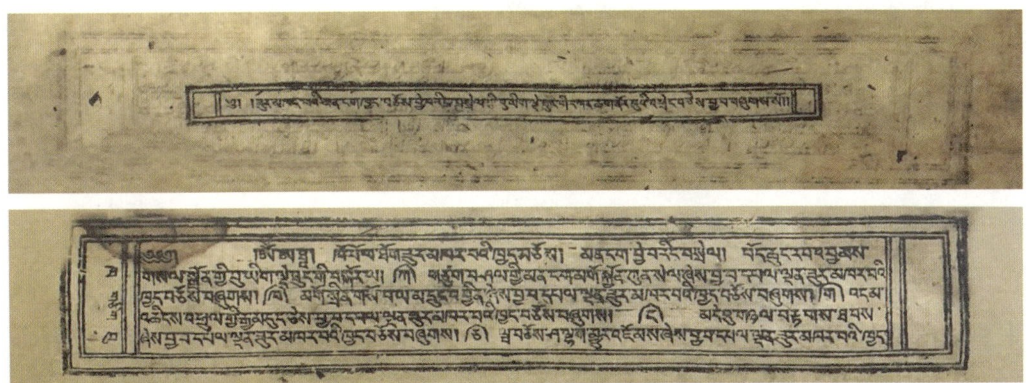

གསུང་རྩོམ་འདིའི་མ་ཡིག་ནི་པར་མ་ཡིན། པོ་ཏི་གཅིག་ཡོད། ཡིག་གཟུགས་དབུ་ཅན། ཤོག་གྲངས་རེར་ཐིག་ཕྲེང་༦། ཐིག་ཕྲེང་རེར་ཡིག་འབྲུ་༤༨། ཁྱོན་བསྡོམས་ཤོག་གྲངས་༢༢བཞུགས། ད་ལྟ་ཁྲིན་ཏུའུ་ཀྲུང་ལུགས་གསོ་རིག་སློབ་གྲྭ་ཆེན་མོའི་དཔེ་མཛོད་ཁང་དུ་ཉར་ཚགས་བྱས་ཡོད།

ནང་དོན་གནད་བསྡུས།

ནང་དོན་གཙོ་བོ་ཐོག་མར་དཔལ་ལྡན་རྒྱུད་བཞིའི་དབང་ལུང་ཐོབ་པར་བྱ་བའི་ཞལ་འདོན་ཙམ་གྱི་འགྲོ་མཐུད་ནས་དམུ་ཆུའི་བཅོས་ཐབས་ཟུར་མཁར་བའི་ལུགས་དང་ཁྲི་སྐྱོན་གྱི་དུག ཆུ་སྐྱོངས་སྨན་བརྒྱད། བདུད་རྩི་ཁཎྜའི་སྦྱོར་བ། དབྱུག་དུག རྐང་འབམ་གྱི་ནད། གཟའ་གདོན། རླུང་ནད། ཆུ་ནད་སོགས་ཀྱི་རྟགས་བཅོས་དང་། སྙིང་རླུང་སྟོད་འཚངས་སོགས་ནད་སྣ་ཚོགས་ལ་མཆོག་ཏུ་ཕན་པའི་དབྱུག་བཅོས་སོགས་ཕྱོགས་གཅིག་བསྡུས་ནས་བྱི་བ་རིང་བསྲེལ་གྱི་ཁ་སྐོང་ཚུལ་དུ་དོན་ཚན་༩ བསྟན་ཡོད།

གསོ་རིག་གི་རིན་ཐང་།

འདིར་གཙོ་བོ་དམུ་ཆུའི་བཅོས་ཐབས་ཟུར་མཁར་བའི་ལུགས་དང་ནད་སྣ་ཚོགས་ལ་མཆོག་ཏུ་ཕན་པའི་དབྱུག་བཅོས་སོགས་ཕྱོགས་གཅིག་ཏུ་བསྡུས་ནས་བྱི་བ་རིང་བསྲེལ་གྱི་ཁ་སྐོང་ཚུལ་དུ་དོན་ཚན་༩བསྟན་ཡོད། བརྗོད་བྱ་ཕུན་སུམ་ཚོགས་པས་ནད་ཐོག་དངོས་ཀྱི་གནད་དོན་དབྱེ་ཞིབ་དང་ཐབ་གཅོད་བྱེད་པའི་ནུས་པ་ངེས་ཅན་འདོན་ཐུབ་པས་གསོ་རིག་གི་ནད་ཐོག་ལག་ལེན་ཐད་རིན་ཐང་གལ་ཆེན་ལྡན་ནོ།།

《千万舍利子分支之补充·珍宝美饰》

本医著母本为木刻本，字体为乌金[①]体，每页6行，每行48字，共22页。此书现由成都中医药大学图书馆收藏。

内容提要：

本医著开篇口诵获得《四部医典》灌顶经文之后，记载了水臌、狂犬毒、岗巴（青腿牙疳）、星曜魔病（中风）、隆病、尿闭、水病等疾病的诊治法及心隆上壅症等各种疾病的特效治法，如棍敲法等。以上内容汇集于一起作为《千万舍利子》一书的补充资料。

医学价值：

本医著作为《千万舍利子》一书的补充，在藏医临床诊疗、藏药方剂配伍等方面有着极其独到的学术见解。在水臌症、岗巴症、星曜症等疾病的鉴别诊断、临床用药等方面效果尤其显著，为多种疑难杂病的治疗提供了理论依据与实践经验。

---

① 乌金：藏文དབུ་ཅན།的音译，直译为“有头”，指藏文楷书字体。

༄༅། །རིན་ཆེན་ཚ་སྦྱོར་གྱི་ཟིན་བྲིས་གཙོང་ནད་བདེ་སྐྱེར་ཞེས་བྱ་བ་ཟུར་མཁར་བའི་ཁྱད་ཆོས་ཞེས་བྱ་བ་བཞུགས་སོ། །

གསུང་རྩོམ་འདི་《མན་ངག་བྱེ་བ་རིང་བསྲེལ།།》ཞེས་པའི་དེབ་དུ་བཀོད་ཡོད་དེ་ཤོག་ངོས་༡༤༤ནས་༡༤༦བར་གསལ། ཁྱོན་བསྡོམས་ཤོག་གྲངས་༣བཞུགས།

ནང་དོན་གནད་བསྡུས།

གསུང་རྩོམ་འདིའི་ནང་གཙོ་བོ་སྨན་སྣ་སུམ་ཅུ་ཅན་གྱི་རིན་ཆེན་ཚ་སྦྱོར་གྱི་སྦྱར་ཐབས་ཀྱི་གནད་ཚུང་རྒྱས་པར་བཀྲོལ་ནས། རིལ་བུར་དྲིལ་ཚད་དང་། བསྟེན་ཚད། བསྟེན་ཐབས། སྤྱིའི་ཕན་ཡོན་དང་ཁྱད་པར་གྱི་ཕན་ཡོན་བཅས་གསལ་པར་བསྟན་ཡོད།

གསོ་རིག་གི་རིན་ཐང་།

སྔོན་བསགས་བསོད་ནམས་ཀྱི་མཐུ་ལས་གྲུབ་པའི་ཤིན་ཏུ་རྙེད་དཀའ་བའི་དལ་འབྱོར་གྱི་ལུས་རྟེན་ལ་གཙོང་ནད་སྐྱེ་བཞིན་སྡོང་ལོག་འགྲོ་བར་མཐོང་ནས། རྒྱུ་གཉིས་ལས་ཀྱི་སྡུག་བསྔལ་སེལ་ཆེད་དུ་སྨན་སྣ་སུམ་ཅུ་བསྟན་པ་ནས་གསོ་རིག་གི་གཞུང་ལ་གདམས་ངག་ཟབ་མོ་ཞིག་གིས་ཁ་གསབ་བརྒྱབ་འདུག་གོ།

《苏喀巴特色珍宝热方制作笔记·治愈痼疾》

本医著收载于《千万舍利子》中第144页至146页，共3页。

内容提要：

本医著介绍了30味药的珍宝热方[①]，并详细记载此方配伍要点，明确了丸剂的制法、用量用法、总功效及特殊功效等内容。

① 珍宝热方：又译作“仁青嚓觉”。与之相对应的珍宝凉方又译作“仁青常觉”。

医学价值：

本医著明确记载了研制30味药的珍宝热方与丸剂的制法、用量用法、总功效和特殊功效等，为医学领域提供了祛除病根的秘法。

༄༅། །དཔལ་ལྡན་ཟུར་མཁར་བའི་ཁྱད་ཆོས་མན་ངག་བྱེ་བ་རིང་བསྲེལ་པོད་ཆུང་རབ་འབྱམས་གསལ་བའི་སྒྲོན་མེ་ལས་དངུལ་ཆུ་བཙོ་བཀྲུ་ཆེན་མོའི་ལག་ལེན་སྙིང་གི་གསང་མཛོད་ཅེས་བྱ་བ་བཞུགས་སོ། །

གསུང་རྩོམ་འདི་《མན་ངག་བྱེ་བ་རིང་བསྲེལ།།》ཞེས་པའི་དེབ་དུ་བཀོད་ཡོད་དེ་ཤོག་ངོས་༡༤༡ནས་༡༤༤བར་གསལ། ཁྱོན་བསྡོམས་ཤོག་གྲངས་༤བཞུགས།

ནང་དོན་གནད་བསྡུས།

དེབ་འདིའི་ནང་དོན་གཙོ་བོ་ནི་རིན་ཆེན་མང་སྦྱོར་གྱི་སྦྱོར་བཟོའི་ཕྱག་ལེན་དང་། དངུལ་ཆུ་བཙོ་བཀྲུ་ཆེན་མོའི་ལག་ལེན་གྱི་གོ་རིམ་མི་འདྲ་བ་འགའ་རེ་བཀོད་ཡོད་དེ། དཔེར་ན། དངུལ་ཆུ་སྲང་གང་དང་། སྣ་པི་ཕོ་གསུམ་སོ་སོར་བཏགས་པའི་ཕྱེ་མ་ཐུར་མགོ་འབྲིང་རེ་རྣམས་ལྷན་ཅིག་ཏུ་སླ་ཁུག་ཏུ་བླུགས་ཏེ། འཕུར་མཉེད་བྱས་པ་སོགས་ཀྱིས་དངུལ་ཆུའི་དུག་ཐོན་པར་མ་ཟད། ཁྱད་པར་ནུས་པ་བརྒྱ་འགྱུར་གྱིས་བསྐྱེད་ཐུབ་པ་དང་། ལོ་བླ་ཅི་ཙམ་བཞག་ཀྱང་ནུས་པ་མི་ཉམས་པ་སོགས་དངུལ་ཆུ་བཙོ་བཀྲུའི་ཕྱག་ལེན་ཀུན་གྱི་ནང་ནས་གསང་རྒྱ་མན་ངག་སྙིང་དང་འདྲ་བ་ཞིག་བསྟན་ཡོད།

གསོ་རིག་གི་རིན་ཐང་།

དེབ་འདིར་རིན་ཆེན་མང་སྦྱོར་གྱི་སྦྱོར་བཟོའི་ཕྱག་ལེན་དང་། དངུལ་ཆུ་བཙོ་བཀྲུ་ཆེན་མོའི་ལག་ལེན་གྱི་གོ་རིམ་མི་འདྲ་བའི་མན་ངག་གལ་ཆེན་གསུངས་ཡོད་པས་གསོ་རིག་གི་རིན་ཐང་ཆེས་ཆེར་ལྡན་ནོ།།

《〈苏喀巴特色秘诀千万舍利子小函极亮明灯〉之水银大煮洗实践·精华秘库》

本医著收载于《千万舍利子》中第141页至144页，共4页。

内容提要：

本医著记载了珍宝大方丸的制作实践、水银大煮洗法的不同操作程序，如将水银和干姜、荜茇、胡椒三药的粉末各一中等小勺，倒入獐子皮囊中搓揉，该方法不但能除去水银之毒，还能提高功效，且不论放置多少年月，功效不会减弱，为重要的水银洗炼法秘诀。

医学价值：

本医著详尽记录了珍宝大方丸的制备过程，涵盖了其独到的配方、药材的选择以及精细的制作步骤。著作中亦详细阐述了水银大煮洗法的多种操作程序，包括水银的提炼、净化过程，以及与其他药材结合进行煮洗的方法。这些内容不仅丰富了藏医药炮制学的知识体系，而且对于临床实践具有重要的指导价值。

༄༅། །རྒྱུད་རྒྱལ་བདུད་རྩི་སྙིང་པོ་ལས་རྒྱུད་ཕྱི་མའི་སྨན་ངོས་གསལ་བྱེད་བདུད་རྩི་སྒྲོན་མེ་ཞེས་བྱ་བ་བཞུགས་སོ། །

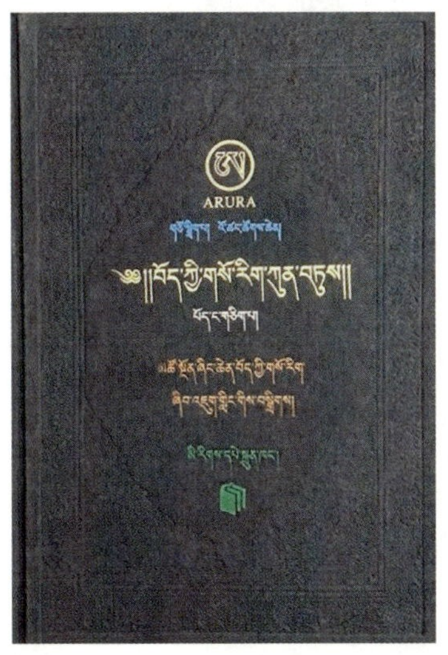

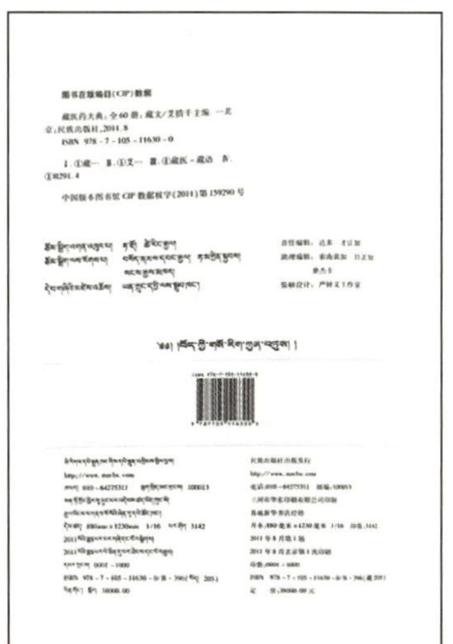
图书在版编目(CIP)数据
ISBN 978-7-105-11630-0
中国版本图书馆CIP数据核字(2011)第159290号

གསུང་རྩོམ་འདི་ཉིད་པེ་ཅིན་མི་རིགས་དཔེ་སྐྲུན་ཁང་གིས་༢༠༡༡ལོའི་ཟླ་༨པར་དཔེ་སྐྲུན་བྱས་པའི་《བོད་ཀྱི་གསོ་རིག་ཀུན་བཏུས།།》ཞེས་པའི་པོད་ང་གཅིག་པའི་ནང་ཤོག་ངོས་༨༤ནས་༡༡༢བར་གསལ། ཡིག་གཟུགས་དབུ་ཅན་ཡིན། ཁྱོན་བསྡོམས་ཤོག་ངོས་༢༦བཞུགས།

ནང་དོན་གནད་བསྡུས།

མདོ་བཞིའི་ལེའུ་ཉེར་ལྔས་བསྟན་པའི་ཕྱི་མ་རྒྱུད་ཀྱི་ལེའུ་གསུམ་པ་ཐང་གི་སྡེ་ཚན་ནས་བཙམས་ཏེ་ལེའུ་བཞི་པ་དང་ལེའུ་དྲུག་པའི་བར་སྨན་རྣམས་ཀྱི་འབྱུང་ཁུངས་དང་། རིགས་དབྱེ་བཟང་ངན། མིང་གི་རྣམ་གྲངས། རོ་ནུས་ཞུ་རྗེས། རྩ་ལོ་མེ་འབྲས་སོགས་ངོས་འཛིན་དག་མ་རྟོག་པ་དང་། ལོག་པར་རྟོག་པ། ཐེ་ཚོམ་པ། ཕྱོགས་ཙམ་རྟོག་པ་དག་བསལ་བའི་ཕྱིར་རྩོམ་པ་པོས་སྔོན་གྱི་མཁས་གྲུབ་རྣམས་ཀྱིས་བརྩམས་པའི་གཞུང་མང་པོ་ཞིག་ལ་ཁུངས་གཏུགས་ཤིང་། བླ་མའི་བཞེད་སྲོལ་ཚད་མ་ཡི་རྗེས་སུ་འབྲང་ནས་ཤེས་རྟོག་བྱུང་བའི་ལེགས་ཆ་རྣམས་ཤིན་ཏུ་ཞུང་དུར་བསྡུས་ནས་གསལ་བར་བཀོད་ཡོད།

གསོ་རིག་གི་རིན་ཐང་།

རྩོམ་པ་པོས་དཔལ་ལྡན་རྒྱུད་བཞི་ལས་ཕྱི་མ་རྒྱུད་ཀྱི་ནང་དོན་གཙོ་བོར་བཟུང་ནས་སྨན་གྱི་འབྱུང་སའི་ཁྱད་པར་དང་། རིགས་དབྱེ་བཟང་ངན། མིང་གི་རྣམ་གྲངས། རོ་ནུས་ཞུ་རྗེས། རྩ་ལོ་མེ་འབྲས་སོགས་ངོས་འཛིན་དག་མ་རྟོག་པ་དང་། ལོག་པར་རྟོག་པ། ཐེ་ཚོམ་པ། ཕྱོགས་ཙམ་རྟོག་པ་དག་བསལ་བའི་ཕྱིར་མཁས་པ་མང་པོའི་བཞེད་པ་ཕྱོགས་གཅིག་ཏུ་བསྡུས་ནས་གསལ་བར་བཀོད་ཡོད་པས། དགེ་སློབ་ཡོངས་ལ་དཔྱད་གཞིའི་སྨན་ཡིག་རྩ་ཆེན་ཞིག་ཏུ་གྱུར་ཡོད།།

《甘露精要续王之后补续药物辨认明示·甘露明灯》

本医著收载于《藏医药大典》，共27页（第51卷中第86页至112页）。此书由民族出版社于2011年8月出版。

内容提要：

本医著作者溯源历代名医学者著作，对《后续部》[①]中的第三章汤剂至第二十五章涂剂之间各章所用药物产地、优劣鉴别、药物别名、性味、消化后味、根叶花果的辨认等方面存在的谬误、偏见、疑惑进行标注及解释。

医学价值：

本医著以简洁明了的方式记录了作者在医学领域中的正确见解和理论，它不仅对《后续部》中所提及的各类药物进行了深入的分析和研究，还对其中存在的错误进行了纠正和指正。通过严谨的考证和科学的方法，作者努力正本清源，使得这部医著在藏医界具有了重要的参考价值和应用意义。

① 《后续部》：《四部医典》（又名《医学四续》）中的一个组成部分，又译作《后补续》。《四部医典》的其他组成部分别为《总则部》（又译作《根本续》）、《论述部》（又译作《论说续》）、《秘诀部》（又译作《秘诀续》）。

ཕྲག་དགོན་བསོད་ནམས་བཀྲ་ཤིས་ཀྱི་ངོ་སྤྲོད་མདོར་བསྡུས།

查温·索朗扎西简介

རབ་བྱུང་བདུན་པའི་དུས་འཁོར་ཤར་ཕྱོགས་དྭགས་པོའི་ཕྱོགས་སུ་འཁྲུངས། ཆུང་དུས་ནས་ཡིག་རྩིས་སོགས་ཐ་སྙད་རིག་གནས་ལ་སྦྱངས། ཟུར་མཁར་མཉམ་ཉིད་རྡོ་རྗེ་བསྟེན། གསོ་རིག་གཞུང་ལ་སྦྱངས་པ་མཛད། སྐུ་ཚེ་གང་པོར་གསོ་རིག་གི་ཁྲིད་རྒྱུན་སྤེལ། ཁོང་གི་ཡབ་ཡུམ་གྱི་མཚན་དང་འཁྲུངས་ལོ་སོགས་མ་རྙེད་ཀྱང་། མཚོ་སྨད་མཁན་ཆེན་གྱིས་མཛད་པའི་ཁོག་འབུགས་ལེགས་བཤད་དངུལ་དཀར་མེ་ལོང་གི་མཇུག་ཏུ་ཁོང་གི་རྣམ་ཐར་མདོར་བསྡུས་ཙམ་གསལ་ཏེ། ཇི་སྐད་དུ། ཟུར་མཁར་མཉམ་ཉིད་རྡོ་རྗེ་ཡི། ཐུགས་སྲས་དམ་པ་ཕྲག་དགོན་པས། ཕྱི་རྒྱུད་དཔར་བཞེངས་བཤད་ཉན་རྒྱུན་གྱིས་ནི། གངས་ཅན་གནས་འདིར་གསོ་རིག་བསྟན་པ་ཡི།། རྒྱལ་མཚན་བཙུགས་ཤིང་འགྲོ་བ་ནད་པའི་ཚོགས།། དུས་མིན་འཆི་བདག་གཡུལ་ལས་རྒྱལ་བ་དང་།། རྣམ་དག་བསླབ་པའི་ཁྲིམས་ལས་མི་གཡེལ་བའི།། ཆོས་སྤྱོད་བཅུ་དང་རིམ་གཉིས་ཟབ་མོ་ཡིས།། ཉིན་མཚན་གཡེལ་བ་མེད་པར་དོན་ལྡན་མཛད།། ཅེས་གསུངས་པ་བཞིན། ཁོང་ནི་ཟུར་མཁར་མཉམ་ཉིད་རྡོ་རྗེའི་སློབ་མ་མཐར་ཕྱིན་བཞིའི་ནང་ནས་འཕྱིན་ལས་མཐར་ཕྱིན་ཕྲག་དགོན་བསོད་ནམས་བཀྲ་ཤིས་ཡིན་ལ། ཁོང་གིས་ཕྱི་མ་རྒྱུད་པར་གསར་དུ་བཞེངས་པ་དང་། བཤད་ཉན་གྱི་རྒྱུན་སྤེལ་ཏེ་གངས་ཅན་ཡུལ་དུ་གསོ་རིག་བསྟན་པའི་རྒྱལ་མཚན་བཙུགས་ནས་འགྲོ་བ་ནད་པ་མཐའ་དག་གི་ཉེར་འཚོ་དམ་པར་སྐུ་ཚེ་དོན་ལྡན་དུ་བཞུགས་པར་གདའ་འོ།།

查温·索朗扎西，出生于藏历第七绕迥（1387—1446），诞生于西藏东部的塔波地区（今属西藏山南）。查温·索朗扎西的父母姓名及其出生与逝世年份，现有资料并未提供详尽的记载，这使得我们对他的家庭背景知之甚少。然而，关于查温·索朗扎西的背景及学习历程虽简略，却能在措美堪钦（即三品僧官堪钦释迦旺久）所撰写的《医学概论·白银明镜》一书的结尾处寻得相关记载。措美堪钦在书中这样描述道："其大弟子查温巴，刻印后续重新传授，在这雪域之方圆，举起医学之宝幢，解除患者之疾苦，驱走非时之阎王，永守清净之戒规，照十行法二次第，度昼夜于益事中。”正如措美堪钦所言，查温·索朗扎西自幼便展现出了对学习的极大热情，尤其是对藏文文法、天文历算等基础知识的掌握，他投入了巨大的精力和时间。随着岁月的流逝，查温·索朗扎西逐渐长大成人，他对于知识的渴望并未减少，反而愈发强烈。为了更深入地学习和探索藏医药学这一博大精深的领域，他做出了一个重要的决定，那就是拜在当时著名的藏医药学大师苏喀·娘尼多吉的门下，希望能够通过大师的指导和教诲，更进一步地掌握这门古老而神秘的医学知识。在苏喀·娘尼多吉的悉心教导和指导下，查温·索朗扎西不仅掌握了丰富的藏医药知识，而且在实践中不断磨练和提升自己，最终他凭借自己的努力和天赋，脱颖而出，成为苏喀·娘尼多吉门下四大弟子之一。这不仅是对他学术成就的极大肯定，更是对他智慧和才能的最高赞誉。

查温·索朗扎西不仅是一位孜孜不倦的求知者，更是一位卓越的传播者和实践者。他深知《四部医典》作为藏医药学的瑰宝，其传承与发扬对于后世的重要性。因此，他不仅深入研究了《四部医典·后续部》，还亲自参与了这部经典的刻印工作，确保每一个字、每一句话都能准确无误地传达给后人。在他的努力下，苏派理论得到了正确的继承和发扬，许多原本濒临失传的医术和药方得以重新焕发生机。查温·索朗扎西用自己的实际行动，为众生解除了病痛，赢得了广泛的赞誉和尊敬。

查温·索朗扎西的一生，是追求知识、传播医术、造福众生的一生。

ཕྲག་དགོན་བསོད་ནམས་བཀྲ་ཤིས་ཀྱི་གསུང་འབུམ།

查温·索朗扎西医著

༄༅། །སྨིན་དྲུག་གི་བཅོས་འཆི་མེད་བདུད་རྩིའི་མེ་ཏོག་ཅེས་བྱ་བ་བཞུགས་སོ། །

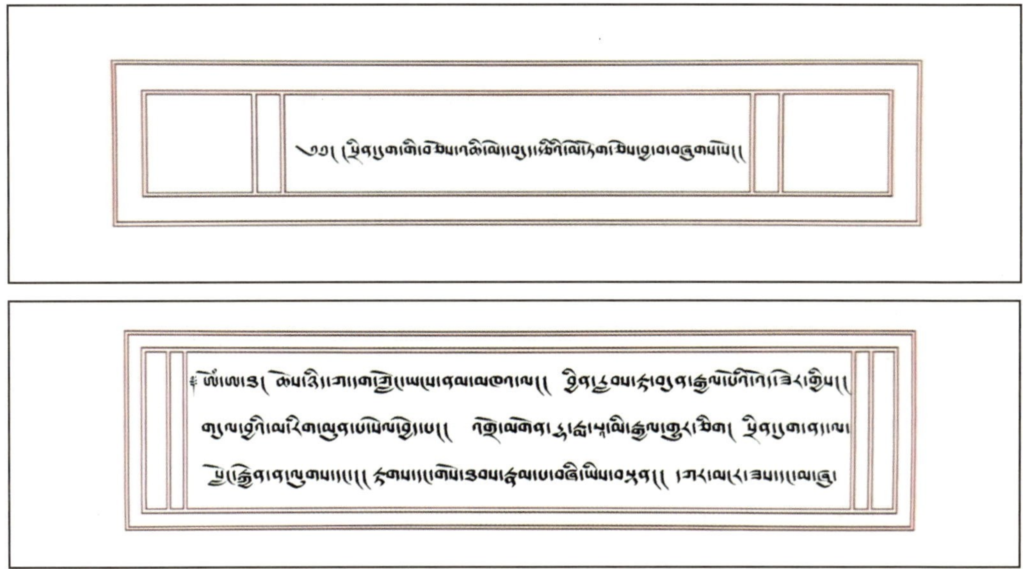
༄༅། །སྨིན་དྲུག་གི་བཅོས་འཆི་མེད་བདུད་རྩིའི་མེ་ཏོག་ཅེས་བྱ་བ་བཞུགས་སོ། །

གསུང་རྩོམ་འདིའི་མ་ཡིག་ནི་པར་མ་དང་། ཡིག་གཟུགས་དབུ་མེད་ཡིན། ཤོག་ངོས་རེར་ཐིག་ཕྲེང་༣། ཐིག་ཕྲེང་རེར་ཡི་གེ་༤༧། ཁྱོན་བསྡོམས་ཤོག་ངོས་༤བཞུགས། ད་ལྟ་ཁྲིན་ཧྲུའུ་ཀྲུང་ལུགས་གསོ་རིག་སློབ་གྲྭ་ཆེན་མོའི་མི་རིགས་གསོ་རིག་སློབ་གླིང་གི་ཡིག་ཚགས་ཁང་དུ་ཉར་ཚགས་བྱས་ཡོད།

ནང་དོན་གནད་བསྡུས།

ནད་ཐོག་དངོས་ནང་ལྟོ་བར་ན་ཟུག་ཆེ་བའི་ནད་རིགས་མང་དག་ཅིག་ཡོད་པ་དེ་དག་ནད་གཞི་གང་དང་གང་ཡིན་པའི་བརྟག་ཐབས་ངོས་འཛིན་ལེགས་པར་ཤེས་པར་བྱ་རྒྱུ་ནི་གལ་ཆེའི་གནད་ཅིག་ཡིན་པས་གསུང་རྩོམ་འདིར་གཙོ་བོ་རྒྱུ་ཁྲིན་ལས་བསྐྱེད་པའི་སྨིན་དྲུག་གི་ནད་ཀྱི་རྒྱུ་རྐྱེན་དང་། ནང་གསེས་ཀྱི་དབྱེ་བ། ཕྱི་རོལ་དུ་མངོན་པའི་རྟགས། གསོ་བཅོས་ཀྱི་ཐབས་ལམ་བཅས་རྣམ་པ་བཞིའི་སྒོ་ནས་བསྟན་ཡོད།

གསོ་རིག་གི་རིན་ཐང་།

གསུང་རྩོམ་འདིའི་ནང་དུ་སྲིན་དུག་གི་ནད་ལ་སྨན་བཅོས་ཀྱི་ལག་ལེན་ཆ་ཚང་གསུང་ཡོད་པར་མ་ཟད། ད་དུང་ནད་འདི་ལ་ཟས་སྤྱོམ་གྱི་བཅོས་ཐབས་དང་། སྤྱོད་ལམ་གྱི་བཅོས་ཐབས། དཔྱད་ཀྱི་བཅོས་ཐབས། དེ་མིན་ཐུགས་ཀྱི་བཅོས་ཐབས་བཅས་འཛུམས་ཚང་བཀོད་ཡོད་པས་སྐལ་ལྡན་རྗེས་འཇུག་ནི་འཚོ་བྱེད་རྣམས་ལ་སྲིན་དུག་བརྟག་བཅོས་ཐད་ལ་དཔྱད་གཞིའི་ཡིག་ཆ་རིན་ཐང་ཆེ་བ་ཞིག་ཏུ་འགྱུར་སོ།།

《虫毒疗法 · 长寿甘露花》

本医著母本为印刷本，字体为乌梅体，每页3行，每行27字，全文共8页。此书现由成都中医药大学民族医药学院资料室收藏。

内容提要：

本医著中全面记载了虫毒症的病因病机、临床分型、临床症状和治疗方法等。

医学价值：

本医著在记载虫毒症的疗法方面，除药物治疗，还记载了饮食、起居、外治等疗法，体现了虫毒疗法的广泛性和多样性，具有极其独到的学术见解和临床诊疗思维。书中许多观点至今仍是临床实践所必须遵循的原则，对临床医生具有重要的应用价值。

སྐྱེམས་པ་ཚེ་དབང་གི་ངོ་སྤྲོད་མདོར་བསྡུས།

金巴·次旺简介

སྐྱེམས་པ་ཚེ་དབང་ཞེས་པ་ནི། ཟུར་ལུགས་སྨན་པའི་གཙུག་རྒྱན་ཨ་པོ་ཆོས་རྗེའི་དངོས་སློབ་ལག་ལེན་མཐར་ཕྱིན་སྐྱེམས་པ་ཚེ་འབུམ་རྡོ་རྗེའི་སློབ་མ་ཡིན་པ་དང་། ཡབ་ཡུམ་གྱི་མཚན་དང་འཁྲུངས་ལོ་སོགས་མ་རྙེད་ཀྱང་མཆོག་ཉིད་ཀྱིས་མཛད་པའི་བཤད་རྒྱུད་འགྲེལ་པའི་མཇུག་བྱང་ལྟར་བྱས་ན་རབ་བྱུང་བརྒྱད་པའི་ས་ཕག（སྤྱི་ལོ་༡༥༧༨）ལོར་བརྩམས་ཞེས་འཁོད་འདུག་པས་རགས་རྩིས་བྱས་ན་དུས་རབས་བཅོ་ལྔའི་ནང་རེད་འདུག སྐྱེམས་པ་ཚེ་དབང་ནི་བཅུ་ཕྲག་རིག་པའི་གནས་ལ་ནང་བྱན་ཆུད་པ་དང་། ལྷག་པར་དུ་སྨན་དཔྱད་སྐོར་ལ་མཁྱེན་རྒྱ་ཤིན་ཏུ་ཆེ་བས་སྐད་གྲགས་ཅན་གྱི་རྒྱུད་བཞིའི་འགྲེལ་བ་དང་། ཁོང་རང་བརྒྱུད་པ་དང་བཅས་པའི་ཁྱད་ཆོས་སྨན་དཔྱད་ལག་ལེན་ཚེ་དབང་བརྒྱ་རྩ་ཞེས་པ་སྦྱོང་བརྩོན་མན་ངག་ཟབ་མོའི་དོན་རྣམས་ལྷུག་པར་བཀྲོལ་བ། གསོ་དཔྱད་ཀྱི་སྤྱི་དོན་ལེགས་བཤད་འདོད་འཇོ་སོགས་ལྷུགས་རྩོམ་མང་པོ་མཛད། སྨན་དཔེ་དེ་དག་ལ་མཇལ་དུས་སྐྱེམས་པ་ཚེ་དབང་ནི་དངོས་འབྲེལ་ཐུགས་བསྐྱེད་ཧ་ཅང་བཟང་ཞིང་། གཞན་ཕན་འགྲོ་དོན་ཁོ་ནས་དུས་འདའ་བའི་སྨན་པ་བླ་ན་མེད་པ་ཞིག་ཡིན་པའི་སྣང་ཚུལ་འགོག་མེད་དུ་འཆར་བཞིན་ཡོད། དཔེར་ན་བཤད་རྒྱུད་ཀྱི་འགྲེལ་བ་ཚིག་དོན་ཉི་མ་ཞེས་པའི་མཇུག་བྱང་ལས། དེང་སང་ཕལ་ཆེར་ཞུང་དུས་ཆོག་པར་འཛིན།། འགའ་ཞིག་རང་འཚོ་འཛིན་པའི་དྲེགས་པས་བཅིངས།། དེ་ཕྱིར་དྲི་དང་བསྐྱུལ་པར་བྱེད་པའང་མེད།། ཡི་གེའི་རྐྱེན་ཡང་རང་ཉིད་ཁོ་ནས་སོ།། ཞེས་རྒྱུད་བཞིའི་འགྲེལ་བ་ཟབ་རྒྱས་འདི་ལྟ་བུ་རྩོམ་འབྲི་གནང་དུས་ཁོང་གིས་དཀའ་ངལ་མང་པོ་ཁྱད་བསད་གནང་བ་གསལ་པོ་མཐོང་ཐུབ། ཡིན་ནའང་དམ་པའི་གཞུང་ལུགས་རྩོམ་པའི་དམ་བཅའ་བརྟན་པོ་འགྱུར་བ་མེད་པ་ཞིག་སྟོན་ནས་ཡོད་སྐབས་གནས་ཚུལ་གང་ཞིག་གིས་ཀྱང་བཟློག་ཐབས་མེད་པ་ནི་ཉིད་ཀྱི་གསུང་ལས། འོན་ཀྱང་དམ་པའི་གཞུང་ལུགས་དབྱིད་ཀྱི་དཔལ།། སྙིང་ལ་དྲན་པའི་དབྱར་གྱི་ལང་ཚོ་མ།། མ་བསྐྱུལ་

བར་ཡང་ལེགས་བཤད་མི་ཧྲོག་ཚལ།། དོན་བཟང་སྦྲང་རྩི་སྤེལ་འདི་སུ་ཡིས་བརྙོག ཅེས་གསུངས་པ་དང་། ལྷག་པར་སྐྱེམས་པ་ཚེ་དབང་མཆོག་གིས་རྒྱུད་བཞིའི་འགྲེལ་བ་བརྩམས་པའི་སྐབས་སུ་བོད་ཀྱི་གསོ་རིག་རྒྱུད་བཞིའི་ཁུངས་དང་། ལོ་རྒྱུས།གཞན་ཡང་རྒྱུད་ཚིག་ངོ་མ་བཅས་པར་རྣམ་དཔྱོད་ཤེས་རབ་ཀྱིས་བརྟག་དཔྱད་མཐར་ཕྱིན་པ་ཞིག་གནང་རྗེས་རྒྱུད་བཞི་བཀའ་དང་། བསྟན་བཅོས་གང་གི་ཁོངས་སུ་གཏོགས་མིན་སྐོར་ལ་ལྟ་ཚུལ་འདི་འདྲ་གསུངས་ཡོད། བཤད་རྒྱུད་འགྲེལ་བ་ཚིག་དོན་ཉི་མ་ཞེས་པའི་མཇུག་བྱང་ལས། ཆོས་ནོར་བདེ་བ་སྒྲུབ་པའི་བྱེད་པ་པོ།། ནད་ལས་གསོས་ཤིང་རིང་དུ་འཚོ་བའི་ཐབས།། རྒྱལ་བའི་མཐུ་ལས་བྱོན་དང་དེ་ལྟའི་བར།། ཕན་བདེ་འབྱུང་གནས་གསོ་དཔྱད་ཅེས་པ་བྱུང་།། ད་ནི་མཆོག་དམན་ཀུན་གྱི་འཚོ་བའི་རྟེན།། སྐྱེ་རྒུའི་སྲོག་དང་མཚུངས་པར་གྱུར་པའི་ཕྱིར།། མངོན་ཤེས་སྤྱན་ལྡན་བྱམས་མགོན་དུ་མ་ཡིས།། ཀུན་གྱི་བསོད་ནམས་སྣད་དུ་རྣམ་པར་བཀྲལ།། སྐབས་དེར་རྒྱལ་བའི་ཐུགས་རྗེས་འབྱུང་བའི་ཁམས།། རྣམ་མང་གཞུང་གི་ཆུ་གཏེར་ལ་གནས་པ།། ཚངས་དབང་གྲུ་ཙ་ནཱ་ཐའི་སྦྲུ་འཕྲུལ་གྱིས།། རྒྱུད་བཞིར་གྲགས་པའི་སྔོན་མེད་ཉི་མ་ཤར།། འདི་ནི་ནོར་བུའི་ནང་ནས་བཻཌཱུ་རྱ།། དབང་གི་རྒྱལ་པོར་མཚུངས་ཀྱང་འཕྲུལ་ཡུན་གྱི།། བདེ་ལེགས་ཀུན་ལ་སྨོལ་བའི་རང་བཞིན་ཅན།། ཁྱད་འཕགས་འདི་འདྲ་གཞན་ན་ཡོད་མ་ཡིན།། ཞེས་རྒྱུད་བཞི་བསྟན་བཅོས་སུ་འདོད་པ་དང་། དོན་དུ་གཡུ་ཐོག་པས་བརྩམས་པར་བཞེད་དོ།།

金巴·次旺是苏喀·娘尼多吉的优秀亲传弟子次崩多吉之弟子，其父母名字及其生卒年均不详。他在所编著的医书《四部医典·论述部》的注释《词义太阳》跋文中写道：“著于藏历第八绕迥土猪年（1479）。”以此推算，金巴·次旺应当是15世纪出生。金巴·次旺通晓大小五明，尤其深谙医理，著有经典论著《金巴·〈四部医典〉详解》《医疗实践·延寿百部》和《医疗总义·如意格言》等，他以通俗易懂的语言总结了自己丰富的诊疗经验和治疗秘诀。从其编撰的医学论著中可以看出，他是一位德高望重、心地善良，终生视利益众生为己任的名医。金巴·次旺所编著的《四部医典·论述部》的注释《词义太阳》跋文中写道：“现今编写注释时，多数人认为字数少为妙，却不管其内容如何；有的纯粹为了贪图名利而写作；本人写此注释时，无人与我交流或给予鼓励，字字句句全靠自己一人。”由此可见，虽然他在编写《金巴·〈四部医典〉详解》时遇到了各种困难，但是都无法动摇他著书立说的坚定信念，正如他所言：“圣贤医典如春花，我似蜜蜂勤采蜜。”金巴·次旺在编写《金巴·〈四部医典〉详解》时，凭借他渊博的知识和超凡的智慧，深入研究《四部医典》的来源、历史及词义等内容，对《四部医典》是佛说还是论说均提出了自己的明确观点。

སྐྱེམས་པ་ཚེ་དབང་གི་གསུང་འབུམ།

金巴·次旺医著

༄༅། །སྐྱེམས་པའི་རྒྱུད་བཞིའི་རྣམ་བཤད། །

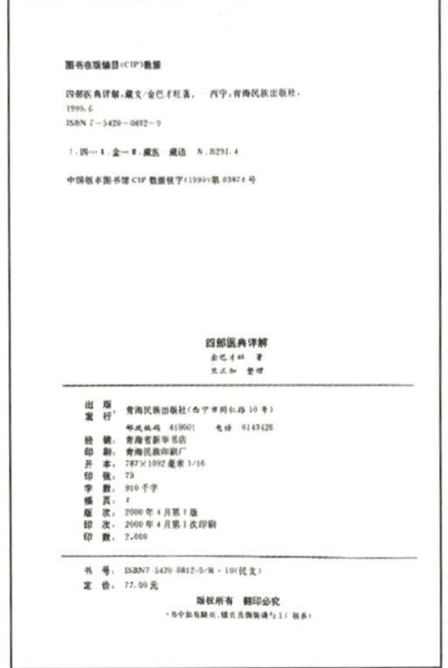
图书在版编目(CIP)数据

四部医典详解:藏文/金巴才旺著. —西宁:青海民族出版社,
1999.6
ISBN 7-5420-0812-5

Ⅰ.四… Ⅱ.金… Ⅲ.藏医—藏语 Ⅳ.R291.4

中国版本图书馆CIP数据核字(1999)第03874号

四部医典详解
金巴才旺 著
艾三加 整理

出版发行:青海民族出版社(西宁市同仁路10号)
邮政编码 810001 电话 6143426
经 销:青海省新华书店
印 刷:青海民族印刷厂
开 本:787×1092 毫米 1/16
印 张:79
字 数:910千字
插 页:4
版 次:2000年4月第1版
印 次:2000年4月第1次印刷
印 数:2,000

书 号:ISBN7-5420-0812-5/R·10(民文)
定 价:77.00元

版权所有 翻印必究

གསུང་རྩོམ་འདིའི་མ་ཡིག་པོ་ཏི་གཅིག་ཡོད། ཁྱོན་བསྡོམས་ཤོག་ངོས་༡༢༩༥བཞུགས། ༢༠༠༠ལོའི་ཟླ་༤པའི་ནང་མཚོ་སྔོན་མི་རིགས་དཔེ་སྐྲུན་ཁང་གིས་དཔེ་སྐྲུན་བྱས།

ནང་དོན་གནད་བསྡུས།

གཞུང་འདི་ནི་གསོ་བ་རིག་པའི་གཞུང་ལུགས་ཐམས་ཅད་ཀྱི་ཡང་སྙིང་དམ་པ་བདུད་རྩི་སྙིང་པོ་ཡན་ལག་བརྒྱད་པ་གསང་བ་མན་ངག་གི་རྒྱུད་ཀྱི་ཚིག་དོན་ལེགས་པར་བཀྲོལ་བ་ཞིག་སྟེ། དེ་ཡང་རྩ་རྒྱུད་ཀྱི་རྣམ་བཤད་སྨྲ་བ་མཆོག་ཐོབ་ནང་བཤད་ཞུན་གྱི་རྣམ་གཞག་དང་བཀའ་བསྟན་བཅོས་ཀྱི་དབྱེ་བ། བརྒྱུད་པའི་ལོ་རྒྱུས་སོགས་སྤྱི་ཙམ་བསྟན་རྗེས་རྒྱུད་ཀྱི་མཚན་བྱང་ཇི་ལྟར་བཏགས་ཚུལ་དང་། ཕུན་སུམ་ཚོགས་པ་ལྔའི་ཁྲིད་པར། གཞི་རྟགས་གསོ་གསུམ་དང་སྦྱོར་ཚིག་རྣམས་གྲངས་བཅས་རྩ་བའི་རྒྱུད་ཀྱི་ཚིག་དོན་ཕལ་ཆེ་བར་འབྲུ་འགྲེལ་བྱས་ཡོད། བཤད་རྒྱུད་ཀྱི་རྣམ་བཤད་ཚིག་དོན་ཉི་མའི་ནང་གསོ་བྱ་གསོ་བྱེད་གསོ་ཐབས་གསོ་བ་པོ་རྣམས་ཀྱི་རྣམ་པར་གཞག་པ་རྒྱ་མཚན་དང་བཅས་ཞིབ་རྒྱས་སུ་འགྲེལ་ཡོད། མན་ངག་རྒྱུད་ཀྱི་རྣམ་བཤད་བདེ་བའི་འདོད་འཇོའི་ནང་མན་ངག་རྒྱུད་དུ་བསྟན་པའི་ནད་རེ་རེའི་རྒྱུ་རྐྱེན་དབྱེ་བ་རྟགས་བཅོས་སོགས་ཀྱི་དཀའ་གནད་གསེར་བཟུང་ནས་ཞིབ་རྒྱས་སུ་བཀྲལ་ཡོད། ཕྱི་རྒྱུད་ཀྱི་རྣམ་བཤད་ལག་ལེན་གསལ་བྱེད་ཀྱི་ནང་བརྟག་པ་རྩ་ཆུའི་མདོ་དང་། ཞི་བྱེད་སྨན་གྱི་མདོ། སྦྱོང་བྱེད་ལས་ཀྱི་མདོ། འཇམ་རྩུབ་དཔྱད་ཀྱི་མདོ་བཅས་མདོ་བཞིའི་ལག་ལེན་གྱི་རིམ་པ་རྣམས་རྣམ་པར་བཤད་ཡོད།

གསོ་རིག་གི་རིན་ཐང་།

གསོ་རིག་ཀུན་གྱི་ཕྱི་མོ་དཔལ་ལྡན་གསོ་རིག་རྒྱུད་བཞི་ཞེས་པ་དེ་ལ་རྗེས་འཇུག་འཚོ་མཛད་མཁས་པ་མང་པོས་དགོངས་དོན་ཉམས་སུ་བཞེས་ཏེ་ལུང་རིགས་དུ་མའི་སྒོ་ནས་འགྲེལ་མཛད་མང་ཙམ་བྱུང་བ་ལས། ལྷ་རྗེ་སྐྱེམས་པ་ཚེ་དབང་གིས་མཛད་པའི་རྒྱུད་བཞིའི་རྣམ་བཤད་འདིར་རྩ་གཞུང་གི་དགོངས་པ་ལེན་ཚུལ་དང་ཉམས་མྱོང་གི་གནད་ཡིག མན་ངག་གི་ཟབ་ཁྱད། དམར་ཁྲིད་ཀྱི་ལག་ལེན་སོགས་དོན་འདུས་པས་དཔེ་མང་འཚོལ་བའི་ངལ་བ་མི་དགོས་པར་གཅིག་ཤེས་ཀུན་གྲོལ་གྱི་གདམས་པ་མང་བ་དང་། ཐོས་པར་འདོད་པ་ལ་རིགས་པའི་རྒྱ་མཚོ། བསམ་པར་འདོད་པ་ལ་སེམས་ཀྱི་གྲུ་གཟིངས། གོམས་པར་འདོད་པ་ལ་མན་ངག་གི་ནོར་བུ། དཔྱད་པར་འདོད་པ་ལ་དྭངས་གསལ་ཤེལ་གྱི་མེ་ལོང་ལྟ་བུར་དགེ་མཚན་འདུག་པ་སོགས་མདོར་ན་གཞུང་འགྲེལ་གཞན་ལས་ལུང་རིགས་མན་ངག་གིས་ཕྱུག་ཅིང་ཐུན་མོང་མ་ཡིན་པའི་ཁྱད་ཆོས་མང་བས་མཁས་དབང་ཀུན་གྱིས་ཟུར་ལྷའི་དཔྱད་གཞིར་འཛིན་རུང་བའོ།།

《金巴·〈四部医典〉详解》

本医著共1册1245页，由青海民族出版社于2000年4月出版。

内容提要：

本医著是一部一切医学理论精华《甘露精华八支隐秘秘诀续》（又称为《四部医典》）的词义详释著作。其中《总则部》中概括解释了《四部医典》讲听方式、佛语与论著的区分及《四部医典》的传承历史等内容，讲释了“续”这一标题的命名法、五圆满的特点及病基、症状、治疗三章内容和数据总结等。在《论述部·词义太阳》中详细讲释了所医（医治对象）、能医（医治用物）、治法、医治者（医生）等内容。在《秘诀部·安乐如意》中讲释了各种病发生的内因、外因、分类、诊断、治疗等的疑难点。《后续部·实践明示》中依次讲释了查脉观尿经、平息药物经、清和药物经和温峻外治经等四经的实践操作。

医学价值：

《四部医典》在8世纪末著成以后，就被赤松德赞秘藏起来，直到11世纪中叶，才被扎巴旺协从桑耶寺中取出，以后陆续传递，经宇妥·萨玛云丹贡布最后进行修改补充，才算定型。尽管《四部医典》内容丰富、理论完整，但因为它是以偈颂文体写成，也就是韵体文的体裁，故比较难懂。因此，金巴·次旺对《四部医典》及不同医家的注释进行了研究，吸纳百家之长，去伪存真，从词义到内容进行了全面详细的诠释。本书是一部对《四部医典》的通俗解释本，称《金巴·〈四部医典〉详解》。由于该书内容丰富，论述详尽，是对《四部医典》原著的权威诠释，为后世医家所推崇，被奉为学习《四部医典》的必读著作、标准注释本，不但具有文献研究参考价值，也是一部很好的实用性医学典籍。

༄༅། །ཚེ་དབང་བརྒྱ་རྩ་ཞེས་བྱ་བ་བཞུགས་སོ། །

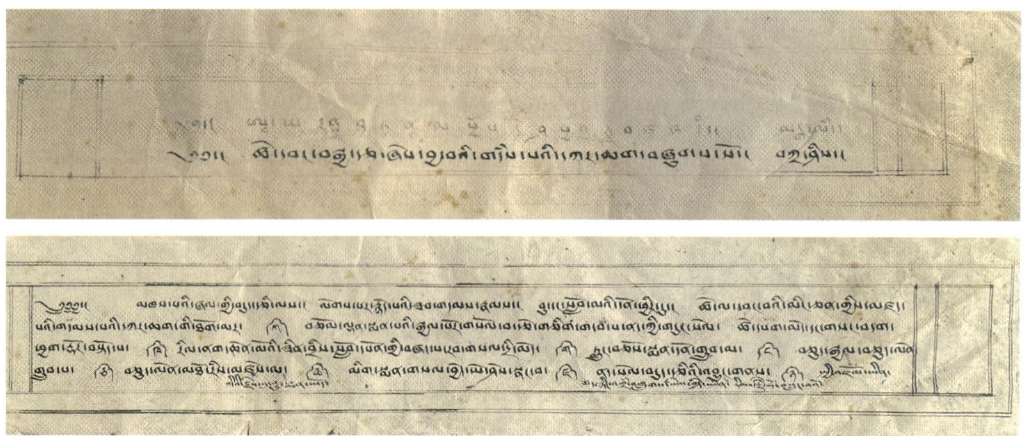

གསུང་རྩོམ་འདིའི་མ་ཡིག་ལག་བྲིས་དང་། ཡིག་གཟུགས་དབུ་མེད། ཤོག་ངོས་རེར་ཐིག་ཕྲེང་༦། ཐིག་ཕྲེང་རེར་ཡིག་འབྲུ་༢༥། ཁྱོན་བསྡོམས་ཤོག་ངོས་༧༢བཞུགས། ད་ལྟ་ཁྲིན་ཧྲུའུ་ཀྲུང་ལུགས་གསོ་རིག་སློབ་ཆེན་གྱི་དགེ་རྒན་ཆེན་མོ་འཇམ་དབྱངས་བསོད་ནམས་ལགས་ཀྱིས་ཉར་ཚགས་བྱས་ཡོད།

ནང་དོན་གནད་བསྡུས།

དེབ་འདིར་མེས་པོ་དམ་པ་ཚོའི་ཕྱག་བཞེས་དང་རང་གི་ཉམས་མྱོང་རྣམས་ཕྱོགས་གཅིག་ཏུ་བསྡུས་པ་སྟེ། ཐོག་མར་བཅོམ་ལྡན་འདས་སྨན་གྱི་བླ་ལ་གསོལ་འདེབས་བསྟོད་པ་དང་། དེ་ནས་རིམ་པར་ནད་གདོན་ཀུན་སེལ་བའི་རིལ་ནག་ཆེན་མོའི་འདུལ་བསྲེག་སྦྱོར་གསུམ་དང་། རླུང་ནད། མིག་ནད། གཉན་ནད། འབྲུམ་ནད། དུག་ནད། ལྷན་འདུས། ཚད་རྙིངས། ཕོ་ནད། རྨ། སྐྱུག་པ། གློ་ནད། ཡ་མའི་ནད། ཐོར་བུའི་ནད་སོགས་ལ་གཉེན་པོ་སྨན་ཐུགས་གཉིས་ཀྱི་བཅོས་ཐབས་དང་། ཚ་ཆེས་པ་དང་བཙུད་ལེན་ལ་ཕན་པའི་མན་ངག་ཟབ་མོ། དྲི་ཆུ་འགགས་པ་དང་འོག་རླུང་མི་ཐོན་པ་འདྲེན་པའི་གདམས་པ། གཉན་བཤལ་དང་། གློ་བའི་རྣག་བཤལ། མངལ་བཤལ་བཅས་བཤལ་གྱི་བཅོས་ཐབས་རིགས། གཞན་ཡན་ལག་གི་གནས་ལུགས་དང་། རྨའི་བཅོས་ཐབས། དོན་སྣོད་ཀྱི་རྩ་གནད་སོགས་སྨན་དཔྱད་ཀྱི་ལག་ལེན་མྱོང་བཅོས་གང་མང་ཞིག་བརྗོད་ཡོད།

གསོ་རིག་གི་རིན་ཐང་།

དེབ་འདིའི་ནང་དོན་གཙོ་བོར་མེས་པོ་དམ་པ་ཚོའི་ཕྱག་བཞེས་དང་རང་གིས་དངོས་སུ་བརྒྱུད་པའི་ཉམས་མྱོང་རྣམས་ཕྱོགས་གཅིག་ཏུ་བསྡུས་པ་སྟེ། ཐོག་མར་བཅོམ་ལྡན་འདས་སྨན་གྱི་བླ་ལ་གསོལ་བ་རྟེ་གཅིག་ཏུ་གདབ་པ་ནད་ཀྱི་གདུང་སེལ་དང་། དེ་ནས་རིམ་པར་བཅོམ་ལྡན་འདས་ཚེ་དཔག་མེད་ལ་བསྟོད་པ་ཚེ་སྒྲོག་བརྟན་པའི་རྡོ་རྗེ། རྗེ་བཙུན་གསང་བའི་བདག་པོ་ལ་ཐུགས་རྗེ་བསྐུལ་མ་བདེ་བའི་འབྱུང་གནས། ནད་གདོན་ཀུན་སེལ་བའི་རིལ་ནག་ཆེན་མོའི་འདུལ་བསྲེག་སྦྱོར་གསུམ། ཚ་ལ་དབང་བའི་རླུང་བཅོས་སྨན་དོན་ཀུན་འགྲུབ། མིག་སྨན་གསལ་བྱེད་ཡེ་ཤེས་སྣང་བ། གཉན་བཅོས་བདུད་རྩིའི་སྙིང་པོ་སོགས་རེ་རེ་བཞིན་བཀོད་ཡོད་པས། འཚོ་བྱེད་སྨན་པ་རྣམས་ལ་ནད་ཐོག་ཉེར་སྤྱོད་ཀྱི་རིན་ཐང་གལ་ཆེན་ལྡན་པའོ།།

《才昂百篇》

本医著母本为手抄本，字体为乌梅体，每页6行，每行38字，共72页。此书现由成都中医药大学降拥四郎教授个人收藏。

内容提要：

本医著汇集了前辈名医们的实践经验和作者在临床实践中总结出的宝贵经验。该书首先记载了向如来药师佛祈祷的颂词，其后逐次记载了能治所有疾病和邪气的达黑丸的去毒、煅烧、配伍三法，隆病、眼病、疫病、痘疹、中毒症、二合病、聚合病、陈热病、胃病、疮疡、炭疽、肺病、“亚马”头虫病、零星病等的对治药物和咒疗法，以及对减肥和滋补有益的奥妙秘诀、尿闭和矢气不通的治法教诫、疫病的泻下法、子宫病的泻下法等操作实践。另外还记载了四肢的生理、脏腑的脉要害及创伤的治法等许多药治、外治的实践经验。

医学价值：

本医著汇集了前辈名医们的实践经验和作者在临床实践中总结出的经验。记载了诸多独特秘诀及应用诀窍，因此这本医著对学习和研究藏医药的人，尤其是想了解南派藏医药的从医者具有一定的参考价值和临床应用价值。

ཤར་པོ་པཎ་ཆེན་རྡོ་རྗེ་ཕ་ལམ་གྱི་ངོ་སྤྲོད་མདོར་བསྡུས།

夏尔波班钦·多吉帕朗简介

ཤར་པོ་པཎ་ཆེན་རྡོ་རྗེ་ཕ་ལམ་མཆོག་ནི། རབ་བྱུང་བརྒྱད་པའི་མེ་ཡོས་ལོ་སྟེ། སྤྱི་ལོ་༡༨༨༧ ལོར་གནས་མཆོག་ཙྪ་རི་ཏྲའི་ནུབ་ཕྱོགས་ཀྱི་སྒོ་དྲུང་ཤར་ཡུལ་འབྲས་གཤོང་དུ་སྐུ་འཁྲུངས། བཀའ་བརྒྱུད་པའི་གྲུབ་མཐའ་འཛིན་པ། དགས་པོ་སྨན་སྒོམ་རྡོ་རྗེ་རྒྱལ་མཚན་གྱི་སློབ་མ་དྲུང་སྲོང་དོན་གྲུབ་དར་ཞེས་སྔ་འགྱུར་གྱི་གཏེར་ཡང་བཏོན་པ་དེའི་མི་རབས་གསུམ་པ་ཀརྨ་པ་ཆོས་གྲགས་རྒྱ་མཚོའི་ལྷ་སྨན་དང་། སྨན་གྱི་སློབ་དཔོན་གྱི་བསྒོ་བཞག་གནང་སྟེ་འཆད་ཉན་ཚུགས་པའི་འཚོ་བྱེད་པདྨ་དཀར་པོ་ཞེས་པའི་རིགས་སྲས་ཡིན་ཞིང་། ཆུང་དུས་ནས་བཤེས་གཉེན་མང་པོ་བསྟེན། མདོ་སྔགས་རིག་གནས་ཀུན་ལ་ཐོས་བསྟེན་རྒྱ་ཆེར་གནང་། རང་མེས་ཀྱི་སྲོལ་དང་། སྙིམས་པ་ཆེ་འབུམ་གྱི་ཞབས་ལ་གཏུགས་ནས་ཟུར་ལུགས་ལ་སྦྱངས་པས་མཁས་པ་ཆེན་པོར་གྱུར། ཀརྨ་སྐུ་ཕྲེང་བདུན་པ་ཆོས་གྲགས་རྒྱ་མཚོས་ཀྱང་ཤར་པོ་པཎ་ཆེན་ཞེས་མཚན་སྙན་གཟེངས་བསྟོད་གནང་། སྐུ་ཚེ་ཧྲིལ་པོར་གསོ་བ་རིག་པ་འཆད་རྩོད་རྩོམ་གསུམ་ཁོ་ན་མཛད་དེ་ལྷོ་རྒྱུད་དུ་གསོ་བ་རིག་པའི་བསྟན་པ་དར་བར་མཛད། བརྩམས་ཆོས་ལ། རིག་གནས་སྤྱིའི་སྐོར་དང་། གསོ་བ་རིག་པའི་སྐོར་དཔལ་ལྡན་རྒྱུད་བཞིའི་འགྲེལ་བ། སྨན་གྱི་ཁོག་འབུབས་ལེགས་བཤད་གསེར་གྱི་སྙེ་མ། བྱེ་བ་རིང་བསྲེལ་གྱི་དཀར་ཆག ཐོ་དེ་ཕའི་དྲི་ཚིག་བཅས་བཞུགས། བརྒྱུད་འཛིན་སློབ་མ་འཕྱོངས་རྒྱས་འཚོ་བྱེད་ཀུན་རྟོར་སོགས་བུ་སློབ་མང་པོ་མཆིས་པར་

གཞུང་དང་། ལག་ལེན་མན་ངག་མཐའ་དག་འཆད་ཉན་བཟང་པོས་བསྐྱངས་ཏེ། གསོ་དཔྱད་ཀྱི་བསྟན་པ་སྤྱིན་བྲལ་ཉི་འོད་བཞིན་རྒྱས་པར་མཛད། སྤྱི་ལོ་༡༥༠༦ལོར་སྐུ་གཤེགས།

夏尔波班钦·多吉帕朗，这位杰出的学者和医学家，出生于藏历第八绕迥火兔年（1447）。他的出生地位于圣地扎日吒的西方，一个名为果忠夏玉哲雄的地方。他是噶玛巴·曲扎嘉措[①]的御医措齐白玛噶布之子。自幼年起，多吉帕朗便展现出卓越的才华。他跟随金巴次崩学习苏派医学，不仅通晓众多经典著作，而且在苏派医学领域中表现出特别的精通和造诣。自幼对医学怀有浓厚兴趣的他，勤奋好学，不断深入研究，使得他在医学理论和实践方面都取得了显著成就。噶玛巴·曲扎嘉措因其在医学上的卓越成就，给予他极高的赞誉，并尊称他为“夏尔波班钦”，此称号表明他是夏玉地方的大学者。多吉帕朗在山南地区，一生致力于医学的讲学、辩论和写作，通过这些方式推动医学知识的发展和传播。因此，多吉帕朗被广泛认为是苏派医学的杰出代表，他的名字和成就在医学史上留下了浓墨重彩的一笔，成为后人学习和效仿的典范。他的著作包括著名的《〈医学四续〉注疏》《药物概论·金麦穗》《百万舍利目录·智者喜悦》《垂询草药“莪德哇”》等。这些作品不仅丰富了藏医学的文献宝库，也对后世产生了深远的影响。

夏尔波班钦·多吉帕朗培养了琼吉措齐贡多等众多传承弟子，为藏医学的传承发展作出了巨大贡献。

夏尔波班钦·多吉帕朗于1506年离世，享年59岁，他的逝世标志着一个时代的结束，但他的智慧和贡献将永远被铭记。

---

① 曲扎嘉措（1454—1506）：七世噶玛巴。

ཤར་པོ་པཎ་ཆེན་རྡོ་རྗེ་ཕ་ལམ་གྱི་གསུང་འབུམ།

夏尔波班钦·多吉帕朗医著

༄༅། །ཕྱི་རྒྱུད་ཀྱི་འགྲེལ་བ་ཚིག་དོན་རབ་ཏུ་གསལ་བ་ཡིད་བཞིན་ནོར་བུ་ཞེས་བྱ་བ་བཞུགས་སོ། །

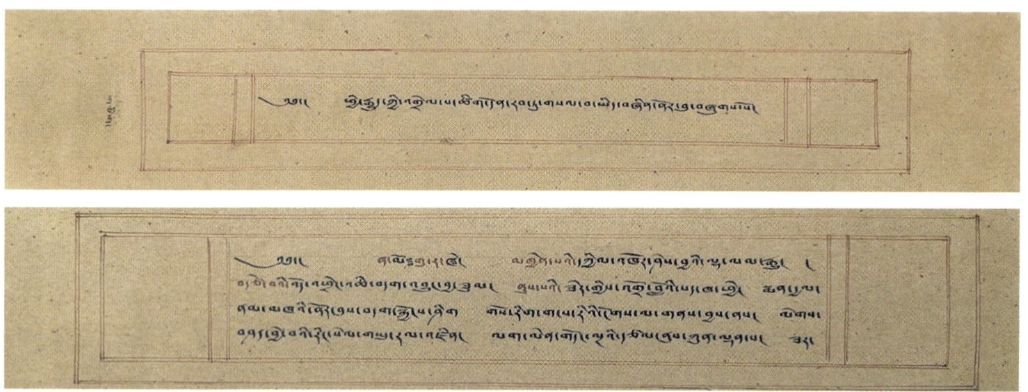

གསུང་འབུམ་འདི་ཉིད་ལ་གསོ་རིག་སྐོར་པོ་ཏི་སྣ་རིང་གཅིག་ཡོད་ལ། འདིའི་མ་ཡིག་ནི་དཔར་མ་དང་། ཡིག་གཟུགས་དབུ་མེད་ཡིན། ཤོག་ངོས་རེར་ཐིག་ཕྲེང་༩། ཐིག་ཕྲེང་རེར་ཡིག་ཕྲེང་༧༨ཡོད། ཁྱོན་བསྡོམས་ཤོག་ངོས་༣༨༩བཞུགས། ད་ལྟ་ཁྲིན་ཏུའུ་ཀྲུང་ལུགས་གསོ་རིག་སློབ་གྲྭ་ཆེན་མོའི་དགེ་རྒན་འཇམ་དབྱངས་བསོད་ནམས་ལགས་ཀྱིས་ཉར་ཚགས་བྱས་ཡོད།

ནང་དོན་གནད་བསྡུས།

ཕྱི་རྒྱུད་ཀྱི་འགྲེལ་བ་ཚིག་དོན་རབ་ཏུ་གསལ་བ་ཡིད་བཞིན་ནོར་བུ་ཞེས་པའི་དེབ་འདི་ནི་གསོ་རིག་ཀུན་གྱི་གཙུག་རྒྱན་དཔལ་ལྡན་རྒྱུད་བཞི་ལས་ཕྱི་མ་འཕྲིན་ལས་རྒྱུད་ཀྱི་གཞུང་དོན་གྱི་དགོངས་པ་ཚད་མར་བཀྲལ་ཞིང་། ནད་པའི་རྩ་ཆུ་ན་ལུགས་ཀྱི་བརྟག་ཐབས་དང་། ཐང་ཕྱེ་རིལ་བུ་ལྡེ་གུ་སྨན་མར་དང་བཤལ་སྦྱུགས་སྣ་སྨན་འཇམ་རྩི་ནི་རུ་ཧ་སོགས་ལག་ལེན་བཅོ་བརྒྱད་རྣམས་ཞིབ་པར་འགྲེལ་ཞིང་། ཟུར་མཁར་བ་མཉམ་ཉིད་རྡོ་རྗེ་དང་། བྲང་ཏི་དཔལ་ལྡན་འཚོ་བྱེད། གཡུ་ཐོག བྱང་པའི་གསུང་སོགས་ཀྱི་ཁུངས་ལུང་དག་པ་རྣམས་གཞིར་བཞག་ཅིང་། མཛད་པ་པོ་ཉིད་ཀྱིས་བརྟག་པ་རྩ་ཆུའི་མདོ། ཞི་བྱེད་སྨན་གྱི་མདོ། སྦྱོང་བྱེད་ལས་ཀྱི་མདོ། འཇམ་རྩུབ་དཔྱད་ཀྱི་མདོ་

སོགས་ཀྱི་ལག་ལེན་དང་ཉམས་མྱོང་རྣམས་ལྷུག་པོར་བཀྲོལ་ཏེ་ལུང་རིགས་ཀྱི་ངེས་པ་ཅན་དུ་བྱས་པའི་འགྲེལ་བ་ཤིན་ཏུ་གལ་ཆེ་བ་ཞིག་གོ།

གསོ་རིག་གི་རིན་ཐང་།

དཔལ་ལྡན་གསོ་རིག་རྒྱུད་བཞི་ནི་བོད་ལུགས་གསོ་བ་རིག་པའི་ཆེས་རྩ་བར་གྱུར་བའམ་རིན་ཐང་ཆེས་ཆེར་ལྡན་པའི་གསོ་རིག་གི་གཞུང་ཞིག་ཡིན་ལ། མཁས་པའི་དབང་པོ་རྣམས་ཀྱིས་རིག་པའི་རྩལ་ལ་བརྟེན་ནས་དཔལ་ལྡན་གསོ་རིག་རྒྱུད་བཞིའི་འགྲེལ་བ་སྣ་ཚོགས་ཆར་རྗེས་ཀྱི་ཤ་མོ་རྫོལ་བ་བཞིན་བྱུང་། འོན་ཀྱང་། གཞུང་སོ་སོར་རང་རང་གི་ཁྱད་ཆོས་རེ་མཆིས་ལ་ཕྱི་རྒྱུད་ཀྱི་འགྲེལ་བ་ཚིག་དོན་རབ་ཏུ་གསལ་བ་ཡིད་བཞིན་ནོར་བུ་ཞེས་པའི་གཞུང་འདིར་མཚོན་ན་གཞུང་གཞན་དང་མི་འདྲ་བའི་ཁྱད་ཆོས་འགའ་མཆིས་ཏེ།

སློབ་དཔོན་ཉིད་ཀྱིས་རྒྱུད་བཞི་འདི་ཉིད་གཙོ་བྱས་པའི་གསོ་བ་རིག་པའི་གཞུང་ལུགས་སྤྱི་དང་།ལྷག་པར་ཕྱི་མ་རྒྱུད་ཀྱི་ལག་ལེན་ནང་དོན་རྣམས་ཚིག་བཅད་ཀྱི་ལམ་ནས་བྲིས་ཏེ་ཞིབ་འཇུག་དང་སློས་སུ་ཕྱི་རབས་པ་རྣམས་ལ་ཉེ་ཀློག་བདེ་བའི་ཆེད་དུ་འགྲེལ་བ་རྣམས་ཀྱི་གོ་རིམ་གསལ་ཞིང་། གཞུང་དོན་རྟོགས་སླ་བ། རྒྱས་བསྡུས་འཚམས་པ། འཇུག་བདེ་བ་སོགས་ཀྱི་ཁྱད་ཆོས་ བླ་མེད་མཆིས་པའི་འགྲེལ་བ་འདི་འདྲ་བརྩམས་ཤིང་རྗེས་སུ་སྐལ་ལྡན་སློབ་མ་རྣམས་ཀྱི་སློབ་སྦྱོང་དང་ཟུར་ལྟ་བྱེད་སའི་དཔེ་དེབ་གལ་ཆེན་ཞིག་ཏུ་གྱུར་བའོ།

རྒྱུད་ལས་དངོས་སུ་བསྟན་པའི་རྩ་ཆུའི་བརྟག་ཐབས་དང་ཐང་དང་། ཕྱེ་མ། རིལ་བུ། ཐེ་གུ ཐལ་སྨན། ཁཎྜ། སྨན་ཆང་། རིན་པོ་ཆེ། སྔོ་སྦྱོར། སྦྱུམ་འཚོས་སོགས་དངོས་བསྟན་དང་ཤུགས་བསྟན་གང་ཅུང་ལས་འགྲེལ་བ་གནང་ཞིང་ནང་དོན་ཐད་ལ་ཡང་ཚིག་ཉུང་ཞིང་དོན་འདུས་པ། ཁ་གསལ་ཞིང་གོ་བདེ་བ། ནང་དོན་ཕུན་སུམ་ཚོགས་པ་བཅས་ཀྱི་ཁྱད་ཆོས་ལྡན་ཞིང་། སློབ་དཔོན་ཁོང་གི་བློ་རིག་གི་རྩལ་དང་། ཕུལ་དུ་བྱུང་བའི་ཉམ་དཔྱོད་ལ་བརྟེན་ནས་གདམས་ངག་ཟབ་མོ་རྣམས་བསྡེབ་བཅད་བཏྱར་བའི་སྒོ་ནས་རིམ་སུ་མ་ཆད་པར་དབུ་མར་འགྲེལ་ཡོད་པས་བློ་རིག་མཆོག་དམན་བར་མ་གང་གིས་ཀྱང་རྟོགས་ནུས་པའི་ཁྱད་ཆོས་ཡོད།

སློབ་དཔོན་ཉིད་ཀྱིས་རྒྱུད་བཞི་འདི་ཉིད་ཀྱིས་གཙོས་པའི་གསོ་བ་རིག་པའི་གཞུང་ལུགས་སྤྱི་དང་། ལག་ལེན་གྱི་ཟིན་ཏིག་ཀུན་ལ་ཞིབ་འཇུག་དང་སློབ་ཁྲིད་གནང་བ་བརྒྱུད་གཞུང་ཆེན་འདིའི་ཚིག་ཀང་རེ་རེ་དང་ཚིག་ཁྲིམ་རེ་རེར་ལེགས་པར་དཔྱད་དེ་ནང་དོན་རྣམས་ཇི་བཞིན་འགྲེལ་ཆེན་འདིའི་ནང་འཁོད་ཡོད་པས་རྩོམ་པ་པོ་ཉིད་ཀྱི་ལྟ་བ་གསལ་བའི་ཁྱད་ཆོས་ལྡན་ཡོད།།

《后续注释·如意宝》

本医著为木刻版，字体为乌梅体，每页4行，每行18字，全文共384页。此书现由成都中医药大学降拥四郎教授个人收藏。

主要内容：

本医著主要对《四部医典·后续部》内容进行全面详细的诠释，全书分别论述了藏医诊断（脉诊、尿诊）方法、汤剂、散剂、丸剂、膏剂、酥油丸等制剂方法，及泻治、催吐、灌肠等十八种治法。同时，根据苏喀哇奥曲吉、常迪巴旦措吉、宇妥·云丹贡布、强巴等的医著，作者详细阐述了藏医脉诊、尿诊、方剂、泻治法、外治法等方面的实践和经验。

医学价值：

本医著详细阐述和介绍了传统藏医学基础理论、基本技术技能和临床经验，为藏医基础理论和临床学习提供了基础知识。本医著记载了许多常见病诊断和治疗方法，提供了很多有关健康养生的方法，丰富了藏医学研究内容。它涵盖了藏医脉诊、尿诊、制剂、泻药等方面的知识，对于推动藏医学理论、促进藏医临床上的运用起到了积极的作用。本医著以《四部医典》原著内容章节为基础，做了翔实的注释，便于读者阅读和正确理解《四部医典》这部巨著的内容、原著正文、原文注释，具有易于传授、便于记忆等特点。

本医著作者用新视角、新观点和新方法进行写作论述，具有一定的科学性、独创性和时代性特点。本医著不但具有文献研究价值，还具有实用性。在藏医继承和发展方面起到了重要的推动作用。

སྨ་བ་ཤཱཀྱ་དབང་ཕྱུག་གི་ངོ་སྤྲོད་མདོར་བསྡུས།

噶瓦释迦旺久简介

སྨ་བ་ཤཱཀྱ་དབང་ཕྱུག་གམ་འཚོ་སྨན་མཁན་ཆེན་དུ་གྲགས་པ་ནི། རབ་བྱུང་བརྒྱད་པའི་མེ་ཡོས་ཀྱི་ལོ་༡༩༥༧ལོར་ལོ་ཙཱ་བཀའ་དྲིན་ཆེ་བ་ལྷའི་ནང་ཚན་སྐྱེས་མཆོག་སྨ་བ་དཔལ་བརྩེགས་སོགས་མཁས་ཤིང་གྲུབ་པ་བརྙེས་པའི་དབང་ཕྱུག་དང་། བོད་རྒྱལ་པོའི་མདུན་ན་འདོན་སོགས་དཔའ་མཛངས་བརྟུལ་ཕོད་རིམ་པར་བྱོན་པའི་ནང་ནས། སྨ་བའི་བརྒྱུད་པ་སྟོད་ལུང་སླང་གྲོང་（ད་ལྟ་གདོང་དཀར་ཤང་ཁོངས་）དུ་སྐུ་བལྟམས་ཤིང་། ཟུར་མཁར་མཉམ་ཉིད་རྡོ་རྗེའི་དངོས་སློབ་འཕྲིན་ལས་མཐར་ཕྱིན་ཕྲག་དགོན་བསོད་ནམས་བཀྲ་ཤིས་ཀྱི་མཆོན་མཁས་པ་མང་དག་བསྟེན་ནས་རིག་གནས་སྤྱི་དང་། གསོ་བ་རིག་པ་ལ་མཁས་པར་གྱུར།

གོང་དུ་སྨ་བ་ཤཱཀྱ་དབང་ཕྱུག་ཅེས་མཚན་དུ་གསོལ་བ་ནི་ཇོ་བོའི་དུས་ཀྱི་སྨ་བ་ཤཱཀྱ་དབང་ཕྱུག་དང་རུས་གཅིག་པ་ཡིན་པས་དེ་ལ་བརྟེན་ནས་རང་གིས་རང་ལ་སྨ་བ་ཤཱཀྱ་དབང་ཕྱུག་ཅེས་བཏགས་པའི་སྐོར་སྔེ་སྲིད་ཁོག་འབུགས་ནང་དུ་གསལ་ཞིང་། མཚན་གཞན་ལ་སྨ་བ་ཤཱ་ཀྱ་དབང་ཕྱུག་ཀུན་དགའ་རྒྱལ་མཚན་ཞེས་སུ་གྲགས། བླ་མ་དེ་ནི་རིག་གནས་མཐའ་དག་ལ་མཁྱེན་པ་ཆེ་ཞིང་། ཁྱད་པར་གསོ་བ་རིག་པའི་ཕྱོགས་ལ་ཤིན་ཏུ་བཀའ་དྲིན་ཆེ་སྟེ། ཚིག་ཉུང་བསྡུས་དོན་རྒྱ་ཆེན་པོ་སྟོན་པ《རྩ་བ་ཐུགས་ཀྱི་རྒྱུད་འགྲེལ་དཔག་བསམ་ལྗོན་ཤིང་།》ཞེས་པ་དང་།《ཁོང་འབུགས་ལེགས་བཤད་དཔྱལ་དཀར་མེ་ལོང་ཕྱི་རྒྱུད་འགྲེལ་པ་དཀའ་གནད་གསལ་སྒྲོན།》《རིགས་ལྡའི་གསལ་བྱེད་མེ་ཏོག་ཕྲེང་བ།》《གདམས་པ་ཐམས་ཅད་ཀྱི་ནང་ནས་ཆེས་ཟབ་པ་མན་ངག་ཀུན་གྱི་སྙིང་པོ་བསྡུས་པ།》སོགས་ཟབ་རྒྱས་ཀྱི་གསུང་རབ་དཔག་ཏུ་མེད་པ་མཛད།

དེ་ལྟར་ཡང་ཁོག་འབུགས་ལེགས་བཤད་དཔྱལ་དཀར་མེ་ལོང་ལས། བདག་གིས་གསོ་དཔྱད་ཐོབ་པ་བྱས་པ་ལ།། གཡུ་ཐོག་མགོན་ནས་དེང་སང་དུས་དག་ཏུ།། སྨན་པའི་རིགས་རྒྱུད་བར་མ་ཆད་པ་ཡི།། རྒྱ་མ་འཚོ་བྱེད་བསམ་གྲུབ་མཆོག་ལྡན་པས།། རྒྱུད་པའི་ལག་ལེན་སྨན་གྱི་ངོ་སྤྲོད་སོགས།། རགས་རིམ་ཕལ་ཆེར་ཆོགས་མེད་བདེ་བླག་ཤེས།། དཔེ་དང་ཆ་བྱད་

དཔག་མེད་ལྷུག་པར་གནང་།། བྱང་པའི་འཚོ་བྱེད་དཔལ་འབྱོར་བཀྲ་ཤིས་ལས།། མིག་འབྱེད་མདོ་དོན་དམར་ཁྲིད་ཟབ་མོ་བསླབས།། པད་མའི་མཚན་ཅན་དག་ལ་རྒྱུད་གསུམ་གྱི།། བཤད་ལུང་བྱེ་བ་རིང་བསྲེལ་ཞེས་པ་ཐོབ།། མངའ་རིས་མཁས་པ་ཆོས་སྐྱོང་རྒྱལ་མཚན་ལས།། བསྟན་བཅོས་ཆེན་པོ་ཡན་ལག་བརྒྱད་པ་དང་།། འགྲེལ་ཆེན་ཚིག་དོན་ཟླ་ཟེར་ཟིན་ཏིག་དང་།། གསེར་བྲེའི་ལུང་དང་ཁུ་ཚུར་འབུམ་ལ་སོགས།། མན་ངག་དུ་མའི་བཀའ་དྲིན་མཆོག་ཏུ་ཐོབ།། རྒྱ་མ་འཚོ་བྱེད་དབང་ཕྱུག་བློ་གྲོས་ལས།། རྒྱུད་བཞིའི་ཆ་ལག་བྱེ་བ་རིང་བསྲེལ་གྱི།། བཤད་པ་མ་ཚང་མེད་པ་ཞིབ་པར་ཐོབ།། སྨན་པའི་རྒྱལ་པོ་དཀོན་མཆོག་དཔལ་བཟང་ལ།། རྒྱུད་བཞི་བྱེ་བ་རིང་བསྲེལ་བཤད་ལུང་དང་།། ཕྱག་ལེན་མ་ལུས་ཡོངས་སུ་རྫོགས་པར་ཞུས།། ཁྱད་པར་རིན་ཆེན་སྦྱོར་སྡེ་མགོ་རྨ་དང་།། འབྲས་ཀྱི་དྲ་གཤགས་སྐྱོགས་ཆེངས་ཐྲ་ལ་སོགས།། མིག་ཐུར་མེ་འདོན་ལ་སོགས་ལག་ལེན་གྱི།། དམར་ཁྲིད་མ་ལུས་མངོན་སུམ་གཏན་ལ་ཕབ།། གོང་པོ་ཟླ་ཆེན་ནམ་མཁའ་དཔལ་ལྡན་ལས།། སྙིང་ཐིག་ཆོས་ཀྱི་དབང་ལུང་རྫོགས་པར་ཐོབ།། དོན་གཉེར་སློབ་མའི་ཚོགས་ལ་ལུང་རིགས་ཀྱི།། ལམ་ལས་དྭངས་ཏེ་སྒྲོ་འདོགས་ཆོད་པར་བཤད།། ཕོག་འབུགས་རྩ་བཤད་ཕྱི་གསུམ་འགྲེལ་བ་དྲུག མན་ངག་བསྡུས་པ་འཚོ་བྱེད་རྣམ་ཐར་སོགས། རྗེས་འཇུག་དོན་དུ་ཡི་གེ་གསལ་བར་བཀོད།། ནད་ལྡན་འགྲོ་ལ་བརྩེ་བས་སྨན་དཔྱད་བསྟེན།། སྨན་དང་ཆ་བྱད་དཔེ་སོགས་མང་དུ་སྤེལ།། སློབ་མའི་གཙོ་བོ་གླང་བུ་ཆོས་རྗེ་ཞེས་པ་དང་། གསང་ཕུ་དཔལ་རི་བ་བློ་གྲོས་རྒྱལ་པོ་སོགས་མང་དག་ལ་གདམས་པ་མ་ལུས་བསྐུལ་ནས་འགྲོ་བ་ནད་པ་རྣམས་ལ་མི་འཇིགས་སྲོག་གི་སྦྱིན་པ་འཛད་མེད་དུ་གནང་བས་ཕན་དང་བདེ་བའི་འབྱུང་གནས་དམ་པར་གྱུར། སྤྱི་ལོ་༡༥༠༦ལོར་གཤེགས།།

噶瓦释迦旺久，亦称措美堪钦，诞生于藏历第八绕迥火兔年（1447），其出生地为堆龙东嘎朗村（现属西藏日喀则市桑珠孜区东嘎乡）。他出身于西藏噶瓦氏族，该氏族历史上孕育了包括藏族五大译师之一的噶瓦拜则在内的诸多杰出人物。他先后拜苏喀·娘尼多吉之亲传弟子查温·索朗扎西、甲玛桑、强巴环久扎西等多名贤者为师，掌握了各科知识，尤其在藏医学方面出类拔萃。第司·桑杰嘉措所著《医学概论·仙人喜宴》记载，因与觉沃杰时期的噶瓦释迦旺久出自同一氏族，所以他自称为噶瓦释迦旺久，又名噶瓦释迦旺久贡噶坚村。《医学概论·白银明镜》记载，他自幼便展现出卓越的智慧。成年后，他深入研习了《四部医典》等医学经典。在医学实践中，他致力于帮助众生摆脱疾病的困扰。他广泛吸收了众多学派的精华，在文法、历算、医学等领域取得了卓越的成就。他的医学著作，如《本续详解·如意宝树》《医学后续注释·释难明灯》《五明注解·花鬘》等，对藏医学的理论和实践进行了阐释和总结，至今仍被奉为经典，影响深远。他还培养了朗普确吉、桑普白日瓦、洛珠杰布等众多杰出弟子。噶瓦释迦旺久于1506年逝世，享年59岁。

སྐ་བ་ཤཱཀྱ་དབང་ཕྱུག་གི་གསུང་འབུམ།

噶瓦释迦旺久医著

༄༅། །མན་ངག་ཀུན་གྱི་སྙིང་བསྡུས་ཞེས་བྱ་བ་བཞུགས་སོ།། །

གསུང་རྩོམ་འདི་ནི་《ཚེ་དབང་བརྒྱ་རྩ། མན་ངག་ཀུན་གྱི་སྙིང་བསྡུས། རྡོ་རིང་མཛེས་བྱེད།》ཅེས་པའི་དཔེ་དེབ་ནང་དུ་བཀོད་ཡོད་པས། དེའི་ཤོག་ངོས་༡༢༡ནས་༡༨༩བར་གསལ། ཁྱོན་བསྡོམས་ཤོག་གྲངས་༦༩བཞུགས། ༢༠༠༧ལོའི་ཟླ་༣པར་མི་རིགས་དཔེ་སྐྲུན་ཁང་གིས་དཔར་དུ་བསྐྲུན།

ནང་དོན་གནད་བསྡུས།

གསུང་རྩོམ་འདིའི་ནང་གཙོ་བོ་མཐོང་བ་བརྒྱུད་པའི་ཕྱག་ལེན་རྣམས་ཡུན་རིང་དུ་ལན་མང་པོ་ཉམས་སུ་བླངས་ནས་ཡིད་ཆེས་ཀྱི་མཐུ་བརྟས་པའི་ཐང་ཕྱེ་རིལ་བུ་ཐལ་སྨན་སྦྱོང་སྒྲུབ་བཅས་ཀྱི་སྦྱོར་བ་ལག་བླངས་མ་རྣམས་དང་། རིམས་འབྲུམ་རྒྱ་གཟེར་དམུ་ཆུ་སོགས་ཀྱི་སྦྱོང་བཅོས་ཟབ་མོ་རྣམས་བསྟན་ཡོད། དཔེར་ན། སྨུག་པོ་ཁྲག་ནག་དུད་ཁུ་འབྱུང་བ་ལ་བསིལ་སྨན་གཏོང་བ་ལས་སེ་འབྲུའི་སྦྱོར་བ་གཏོང་མི་རུང་བ་དང་། ཚ་དང་ལན་ཚ་བཏང་ན་ཁྲག་རུལ་བར་བྱེད་ཕྱིར་སྤང་དགོས་པ་ལྟ་བུའི་མན་ངག་སྣ་ཚོགས་བཀོད་ཡོད། གསོ་རིག་རྒྱུད་བཞི་སོགས་ཡིག་ཆ་ཐོར་བུ་ཐོ་བཀོད་ཞེས་པའི་ནང་གངས་ལྗོངས་ན་གྲགས་ཆེ་ཞིང་ཁུངས་ཐུབ་མན་ངག་གི་རྩ་བ་ལྟ་བུར་གྱུར་པའི་སྨན་གཞུང་འགའི་མིང་དང་གཞན་ཟུར་མཁར་ལེགས་བཤད་འཚོལ་དང་དྲང་སྲོང་བསྟན་འཛིན་རྒྱལ་པོ་སོགས་ཀྱི་མཛད་རྣམ་རགས་ཙམ་བཀོད་ཡོད་དོ།

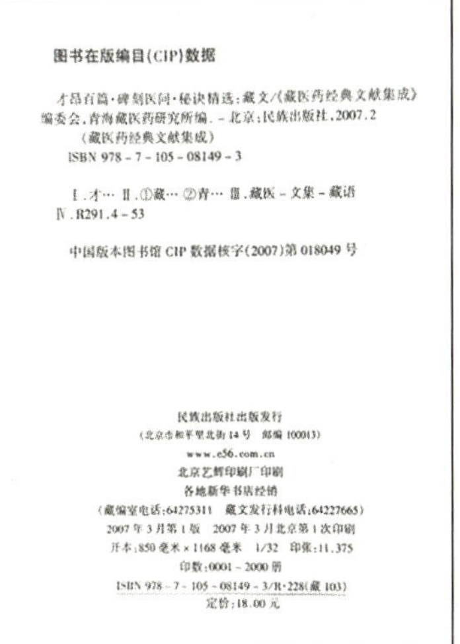
图书在版编目(CIP)数据

才昂百篇·碑刻医问·秘诀精选:藏文/《藏医药经典文献集成》编委会,青海藏医药研究所编. - 北京:民族出版社,2007.2
(藏医药经典文献集成)
ISBN 978 - 7 - 105 - 08149 - 3

Ⅰ.才… Ⅱ.①藏… ②青… Ⅲ.藏医 - 文集 - 藏语
Ⅳ.R291.4 - 53

中国版本图书馆 CIP 数据核字(2007)第 018049 号

民族出版社出版发行
(北京市和平里北街14号 邮编100013)
www.e56.com.cn
北京艺辉印刷厂印刷
各地新华书店经销
(藏编室电话:64275311 藏文发行科电话:64227665)
2007年3月第1版 2007年3月北京第1次印刷
开本:850毫米×1168毫米 1/32 印张:11.375
印数:0001 - 2000册
ISBN 978 - 7 - 105 - 08149 - 3/R·228(藏103)
定价:18.00元

གསོ་རིག་གི་རིན་ཐང་།

དེབ་འདིར་ནུས་པ་ཁྱད་ཐོན་གྱི་སྨན་རིགས་དང་དེ་དག་གི་སྦྱོར་སྡེ་སྣ་ཚོགས་བསྟན་པ་དང་། མགོ་བཤལ་ཡ་མ་དྲུངས་འབྱིན། མིག་སྨན་གྱི་སྐོར། རིམས་བཅོས་བདུད་རྩི་བུམ་པ། འབྲུམ་པའི་བཅོས་ཐབས་སོགས་རྒྱུན་མཐོང་གི་ནད་དང་བཅོས་དཀའ་བའི་ནད་སོགས་ཞིབ་པར་བརྗོད་ཡོད་པས་གསོ་རིག་གི་ཐད་ལ་ནད་ཐོག་ལག་ལེན་དང་ཟུར་ལྟའི་རིན་ཐང་བཅས་ཆེས་ཆེར་ལྡན་ནོ།།

《秘诀精选》

本医著收载于《才昂百篇・碑刻医问・秘诀精选》中第121页至184页，共64页。由民族出版社于2007年3月出版。

内容提要：

本医著介绍藏药中汤剂、散剂、丸剂、灰剂及排泄方剂、引吐方剂的制作法，并结合藏医药传统理论，完善了瘟病、痘疹、痢疾、水鼓等疾病的治疗经验及实践技能，例如，治疗木布呕吐腐血如烟汁时使用凉性药治疗，而不能使用石榴籽类药物，是由于辛味和咸味使血腐烂、故应忌用等各种秘诀。同时总结和归纳了《四部医典》等其他医著医家的精髓。

医学价值：

本医著依次介绍了具有可靠功效的药物的制作方法，进一步完善了以瘟病、痘疹、痢疾、水鼓等为主的疑难疾病特色疗法，具有一定的可行性和可靠性。书中特别阐述了部分特殊疗法，在临床上具有一定的参考应用价值。

ཟུར་མཁར་བློ་གྲོས་རྒྱལ་པོའི་ངོ་སྤྲོད་མདོར་བསྡུས།

苏喀·洛珠杰布简介

ཟུར་མཁར་བློ་གྲོས་རྒྱལ་པོ་ཞེས་པ་ནི། ཟུར་མཁར་བའི་རིགས་སུ་རབ་བྱུང་དགུ་པའི་ས་སྦྲུལ་སྤྱི་ལོ་༡༥༠༩ལོ་ལ་འཁྲུངས། ཐོག་མའི་མཚན་ལ་ཚེ་བརྟན་རྒྱལ་དང་། རྗེ་ཀརྨ་འཕྲིན་ལས་པས་གཙུག་ཕུད་བཞེས་ཏེ་མཚན་ལ་དཔལ་ལྡན་དོན་གྲུབ་རྣམ་རྒྱལ། ཀརྨ་པ་བརྒྱད་པ་མི་བསྐྱོད་རྡོ་རྗེ་ལེགས་བཤད་འཚོལ། ཞྭ་དམར་བས་བློ་གྲོས་རྒྱལ་པོ། རང་གིས་མེས་པོའི་འབངས་རྣམས་སུ་མཚན་བཏགས། ཆུང་ངུའི་དུས་ནས་གསོ་དཔྱད་ལ་སློབ་གཉེར་མཛད་པ་དང་། འཚོ་སྨད་མཁན་ཆེན་གྱི་སློབ་མ་གླང་བུ་ཆོས་རྗེ་ཞེས་པ་སློབ་དཔོན་དངོས་སུ་བསྟེན་ནས་རྒྱུད་བཞི་དང་། བྱེ་བ་རིང་བསྲེལ་ལ་སོགས་པ་མང་པོ་ཞུས། བློ་གྲོས་རྒྱལ་པོ་རང་ཉིད་ཟུར་ལུགས་ཡིན་ཙུང་ཐན་པོའི་ཁ་ཆེམས་ཞེས་པའི་ནང་གསལ་ལྟར་བྱུང་བ་བཀྲ་ཤིས་དཔལ་བཟང་ནས་རིམ་པར་བརྒྱུད་པའི་དྲུང་ནས་བྱུང་པ་སྐུ་མཆེད་དང་། དཔོན་ཚང་འཕན་དར་བ། མངའ་རིས་ཕྱག་སྨན་རིན་རྒྱལ་གྱི་དཔོན་པོ་སོགས་དང་། ཁྱད་པར་ས་སྐྱ་སྨན་གྲོང་དུ་བྲང་ཏིའི་ཞལ་ངོ་ཡབ་སྲས་ལ་ཡན་ལག་བརྒྱད་པ་དང་དེའི་རང་འགྲེལ། ཟླ་ཟེར། ཆ་ལག་བཅོ་བརྒྱད། གསེར་བྲེ། དངུལ་བྲེ་རྣམས་ཀྱི་ལུང་གསན། གཡུ་ཐོག་པས་མཛད་པའི་ཡིག་ཆ་ཁོ་ན་ཙད་གཅོད་གནང་ཆེད་གཙང་ཞང་སྨད་ཀྱི་ཕྱོགས་སུ་ཕེབས་པ་དང་། ས་ཆ་དེ་ནས་གཡུ་ཐོག་གསར་མའི་རྒྱུད་བཞི་ཕྱག་དྲིས་མ་ཞེས་པའི་གསེར་མཆན་རྙེད་པར་གྲགས། དེར་ས་སྐྱོད་དབང་རྒྱལ་གྲགས་པས་མཐུན་རྐྱེན་གནང་བར་བརྟེན། ལོ་བཞིའི་བར་དུ་རྩ་བཤད་འགྲེལ་པ་མེས་པོའི་ཞལ་ལུང་ཞེས་པ་རྩོམ་གནང་མཛད། རྗེས་སུ་དབུས་ཕྱོགས་ལ་ཕྱིན་ཏེ་གཞི་ལམ་འབྲས་གསུམ་ལས་བརྩམས་པའི་དྲི་ཚིག་གི་ཡི་གེ་ལྷ་སའི་རྗོ་རིང་ལ་ལན་གསུམ་དུ་སྤྲར་བས་དེའི་གཏམ་སྙན་ཕྱོགས་མཐར་ཁྱབ་ཙང་ལན་མ་བྱུང་། རང་ཉིད་ཀྱི་སློབ་མ་ནང་སོ་དོན་ཡོད་སོགས་ཀྱིས་དྲི་ཚིག་གི་དོན་མ་གོ་བས་དེ་ལ་འགྲེལ་

པ་དགོས་ཚུལ་ཞུས་པ་ལྟར་རང་འགྲེལ་གསེར་གྱི་ཕྲ་ཚོམ་ཞེས་པ་མཛད་ཀྱང་ཕལ་ཆེར་གྲིས་མ་གོ། དུས་ཐོག་དེར་གསོ་རིག་འཛིན་པ་དོལ་མདའ་ཞང་ཁང་པ། འཕྱོངས་རྒྱས་རོལ་ཁང་པ། སྡེ་པ་ལྷ་ས་རྫོང་པ་སོགས་ཀྱིས་ལན་ཁ་ཤས་བྱུང་བ་ཐུགས་ལ་མ་འཐད་པར་སླར་ཡང་རང་ལན་རྒན་པོའི་ཁ་ཆེམས་མཚན་མོ་མུན་ནག་གི་སྒྲོག་འོད་ལྟ་བུ་ཞེས་པ་མཛད་དགོས་བྱུང་། ལྷག་པར་རང་ཉིད་ཀྱི་དཔྱད་པས་དག་པའི་གྲྭ་ཐང་རྒྱུད་བཞི་ཞེས་པ་ཡར་རྒྱབ་པས་སྤྲིན་བདག་མཛད་དེ་པར་དུ་བརྐོས་པ་དང་། དེ་མིན་དྲང་སྲོང་མཉམ་ཉིད་རྡོ་རྗེའི་རྣམ་ཐར་འགོག་པ་མེད་པ་ཡི་གེའི་གཏམ་ཆེན་པོ་དང་། རྣམ་ཐར་གསོལ་འདེབས་དད་པའི་རོལ་མཚོ་གསར་པ། དྲང་སྲོང་རྣམ་གཉིས་ལ་ཐུགས་རྗེ་བསྐུལ་བ་མུ་ངན་གདུང་སེལ། བྱེ་བ་རིང་བསྲེལ་གྱི་དཀར་ཆག་མཁས་པའི་ཡིད་འཕྲོག དེའི་ལྷན་ཐབས་དད་ལྡན་སྙིམ་པའི་མེ་ཏོག་དང་། བྱང་པའི་བཀའ་སྒྲུབ་ཀྱི་ལན་དཀར་པོ་ཆིག་ཐུབ་བམ་དབང་པོའི་ལག་ཉལ། རྒྱུད་བཞི་བཀའ་དང་བསྟན་བཅོས་རྣམ་པར་དབྱེ་བ་མུན་སེལ་སྒྲོན་མེ། སྨན་གྱི་རོ་ནུས་ཞུ་རྗེས་ཀྱི་རེའུ་མིག་དྲྭ་སྭ་མེས་རྡོ་རྗེ་ཕ་ལམ་ལ་མིག་ཕྱུག་པ་ལྟར་མཛད་པར་སླར་སྲད་བུ་བརྒྱུས་པ་དང་མཚུངས། གོང་སྨན་དགོན་མཆོག་ཕན་དར་ལ་དྲི་བ་ཙུ་ཏའི་འབྲི་ཤིང་། པ་སྨམ་འཚོ་བྱེད་ཀུན་ལེགས་པར་དྲི་བ་བློ་གསལ་འཇུག་ངོགས་དང་དྲིས་ལན་ལེགས་བཤད་སྒྲུགས་པ། ཟླ་ཟེག་ཉིན་བྱེད་འོད་མཆོ། དབྱར་སྐྱེས་ཛ་གསང་། ག་བུར་གུར་གུམ་ཨ་གར་ཙནྡན་སོགས་ཀྱི་སྦྱོར་སེལ་འགའ་ཞིག རྒྱུད་བཞི་པར་བཀོད་མཇུག་རྩོམ་གྱི་སྨོན་སེལ། ཆུ་སྐོལ་གྱི་རྣམ་བཤད། འཕན་ཡུལ་གྱི་སྨན་པ་ཀླུང་འཁམས་ལངས་པའི་དྲིས་ལན་དབྱར་ཉིའི་ཞུན་ཐིགས་མ་ནུའི་དྲིས་ལན། ཤེས་བྱ་སྤྱིའི་ཁོག་འབུགས་དྲང་སྲོང་ཀུན་ཏུ་དགའ་བའི་ཟློས་གར་གཏན་པ་མེད་པའི་མཆོད་སྤྲིན་གྱི་སྒོ་འཕར་ཡངས་པོར་ཕྱེ་བ་སོགས་གསོ་དཔྱད་སྐོར་ལ་བརྩམ་ཆོས་ཧ་ཅང་མང་། སྙན་ངག་དང་མཚན་ཉིད་སྐོར་སྨོན་གྲུབ་ལོ་ཙཱ་བའམ་སྐྱོགས་ལོ་རིན་ཆེན་བཀྲ་ཤིས་ཞེས་པའི་སར་གསན་པ་དང་། ཀྐ་པའི་ཆོས་གྲྭ་ལེགས་བཤད་གླིང་དུ་མཚན་ཉིད་ལ་སྦྱངས་བརྩོན་མཛད་པ་བཅས་ཀྱིས་མཁྱེན་རྒྱ་ཤིན་ཏུ་ཆེ།

ཉིད་ཀྱི་གསུང་ལས། རིག་གནས་བཅུ་ཕྲག་གཅིག་ལ་སྦྱངས་པའི་མཐུས།། མཁས་པའི་བྱ་བ་འཆད་རྩོད་རྩོམ་པ་གསུམ།། མཁས་པ་མང་པོ་ཚོགས་པའི་མདུན་སར་ཡང་།། མཁས་རྣམས་ཁྲེལ་བའི་གཏམ་ནི་སྨྲ་མ་མྱོང་།། ཞེས་མཁས་པའི་གོ་འཕང་ཐོབ་པ་ལ་ངོ་གནོང་མི་དགོས་པའི་བཀའ་མོལ་གསུངས་པ་ནི་དོན་དུ་གནས། འོན་ཀྱང་སྡེ་སྲིད་རིན་པོ་ཆེས་སྐབས་རེར་ཟུར་མཁར་བློ་གྲོས་རྒྱལ་པོ་ལྷ་བུའི་མཁས་དབང་ཞེས་བསྔགས་བརྗོད་དང་། སྐབས་རེར་རིག་གནས་གཞན་ལ་ཏོལ་ཙམ་སྦྱངས་པའི་སྐད་གཡུ་འབྲུག་སྟོན་མོ་ལས་གསོ་དཔྱད་ལ་ཟུར་མཁར་གོང་མའི་ཤུལ་ཟིལ་ལྟ་ཝོག སྐྱེས་པ་ཚེ་དབང་ཙམ་ཡང་མ་བྱུང་བར་མངོན་ཞེས་ཙུང་ཟད་ཟུར་ཟ་མཛད་པ་ནི་དགོས་དབང་ཡོད་པ་གཞིར་བཅས། མཁས་པ་མཁས་པའི་ནང་ན་མཛེས།། བླུན་པོས་མཁས་པ་ཇི་ལྟར་གོ། ཞེས་པ་ལྟར་རང་ངོས་ནས་འདི་དང་འདི་ཞེས་བརྗོད་པ་རོ་འཛིན་གྱི་ཡུལ་ལས་འགོངས་སོ།།

苏喀·洛珠杰布于藏历第九绕迥土蛇年（1509）出生于苏喀家族，幼名次丹杰，后来由噶玛赤列为其剃度并赐名班丹顿珠郎杰，八世噶玛巴密觉多杰为其起名列协崔，夏玛瓦（红帽派）为其起名为洛珠杰布，自称美布蚌。藏医学南派（亦称苏派）之创始者苏喀·娘尼多吉的第五代传人。童年时期，洛珠杰布进入勒夏林寺学习藏语文的基础知识。随后，他在门珠译师的指导下，深入学习了诗学和因明学。继而拜措美堪钦的弟子朗普曲吉为师，对《四部医典》及《千万舍利子》等医学经典进行了学习。此外，他在名医章弟师徒的指导下，系统地学习了《八支》及《八支注释》《月光》《十八支》等众多医学论著，深刻地领悟了其中的经义和词义。此后，他致力于深入学习与研究宇妥·云丹贡布的历代著作，为追溯学术之源，不畏艰辛地寻访《四部医典》的原始版本。最终，在后藏娘麦地区，他成功搜集到了新宇妥萨玛·云丹贡布大师亲自审阅的手抄本《四部医典·金注》。经过他细心的校订工作，在扎塘地区完成了木刻版的刻印，诞生了最早的《四部医典》木刻版本，为藏医药学的传承与发展奠定了坚实的基础。随后，他耗费四年时间，撰写了医学巨著《祖先口述》，对促进藏医药学研究产生了积极影响。此外，他还著有《〈四部医典〉疑难解答》《药物若干问答录》《答北方派之嘎波切土》以及《藏药方剂一千零二种之确数》等多部藏医药学论著，以及《苏喀·娘尼多吉传》《〈四部医典〉辨析·除暗明灯》和《藏医药学历史概论·庆喜仙人之歌》等关于藏医史的著作。

洛珠杰布亦为诗学巨匠，其诗学著作包括《诗镜之镜》等多部作品。此外，他在因明学等领域亦有深厚造诣。苏喀·洛珠杰布一生桃李满天下，其门生主要分布在多康地区（即现今的青海、甘肃、四川、云南及西藏昌都一带），其中不乏如扎西达杰等德才兼备的杰出人物。

16世纪，藏医学达到了其发展的巅峰。南北两大藏医学派的学术辩论在此时达到了高潮，各种医学论著不断涌现，围绕着《四部医典》的讨论尤为热烈。正是在这样的学术氛围中，苏喀·洛珠杰布成长并脱颖而出。要全面评价他对藏医药学所作出的贡献，我们可以从以下几个方面进行探讨。

苏喀·洛珠杰布在审阅苏喀·娘尼多吉所遗留的亲笔札记时，注意到如下记载："《四部医典》在手抄流传的过程中，由于众多医家的注疏与增删，其内容已逐渐偏离原貌。"基于此，他立誓致力于恢复《四部医典》的原始状态。在行医的同时，他不辞辛劳地在各地搜寻《四部医典》的原始版本。经过不懈的努力，最终在宇妥·萨玛云丹贡布家乡附近的娘麦地区，发现了宇妥·萨玛云丹贡布亲自抄写的《宇妥·萨玛云丹贡布亲注〈四部医典〉》（亦称金注）。此后，他经过严谨的甄别和考证、慎重而精心的校订，于1573年，在扎塘地方动员山南地区的地方长官旺杰智华出资刻印，形成了现在已知的《四部医典》最早木刻版，又称为《扎塘居悉》，具有极高的文献学价值，是研究早期藏医史的重要资料。他历时四年多撰写的《四部医典》注释本——《祖先口述》，从纠正谬误、正确注释和消除争论三个方面入手，系统地对《四部医典》之第一部《总则部》和第二部《论述部》全部及第四部《后续部》之脉诊一章进行了全面的注释（第三部《秘诀部》和第四部《后续部》脉诊以外部分，在五世达赖时期，由达莫曼然巴·罗藏曲扎进行了补充注释）。该著作详尽地进行了注释，不仅融合了其他学者的观点，还提出了作者自己的见解，并指出了某些学者的注释错误，进而进行了纠正。此书作为研究15—16世纪藏医学理论演进的重要文献，具有显著的文献学价值。《祖先口述》一书对后世藏医学的发展具有深远的指导意义，历代藏医学者均将其视为必读的经典。作者所著的藏药方剂学专著《藏药方剂一千零二种之确数》，对《四部医典》中的《后续部》所记载的一千零二种方剂进行了简明扼要的介绍，阐述了其配伍方法和原则，以其篇幅精简、论述清晰的特点，成为藏医学方剂学领域的范本之一。为促进藏医学术领域的探讨与交流，洛珠杰布曾三次将一系列复杂问题镌刻于拉萨的石碑之上，以求得到解答，此举引起了广泛的关注，然而却无人能提供答案。由于其学生未能理解题意，他们请求洛珠杰布进行解释，于是他编撰了《问答金饰》一书，但遗憾的是，该书依旧未能被人们所理解。当时的土达娘康巴、琼杰芮康巴、第巴拉萨宗巴等医学专家虽提供了一些解答，但洛珠杰布认为这些答案并不合理，因此撰写了《长者遗训·黑暗闪电》。他还编写了《四部医典疑难解答》一书，对《四部医典》中一些极具代表性的难题进行了详尽的阐释，并提出了自己的见解，其论述深刻而精辟。该书成为广大藏医工作者学习和参考的重要文献。这部著作也极大地提升了洛珠杰布的声誉，使其名扬全藏。除此之外，他还著有多部医药学作品，包括《药物若干问答录》和《答北方派之嘎波切土》等。

苏喀·洛珠杰布不仅对藏医学基础理论的完善与发展作出了重大贡献，而且在藏医学史的研究与进步方面亦有显著成就。在其著作《四部医典辨析·除暗明灯》中，他深入探讨了《四部医典》这一藏医学重要典籍的起源问题，包括其是否源自佛语或论著，以及若是论著，究竟是印度学者所著还是藏族学者所编等议题进行了详尽的分析与研究。其医学史著作《苏喀・娘尼多吉传》属于人物传记类文献，叙述详实而恰当，文笔生动优美，是一部极具医学史学和文学价值的藏医学人物传记，是研究藏医学南派形成与发展的关键文献之一。此外，他早期的藏医药学通史专著《藏医药学历史概况・庆喜仙人之歌》，同样是对藏医药学早期历史研究的重要文献。该书阐述了藏医药学的起源与演进过程，是一部兼具医学与历史研究价值的文献，与第司・桑结嘉措的《索日廓布》并驾齐驱，深受藏医学界人士的推崇。

据传，其在编纂《藏医药学历史概论・庆喜仙人之歌》一书期间，不幸因病辞世，享年70余岁，他的离世，无疑给藏医学界带来了巨大的损失，但他的著作和贡献却永远地留在了人们的心中。他的生平事迹和学术成就，如同璀璨的星辰，照亮了藏医学发展的道路，激励着后来者不断前行。他的《藏医药学历史概论・庆喜仙人之歌》一书，更是成为研究藏医药学历史不可或缺的重要资料，为后人提供了宝贵的学术财富。尽管他的具体卒年尚不明确，但他的精神与成就，将永远铭刻在藏医学的历史长河之中。

ཟུར་མཁར་བློ་གྲོས་རྒྱལ་པོའི་གསུང་འབུམ།

苏喀·洛珠杰布医著

༄༅། །ཤེས་བྱ་སྤྱིའི་ཁོག་འབུབས་དྲང་སྲོང་ཀུན་ཏུ་དགའ་བའི་ཟློས་གར་གཏན་པ་མེད་པའི་མཆོད་སྦྱིན་གྱི་སྒོ་འཕར་ཡངས་པོར་ཕྱེ་བ་ཞེས་བྱ་བ་བཞུགས་སོ།།

གསུང་རྩོམ་འདིའི་མ་དཔེ་ནི་ལག་བྲིས་ཡིན་ལ། ཡིག་གཟུགས་དབུ་མེད། ཤོག་ངོས་རེར་ཐིག་ཕྲེང་༤། ཐིག་ཕྲེང་རེར་ཡིག་ཕྲེང་༢༥། ཁྱོན་བསྡོམས་ཤོག་ངོས་༢༥༠བཞུགས། ད་ལྟ་མ་ཡིག་འདིའི་མ་དཔེ་ནི་བོད་ལྗོངས་ཆབ་མདོ་གྲོང་ཁྱེར་འཇོ་མདའ་རྫོང་དགོན་སྟོད་ཤང་རབ་འབུམ་བཙན་སྐྱིད་ནང་གྲོས་མ་ཚང་གི་ཁྱིམ་དུ་ཉར་ཚགས་གནང་ཡོད།

ནང་དོན་གནད་བསྡུས།

དཔེ་ཆ་འདིའི་ནང་ཕྱི་གནོད་པར་བྱེད་པའི་རྐྱེན་དང་། ནང་གནོད་བྱ་ཁམས། གཞན་གསོ་བར་བྱེད་པའི་ཐབས། བསྟན་པ་སྤྱིའི་བྱུང་ཚུལ། སྒོས་སུ་གསོ་རིག་བྱུང་ཚུལ། འཕགས་ཡུལ་དུ་གསོ་རིག་དར་ཚུལ། བོད་དུ་བསྟན་པ་སྤྱི་དར་ཚུལ། སྒོས་སུ་གསོ་རིག་དར་ཚུལ། མཐར་ཉམས་སུ་ལེན་ཚུལ་གྱི་རྣམ་གཞག་སོགས་གསལ་བར་བསྟན་ཡོད།

འདིའི་མཚན་རྒྱས་པར་གསོ་རིག་ཆོས་འབྱུང་གང་དག་བྱང་ཆུབ་སེམས་དཔའི་སྤྱད་པ་སྤྱོད་པར་འདོད་པའི་སྨན་པ་རྣམས་ཀྱིས་ངེས་པར་ཤེས་དགོས་པའི་ཕྱི་ནང་གཞན་གསུམ་གྱི་རྣམ་གཞག་ཤེས་བྱ་སྤྱིའི་ཁོག་དབུབ་པ་གཏན་པ་མེད་པའི་མཆོད་སྦྱིན་གྱི་སྒོ་འཕར་ཡངས་པོ་ཞེས་བྱ་ཞིང་། སྤྱི་ལོ་༡༥༧༠ལས་མས་སུ་ཟུར་མཁར་ཕྱི་མས་སྐུ་ཚེའི་སྨད་ཙམ་ལ་མཛད་པར་མངོན་ཞིང་སྟེང་གྲིབ་བསྐྱངས་ནས་མཛད་འཕྲོར་ལུས་པ་ལྡེ་སྲིད་ཁོག་འབུགས་སུ་གསུངས། འདིར་སྐབས་བརྒྱད་ཡོད་པ་ལས། བརྒྱད་པ་ཐོས་བསམ་སྒོམ་གསུམ་གྱི་རྣམ་གཞག་བཤད་པའི་སྐབས་ལ་སྒོམ་དགོས་པའི་རྒྱུ་མཚན་མན་མཛད་འཕྲོར་ལུས་པ་ཅན་ཕྱིས་དར་མོ་སྨན་རམས་པ་བློ་བཟང་ཆོས་གྲགས་ཀྱིས་ཁ་སྐོང་མཛད་པ་ཡིན།

གསོ་རིག་གི་རིན་ཐང་།

ཤེས་བྱ་སྤྱིའི་ཁོག་འབུབས་ལས་ཕྱིའི་འཇིག་རྟེན་གྱི་བཀོད་པ་དང་ནང་བཅུད་སེམས་ཅན་གྱི་ཆགས་ཚུལ། འགྲོ་བ་མིའི་རིགས་བྱུང་ཚུལ། སྟོན་པའི་འཁྲུངས་རབས་སོགས་ཀྱི་ལོ་རྒྱུས། སློས་སུ་རྒྱ་དཀར་ནག་དང་བོད་ཡུལ་བཅས་སུ་གསོ་རིག་དར་ཚུལ་སོགས་བཀོད་ཡོད་ལ། ཁྱད་པར་དུ་བོད་ཡུལ་སིལ་བུར་མ་ཐོར་བའི་སྔོན་རྗེས་ཀྱི་གསོ་རིག་དར་ཚུལ་དང་། མི་ཤེས་པ་ཤེས་པར་བྱེད་པ་ཐོས་བསམ་སྒོམ་གསུམ་གྱི་ཐབས་སོགས་ལུང་རིགས་ཁྲུངས་ཐུབ་ཀྱི་སྒོ་ནས་མཛད་ཡོད་པས། འདི་ནི་བོད་ཀྱི་གསོ་རིག་ཁོ་ན་མ་ཡིན་པའི་རིག་གནས་སྤྱི་དང་ལོ་རྒྱུས། ནང་ཆོས་སོགས་ཀྱི་ཞིབ་འཇུག་ལ་དོན་བསྡུས་ཤིང་ཆ་ཚང་བའི་གཞུང་ལུགས་ཀྱི་རིན་ཐང་ལྡན་ཡོད།།

《总知识概论》

本医著母本为手抄本，字体为乌梅体，每页4行，每行26字，共260页。此书现藏于西藏昌都市江达县汪顶乡久玛家。

内容提要：

本医著从教与理两方面明确论述了外在世界的结构和内情世界众生的诞生、人类的起源繁衍及宗教的发展沿流。医学部分详细介绍了医学从天界到印度、中国内地和中国西藏的流传过程，对西藏各赞普时期藏医学发展情况以及必须掌握的闻、思、修三法等内容进行了阐述。

医学价值：

本医著总体概述了外在世界的结构、有情众生的形成、人类的起源，以及佛陀的传记，特别记载了医学在印度、中国内地以及中国西藏的发展历史，包括闻、思、修方法等内容，这些内容不仅涵盖了医学理论的深入探索，还融入了修行实践的智慧，对研究藏医药学形成的发展历程具有重要的史料价值。

༧༧། །རྒྱུད་བཞིའི་འགྲེལ་པ་མེས་པོའི་ཞལ་ལུང་།།

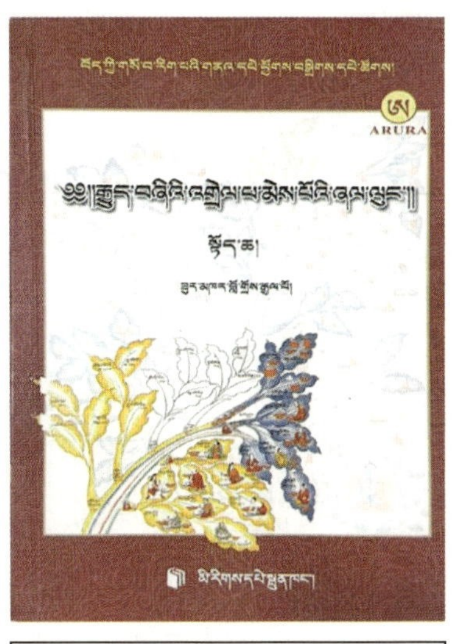

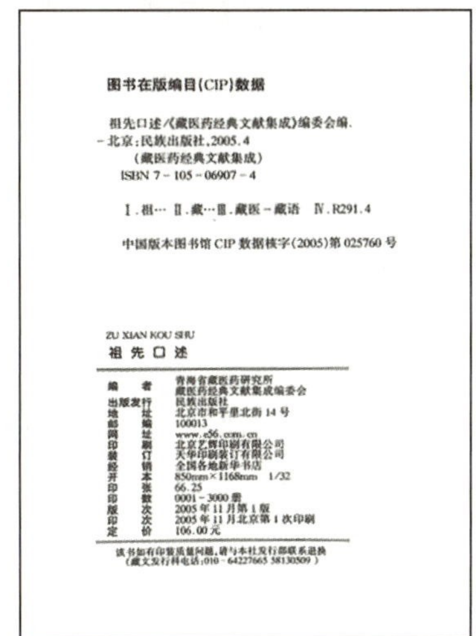
图书在版编目(CIP)数据

祖先口述/《藏医药经典文献集成》编委会编.
-北京:民族出版社,2005.4
(藏医药经典文献集成)
ISBN 7-105-06907-4

Ⅰ.祖… Ⅱ.藏…Ⅲ.藏医-藏语 Ⅳ.R291.4

中国版本图书馆 CIP 数据核字(2005)第 025760 号

ZU XIAN KOU SHU
祖 先 口 述

编　　者　青海省藏医药研究所
　　　　　藏医药经典文献集成编委会
出版发行　民族出版社
地　　址　北京市和平里北街 14 号
邮　　编　100013
网　　址　www.e56.com.cn
印　　刷　北京艺辉印刷有限公司
装　　订　天华印刷装订有限公司
经　　销　全国各地新华书店
开　　本　850mm×1168mm　1/32
印　　张　66.25
印　　数　0001-3000 册
版　　次　2005 年 11 月第 1 版
印　　次　2005 年 11 月北京第 1 次印刷
定　　价　106.00 元

该书如有印装质量问题,请与本社发行部联系退换
(藏文发行科电话:010-64227665 58130509)

གསུང་འབུམ་འདིར་སྟོད་ཆ་དང་སྨད་ཆ་གཉིས་ཡོད་པ་ལས་སྟོད་ཆ་ཡིན་ལ་ཁྱོན་བསྡོམས་ཤོག་གྲངས ༩༩༨བཞུགས། ༢༠༠༥ལོའི་ཟླ་༡༡པར་མི་རིགས་དཔེ་སྐྲུན་ཁང་གིས་པར་བསྐྲུན་བྱས།

ནང་དོན་གནད་བསྡུས།

འདིའི་ནང་ཟུར་མཁར་བའི་བརྩམས་ཆོས་རྣམས་ཕྱོགས་གཅིག་ཏུ་བསྡུས་ཏེ་རྩ་རྒྱུད་དང་། བཤད་རྒྱུད། ཕྱི་མ་རྒྱུད་ཀྱི་རྩ་མདོ་ཡན་ཚོད་ནས་བཞག་ཡོད་དེ། རྩ་རྒྱུད་རྣམ་བཤད་ནང་དུ་ལེའུ་དང་པོར་དུམ་བུ་བཞི་གའི་གླེང་གཞི་བསྟན་ཡོད་པ་དང་། ལེའུ་གཉིས་པར་རྩ་རྒྱུད་གཞུང་གི་གླེང་སློང་རྣམ་གྲངས་བཤད་པ། ལེའུ་གསུམ་པར་རྩ་བའི་རྒྱུད་ཀྱི་གནས་ལུགས་ནད་གཞི་བཤད་པ། ལེའུ་བཞི་པར་ངོས་འཛིན་རྟགས་ཀྱི་རྩ་བ་བཤད་པ། ལེའུ་ལྔ་བར་གསོ་བྱེད་ཐབས་ཀྱི་རྩ་བ་བཤད་པ། ལེའུ་དྲུག་པར་མཇུག་བསྡུ་བ་རྟེས་ཀྱི་དཔེ་དོན་བཤད་པ་དང་ཇོགས་ཚིག་བསྟན་པའོ།། བཤད་རྒྱུད་ཀྱི་རྣམ་བཤད་དུ་གནས་དང་པོ་རྩ་བ་མདོ། གནས་གཉིས་པ་གྲུབ་པ་ལུས། གནས་གསུམ་པ་འཕེལ་འགྲིབ་ནད། གནས་བཞི་བ་བྱ་བ་སྤྱོད་ལམ། གནས་ལྔ་བ་འཚོ་བ་ཟས། གནས་དྲུག་པ་སྦྱོར་བ་སྨན། གནས་བདུན་པ་ཆ་བྱད་དཔྱད། གནས་བརྒྱད་པ་ཐ་མལ་ནད་མེད། གནས་དགུ་བ་ངོས་བཟུང་རྟགས། གནས་བཅུ་བ་གསོ་བྱེད་ཐབས། གནས་བཅུ་གཅིག་པ་བྱེད་སྨན་པ་བཅས་ཀྱི་ནང་དོན་སྐོར་བསྟན་ཡོད། ཕྱི་མ་འཕྲིན་ལས་རྒྱུད་ཀྱི་རྣམ་བཤད་དུ་མདོ་དང་པོ་བརྟག་པ་རྩ་ཆུ་དང་། ལེའུ་དང་པོ་རིག་པ་རྩ་ལ་ནད་ངོས་བཟུང་བ་བསྟན་པ་གཉིས་གསུངས་ཡོད།

གསོ་རིག་གི་རིན་ཐང་།

གཙོ་བོ་རྒྱུད་བཞིའི་ནང་དོན་ལ་ཚིག་འགྲེལ་དང་དོན་འགྲེལ། རྟོགས་དཀའ་བའི་གནད་སོགས་རེ་རེ་བཞིན་གོ

བདེ་བའི་ངང་གསུངས་ཡོད་པ་དང་རྩོམ་པ་པོ་རང་གི་གཞུང་ལུགས་ཀྱི་ཐུན་མོང་མ་ཡིན་པའི་ལྟ་བ་བརྗོད་ཡོད། ཚིག་དང་དོན་མ་ལུས་པ་སོ་སོར་གསལ་ཞིང་རྟོགས་སླ་བར་རྒྱས་འགྲེལ་བྱས་ཡོད་པས་གཞུང་ལུགས་དང་ནད་ཐོག་ཏུ་བཀོལ་སྤྱོད་ཀྱི་རིན་ཐང་ཆེན་པོ་ཡོད།།

《〈四部医典〉详解·祖先口述》

本医著共2册（上下册），其中上册部分共998页，由民族出版社于2005年11月出版。

内容提要:

本医著详细解释了藏医药典籍《四部医典》之《总则部》《论述部》《秘诀部》三部及《后续部》藏医脉诊尿诊部分内容。其中，第一部《总则部》包括序言、缘起、生理病理、辨证、治疗、喻义等六个章节内容；第二部《论述部》包括绪论、身体的形成、身体的喻义、身体各部的正常状况、身体各部与病因等从藏医人体解剖生理学到医学伦理学的内容，共有三十一个章节；第三部《秘诀部》以三因学说为基础理论，针对藏医对热病疫病的诊治，脏腑疾病的诊断与治疗，内外妇儿科等疾病的病因病机、诊断方法、鉴别诊断、治疗细则等进行了详细介绍；第四部《后续部》重点解释了藏医学的特色诊断方法之脉诊、尿诊内容。

医学价值:

本医著主要对《四部医典》中的名词术语、词义、疑难部分做了详细的解释，阐述了作者独特的见解及观点，对医治患者的临床诊疗经验、藏医各家精华与秘诀部分进行了系统性总结，具有一定的学术和临床应用价值。

༄༅། །རྡོ་རིང་མཛེས་བྱེད་ཅེས་བྱ་བ་བཞུགས་སོ། །

གསུང་རྩོམ་འདི་ནི་《ཚེ་དབང་བརྒྱ་རྩ། མན་ངག་ཀུན་གྱི་སྙིང་བསྡུས། རྡོ་རིང་མཛེས་བྱེད།》ཅེས་པའི་དཔེ་དེབ་ནང་དུ་བཀོད་ཡོད་པས། དེའི་ཤོག་ངོས་༢༠༡ནས་༢༥༩བར་གསལ། ཁྱོན་བསྡོམས་ཤོག་གྲངས་༥༩བཞུགས། མི་རིགས་དཔེ་སྐྲུན་ཁང་གིས་༢༠༠༧ལོའི་ཟླ་༣པར་དཔེ་སྐྲུན་བྱས།

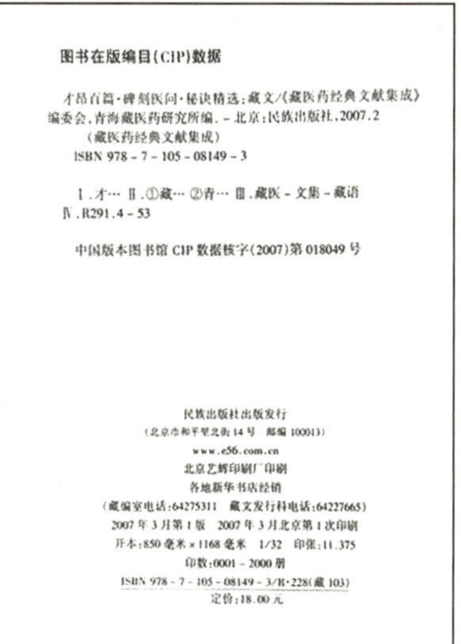
图书在版编目(CIP)数据

才昂百篇·碑刻医问·秘诀精选：藏文/《藏医药经典文献集成》编委会，青海藏医药研究所编. －北京：民族出版社，2007.2
（藏医药经典文献集成）
ISBN 978－7－105－08149－3

Ⅰ.才… Ⅱ.①藏… ②青… Ⅲ.藏医－文集－藏语
Ⅳ.R291.4－53

中国版本图书馆 CIP 数据核字(2007)第 018049 号

民族出版社出版发行
（北京市和平里北街 14 号　邮编 100013）
www.e56.com.cn
北京艺辉印刷厂印刷
各地新华书店经销
（藏编室电话：64275311　藏文发行科电话：64227665）
2007 年 3 月第 1 版　2007 年 3 月北京第 1 次印刷
开本：850 毫米×1168 毫米　1/32　印张：11.375
印数：0001－2000 册
ISBN 978－7－105－08149－3/R·228(藏 103)
定价：18.00 元

ནང་དོན་གནད་བསྡུས།

དཔལ་ལྡན་རྒྱུད་བཞི་ལས་འཕྲོས་པའི་དྲི་བའི་གནད་བརྒྱད་ཙམ་ལ་རང་ལན་སྤྲད་པ་ཞིག་སྟེ། རྩོམ་པ་པོས་དཔལ་ལྡན་རྒྱུད་བཞི་ལ་ཞུ་དག་མཛད་སྐབས་ཚིག་དོན་རྣམས་ལ་དཔྱད་དེ་གསོ་བ་རིག་པའི་ཚིག་དོན་འདི་ཚེ་ཡི་རིག་བྱེད་ཅེས་པ་དང་གཅིག་གམ་མི་གཅིག ལུས་ནད་སྨན་རྒྱུ་ཀུན་མཚུངས་ན་གནོད་བྱ་གནོད་བྱེད་ཇི་ལྟར་འགྱུབ། སྨན་དཔྱད་ཟས་སྤྱོད་བཞིས་ནད་སེལ་ནུས་པའི་ཤེས་བྱེད་ཅི། ནད་རྟགས་རྩ་ལ་རྟོགས་པའི་རྒྱུ་ཕྱུན་མོང་མིན་པའི་གནད་གང་ཡིན། རོ་ནུས་ཞུ་རྗེས་ཡོན་ཏན་ཚང་བའི་སྨན་གཅིག་ཡོད་དམ་མེད། ཆོས་འདི་ཁོ་ནས་མངོན་མཐོ་དང་ངེས་ལེགས་ཐོབ་པའི་གནས་ཡོད་དམ་མེད། སྐྱེ་བའི་ངག་དང་བསྟན་བཅོས་ལས་ཟླུག་ཧྲུ་བསྐྱེད་པའི་དཔྱད་དེ་རྩུབ་པོ་རྒྱལ་བས་ཀྱང་མ་གསུངས་ཞེས་གྲགས་པ་དེ་རྟོད་པ་གང་གིས་སྤོང་། གཞུང་འགྲེལ་དངོས་བསྟན་ཡོངས་གྲགས་དང་། ལུང་རིགས་ལྟར་སྣང་འདིར་མི་འདུག་ཅེས་སོགས་ཆོས་ལུགས་གཞན་དག་གིས་འདྲི་ན་ཇི་སྐད་བྱ་སོགས་ཤེན་ཏུ་ཟབ་པའི་གནད་སྙིང་པོར་བསྡུས་ཏེ་ཤོ་ལོ་ཀ་བཅུ་བཞི་ཙམ་ཡོད་པ་ཞིག་ལྷ་སའི་རྡོ་རིང་ལ་ལན་གསུམ་སྦྱར་བར་ལན་སློག་པ་མང་ཡང་གནད་འཁེལ་གཅིག་ཀྱང་མ་བྱུང་བ་ལ་ཉིད་ཀྱིས་གཞན་ལན་དག་ལ་དཔྱོད་པ་ནན་མོས་དགག་བཞག་མཛད་དེ་རང་ལན་གསལ་བར་སྟོན་པ་ཞིག་གོ།

གསོ་རིག་གི་རིན་ཐང་།

བརྩམས་ཆོས་འདིར་དཔལ་ལྡན་རྒྱུད་བཞི་ལས་འཕྲོས་པའི་དྲི་བའི་གནད་བརྒྱད་ཙམ་ལ་རང་ལན་སྦྱོར་པ་ཞིག་སྟེ། གནད་དོན་སྙིང་པོར་བསྡུས་ཏེ་ཤོ་ལོ་ཀ་བཅུ་བཞི་ཙམ་ཡོད་པ་ཞིག་ལྷ་སའི་རྡོ་རིང་ལ་ལན་གསུམ་སྦྱར་བར་ལན་སློག་པ་མང་ཡང་གནད་འཁེལ་གཅིག་ཀྱང་མ་བྱུང་བ་ལ་ཉིད་ཀྱིས་གཞན་ལན་དག་ལ་དཔྱོད་པ་ནན་མོས་དགག་བཞག་མཛད་དེ་རང་ལན་གསལ་བར་སྟོན་ཡོད། དཀའ་གནད་སེལ་བའི་ལྡེ་མིག་ལྟ་བུར་གྱུར་བའི་རྡོ་རིང་མཇོས་བྱེད་འདི་ལས་དང་པོ་བ་རྣམས་ཀྱི་ངེས་པར་གློག་དགོས་པའི་དེབ་གལ་ཆེན་ཞིག་ཡིན།།

《碑刻医问》

本医著收载于《才昂百篇·碑刻医问·秘诀精选》中第201页至254页，共54页，由民族出版社于2007年3月出版。

内容提要：

本医著是对作者公示于拉萨石碑上《四部医典》的八个要点问题所作的回答。作者在修订《四部医典》时，分析其词义，提出身体疾病和药物都是由五源决定的观点，阐释了侵害与被侵害关系的形成原因、食行药械治病的原理、诊脉如何诊断疾病及其辨证方法等，并将这些要点问题精炼成14句诗文三次贴在拉萨的石碑之上等待回应。应答的人虽多，但没有一个中肯的回答，作者通过认真分析、评判和总结他人的回答，明确给出了自己的答案。

医学价值：

本医著详细记载了作者对《四部医典》的八个要点问题所作的回答，将文中要点精炼成14句诗文三次公示在拉萨石碑上。为藏医学者与临床医生查询相关医学问题提供参考，该著作具有一定的学术与应用价值。

འབྲི་གུང་ཆོས་གྲགས་ཀྱི་ངོ་སྤྲོད་མདོར་བསྡུས།

直贡曲扎简介

འབྲི་གུང་ཆོས་གྲགས་ཞེས་པ་ནི་གནའ་རབས་བོད་ཀྱི་ལོ་རྒྱུས་ཐོག་གདུང་རྒྱུད་ཆེན་པོ་བཞི་ཡོད་པའི་ནང་འབྲི་གུང་སྐྱུ་རའི་རིགས་ཀྱི་ཡབ་ཆོས་རྒྱལ་ཕུན་ཚོགས་དང་། ཡུམ་གཙང་སྟོད་རྒྱལ་མོ་གཉིས་ལ་རིགས་སྲས་གསུམ་བྱུང་བའི་ཆུང་ཤོས་དེ་ཡིན། མཚན་གཞན་ལ་རཏྣ་ཞེས་པའམ། གནས་ལྔ་སྨྲ་བའི་རྡོ་རྗེ་འཛིན་པ་དོན་གྱི་སྨན་པ་ཆོས་ཀྱི་གྲགས་པ་ནས་ཆད་པའི་སྐོར་གྱི་བཤད་སྲོལ་འདུག འབྲུངས་ལོ་རབ་བྱུང་བཅུ་པའི་ཤིང་ལུག་ལོ་ (སྤྱི་ལོ་༡༥༩༨) ཡིན། འབྲི་གུང་ཆོས་གྲགས་མཆོག་གིས་སྐྱེར་ན་མཁས་གྲུབ་གཉིས་ལྡན་གྱི་དགེ་བའི་བཤེས་གཉེན་དུ་མའི་དྲུང་དུ་མདོ་སྔགས་གཉིས་ཀྱི་གསོས་པའི་གཞུང་ལུགས་རྒྱ་མཚོ་ལྟ་བུ་གསན་བཞེས་གནང་བ་དང་། སྒོས་སུ་བཀའ་སྙིང་གི་བླ་མ་དམ་པ་ཁྱད་དུ་འཕགས་པ་རྣམས་དང་། གཙོ་བོར་སློབ་དཔོན་རྣམ་བཅོམ་ཕུན་ཚོགས་ཞེས་པར་མཉེས་པ་གསུམ་གྱི་སྒོ་ནས་ཞབས་ལ་གཏུགས་པས་རིང་མིན་མཁས་གྲུབ་གཉིས་ལྡན་གྱི་གོ་འཕང་ལ་བརྙེས་པ་བྱུང་། གསོ་རིག་ཐད་ཀྱི་སློབ་དཔོན་ནི་ཚེ་ཡི་རིག་བྱེད་འཛིན་པ་གུ་ཋ་ཀཱ་རའི་མཚན་ཅན་བསྟེན་ནས་དཔལ་ལྡན་རྒྱུད་བཞི་གཙོར་གྱུར་གྱི་གཞུང་དང་། མན་ངག་ལག་ལེན་སྐོར་རྣམས་ཐུགས་བརྒྱུད་གཅིག་འདྲེས་ཀྱི་གདམས་པའི་གནད་རྣམས་མ་ལུས་པ་བཀའ་དྲིན་དུ་བསྐུལ། དེ་དག་ལས་རིམ་བཞིན་སྨན་དཔྱད་ལག་ལེན་སྐོར་ལ་ཐུན་མོང་མ་ཡིན་པའི་ཁྱད་ཆོས་ཅན་མང་པོར་ངེས་པར་སྙེད་དེ་འབྲི་ལུགས་ཞེས་པའི་སྲོལ་ཀ་ཐོག་མར་བཏོད། སྐབས་དེར་རྒྱལ་དབང་ལྔ་པ་མཆོག་གིས་འབྲི་གུང་ཆོས་གྲགས་ལས་བཀའ་སྙིང་གི་གདམས་པ་ཁག་ཅིག་གསན་བཞེས་གནང་བར་བརྟེན་རིན་ཆེན་སྣ་ལྔ་ལས་གྲུབ་པའི་སྨན་བཟོའི་ཡོ་བྱད་ངོ་མཚར་ཅན་ཁ་ཤས་འབུལ་གནང་མཛད་པ་རྣམས་འབྲི་གུང་མཐིལ་དགོན་པའི་གསེར་གདུང་ནང་རྟེན

ཏུ་ཡོད་ཅེས་ཐོས། གཞན་ཡང་འབྲི་གུང་ཆོས་གྲགས་རིན་པོ་ཆེ་གོང་མ་ཤུན་ཅོ་ཞེས་པའི་དབུ་བླ་གནང་བར་གདན་ཞུས་ལྟར་པེ་ཅིང་དུ་ཐེ་ཕྱི་ཐེངས་གསུམ་ཕེབས་དགོས་བྱུང་བ་བཅས་ལ་བརྟེན་འབྲི་གུང་ཆོས་གྲགས་ཀྱི་མཚན་སྙན་གང་སར་ཤིན་ཏུ་ཆེ་བའི་རྒྱུ་མཚན་དེ་ལྟར་ལགས།

གོང་ཞུས་འབྲི་གུང་ལུགས་ཞེས་པ་ནི་ཕལ་ཆེར་ཟུར་ལུགས་འཕེལ་རྒྱས་ཕྱིན་པའི་རྗེས་སུ་བྱུང་བ་ཞིག་མིན་ནམ་སྙམ། རྒྱུ་མཚན་ནི། རྩལ་དགོན་པ་ཞེས་པའི་ནང་དུ། དཀྱུས་པོ་ཚང་ཟེར་བའི་ཁང་མིང་ཡོད་པ་དེར་སྔོན་ཆད་འབྲི་གུང་གི་སྨན་སློབ་འཛིན་གྲྭ་ཚུགས་ཡུལ་ཡིན་པ་དང་། རྗེས་སུ་གོང་འཕེལ་ཕྱིན་ནས་ལུང་པའི་ཕུར། ར་ཁྲིམ་ཞེས་པར་སྨན་གྱི་སློབ་གྲྭ་འཛུགས་གནང་མཛད་པའི་ལོ་རྒྱུས་འདུག མདོར་ན་འབྲི་གུང་ཆོས་གྲགས་མཆོག་དང་། བརྒྱུད་འཛིན་ཞལ་སློབ་ཕུལ་དུ་ཕྱིན་པ་སྨན་རྩིས་གཉིས་ཀར་མཁས་པ་པཎ་ཆེན་དཀོན་མཆོག་ལྷུན་གྲུབ་དང་། དཀོན་མཆོག་འགྲོ་ཕན་དབང་པོའམ་ཆོ་དབང་བརྟན་པ། ཉོ་འཕྲིན་ལས་རྣམ་རྒྱལ་ཞེས་ཁམས་ཀྱི་ཉོ་དགོན་པའི་ལྷ་རྗེ་སོགས་ཀྱིས་འབྲི་ལུགས་རང་གི་ཁྱད་ཆོས་བརྒྱུད་འཛིན་དང་། འཕེལ་རྒྱས་ཆེས་ཆེར་བཏང་ནས་གཞུང་བཤད་ལག་ལེན་མཐའ་དག་ཉམས་མེད་པར་འགྲོ་བའི་སྒྱི་ནོར་དུ་སྤེལ་བར་མཛད། འབྲི་གུང་ཆོས་གྲགས་རྒྱ་མཚོ་རང་གིས་སྐད་གྲགས་ཀྱི་རྒྱུད་བཞིའི་དཀའ་མཆན་ཞེས་པ་དང་། རིན་ཆེན་ཕྲུག་ལེན། བཤད་རྒྱུད་ཀྲུང་སེལ་སྐོར་ལ་སྡེ་སྲིད་སངས་རྒྱས་རྒྱ་མཚོ་བཀའ་འདྲི་གནང་བའི་ལན་དཀའ་གནད་དོགས་སེལ། འབྲི་ལུགས་ཀྱི་ཁྱད་ཆོས་རྨད་དུ་བྱུང་བའི་འབམ་བཅོས་ཆེ་འཛིན་སྲོག་སྐྱོབ། རིམས་ནད་ཀུན་གྱི་གཉེན་པོ་འབྲི་ལུགས་སྨན་ནག་འཕྲུལ་འཁོར་ཆེན་མོའི་ཞལ་ཤེས་ཕྲུག་ལེན་སོགས་ངོ་མཚར་ཁྱད་དུ་འཕགས་པའི་སྨན་བཅོས་ཉམས་མྱོང་རྣམས་ཕྱི་རབས་ནད་པའི་དོན་དུ་འཇོག་པར་གནང་། ཞལ་སློབ་དཀོན་མཆོག་འགྲོ་ཕན་དབང་པོའི་བརྩམས་ཆོས་ཟུར་དུ་འགོད་རྒྱུ་དང་། ཉོ་འཕྲིན་ལས་རྣམ་རྒྱལ་ཞེས་སྨན་གྱི་རི་ནུས་ཞུ་རྗེས་སྐོར་གྱི་པོད་ཚན་དུམ་བུ་གཅིག་དང་། རེའུ་མིག་ཁ་གསལ་ལྡན་པ་ཞིག་ཀྱང་ཡོད་པ་དེ་དག་སྔོན་ཆད་འབྲི་གུང་རྫོང་（ད་ལྟ་མལ་གྲོ་གུང་དཀར་རྫོང་གི་ས་ཁོངས་ནང་།）རྩེའི་དཔེ་ཚའི་ཁོངས་སུ་ཡོད་ཚོད་འདུག གོང་གསལ་རྣམས་ནི་དཔེ་ཚའི་ནང་གསལ་བ་ཇི་བཞིན་བཀོད་པའོ།

ད་དུང་མལ་གྲོ་གུང་དཀར་འཐོར་བསྡེབ་ཙུས་སོགས་ནས་སྙིག་འཛུགས་བྱས་ནས་འབྲི་གུང་ཆོས་གྲགས་ཀྱི་གསུང་རྩོམ་ཕྱོགས་བསྒྲིགས་ཞེས་པ་ཕྱུགས་པར་དུ་བསྐྲུན་རྒྱུ་རེད། འགའ་ཤས་མལ་གྲོ་གུང་དཀར་རྫོང་གི་བོད་ལུགས་སྨན་པ་སྟོབས་རྒྱལ་བརྒྱུད་དེ་འབྲི་གུང་ཁུལ་གྱི་ཞའི་དགེ་བཤེས་འཚོ་བཞུགས་སྐབས་སུ་བཀའ་འདྲི་ཞུས་པའི་ཞལ་གསུངས་ཟིན་བྲིས་བཏབས་པ་ལྟར་ཁ་བསྐངས་པ་ཡིན། འབྲི་གུང་ཆོས་གྲགས་ཀྱི་རྣམ་ཐར་རྒྱས་པ་འབྲི་གུང་གདན་རབས་ཉེར་བརྒྱད་པའམ། རྗེ་འཇིག་རྟེན་མགོན་པོ་ནས་ཉེར་དགུ་པའི་ཐོག་ཏུ་གནས་པ། བསྟན་འཛིན་པདྨའི་རྒྱལ་

མཚན་འཛིགས་མེད་འཕྲིན་ལས་རྣམ་པར་རྒྱལ་བའི་སྡེས་མཛད་པའི་ངེས་དོན་བསྟན་པའི་སྙིང་པོ་མགོན་པོ་འབྲི་གུང་པ་ཆེན་པོའི་གདན་རབས་ཆོས་ཀྱི་བྱུང་ཚུལ་གསེར་གྱི་ཕྲེང་བ་ཞེས་པར་གཟིགས་ཤོག

直贡曲扎，又名贡觉仁达，于藏历第十绕迥木羊年（1595）出生，是西藏历史上四大族系之直贡久热的后裔，父亲为曲杰扎巴，母亲为藏堆杰姆。另有说法称自直贡曲扎后就断了直贡久热的纯正血统。直贡曲扎先后拜许多大师为师，并广闻显密经教，尤其谨拜噶举派和宁玛派众多圣哲之士及朗迥平措等为师，成为一名学问通达、德行高尚之师。在医学方面，拜医者古那噶热为师，圆满传承了《四部医典》等医著中理论及实践方面一脉相承的秘诀，加上孜孜不倦的实践和总结，逐渐形成了独具特色的藏医派系——直贡派。

五世达赖喇嘛曾从直贡曲扎处闻习部分教诀并对其给予了极大的重视，赐予五种制药器具金制珍宝（听闻这些器具仍存于直贡梯寺的灵塔之内）。特别是直贡曲扎作为顺治皇帝的御医，三次赴北京，使其名望大增。

现代藏医学者普遍认为藏医直贡派是在苏喀派的基础上形成的，因为哉寺庙中的塔布仓即为原先直贡医理讲习之处，后来逐步发展并另寻新址，在热钦木地区建立了一所医学学校。在直贡曲扎及其弟子班钦·贡曲伦珠、贡觉卓潘旺布（或称泽旺丹巴）、洛赤列郎杰等众多精通医学历算的弟子们的共同努力学习和研究下，直贡派从医学理论到临床实践均得到了长足的发展。直贡曲扎的论著有《〈四部医典〉释难注解》《珍宝药实践》《第司·桑杰嘉措所问答·除疑解难》《巴母病疗法·维命救死》以及用于防治疫病的《直贡派大黑药的配制及实践》等，这些医理至今仍有其研习者和实践者。弟子贡觉卓潘旺布的一部医典、洛赤列郎杰的《药物化之性味与功能》的部分章节、清晰明了的部分表格等，据说曾保存在直贡县（今墨竹工卡县境内）经书库中。

直贡曲扎的详细生平事迹，请参阅丹增白玛坚村久美赤列巧赖朗巴杰瓦编著的《直贡世代传承·金色串》。另，墨竹工卡县卫生局曾组织人员编纂出版了《直贡曲扎文集》一书。

འབྲི་གུང་ཆོས་གྲགས་ཀྱི་གསུང་འབུམ།

直贡曲扎医著

༧༢། །འབྲི་གུང་རྒྱུད་བཞིའི་དཀའ་མཆན་ཞེས་བྱ་བ་བཞུགས་སོ། །

བོད་ཀྱི་གསོ་བ་རིག་པའི་གནའ་དཔེ་ཕྱོགས་བསྒྲིགས་དཔེ་ཚོགས།
ARURA
༄༅། །འབྲི་གུང་རྒྱུད་བཞིའི་དཀའ་མཆན། །
འབྲི་གུང་ཆོས་གྲགས།
མི་རིགས་དཔེ་སྐྲུན་ཁང་།

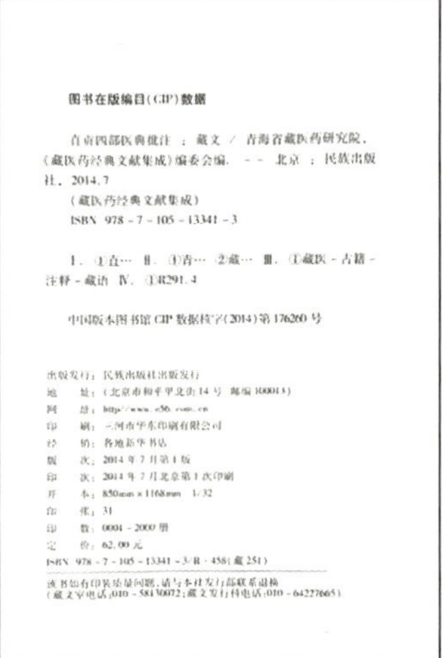
图书在版编目(CIP)数据

直贡四部医典批注 : 藏文 / 青海省藏医药研究院,《藏医药经典文献集成》编委会编. -- 北京 : 民族出版社, 2014.7
(藏医药经典文献集成)
ISBN 978-7-105-13341-3

Ⅰ. ①直… Ⅱ. ①青… ②藏… Ⅲ. ①藏医-古籍-注释-藏语 Ⅳ. ①R291.4

中国版本图书馆CIP数据核字(2014)第176260号

出版发行:民族出版社出版发行
地　　址:(北京市和平里北街14号 邮编100013)
网　　址:http://www.e56.com.cn
印　　刷:三河市华东印刷有限公司
经　　销:各地新华书店
版　　次:2014年7月第1版
印　　次:2014年7月北京第1次印刷
开　　本:850mm×1168mm 1/32
印　　张:31
印　　数:0001-2000册
定　　价:62.00元
ISBN 978-7-105-13341-3/R·458(藏251)

该书如有印装质量问题,请与本社发行部联系退换
(藏文室电话:010-58130072;藏文发行科电话:010-64227665)

གསུང་འབུམ་འདི་ལ་དེབ་གཅིག་ཡོད། ཁྱོན་བསྡོམས་ཤོག་གྲངས་༧༥༡བཞུགས། ༢༠༡༤ལོའི་ཟླ་༧པར་མི་རིགས་དཔེ་སྐྲུན་ཁང་གིས་དཔར་དུ་བསྐྲུན།

ནང་དོན་གནད་བསྡུས།

གསུང་རྩོམ་འདིའི་ནང་དོན་གཙོ་བོ་ལ་དཔལ་ལྡན་རྒྱུད་གཞིའི་རྩ་རྒྱུད་དང་། བཤད་རྒྱུད། མན་ངག་རྒྱུད། ཕྱི་མ་རྒྱུད་བཅས་ཀྱི་ཚིག་དོན་གོ་དཀའ་བའི་གནད་རྣམས་ལ་རང་ལུགས་གཙོ་བྱས་པའི་སྨན་དཔྱད་སོ་མ་ནཱ་ཛྙཱ་དང་། སྔན་བརྒྱུད་རྡོ་རྗེའི་ཚིག་ཀྲང་། ཕྱི་མ་རྒྱུད་ཀྱི་སྨན་ངོ་གསལ་བྱེད། གསལ་བྱེད་སྒྲོན་མེའི་རྒྱུད། བདུད་རྩི་བམ་པོ། རྫོང་འཕྲང་སོགས་ལས་བྱུང་བའི་མཁས་མང་གི་ལུང་དྲངས་ནས་མཆན་མང་མཛད་ཡོད། དཔེར་ན་གསལ་བྱེད་སྒྲོན་མེའི་རྒྱུད་ལས། བད་མཁྲིས་ལྷེན་དང་ཟུགས་དྲེག་གཙོང་གི་སྲེ།། དེ་བཞིན་འབྲུ་སྐྱུགས་ཆུ་སེར་སུཙྪ་གཙོང་གི་སྲེ།། འོར་དང་དམུ་ཆུ་སྐྱ་ཐབ་གཙོང་གི་སྲེ།། དྲེག་དང་གྲུམ་བུ་ཀྲང་འབམ་གཙོང་གི་སྲེ།། སྲེ་བཞི་ཟུར་བརྒྱད་ཕྲ་མོ་བཅུ་དྲུག་ཡོད།། ཞེས་དང་། བཤད་རྒྱུད་ནད་ཀྱི་དབྱེ་བའི་སྐབས་སུ་སྨུག་པོ་བྱེར་རྒྱས་རློལ་དང་འགྲིངས་པ་བཞི།། ཞེས་པའི་རློལ་དང་འགྲིངས་པ་ཞེས་པ་མ་དག་སྟེ། མན་ངག་རྒྱུད་དུ་སྨུག་པོའི་རིགས་ལ་བྱེར་རྒྱས་འགྲིངས་འདྲིལ་བཞི།། ཞེས་རློལ་བ་ནི་རྒྱས་པའི་ཁོངས་སུ་འདུས་ཏེ། སྨུག་པོ་རྒྱས་པར་རློལ་དང་མ་རློལ་གཉིས་གསུངས་པའི་ཕྱིར་རོ།། ཞེས་དང་། རྫོང་འཕྲང་དུ་བད་ཀན་སྒོ་ནད་

ལ་གླ་སྒང་ཞིང་ལ་སྦྱོང་རོས་བ་བླ་སྤང་སྤོས་རྣམས་ཀྱི་དུ་བ་སྣར་བདུག་པའི་སྦྱུགས་བྱ། ཞེས་དང་། འཛག་ཆུ་སྨན་གྱི་སྐབས་གུར་གུམ་བཤད་པ་ཐམས་ཅད་ལ་ཁ་ཆེའི་གུར་གུམ་བཟང་པོ་འདི་བཏང་ན་རྩ་ཁ་སྡོམ་པས། བལ་པོ་གུར་གུམ་མམ་བཙུན་མོ་གུར་གུམ་དུ་གྲགས་པ་ཨ་ཙ་རས་འཁྱེར་ཡོང་བ་དམར་སེར་ལེ་བརྒྱན་རྩེ་ཟེར་བ་འདི་ཉིད་གཏོང་མཁས་པའི་ཕྱག་ལེན་རྣམ་དག་གོ། ཞེས་དང་། སྔོན་པོ་གུར་གུམ་བདུན་པོའི་སྦྱོར་བའི་སྐབས་ལ་གུར་གུམ་ཟེར་བ་མང་ཡང་འདིར་ཁ་ཆེའི་གུར་གུམ་ཉིད་ལ་དགོངས་ཀྱི། བཙུན་མོ་གུར་གུམ་དང་། ལྕུམ་ར་གུར་གུམ། དམར་ལེ་བརྒྱན་རྩེ་སོགས་ཀྱིས་གཏན་ནས་མི་ལོ། ཞེས་དང་། ཤུག་ཚེར་དངོས་ནི་ཤུག་སྡོང་རྒན་པོ་ལ་ཚེར་མ་ཡོད་པ་དེ་དགོས་པ་ཡིན། དེང་སང་ཤུག་པ་ཆུང་ངུ་ཚེར་མ་ཡོད་པར་ཤུག་ཚེར་བྱེད་པ་དེ་ཚོ་ཨ་ལ་ལ་ཧོ། ཞེས་དང་། ཙན་དན་ལ་ཡང་སྨན་པ་ལ་ལས་དཀར་པོ་དང་ལ་ལས་དམར་པོར་མཐའ་གཅིག་ཏུ་འཛིན་མོད། རང་གི་གོ་བར་མཆིན་པ་དང་ཁྲག་གཙོར་འཛིན་ལ་དམར་པོ་དང་། ཚ་བ་གཙོ་འཛིན་ལ་དཀར་པོ་བྱས་ན་སངས་རྒྱས་སྨན་བླའི་དགོངས་པ་ཡིན་བསམ་ཡོད་ཅེས་སོགས་ལྟ་བུའི་དཀའ་མཆན་ཤིན་ཏུ་མང་པོ་ཞིག་མཆིས་པས་དཔལ་ལྡན་རྒྱུད་བཞི་ལ་སློབ་སྦྱོང་དང་ཞིབ་འཇུག་བྱེད་པར་མེད་དུ་མི་རུང་བའི་རྒྱུད་ཀྱི་མཆན་འགྲེལ་རྩ་ཆེན་ཞིག་ཏུ་མཐོང་།

གསོ་རིག་གི་རིན་ཐང་།

དེབ་འདི་ནི་དཔལ་ལྡན་རྒྱུད་བཞིའི་ནང་དོན་ལས་འཕྲོས་ཏེ་ང་ཚོར་བོད་རིགས་མི་དམངས་ཀྱི་གཏིང་ཟབ་ཞིང་རྒྱ་ཆེ་བའི་རིག་གནས་མང་པོ་ཞིག་མཐོ་འདོན་བྱས་ཡོད་པས། བོད་ཀྱི་གསོ་བ་རིག་པར་སྦྱང་པ་པོ་རྣམས་ལ་དག་ལ་ཀློག་བདེ་བ་དང་། ཡིད་ལ་ངེས་བདེ་བ། བློ་ལ་འཛིན་སླ་བཅས་ཀྱི་ཁྱད་ཆོས་འབུར་དུ་ཐོན་ཡོད་ལ། ཞིབ་ཕྲའི་ནང་དོན་གཤམ་གསལ་ལྟར། གཙོ་བོ་གྲུབ་པ་ལུས་ཀྱི་སྐོར། འཕེལ་འགྲིབ་ནད་ཀྱི་སྐོར། ངོས་བཟུང་རྟགས་ཀྱི་སྐོར། སྦྱོར་བ་སྨན་གྱི་སྐོར་སོགས་སོ།། མདོར་ན་གཞུང་འདི་ནི་རྒྱུད་འགྲེལ་གཞན་དག་དང་བསྡུར་ན་བརྗོད་བྱ་ཕུན་སུམ་ཚོགས་ཞིང་རྗོད་ཚིག་གི་ཁ་གསལ་བ་བཅས་ཀྱི་ཁྱད་ཆོས་ལྡན་པས་གསོ་རིག་གི་རིན་ཐང་ཆེས་ཆེར་ལྡན་ནོ།།

《直贡〈四部医典〉批注》

本医著共1册759页，由民族出版社于2014年7月出版。

内容提要：

本医著是直贡曲扎对《四部医典》的详细批注，以《四部医典》的《总则部》《论述部》《秘诀部》《后续部》四部内容为核心，结合其自身的学术研究成果，充分阐释了《总则本》中人体生理、病理、诊断及治疗等医学知识，《论述部》中人体生理解剖、疾病发生原因及规律、卫生保健、药物性能、诊断方法、治则治法和医德等，《秘诀部》中各种疾病的诊断和治疗方法，《后续部》中脉诊、尿诊、药物方剂及特殊疗法等内容。采用批注为主的形式诠释《四部医典》的内涵，使其更加便于阅读和学习。

医学价值：

本医著由《总则部》《论述部》《秘诀部》《后续部》这四大部分组成，包括各种疾病的分类及生理、病理、诊断治疗、药物配方等内容，系统全面地总结了藏民族在雪域高原上与各种疾病作斗争的经验，阐述了经典医学理论知识和实践技能，展示了藏医文化的深厚底蕴和丰富内涵，形成了一套体系完整、疗效显著且具备藏民族特色的医学体系，是藏医药传承沿袭的经典参考用书。

本医著在藏医临床诊疗、方剂配伍、药材识别等方面有着极其独到的学术见解，具有重要的学术价值和临床应用价值。是一部在藏医药学推广、教学、研究及临床方面不可多得的藏医著作，为后世藏医学者的学医之路提供了重要参考和科学依据。

༄༅། །འབྲི་གུང་སྨན་ཡིག་ཕྱོགས་བསྒྲིགས། །

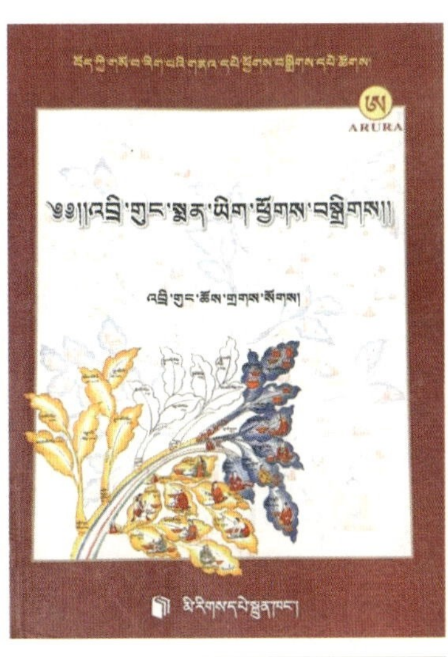

ARURA
༄༅། །འབྲི་གུང་སྨན་ཡིག་ཕྱོགས་བསྒྲིགས། །
འབྲི་གུང་ཆོས་གྲགས་སོགས།
མི་རིགས་དཔེ་སྐྲུན་ཁང་།

གསུང་རྩོམ་འདི་ལ་དེབ་གཅིག་ཡོད། ༢༠༡༥ལོ་ཟླ་༣པར་མི་རིགས་དཔེ་བསྐྲུན་ཁང་གིས་པར་དུ་བསྐྲུན། ཁྱོན་བསྡོམས་ཤོག་ངོས་གཞུང་དངོས་ལ་༡༥༧དང་། དེབ་མཇུག་གི་སྨན་སྦྱོར་འཚོལ་ཞིབ་བྱེད་པའི་བྱ་ར་བཀོད་པ་དང་ཆབས་ཅིག་ཤོག་གྲངས་༡༡༩ཡོད།

ནང་དོན་གནས་བསྡུས།

སྨན་ཡིག་འདི་ནི་འབྲི་ལུགས་མཁས་པ་སོ་སོའི་བོད་གསོ་སྨན་གཞུང་ཀུན་གྱི་ཚད་མར་འཛིན་པའི་དཔལ་ལྡན་རྒྱུད་བཞིའི་གཞུང་གི་དཀའ་འགྲེལ་དང་། ནད་རིགས་གང་མང་ཞིག་གི་རྒྱུ་རྐྱེན་སོགས་དང་ནད་ཐོག་བརྟག་བཅོས་ལག་ལེན་གྱི་གཞུང་དང་ལག་ལེན་གྱི་དགོངས་པ་གང་མང་རྒྱུད་ཀྱི་གོ་རིམ་ལྟར་ཡིག་ཐོག་ཏུ་བཀོད་ཡོད་པ་མ་ཟད། རང་ལུགས་ལག་ལེན་ཟབ་གནད་ཅན་འབམ་དང་། ཆུ་བཅོས་སོགས་ཀྱི་ནད་ཐོག་བརྟག་བཅོས་མན་ངག་དག་བཀོད་ཡོད།

གསོ་རིག་གི་རིན་ཐང་།

སྨན་ཡིག་འདིར་བརྗོད་བྱའི་དོན་གྱི་ཆ་ནས་ཀུན་གྱི་ཚད་མར་འཛིན་པའི་དཔལ་ལྡན་རྒྱུད་བཞིའི་གཞུང་ཚིག་དང་དགོངས་དོན་རྒྱས་ཤིང་གསལ་བར་འགྲེལ་ཡོད་ལ། ཁྱད་པར་དུ་རྒྱུད་ཀྱི་གཞུང་དོན་དཀའ་གནད་གཅེ་གནད་གཙོར་བཟུང་ནས་གསལ་བར་འགྲེལ་ཡོད་པས། རྒྱུད་ཀྱི་དགོངས་དོན་ཇི་བཞིན་རྟོགས་རྒྱུ་དང་འགལ་འཛོལ་དོགས་གནད་ལ་དཔྱད་པའི་ཡིག་ཆ་གལ་ཆེན་ཞིག་ཡིན། དེ་མིན་ནད་ཐོག་ལག་ལེན་གྱི་ནང་དོན་སྐོར་སྨན་ཡིག་འདིར་རྩོམ་པ་པོའི་གོ་རིམ་དང་གཞན་ནད་རིགས་གོ་རིམ་ལྟར་བསྒྲིགས་ནས། རང་གི་ནད་ཐོག་གི་མན་ངག་གམ་ཉམས་མྱོང་རྣམས་གཙོར་བཀོད་འདུག་པས་འདི་ནི་རྒྱུད་ཀྱི་གཞུང་དང་དགོངས་པ་ལ་བརྟེ་འཛོག་དང་ཡང་དེ་ཁོ་ན་ཙམ་མ་ཡིན་པར་དེ་ལས་མཐོར་འདེགས་པའི་སྟོབས་པ་དང་གསོ་རིག་གཞུང་དང་ལག་ལེན་གྱིས་ཕྱུག་པ་མཚོན་ཐུབ། གཞན་འབམ་ནད་ཀྱི་

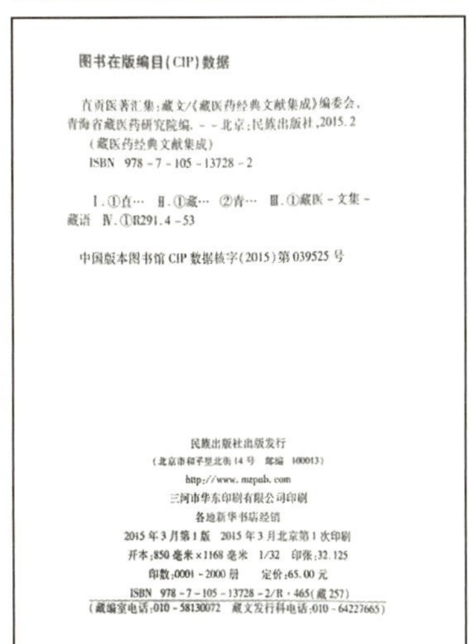

图书在版编目(CIP)数据

直贡医著汇集:藏文/《藏医药经典文献集成》编委会,青海省藏医药研究院编. - - 北京:民族出版社,2015.2
(藏医药经典文献集成)
ISBN 978-7-105-13728-2

Ⅰ.①直… Ⅱ.①藏… ②青… Ⅲ.①藏医-文集-藏语 Ⅳ.①R291.4-53

中国版本图书馆 CIP 数据核字(2015)第 039525 号

民族出版社出版发行
(北京市和平里北街 14 号 邮编 100013)
http://www.mzpub.com
三河市华东印刷有限公司印刷
各地新华书店经销
2015 年 3 月第 1 版 2015 年 3 月北京第 1 次印刷
开本:850 毫米×1168 毫米 1/32 印张:32.125
印数:0001-2000 册 定价:65.00 元
ISBN 978-7-105-13728-2/R·465(藏 257)
(藏编室电话:010-58130072 藏文发行科电话:010-64227665)

བཅོས་ལྷ་བུ་འབྲི་ལུགས་དགེ་སློབ་མཁས་གྲུབ་སོ་སོའི་བརྟག་བཅོས་ཉམས་མྱོང་གིས་ཕྱུག་པའི་ནད་རིགས་ཁག་ཅིག་གི་ནད་ཐོག་བརྟག་བཅོས་ཀྱི་མན་ངག་བཀོད་པ་ནི་ནད་ཐོག་གི་རིན་ཐང་བྲལ་བ་ཞིག་དང་། མགོའི་རྨ་ཀླུམ་བཅོས་པ་ལྷ་བུ་ནད་ཐོག་ལག་ལེན་དཀའ་ཞིང་ཐོན་བྱུང་གཞུང་ན་བཀོད་པ་ཉུང་བའི་ནད་རིགས་ཁག་ལག་ལེན་འདིར་བཀོད་ཡོད་པས། རང་གསོ་རིག་གི་གཞུང་དང་ལག་ལེན་གང་གི་ཐད་ལ་ཡང་མཐོང་འདེགས་ཀྱི་ནུས་པ་ཆེན་པོ་ཞིག་ལྡན། རིན་ཆེན་རིལ་བུའི་ལག་ལེན་དང་འབྲི་ལུགས་སྨན་ནག་ཆེན་མོའི་ལག་ལེན་སོགས་སྨན་སྦྱོར་ཆེན་མོ་དག་གི་ལག་ལེན་ཟབ་མོ་རིགས་བཀོད་ཡོད་པས། སྨན་སྦྱོར་གྱི་ལག་ལེན་དང་ཞིབ་འཇུག ནད་རིགས་གསོ་བཅོས་ཐད་ནས་རིན་ཐང་ཆེས་ཆེར་ལྡན།

ཡིག་ཚང་གི་རིན་ཐང་།

ཐོག་མར་སྨན་ཡིག་འདི་ནི་འབྲི་གུང་ཆོས་ཀྱི་གྲགས་པ་གཙོར་བྱས་ནས་དགེ་སློབ་མཁས་གྲུབ་དག་གི་གསུངས་རྩོམ་ཕལ་མོ་ཆེ་འདིར་འདུས་པ་ཞིག་ཡིན་པས། འདི་ནི་བོད་གསོ་འབྲི་ལུགས་གསོ་རིག་གི་རིག་གཞུང་ཁྱད་ཆོས་མཚོན་ཐུབ་པའི་སྨན་ཡིག་ཅིག་ཡིན་པ་དང་། འབྲི་ལུགས་གསོ་རིག་དགོངས་པའི་ཁྱད་ཆོས། འབྲི་ལུགས་ཁྱད་པར་ཟབ་པའི་ནད་རིགས་ཀྱི་ལག་ལེན་མན་ངག་དང་ཁྱད་ཆོས། ད་རུང་འབྲི་ལུགས་མཁས་གྲུབ་སོ་སོའི་ལོ་རྒྱུས་ཐད་ཀྱི་ཞིབ་འཇུག་དང་། བྱ་བྱེད་སྨན་པའི་ཀུན་སྤྱོད་ཀྱི་སྐྱང་བླང་ཐད་དཔག་བསྐྱབ་མང་པོ་མཛད་ཡོད་པས། སྨན་ཡིག་འདིར་བསྡུ་བསྒྲིག་བྱེད་པའི་བརྩམས་ཆོས་ཁག་ལས་འབྲི་ལུགས་ཀྱི་སྨན་པའི་ཀུན་སྤྱོད་ལ་ཏ་ཙང་མཐོང་ཆེན་དང་བརྩི་འཛོག་བྱེད་པ་མཚོན་ཡོད། སྨན་ཡིག་འདི་ནི་འབྲི་ལུགས་མཁས་པ་སོ་སོའི་ལོ་རྒྱུས་དང་། གསོ་རིག་དགོངས་དོན་ཇི་འདྲ་ཡིན་པ། སྐབས་དེར་སྨན་པའི་ཀུན་སྤྱོད་ཇི་ལྟར་དང་འདིའི་ཐད་ནས་གདེང་འཛོག་ཅི་ལྟར་བྱེད་པ་སོགས་ཐད་ནས་ཡང་ཡིག་ཚང་ཞིབ་འཇུག་གི་རིན་ཐང་ཆེན་པོ་ལྡན།།

《直贡医著汇集》

本医著由青海省藏医药研究院整理，由民族出版社于2015年3月出版。纯内容部分共有957页，与后附药方名称的索引共994页。

内容提要：

本医著记载了直贡派各学者的藏医理论认识及临床独特诊疗方法，主要是对藏医经典著作《四部医典》原著内容的解释，对其中的难点、重点有自己独到的见解，并按照《四部医典·秘诀部》记载的病种，对临床多种疾病的病因病机、临床诊疗方法等进行了详细的描述和经验分享。特别是对直贡派具有独特治疗优势的岗巴病、头部外伤等疾病，做了多个篇幅、章节的描述和论证。

医学价值：

本医著在医学内容方面，对藏医界经典巨著《四部医典》做了注释，且直击其要点、难点进行注释和讨论，使藏医药理论及临床得到进一步的发展和提高，体现了自身学派的医药思想及特点。书中多处记载直贡派丰富的防治经验及优势病种的临床治疗秘诀，具有很高的临床参考价值。其中头部外伤的多种诊疗方法，至今也是藏医药理论及临床实践中优秀的诊疗技术。本医著对藏医外伤学理论和实践、药物的制法和使用都具有较大的参考价值。尤其在珍宝类丸剂的制法及直贡黑药大药丸的制法方面具有独特的学派经验。

文献价值：

本医著根据直贡派创始人直贡曲扎及其弟子们先后撰写的直贡派医药著作汇集而成，所以本医著也成为学习和研究直贡派藏医药学术思想和临床诊疗技术的主要书籍。本医著体现了直贡派医药思想及主要观点、临床诊疗优势病种及其诊疗手段和特点。在对直贡派医药学者的生平事迹的研究也具有较大参考价值。另外，本医著有一章专门论述了医者的行为规范，提倡高尚的医者行为，规避制止不良行为，也反映了直贡派对医者行为道德的重视。

༄༅། །ཞིར་ལྷ་ཤི་ཤུ་རྩ་ལྔའི་སྦྱོར་བ་རིན་ཆེན་སྒྲོག་གི་རྒྱབ་རྟེན་ཞེས་བྱ་བ་བཞུགས་སོ། །

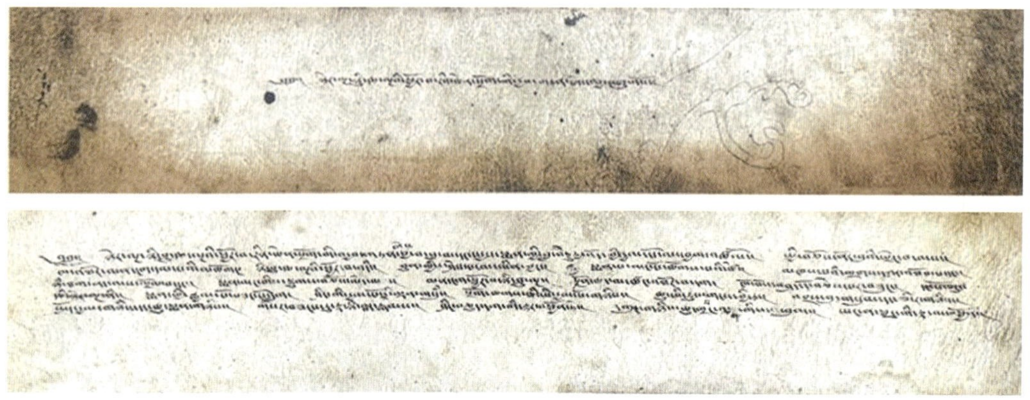

གསུང་རྩོམ་འདིའི་མ་ཡིག་ནི་དཔར་མ་ཡིན། པོ་ཏི་གཅིག་ཡོད། ཡིག་གཟུགས་དབུ་མེད། ཤོག་ངོས་རེར་ཐིག་ཕྲེང་༧། ཐིག་ཕྲེང་རེར་ཡིག་འབྲུ་༤༧། ཁྱོན་བསྡོམས་ཤོག་ངོས་༡༠བཞུགས། ད་ལྟ་ཁྲིན་ཏུའུ་ཀྲུང་ལུགས་གསོ་རིག་སློབ་གྲྭ་ཆེན་མོའི་དཔེ་མཛོད་ཁང་དུ་ཉར་ཚགས་བྱས་ཡོད།

ནང་དོན་གནད་བསྡུས།

བཙོས་རྫུགས་ཀྱི་ནད་ལ་སྨན་སྣ་ཞིར་ལྔ་འདུས་པའི་སྨན་སྦྱོར་རྣམ་གྲངས་ཞིར་ལྔ་རེ་རེའི་སྦྱོར་བ་དང་། སྦྱར་ཐབས། ཕན་ཡོན། བསྟེན་དུས། སྨན་རྟ་བཅས་བསྟན་ལ། ཝོས་སུ་དཔའ་བོ་ཞིར་ལྔ་དང་ཐང་རྒྱན་ཞིར་ལྔ་གཉིས་ལ་ནད་དང་སྦྱར་ནས་སྦྱོར་བ་བསྒྱུར་ཚུལ་དང་དོན་སྟོད་ཁ་འཛིན་བྱ་ཚུལ། སྐྱེར་ཤུན་ཞིར་ལྔ་ནི་སྐབས་རེར་སྨན་གཞན་དང་སྦྱར་ནས་གཏོང་དགོས་ཚུལ། ཐང་རྒྱན་ཞིར་ལྔ་དང་ག་བུར་ཞིར་ལྔ་ལ་སྦྱོར་བ་མི་འདྲ་བའི་ལུགས་གཉིས་ཡོད་པ་བཅས་བཀོད་ཡོད།

གསོ་རིག་གི་རིན་ཐང་།

སྨན་ཡིག་འདིར་སྦྱོར་བ་སྨན་སྣ་ཞིར་ལྔ་ཅན་གྱི་ཁྱད་ཆོས་བཟུང་ནས་ནད་ཐོག་ཟབ་པའི་སྨན་སྦྱོར་འདི་དག་གི་གྲུབ་ཚུལ། ཕན་ནུས་དང་ནད་ཐོག་ནད་རིགས་གང་ལ་ཕན་པའི་དོན་གཙོ་བོ་བཀོལ་ནས། སྨན་སྦྱོར་འདི་དག་གི་

ནད་ཐོག་བཀོལ་སྤྱོད་ཐད་མཛུབ་སྟོན་གྱི་នུས་པ་ཆེན་པོ་ལྡན། སྨན་སྦྱོར་གྲུབ་ཚུལ་སྨན་སྣ་རེ་རེ་བཀོད་པ་ལ་མངོན་བརྗོད་དང་བསྡུས་མིང་མང་པོ་བཀོད་ཡོད་པས། གློག་འདོན་དང་དོན་གོ་རྒྱུའི་ཐད་ནས་དཀའ་ཁག་ཅུང་ཡོད་ངེས། འདིར་བོད་གསོ་རིག་པའི་ཁྱད་ཆོས་འབུར་དུ་ཐོན་ཞིང་། བོད་གསོ་གཞུང་གི་རྨང་གཞི་དང་ཚུ་ཚད་ངེས་ཅན་ཞིག་ཡོད་པ་ལས་རྟོགས་དཀའ་བའི་གནས་སུ་ལུས་ངེས། དེ་བས་བོད་གསོ་གཞུང་དང་སྨན་གཞུང་གི་རྨང་གཞི་བརྡ་ཆད་ཐད་ནས་ཀྱང་ཞིབ་འཇུག་གི་དཔྱད་གཞིའི་རིན་ཐང་ཆེན་པོ་འདུག

《无价生命所依赖之二十五味配方》

本医著母本为木刻本，字体为乌梅体，共1册，每页7行，每行37字，共10页。此书现由成都中医药大学图书馆收藏。

内容提要：

本医著由藏医大师直贡曲扎所著。正如书名所示，本医著记载了用于治疗难治性疾病所用的二十五味药及二十五个方剂的组方及使用，特别结合疾病记载了二十五味商陆散、二十五味小檗皮散、二十五味龙胆散、二十五味冰片散等方剂的药味加减及配伍法则。

医学价值：

本医著作者通过总结整理临床经验，潜心研究分析，撰写二十五种药方的药物组成、作用功效及主治疾病等内容。作者在写作时使用了很多的药物别名和药物组合的简称，充分体现了藏医药学的学术特点，可为藏医药基础理论和名词用语等方面的研究提供参考。

༄༅། །གསོ་བྱེད་གཉེན་པོ་སྦྱོང་དང་རྩ་གཉིས་ཀྱི་གྲངས་ངེས་ཞལ་ལུང་མཛེས་རྒྱན་ཞེས་བྱ་བ་བཞུགས་སོ། །

གསུང་རྩོམ་འདི་《འབྲི་གུང་སྨན་ཡིག་ཕྱོགས་བསྒྲིགས།》ཀྱི་ནང་དུ་བཀོད་ཡོད། དེབ་དེའི་ཤོག་གྲངས་༡༢༨ནས་༡༥༢བར་གསལ། ཁྱོན་བསྡོམས་ཤོག་གྲངས་༢༥བཞུགས།

ནང་དོན་གནད་བསྡུས།

འདི་ནི་མཁས་པའི་དབང་པོ་ཟུར་མཁར་བློ་གྲོས་རྒྱལ་པོའི་བཞེད་པ་ཕྱི་རྒྱུད་མེས་པོའི་ཞལ་ལུང་གིས་ཟུར་བརྒྱན་ཏེ། གཙོ་བོ་ཞི་སྦྱོང་དང་འཇམ་རྩུབ་དཔྱད་ཀྱི་བརྗོད་དོན་ཤས་ཆེར་གསུངས་པ་ལ། གཉེན་པོའི་རྣམ་གྲངས་འཛོག་སྐབས་ཨ་རུ་རའི་ཐང་སོགས་ཆིག་ཐང་བཅུ་བཞི་དང་། ཁ་ཐོར་བཅུ་གཅིག་གི་ཐང་སྦྱོར་རྣམས་ཀུན་དང་མི་མཐུན་པ་བགྲང་འདུག་ལ། སྔོས་སུ་ཚ་སེལ་གྱི་སྦྱོར་བ་རྒྱལ་པོ་ག་བུར་དང་། སྔོན་པོ་གུར་གུམ་དང་། རྗེའུ་གཙོ་བོ་དང་སྣ་ཚོགས་ཁ་འཐོར་དམངས་ཀྱི་སྦྱོར་བ་ལྔ་བུ་རྣམས་རིག་པའི་འཕྲུལ་སྣང་མི་མཐུན་འགའ་མཆིས། དེར་མ་ཟད་ཞི་སྦྱངས་དང་དཔྱད་ཀྱི་ཡོག་གཞོན་སོགས་གཉེན་པོའི་རྣམ་གྲངས་ཀྱང་བཀོད་ཡོད།

གསོ་རིག་དང་རིག་གཞུང་གི་རིན་ཐང་།

སྨན་ཡིག་འདི་ནི་ཟུར་མཁར་བློ་གྲོས་རྒྱལ་པོའི་ཕྱི་རྒྱུད་མེས་པོའི་ཞལ་ལོང་གིས་ཟུར་བརྒྱན་ནས་ཁ་གསབ་རྩུལ་དུ་བྱུང་བ་ཡིན་པར་གསུངས་ཤིང་། ནད་ཐོག་ལག་ལེན་བཅོས་ཐབས་གཉེན་པོ་གཙོ་བོ་གསུངས་ཡོད། ཞི་སྦྱོང་དང་འཇམ་རྩུབ་དཔྱད་ཀྱི་ལག་ལེན་སོགས་གྲངས་དང་མིང་ངེས་པར་བྱས་ནས། ནད་ཐོག་གཉེན་པོའི་ཐད་གཞུང་དང་རྩིས་ཟུང་འབྲེལ་གྱིས་གསལ་བར་བཀོད་ཡོད། འདི་ནི་བོད་ལུགས་གསོ་རིག་གི་གཞུང་ལ་སློབ་སྦྱོང་བྱེད་མཁན་ནམ་ནད་ཐོག་ལག་ལེན་གྱི་རྣམ་གྲངས་ངེས་རྒྱུ་སོགས་ཐད་ནས་ཡིག་ཆ་ལེགས་པོ་ཞིག་ཡིན། དེ་མིན་བོད་ལུགས་གསོ་རིག་གི་བཅོས་ཐབས་གཉེན་པོ་ཞི་སྦྱོང་དང་ཡོག་གཞོན་གྱི་སྨན་དང་འཇམ་རྩུབ་དཔྱད་སོགས་ཀྱི་ཐད་རང་གི་ལག་ལེན་ཉམས་མྱོང་དང་ལྟ་བ་སོགས་གསུངས་ཡོད་པས། འདིར་ཞིབ་འཇུག་དང་ལག་ལེན་བྱེད་མཁན་རྣམས་ལ་ཡང་ཡིག་ཆའི་རིན་ཐང་ངེས་ཅན་ཞིག་ལྡན།།

《医疗药物一千零二种方剂名录·口述美饰》

本医著收载于《直贡医著汇集》中第143页至168页，共26页。

内容提要：

本医著是著名学者苏喀·洛珠杰布所著的《〈四部医典〉详解·祖先口述》一书的补充本，主要记载了药物平息、泻治疗法和柔、峻两种外治法的大部分内容。药物方剂方面记载了诃子汤等14个单味汤和11个零星汤等与众不同的方药。特别记载了清热方剂冰片君方、红花臣方、王子主方、各种零星民方等藏药组方思路。此外还记载了内服药平息和泻治方，及外治方面的镇逆法（消除不良反应）方剂的组方等内容。

医学及学术价值：

本医著作为藏医大师苏喀·洛珠杰布医著《〈四部医典〉详解·祖先口述》内容的补充，对藏医治疾方法做了量的统计和阐述，对于初步学习藏医药学理论者，或对藏医药理论体系做全面了解的学习者是一本很好的参考书籍。此外，本医著在藏医平息方、泻治方、镇逆方、外治法方面都阐述了自己独到的认识和理解，对相关研究工作者也具有很大的参考价值。

༄༅། །རིམས་བཅོས་ཀུན་ཏུ་བཀོལ་བ་རིན་ཆེན་སྲོག་གི་ཞགས་པ་ཞེས་བྱ་བ་བཞུགས་སོ། །

གསུང་རྩོམ་འདི་《འབྲི་གུང་སྨན་ཡིག་ཕྱོགས་བསྒྲིགས།》ཀྱི་ནང་དུ་བཀོད་ཡོད། དེབ་དེའི་ཤོག་གྲངས་༥༣༣ནས་༥༥༠བར་གསལ། ཁྱོན་བསྡོམས་ཤོག་གྲངས་༢བཞུགས།

ནང་དོན་གནས་བསྡུས།

གསུང་རྩོམ་འདིའི་ནང་རིམས་ནད་ནག་པོ་སུམ་བསྒྲིལ་གྱི་རྒྱུ་རྐྱེན་བཅོས་ཐབས་སོགས་བསྟན་ཡོད། ལེའུ་དང་པོ་རུ་བརྗོད་བྱའི་དོན་གསལ་ཞིང་རྩོམ་པར་དམ་བཅའ་བ་དང་། ལེའུ་གཉིས་པར་གཉན་རིམས་ནག་པོ་སུམ་བསྒྲིལ་གྱི་རྒྱུ་བཤད་པ། ལེའུ་གསུམ་པ་ནི་ནད་ཀྱི་རྐྱེན་དང་། ལེའུ་བཞི་པ་ནི་ནད་ཀྱི་མཚན་ཉིད་བཤད་པ། ལེའུ་ལྔ་པར་ནད་འདིའི་བསྲུང་ཐབས་བཤད་པ། ལེའུ་དྲུག་པར་ཀྱི་ནད་ཀྱི་བཅོས་ཐབས་བཤད་པ། ལེའུ་བདུན་པར་ནད་ཀྱི་དབྱེ་བ་ཞེས་ཐོག་མར་ནད་གསོ་ཐབས་ཡོད་མེད་ཀྱི་དབྱེ་བ་ལྟར་འཆི་རྟགས་དང་གསོ་ཐབས་ཡོད་པའི་རྟགས་གསུངས་ནས། གསོ་ཐབས་ཡོད་པའི་རིགས་ལ་ནད་དང་རྟགས་གང་བྱུང་དེར་བཅོས་ཐབས་གང་མཐོ་གང་འཚམ་རྣམས་ཀྱང་སྐབས་འདིར་གསུངས་ཡོད་པ་རེད།

གསོ་རིག་གི་རིན་ཐང་།

སྨན་ཡིག་འདི་ནི་གཉན་ནད་ནག་པོ་སུམ་བསྒྲིལ་གྱི་ནད་རྟགས་བཅོས་ཐབས་སོགས་ནད་ཐོག་ལག་ལེན་གཙོ་བོ་བསྟན་ཡོད་པ་ཡིན་ལ། དེར་ཡན་ལག་བརྒྱད་པ་དང་དཔལ་ལྡན་རྒྱུད་བཞི་སོགས་ཀྱི་གཞུང་དང་ལག་ལེན་གཞིར་བཟུང་ནས། རང་གི་ནད་ཐོག་གི་ཉམས་སུ་བླངས་པ་རྣམས་གསང་བ་མེད་པར་འདིར་གསལ་བར་བཀོད་ཅིང་། བརྗོད་བྱེད་ཚིག་སྒྲིག་བདེ་ཞིང་དོན་གོ་སླ་བའི་ཁྱད་ཆོས་ཡོད་པར་མ་ཟད། བརྗོད་དོན་ནད་ཐོག་གི་ནད་དཔེ་སོ་སོའི་རྟགས་དང་བཅོས་ཐབས་ཀྱི་ལག་ལེན་སོགས་ཀྱང་ཧ་ཅང་གནད་དུ་འཁེལ་ཞིང་། ལག་ལེན་ཟབ་ཅན་པོ་ན་ཡིན་པས། འདིར་ནག་པོ་སུམ་བསྒྲིལ་ལྟ་བུ་བོད་གསོ་གཞུང་གི་གཉན་རིམས་ནད་ཀྱི་ནད་ཐོག་བརྟག་བཅོས་ཐད་ལ་རིན་ཐང་བླ་ན་མེད་པ་ཡོད་ངེས།།

《瘟疫病的诊治诠释·拴命之绳》

本医著收载于《直贡医著汇集》中第633页至640页，共8页。

内容提要：

本医著主要记载了藏医瘟疫病三黑集结症的病因病机及诊疗方法，第一章介绍了本医著主要内容及撰写目的，第二到七章依次介绍了瘟疫病三黑集结症的发病内因、外缘、症状、预防方法、临床治疗方法及疾病的种类，并阐述了疾病不同的疗效区别、主要症状、死亡预兆等。

医学价值：

本医著以瘟疫病三黑集结症为主题，以《八支精要》《四部医典》等经典著作为依据，结合作者多年的临床经验，主要记载了三黑集结症的临床症状及治疗方法。本医著用词用语通俗易懂，内容解析透彻精准，为藏医瘟疫疾病的临床诊治提供了参考和指导。

༄༅། །འབམ་བཅོས་ཆེ་འཛིན་སྲོག་སྐྱོབས་ཞེས་བྱ་བ་བཞུགས་དབུ་ཕྱོགས་ལེགས་སོ།། །

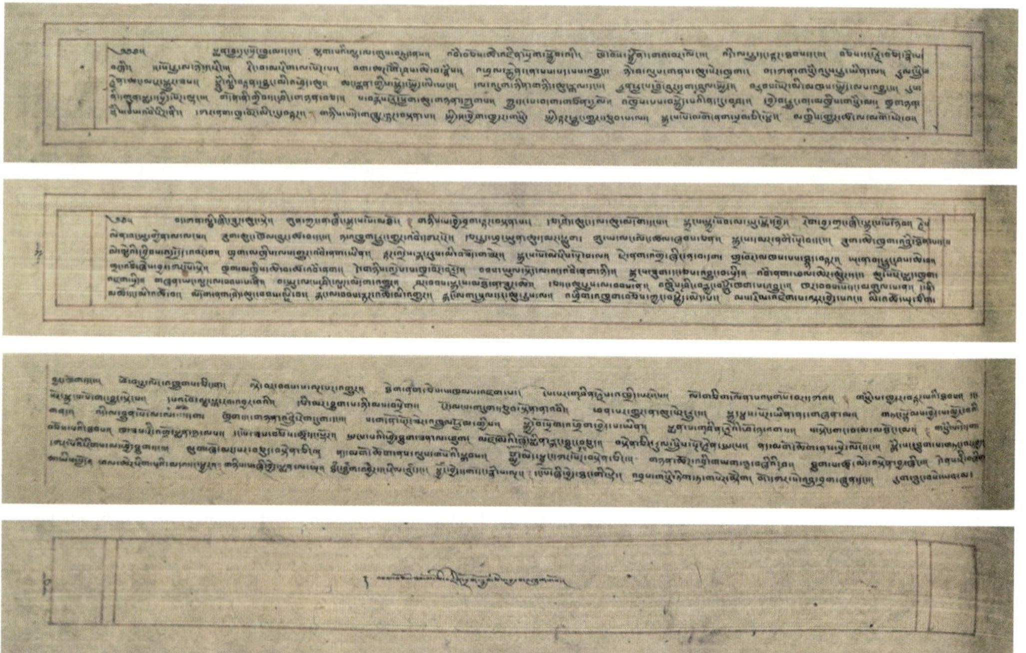

གསུང་འབུམ་འདིའི་མ་ཡིག་ནི་དཔར་མ་ཡིན། པོ་ཏི་གཅིག་ཡོད། ཡིག་གཟུགས་དབུ་མེད་ཡིན། ཤོག་ངོས་རེར་ཐིག་ཕྲེང་༦། ཐིག་ཕྲེང་རེར་ཡིག་ཕྲེང་༢༥། ཁྱོན་བསྡོམས་ཤོག་ངོས་༥བཞུགས། ད་ལྟ་ཁྲིན་ཏུའུ་ཀྲུང་ལུགས་གསོ་རིག་སློབ་གྲྭ་ཆེན་མོ་མི་རིགས་གསོ་རིག་སློབ་གླིང་གི་དགེ་རྒན་འཇམ་དབྱངས་བསོད་ནམས་ལགས་ཀྱིས་ཉར་ཚགས་བྱས་ཡོད།

ནང་དོན་གནད་བསྡུས།

སྨན་ཡིག་འདི་ནི་རྐང་འབམ་ནད་ཀྱི་རྒྱུ་རྐྱེན་དབྱེ་བ་ནད་རྟགས་སོགས་རིམ་བཞིན་བཀོད་ཡོད་པ་ཡིན་ལ། སྨན་ཡིག་སྡོམ་པའི་ས་བཅད་ལྔ་ཡིས་རྫོགས་པར་བསྟན་ཡོད། ཐོག་མར་ཀུན་ལ་ཕན་པར་འདོད་ནས་འདིར་ཡིག་ཐོག་ཏུ་བཀོད་པ་ཞེས་བརྗོམ་པར་དམ་བཅའ་བའི་ས་བཅད་ཅིག་དང་། ས་བཅད་དང་པོ་རྐང་འབམ་ནད་ཀྱི་རྒྱུ་རྐྱེན་གང་གང་ཡིན་པ་གསལ་བར་བཀོད་པ། ས་བཅད་གཉིས་པར་འབམ་ནད་སྤྱི་དང་ཁྱད་པར་དབྱེ་བ་སོ་སོའི་ཁྱད་པར་གྱི་རྟགས་བཤད་པ། དེ་དང་བསྟུན་རྒྱུ་མི་འདྲ་བ་བསྒྲོངས་པའི་དབྱེ་བ་ཁྱད་པར་ཅན་བཀོད་ཡོད་པ་དང་། ས་བཅད་

གསུམ་པར་བརྟག་ཐབས་ཁྱད་པར་གྱིས་འབམ་ནད་ནད་ངོ་གསལ་བར་འཛིན་པའམ་དེ་དང་ཆུ་སེར་គླང་ནད། སྐྱ་རྦབ་ནད་སོགས་དང་ཁྱད་པར་ཇི་ལྟར་དབྱེ་ཚུལ་ཀྱང་བསྟན། ས་བཅད་བཞི་པ་བཅོས་ཐབས་ལ་ཁ་ཟས་རིམ་གྲོ་སྨན་གསུམ་ཞེས་བཅོས་ཐབས་གསུམ་རིམ་བཞིན་གཙོ་བོར་སྟོན། ས་བཅད་ལྔ་པ་རྗེས་གཅོད་རྣམ་པ་གཉིས་ཞེས་རྗེས་གཅོད་ཀྱི་ཐབས་ལམ་གསུངས་ཡོད། མཐར་སྨན་ཡིག་འདི་འབྲི་གོང་རང་གིས་བརྩམས་གནང་མཛད་པ་ཡིན་ཞིང་བརྩམ་པའི་དུས་དང་སྐར་གང་འདོད་ཀྱི་མཚན་འདྲ་མིན་མི་འབྱུང་བར་སྨྲུལ་བ་རེད།

གསོ་རིག་གི་རིན་ཐང་།

སྨན་ཡིག་འདི་ནི་འབམ་བཅོས་ཞེས་འབམ་ནད་ཀྱི་བཅོས་ཐབས་བརྗོད་བྱ་གཙོ་བོ་བྱས་ནས་སྟོན་པ་ཡིན་ལ། ཐོག་མར་འབམ་ནད་ཀྱི་རྒྱུ་རྐྱེན་དང་དབྱེ་བ། ནད་རྟགས་བཅས་བཀོད་ཡོད་ལ། གཞུང་ཉིད་གཞིར་བཟུང་བ་དང་རང་གི་ཉམས་མྱོང་དང་འབྲེལ་ནས་དབྱེ་བ་སོ་སོའི་ཁྱད་པར་རྟགས་ཅན་དང་འབམ་ནད་ཀྱི་ཁྱད་པར་གྱི་བརྟག་ཐབས། འབམ་ནད་དང་ནད་གཞན་ངོས་འཛིན་ཐད་ནས་དབྱེ་བ་འབྱེད་ཚུལ་སོགས་ལག་ལེན་མན་ངག་དག་བཀོད་ཡོད་པ། ནད་ཐོག་གི་བཅོས་ཐབས་གཙོར་བསྟན་ཡོད་པ་ལ། བཅོས་ཐབས་ལ་ཁ་ཟས་རིམ་གྲོ་སྨན་གསུམ་ཞེས་དང་། འདི་གསུམ་གྱི་བཅོས་ཐབས་རིམ་པ་བཞིན་བསྟན་ནས་རྗེས་གཅོད་ཀྱི་ཐབས་ལམ་དེ་མིན་དཔྱད་བཅོས་སོགས་ཀྱང་ནད་ཐོག་གི་ལག་ལེན་ཟབ་གནད་ཅན་འཁོད་འདུག དེ་བས་སྨན་ཡིག་འདི་ནི་འབྲི་ལུགས་འབམ་བཅོས་ཁྱད་པར་ཅན་གྱི་ཡིག་ཆའི་གྲས་ཡིན་ལ། བོད་གསོ་ཁྱད་པར་ཅན་གྱི་ནད་རིགས་རྐང་འབམ་ནད་ཀྱི་གཞུང་ཆ་ཇེ་ཚང་དང་གཏིང་ཇེ་ཟབ། ལག་ལེན་ཐབས་ལམ་ཇེ་མང་དང་ཇེ་ལེགས་སུ་གཏོང་བའི་རིག་པའི་གཞུང་ལུགས་ཀྱི་འཕེལ་རྒྱས་ལ་ཤུགས་རྐྱེན་ཆེན་པོ་ཐེབས་ཐུབ་པར་མ་ཟད། བརྟག་བཅོས་ཀྱི་ནད་ཐོག་ལག་རྩལ་མི་འཇུང་བ་ཞིག་བརྩམས་ཡོད་པས། འདིར་ནད་ཐོག་ལག་ལེན་ལ་མཐུན་སྟོན་གནང་ཐུབ་རྒྱུ་དང་། ནད་ཐོག་བརྟག་བཅོས་ལ་དཔྱད་གཞི་དང་བཀོལ་སྤྱོད་རིན་ཐང་ལྡན།།

《救命益寿之岗巴病的治疗记载》

本医著母本为木刻本，字体为乌梅体，每页6行，每行28字，共5页。今由成都中医药大学降拥四郎教授个人收藏。

内容提要：

本医著以岗巴病的临床诊治方法为主要内容，正文共5个章节依次记载了岗巴病的病因病机、疾病分类、总症状和具体症状、岗巴病特色诊断方法及其与浮肿病和黄水病等的鉴别方法、岗巴病的治疗方法、岗巴病的病尾收尾方法等，最后交代本医著成书的时间及写明本医著由直贡本人所著，并表明不要有随意改动的心愿。

医学价值：

本医著系统记载了岗巴病的治疗理论和临床知识。分别从岗巴病的病因、病机、分类、诊治、疗效等方面展开，尤其在治疗方法中，记载有饮食驱邪药物三种治疗方法，并详细记载了三种方法的具体应用。本医著是记载直贡派治疗岗巴病临床秘诀的医著之一，对藏医学特色病种岗巴病理论的进一步完善和临床疗法的丰富发展有很大的促进作用。另外，书中记载了较特殊的临床诊断和治疗方法，对岗巴病的临床实践及适宜技术推广有较大的指导作用。

༄༅། །གསོ་རིག་ཚོར་བུའི་བུམ་བཟང་ཞེས་བྱ་བ་བཞུགས་སོ།།

གསུང་རྩོམ་འདི་《འབྲི་གུང་སྨན་ཡིག་ཕྱོགས་བསྒྲིགས།།》ཀྱི་ནང་དུ་བཀོད་ཡོད། དེབ་དེའི་ཤོག་གྲངས་༡༢༡ནས་༡༥༢བར་གསལ། ཕྱིན་བསྡོམས་ཤོག་གྲངས་༡༥བཞུགས།

ནང་དོན་གནད་བསྡུས།

གསུང་རྩོམ་འདི་མཁའ་འགྲོ་མ་ཡེ་ཤེས་མཚོ་རྒྱལ་གྱིས་ཞུས་ཤིང་གུ་རུ་རིན་པོ་ཆེ་ཡིས་གསུངས་པའི་ལག་ལེན་དག་འབྲི་གུང་ཆོས་གྲགས་ཀྱིས་ལེགས་བསྒྲིགས་བྱས་པ་སྟེ། འདིར་དུས་མཐའི་ནད་གཉན་རིམས་ཀྱི་འབྱུང་རྐྱེན་དང་རྟགས། མཁྲིས་པ་ཙར་རྒྱུག་དང་གཟེར་ཐུང་། བད་ཀན་ནད། ཆུ་སེར་རིག་དུག་སྙིང་གི་ནད་སོགས་ནད་རིགས་བཅུ་བདུན་ལྷག་ལ་མཆོག་ཏུ་ཕན་པའི་སྨན་སྦྱོར་དང་། ལུས་ཀྱི་སྟོབས་དང་བཀྲག་མདངས་རྒྱས་པར་བྱེད་པ། དབང་པོ་ཤེས་རབ་གསལ་བར་བྱེད་པ་སོགས་བདེ་སྲུང་སྐོར་གྱི་ཐབས་ཤེས་དང་ཐེངས་ཚོག་སྨན། དངུལ་ཆུའི་དུག་འདོན་མན་ངག་སོགས་མན་ངག་ཟབ་གནད་འགག་དང་བཅས་བཀོད་ཡོད།

རིག་གནས་ཀྱི་རིན་ཐང་།

གསོ་བ་རིག་པ་ནི་བོད་རང་གི་རིག་གནས་ཀྱི་མ་ལག་ནས་འབྱུང་བའི་རིག་ཚན་ཞིག་སྟེ། གཞུང་འདིར་བརྗོད་པའི་མི་དགེ་བའི་ལས་བསྒྲུབས་པ་དང་། ལྷ་སྲིན་སྡེ་བརྒྱད་སོགས་འཁྲུགས་ནས་ཐུར་བྱུང་མ་སྐྱོང་བའི་གཉན་རིམས་སྣ་ཚོགས་འབྱུང་བ་ལྟ་བུ་ནི་ནད་ཀྱི་རྒྱུ་རྐྱེན་ཆོས་ལུགས་དང་འབྲེལ་ནས་བརྗོད་ཡོད་པས། ནང་ཆོས་དང་བོད་ཀྱི་གསོ་རིག་བར་གྱི་འབྲེལ་བ་དང་ཕུན་ཚུན་ཤན་ཞུགས་ཐེབས་ཚུལ་སོགས་ལ་བརྟག་དཔྱད་ཞིབ་འཇུག་གཏོང་དགོས་པ་ཤིན་ཏུ་གལ་ཆེ་བར་མངོན་པའོ།

གསོ་རིག་གི་རིན་ཐང་།

གསུང་རྩོམ་འདིའི་ནང་དུ་ནད་སྣ་ཚོགས་ཀྱི་བཅོས་ཐབས་བཀོད་ཡོད་ལ། ལྷག་པར་དུ་ཁྲག་རླུང་སྟོད་ཕྱུར། སྨུག་པོ་སྣང་ཐབས། རྨ་རིགས། སྙིང་ནད། སོ་འབམ། རིག་དུག བད་ཀན་ནད། གཉན་རིགས། གླུ་གདོན་ལ་ཆེད་དུ་སྨན་སྦྱོར་གྱི་སྡེབ་ཁ་དང་བཅས་ལེགས་པོར་བཀོད་ཡོད། གཞན་ད་དུང་ལུས་སྟོབས་རྒྱས་བྱེད། ལུས་བཀྲག་རྒྱས་བྱེད། མིག་གི་དབང་པོ་གསལ་བྱེད། དབང་པོའི་ཤེས་རབ་གསལ་བྱེད་བཅས་ཀྱི་སྨན་སྦྱོར་གྱི་སྡེབ་ཁ་ལེགས་པོར་

བརྗོད་ཡོད། དེ་བས་ན་གཞུང་འདིར་ནད་རིགས་གསོ་བཅོས་བྱེད་པའི་སྨན་སྦྱོར་གྱི་རྩེབ་ཁ་བཀོད་ཡོད་པར་མ་ཟད་ལུས་ཀྱི་ཟུངས་བཅུད་ཉམས་པ་སླར་གསོ་བྱེད་པའི་སྨན་སྦྱོར་བཀོད་ཡོད་པའི་ཐོག་ནས་གསོ་རིག་ནོར་བུའི་བུམ་བཟང་གི་གཞུང་འདིའི་ནང་དོན་ཕུན་སུམ་ཚོགས་པ་མཚོན་ཐུབ་པ་མ་ཟད། ད་བར་ཐར་བཞིན་ནད་ཐོག་ཉེར་སྤྱོད་རིན་ཐང་གལ་ཆེན་ལྡན།།

《医学珍宝良瓶》

本医著收载于《直贡医著汇集》中第129页至142页，共14页。

内容提要：

本医著是直贡曲扎整理的由空行母意西措杰求问、格日仁波切（莲花生大师）讲授的医疗实践书籍。该书记载了瘟疫病产生的外部因素及其症状，以及对赤巴窜脉症、短刺痛（肺炎）、培根病、黄水病、梅毒、心脏病等17种疾病有奇效的方剂。另记载了增强体力、养容驻颜、清明五官、聪明智慧的保健方法，并有使以上方法快速显效的药物配制方法、水银去毒等秘诀内容。

文化价值：

藏医学是藏文化系统中一门重要的学科。藏医学以藏文化为背景或基础，与各种藏文化相互渗透交融。本医著中提到了由因缘业果产生的病因病机，以及不明因缘导致的疫病等特色认识，及其相应的诊断和治疗方法。因此，本医著对藏医特色疾病疫病的认识及其诊治的方法中，融合了多种藏文化，记载了文化与医学的相互交融。

医学价值：

本医著中记载了多种病症疗法，尤其是详细记载了查隆堆切、木布狼塔、外伤、心脏病、梅毒、培根病、疫病等多种疾病的方剂配伍。此外还记载了增强体力、保持容颜、清明五官、聪明智慧的保健方法。对保健和临床治疗具有很好的医学指导价值。

༄༅། །ཐོར་ནད་བཅོས་པའི་ཡིག་ཆུང་སྣ་ཚོགས་ཞེས་བྱ་བ་བཞུགས་སོ། །

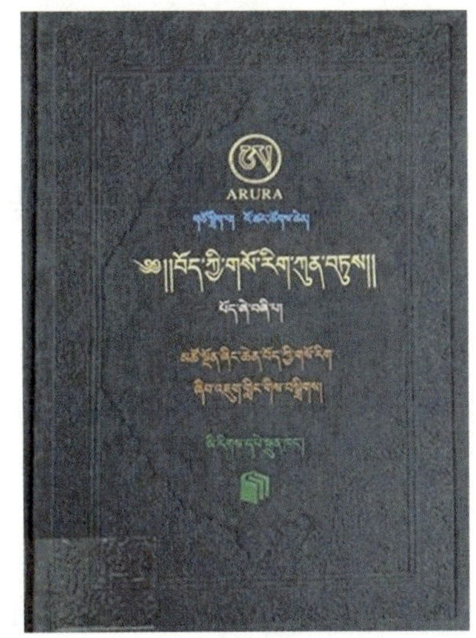

136

ཆན་པ་གསུམ་པ། ཐོར་ནད་བཅོས་པའི་ཡིག་ཆུང་སྣ་ཚོགས་བཞུགས་སོ། །

དང་པོ། དམུ་ཆུའི་བཅོས་སྦྱོང་གྲུབ་མ།

གསུང་རྩོམ་འདི་ཉིད་མི་རིགས་དཔེ་སྐྲུན་ཁང་གིས2011ལོའི་ཟླ་6པར་དཔེ་སྐྲུན་བྱས་པའི་《བོད་ཀྱི་གསོ་རིག་ཀུན་བཏུས།།》ཞེས་པའི་པོད་ཞེ་བཞིའི་ནང་ཤོག་ངོས་138ནས་170བར་གསལ། ཁྱོན་བསྡོམས་ཤོག་ངོས་35བཞུགས།

ནང་དོན་གནད་བསྡུས།

དམུ་ཆུའི་བཅོས་སྦྱོང་གྲུབ་མ་དཔལ་ལྡན་རྟྲམ་ཀིརྟིའི་གཙོང་ཆེན་དམུ་ཆུ་གསོ་བའི་གདམས་ངག་དང་། གློ་བཅོས་ཟབ་མོ། རིམས་བཅོས་གུད་དུ་བཀོལ་བ་རིན་ཆེན་སྲོག་གི་ཞགས་པ། འབམ་བཅོས་ཚེ་འཛིན་སྲོག་སྐྱོབས། དཔལ་ལྡན་ཟུར་མཁར་བའི་ཁྱད་ཆོས་ཀང་འབམ་གྱི་ཆིག་བརྒྱུད་གསང་བའི་མན་ངག རིན་ཆེན་རིལ་བུའི་ཆ་ལག་སྐྱུར་དུག་གསོ་ཐབས། རིན་ཆེན་གྲང་སྦྱོར་རིལ་བུའི་ཆ་ལག་ཐྲན་བུའི་སྐྱུར་དུག་གསོ་ཐབས། ན་མ་དཀྲུ་སྐོར་ནད་གང་ལ་ཁ་བསྒྱུར་ཆོག་པའི་གདམས་པ་ཟབ་མོ། རིན་ཆེན་རིལ་བུ་གཏོང་ཚུལ་གྱི་ཟིན་བྲིས་ཟུར་མཁར་བའི་ཁྱད་ཆོས་ཏེ་ཡིག་ཚོགས་ཞུང་བའི་བརྩམས་ཆོས་དགུ་ཚན་པ་གཅིག་ཏུ་བསྡུས་ནས་བཀོད་ཡོད།

གསོ་རིག་གི་རིན་ཐང་།

ཐོར་ནད་བཅོས་པའི་ཡིག་ཆུང་སྣ་ཚོགས་ནང་དུ་ནད་རིགས་སྣ་ཚོགས་བཀོད་ཡོད་པ་དང་། ལྷག་པར་དུ་དམུ་ཆུ་དང་། གློ་ནད། རིམས་ནད། འབམ་ནད། སྐྱུར་དུག་སོགས་ཀྱི་ནད་ཀྱི་རྒྱུ་རྐྱེན་དང་། ནད་རྟགས་མངོན་ཚུལ། སྨན་བཅོས་བྱེད་ཐབས་ཆེད་དུ་བརྗོད་ཡོད་ལ། སྨན་ཡིག་དེས་ནང་དོན་དང་ནད་ཀྱི་བརྟག་ཐབས་དང་བཅོས་ཐབས་ཀྱི་ལྷ་བ་མང་པོ་ཞིག་ནི་ད་ལྟའང་སྔར་བཞིན་ལག་ལེན་དངོས་ཀྱི་ནང་ངེས་པར་དུ་བརྩི་སྲུང་བྱེད་དགོས་པའི་རྩ་དོན་ཞིག་རེད། དཔེར་ན་དྲི་ཆུ་ལ་བརྟག་ནས་དམུ་ཆུ་ལ་སྨན་གཏོང་ཚུལ་དང་། དེས་རྗེས་གཙོད་ནི་ཨན་སྟོང་

ཚོགས་པ་དང་པོ་དང་། བཅུ་གསུམ། བཅོ་བརྒྱད། ཕོ་གསང་དབུས། བཅུ་དྲུག་མདོ་རྣམས་མེ་ཡིས་བསྲམ་པ། ཟས་དང་སྤྱོད་ལམ་རྐྱེན་གྱིས་དམུ་ཆུ་ལྡོག་གྱུར་བས་ན། ལོ་དུས་བར་དུ་ཟས་སྤྱོད་སྲུང་བ་གཅེས་པ་སོགས་བརྗོད་བྱ་རེ་རེའི་ནང་དོན་ཁ་གསལ་ཞིང་ཕན་སྲུམ་ཚོགས་པའོ།།

《杂病治疗之各种小册》

本医著收载于《藏医药大典》，共35页（第44卷中第136页至170页）。此书由民族出版社于2011年8月出版。

内容提要：

本医著又名《具威达玛格德的痼疾水鼓治疗教言》，其将《肺病奥秘治疗》《用于乏术瘟病治疗之救命绳索》《岗巴病治疗·长寿救命》《岗巴病治疗秘诀》《治疗合成毒的丸剂制法》《治疗零星合成毒中毒的丸剂制法》《珍宝丸服法笔记》等9本小册汇编在一本医著之中。主要记载水鼓病、肺炎、瘟病、岗巴病、合成毒等疾病的治疗经验。

医学价值：

本医著详细记载了多种疾病，尤其是对水鼓病、肺炎、瘟病、岗巴病、合成毒等的病因、症状、治疗方面做了专门讨论，多处内容和观点至今仍是临床实践所必须遵循的原则。例如，在水鼓病治疗章节中提到的以尿的颜色改变为依据，给予相应药物的治疗法，以及在治疗结束后为防止疾病复发应在第一胸椎和第十三、十八胸椎及胃痞瘤穴位处施火灸。在实施上述治疗措施后，患者须在一年内避免摄入可能诱发水鼓病复发的食物，并应纠正不良的生活习惯。因此，《杂病治疗之各种小册》因其内容翔实、方法实用，被认为具有较高的临床参考价值。

༄༅། །འབྲི་གུང་འཆི་མེད་རིལ་བུ་ཞེས་བྱ་བ་བཞུགས་སོ། །

གསུང་རྩོམ་འདི་《འབྲི་གུང་སྨན་ཡིག་ཕྱོགས་བསྒྲིགས།》ཀྱི་ནང་དུ་བཀོད་ཡོད། དེབ་དེའི་ཤོག་གྲངས་༨༢༡ནས་༨༢༣བར་གསལ། ཁྱོན་བསྡོམས་ཤོག་གྲངས་༣བཞུགས།

ནང་དོན་གནད་བསྡུས།

སྙིགས་མ་ལྔ་བདོའི་དུས་མ་མོ་མཁའ་འགྲོའི་བཀའ་ཆད་ལས་བྱུང་བའི་ལྷག་དགུ་ཅོག་འགྱེལ་དང་།རྒྱུག་འགྱེལ་ནག་པོ་སུམ་བསྒྲིལ་སོགས་གཉན་རིམས་རིགས་ངོས་ཟིན་མ་ཟིན་གང་རུང་ལ་སླེབ་པས་ཆོག་པའི་འབྲི་གུང་འཆི་མེད་རིལ་བུའི་ཐོག་མའི་བྱུང་ཚུལ་དང་གཏེར་ནས་བཏོན་ཚུལ་བསྡུས་པ་ཙམ་ཞིག་གིས་གླེང་བསླངས་ནས།སྨན་སྦྱོར་འདིའི་གབ་མིང་གི་སྡེབ་ཁ་དང་། བསྟེན་ཚུལ། ཕན་ནུས། ནད་གཞི་དང་བསྟུན་པའི་ཁ་བསྒྱུར་གཏོང་ཚུལ་སོགས་སྙིང་བསྡུས་ཀྱི་ཚུལ་དུ་གསུངས་ཡོད།

གསོ་རིག་གི་རིན་ཐང་།

སྨན་ཡིག་འདིར་གློ་གཟེར་ནད་དང་། རྒྱུ་གཟེར། ཁྲག་ཚད། གླང་ཐབས། འབྲུམ་ནག མེ་དབལ། རིམས་ནད། སྟོད་གཟེར་སོགས་ཀྱི་བཅོས་ཐབས་སྨན་གྱི་སྦྱོར་བ་དང་། འབྲི་གུང་འཆི་མེད་རིལ་བུའི་སྨན་གྱི་སྡེབ་ཁ་དང་བསྟེན་ཚུལ། ནད་གཞི་དང་བསྟུན་པའི་ཁ་བསྒྱུར་གཏོང་ཚུལ་ཞིབ་ཅིང་རྒྱས་པར་བཀོད་ཡོད། མཇུག་ཏུ་མཐུན་པའི་གྲོགས་དགའ་བའི་གཏམ་བསྟེན་པ་སོགས་སྤྱོད་ལམ་གཟབ་དགོས་པ་བསྟན་པས་འཚོ་བྱེད་སྨན་པ་ཚོ་ལ་ནད་ཐོག་ལག་ལེན་དང་སྨན་སྦྱོར་ཞིབ་འཇུག་ཐད་རིན་ཐང་གཞལ་དུ་མེད་པ་ལྡན་ཡོད།།

《直贡长寿丸》

本医著收载于《直贡医著汇集》中第821至823页，共3页。

内容提要：

本医著记载了对未确诊及已诊断的瘟疫疾病，都具有药到病除功效的直贡长寿丸，及其从伏藏中发掘的简要过程，简练地阐释了此方剂的隐名、组方、服法、功效和根据病情增加药味的加味法等内容。

医学价值：

本医著记载了肺病、肠炎、狼塔、黑痘、单纯疱疹病毒、瘟病等疾病的治疗方剂，对直贡长寿丸的组方、药物加减配伍原则、正确的服用方法进行了阐述，特别强调了情志生活疗法的重要性，并对其进行了深入的探讨与阐释，该疗法在临床上具有重要的参考价值。

༄༅། །རིན་ཆེན་རིལ་ནག་ཆེན་མོའི་ཟིན་བྲིས་བརྟན་གཡོའི་བཅུད་བསྡུས་མཁས་པ་དགའ་བྱེད་ཅེས་བྱ་བ་བཞུགས་སོ། །

གསུང་རྩོམ་འདི་《འབྲི་གུང་སྨན་ཡིག་ཕྱོགས་བསྒྲིགས།》ཀྱི་ནང་དུ་བཀོད་ཡོད། དེབ་དེའི་ཤོག་གྲངས་༡༧༧ནས་༡༨༥བར་གསལ། ཁྱོན་བསྡོམས་ཤོག་གྲངས་༥བཞུགས།

ནང་དོན་གནད་བསྡུས།

རིན་ཆེན་རིལ་ནག་ཆེན་མོའི་སྦྱོར་བཟོའི་གདམས་པ་རྒྱ་མཚོ་ལྷ་བུའི་ནང་ནས་ཡིད་བཞིན་ནོར་བུའི་ཉིང་བཅུད་བླངས་ཏེ་སྙིང་དུ་མཁོ་བའི་གནད་དག་ས་བཅད་ཉེར་བདུན་བགོས་ནས། ལྷག་པར་འཕགས་བྱེད་གཡའ་ཕྱི་རྣམ་ལྔ་དང་། དུག་འཐུལ་འཆིང་བྱེད་ལྷགས་བརྒྱད། ཟ་བྱེད་ཁམས་བརྒྱད། ལྷགས་རྩི་བླ་འོད་སོགས་ཀྱི་ལག་ལེན་དང་། འཐག་ཐབས། སྦྱོར་ཚད། རིལ་བུར་དྲིལ་སྟངས། རིལ་བུ་གྲུབ་ལེགས་པའི་རྟགས། རིལ་བུ་ལ་ཐུགས་ཀྱིས་བྱིན་རླབས་བྱ་ཚུལ། བསྟེན་ཐབས་དང་ཕན་ཡོན། ངོ་དམ་བྱེད་ཚུལ། བརྒྱུད་པའི་ལོ་རྒྱུས་རྣམས་ཁ་གསལ་གོ་བདེ་བར་གསུངས་ཡོད།

གསོ་རིག་གི་རིན་ཐང་།

སྨན་ཡིག་འདིར་རིམས་སོགས་རྩར་རྒྱུ་བ་ལས་བྱུང་བའི་ཏྲེ་ཏྲེ་ཧོ་དང་། དེ་མིན་མ་ཞུ་བ། བད་ཀན་སྨུག་པོ། དུག་ཐབས། དྲེག་གྲུམ་ནད། རྐང་འབམ། འབྲས། སུཏྲ། སྐྲན། དམུ་ཆུ། འོར་དང་སྐྱ་རབ། ཡ་མ་ནག་པོ། མཆིན་སྲིན། ཚད་སྙིངས། གཙོང་སྲེ་བཞི་སོགས་ནད་བཞི་རྒྱ་རྩ་བཞི་འཇོམས་པའི་ཐོ་བ་ལྟ་བའི་རིན་ཆེན་རིལ་ནག་ཆེན་མོའི་སྦྱོར་ཐབས་དང་བསྟེན་ཐབས། ངོ་དམ་བྱེད་ཚུལ། བརྒྱུད་པའི་ལོ་རྒྱུས་ཞིབ་མོར་བརྗོད་ཡོད་པར་མ་ཟད། རིལ་བུ་བསྟེན་ཐབས་དང་ཐུགས་ཀྱིས་བྱིན་རླབས་བྱ་ཚུལ་སོགས་ཤིན་ཏུ་ཟབ་པའི་བཅོས་ཐབས་ཀྱང་བརྗོད་ཡོད། དེ་བས་སྨན་གཞུང་དུ་བསྟན་པ་བཞིན་རིན་ཆེན་རིལ་ནག་ཆེན་མོ་ཚད་ལྡན་ཞིབ་སྦྱོར་བྱས་ན་འགྲོ་བའི་ལུས་སེམས་ཀུན་གྱི་ཟུག་རྔུའི་གདུང་བ་སེལ་བའི་སྨན་མཆོག་ཏུ་གྱུར་ཏེ་འགྲོ་དོན་རྒྱ་ཆེན་པོ་འགྲུབ་པའི་དགེ་མཚན་ལྡན་ནོ།།

《珍宝大黑丸制作笔记·稳、动精华汇集·能使名医欢喜》

本医著收载于《直贡医著汇集》中第877页至885页，共9页。

内容提要：

本医著从博大精深的珍宝大黑丸制作教言中选取精华，将大黑丸的制作要点分27节做了记载。详细记载了方剂中能除锈的五药、去毒能束八金、能蚀八石等药物，及铁液月光等炮制法和粉粹法、药物剂量、丸剂制药成功的标志等内容。对丸剂的诵咒加持法及服法、功能主治、储存及珍宝大黑丸的传承历史等也做了详细讲解。

医学价值：

本医著详细记载了由外界瘟疫戾气入侵脉道而引起的哲哲霍、未消化症、培根木布、毒塔、痛风、风湿性关节炎、岗巴、癌肿、痞瘤、斯尔亚、水鼓病、亚玛那波、肝虫、陈旧热等404种疾病的治疗药方，并对珍宝大黑丸的配方、储存方式及珍宝大黑丸的传承历史、丸剂制作成功的标志做了详细的介绍。除此之外还记载了咒语加持法及药物服用法等方面的内容。本医著以珍宝大黑丸主治疾病瘟疫病、岗巴、癌肿、痞瘤等难治性疾病为主，记载了其临床治法及药方，对临床治疗此类难治病有很好的指导及参考价值。

༄༅། །གྲང་སྦྱོར་རིལ་ནག་ངེས་བརྟག་པ་མུ་ཏིག་འཕྲེང་བ་ཞེས་བྱ་བ་བཞུགས་སོ། །

གསུང་རྩོམ་འདི་《འབྲི་གུང་སྨན་ཡིག་ཕྱོགས་བསྒྲིགས།》ཀྱི་ནང་དུ་བཀོད་ཡོད། དེབ་དེའི་ཤོག་གྲངས་༨༦༧ནས་༨༦༨བར་གསལ། ཁྱོན་བསྡོམས་ཤོག་གྲངས་༢བཞུགས།

ནང་དོན་གནད་བསྡུས།

རྩོད་ལྡན་སྙིགས་མའི་དུས་སུ་མི་ངན་རྣམས་ཀྱིས་རིལ་བུ་ཚད་ལྡན་མ་ཡིན་པར་བཟོས་པའི་བསམ་ངན་སྤྱོད་ངན་དང་། ཡང་ན་ངོ་ཚ་བྲལ་བའི་ཐོལ་སྦྱོར་གྱིས་སེམས་ཅན་བསླུ་བར་བྱེད་པ་དག་ལ་དམིགས་ནས་རྩོམ་པ་པོས་ཆེད་དུ་གྲང་སྦྱོར་རིལ་ནག་ཆེན་མོའི་སྨན་སྦྱོར་དང་། ཁྱད་པར་དུ་གྲང་སྦྱོར་རིལ་ནག་གི་ཚད་ལྡན་སྦྱོར་ཚད། ཚད་ལྡན་ཡིན་མིན་གྱི་བརྟག་ཐབས། འཁྲུལ་མེད་བརྟག་པའི་གདམས་པ། བདེན་རྫུན་ཤེས་པའི་སྟོན་པ། ཡིན་མིན་འབྱེད་པའི་ངོས་འཛིན་མན་ངག་སོགས་ཟབ་མོའི་དོན་ཅུང་ཞིབ་རྒྱས་སུ་བཀོད་ཡོད།

གསོ་རིག་གི་རིན་ཐང་།

སྨན་ཡིག་འདིར་གཉེན་པོ་ཀུན་གྱི་མཆོག་གྲང་སྦྱོར་རིལ་ནག་གི་ཚན་ལྡན་མིན་པའི་ཉེས་སྐྱོན། སྨན་སྦྱོར་དང་ཚད་ལྡན་སྦྱོར་ཚད། ཚད་ལྡན་ཡིན་མིན་གྱི་བརྟག་ཐབས་བཅས་ཅུང་ཞིབ་ཕྲའི་སྒོ་ནས་བརྗོད་ཡོད། དེས་དུས་ངན་སྙིགས་མའི་དུས་བསམ་ངན་སྤྱོད་ངན་གྱིས་ཐོལ་སྦྱོར་སེམས་ཅན་འགའ་ཞིག་བསླུ་བར་བྱེད་པ་ལ་དམིགས་ནས་བརྗོད་པ་ཡིན་པས། སྨན་ཡིག་འདིར་རིལ་ནག་ཡིན་མིན་བརྟག་པའི་ཐབས་ཀྱི་གདམས་པ་ཟབ་མོ་དེ་དེང་རབས་ཀྱི་གསོ་བ་རིག་པའི་རྒྱུན་འཛིན་པ་དང་དེ་ལ་ཞིབ་འཇུག་མཁན་དག་ལ་རིལ་ནག་ལེགས་གྲུབ་ཡོད་མེད་ཀྱི་ཚད་གཞི་ལེགས་པོ་ཞིག་བསྟན་ཡོད།།

《常觉黑丸味数认定·珍珠串》

本医著收载于《直贡医著汇集》中第867页至868页，共2页。

内容提要：

“在充满纷争的浊劫时，针对可能制作不标准丸药的卑劣行径或无耻地造假欺骗众生的不良行为，作者特意研制了常觉大黑丸方剂。”本医著交代了著书的缘由后，详细记载了常觉黑丸的标准剂量及标准剂量的认定法、准确认定的教言、识别真假常觉黑丸的秘诀等重要内容。

医学价值：

本医著阐述了常觉黑丸的配方组成、标准剂量以及标准制备方法，并对其真伪优劣进行了鉴别说明，为医学生鉴别常觉黑丸提供了宝贵的参考资料。

༄༅། །རིན་ཆེན་གྲང་སྦྱོར་རིལ་ནག་གི་ཁ་སྐོང་ལྕུམ་བུའི་མན་ངག་ཅེས་བྱ་བ་བཞུགས་སོ། །

གསུང་རྩོམ་འདི་《འབྲི་གུང་སྨན་ཡིག་ཕྱོགས་བསྒྲིགས།》ཀྱི་ནང་དུ་བཀོད་ཡོད། དེབ་དེའི་ཤོག་གྲངས་༨༦༣ནས་༨༦༤བར་གསལ། ཁྱོན་བསྡོམས་ཤོག་གྲངས་༢བཞུགས།

ནང་དོན་གནད་བསྡུས།

རིན་ཆེན་གྲང་སྦྱོར་ལ་སྨན་སྣ་བརྒྱད་ཅུ་རྩ་གསུམ་ཡོད་ན་ཡང་ཁ་སྐོང་བའི་ལྕུམ་བུ་འདི་རྣམས་མེད་གྱུར་ན་དཔའ་བོས་དགྲ་འདུལ་ཡང་མཚོན་རྣོ་མེད་ན་ཇི་ལྟར་བྱ་ཞེས་པ་ལྟར་ནུས་པ་མི་མྱུར་བས་སྨན་སྣ་ཉེ་ཤུ་ཅན་གྱི་ཁ་སྐོང་ལྕུམ་སྨན་ཟབ་ཁྱད་ཅན་གྱི་སྦྱེབ་ཁ་དང་། ཚད་གཞི། འཐག་ལུགས། སྦྱེབ་ལུགས་བཅས་ཀྱི་གདམས་པ་ཁྱུངས་བཅད་ནས་དེ་དག་འཕྱུག་མེད་ནོར་མེད་ངེས་པར་དགོས་པ་ལས་མང་ཉུང་བྱུང་བ་ན་སྦྱོར་བ་འདི་འཚོལ་བ་ཡིན་པ་དང་། རང་བཟོ་དང་ཁ་བསྒྱུར་གཏན་ནས་བྱ་མི་རུང་བའི་བསླབ་བྱ་སོགས་ཀྱི་གདམས་པ་མང་པོ་བཀོད་ཡོད།

གསོ་རིག་གི་རིན་ཐང་།

སྨན་ཡིག་འདིར་རིན་ཆེན་གྲངས་སྦྱོར་རིལ་ནག་གི་སྨན་སྣ་བརྒྱ་དང་གསུམ་གྱི་སྦྱེབ་ཁ་གཞུང་༤༣་དང་ཁ་སྐོང་ལྕུམ་སྨན་༢༠སོགས་ཀྱི་ཚད་གཞི་དང་འཐགས་ལུགས། སྦྱེབ་ལུགས་བཅས་ཀྱི་གདམས་པ་འཕྱུག་མེད་ངེས་པར་དགོས་པ་བཀོད་ཡོད་ལ། རིན་ནག་དེ་ནི་དཔའ་བོ་དགྲ་འདུལ་བ་ལ་མཚོན་རྣོན་པོ་ལག་ཏུ་བཞག་པའི་དགྲ་ཀུན་འཇོམས་ནུས་པ་ལྟ་བའི་ནད་ཐོག་སྨན་སྦྱོར་གྱི་རིན་ཐང་ཆེའོ།།

《珍宝常觉黑丸方剂中补充草药之秘诀》

本医著收载于《直贡医著汇集》中第863页至864页，共2页。

内容提要：

本医著记载了珍宝常觉（又译作“仁青常觉”）黑丸增补草药的加味药物组方方法，在原有记载的83种药物的基础上，增补20种特殊草药，并明确记载了增补药的组方、剂量、磨研法、配伍法等内容。

医学价值：

本医著记载了由基础方“珍宝常觉黑丸”加20味草药组成的方剂，即珍宝常觉黑丸方的标准粉碎法、配伍法等内容，并明确提出，该药像持有锋利无比的武器的勇士战无不胜一样有神效。因此，本医著为临床用药提供了较高的参考价值。

༧༩། །འབྲི་ལུགས་སྨན་ནག་ཆེན་མོའི་འཕྲུལ་འཁོར་ཞེས་བྱ་བ་བཞུགས་སོ། །

གསུང་རྩོམ་འདི་《འབྲི་གུང་སྨན་ཡིག་ཕྱོགས་བསྒྲིགས།》ཀྱི་ནང་དུ་བཀོད་ཡོད། དེབ་དེའི་ཤོག་གྲངས་༢༢༧ནས་༢༣༠བར་གསལ། ཁྱོན་བསྡོམས་ཤོག་གྲངས་༤བཞུགས།

ནང་དོན་གནད་བསྡུས།

གསུང་རྩོམ་འདིའི་ནང་འབྲི་ལུགས་སྨན་ནག་ཆེན་མོའི་གཙོ་འཁོར་གྱི་སྨན་སྣའི་གྲངས་ལ་དྲུག་ཅུ་རྩ་གསུམ་ལུགས་ཅན་གྱི་སྦྱོར་ཁ་དང་། བཞི་ཅུ་རྩ་བཞིའི་ལུགས་ཅན་གྱི་སྦྱོར་ཁ། ཉེར་བཅུའི་ལུགས་ཅན་གྱི་སྦྱོར་ཁ། བཞི་བཅུ་རྩ་དགུའི་ལུགས་ཅན་གྱི་སྦྱོར་ཁ་བཅས་ཡོད་ཚུལ་ཐོག་མར་གསུངས་ནས། བར་དུ་རྩོམ་པ་པོ་རང་ཉིད་ཀྱི་ལུགས་སྨན་སྣ་ཉེར་བཅུ་ང་གཉིས་ཅན་དེའི་སྦྱོར་ཁ་དང་། སྦྱར་ཚད། སྦྱར་ཐབས་ལག་ལེན། སྨན་བྱིན་རླབས་བྱས་ནས་རླུང་མི་འཚོར་བར་བསིལ་ལྡན་གྱི་གནས་སུ་ཉར་ཚགས་བྱ་དགོས་ཚུལ། གཉན་རིགས་བཅོ་བརྒྱད་གཙོ་བྱས་པའི་ཁོང་ནད་ཐམས་ཅད་ལ་ཕན་པའི་ཇོ་མཚར་སྲོག་སྙེར་གྱི་སྨན་ཡིན་པ་བཅས་གསུངས་ཡོད། མཇུག་ཏུ་ཞར་བྱུང་གི་ཚུལ་དུ་ཟླ་ཤེལ་བདུད་རྩི་རིལ་བུའི་སྦྱོར་ཚད་དང་། དེ་ལས་ཨ་རུ་དང་སླ་རྩི་གཉིས་ཀྱི་འདུལ་ཚུལ། དེ་མིན་སྦྱར་ཐབས་དང་ལག་ལེན། རིལ་བུ་ཟླ་བདུན་དགུ་སོགས་ནད་སྟོབས་དང་སྦྱར་ནས་བཏང་ན་ནད་རིགས་ཀུན་དང་། སྔོས་སུ་བད་ཀན་གཞི་སྨུག་པོ་དང་འབྲེས་པའི་ཆམ་རིམས་གསར་རྙིང་ནད་ལ་ཤིན་ཏུ་ཟབ་པའི་མན་ངག་ལག་བླངས་མ་ཡིན་ཚུལ་བཅས་བཀོད་ཡོད།

གསོ་རིག་གི་རིན་ཐང་།

གསུང་རྩོམ་འདིའི་ནང་དུ་གཙོ་བོ་འབྲི་ལུགས་སྨན་ནག་ཆེན་པོ་དང་ཟླ་ཤེལ་བདུད་རྩིའི་སྦྱར་ཚད་དང་། ཕན་ནུས་སོགས་གསལ་སྟོན་མཛད་ཡོད་ལ། གཙོ་བོ་སྨན་སྦྱོར་དེ་གཉིས་ཀྱི་སྨན་སྦྱོར་གྱི་སྦྱོར་ཁ་དང་ཁ་འཛིན། བསྲེག་ལུགས། རིལ་བུ་སྒྲིལ་སྟངས། བྱིན་རླབས་བྱ་ཚུལ། སྨན་གཏོང་ཚུལ་བཅས་ཞིབ་པར་བྲིས་ནས་དེང་དུས་བོད་ཀྱི་གསོ་རིག་འཛིན་སྐྱོང་སྤེལ་གསུམ་གྱི་སློབ་བུ་དང་སྨན་པ་སོགས་ལ་མཚོན་ན་དེབ་འདིས་སློབ་སྦྱོང་དང་ཞིབ་འཇུག་གི་ཁ་ཕྱོགས་གསར་པ་ཞིག་མཚོ་སྤྲོད་བྱས་ཡོད་པར་མ་ཟད། ནད་ཐོག་སྨན་སྦྱོར་གྱི་རིན་ཐང་ཆེའོ།།

《直贡医派的大黑丸制作神奇妙轮》

本医著收载于《直贡医著汇集》中第827页至830页，共4页。

内容提要：

本医著记载了直贡派多个大黑丸加味药方，记载有六十三味药之黑药方及组成、四十四味药之黑药方及组成、五十味药之黑药方及组成、四十九味药之黑药方及组成等，并记载了作者本人的经验方五十二味药之黑药方及组成、剂量、配制方法等，以及在密闭不通风处与凉性香气味药一同进行储存等方法，并表明该药方是对18种疫病具有特效的药物。最后记载了大月晶丸的组方及其配制和应用方法，还有该方中具体药物诃子和麝香的炮制方法。根据病情服用五、七、九粒能治百病，尤其对培根病、合并有木布病的流行性感冒，不论新发疾病还是陈旧性疾病都能有很好的疗效的临床治疗经验。

医学价值：

本医著记载了直贡派多个大黑丸的加味药方，从组方、配制方法到剂量，记录详细，应用明确，还记载了作者本人的秘诀方五十二味黑药方的详细信息，还有大月晶丸的临床配制方法、药物剂量、临床应用等内容。以临床应用为主要目的，详细记载药物组方及药物的配制处理过程，对直贡派大黑丸及大月晶丸等的临床应用具有很好的指导意义。

༄༅། །མན་ངག་ཀུན་ལས་གཙེས་པར་བསྡུས་པ་ཕན་བདེའི་ཡང་སྙིང་ཞེས་བྱ་བ་ཐྭོ་གསར་མཱུན་པའི་སྒྲོན་མེ་ཞེས་བྱ་བ་བཞུགས་སོ། །

གསུང་རྩོམ་འདི་《འབྲི་གུང་སྨན་ཡིག་ཕྱོགས་བསྒྲིགས།》ཀྱི་ནང་དུ་བཀོད་ཡོད། དེབ་དེའི་ཤོག་གྲངས་༢༣༥ནས་༣༥༠བར་གསལ། ཁྱོན་བསྡོམས་ཤོག་གྲངས་༡༠༤བཞུགས།

ནང་དོན་གནད་བསྡུས།

འདི་ནི་ས་བཅད་ང་དྲུག་གི་བདག་ཉིད་ཅན་ཏེ། རྒྱུད་དང་མན་ངག་ཀུན་ལས་གཙེས་པར་བསྡུས་པ་གཞན་ལ་ཕན་གདགས་པའི་ཆིག་བརྒྱུད་ཀྱི་གདམས་པ་དང་རྩོམ་པ་པོ་ཉིད་ཀྱི་ཉམས་ལེན་གྱི་མྱོང་བ་གསལ་བ་ཞིག་ཡིན། དེ་ཡང་དང་པོ་ཚ་གྲང་ནད་སེལ་བར་སྤྱོད་ཆེ་བའི་ཐང་གི་སྦྱོར་སྡེ་ལྔ་ཡི་ཁ་བསྒྱུར་དང་ཕན་ནུས་བཅས་བཀོད་པ་ནས་ཉེས་པ་གསུམ་དང་མ་ཞུ་བ། ཚད་པ་དང་དོན་སྙོད་ནད། རྒྱའི་ནད་དང་། ལུས་སྟོད་ནད། རྩ་དཀར་དྲེག་གྲུམ་གྱི་ནད་དེ་དག་སོ་སོའི་གཉེན་པོ་སྨན་སྦྱོར་བསྟན་པ་ཞིག་ཡིན་པས་ནད་ཐོག་ཏུ་ཉེ་བར་མཁོ་ཞིང་། ལྷག་ཏུ་སྨན་པའི་ལས་དང་པོར་འཇུག་དུས་ཀྱི་གལ་ཆེའི་སྨན་ཡིག་ཅིག་གོ།

གསོ་རིག་གི་རིན་ཐང་།

ནད་རིགས་རེ་གཙོར་བཟུང་སྟེ་རྒྱུད་དང་མན་ངག་ཀུན་ལས་གཙེས་པར་བསྡུས་པའི་གདམས་པ་དང་རྩོམ་པ་པོ་ཉིད་ཀྱི་ལག་ལེན་ཉམས་མྱོང་གསལ་བར་བཀོད་ཡོད་དེ། ཉེས་པ་གསུམ་དང་མ་ཞུ་བ། ཚད་པ་དང་དོན་སྙོད་ནད། རྒྱའི་ནད་དང་། ལུས་སྟོད་ནད། རྩ་དཀར་དྲེག་གྲུམ་གྱི་ནད་སོགས་པོད་གསོ་ལག་ལེན་ཐད་བཅོས་ཐབས་ཕུན་སུམ་ཚོགས་ཤིང་ཕན་འབྲས་ལེགས་པོ་འབྱུང་བ། ནད་ཐོག་མཐོང་མང་བའི་ནད་རིགས་ཁག་ཅིག་ཡིན་པས། སྨན་ཡིག་འདིའི་ནད་ཐོག་ལག་ལེན་གྱི་མཇུབ་སྟོན་རིན་ཐང་ཆེན་པོ་ལྡན། འཚོ་བྱེད་ལས་དང་པོ་བ་ལ་ཉེ་བར་མཁོ་བའི་སྨན་ཡིག་རྩ་ཆེན་ཞིག་ཡིན།།

《一切秘诀集要利乐精华之精华·初学者的黑暗明灯》

本医著收载于《直贡医著汇集》中第235页至340页，共106页。

内容提要：

本医著通过56个章节，记载了藏医中源于重要医著并确有疗效的临床经验方，以及作者自己的临床经验方。依次介绍了医治寒热疾病用药最多的汤剂及其加味药方，未消化症和热病、脏腑疾病、水病、五官疾病、神经疾病及风湿痛风疾病等的临床用药治疗方法，以及用较少篇幅介绍了水银的炼制、药浴疗法、涂擦疗法等临床外治方法。

医学价值：

本医著共分为56个章节，详述了多种疾病的治疗方案，强调了藏医学在特定疾病治疗上的优势。本医著不仅以药物治疗为核心，还结合了作者的临床经验，丰富了治疗策略，体现了藏医学治疗的多样性和灵活性。本医著为临床提供了全面参考，帮助医生深入理解和应用藏医学疗法，以提高治疗效果。

༄༅། །གསོ་བ་རིག་པའི་བརྒྱུད་བསྡུས་ལས་མན་ངག་ཡང་ཏིག་གསེར་གྱི་སྒྲོམ་བུ་ཞེས་བྱ་བ་བཞུགས་སོ། །

གསུང་རྩོམ་འདི་《འབྲི་གུང་སྨན་ཡིག་ཕྱོགས་བསྒྲིགས།》ཀྱི་ནང་དུ་བཀོད་ཡོད། དེབ་དེའི་ཤོག་གྲངས་༤༨༠ནས་༥༤༢བར་གསལ། ཁྱོན་བསྡོམས་ཤོག་གྲངས་༥༤བཞུགས།

ནང་དོན་གནད་བསྡུས།

གསུང་རྩོམ་འདིར་ཐོག་མར་ཉེས་གསུམ་རྒྱུང་བ་ལྡན་འདུས་སོ་སོའི་རྩ་རྒྱུ་ཕྱི་ཡུལ་གྱི་རྟགས། ནང་གསེས་ནད་སོ་སོའི་སྨན་སྦྱོར་དང་དོན་སྣོད་དབང་པོ་གར་བབས་ཀྱི་ཁ་བསྒྱུར་སྨན། ཕན་ཡོན། དེ་ནས་ཚད་པའི་ནད་ཀྱི་རྒྱུ་རྐྱེན་རྟགས་བཅོས་ཐབས། རིམས་ནད། འབྲུམ་ནད། བེག་གེའི་ནད་བཅས་ཀྱི་རྒྱུ་རྐྱེན་རྟགས་བཅོས། གཉན་ནད་བཅོ་བརྒྱད་ཀྱི་དབྱེ་གྲངས་དང་གཉེན་པོ་སྨན་སྦྱོར་བཅུ་བདུན་ལྷག་གྲངས། དེ་དག་སོ་སོའི་སྐབས་བསྟུན་ཁ་བསྒྱུར། ལུས་སྟོད་ནད་ཀྱི་རྒྱུ་རྐྱེན་རྟགས་བཅོས། དོན་སྣོད་ནད་ཀྱི་བཅོས་ཐབས། ཕོར་བུའི་ནད་ཀྱི་བཅོས་ཐབས། བྱིས་པ་དང་མོ་ནད། ལྷན་སྐྱེས་རྨ་དང་མཆོན་རྨ། གདོན་ནད། དུག་ནད་བཅས་ཀྱི་རྟགས་དང་བཅོས་ཐབས། གཞན་སྐད་ངན་བཟང་ཞིང་བཟང་པོ་བརྟན་པར་འགྱུར་བྱེད་ཀྱི་ཟུར་སྨན་ཆེན་མོ་རྣམ་སྦ་མའི་ལུགས་ཀྱི་འཛམ་བུ་འབྲུག་གྲགས་སོགས་གསོ་བ་རིག་པ་ཐམས་ཅད་ཀྱི་བཅུད་བསྡུས་ཡང་ཏིག་གསེར་གྱི་སྒྲོམ་བུ་ཞེས་བྱ་བ་གསོ་བ་པོ་དང་གསོ་ཡུལ་ནད་པ་གཉིས་ལ་ཕན་གདགས་པའི་ཆེད་འདིར་བཀོད་པ་ནད་སྨན་གཉེན་པོ་སྦྱོད་པར་དགེ་མཚན་ཆེའོ།

གསོ་རིག་གི་རིན་ཐང་།

གསུང་རྩོམ་འདིར་སྤྱི་དོན་བཅུ་དྲུག་གི་བདག་ཉིད་ཅན་ཏེ། རླུང་མཁྲིས་བད་ཀན་གྱི་ནད་དང་། ཚ་བ་གཉན་རིམས་ཀྱི་ནད་དང་། ལུས་སྟོད་དབང་པོའི་ནད་དང་། དོན་སྣོད་ནད་དང་ཕོར་བུའི་ནད། ལྷན་སྐྱེས་རྨ་དང་གློ་བུར་རྨ། བྱིས་པའི་ནད་དང་མོ་ནད། གདོན་གྱི་ནད་དང་དུག་ནད་བཅས་ཀྱི་འབྱུང་བའི་རྒྱུ་རྐྱེན་དང་། མཚན་ཉིད། རྟགས། དབྱེ་བ། གསོ་ཚུལ་དང་སྨན་སྦྱོར་གྱི་བཅོས་ཐབས་བཅས་གསུངས་ཡོད། འཚོ་བྱེད་སྨན་པ་རྣམས་ལ་ནད་ཐོག་ལག་ལེན་ཐད་ཉེ་བར་མཁོ་བའི་སྨན་ཡིག་རྩ་ཆེན་ཞིག་ཡིན་པར་ངེས་སོ།།

《医学精华汇集中的秘诀再秘精华·金篋》

本医著收载于《直贡医著汇集》中第489页至542页，共54页。

内容提要：

本医著通过16个章节，依次记载了三因疾病、热病、瘟疫病、痘疹、麻疹等的病因、症状、治疗方法，以及疫病的18种分类和治疗疫病的17种组方药物及其加减药物方法。并详细记载了五官疾病、脏腑疾病、杂病、疮疡、创伤、小儿疾病、妇科疾病、精神疾病、中毒症等的内外因、性质、症状、分类、治则、药物治疗和咒语疗法等内容。最后还介绍了具有益喉开喉、如得梵音功效的南派“达玛索玛”药方“赞吾周扎”。如上所述，本医著如精华之宝瓶般汇集了医学经典和师承经验。

医学价值：

本医著主要以三因疾病、热病、瘟疫病、五官疾病、脏腑疾病、杂病、疮疡等总体疾病，八支中创伤病、小儿疾病、妇女疾病、外邪病、中毒症等证的病机及辨证施治方法等内容为主，记载了临床一些常见疾病的藏医诊疗方法及其诊疗思维，对藏医学理论及其临床诊疗实践操作和研究都具有很好的参考、指导价值。

༧༢། །གྲང་སྦྱོར་རིལ་ནག་གི་ཕན་ཡོན་མོས་ལྡན་དགའ་བའི་དབྱར་རྔ་ཞེས་བྱ་བ་བཞུགས་སོ། །

གསུང་རྩོམ་འདི་《འབྲི་གུང་སྨན་ཡིག་ཕྱོགས་བསྒྲིགས།》ཀྱི་ནང་དུ་བཀོད་ཡོད། དེབ་དེའི་ཤོག་གྲངས་༡༧༡ནས་༡༧༣བར་གསལ། ཁྱོན་བསྡོམས་ཤོག་གྲངས་༣བཞུགས།

ནང་དོན་གནད་བསྡུས།

གསུང་རྩོམ་འདིར་བཞུ་དང་མི་བཞུ་བའི་ཁམས་ལས་བྱུང་བའི་སྨན་དང་། རྩ་སྨན་རྩི་སྨན་ར་སྨན་སྒྲོ་སྨན་སྲུ་སྨན་སོགས་ཀྱིས་གྲུབ་པའི་སྨན་ལ་ཕན་ཡོན་ཆེན་པོ་ཡོད་སོད། འོན་ཀྱང་སྦྱོར་ཚུལ་ཚད་ལྡན་ཤེས་པ་དང་། སྨན་རྫ་འཕྲུལ་མེད་རྟོགས་པ་ཤིན་ཏུ་དཀའ་བ། ལྷག་པར་དུ་འཕྲོར་མེད་ཀྱིས་བླུ་ཧོ་དཀའ་བ་བཅས་ཀྱི་ཞན་ཆ་དང་ལྡན་པས། རྩོམ་པ་པོས་ཆེད་དུ་ཀུན་གྱིས་བླུ་རིན་ཐུབ་པའི་སྨན་མཆོག་སྤྱི་ནད་རིགས་ཟུག་རྔུ་ཐམས་ཅད་ལ་ཐོགས་མེད་དུ་འགྲོ་བའི་རིལ་ནག་མ་འདིའི་སྤྱི་ཁྱེ་བྲག་གི་ཕན་ཡོན་བསྟན་ནས། གྲང་སྦྱོར་རིལ་ནག་ཚད་ལྡན་འདི་ནད་མེད་ཅིག་གིས་རྒྱུན་དུ་བསྟེན་གྱུར་ན། རྩ་རྫེའི་སྐྱ་འགྲུབ་སྡེ་བརྒྱད་བསྲུང་བའི་མཆོག ཐོག་སེར་མཚོན་ཀྱང་འཇིགས་མེད་བསོད་ནམས་གྲུབ་པའི་སྤྱིའི་ཕན་ཡོན། དབྱིག་དུག་ལ་སོགས་དུག་རིགས་ལས་བྱུང་བའི་ནད་བཅོ་ལྔ་ལ་སྦྱོར་སྡེ་འདི་ལས་སྨན་སྣ་གང་གིས་གཙོ་བོའི་ནུས་པ་ཐོན་ཚུལ་བཅས་རགས་བསྡུས་ཙམ་ཞིག་བཀོད་ཡོད།

གསོ་རིག་གི་རིན་ཐང་།

གསུང་རྩོམ་འདིར་གཙོ་བོ་ཀུན་གྱིས་བླུ་རིན་ཐུབ་པའི་སྨན་མཆོག་སྤྱི་ནད་རིགས་ཟུག་རྔུ་ཐམས་ཅད་ལ་ཐོགས་མེད་དུ་འགྲོ་བའི་གྲང་སྦྱོར་རིལ་ནག་ཞིབ་པར་བརྗོད་ཡོད་ལ། སྨན་མཆོག་འདི་ནད་མེད་རྣམས་ཀྱི་བསྟེན་གྱུར་ན་ལུས་ཀྱི་ཟུངས་གསོ་ཞིང་ནད་རིགས་ལས་ཁྱད་པར་དུག་རིགས་ལ་ཟབ་པ་བཅས་ཀྱི་ཁྱད་ཆོས་འབུར་དུ་ཐོན་པས། གསོ་རིག་ཐད་ནད་ཐོག་བཀོལ་སྤྱོད་ཀྱི་རིན་ཐང་ངེས་ཅན་ཞིག་ལྡན་ནོ།།

《常觉黑丸功效 · 向往之夏雷》

本医著收载于《直贡医著汇集》中第871页至873页，共3页。

内容提要：

由可溶性及不溶性珍宝药、石类药、草类药、动物类药等多种药物组成的药方虽有很好疗效，但准确无误地辨识药材及药量较难，也有药费较贵的问题，因此记载了配制能医治多种疾病、费用又便宜的常觉黑丸。在提出从医疗实际出发解决问题的著书目的后，本医著记载了此黑丸用于治疗未病及已病的多种功效，以及在治疗疾病方面的总功效和具体功效。

医学价值：

本医著主要讲解了藏药处方常觉黑丸的独特功效及其经济实用价值。该药方既可治疗疾病，也可以养生保健，为病人减轻经济负担，为医生提供了优良选择，在医学临床上有一定的应用价值。

༄༅། །རིལ་ནག་ཆུང་འབྲིང་གི་ཟིན་བྲིས་འཆི་བསྙོལ་འདེབས་ཞེས་བྱ་བ་བཞུགས་སོ། །

གསུང་རྩོམ་འདི་《འབྲི་གུང་སྨན་ཡིག་ཕྱོགས་བསྒྲིགས།།》ཀྱི་ནང་དུ་བཀོད་ཡོད། དེབ་དེའི་ཤོག་གྲངས་༨༨༩ནས་༨༩༠བར་གསལ། ཁྱོན་བསྡོམས་ཤོག་གྲངས་༢བཞུགས།

ནང་དོན་གནད་བསྡུས།

རིལ་ནག་འབྲིང་པོའི་སྨན་སྣ་སོ་གཉིས་རེ་རེའི་སྦྱོར་ཚད་ཅུང་རྒྱས་པ་ཞིག་དང་། དབུལ་པོ་ནོར་མེད་ཀྱི་དོན་དུ་སྨན་སྣ་བཅོ་བརྒྱད་དུ་བསྡུས་པའི་རིལ་ནག་ཆུང་བའི་སྦྱོར་ཚད་མདོར་ཙམ་ཞིག་བསྟན་པ་དང་། དེ་མ་ཟད་རིལ་ནག་འདི་གཉིས་ཀྱི་འདམ་འཐག་སེ་འབྲུའི་ཆུས་བྱ་དགོས་ཚུལ་དང་། སྨན་རིལ་ཙམ་གྲིབ་སྐམ་བྱ་རྒྱུ། རིལ་བུ་ལ་རབ་གནས་ཆེན་མོ་བྱ་དགོས་ཚུལ། རིལ་བུ་འདིའི་བསྟེན་ཐབས་དང་ཕན་ཡོན་ཤུགས་སུ་བསྟན་ནས་རིལ་ནག་ཆེ་བ་ལྟར་ཡིན་ཚུལ་བཅས་སོགས་གསུངས་ཡོད།

གསོ་རིག་གི་རིན་ཐང་།

འདིར་གཙོ་བོ་རིལ་ནག་འབྲིང་པོ་དང་རིལ་ནག་ཆུང་བའི་སྦྱོར་ཚད་དང་སྦྱོར་ཚུལ། བཏུང་ལུགས་བཅས་གསལ་པོར་བཀོད་པར་མ་ཟད། སྨན་སྦྱོར་འདི་གཉིས་ཀྱི་འདམ་འཐག་སེ་འབྲུའི་ཆུས་བྱ་དགོས་ཚུལ་དང་གྲིབ་སྐམ་བྱ་དགོས་ཚུལ་སོགས་ཁ་གསལ་ཞིང་གོ་བདེ་བར་བསྟན་ཡོད་པས། སྨན་པ་རྣམས་ལ་ནད་ཐོག་ལག་ལེན་གྱི་ལག་དེབ་གལ་ཆེན་ཞིག་གོ།།

《中、小黑丸制作笔记·救命之美药》

本医著收载于《直贡医著汇集》中第889页至890页，共2页。

内容提要：

本医著详述了由32味药组成的中黑丸的药物的剂量；简述了为贫穷患者而制的只有18味药的小黑丸的剂量，以及两种药方用石榴水调和药粉的必要性，丸粒成豌豆粒大小后进行晾干，并作药物开光仪轨等内容。此外还记载了两丸药的服法、功效主治均与大黑丸相同等内容。

医学价值：

本医著详述了中黑丸和小黑丸的各药物剂量和服用方法，以及两种药方需用石榴水进行调制的方法和必要性，丸粒成豌豆粒大小后要作开光仪轨等。医著指出其中小黑丸是为贫穷患者而制，制剂简单易行，方剂价格实惠，具有良好的临床应用价值。

༄༅། །འབྱུན་བྱེད་རིལ་ནག་གི་ཟིན་བྲིས་ཡང་བཅུད་བདུད་རྩིའི་བུམ་པ་ཞེས་བྱ་བ་བཞུགས་སོ། །

གསུང་རྩོམ་འདི་《འབྲི་གུང་སྨན་ཡིག་ཕྱོགས་བསྒྲིགས།》ཀྱི་ནང་དུ་བཀོད་ཡོད། དེབ་དེའི་ཤོག་གྲངས་༨༩༧ནས་༨༩༨བར་གསལ། ཁྱོན་བསྡོམས་ཤོག་གྲངས་༢བཞུགས།

ནང་དོན་གནད་བསྡུས།

གསུང་རྩོམ་འདིར་མ་ཞུ་གཙོང་དང་དུག་གི་ནད་རིགས་དག་གཙོར་བྱས་ནས་ཕན་པའི་སྨན་སྣ་སུམ་ཅུ་རྩ་བཞི་ཅན་གྱི་འབྱུན་བྱེད་རིལ་བུ་འདིའི་སྦྱོར་སྡེ་དང་། འདམ་འཐག་བྱ་ཚུལ། རིལ་བུར་བཟོ་སྟངས། ནད་ཅན་ནད་མེད་ཀུན་ལ་ཕན་པའི་ཡོན་ཏན། བསྟེན་ཚུལ་བཅས་ཡང་དག་སྟོན་དགོས་ཚུལ་གྱི་བསླབ་བྱ་སོགས་གསུངས་ཡོད།

གསོ་རིག་གི་རིན་ཐང་།

འདིར་རྩོམ་པ་པོས་འཁྱོར་ལྡན་དང་འཁྱོར་མེད་ཀུན་གྱི་ལོངས་སུ་སྤྱོད་ནུས་པའི་འབྱུན་བྱེད་རིལ་བུ་བྱ་བའི་སྦྱོར་བ་ཞིག་བསྟན་ཡོད་ལ། སྦྱོར་བ་འདི་གཙོ་བོ་དེང་གི་དུས་འདིར་འབྱུང་མང་བའི་མ་ཞུ་བ་སོགས་ཕོ་ནད་ཀྱི་རིགས་དང་ཟས་དུག་སོགས་དུག་ནད་ཀྱི་རིགས་ལ་ཕན་པས། ནད་ཐོག་ཏུ་ལག་ལེན་དང་བཀོལ་སྤྱོད་ཀྱི་རིན་ཐང་གཞལ་དུ་མེད་དོ།།

《变通黑丸制作笔记精粹·甘露瓶》

本医著收载于《直贡医著汇集》中第897页至898页，共2页。

内容提要：

本医著主要记载了由34味药材制作的变通黑丸的药物组方、调拌法、制丸法、服用方法和主治功效等内容，指出对未消化症和中毒症类疾病有特效，且指出无病服用也可保养身体。

医学价值：

本医著对变通黑丸的药物组方、制剂方法、服用方法及其功效等方面做了讲解。书中特别强调了该方剂在改善脾胃功能、促进消化吸收以及解毒排毒方面的独特作用。为后世医者提供了宝贵的临床经验和用药指导。

༄༅། །རིལ་ནག་ཆེ་འབྲིང་ཆུང་ངུའི་སྦས་དོན་གསལ་བྱེད་ནམ་མཁའི་ནོར་བུ་ཞེས་བྱ་བ་བཞུགས་སོ། །

གསུང་རྩོམ་འདི་《འབྲི་གུང་སྨན་ཡིག་ཕྱོགས་བསྒྲིགས།》ཀྱི་ནང་དུ་བཀོད་ཡོད། དེབ་དེའི་ཤོག་གྲངས་༨༩༣ནས་༨༩༤བར་གསལ། ཁྱོན་བསྡོམས་ཤོག་གྲངས་༢བཞུགས།

ནང་དོན་གནད་བསྡུས།

གསུང་རྩོམ་འདིར་གྲང་སྦྱོར་རིལ་ནག་གི་སྦྱོར་བ་ཆེ་འབྲིང་ཆུང་གསུམ་སོ་སོའི་སྡེབ་ཁ་དང་། ཐུན་མིན་གྱི་སྦྱར་ཐབས་དག་བཀོད་དེ། དེའི་བསྟེན་ཐབས་དང་ཕན་ཡོན་རྣམས་བསྡུས་པའི་ཚུལ་གྱིས་གསུངས་ཡོད།

གསོ་རིག་གི་རིན་ཐང་།

འདིར་གྲང་སྦྱོར་རིལ་ནག་གི་སྦྱོར་བ་ཆེ་བ་དང་། སྦྱོར་བ་འབྲིང་བ། སྦྱོར་བ་ཆུང་བ་བཅས་སོ་སོའི་སྡེབ་ཁ་དང་བསྟེན་ཐབས། ཕན་ཡོན་སོགས་བསྟན་པ་དང་། ཁྱད་པར་དུ་རིལ་ནག་ཆེན་མོའི་ཁ་ཚར་གྱི་ལྷུམ་སྨན་གཞུང་གཞན་དང་མི་འདྲ་བར་སྨན་སྣ་བཅོ་བརྒྱད་དུ་བསྟན་ནས་ཞག་བདུན་ལ་འདམ་འཐབ་དང་། ཉི་གནམ་མི་མཐོང་བར་རབ་གནས་བྱ་དགོས་ཚུལ་སོགས་ཐུན་མིན་གྱི་སྦྱར་ཐབས་དག་བཀོད་ཡོད་པས། གསོ་ཐབས་གཉེན་པོ་བཞིའི་ཡ་གྱལ་སྦྱོར་བ་སྨན་གྱི་ཕྱོགས་ལ་བྱས་རྗེས་མི་དམན་པ་བཞག་ཡོད་དོ།།

《大、中、小黑丸隐义明示·天空之宝》

本医著收载于《直贡医著汇集》中第893页至894页，共2页。

内容提要：

本医著对常觉黑丸大、中、小三种方剂的组方，制剂剂量及服用方法、功效主治等作了简要记载。

医学价值：

本医著主要记载常觉黑丸大、中、小三种方剂的组方、制剂方法、服法、功效主治，尤其对大黑丸中要加与其他医书所述不同的18味补充草药及其调拌和采收方法等作了简要记载。该三种方剂的组方独特、疗效显著，为藏药制剂、组方及临床应用方面丰富了内容，具有临床指导意义。

༄༅། །འབམ་ནད་བཅོས་པའི་ཡིག་ཆ་རྣམ་ཚོགས་ཞིབ་བྱ་བ་བཞུགས་སོ། །

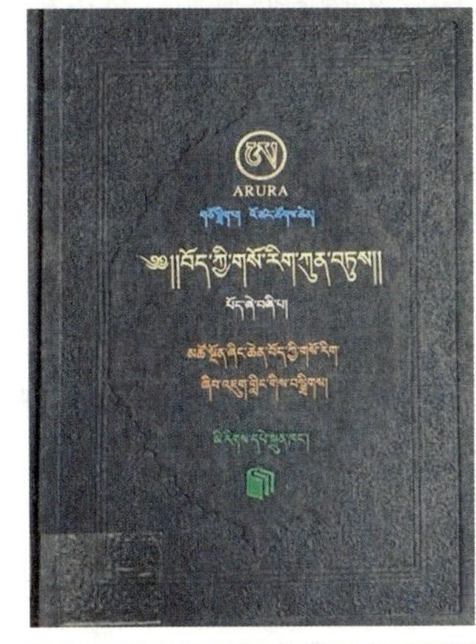

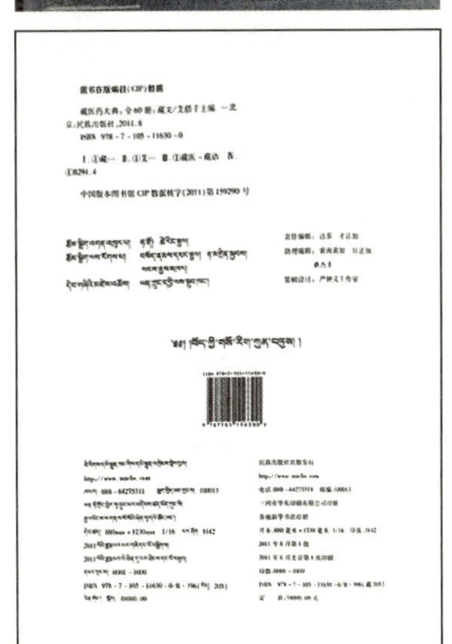
图书在版编目(CIP)数据

ISBN 978-7-105-11630-0

中国版本图书馆CIP数据核字(2011)第159290号

༄༅། །བོད་ཀྱི་གསོ་རིག་ཀུན་བཏུས། །

གསུང་རྩོམ་འདི་ཉིད་མི་རིགས་དཔེ་སྐྲུན་ཁང་གིས་༢༠༡༡ལོའི་ཟླ་༨པར་དཔེ་སྐྲུན་བྱས་པའི་《བོད་ཀྱི་གསོ་རིག་ཀུན་བཏུས།།》ཞེས་པའི་པོད་ཞེ་བཞིའི་ནང་ཤོག་ངོས་༡༩༡ནས་༢༠༨བར་གསལ། ཁྱོན་བསྡོམས་ཤོག་ངོས་༡༨བཞུགས།

ནང་དོན་གནད་བསྡུས།

འབྲི་གུང་ལུགས་ཀྱི་སྨོས་བཅོས་ཟབ་མོ་འབམ་བཅོས་ཚེ་འཛིན་སྲོག་སྐྱོབ་ཀྱི་ལྷན་ཐབས་གསོ་ཚུལ་གསུམ་ལྡན་དང་། འབམ་བཅོས་གཅེས་པའི་གནད་བསྡུས། འབམ་བཅོས་སྙིང་པོ་བསྡུས་པ། འབམ་བཅོས་ཟབ་པའི་གདམས་པ་གབ་པ་མངོན་ཕྱུང་མན་ངག་ཅིག་རྒྱུད་ཀྱི་སྐོར། འབམ་བཅོས་ཟབ་ཞུང་ནང་གི་མན་ངག་སྦྱོང་གྲུབ་མ་སྟེ་ནང་དོན་རིགས་འདྲ་ཞིང་ཡིག་ཚོགས་ཞུང་བའི་བརྩམས་ཆོས་ལྔ་ཚན་པ་གཅིག་ཏུ་བསྡུས་ནས་བཀོད་ཡོད།

གསོ་རིག་གི་རིན་ཐང་།

གཞུང་འདིར་འབྲི་གུང་ལུགས་ཀྱི་འབམ་བཅོས་སྐོར་གྱི་ནང་དོན་རིགས་འདྲ་ཞིང་ཡིག་ཚོགས་ཞུང་བའི་བརྩམས་ཆོས་ལྔ་ཚན་པ་གཅིག་ཏུ་བསྡུས་ནས་བཀོད་པས། བཟོད་བྱ་ཕུན་སུམ་ཚོགས་ཤིང་རྫོད་བྱེད་ཚིག་བསྡུས་པའི་དེབ་འདི་ནི་ནད་ཐོག་ཏུ་འབམ་བཅོས་བྱ་སྐབས་སྨན་བཅོས་ཀྱི་ཕན་ནུས་ཆེ་ཞིང་མྱུར་བ་དང་། བོད་སྤྱོད་ཀྱི་རིན་ཐང་ལྷག་ཏུ་ཆེ་བ་སོགས་དགེ་མཚན་བྱེ་བས་ཕྱུག་པ་ཞིག་ཡིན་པས་སྨན་པ་རྣམས་ལ་མེད་དུ་མི་རུང་བའི་ལག་དེབ་གལ་ཆེན་ཞིག་ཏུ་སྣང་ངོ་།།

《岗巴病治疗各种小册》

本医著收载于《藏医药大典》，共18页（第44卷中第191页至208页）。此书由民族出版社于2011年8月出版。

内容提要：

将直贡派专治岗巴病的《岗巴治疗救命之补遗·三治则》《岗巴治疗精要荟萃》《岗巴治疗精华汇集》《岗巴治疗奥秘教言隐语明示·单传秘诀》《岗巴治疗深奥经验秘诀》五种小册子汇集于一书并作了记载。

医学价值：

本医著将直贡医派专治岗巴病的五种内容相似的小册子汇集于一书并作了记载。其内容丰富，文字简练，是学习治疗岗巴病的必备之书。它为岗巴病研究者和临床医生提供了宝贵的参考资料。

བོད་མཁས་པ་མི་ཕམ་དགེ་ལེགས་རྣམ་རྒྱལ་གྱི་ངོ་སྤྲོད་མདོར་བསྡུས།

藏地智者·迷旁格列郎杰简介

བོད་མཁས་པ་མི་ཕམ་དགེ་ལེགས་རྣམ་རྒྱལ་ནི། རབ་བྱུང་བཅུ་པའི་ས་རྟ（སྤྱི་ལོ༡༦༡༨）ལོར་འཁྲུངས་ཤིང་། ཡབ་ཡུམ་དང་ཚོ་འབྲང་གང་ཡིན་སོགས་ཀྱི་དཔྱད་གཞི་མ་རྙེད་ཙང་། སྨན་དཔྱད་ཀྱི་སྐོར་ལ་ཟུར་ལུགས་དང་། འབྲུག་པ་པདྨ་དཀར་པོའི་རྗེས་སུ་འབྲངས་པར་མ་ཟད། བཀའ་བརྒྱུད་ཀྱི་གྲུབ་མཐའ་འཛིན་པའི་སྐྱེས་བུ་དམ་པའི་རྣམ་ཐར་བསྐྱངས་ནས་བཞུགས་མཁན་ཞིག་རེད།

སྤྱིར་བོད་མཁས་པ་ཞེས་པའི་མཚན་སྙན་དེ་ནི་ཁོང་གི་སྙན་ངག་གི་འགྲེལ་བ་དཔྱིའི་དགོངས་རྒྱན་བརྩམས་པ་དེ་ཙམ་གྱིས་མ་ཡིན་པར་ཕྱི་ནང་རིག་བྱེད་གང་ལའང་མཁས་པའི་སྙན་གྲགས་གང་སར་ཁྱབ་པས་ཤེས་ལྡན་སྐྱེ་བོ་ཀུན་གྱི་མཁས་པ་ཆེན་པོ་རྩོད་མེད་ཅིག་ཡིན་པར་སོམ་ཉི་བྲལ། རྗེས་འཛིན་རིག་པ་གཅིག་པུར་ཆ་བཞག་ནས་ཞུས་ན། སྨན་གྱི་རོ་ནུས་བཤད་པ་བཻཌཱུརྱའི་མེ་ལོང་ཞེས་བྱ་བ་བཤད་རྒྱུད་རྒྱུད་སེལ་གྱི་ཁ་སྐོང་ལྟ་བུ་སྨན་སྣ་རེ་རེ་བཞིན་རོ་དང་། ནུས་པ། ཞུ་རྗེས་གསུམ་ལྡན་གྱི་བཤད་པ་ཕྱར་ནས་མ་བྱུང་བ་ལྟ་བུ་འདི་དང་། ཟུར་མཁར་བློ་གྲོས་རྒྱལ་པོས་གསོ་བ་རིག་པའི་གཞི་ལམ་འབྲས་བུའི་རྣམ་གཞག་སྐོར་གྱི་དྲི་བ་ཞེས་པའི་ལན་དུ་དྲིས་ལན་ལེགས་བཤད་རིན་པོ་ཆེའི་སྣང་བ་གསར་པ་ཞེས་པ་མཛད། དཔེར་ན་ཟུར་མཁར་བློ་གྲོས་རྒྱལ་པོས་དྲི་བ། རོ་ནུས་ཡོན་ཏན་ཞུ་རྗེས་ཀུན།། ཚང་བའི་སྨན་གཅིག་ཡོད་དམ་མེད།། ཡོད་ན་ཚ་གྲང་ཉིས་

ཀའི་ནད།། དེ་ཉིད་གཅིག་པུས་སེལ་བར་ནུས། ཚ་བསིལ་གོ་ས་གཅིག་ཉིད་དུ།། འཚོགས་ན་འགལ་བ་ཇི་ལྟར་བཅོས།། འོན་ཏེ་ཨ་རུ་ར་ཉིད་ལ།། ཐམས་ཅད་ཚང་བར་མི་འདོད་དམ།། ཞེས་པའི་དྲི་ལན་དུ་ཤིན་ཏུ་འཐད་པ་དང་བཅས་པའི་སྒོ་ནས།། སྤྱིར་གཉེན་པོ་རྫས་གཅིག་གི་སྟེང་དུ་རོ་ནུས་ཞུ་རྗེས་མ་ལུས་པ་མཉམ་དུ་ཚང་བའི་སྨན་མེད་པས་ནད་རྣམས་གཅིག་གིས་སེལ་བ་མ་ཡིན་པ་དང་། རྩུལ་རྫས་རགས་པར་རྫོམ་པའི་ཚེ་ཡང་རིགས་འདྲ་འཚོགས་པ་མ་གཏོགས་རྩུལ་ཐུན་གཅིག་གི་གོ་སར་རིགས་མི་འདྲ་བ་མེ་ཆུ་ལྟ་བུ་མཉམ་དུ་འཚོགས་པ་མ་ཡིན་པའི་སོར་དང་། དམིགས་བསལ་ཨ་རུ་ར་ལ་ཚང་བར་བཤད་པ་ནི་དྲང་སྲོང་ཙ་ར་ཀའི་བདུད་རྩི་བམ་པོ་བཞི་བ་དང་། བདེ་མཆོག་གི་རྒྱུད་རྡོ་རྗེ་མཁའ་འགྲོ། དྲང་སྲོང་གྲུབ་པའི་སྨན་དཔྱད་བདུད་རྩི་སྙིང་པོ། གསེར་འོད་དམ་པ་རྒྱ་འགྱུར་སོགས་ཀྱི་ལུང་དྲངས་ནས། ཨ་རུ་རྣམ་རྒྱལ་ཞེས་པ་ཕ་དམ་པའི་རྣམ་ཐར་ན་བྱི་ཤ་ཀོ་ར་ཅན་དན་གྱི་རིགས་ཞེས་བྱ་བའི་གླིང་ན་ཨ་རུ་ར་རྣམ་རྒྱལ་འདོམ་སྐོར་ཙམ་སྐྱིན་པ་དང་། གཞན་གླིང་ཐུན་གཉིས་ན་ཡང་ཁྲུ་སྐོར་ཙམ་སྐྱིན་པར་ཡོད་གསུངས་པའི་སྐོར་དང་། བོད་འདིར་གཡུ་ཐོག་ཡོན་ཏན་མགོན་པོས་ཚོང་འདུས་མགུར་མོར་ཨ་རུ་རའི་ཆར་བབས་དུས། སྐུ་པང་དུ་ཨ་རུ་གསེར་གྱི་མདོག་ཅན་སྐེམ་པ་ཁ་སྦྱོར་ཙམ་བབས་པ་སྲས་ལ་གནང་བ་དང་། དེ་བཞིན་ཐོན་དུས་ཕོ་ཕོམ་རྒྱལ་པོ་ལ་རྗེ་བཙུན་སྒྲོལ་མས་ལུང་བསྟན་ཏེ་ཨ་རུ་རྣམ་རྒྱལ་རྗེ་བཙུན་མི་ལ་ལ་ཕུལ་བས་ལོ་བདུན་ནད་ཡམས་ཞི་བའི་ལོ་རྒྱུས་སོགས་དྲངས་ནས། དེང་སང་སྙེད་པ་འདྲ་བྱུང་ན་འདུ་བའི་ནད་ཐམས་ཅད་སེལ་ཞིང་བཀྲ་ཤིས་པ་སོགས་སྨན་གྱི་ནོར་བུ་ཡིན་ཚུལ་སྐོར་གསུངས་སོ།

ཁོང་གིས་མཛད་པའི་བསྟན་བཅོས་ནི། བྱང་ལུགས་དང་ཀུན་མཁྱེན་པདྨ་དཀར་པོའི་ལུགས་བྱང་འབྲེལ་སྨན་གྱི་རོ་ནུས་བཤད་པ་བཻཌཱུརྱའི་མེ་ལོང་དང་། དྲིས་ལན་ལེགས་བཤད་རིན་པོ་ཆེའི་སྣང་བ་གསར་པ། ལུས་ཐིག་ཟླ་བ་ནོར་བུ་སོགས་གསོ་རིག་སྐོར། སྙན་འགྲེལ་དབྱིའི་དགོངས་རྒྱན་སོགས་སྙན་རྩོམ་སྐོར། གཞན་ཡང་རྩིས་ཀྱི་བསྟན་བཅོས་དང་། རིག་གནས་ཆེ་ཆུང་དུ་མའི་དཀའ་འགྲེལ་སོགས་གླེགས་བམ་རྣམས་ནི་དཔྱད་པ་གསུམ་གྱིས་དག་པ། གཞན་ལས་ཁྱད་དུ་འཕགས་པ་འབའ་ཞིག་གོ།

རབ་བརྒྱད་པ་ཤིང་གླང་༡༨༢༥ལོར་ངོ་མཚར་བའི་ལྟས་དང་བཅས་གཟུགས་སྐུ་བསྡུས་སོ།།

藏地智者・迷旁格列郎杰于藏历第十绕迥土马年（1618）出生，但其卒年、父母、家世血统等均不详。他在医学上属于藏医苏派（南方学派），拜竹巴・白玛嘎布为师，系统学习了噶举派的显密经教。他拥有无与伦比的智慧和渊博的学识，著有《诗律庄严论》，被尊称为“藏地智者”。他的著作《论药性味功效・琉璃明镜》逐一叙述了每个药材的性味、功效、消化后味等，开创了藏药性味理论的先河；《问答・善说珍宝新体验》一书主要回答了苏喀・洛珠杰布曾在

《医学道果位的问题》中提出的问题；他编著的《人体腔位图解·月光宝镜》被藏医星算院制成木刻版。在钦绕诺布大师担任院长期间，依据本医著中人体脉道分布、肌肉分布和骨骼结构等内容进行绘描考试，是藏医高级徒弟出师的重要考核内容。虽然第司·桑杰嘉措曾对藏地智者·迷旁格列郎杰藏医星算的学术观点提出过反对意见，但这是“仁者见仁，智者见智”。

他于藏历第十一绕迥木牛年（1685）圆寂，享年68岁。

བོད་མཁས་པ་མི་ཕམ་དགེ་ལེགས་རྣམ་རྒྱལ་གྱི་གསུང་འབུམ།

藏地智者・迷旁格列郎杰医著

༄༅། །དྲིས་ལན་ལེགས་བཤད་རིན་པོ་ཆེའི་སྣང་བ་གསར་བ་ཞེས་བྱ་བ་བཞུགས་སོ། །

གསུང་རྩོམ་འདིའི་མ་ཡིག་ནི་མཚོ་སྔོན་ཞིང་ཆེན་མཚོ་ལྷོ་ཁྲི་ཀའི་རྐན་ཧྭ་མགྲིན་རྒྱལ་ལགས་ཀྱིས་མཁོ་སྤྲོད་བྱས་པའི་ཤིང་པར་ཡིན་ལ། ཡིག་གཟུགས་དབུ་མེད། དེབ་གཅིག་ཡོད་པ་དང་ཤོག་གྲངས་༤༠ཙམ་ཡོད།

ནང་དོན་གནད་བསྡུས།

དཔེ་ཆ་འདིའི་ནང་ཟུར་མཁར་བློ་གྲོས་རྒྱལ་པོས་གསོ་རིག་གི་གཞུང་ལས་ཆེས་རྒྱུན་མཐོང་གི་དཀའ་བའི་གནད་བརྒྱད་ཙམ་བརྗོད་པའི་དྲི་བ་ལ་བོད་མཁས་པས་འོལ་སྤྱི་ཙམ་མ་ཡིན་པར་གཏིང་ཟབ་ཞིང་གནད་དུ་བསྣུན་པས་ལན་བཏབ་ཡོད། ཞུགས་པར་དུ་མཆོད་བརྗོད་ལས་འཕྲོས་པའི་ཚུལ་གྱིས་སྨན་བླ་ཞེས་པ་བསྟན་པའི་བདག་པོར་གྱུར་པའི་སྨན་བླའམ་ཡང་ན་སངས་རྒྱས་སྟོང་གི་ནང་ཚན་གྱི་སྨན་བླ། མཚན་བརྗོད་ནས་བྱུང་བའི་སྨན་བླ་སོགས་ལས་གཅིག་ལ་ངེས་འཛིན་མི་བྱེད་པར་དེ་ཀུན་ལ་ངེས་འཛིན་བྱེད་དགོས་ཚུལ་དང་། དེ་བཞིན་དུ་རིག་པ་རྩ་ལས་བལྟ་གནས་འདིར་ནད་ཐམས་ཅད་ཀྱི་བྱེ་བྲག་ཕྱེད་པར་རྟོགས་པའི་དྲི་བ་སོགས་ཀྱི་རྒྱ་མདུད་ལུང་དང་རིགས་པའི་རྩལ་གྱིས་རྣམ་པར་བཀྲོལ་ཡོད།

གསོ་རིག་གི་རིན་ཐང་།

དེབ་འདིར་དྲིས་ལན་གྱི་རྣམ་པས་གསོ་རིག་གི་གཞུང་ལུགས་དང་རྒྱུད་འཛིན་ཁྲིད་ཡུན་རིང་དུ་ལུས་པའི་དཀའ་གནད་རྣམས་གསལ་བར་བཀྲོལ་ལ། གཞུང་ལུགས་ཀྱི་ཁུངས་བཙུན་པ་དང་གཏིང་ཟབ་པ། སྤྲོད་སྒོ་ཆེ་བ། ཁ་གསལ་ལ་གོ་བདེ་བ་སོགས་ཀྱི་ཁྱད་ཆོས་ཕུན་སུམ་ཚོགས་པ་ཡོད་པས། བོད་ཀྱི་གསོ་རིག་གི་ནད་ཐོག་ལག་ལེན་དང་རིག་གཞུང་ཞིབ་འཇུག་གི་དཔྱད་གཞིའི་ཡིག་ཆ་གལ་ཆེན་ཞིག་ཡིན་ནོ།།

《问答·善说珍宝新体验》

本医著母本为木刻本，字体为乌梅体，共1本60页。木刻版现藏于青海省海南州贵德县旦正加处。

内容提要：

本医著以回答解难的形式对苏喀·洛珠杰布提出的八种难点问题进行了全面细致的回答，其以引言的形式阐述药师佛的分辨方式，且精准剖析了脉诊中各类疾病分类诊断的疑点难点。

医学价值：

本医著以解答的形式回答了藏医药理论中常见的疑点难点问题，解决了长期困扰医药临床实践及理论研究发展中存在的瓶颈问题，具有依据充足、分析透彻、适用广泛、简单易懂等特色，对藏医临床及学术研究具有科学指导及参考价值。

འབྲི་གུང་ཚེ་དབང་བསྟན་པའི་ངོ་སྤྲོད་མདོར་བསྡུས།

直贡·泽旺丹巴简介

ཚེ་དབང་བསྟན་པའམ་དཀོན་མཆོག་འགྲོ་ཕན་དབང་པོ་ཞེས་པ་ནི་དབུ་རུའི་མཚམས་གཞུ་སྟོད་ཅེས་པའི་ས་ཆར་བོད་རབ་བྱུང་བཅུ་གཅིག་པའི་ལྕགས་ལུག་སྟེ་སྤྱི་ལོ༡༦༣༡ལོར་སྐུ་འཁྲུངས། སྐུ་གཞོན་ནུའི་སྐབས་ནས་ཀུན་རྗེས་ཐ་སྙད་ཀྱིས་མཚོན་པའི་རྒྱ་ཆེ་བ་ཤེས་བྱ་སྤྱིའི་སྒྲོ་འདོགས་གཅོད་ཕྱིར་དགེ་བའི་བཤེས་གཉེན་སྤྱི་དང་ཡང་སློས་གསོ་བ་རིག་པ་སློབ་པར་འབྲི་གུང་པ་གསང་སྔགས་ཀྱི་རིག་པ་འཛིན་པ་ཆོས་ཀྱི་གྲགས་པ་ཕྱོགས་ལས་རྣམ་པར་རྒྱལ་བ་དབང་པོའི་སྡེ་ཞེས་མཚན་དོན་དང་ལྡན་པ་དེའི་ཞབས་པད་ཡུན་རིང་དུ་བསྟེན་ནས་རྨད་དུ་བྱུང་བའི་མཛད་པ་བསྐྱངས།

དགུང་ལོ་སུམ་ཅུ་སོ་གཅིག་ལ་སོན་སྐབས་འབྲི་གུང་ཆོས་གྲགས་དགོངས་པ་རྫོགས་ནས་ལོ་གཉིས་འདས་པ་འཕར་བ་ཞེས་པ་ལྕགས་མོ་གླང་ལ་སློབ་དཔོན་དགོངས་རྫོགས་ལ་རྗེས་དྲན་ཞུ་བ་དང་། མཐོང་རྒྱུད་ཕྱུག་ལེན་རྣམས་མི་ཉམས་གོང་འཕེལ་གྱིས་འགྲོ་ཕན་རྒྱ་ཆེ་ཡོང་ཆེད་གཅེས་བསྡུས་ཕན་བདེའི་སྙིང་པོའམ《འབྲི་གུང་གཅེས་བསྡུས་》སུ་གྲགས་པའི་སྨན་དཔེ་གསར་རྩོམ་མཛད། དེ་ནས་འབྲི་གུང་ཆོས་གྲགས་ཀྱི་གསུང་རྒྱུན་རྣམས་དང་། 《རྒྱུད་བཞིའི་བཀའ་མཆན་དུ་བཏབ་པའི་ཟབ་གནད།》《གཡུ་ཐོག་སྙིང་ཐིག་མན་ངག་ཉག་དྲིལ་སྐོར་གསུམ།》《བྲང་ཏིའི་གསེར་བྲེ།》《དངུལ་བྲེ།》《མཁས་གྲུབ་ཨོ་རྒྱན་པའི་དངུལ་ཆུ་གྲུབ་པའི་བསྟན་བཅོས།》《འབུམ་ཁུ་ཚུར།》《ཐེ་བ་རིང་བསྲེལ།》《ཉམས་ཡིག་བརྒྱ་རྩ།》《མན་ངག་ཀུན་གྱི་སྙིང་པོ་བསྡུས་པ།》གཙང་སྟོད་དར་མ་མགོན་པོས《གཙང་སྟོད་ཟིན་ཏིག་ཡང་ཏིག》 སོགས་དང་། ཐ་ན་སྐབས་དེའི་སྨན་པ་མཁས་པ་ཁ་ཤས་ཀྱི་སྨན་སྦྱོར་ཟབ་པ་སྣ་རེ་ཡན་ཆད་དངོས་དང་

བརྒྱུད་པའི་སྒོ་ནས་འབད་པ་དུ་མས་དོན་གཉེར་མཛད་པ་དང་། རང་གི་ཉམས་སུ་བླངས་པས་ཡིད་ཆེས་ཀྱི་གདེང་འཁེལ་བ་རྣམས་ཕྱོགས་གཅིག་ཏུ་བསྡེབས་ནས་བརྩམས་པ་གསལ། གཞན་《གཉན་རིམས་མཁྲིས་པ་རྩར་རྒྱུགས་ཀྱི་བཅོས་ཚུལ་མདོར་བསྡུས་ཞལ་ལུང་བདུད་རྩིའི་ཆུ་རྒྱུན་》དང་། 《རླུང་ནད་ལྡེ་སྤྱུང་མགོ་ཡི་བཅོས་ཟབ་མོ།》《འབམ་བཅོས་མན་ངག་ཁྱད་པར་ཅན།》《འབམ་བཅོས་ཆེ་འཛིན་སྲོག་སྐྱོབས་ཀྱི་ལྷན་ཐབས་གསོ་ཚུལ་གསུམ་ལྡན།》《འབམ་བཅོས་ཟབ་ཞུང་དོན་འདྲིལ་སྙིང་དང་འདྲ་བ།》《ཕན་བདེའི་སྙིང་པོ་ཡན་ལག་འབམ་བཅོས་གཅེས་པའི་གནད་བསྡུས།》གསོང་ཆེན་དམུ་ཆུ་གསོ་བའི་གདམ་ངག 《རྒྱ་ནག་གི་བཅོས་འཕྲུལ་གྱི་ཐེམ་ཚང་།》སོགས་ཚད་ལྡན་གྱི་སྨན་གཞུང་མང་པོ་ཞིག་བརྩམས་གནང་མཛད།

སྐུ་ཚེ་ཇི་ཙམ་ལ་བཞུགས་པར་གསལ་པོར་མ་ཤེས་ཀྱང་།《རྒྱ་ནག་བཅོས་འཕྲུལ་གྱི་ཐེམ་ཚང་།》ཞེས་པའི་མཇུག་བྱང་དུ།རང་ལོ་རེ་གཅིག་པ་རབ་བྱུང་ཞེས་པ་ལྕགས་ཕོ་རྟ་ལོའི་ཧོར་ཟླ་བའི་ཚེས་ཀྱི་ཉིན་གུང་གི་ཐུན་མཚམས་སུ་བྲིས་ཞེས་གསལ་བས་སྐུ་ཚེ་ཐུང་རིང་ཙམ་བཞུགས་པ་འདྲ།སློབ་མའི་གཙོ་བོ་དཔོན་ཚང་ཡེ་ཤེས་སོགས་བྱུང་ནས་རྒྱུན་མ་ཆད་པར་འགྲོ་དོན་བསམ་གྱིས་མི་ཁྱབ་པའི་མཛད་པ་བཟང་པོས་དུས་འདའ་བ་བྱུང་ངོ་།།

贡觉卓潘旺布或称泽旺丹巴，于藏历第十一绕迥铁羊年（1631）出生在乌如边境的秀堆地方。他从小广拜良师，攻读大小五明学；还长期拜直贡曲扎为师学习藏医学，盛名远扬于各地。正如萨迦班智达所说：“首先学通诸知识，之后美言于贤者中，最后研习诸疑问，此为三世诸佛之教义。”

在他31岁时，直贡曲扎逝世，两年之后为了追念尊师及发扬师承实践和知识，利于众生，他编著了《利乐精要》（或称《直贡集要》《医学所有秘诀集要·利乐之精华》）。此后他以直贡曲扎的口传内容和《四部医典》注释文集为主，研习了《宇妥精义防病除障》《秘方卷纸三部》，以及昌迪所著的诀窍《诀窍金升》和《诀窍银升》，克珠·乌金巴所著的《水银提炼法》，恰门仁钦坚参所著的《秘诀精义·十万经卷汇集》，藏堆达玛贡布所著的《藏堆纪要和精要》，苏喀·娘尼多吉所著的《千万舍利子》，贡曼贡觉潘达所著的《验方百篇》，贤者弥尼玛所著的《神奇总药》，措美堪钦所著的《集诸诀窍精要》等诸多医学典籍。他同时对当时一些知名医生的配方进行探究，通过亲身实践后，对疗效确切的疗法和配方进行汇编著书。

《利乐精要》犹如一道丰盛的宴席，能够解除人们的痛苦，因而在广大涉藏地区得到了广泛的应用，犹如贡觉卓潘旺布所说：“医学典籍龙王潭，深意秘诀潭中宝，《利乐精要》吾取之，身怀医者六因素，诸位结缘习医者，清净智慧修其果，利乐愿望必实现。”同时他还撰著了《直贡集要·尊师口传笔记》和《治疗胆热症简要口诀·甘露水源》《龙病狼头风疗法》《巴母病的奇特秘诀》《巴母病疗法·维命救死补遗》《治疗巴母病精义集要》《利乐精要之治疗巴母病集要》《治疗瘤疾之肾性水肿口诀》等诸多医学典籍。

贡觉卓潘旺布的具体卒年虽不详，但在《治疗小肠宿疾全集》的跋文中写道："贡觉卓潘旺布于61岁时，即藏历铁马年五月十八日中午完稿。"由此可见他在世时间比较长。

贡觉卓潘旺布培养了以奔仓益西为首的众多传承弟子，他们不断发扬和传承了直贡派的医理，广行利众事业，创造了丰功伟绩。

འབྲི་གུང་ཚེ་དབང་བརྟན་པའི་གསུང་འབུམ།

直贡·泽旺丹巴医著

༄༅། །ཉིད་རྣམས་འཛོམས་པའི་གཉེན་པོ་མན་ངག་ཟབ་གནད་བསྡུ་བ་བདུད་རྩིའི་བུམ་བཟང་ཞེས་བྱ་བ་བཞུགས་སོ། །

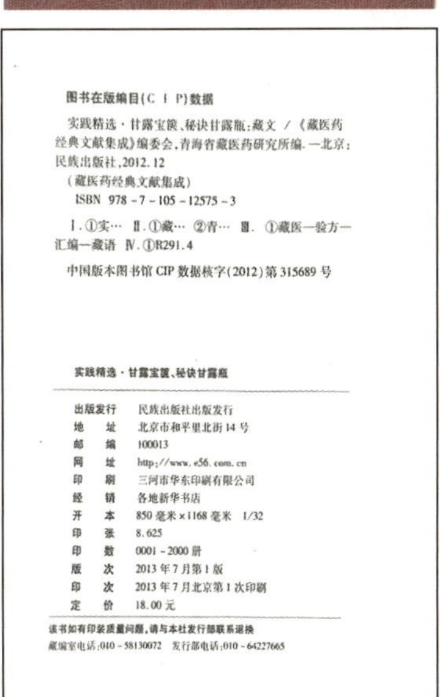
图书在版编目(C I P)数据

实践精选·甘露宝箧、秘诀甘露瓶：藏文 / 《藏医药经典文献集成》编委会，青海省藏医药研究所编. —北京：民族出版社，2012. 12
（藏医药经典文献集成）
ISBN 978-7-105-12575-3

Ⅰ. ①实… Ⅱ. ①藏… ②青… Ⅲ. ①藏医—验方—汇编—藏语 Ⅳ. ①R291.4

中国版本图书馆 CIP 数据核字(2012)第 315689 号

实践精选·甘露宝箧、秘诀甘露瓶

出版发行 民族出版社出版发行
地　　址 北京市和平里北街 14 号
邮　　编 100013
网　　址 http://www.e56.com.cn
印　　刷 三河市华东印刷有限公司
经　　销 各地新华书店
开　　本 850 毫米×1168 毫米 1/32
印　　张 8.625
印　　数 0001-2000 册
版　　次 2013 年 7 月第 1 版
印　　次 2013 年 7 月北京第 1 次印刷
定　　价 18.00 元

该书如有印装质量问题，请与本社发行部联系退换
藏编室电话：010-58130072　发行部电话：010-64227665

གསུང་འབུམ་འདིའི་སྤྱི་བསྡོམས་ལེའུ་གཅིག་གིས་གྲུབ་ཡོད་ལ་ཤོག་གྲངས་༨༧ཡོད། ༢༠༡༣ལོའི་ཟླ་༧པའི་ནང་དུ་མི་རིགས་དཔེ་སྐྲུན་ཁང་གིས་པར་བསྐྲུན་བྱས།

ནང་དོན་གནད་བསྡུས།

གནའ་རབས་གསོ་དཔྱད་ཀྱི་གཞུང་དང་སྨན་པ་རྣམ་རབས་ཉམས་མྱོང་ཅན་གྱི་མན་ངག་མྱོང་བྱང་ལས་ཐོན་པའི་སྤྱོད་བདེ་ཐུན་མིན་གྱི་སྨན་སྦྱོར་བརྒྱ་དང་བཅུ་གཉིས་ལ་རང་གིས་དངོས་སུ་ལག་ལེན་བྱས་པ་བརྒྱུད་པའི་དེ་དག་གི་སྦྱོར་སྡེ་དང་། ལག་ལེན། ཕན་ནུས་སོགས་ཞིབ་པར་བཀོད་ཡོད།

གསོ་རིག་གི་རིན་ཐང་།

འདིའི་ནང་གཙོ་བོ་གནའ་རབས་གསོ་དཔྱད་ཀྱི་གཞུང་དང་སྨན་པ་རྣམ་རབས་ཉམས་མྱོང་ཅན་དག་གི་མན་ངག་མྱོང་བྱང་ལས་ཐོན་པའི་སྤྱོད་བདེ་ཐུན་མིན་གྱི་སྨན་སྦྱོར་བརྒྱ་དང་བཅུ་གཉིས་ལ་རང་གིས་དངོས་སུ་ལག་ལེན་བྱས་པ་བརྒྱུད་པའི་དེ་དག་གི་སྦྱོར་སྡེ་དང་། ལག་ལེན། ཕན་ནུས་སོགས་ཞིབ་པར་བཀོད་ཡོད་དེ། དཔེར་ན་ཀ་ལོ་སྨན་དམར་ལ་ལུགས་གསུམ་ཡོད་པ་དང་། རྩ་དཀར་མཁལ་

འགྲམས་སོགས་ལ་ཕན་པའི་ལྷ་མོ་ཉེར་ལྔ་དང་བདུད་རྩི་ཉེར་དྲུག མིག་ཚག་དང་འགྲིབ་ནད་ལ་ཕན་པའི་སྤང་མཐིང་ལྔ་པ་སོགས་མཐོང་དཀོན་པའི་སྦྱོར་བ་མང་པོའི་ལག་ལེན་བསྟན་ཡོད་པས་གསོ་རིག་སློབ་མཁན་གྱི་དགེ་སློབ་དང་སྨན་པ། ནད་གཡོག་གང་ལའང་སྟབས་བདེ་དང་གཞུང་ལུགས་ཀྱི་རྒྱབ་རྟེན་བརྟན་པོ་བཞག་ཡོད།།

《各种医学秘诀汇集·秘诀甘露瓶》

本医著共1册87页，由民族出版社于2013年7月出版。

内容提要:

本医著重点介绍藏医古籍文献中特色理论部分和先辈积累的临床实践经验中最为经典而秘诀的部分，详述了其中简便而特殊的112种藏药成方制剂的方药组成、配伍规律、作用功效等内容。

医学价值:

本医著重点介绍藏医古籍文献中特色理论部分，以及藏医先辈积累的临床实践经验中最为经典而秘诀的部分，详述了其中简便而特殊的藏药成方制剂112种方剂的方药组成、配伍规律、作用功效等内容。例如，治疗呼吸系统疾病的藏药“噶罗曼麦”有三种不同配伍组方，治疗白脉病和腰椎间盘突出症等的方剂“拉毛聂阿”和“堆孜聂咒”，治疗沙眼和白内障等眼疾的方剂“帮堂额巴”等珍贵藏药方剂药材的炮制、加工、配伍、剂型、储藏、服用方法等内容。这些方剂不仅体现了藏医独特的理论体系，还蕴含着丰富的临床实践经验。通过对这些方剂的研究，我们可以更深入地理解藏药的配伍原则和作用机制，从而为现代藏药的开发和利用提供有益的借鉴。此外，这些方剂的制作工艺和服用方法也为我们提供了宝贵的实践指导，有助于确保药物的有效性和安全性。因此，深入学习和研究这些藏药方剂，对于推动藏医学的发展和传承具有重要意义。

༄༅། །དམུ་ཆུའི་བཅོས་ཐབས་གསང་བ་སྦུབས་འབྲེན་ཞེས་བྱ་བ་བཞུགས་སོ། །

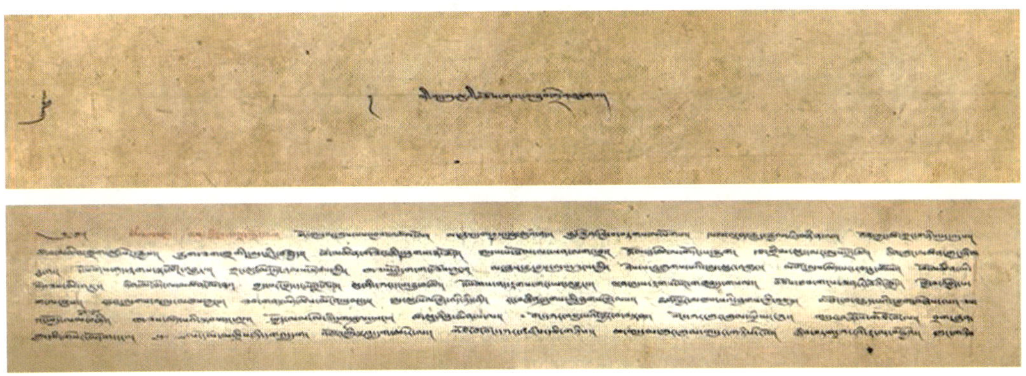

གསུང་རྩོམ་འདིའི་མ་ཡིག་ནི་ལག་བྲིས་ཡིན་ལ། པོ་ཏི་གཅིག་ཡོད། ཡིག་གཟུགས་དབུ་མེད། ཤོག་ངོས་རེར་ཐིག་ཕྲེང་༧། ཐིག་ཕྲེང་རེར་ཡིག་འབྲུ་༢༥། ཁྱོན་བསྡོམས་ཤོག་ངོས་༡༨བཞུགས། ད་ལྟ་ཁྲིན་ཏུའུ་ཀྲུང་ལུགས་གསོ་རིག་སློབ་གྲྭ་ཆེན་མོའི་དཔེ་མཛོད་ཁང་དུ་ཉར་ཚགས་བྱས་ཡོད།

ནང་དོན་གནད་བསྡུས།

དམུ་ཆུའི་ནད་ཀྱི་རྒྱུ་རྐྱེན་དང་འགྱུར་ཚུལ། ནད་རྟགས་དང་དབྱེ་བ། བཅོས་ཐབས། སྦྱོར་ཐབས་སྐབས་ཀྱི་གསང་སྨན་ངོས་འཛིན་དང་ལག་ལེན་གྱི་རིམ་པ་རྣམས་འབྲི་གུང་རང་གི་སྦྱོང་བྱང་སྙིང་པོར་བཟུང་ཐོག་ལུགས་སྣ་ཚོགས་ཀྱི་བཞེད་དགོངས་རྣམས་ཕྱོགས་གཅིག་ཏུ་བསྡུས་ནས་བཀོད་ཡོད།

གསོ་རིག་གི་རིན་ཐང་།

དམུ་ཆུའི་གསང་བ་སྦུབས་འབྲེན་དུ་ཆབ་འབྲེན་རྣམ་པ་དྲུག་གི་སྦྱོར་བ་བསྟན་ཞིང་ཆབ་འབྲེན་དྲུག་ནི་གཙོ་བོ་ར་མོ་ཤེལ་སྨན་གྱི་གཏེར་གཞུང་ལ་ཁུངས་གཏུགས་པ་ཞིག་ཡིན་འདུག འདི་ནི་འབྲི་གུང་ཆོས་དབང་བརྟན་པ་མཆོག་གིས་འབྲི་གུང་རིག་འཛིན་ཆོས་གྲགས་ཀྱི་སྨན་བརྒྱུད་ཕྱག་ལེན་གྱི་སྙིང་དུ་རང་ཉིད་ཀྱི་ཉམས་སྦྱོང་ཟུང་སྦྲེལ་སྒོས་བྲིས་པ་ཞིག་ཡིན་པས་འདི་ལ་འབྲི་ལུགས་གསོ་རིག་གི་ཆུ་ནད་གསོ་བཅོས་བྱས་པའི་ཁྱད་ཆོས་མངོན་པ་མ་ཟད་དམུ་ཆུའི་ནད་ཀྱི་གཉེན་པོ་སྨན་སྦྱོར་ཟབ་མ་དང་གསང་སྨན་གང་མང་ཞིག་འདིར་འདུས་ཡོད། དུས་ཕྱིས་བོད་ཀྱི་སྨན་པ་མཁས་པ་མང་པས་འབྲི་གུང་ཆུ་སྨན་ཞེས་གྲགས་ཆེ་བ་དེའང་སྨན་གཞུང་འདི་ཡིན།

《水鼓治法·管引隐秘》

本医著母本为手写本，字体为乌梅体，每页7行，每行26字，共14页。此书现由成都中医药大学图书馆收藏。

内容提要：

本医著以直贡医派自己的经验为核心，融汇其他各种医派的学术观点，记载了水鼓病的内外因、转变过程、症状、分类、治法及配方中秘药的辨认、炮制规程等内容。

医学价值：

本医著主要收录了六种用于引流排水的药方，并对其中之一的“热木西曼”的药源进行了深入考证。作者直贡·泽旺丹巴在继承直贡曲扎的诊疗经验的同时，结合自身丰富的临床实践，撰写了这部医学著作。因此，本书所阐述的水鼓病的诊断和治疗方法，不仅反映了直贡派对水鼓病的医学见解和治疗经验的独特性，还汇集了多种对水鼓病具有显著疗效的药方，以及一些保密药物。这些内容使得直贡水药在藏医学界享有盛誉。

༄༅། །འབྲི་གུང་གསོ་རིག་གཅེས་བཏུས། །

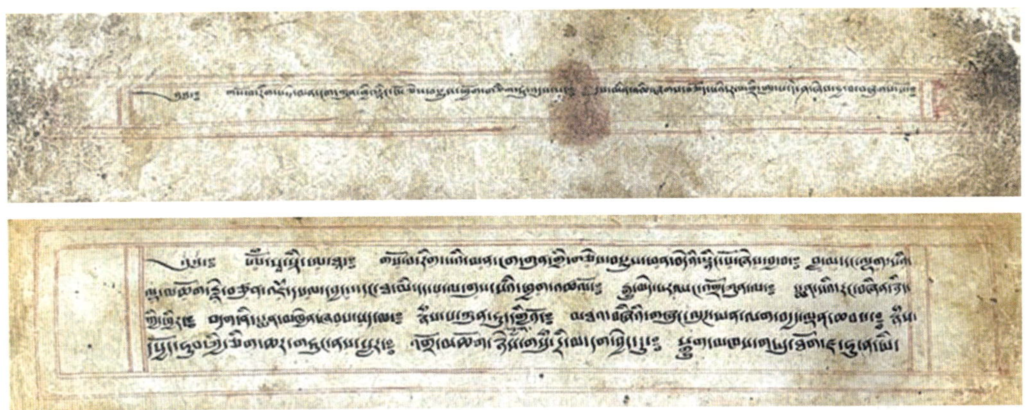

གསུང་རྩོམ་འདིའི་མ་ཡིག་ནི་ལག་བྲིས་ཡིན་ལ། པོ་ཏི་གཅིག་ཡོད། ཡིག་གཟུགས་དབུ་མེད། ཤོག་ངོས་རེར་ཐིག་ཕྲེང་༥། ཐིག་ཕྲེང་རེར་ཡིག་འབྲུ་༢༡༠། ཁྱོན་བསྡོམས་ཤོག་ངོས་༡༢༤བཞུགས། ད་ལྟ་ཁྲིན་ཏུའུ་གྲུང་ལུགས་གསོ་རིག་སློབ་ཆེན་མི་རིགས་གསོ་རིག་སློབ་གླིང་དཔྱད་ཡིག་ཁང་དུ་ཉར་ཚགས་བྱས་ཡོད།

ནང་དོན་གནད་བསྡུས།

གཡུ་ཐོག་པའི་མན་ངག་ཤོག་དྲིལ་སྐོར་གསུམ་དང་།ཟུར་མཁར་བའི་བྱེ་བ་རིང་བསྲེལ།གཙང་སྟོད་དར་མ་མགོན་པོའི་ཟིན་ཏིག་དང་ཡང་ཏིག གོང་སྨན་དཀོན་མཆོག་འཕན་དར་གྱི་ཉམས་ཡིག་བརྒྱ་རྩ་སོགས་ཚད་ལྡན་གྱི་གཞུང་དང་། རང་གི་སློབ་དཔོན་རྣམ་གཉིས་ཀྱི་གསུང་རྒྱུན། རྒྱུད་མཆན་གྱི་ཟབ་གནད། སྐབས་དེའི་སྨན་པ་མཁས་པ་ཁ་ཤས་ཤིག་གི་ལག་ལེན། རང་ཉིད་ཀྱི་ཉམས་མྱོང་དག་ལས་བྱུང་བའི་སྨན་སྦྱོར་བརྒྱད་ཅུ་གྱ་དྲུག་གི་སྦྱོར་ཚད་དང་བཅས་པ་རྣམས་ཕྱོགས་གཅིག་ཏུ་བསྡུས་ཏེ་ཞི་བྱེད་ཐང་དང་། ཕྱེ་མ། རིལ་བུ། ཐལ་སྨན། སྦྱོངས་བྱེད། བྱུག་ལུམས། ལག་ལེན་ཉེར་མཁོ་བཅས་ས་བཅད་བདུན་གྱི་སྒོ་ནས་བསྟན་ཡོད།

གསོ་རིག་གི་རིན་ཐང་།

འབྲི་གུང་གསོ་རིག་གཅེས་བཏུས་ཞེས་པ་གཙོ་བོ་དཔལ་ལྡན་རྒྱུད་བཞིའི་ཕྱི་མ་རྒྱུད་ཀྱི་ཞི་བྱེད་སྨན་གྱི་མདོ་དང་སྦྱོང་བྱེད་ལས་ཀྱི་མདོ། འཇམ་རྩུབ་དཔྱད་ཀྱི་མདོ་བཅས་ཕྱི་རྒྱུད་ཀྱི་མདོ་གསུམ་གྱི་ནང་དོན་ལྟར་ས་བཅད་བདུན་གྱི་

སྒོ་ནས་ནད་ཀྱི་དགྲ་དཔུང་འཇོམས་པའི་ལག་ལེན་མང་པོ་བཞུགས་ཡོད། རྐང་བའི་མཐིལ་ནས་ཀླད་པའི་གཙུག་གི་བར་དུ་འབྱུང་སྲིད་པའི་ནད་གཞི་ཀུན་གྱི་གཉེན་པོ་སྨན་གྱི་སྦྱོར་ཐབས་དང་བསྟེན་ཐབས་སོགས་ཏ་ཅང་ཞིབ་རྒྱས་སུ་བཀོད་ཡོད། སྨན་སྦྱོར་སློབ་བཟོའི་ལས་ཀ་དང་དེ་མིན་གཉེན་པོའི་སྨན་གྱི་སློབ་སྦྱོར་ལ་སློབ་སྦྱོང་དང་ཞིབ་འཇུག་བྱེ་མཁན་རྣམས་ལ་མཁོ་གལ་ཆེ་བའི་སྨན་དཔེ་གལ་ཆེན་ཞིག་ཡིན་པ་དང་།ལྷག་པར་དུ་ནད་ཐོག་ཉེ་བར་སྤྱོད་པའི་ལག་ལེན་གྱི་རིན་ཐང་ཆེར་ལྡན་ནོ།

ལོ་རྒྱུས་ཀྱི་རིན་ཐང་།

འབྲི་གུང་གསོ་རིག་གཅེས་བཏུས་ཞེས་པ་འདི་ནི་འབྲི་གུང་གསོ་རིག་གི་ཁྱད་ཆོས་གཙོ་བོ་འདུས་པའི་སྨན་གཞུང་གལ་ཆེན་ཞིག་ཡིན། སྨན་གཞུང་འདི་ནི་གཙོ་བོ་གཡུ་ཐོག་གསར་རྙིང་སོགས་ཀྱི་མཚོན་པའི་བོད་ཀྱི་མཁས་པ་མང་པོའི་ཉམས་མྱོང་དང་ལྷག་ཏུ་ཟུར་མཁར་མཉམ་ཉིད་རྡོ་རྗེའི་བྱེ་བ་རིང་བསྲེལ་ལ་ཁུངས་གཏུགས་ཡོད། སྨན་གཞུང་འདི་ནི་འབྲི་གུང་གསོ་རིག་སྨན་གྱི་སློབ་གྲྭའི་བསླབ་དེབ་ལྟ་བུར་ཆགས་པ་དང་། དུས་ཕྱིས་འབྲི་གུང་གསོ་རིག་གི་རྒྱུད་འཛིན་པ་རྣམས་ཀྱིས་ལག་ལེན་ཀུན་གྱི་ཁུངས་གཏུགས་ས་ལྟ་བུར་བྱེད་པས་སྨན་གཞུང་འདི་ལ་ལོ་རྒྱུས་ཀྱི་རིན་ཐང་ཆེན་པོ་ལྡན་ཡོད།།

《医学所有秘诀集要·利乐之精华》

本医著母本为木刻本，字体为乌梅体，每页5行，每行29字，共93页。此书现由成都中医药大学民族医药学院资料室收藏。

内容提要：

本医著根据《宇妥秘诀三卷》、苏喀·娘尼多吉的《千万舍利子》、藏多·达日玛贡布的《札记精要和精要之精要》、贡曼·衮却盘达日的《验方百方篇》等范本医书和导师达马格德的教言，《四部医典》旁注之要点及当时一些名医的治疗实践，结合作者本人治疗经验，汇集了86个方剂的组方和剂量，分汤、散、丸、灰剂，以及排泄、涂抹、洗浴疗法、常用实践操作等7章。

医学价值：

本医著主要记载了《四部医典·后续部》重点记载的三种治疗方法，分别是以药物治疗为主的汤、散、丸等不同剂型的平息药物疗法，一种为泻治疗法的组方名称、组方药物、剂量、主治功效、加药和药引等内容。一种为缓外治法，记载了涂擦和药浴、敷药等外用药方的名称、药物、功效和实践操作内容，最后以常用临床操作所适用的部分内容加以补充。因此，本医著以《四部医典·后续部》着重强调临床实践操作部分的内容为主，详细讲解临床用药、实践操作等内容，能为临床实践学习者和工作者提供强有力的指导，为临床研究工作者提供了详细、可靠的文献资料。

历史价值：

直贡派《医学所有秘诀集要·利乐之精华》是集直贡派主要医学特点的一本重要的医学理论书，本医著以老宇妥及小宇妥为主的多位名医，特别以苏喀·娘尼多吉《千万舍利子》为主要医学理论依据进行理论撰写，本医著成为直贡派医学学习者学习所有临床实践知识及操作技能的依据或教材，在藏医学特别在直贡藏医医学史上具有很大的价值。

༄༅། །གསོ་བ་རིག་པའི་གཞུང་ལུགས་ཆེན་མོ་དཔལ་ལྡན་རྒྱུད་བཞིའི་དཀའ་གནད་དོགས་སེལ་གྱི་ཟིན་བྲིས་ཞེས་བྱ་བ་བཞུགས་སོ། །

གསུང་རྩོམ་འདི་《འབྲི་གུང་སྨན་ཡིག་ཕྱོགས་བསྒྲིགས།》ཀྱི་ནང་དུ་བཀོད་ཡོད། དེབ་དེའི་ཤོག་གྲངས་༥༧ནས་༡༢༥བར་གསལ། ཁྱོན་བསྡོམས་ཤོག་གྲངས་༥༠བཞུགས།

ནང་དོན་གནད་བསྡུས།

རྒྱུད་བཞིའི་དོགས་གནད་ཀྱི་སྐོར་དང་གོ་དཀའ་བའི་གནད་འགག་ལ་སྔ་གཞུང་ཁུངས་བཙུན་རྣམས་ཀྱི་ལུང་དང་རང་གི་ལུགས་གཉིས་ཟུང་འབྲེལ་གྱིས་འགྲེལ་ཡོད་དེ། དཔེར་ན། བཤད་རྒྱུད་སྐབས་ཀྱི་དངས་མ་ལེན་པའི་རྩ་དགུ་མཆེན་ལམ་བརྒྱུད་ཅེས་པའི་རྩ་དགུ་ཡི་འདྲེན་ཚུལ་ནི་མེས་ཞལ་དང་། འབུམ་ནག་གསལ་སྒྲོན་དུ་ཕོ་བ་ནས་མཆེན་པའི་བར་རྩ་དགུ་འབྲེལ་ཞེས་གྲངས་ཀྱི་དགུ་ལ་ངོས་བཟུང་ཡོད་པ་དེ་མི་འདོད་པར་མང་པོའི་ཚིག་གི་དགུ་ལ་འཇུག་པར་བསམ་པ་དང་། མན་ངག་རྒྱུད་ཀྱི་ཁ་ཟས་འགྱུར་ཚུལ་གྱོང་ཚོལ་སྤྲང་མ་སོགས།། ཞེས་པའི་སྤྲང་ནི་དོན་ལ་སྤྲགས་ཡིན་དེ་ཡི་གེ་པས་མ་དག་པར་དབུ་མེད་ཀྱི་ག་ས་ལ་གྱོག་ང་རྟ་འབྲུལ་བའི་དབང་གིས་ར་བཏགས་ཀྱང་དོར་བ་ཡིན་གསུངས་པ་དང་། ཕྱི་མ་རྒྱུད་ཀྱི་ལྡེ་གུའི་ལག་ལེན་དང་བཞོས་ཐོག་འོ་མ་བྲེ་བཞི་བླུགས་ཟེར་བའི་བྲེ་ཚད་ཀྱི་ཆེ་ཆུང་སོགས་རྒྱུད་ཀྱི་དཀའ་གནད་རྣམས་གཙོ་བོར་བཟུང་ནས་བསྟན་ཡོད།

ལོ་རྒྱུས་ཀྱི་རིན་ཐང་།

གསོ་བ་རིག་པའི་གཞུང་ལུགས་ཆེན་མོ་དཔལ་ལྡན་རྒྱུད་བཞིའི་དཀའ་གནད་དོགས་སེལ་གྱི་ཟིན་བྲིས་ཞེས་པ་འདི་ནི་དཀོན་མཆོག་འགྲོ་ཕན་དབང་པོ་མཆོག་རང་ལོ་ང་བརྒྱད་པར་གསར་རྩོམ་གནང་ཞིང་། སྨན་གཞུང་འདིའི་ནང་དུ་གངས་ཅན་བོད་ཀྱི་གསོ་རིག་གི་བཤད་སྲོལ་སྣ་ཚོགས་དང་དེ་མིན་རྒྱུད་བཞི་དགོངས་འགྲེལ་སྣ་ཚོགས་ཀྱི་ལྷ་གྲུབ་ཀུན་དོན་བསྡུས་ཚིག་ཉུང་གི་རྣམ་པས་འབྲི་གུང་གསོ་རིག་གི་དགོངས་པ་རྣལ་མ་དེ་གསོ་བ་རིག་པའི་གཞུང་ལུགས་ཆེན་མོ་དཔལ་ལྡན་རྒྱུད་བཞིའི་དཀའ་གནད་དོགས་སེལ་གྱི་ཟིན་བྲིས་སུ་འདུས་ཡོད།

གསོ་རིག་གི་རིན་ཐང་།

སྨན་ཡིག་འདི་ནི་གཞུང་ལུགས་ཆེན་མོ་དཔལ་ལྡན་རྒྱུད་བཞིའི་དཀའ་གནད་དོགས་སེལ་གྱི་ཟིན་བྲིས་ཞེས་

བརྗོད་དོན་མངོན་པར་གསལ་བར་བསྟན་ཡོད་ལ། རྩོམ་པའི་དམིགས་ཡུལ་ནི་ཀུན་གྱི་ཚོད་མར་འཛིན་པའི་གཞུང་ཆེན་པོ་དཔལ་ལྡན་རྒྱུད་བཞི་ནི་ཚིག་ཤིན་ཏུ་བསྡུས་ཤིང་གུད་དུ་སྦས་པའི་དོན་མང་པོ་འདུས་པའི་གཞུང་ཞིག་ཡིན་པས། འདིའི་བརྗོད་བྱའི་དོན་དང་ཚིག་གི་ཆ་ནས་དཀའ་གནད་དང་དོགས་པ་ལྡན་སའང་མང་ལ་དེའི་དོན་ཇི་བཞིན་རྟོགས་རྒྱུ་ནི་རྒྱུད་དོན་བདེ་ལེགས་སུ་རྟོགས་ནས་ཡང་དག་པར་རྒྱུད་འཛིན་དང་དར་སྤེལ་ལེགས་པོ་བྱེད་རྒྱུའི་རྩ་བ་ལྟ་བུ་ཡིན་པས། རྒྱུད་ཀྱི་དགོངས་དོན་ཇི་བཞིན་རྟོགས་རྒྱུ་དང་། དེ་སྟེང་ཡང་དག་པར་རྒྱུད་འཛིན་བྱེད་རྒྱུ་སོགས་ཀྱི་ཐད་ནས་རིན་ཐང་ཆེན་པོ་ཡོད་པ་དང་། ཁྱད་པར་འབྲི་གུང་གསོ་རིག་གི་རྒྱུད་ཀྱི་དགོངས་པ་དང་གསོ་རིག་ཁྱད་ཆོས་མང་པོ་འདིར་འདུས་ཤིང་། འབྲི་ལུགས་གསོ་རིག་ལ་སློབ་སྦྱོང་དང་ཞིབ་འཇུག་བྱེད་པའི་ཡིག་ཆ་བཟང་པོ་ཞིག་ཡིན།།

《藏医药理论经典〈四部医典〉之解惑释难笔记》

本医著收载于《直贡医著汇集》中第67页至126页，共60页。

内容提要：

本医著引经据典并结合作者自己观点，详尽解释了《四部医典》中的一些疑难问题。例如《论述部》中所说的“摄取精华（营养）的九脉联络肝脏”对此九脉的计算法，《祖先口述》和《黑十万明灯》认为“胃到肝之间有九脉相连”，但“本人不敢苟同，所谓九脉不是具体数字只是表示多的意思”。又如《秘诀部》中所说的“食物的生化情况僵硬脂肪酒糟等”一句中的སྦྲང་མ（酒糟）应是སྦྲགས་མ（连同）的笔误。总之对《四部医典》中所说的主要难点等作了讲释。

历史价值：

本医著是作者58岁时编撰而成，书中汇集了当时藏医药学界对医药理论的各种观点和说法，以及对《四部医典》医药理论的各种理解和观点，最终作者以直贡派藏医药的主要医药学思想对《四部医典》重难点及易错点进行了详细的注释、论述。本医著对《四部医典》医药理论的进一步完善和发展及对直贡派医药学的发展具有历史性的推动作用。

医学价值：

本医著明确指出“为注释辨解《四部医典》重难点、易错点”而撰写，这也是本医著主要的目的。《四部医典》在写作方面具有用词用语的精简省略性和内容的隐秘性，因此，能准确地理解医药理论本意是藏医学能顺利传承和进一步发展的根本。因此，本医著的出现，对准确理解掌握医典医药理论本意、在此基础上做好传承和发展创新方面具有很大的促进作用。特别是本医著中汇集了直贡派医药理论认识和观点，体现了其藏医药学派的学术特点，是直贡派医药理论学习和研究者的主要参考书籍。

༄༅། །དངུལ་ཆུ་བཙོ་བཀྲུ་ཆེན་མོའི་ལག་ལེན་ཟིན་བྲིས་སྨན་དོན་ཀུན་གསལ་ཞེས་བྱ་བ་བཞུགས་སོ།།

གསུང་རྩོམ་འདི་《འབྲི་གུང་སྨན་ཡིག་ཕྱོགས་བསྒྲིགས།》ཀྱི་ནང་དུ་བཀོད་ཡོད། དེབ་དེའི་ཤོག་གྲངས་༩༡༩ནས་༩༢༦བར་གསལ། ཁྱོན་བསྡོམས་ཤོག་གྲངས་༨བཞུགས།

ནང་དོན་གནད་བསྡུས།

དེ་ཡང་དངུལ་ཆུའི་གཡའ་ཕྱི་ཞིང་གཡའ་ཁུ་འདོན་པ་དང་། ལྕི་འབིགས་པ། ཟ་བྱེད་ཁམས་བརྒྱད་ཀྱི་བཏགས་ལུགས། དངུལ་ཆུ་བསྐུར་ཚུལ། དགྲ་དང་སྦྲད་ནས་རང་གཟུགས་སུ་བསྒྱུར་ཐབས། ཕེར་ཀ་འཛིན་པའི་ཚད་གཞི། དངུལ་དུག་ཐོག་པའི་ཉེས་སྐྱོན་སོགས་ཀྱི་ཐད་ལ། ཕྱི་རབས་མཁས་པ་དག་གི་མན་ངག་ལག་ལེན་གཞིར་བཅས་ནས་རྩོམ་པ་པོ་རང་གིས་དངོས་སུ་ལག་ལེན་བྱས་པའི་ཉམས་མྱོང་རྣམས་ཟིན་བྲིས་སུ་བགྲིས་པ་མ་གསང་མ་སྦས་པར་བཀོད་ཡོད།

གསོ་རིག་གི་རིན་ཐང་།

གསུང་རྩོམ་འདིའི་ནང་དུ་གཙོ་བོ་དངུལ་ཆུའི་གཡའ་ཕྱི་བ། གཡའ་ཁུ་འདོན་པ། ལྕི་འབིགས་བཙོ་བཀྲུའི་འདུལ་བ། དགྲ་དང་སྦྲད་ནས་རང་གཟུགས་སུ་བསྒྱུར་ཐབས་སོགས་ཕྱི་རབས་མཁས་པ་དག་གི་མན་ངག་ལག་ལེན་གཞིར་བཅས་ནས་རྩོམ་པ་པོ་རང་གིས་དངོས་སུ་ལག་ལེན་བྱས་པའི་ཉམས་མྱོང་རྣམས་ཟིན་བྲིས་སུ་བགྲིས་པ་མ་གསང་མ་སྦས་པར་བཀོད་ཡོད་པས། འདི་ནི་དངུལ་ཆུ་བཙོ་བཀྲུའི་ལག་ལེན་གྱི་དཀའ་གནད་སེལ་རྒྱུ་དང་ལག་ལེན་བདེ་ལེགས་སུ་འགྲུབ་པར་མཛུབ་སྟོན་ནམ་ཟུར་ལྷ་སློབ་སྦྱོང་གི་རིན་ཐང་ཆེན་པོ་ལྡན་ནོ།།

《水银煮洗大法工艺笔记》

本医著收载于《直贡医著汇集》第一部分中第919页至926页，共8页。

内容提要：

本医著由九个部分组成，主要记录了水银除锈法、除锈汁法、去除重金属毒性和刺激性毒素的方法、八蚀药的研磨技术、水银揉搓法、添加中和药物以显现其本质的方法、插入木棍以测试不倒标准（即浓缩后的软硬度），以及水银中毒的危害等内容。该著作以历代名医的实践经验为根基，结合作者自身的操作经验，进行了毫无保留的详细记录。

医学价值：

本医著详细阐述了水银的除锈方法、除锈汁的制备、去除重金属毒性和刺激性毒素的技巧以及加入对抗药物以显现其本质的程序。该书以历代名医的实践经验为理论基础，并融入作者自身的操作经验，详尽记录了水银炼制过程中的注意事项以及因解毒不彻底而服用所导致的毒性危害。因此，该著作对于理解水银炼制的理论知识和成功进行水银炼制的实践操作，具有极高的参考价值和学习意义。

༄༅། །གཅེས་བསྡུས་ཐུར་ཀྱན་ཀྱུ་རྐན་གྱི་བཅོས་འཕྲུལ་གྱི་ཐིམ་ཚངས་ཞེས་བྱ་བའི་ལག་ལེན་ཉམས་སྦྱོང་གི་གནད་ཟབ་མོ་བསྟན་པ་ཞེས་བྱ་བ་བཞུགས་སོ། །

གསུང་རྩོམ་འདི་《འབྲི་གུང་སྨན་ཡིག་ཕྱོགས་བསྒྲིགས།》ཀྱི་ནང་དུ་བཀོད་ཡོད། དེབ་དེའི་ཤོག་གྲངས་༥༩༣ནས་༥༩༥བར་གསལ། ཁྱོན་བསྡོམས་ཤོག་གྲངས་༣བཞུགས།

ནང་དོན་གནད་བསྡུས།

འདིར་ཞི་སྦྱངས་སྦྲགས་མའི་སྒོས་ཀྱུ་རྐན་ནད་ཀྱི་གསོ་ཐབས་བསྟན་པ་སྟེ། དང་པོ་སྔོན་འགྲོ་རིམ་གྲོ་སོགས་སྐྱེལ་བས་བགེགས་དང་ལན་ཆགས་བསལ་བ། དེ་ནས་འབྲུ་མདོག་ནད་རྟགས་ལ་གཞིགས་ཚ་ཤས་ཆེ་ན་ཐོག་མར་ཚད་གཅོག་གི་སྨན་མཆིན་ཚད་སེལ་བའི་གུར་གུམ་བདུན་པའམ་སྐྱི་ཤང་དགུ་བ་བསྟེན་པ། དེ་ནས་ཞི་བྱེད་སྨན་གྱི་སྦྱོར་བ་ཞག་གསུམ་བར་དུ་བཏུང་བ་དང་ཉིན་དེ་གའི་རིང་ཟས་སྐོམ་གྱི་བླང་བྱ་བཅས་ཀྱིས་སྔོན་འགྲོ་གྲུབ། དངོས་གཞི་ལ་ལུས་སྦྱངས་དང་ནད་གཞིའི་བབས་ལ་བསྟུན་ནས་སྦྱོངས་སྨན་རིལ་བུ་ཞག་བདུན་ལ་བཏང་བ་དང་སྔོ་སྐོམ་དུ་འབྲི་མཛོའི་ཞོ་ལས་གཞན་པའི་ཟས་རིགས་ཐམས་ཅད་སྤང་དགོས་པ། ཉེས་པ་གསུམ་གང་འཕེལ་ན་སྐབས་བབས་ཀྱི་བྱ་ཐབས་བསྟེན་པ། རྗེས་གཅོད་དུ་སྨན་རོ་འཛུ་ཕྱིར་རྒྱམ་ཚྭ་བཞི་ཐང་བཏུང་བ།ཟས་སྐོམ་ཡང་རིམ་བཞིན་ཆ་ཡིས་སློད་དགོས་པ་སོགས་ཀྱུ་རྐན་ནད་ཀྱི་བཅོས་ལག་བླངས་མདོ།

གསོ་རིག་གི་རིན་ཐང་།

ཚ་བ་སྟོད་དུ་བབས་པས་འབྲུ་བ་ཞག་དྲུག་ཙུ་ཕར་འདས་ནས་ཀྱུ་རྐན་ཞེས་སྨན་ཡིག་འདིར་སྨན་པ་དཀོན་མཆོག་འགྲོ་ཕན་དབང་པོས་ཀྱུ་རྐན་ནད་རིགས་མང་དུ་བཅོས་པའི་ལག་སྦྱོང་གི་གནད་དང་ལྡན་པ་བཀོད་པ་ཞིག ཀྱུ་རྐན་གྱི་ནད་འདི་ཉིད་བཅོས་ཐབས་གསུམ་སྟེ་སྔོན་འགྲོ་དང་དངོས་གཞི། རྗེས་གཅོད་བཅས་སོ་སོའི་ནང་དོན་ཞིབ་ཕྲ། བཅོས་རྗེས་ཟས་སྐོམ་གྱི་སྤང་བླང་སོགས་གསལ་བར་བཀོད་པས་ཀྱུ་རྐན་གྱི་ནད་དེ་ཉིད་བཅོས་པའི་སྨན་ཡིག་གལ་ཆེན་ཞིག་གོ། ཀྱུ་རྐན་བཅོས་པ་ལ་གདམས་ངག་ཟབ་མོ་བཞག་ཡོད་པས་ནད་ཐོག་བེད་སྤྱོད་ཀྱི་རིན་ཐང་ལྷག་ཏུ་ཆེ་བར་མངོན་པའོ།།

《医疗选编治疗慢性肠炎的临床实践经验之秘诀》

本医著收载于《直贡医著汇集》中第643页至646页，共4页。

内容提要：

本医著详述了采用平息药与泻下药相结合的方式治疗慢性肠炎的疗法。该疗法包含三个阶段：首先，为避免治疗过程中患者遭受邪气侵扰，需执行特定的仪轨仪式。其次，依据患者大便颜色判断是否为热症，若确诊，则需服用清肝热的七味红花丸或九味牛黄丸。随后，患者需连续三日服用书内所述的平息药物，继而连续七日服用泻下药物，药物剂量应根据患者体质及病情进行调整。在治疗期间，饮食仅限酸奶，禁止食用其他食物。若治疗过程中出现隆增盛症状，则应通过涂擦按摩、熏香疗法或饮用骨头汤进行缓解。最终，为清除体内残留药物，患者需服用四味光明盐汤，并逐步将饮食从流质食物过渡至正常饮食，同时书中亦详尽阐述了饮食起居的相关禁忌。

医学价值：

热邪侵袭导致的腹泻持续超过60天，可诊断为慢性肠炎。作者基于多年在临床实践中治疗慢性肠炎的丰富经验，将详尽的治疗方法记录于著作之中，旨在为其他医疗从业者提供参考借鉴，并为患者提供有效且可靠的治疗方案。该书对藏医的临床诊断与治疗具有一定的指导意义。

༄༅། །རྐང་འབམ་གྱི་བཅོས་ཐབས་ཤིན་ཏུ་ཟབ་པ་ཞེས་བྱ་བ་བཞུགས་སོ། །

གསུང་རྩོམ་འདི་《འབྲི་གུང་སྨན་ཡིག་ཕྱོགས་བསྒྲིགས།》ཀྱི་ནང་དུ་བཀོད་ཡོད། དེབ་དེའི་ཤོག་གྲངས་༧༡༧ནས་༧༢༥བར་གསལ། ཁྱོན་བསྡོམས་ཤོག་གྲངས་༩བཞུགས།

ནང་དོན་གནད་བསྡུས།

འདིར་རྐང་འབམ་ནད་ཀྱི་བཅོས་ཐབས་བསྟན་པ་སྟེ། ཐོག་མར་རྒྱུ་རྐྱེན་བསྟན་པ་དྭངས་མ་རང་གནས་སུ་མ་ཞུ་བར་ངན་ཁྲག་ཆུ་སེར་བད་ཀན་རྒྱས་ནས་ཤ་དང་པགས་པ་རུས་ཚིགས་སུ་བྱེར་བས་རྐང་འབམ་ནད་བསླངས་པ། དབྱེ་བ་ལ་དུས་དང་ཉེས་པའི་སྒོ་ནས་འབམ་དཀར་དང་འབམ་ནག འབམ་ཁྲ་གསུམ་དུ་དབྱེ་བ། དེ་དག་སོ་སོའི་ནད་རྟགས་དང་འབམ་ནད་སྤྱིའི་མངོན་ཚུལ་བརྗོད་པ། བཅོས་ཐབས་སུ་ཟས་སྤྱོད་སྨན་དཔྱད་བཞི་ཡི་སྒོ་ནས་འབམ་གྱི་བཅོས་ཐབས་བསྟན་པ། རྐང་འབམ་ནད་བཅོམ་པའི་རྟགས་བྱུང་དུས་བསྟེང་བཅོས་བྱ་ཐབས་སྤེལ་བ་སོགས་རྐང་འབམ་ནད་ཀྱི་བཅོས་ཐབས་གསལ་པོར་བརྗོད་པའོ།

གསོ་རིག་གི་རིན་ཐང་།

རྐང་འབམ་ནད་ཀྱི་རྒྱུ་རྐྱེན་དབྱེ་བ་རྟགས་དང་བཅོས་ཐབས། རྗེས་གཅོད་བཅས་ཞིབ་རྒྱས་སུ་བསྟན་པ་དེ་མན་ངག་རྒྱུད་ལས་ཀྱང་ཁ་གསལ་བ་སྟེ། ཟས་སྤྱོད་སྨན་དཔྱད་བཞི་ཡིས་སྒོ་ནས་འབམ་ནད་ཀྱི་གསོ་ཚུལ་ཏུ་གཙན་ཁ་གཙོག་པ་དང་། སྐྱངས་པ་གཞིལ་བ། ནད་གཞི་རྩད་ནས་འབྱིན་པ་བཅས་བསྟན་པ། རྐང་འབམ་དཀར་ནག་ཁྲ་གསུམ་ཀ་ལ་ཕན་པའི་ཀླུ་བདུད་བཅོ་བརྒྱད། རྡོ་རྗེ་གླིང་སྔོན་པོ་སྨན་ཡིག་ཏུ་བསྟན་པ་བཞིན། དེ་མིན་འབམ་བཅོས་ཀྱི་སྨན་སྦྱོར་དང་ཁ་བསྒྱུར་སྨན། དཔྱད་བཅོས་གང་འཚམ་སྤེལ་བ་སོགས་འབྲི་གུང་ཆོས་གྲགས་རྒྱ་མཚོས་མཛད་པའི་འབམ་བཅོས་ཚེ་འཛིན་སྲོག་སྐྱོབ་གཞིར་བཟུང་ལག་ལེན་སྦྱོང་བྱང་མ་སྨན་ཡིག་འདིར་བཀོད་པ་དགེ་མཚན་ཆེའོ།།

《集效果显著的岗巴病的诸治疗方法》

本医著收载于《直贡医著汇集》第一部分中第717页至725页，共9页。

内容提要：

本医著详尽记载了岗巴病的治疗方法，阐述了该病是精微物质未能得到充分消化吸收，导致坏血和黄水、培根过度增长，并在皮肤和肌肉组织中积聚而形成。根据发病时间及三因理论，岗巴病被细分为“岗巴嘎波”（以培根和隆为主）、“岗巴那波”（以赤巴和血热为主）、“岗巴察吾”（聚合型）三种类型。著作中描述了岗巴病的普遍症状和各种特定症状。治疗手段主要涵盖了饮食调整、生活习惯改善、药物治疗以及外治法等四种主要方法。

医学价值：

本医著对岗巴病的成因、分类、临床表现及治疗方案的描述较之《四部医典》更为详尽。书中从日常生活、饮食习惯、药物治疗以及外治法四个方面提出了针对岗巴病的治疗策略。治疗原则着重于消散血热炎症、缓解肿胀以及根除病源。此外，著作中还记载了对三种岗巴病均有效的药物十八味党参丸、“多杰及郎恩波”，以及其他多种配方药物、加减药物和外治方法等内容。因此，本医著可以被看作是一部详尽无遗地探讨岗巴病治疗方案的医学领域内的权威文献。

༄༅། །གཉན་རིམས་མཁྲིས་པ་ཙར་རྒྱུགས་ལ་སོགས་པའི་བཅོས་ཚུལ་བསྡུས་པ་ཞལ་ལུང་བདུད་རྩིའི་ཆུ་རྒྱུན་ཞེས་བྱ་བ་བཞུགས་སོ། །

གསུང་རྩོམ་འདི་《འབྲི་གུང་སྨན་ཡིག་ཕྱོགས་བསྒྲིགས།།》ཀྱི་ནང་དུ་བཀོད་ཡོད། དེབ་དེའི་ཤོག་གྲངས་༤༥༥ནས་༤༧༦བར་གསལ། ཁྱོན་བསྡོམས་ཤོག་གྲངས་༢༢བཞུགས།

ནང་དོན་གནད་བསྡུས།

གཉན་རིམས་མཁྲིས་པ་ཙར་རྒྱུགས་དང་ཀླད་གཟེར། གག་ལྷོག འཛུམ་བུ་ལྷག་དགུ། གཟེར་ཐུང་། བཤལ་རིམས་དང་ཐོར་ནད་སོགས་གཉན་དང་བསྡོངས་པའི་ནད་འགའི་བཅོས་ཐབས་ལ་རང་གི་ལག་ལེན་དང་། གཞན་ཟུར་མཁར་མཉམ་ཉིད་རྡོ་རྗེ་ཡི་འཆི་བསླུ་ཐིགས་ཕྲེང་དང་། རིན་ཆེན་སྒྲོག་གི་ཞགས་པ། ཉམས་ཡིག་བརྒྱ་རྩ། གཙང་ཉང་སྟོད་དར་མགོན་སོགས་ཀྱི་ཞིན་ཏིག་ནས་གསུངས་པའི་ལག་ལེན་དག་ཚུར་བྲངས་ཏེ་གསོ་ཚུལ་དང་གསོ་ཐབས་ཀྱི་ལག་ལེན་ཕུན་སུམ་ཚོགས་པར་བསྟན་ཡོད།

གསོ་རིག་གི་རིན་ཐང་།

འདིར་གཙོ་བོ་གཉན་དང་བསྡོངས་པའི་རྒྱུན་མཐོང་གི་ནད་འགའི་བཅོས་ཐབས་ལ་རྩོམ་པ་པོ་ཁོང་ཉིད་ཀྱིས་ལག་ལེན་བྱས་པའི་ཉམས་མྱོང་དང་། གཞན་ཟུར་མཁར་མཉམ་ཉིད་རྡོ་རྗེ་དང་། གཙང་སྟོད་དར་མ་མགོན་པོ་སོགས་མཁས་པ་གཞན་དག་གི་ཞིན་ཏིག་ནས་གསུངས་པའི་ལག་ལེན་དག་ཚུར་བྲངས་ཏེ་གསོ་ཚུལ་དང་གསོ་ཐབས་ཀྱི་ལག་ལེན་ཕུན་སུམ་ཚོགས་པར་བསྟན་ཡོད་པས། གཉན་རིམས་ཀྱི་ནད་རིགས་སྣ་ཚོགས་འབྱུང་བཞིན་པའི་དུས་འདིར་ཉམས་ཡིག་འདི་ལ་ནད་ཐོག་ལག་ལེན་དང་ཡིག་ཚང་ཞིབ་འཇུག་གི་རིན་ཐང་ངེས་ཅན་ཞིག་ལྡན་ནོ།།

《疫赤巴窜脉症等的治法汇编·口述甘露水流》

本医著收载于《直贡医著汇集》中第455页至476页，共22页。

内容提要：

本医著详尽而全面地记录了作者对于疫赤巴窜脉症、脑刺痛（脑炎）、白喉炭疽、角弓反张、短刺痛（肺炎）、痢疾、杂病等伴随疫病的多种疾病的治疗经验。此外，书中还收录了苏喀·娘尼多吉所著的《赎命滴串》《珍贵救命绳索》《验方百方篇》以及尼洋河上游著名医者达日贡的《医疗札记》等医学文献中所述的临床经验，并总结了相应的治疗原则和方法。

医学价值：

本医著详尽记载了诸如疫赤巴窜脉症、脑刺痛（脑炎）、白喉炭疽、角弓反张、短刺痛（肺炎）、痢疾、杂病等多种与疫病相关的并发疾病的治疗经验。此外，书中还整合了苏喀·娘尼多吉以及达日贡等医学名家的临床经验，总结出一系列治疗原则和方法。这些内容阐述了针对临床治疗中常见的瘟疫性疾病的多种治疗策略，为医疗工作者提供了丰富的临床实践指导。因此，本医著不仅在临床应用方面具有重要的指导意义，而且在医学研究和教育领域也具有极高的参考价值。

༄༅། །གཅེས་བསྡུས་མན་ངག་ཟུར་རྒྱན་མགོ་རྒྱའི་ཀླུམ་བཅོས་ཟབ་མོ་སྡུག་བསྔལ་བསལ་བ་ཞེས་བྱ་བ་བཞུགས་སོ། །

གསུང་རྩོམ་འདི་《འབྲི་གུང་སྨན་ཡིག་ཕྱོགས་བསྒྲིགས།》ཀྱི་ནང་དུ་བཀོད་ཡོད། དེབ་དེའི་ཤོག་གྲངས་༧༦༩ནས་༧༧༡བར་གསལ། ཁྱོན་བསྡོམས་ཤོག་གྲངས་༣བཞུགས།

ནང་དོན་གནད་བསྡུས།

གསུང་རྩོམ་འདིར་མགོ་རྒྱ་གསོ་བའི་སྨན་སྦྱོར་ཟབ་མོའི་གསང་ཚིག་རྣམས་ཡོངས་སུ་བཀྲོལ་ནས་བསྟན་ཡོད་དེ། དཔེར་ན། རབ་དཀར་རྒྱལ་པོ་ཁ་ཏེ་སྣ་ས་ལ་ཞེས་པ་ཙོང་ཞི་ཆ་དྲུག་དང་། ཤར་གྱི་རྡོ་དམར་ནི་རྒྱ་མཚལ། དར་ལྷང་སྲད་བུ་ནི་ཨ་ཤ། གསེར་གྱི་རྒྱན་ཅན་ནི་བྲག་ཞུན། གཞན་ཁ་བསྒྱུར་རིགས་པའི་འཕྲུལ་འཁོར་མང་དུ་བསྟན་ཡོད་པ་དང་། དེ་ནས་ཚ་བ་སྙོད་དུ་བབས་ཏེ་འབྲུ་བ་ཞག་དྲུག་ཙམ་ཕར་འདས་ན་རྒྱུ་རྐྱེན་དུ་འགྱུར་འགྲོ་ལ་དེའི་བཅོས་ཐབས་སུ་དང་པོ་ནད་ལྷག་དཀར་ཆོས་རིམ་གྲོ་ལ་འབད་པ་དང་། དེ་ནས་ཞི་སྦྱངས་སྦྱགས་མའི་བཅོས་ཐབས་བསྟེན་རྗེས་ཐ་མར་རྒྱམ་ཚྭ་བཞི་ཐང་ལན་གསུམ་དུ་གཏོང་བ་ལྷ་བུའི་ལག་ལེན་རིམ་པ་མང་དུ་བསྟན་ཡོད།

གསོ་རིག་གི་རིན་ཐང་།

འདིར་གཙོ་བོ་མགོ་རྒྱ་གསོ་བའི་སྨན་སྦྱོར་ཟབ་མོའི་གསང་ཚིག་རྣམས་ཡོངས་སུ་བཀྲོལ་ནས་བསྟན་པ་དང་། གཞན་ཚ་བ་སྙོད་དུ་བབས་ནས་དུས་འདས་ན་རྒྱུ་རྐྱེན་དུ་འགྱུར་འགྲོ་བ་དེའི་བཅོས་ཐབས་ཀྱི་ལག་ལེན་རིམ་པ་མང་དུ་བསྟན་ཡོད་པས། མགོ་རྒྱ་དང་རྒྱུ་རྐྱེན་སོགས་རྒྱུན་མཐོང་གི་ནད་རིགས་བཅོས་པ་ལ་ཕན་པ་སྦྱོང་གྲུབ་ཀྱི་མན་ངག་ཟུར་རྒྱན་འདི་བསྒྲགས་སོ།།

《医疗选编·秘诀旁饰》

本医著收载于《直贡医著汇集》中第769页至771页，共3页。

内容提要：

本医著阐释了治疗头部创伤的药方中所含隐晦术语。例如，“恰直麻萨”一词实指寒水石六份，“东方红石”则指银朱，“绿绸线”代表“阿瓦”（即木贼），“金斑装饰”则指的是石苇。此外，书中还详尽记载了多种针对不同症状的药物加减法。另据记载，若热邪侵入脏腑导致腹泻持续超过60日，将演变为慢性陈旧性泻泄。对此病症，首先应致力于修身养性，随后采取平肝息风与泻下并用的治疗方法，并最终建议服用三次四味光明盐方等，汇集了丰富的临床经验。

医学价值：

这部医著深入讲解了在治疗头部创伤时所使用的各种方剂中隐藏的深奥词汇，阐述了对于长期腹泻的患者而言，不仅需要采取药物治疗，还需要配合适当的行为调整和生活方式的改变，以达到更好的治疗效果。该书为临床医生在处理常见的外伤，特别是头部创伤，以及长期腹泻这类慢性疾病时，提供了作者丰富的临床经验和宝贵的治疗建议。

༡༠ དར་མོ་སྨན་རམས་པ་བློ་བཟང་ཆོས་གྲགས།

10 达莫曼让巴・洛桑曲扎

དར་མོ་སྨན་རམས་པ་བློ་བཟང་ཆོས་གྲགས་ཀྱི་ངོ་སྤྲོད་མདོར་བསྡུས།

达莫曼让巴・洛桑曲扎简介

དར་མོ་སྨན་རམས་པ་བློ་བཟང་ཆོས་གྲགས་ཀྱི་འཁྲུངས་ཡུལ་ནི་ལྷོ་ཁ་ཡར་ཀླུངས་ཤར་ནུབ་མཐིལ་གསུམ་ལས། ཤར་གྱི་ཆ་ཤམ་པོ་གངས་ཀྱི་ཉེ་ལོགས་གཉན་པ་སའི་གྲོང་ཁྱེར་དར་མོ་ཞེས་པར་རྒྱལ་མོ་གཡུ་སྒྲ་སྙིང་པོའི་རིགས་སུ་རབ་བྱུང་བཅུ་གཅིག་པའི་ས་སྟག （སྤྱི་ལོ་༡༦༣༨）ལོར་བལྟམས། ཡབ་ཡུམ་གྱི་མཚན་དང་རྣམ་ཐར་ཞིབ་པ་མ་རྙེད། དང་པོའི་ཚེ་སྐྱིད་ཚལ་ཀླུ་སྡིག་གླིང་དུ་བཞུགས་ཤིང་། རྗེས་སུ་འབྲས་སྤུངས་ཕོ་བྲང་ནུབ་མར་གསོ་རིག་འགྲོ་ཕན་གླིང་གི་ཐོ་བཙུན་གྱི་གྲས་སུ་ཚུད་རྗེས་ཐུ་ཕྱིར་ཉེ་ཐང་སྤྱིལ་སྐུ་བློ་བཟང་རྒྱ་མཚོ་དང་། དྲང་སྲོང་བསྟན་འཛིན་དར་རྒྱས་སོགས་སློབ་དཔོན་བཅུ་ཕྲག་ལྔ་ཙམ་གྱི་ཞབས་ལ་གཏུགས་ཤིང་། གསོ་དཔྱད་ལ་སྦྱངས་བརྩོན་མཛད་པས་སྨན་རམས་པའི་མཚན་སྙན་ཐོབ། རྗེས་སུ་ལྷ་དབང་ཕྱོག གམ་ཤར་ཆེན་ཕྱོག་ཏུ་སྨན་གྱི་སློབ་དཔོན་དང་། རྒྱལ་དབང་ལྔ་པ་ཆེན་པོའི་སྐུའི་བླ་སྨན་གནང་། དར་མོ་སྨན་རམས་པ་མིག་འབྱེད་མཁས་པ་ཞིག་ཡིན་ཏེ། གོང་ས་ལྔ་པ་ཆེན་པོ་དགུང་ལོ་ལྔ་བཅུ་ང་དགུ་བཞེས་དུས་སྤྱན་གཡོན་པ་མི་གསལ་བའི་ནད་ལ་དར་མོ་སྨན་རམས་པས་གཤགས་བཅོས་གནང་བ་ལེགས་གྲུབ་བྱུང་། བརྩམས་ཆོས་ནི་ཕྱི་རྒྱུད་ཀུ་མདོ་མན་གྱི་འགྲེལ་པ་དཀའ་གནད་རྡོ་རྗེའི་མདུད་འགྲོལ་རྣམ་གླིང་པཎ་ཆེན་དང་ཟུང་འབྲེལ་གྱིས་མཛད་པ། མན་རྒྱུད་འགྲེལ་པ་ལེགས་བཤད་གསེར་རྒྱན། བཤད་རྒྱུད་སྡོང་འགྲེམས་ལེགས་བཤད་གསེར་གྱི་ཐུར་མ། དེ་ལས་རྒྱས་པ་བཤད་རྒྱུད་ཀྱི་སྡོང་འགྲེམས་དང་རྩ་ཚིག་ཟུང་འབྲེལ་ཅན། རྣམ་བགྲ་གསེར་གྱི་གན་མཛོད། མན་ངག་བཀའ་རྒྱ་མ། བཅུད་ལེན་འཆི་གསོས་བདུད་རྩིའི་ཉིང་ཁུ འདོད་ལྡན་དགའ་བསྐྱེད་མཐོང་བ་འཛུམ་ཤོར་ནོར་བུའི་བང་མཛོད། རིན་ཆེན་གྲང་སྦྱོར་གྱི་གསལ་བྱེད་འཆི་མེད་བདུད་རྩིའི་ཉིང་ཁུ། ལྷན་ཐབས་ཀྱི་གསང་སྨན་ངོས་འཛིན། མན་རྒྱུད་ཀྱི་དཀའ་འཕྲང་སྨན་སེལ་སྒྲོན་མེ། བཤད་རྒྱུད་རྒྱུང་སེལ་གྱི་

འགྲེལ་པ་མེས་པོའི་དགོངས་རྒྱན་སོགས་སྨན་དཔེ་ཕྱལ་ཕྱུང་མང་དག་མཆིས། ལྷག་པར་གོང་གསལ་རྣམ་བཀྲ་གན་མཛོད་ཀྱི་ནང་དུ། རུས་པའི་དུམ་བུ་སུམ་བརྒྱ་དྲུག་ཅུའི་སྐོར་ལ་དཔྱད་པ་གནང་ཆེད་ཀླུ་སྒྲུབ་གླིང་ཁའི་ནང་པོ་མོ་བཞིའི་ཕུང་པོར་གཤགས་ལས་མཛད་དེ་རུས་པ་རེ་རེ་བཞིན་གཏན་ལ་ཕབ་པ་སོགས་གསོ་དཔྱད་ལ་སྐུ་དྲིན་ཆེ།།

达莫曼让巴·洛桑曲扎是玉扎宁布王后的后裔，藏历十一绕迥土虎年（1638）诞生于山南雅砻东面雅拉香布达莫之地，未见记载其父母姓名及生平事迹等资料。最初他住在鲁固林，后来成为哲蚌寺西殿利众医学院的一员，先后拜尼塘活佛洛桑嘉措、常松丹增塔杰等五十多位大师为师，勤习医理，获得“曼让巴”之名誉。后任布达拉宫东部角楼或拉旺角医学学校的导师及五世达赖喇嘛的御医，誉满全藏。据《图古来轨桑》目录“ག”中记载：“上部藏多达玛贡宝之传承人格龙·贤扁伦珠因深谙医理，学识广博，他考虑到传承问题，让本仓强俄巴曼杰次旺、本仓杰别瓦、曲杰纳萨林巴、仲措拉桑以及达莫曼让等三十名学生学习《八支精要》《札记选编》《诀窍金升》以及强巴日丹郎杰札桑的著作《续释大详解》等。”该书又记载：“达莫曼让巴从印度医生玛纳霍处学习藏医开眼法，利乐众生。”他凭借高超的开眼技术，顺利为年已59岁的五世达赖喇嘛做了双眼白内障摘除术。他的著述有与南木林班钦合著的《后续部尿诊内容以下注解·金刚结解》《秘诀注解·格言金饰》《释续形象图·格言金勺》，以及更为详细的《释续注解金库》《秘诀百篇》《养身甘露精华》《常觉药丸评述·甘露精华》《医学补遗·秘方认定》《秘诀释难·驱暗明灯》《释续药物注解·祖先之意》等。在撰写《论述部注释·灿烂宝库》一书论述第四章身体部位时，为了研究人体的360块骨骼，他亲赴鲁固林卡，对四名男女的尸体进行细致解剖，认真检查并总结归纳，完成了更为详细的注释内容，为医学发展作出巨大贡献。根据文献推断，达莫曼让巴·洛桑曲扎活到70多岁，后因与第司之间的矛盾而被流放蒙古。他的弟子有著名的达莫曼让巴·洛桑曲培、绕瓦洛桑顿丹、美母瓦洛智培等。

དར་མོ་སྨན་རམས་པ་བློ་བཟང་ཆོས་གྲགས་ཀྱི་གསུང་འབུམ།

达莫曼让巴·洛桑曲扎医著

༄༅། །མན་ངག་ཟབ་མོ་ཀུན་གྱི་སྙིང་ཁུ་བསྡུས་པ་དར་མོ་སྨན་རམས་པའི་གདམས་ངག་བཀའ་རྒྱ་མ་ཞེས་བྱ་བ་བཞུགས་སོ། །

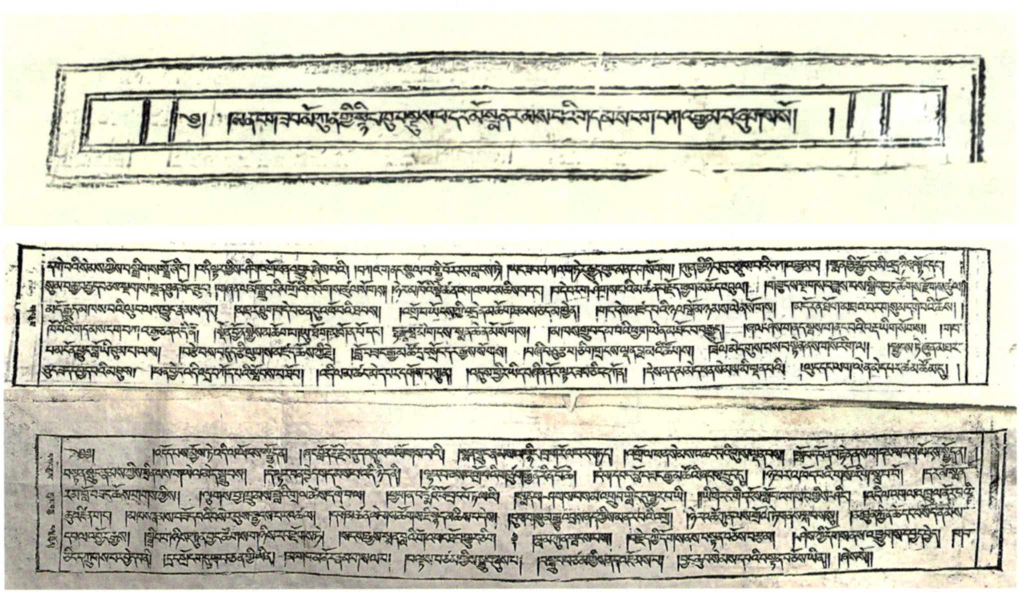

གསུང་འབུམ་འདིའི་མ་ཡིག་ནི་གློག་པར་དང་། ཡིག་གཟུགས་དབུ་ཅན། དེབ་གཅིག་ཡོད། མི་རིགས་དཔེ་བསྐྲུན་ཁང་གིས་༢༠༠༥ལོའི་ཟླ་༨པའི་ནང་པར་བསྐྲུན་བྱས། དཔེ་ཆ་འདི་ལ་བསྡོམས་པས་ལེའུ་༨༣ཡོད་པ་དང་། ཤོག་བསྡོམས་ཤོག་གྲངས་༥༧༨ཡོད།

ནང་དོན་གནད་བསྡུས།

གཙོ་བོ་ཉེས་གསུམ་དང་ཁོང་ནད། དོན་སྣོད་ནད། ཚ་བ་དང་ལུས་སྟོད་ནད་ཀྱི་བཅོས་ཐབས། མར་ཁུའི་ལག་ལེན། ཐོར་ནད་བཅོས་ཐབས་སྐོར་སོགས་རྒྱས་པའི་ངང་ནས་བསྟན་ཡོད།

གསོ་རིག་གི་རིན་ཐང་།

འདིར་ཉེས་པ་རླུང་མཁྲིས་བད་ཀན་གསུམ་གྱི་ནད་ཇི་ལྟར་གསོ་བའི་ལག་ལེན་དང་། དོན་ལྔ་སྣོད་དྲུག་སོ་སོའི་ནད་ཀྱི་བཅོས་ཚུལ། གནས་སྐབས་ཀྱི་ཚ་བ་དྲུག་དང་རིགས་ཀྱི་ཚ་བ་བཞི་སོགས་ཚ་བའི་ནད་ཀྱི་གསོ་ཚུལ། མགོ་དང་དབང་པོ་སོགས་ལུས་སྟོད་ཀྱི་ནད་གཞི་བཅོས་ཚུལ། ཙན་དན་སོགས་ཀྱི་མར་ཁུའི་ལག་ལེན། མདེའུ་འབྱིན་གྱི་ལག་ལེན། སྐད་འགགས་དང་ཡི་ག་འཆུས་པ་སོགས་ཐོར་ནད་ཀྱི་བཅོས་ཚུལ། བརྟག་པ་རྩ་ཆུའི་གོ་དོན། རྩ་ཐུབ་ཀྱི་མངོན་ཤེས་བསྒྲུབ་ཚུལ། གདོན་ནད་ཀྱི་ངོས་འཛིན་དང་བཅོས་ཐབས།ནད་རིགས་གང་ལ་གང་འཚམས་ཀྱིས་སྔགས་བཅོས་བྱ་ཐབས།མོ་ནད་དང་བྱིས་ནད་གསོ་ཚུལ་སོགས་གསུངས་ཡོད་པས་གཞན་དང་མི་འདྲ་བའི་གསོ་རིག་གི་ཡིག་ཚང་གལ་ཆེན་ཞིག་ཡིན་ལ། ནད་ཐོག་གི་སྨན་པ་རྣམས་ལ་ནད་གཞི་བརྟག་བཅོས་ཐད་ལ་དཔྱད་གཞིའི་རིན་ཐང་ཆེ་བར་མངོན་པའོ།།

《所有深奥秘诀精华·严守藏医秘诀》

本医著母本为排印本，字体为乌金体。本医著共1册578页，共有63个章节，由民族出版社于2005年6月出版。

内容提要：

本医著详细阐述了藏医三大基因学、内科学、热病学、五官科学、杂病学等内容，还论述了藏药炮制工艺，如酥油制剂的制作工艺、结石和残留的自然去除等方法。

医学价值：

医著以藏学哲学思维模式，阐述了隆、赤巴、培根三大基因学说的核心理论及其疾病治疗方法，并结合饮食、起居、药物和外治等循序渐进的治法，阐述了藏医内科疾病、热病、头部和五官疾病的病因、病机、分类、诊断、治疗、预防措施等内容，以及其他常见疾病的诊疗措施、脉诊和尿诊的诊断理论、咒语疗法秘诀、儿科疾病和妇科病的治则治法、炮制方法等内容。本医著可谓凝练了藏医名家学术思想精华，并系统性总结作者自身临床诊疗经验，具有较高的临床应用和学术价值。

༄༅། །གསེར་མཆན་རྣམ་བཀྲ་གན་མཛོད་ཅེས་བྱ་བ་བཞུགས་སོ། །

གསུང་འབུམ་འདིའི་དེབ་གཅིག་བཞུགས། ཤོག་གྲངས་༡༠༨༢ཡོད། ༢༠༠༦ལོའི་ཟླ་༡པར་མི་རིགས་དཔེ་སྐྲུན་ཁང་གིས་པར་བསྐྲུན་བྱས།

ནང་དོན་གནད་བསྡུས།

གཙོ་བོ་བཤད་རྒྱུད་ཀྱི་ནང་དོན་ཆ་ཚང་ལ་འགྲེལ་བཤད་བྱས་པ་དང་ལྷག་པར་དུ་གོ་དཀའ་བ་དང་དཀའ་གནད་དག་ལ་རྒྱས་འགྲེལ་ལེགས་པར་བྱས་ཡོད།

གསོ་རིག་གི་རིན་ཐང་།

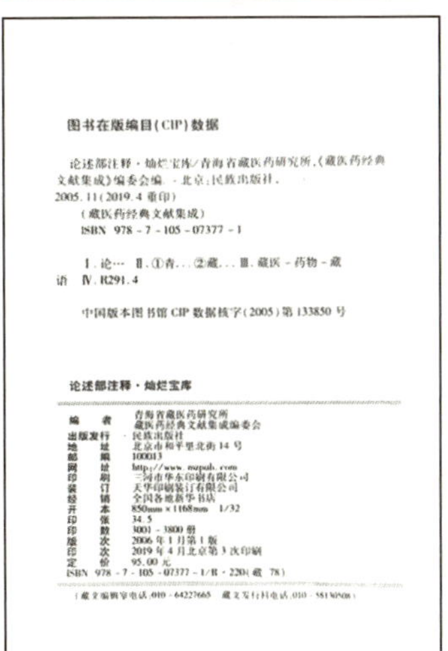
图书在版编目(CIP)数据

论述部注释·灿烂宝库/青海省藏医药研究所,《藏医药经典文献集成》编委会编. -北京:民族出版社,
2005.11(2019.4重印)
(藏医药经典文献集成)
ISBN 978-7-105-07377-1

Ⅰ.论… Ⅱ.①青… ②藏… Ⅲ.藏医-药物-藏语 Ⅳ.R291.4

中国版本图书馆CIP数据核字(2005)第133850号

论述部注释·灿烂宝库

编　者　青海省藏医药研究所
　　　　藏医药经典文献集成编委会
出版发行　民族出版社
地　址　北京市和平里北街14号
邮　编　100013
网　址　http://www.mzpub.com
印　刷　三河市华东印刷有限公司
装　订　天华印刷装订有限公司
经　销　全国各地新华书店
开　本　850mm×1168mm　1/32
印　张　34.5
印　数　3001-3800册
版　次　2006年1月第1版
印　次　2019年4月北京第3次印刷
定　价　95.00元
ISBN 978-7-105-07377-1/R·220(藏78)

(藏文编辑室电话:010-64227665　藏文发行部电话:010-58130508)

འདིར་བཤད་རྒྱུད་ལེའུ་བཞི་པ་ལུས་ཀྱི་གནས་ལུགས་སྐབས་ཏུས་པའི་དུམ་བུ་སུམ་བརྒྱ་དྲུག་བཅུའི་སྐོར་དཔྱད་པ་གནང་ཆེད་ཀླུ་སྒྲུབ་སྙིང་ཁའི་ནང་ཐོ་མོ་བཞིའི་ཕུང་པོ་ལ་གཤགས་ལས་མཛད་དེ་ཏུས་པ་རེ་རེ་བཞིན་གཏན་ལ་ཕབ་པས་གཞན་ཕན་རྗེས་འཛིན་གྱི་རིག་པ་འདི་ཉིད་དར་རྒྱས་ཡུན་གནས་ཡོང་ཕྱིར་ལེགས་སྐྱེས་མང་དག་ཅིག་ཕུལ་བ་དེས་བོད་ཀྱི་གསོ་དཔྱད་རིག་པར་སྦྱང་བརྩོན་དང་ཞིབ་འཇུག་བྱེད་པར་སྒྲོ་བ་བརྟས་པའི་རྣམ་དཔྱོད་ཅན་མང་པོར་རྒྱུ་ཆ་མཁོ་སྒྲོན་གྱི་སྒོ་འཕར་ཡངས་པོར་ཕྱེས་པ། རང་ལུགས་ཀྱི་གཞུང་རྐང་འཛིན་པ་ལ་སྦར་བས་གཞུང་ལུགས་ཀྱི་ཁུངས་བཙན་པོ་དང་ནད་ཐོག་ལག་ལེན་ཁྲོད་དུའང་ཕན་ཐོགས་ཟླ་ན་མེད་པ་བཞག་ཡོད།།

《论述部注释·灿烂宝库》

本医著共1册1082页，由民族出版社于2006年1月出版。

内容提要：

本医著重点介绍了藏医典籍《四部医典》之《论述部》相关的内容，并对其中难点和疑点做了详细的阐述。

医学价值：

本医著作者结合自己的实际研究和学术思想，深入细致地阐释了《论述部》的全部内容，并对其中疑难点进行了独特的剖析，特别是介绍藏医人体解剖生理学时，结合作者亲自解剖的四具尸体，详述了360块骨头的分类，对藏医学者研习《四部医典》具有较高的学术价值。

༄༅། །བདུད་རྩི་སྙིང་པོ་ཡན་ལག་བརྒྱད་པ་གསང་བ་མན་ངག་གི་རྒྱུད་ལས་དཀའ་འགྲེལ་ལེགས་བཤད་གསེར་རྒྱན་ཞེས་བྱ་བ་བཞུགས་སོ། །

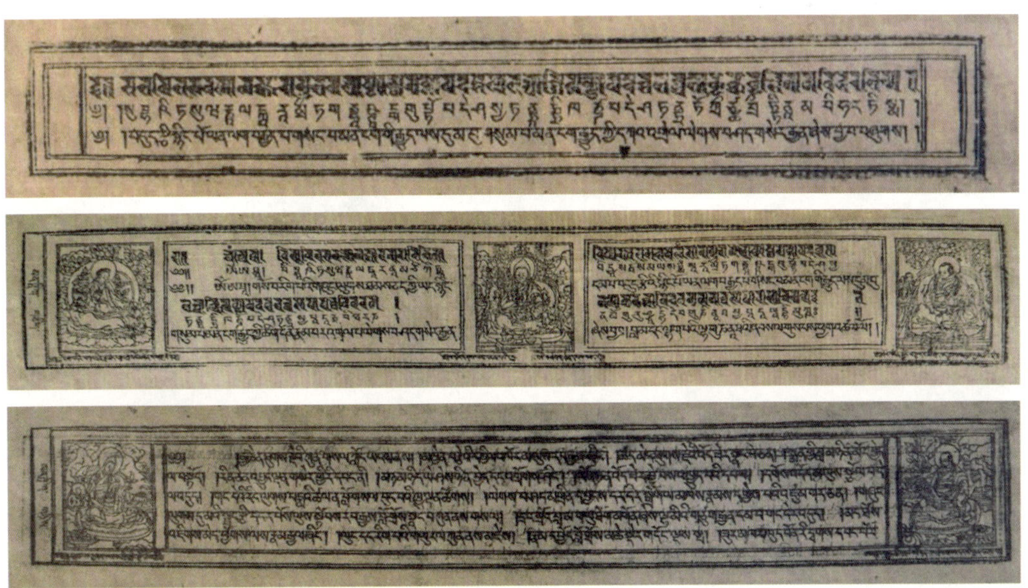

གསུང་རྩོམ་འདིའི་མ་ཡིག་ནི་སྡེ་དགེའི་དཔར་མ་སྟེ། པོ་ཏི་གཅིག་ཡོད། ཡིག་གཟུགས་དབུ་ཅན། ཤོག་ངོས་རེར་ཐིག་ཕྲེང་༥ཡོད་ལ་ཐོག་ཕྲེང་རེར་ཡིག་འབྲུ་༣༥། བསྡོམས་པས་ལེའུ་གོ་གཉིས་ཡོད་ལ་ཡིག་འབྲུ་ཁྲི་ཉེར་དྲུག་དང་སྟོང་ཕྲག་བཞི་ལྷག་ཡོད། ཤོག་གྲངས་༧༩༠ཡོད་པ་དང་། ད་ལྟ་ཁྲིན་ཏུའུ་ཀྲུང་ལུགས་གསོ་རིག་སློབ་གྲྭ་ཆེན་མོའི་དཔེ་མཛོད་ཁང་དུ་ཉར་ཚགས་བྱས་ཡོད།

ནང་དོན་གནད་བསྡུས།

གསུང་རྩོམ་འདིའི་ནང་དུ་གཙོ་བོ་བོད་ཀྱི་གསོ་བ་རིག་པའི་གཞུང་ལས་བསྟན་པའི་གནོད་བྱེད་ཉེས་པ་རླུང་མཁྲིས་བད་ཀན་གསུམ་རྣམ་པར་མ་གྱུར་བའི་སྐབས་སུ་ནད་ཀྱི་རྒྱུར་འགྱུར་ལ། རྐྱེན་དུས་གདོན་ཟས་སྤྱོད་དང་འཕྲད་ཚེ་རྣམ་པར་གྱུར་པས་ལུས་ལ་མི་འདོད་པའི་ནད་བསྐྱེད་པ་དང་། དེས་གནོད་བྱ་ལུས་ཟུངས་བདུན་དང་དྲི་མ་གསུམ་འཕེལ་ཟད་འཁྲུགས་པར་འགྱུར་བ་སོགས་འཕེལ་འགྲིབ་ནད་དམ་ནད་ཀྱི་གྱུར་ཚུལ་གྱི་གཞུང་གཞིར་བཟུང་ནས་ཉེས་གསུམ་གསོ་བ་དང་། དོན་ལྔ་སྣོད་དྲུག་སོ་སོའི་ནད་ཀྱི་རྒྱུ་རྐྱེན་དབྱེ་བ་རྟགས་བཅས། ཚ་བ་གསོ་བ་མགོ་དང་དབང་

པོའི་ནད་རིགས་སོ་སོའི་རྒྱུ་རྐྱེན་དང་བརྟག་བཅོས་སོགས་མདོར་ན། སྐབས་བཅོ་ལྔའི་གསོ་ཚུལ་ཁ་གསལ་ཞིང་གོ་སླ་བ། ផ་ཞིང་ཞིབ་པའི་ངང་སོ་སོར་བསྟན་ཡོད།

གསོ་རིག་གི་རིན་ཐང་།

རྩོམ་འདིས་མན་ངག་རྒྱུད་ཀྱི་ཉེས་གསུམ་གསོ་བ་དང་། དོན་སྣོད་གསོ་བ། ཚ་བའི་ནད་གསོ་བ། དབང་པོ་ལྔའི་ནད་གསོ་བ་སོགས་ལེའུ་བཅོ་ལྔར་ཁ་གསབ་ཀྱི་ཚུལ་དུ་བསྟན་ཡོད་པས་རྗེས་འཇུག་སྐལ་ལྡན་གྱི་སྨན་པ་རྣམས་ལ་ནད་ཐོག་གི་ལག་ལེན་སློབ་སྦྱོང་དང་ཞིབ་འཇུག་གི་དཔྱད་གཞིའི་རིན་ཐང་གལ་ཆེན་ཞིག་ཏུ་འགྱུར་སོ།།

《秘诀部释难·金饰良言》

本医著母本为藏文德格木刻版，字体为乌金体，共1册740页，每页5行，每行36字，共有92个章节，26.4万余字。此书现由成都中医药大学图书馆收藏。

内容提要：

本医著围绕藏医核心理论之“隆、赤巴、培根”的三因学说，阐述了三因关系、致病因素等藏医基础理论，介绍了脏腑疾病、热病和五官疾病等的病因病机、疾病分类、诊断与治疗、预防保健措施等内容，详细论述了《秘诀部》临床诊疗十五会。

医学价值：

本医著补充介绍了《四部医典·秘诀部》诊疗十五会的内容，记载了多种病症，尤其对脏腑疾病、热病、五官疾病的病因病机、临床表现和治疗方法作了补充并进行了专题讨论。许多内容和观点至今仍是临床实践中所必须遵守的原则。具有很高的医学参考价值和临床应用价值。

༡༡ དཔོན་ཚང་ཡེ་ཤེས།
11 奔仓益西

དཔོན་ཚང་ཡེ་ཤེས་ཀྱི་ངོ་སྤྲོད་མདོར་བསྡུས།
奔仓益西简介

ལྷ་ནའམ་དཔོན་ཚང་ཡེ་ཤེས། སྤྱི་ལོ་༡༦༧༠ལོར་དབུས་གཙང་མལ་གྲོ་གུང་དཀར་གྱི་འབྲི་གུང་ཀ་ཚལ་དུ་སྐུ་འཁྲུངས། ལོ་ཆུང་ངུའི་དུས་ནས་སྨན་མཆོག་ཨ་རུ་ར་དང་། ལི་ཤི་སོགས་གཟིགས་ན་དངོས་པོ་གཞན་ལས་དགའ་པོ་ཡོད་པ་དང་། ཐལ་བ་དཀར་ནག་སོགས་ཀྱི་སྨན་གྱི་མཚོན་བྱེད་ཀྱི་རྩུལ་གནང་ནས་མི་ལ་སྟེར་བ་སོགས་བག་ཆགས་བཟང་ཞིང་། སྨན་གྱི་ཚིག་རེ་གཉིས་ཐུགས་ལ་ཆུད་པའི་སྨན་དཔྱད་སྦྱོང་རྒྱུར་གཞན་དང་མི་འདྲ་བའི་དགའ་ཞེན་ལྷན་སྐྱེས་སུ་ཡོད། དགུང་ལོ་ཉི་ཤུའི་སྐོར་ནས་དཔལ་ལྡན་རྒྱུད་བཞི་ཐུགས་ལ་ཆུད་པར་མ་ཟད། སྨན་དཔྱད་ལ་དོན་གྱིས་བརྟག་ཅིང་ལག་ལེན་དུ་འཁྱོལ་བ་སོགས་ཀྱིས་གཏེར་ཆེན་ཆོས་ཀྱི་རྒྱལ་པོས་ཀྱང་དོན་གྱི་སྨན་པ་འཚོ་བྱེད་ཅེས་པའི་མཚན་ཡང་འདོགས་པར་མཛད། ལྷག་ཏུ་གཞུང་དོན་སྐོར་ལ་ལོ་བཅུ་ཕྲག་རིང་ཙམ་གྱི་རིང་ལ་སློབ་དཔོན་མཚུངས་མེད་ཀུ་ཊ་དང་དབྱེར་མ་མཆིས་པ་ཚེ་དབང་བརྟན་པའི་ཞབས་སུ་གདམས་ངག་མཐའ་དག་གི་ཞུན་བཏྲར་བཅད་ཅིང་བཞུགས་དུས་མན་ངག་གི་སྙིང་པོ་མ་ལུས་པ་དགྱེས་བཞིན་དུ་བསྩལ་བའི་ཐུགས་སྲས་དམ་པར་གྱུར། དེ་ལ་བརྟེན་ནས་གསོ་བའི་གདམས་པ་ཀུན་གྱི་ཡང་སྙིང་བསྡུས་པ་ཕན་བདེའི་ཆར་རྒྱུན་ཞེས་བྱ་བ། ཉེས་གསུམ་རྒྱང་པ་ལྡན་འདུས་ཀྱི་ནད་གསོ་བའི་སྐབས་དང་པོ་དང་། དབང་པོའི་ནད་བཅོས་པའི་སྐབས་གཉིས་པ། དོན་སྣོད་ཀྱི་ནད་བཅོས་པའི་སྐབས་གསུམ་པ། ཁ་ཐོར་སྣ་ཚོགས་ནད་བཅོས་པའི་སྐབས་བཞི་པ། རིམས་བཅོས་པའི་སྐབས་ལྔ་བ་བཅས་ཀྱི་དོན་རྫོགས་པར་བསྟན།།

奔仓益西，于1670年诞生于现今西藏自治区墨竹工卡县嘎嚓地区，自幼便对诃子、丁香等药材表现出浓厚的兴趣，酷爱以草木灰模拟药物进行治疗游戏，显示出其对医学的天赋与热爱。稍长后，他拜贡觉卓潘旺布为师，潜心学习医学知识。20岁时，他不仅能够背诵《四部医典》全篇，而且对医学理论与实践均有深刻的理解，其诊断与治疗精准有效，疗效显著，因此被伏藏大师却吉杰布誉为名副其实的“活命曼巴”。在十余年的学习过程中，他一直紧随师父的脚步，在医学领域取得了深厚的造诣。在这段漫长的学习过程中，他有幸掌握了众多珍贵的医学秘诀和智慧，这些知识的积累使他逐渐成长为一名卓越的医学专家。他的努力和成就得到了师父的高度认可，最终使他成为贡觉卓潘旺布这位医学大师的得意门生，这不仅是对他个人能力的肯定，也是对他不懈追求医学真理精神的褒奖。他的一生都致力于医学的讲授、辩论与著作，他的医学讲解不仅深入浅出，而且内容丰富，涵盖了广泛的医学领域。他的教学和研究工作受到了普遍的认可和赞誉，其中最为显著的是他的医学讲解曾受到著名医学家司徒班钦的聆听。司徒班钦不仅是一位杰出的医学家，也是一位极具影响力的教育家，他对医学教育的贡献是不可估量的。因此，能够得到他的聆听和认可，对于任何一位医学工作者来说，都是一种莫大的荣誉和肯定。奔仓益西著有《医学精华选编·利乐雨水》《口授心精之次第·甘露滴》等医著。在传承弟子中，噶玛丹培尤为著名，其弟子才让昂亦有著作《直贡选集中的秘诀上师口传笔记》传世。

དཔོན་ཚང་ཡེ་ཤེས་ཀྱི་གསུང་འབུམ།

奔仓益西医著

༄༅། །གསོ་བ་རིག་པའི་གདམས་པ་ཀུན་གྱི་ཡང་སྙིང་གཅེས་བསྡུས་པན་བདེའི་ཆར་རྒྱུན་ཞེས་བྱ་བ་བཞུགས་པའི་དབུ་ཕྱོགས། །

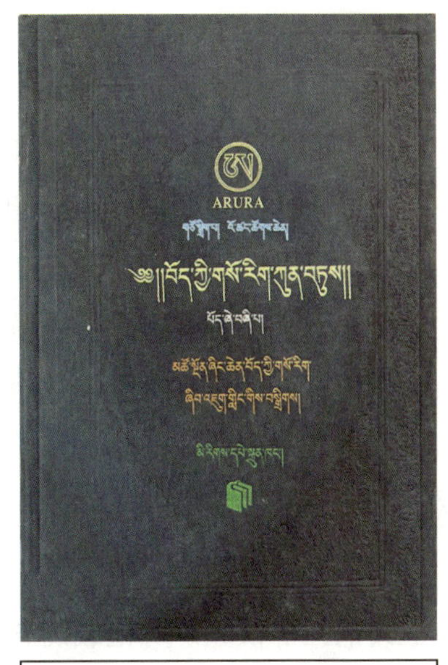

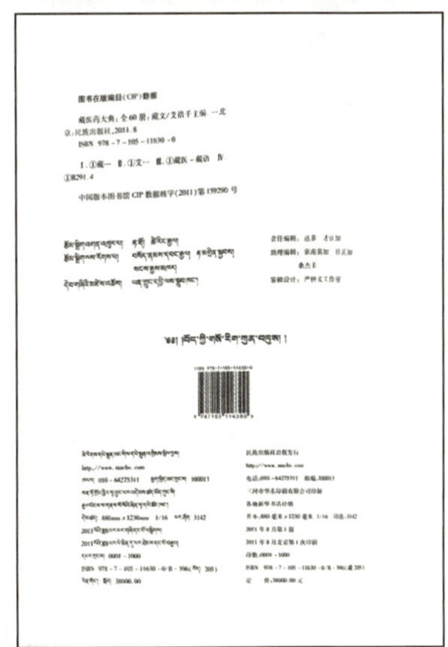
图书在版编目（CIP）数据

藏医药大典：全60册：藏文/艾措千主编. —北京：民族出版社，2011.8

ISBN 978-7-105-11630-0

中国版本图书馆CIP数据核字（2011）第159290号

༄༅། །བོད་ཀྱི་གསོ་རིག་ཀུན་བཏུས། །

གསུང་རྩོམ་འདི་ཉིད་མི་རིགས་དཔེ་སྐྲུན་ཁང་གིས་༢༠༡༡ལོའི་ཟླ་༨པར་དཔེ་སྐྲུན་བྱས་པའི་《བོད་ཀྱི་གསོ་རིག་ཀུན་བཏུས།།》ཞེས་པའི་པོད་ཞེ་བཞིའི་ནང་ཤོག་ངོས་༢༢༨ནས་༢༥༦བར་གསལ། ཁྱོན་བསྡོམས་ཤོག་ངོས་༢༨བཞུགས།

ནང་དོན་གནད་བསྡུས།

གསུང་རྩོམ་འདིའི་ནང་གཙོ་བོ་རླུང་མཁྲིས་བད་ཀན་གྱི་ནད་དང་། ཚ་བ་གཉན་རིམས་ཀྱི་ནད། ལུས་སྟོད་དབང་པོའི་ནད། དོན་སྣོད་ནད། ཐོར་བུའི་ནད། ལྷན་སྐྱེས་རྨ། གློ་བུར་རྨ། བྱིས་པའི་ནད། མོ་ནད། གདོན་གྱི་ནད་དུག་ནད་བཅས་ཀྱི་འབྱུང་བའི་རྒྱུ་རྐྱེན་དང་། མཚན་ཉིད་རྟགས། དབྱེ་བ། གསོ་ཚུལ་དང་སྨན་སྦྱོར་གྱི་བཅོས་ཐབས་བཅས་གསུངས་ཡོད།

ཡིག་ཚང་གི་རིན་ཐང་།

གཞུང་འདིའི་ནང་གཙོ་བོར་ཉེས་གསུམ་དང་དོན་སྣོད། དེ་མིན་དབང་པོ་སོགས་ཀྱི་ནད་རིགས་གསོ་ཚུལ་དང་བཅོས་ཐབས་ཞིབ་ཅིང་རྒྱས་པ་བརྗོད་ཡོད་པས་ནས་བོད་ལུགས་གསོ་རིག་སྦྱོང་བཞིན་ཡོད་པ་དང་ཡང་ན་ནད་ཐོག་སྨན་པ་དག་ལ་མཐོང་བ་བརྒྱུད་པའི་

ལག་ལེན་མི་ཉམས་རྒྱུད་འཛིན་བྱེད་ཐུབ་པ་དང་། ནད་ཐོག་ཏུ་ཞུགས་པའི་སྨན་པ་རྣམས་ལ་ཉེ་བར་མཁོ་བའི་སྨན་ཡིག་རྩ་ཆེན་ཞིག་ཡིན་པར་ངེས་སོ།།

《医学精华选编·利乐雨水》

本医著收载于《藏医药大典》，共28页（第44卷中第229页至256页）。此书由民族出版社于2011年8月出版。

内容提要：

本医著详尽记载了包括隆病在内的30余种疾病的治疗方法，涵盖了各类疾病产生的内外因素。书中不仅阐述了对这些疾病具有确切疗效的药方组成、剂量、功效以及服药时间，还根据患者的体质强弱和病情轻重，提供了相应的服药指导和引药方法。特别地，对于脏腑疾病的治疗，书中强调了以治疗热病为主，同时附带指出了在必要时认定并治疗寒病的重要性。

文献价值：

本医著详细地记录了关于三因理论以及妇科疾病方面的治疗方法，同时涵盖了其他医学领域中所记载的各类疾病的治疗手段。该书为致力于藏医学研究的学者们以及在临床一线工作的医生们，提供了一套全面而完整的理论知识和实践经验，极大地丰富了他们的医学知识库，并为他们进行疾病诊断和治疗提供了宝贵的参考。

༧༧། །གཅེས་བསྡུས་ཕན་བདེའི་སྙིང་པོའི་ཞལ་ཤེས་མན་ངག་རིམ་པ་གསལ་བར་བཀོད་པ་ཞེས་བྱ་བ་བཞུགས་སོ། །

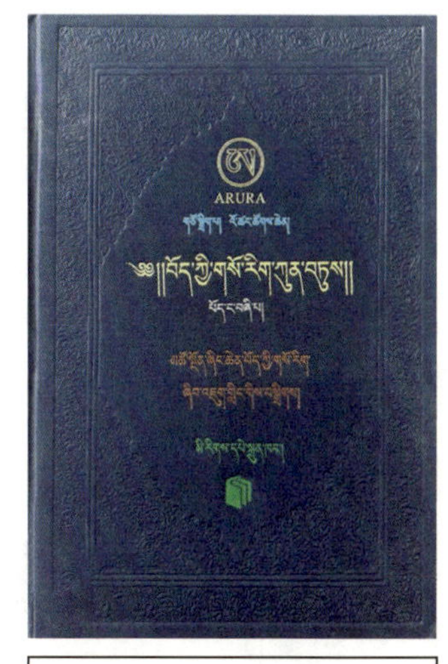

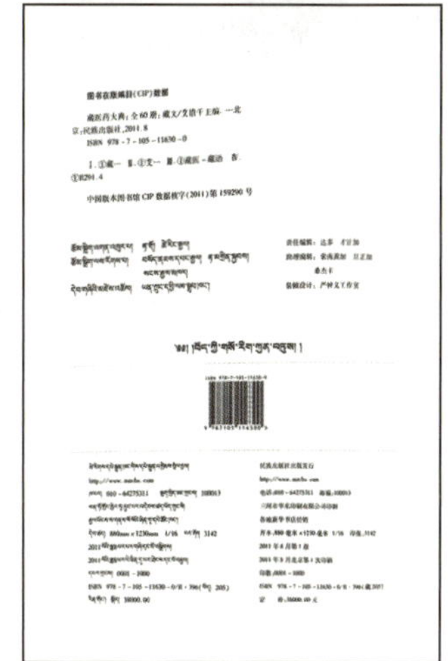
图书在版编目(CIP)数据

ISBN 978-7-105-11630-0

中国版本图书馆CIP数据核字(2011)第159290号

བོད་ཀྱི་གསོ་རིག་ཀུན་བཏུས། །

གསུང་རྩོམ་འདི་ཉིད་མི་རིགས་དཔེ་སྐྲུན་ཁང་གིས་༢༠༡༡ལོའི་ཟླ་༨པར་དཔེ་སྐྲུན་བྱས་པའི་《བོད་ཀྱི་གསོ་རིག་ཀུན་བཏུས།།》ནང་བསྡུ་བསྒྲིགས་བྱས་ཡོད་པ་དང་། ཁྱོན་བསྡོམས་ཤོག་གྲངས་༡༣བཞུགས།

ནང་དོན་གནད་བསྡུས།

གཞུང་འདི་ནི་གསོ་བ་རིག་པའི་མན་ངག་ཀུན་གྱི་གཅེས་བསྡུས་ཕན་བདེའི་སྙིང་པོའི་ལྡེ་མིག་ཅིག་སྟེ། ཐང་དང་། ཕྱེ་མ། རིལ་བུ། ཐལ་སྨན། སྦྱོངས་བྱེད། བྱུག་ལུམས་སོགས་སྐབས་ཀྱི་སྨན་སྦྱོར་དག་གི་གསང་སྨན་དང་། ཚབ་སྨན། སྦྱོར་ཚད། དུག་འདོན་བྱེད་ཚུལ། རྩི་སྨན་རིགས་ཀྱི་ལོ་མ་མེ་ཏོག་འབྲས་བུ་རྣམས་ལས་སྨན་དུ་གང་གཏོང་དགོས་ཚུལ་སོགས་ཀྱི་དཀའ་གནད་དག་ཅུང་ཞིབ་པར་བཀྲོལ་ཡོད།

གསོ་རིག་གི་རིན་ཐང་།

འདི་ནི་གོང་དུ་བསྟན་པའི་སྨན་གཞུང་《གསོ་བ་རིག་པའི་མན་ངག་ཀུན་གྱི་གཅེས་བསྡུས་ཕན་བདེའི་སྙིང་པོ་ཞེས་བྱ་བ་བཞུགས་སོ།།》ཞེས་པའི་དཀའ་གནད་བསལ་བའི་གསལ་འགྲེལ་གྱི་སྨན་ཡིག་ཅིག་སྟེ། གཞུང་འདིར་ཕན་བདེའི་སྙིང་པོ་ལས་སྨན་སྦྱོར་ཏུ་བསྟན་པའི་གབ་མིང་དང་། དུག་འདོན་གྱི་ལག་ལེན། ཐང་བླང་གི་བསླབ་བྱ་སོགས་རྒྱས་འགྲེལ་བྱས་པ་དེས་གསོ་བ་པོ་སྨན་པ་ལ་ཡང་ནད་སྨན་གཉེན་པོ་སྦྱོད་པར་ཐོགས་པ་མེད་པའི་གལ་ཆེའི་ཟུར་ལྟའི་ཡིག་ཆ་འདོན་སྦྱོད་བྱས།

འདིའི་ས་བཅད་ཀྱི་གོ་རིམ་ཡང་སྨན་གཞུང་དེ་བཞིན་དུ་བྲིས་ཡོད་འདུག དེ་ཡང་ཐོག་མར་ཐང་གི་སྡེ་ནས་བཟུང་ནད་ལ་གཞིགས་ཏེ་སྐབས་བསྟུན་སྨན་ལ་དུག་ཐལ་དགོས་མིན། སྨན་གྱི་སྦྱོར་ཚད་གཏོང་བའི་ཐབས། སྨན་གྱི་གབ་མིང་། མེ་ཏོག་གསུམ་པ་ལྟ་བུ་སོགས་གང་ཡིན་བསྡུས་ཚིགས་རྒྱས་འགྲེལ། སྨན་ཁ་ཅིག་ལག་དུ་མ་འཁྱོར་ཚེ་ཚབ་

ཏུ་རུང་བའི་སྨན་སྣ། གསང་སྨན། དུག་འདོན་བྱ་ཐབས། ནད་ལ་གཞིགས་ཏེ་སྐབས་སུ་གཏོང་བའི་སྨན་གྱི་བཏུ་ཡུལ་དང་སྐམ་གསེད་ཀྱི་ནླང་བྱ། རྩ་ལོ་མེ་འབྲས་སོགས་གང་གཏོང་དགོས་པ་བཅས་གཅེས་བསྡུས་ཕན་བདེའི་སྙིང་པོ་ལ་འཇུག་པའི་ཞིབ་འགྲེལ་སྨན་གཞུང་ཅིག་གོ།།

《秘诀集要利乐精华的口授秘诀逐次明示》

本医著收载于《藏医药大典》，共13页。此书由民族出版社于2011年8月出版。

内容提要：

本医著是开启《医学所有秘诀集要・利乐之精华》之钥匙，详尽记录了汤剂、散剂、丸剂、灰剂以及排泄、涂抹、罨浴等各类方剂中的秘药、替代药物和配伍剂量。同时，亦涵盖了去毒炮制法，以及草药类的叶、花、果实等部位的入药方法等关键难点内容。

医学价值：

本医著为《医学所有秘诀集要・利乐之精华》的疑难注解版本，内容亦依循原书章节顺序进行逐项阐释。自汤剂起，记载了根据病情选用的组方药物中特定药材的炮制方法、剂量、秘方；详细解释了诸如“三花”所指的三种药材等专业术语；对于难以寻觅的药材，提供了可替代的药物选项，阐释了隐名药材，并详述了根据疾病挑选药材的采集地点、晒干或阴干的方法、入药部位等信息。此书为《医学所有秘诀集要・利乐之精华》一书不可或缺的疑难注解版本。

本医著详细解释了秘药和隐名药的概念，旨在避免在用药过程中出现错误。它强调了针对不同疾病，需要采用不同的药物和炮制方法，从而在一定程度上提升了药物的疗效。通过这些详尽的指导，确保了临床给药能够达到最佳的治疗效果。此外，这些指导还强调了个体化治疗的重要性，考虑到患者的年龄、性别、体重、肝肾功能以及可能存在的其他疾病等因素，从而为每个患者量身定制最合适的治疗方案。

༄༅། །གཅེས་བསྡུས་པར་བདེའི་སྙིང་པོའི་ཡང་ཟབ་རྣམས་སྤྲས་རྒྱུད་ཀྱིས་བྱུར་དུ་བཀོད་པ་བྱུག་རྡུ་གཞོམ་པའི་མན་ངག་ཅེས་བྱ་བ་བཞུགས་སོ། །

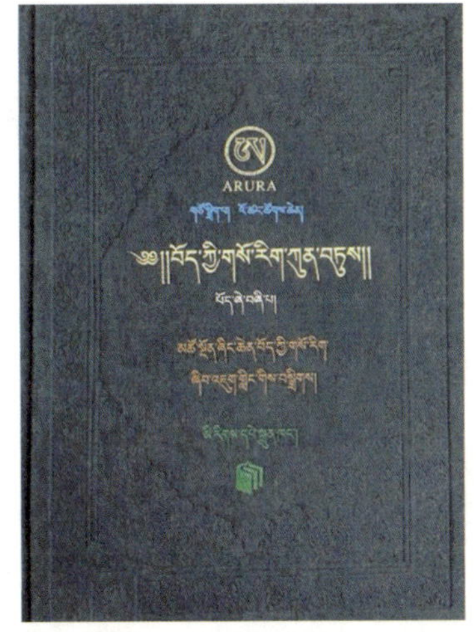

གསུང་རྩོམ་འདི་ཉིད་མི་རིགས་དཔེ་སྐྲུན་ཁང་གིས་༢༠༡༡ལོའི་ཟླ་༨པར་དཔེ་སྐྲུན་བྱས་པའི་《བོད་ཀྱི་གསོ་རིག་ཀུན་བཏུས།》ནང་བསྡུ་བསྒྲིགས་བྱས་ཡོད་པ་དང་། ཤོག་བཟོས་ཤོག་གྲངས་༡༢བཞུགས།

ནང་དོན་གནད་བསྡུས།

བུད་མེད་ཀྱི་ནད་ལ་དབྱེ་བ་སུམ་ཅུར་ཕྱེས་ཏེ། དེའི་བརྟག་ཐབས་དང་། རྟགས་ཀྱི་ཁྱད་པར། གསོ་ཐབས་སོགས་དང་། འབྲུམ་བཅོས་དཀར་ནག་གཉིས་ལས་དཀར་པོའི་སྨན་བཅོས། བད་ཀན་མགྲུལ་འགགས་ཀྱི་གསོ་ཐབས་ཟབ་མོ་སོགས་རང་ལ་ཉམས་མྱོང་ལྡན་པའི་ནད་རིགས་འགའི་བཅོས་ཐབས་ཀྱི་སྐོར་དང་། སྨན་གྱི་ལག་ལེན་ཆེན་མོ་ལྕགས་རིལ་མན་ངག་ཟབ་ཁྱད་ཅན། ལྕགས་རིལ་དྲིལ་བའི་གདམས་པ་ཟབ་མོ། ཕྱག་རྡོར་རིལ་བུ་མངའ་བདག་ཉང་རལ་གྱི་གཏེར་མ་སོགས་གནད་ཆེ་བའི་སྨན་སྦྱོར་གྱི་ལག་ལེན་གྱི་སྐོར་གཉིས་གསུངས་ཡོད།

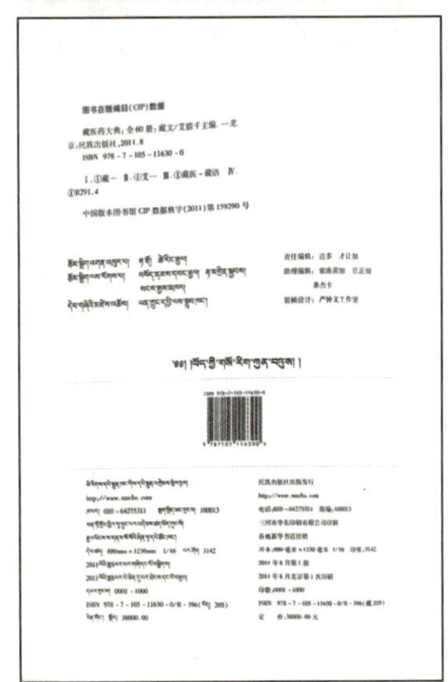

གསོ་རིག་གི་རིན་ཐང་།

མོ་ནད་ཀྱི་སྨན་བཅོས་ཟབ་མོ་དང་། འབྲུམ་ནད། བད་ཀན་མགྲུལ་འགགས། རྒྱ་གཟེར་ནད་བཅས་ནད་གཞི་དེ་དག་གི་བཅོས་ཐབས་བསྟན་པ་སྟེ། ལྷག་དུ་འབྲུམ་ནད་དང་བད་ཀན་མགྲུལ་འགགས་ཀྱི་བཅོས་ལ་ཐོག་མཐའ་བར་གསུམ་དུ་བྱ་ཐབས་ལག་ལེན། ཟས་སྤྱོད་ཀྱི་སྤང་བླང་བཅས་གསང་བ་མེད་པར་བཀོད་ཡོད། གཞན་ལོ་ཆེན་བཻ་རོ་ཙྪ་ནས་རྒྱ་གཞུང་ལས་བསྒྱུར་བའི་ལྕགས་ཀྱི་བཙུད་ལེན་སྦྱོར་བཟོ་བྱ་ཐབས། ལེགས་པར་གྲུབ་ནས་ཆུ་ནད་དང་། ངན་ཁྲག་ཆུ་སེར་འཕེལ་བས་ནད་སོ་སོ་བསྐྱེད་པ་ལ་ཕན་ཡོན་རྒྱ་ཆེ་བ་བསྟན་པ་དང་། ལྕགས་རིལ་དྲིལ་བའི་གདམས་པ་ཟབ་མོ་ཞེས་དེ་ཡི་ལག་ལེན་དང་ཕན་ཡོན་བསྟན་པ། དེ་

མིན་མངའ་བདག་ཞིང་རལ་པ་ཅན་གྱིས་གཏེར་ནས་བཏོན་པའི་དཔལ་ཕྱག་ན་རྡོ་རྗེས་མཛད་པའི་རིལ་བུ་དེ་ཡི་སྦྱོར་བཟོའི་ལག་ལེན། ཕན་ཡོན་གཞལ་མཐའ་བྲལ་ལ་ལྷག་ཏུ་མཛེ་ནད་ལ་མཆོག་ཏུ་བསྔགས་པ་བཅས་ལག་ལེན་གྱི་གདམས་པ་སྙིང་བྱང་དག་ནང་དོན་རྒྱས་པར་གསལ་ལོ།།

《以隐秘方式附录于旁的医疗选编利乐之再秘精华·摧毁疼痛秘诀》

本医著收载于《藏医药大典》，共12页。此书由民族出版社于2011年8月出版。

内容提要：

本医著将妇科疾病细分为30种，详尽记载了各类疾病的诊断方法、症状鉴别以及治疗方法；同时，书中亦阐述了白痘疹与黑痘疹治疗中的白痘疹特殊疗法，培根喉阻病（即食道癌）的深奥治疗技巧，并结合作者个人治疗疾病的实际经验，介绍了药物的制备与应用实践等内容。

医学价值：

本医著详尽记载了妇科疾病、痘疹、食道癌以及肠绞痛等多种疾病的诊断与治疗方法，尤其对痘疹和食道癌的治疗过程及注意事项进行了深入阐述。此外，书中亦对铁剂的秘制方法、秀多丸的制备及其疗效等药物制备实践进行了记录，体现了医学知识的传承与实际应用的结合，展示了从古至今医学领域知识的积累和传播，以及这些知识如何被应用于现代医疗实践之中。

༄༅། །ཞལ་ཤེས་སྙིང་གི་ཁུ་བའི་རིམ་པ་ཅན་བཏུད་རྩིའི་ཐིགས་པའམ་གཅེས་བཏུས་པན་བདེའི་སྙིང་པོའི་གབ་པ་མངོན་དུ་ཕྱུང་བའི་ལྡེ་མིག་ཅེས་བྱ་བ་བཞུགས་སོ། །

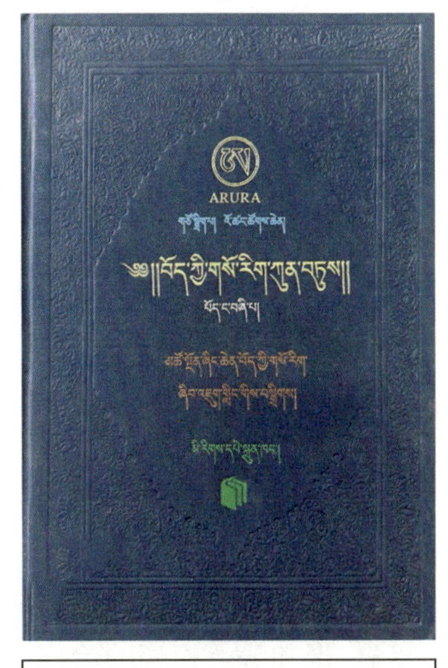

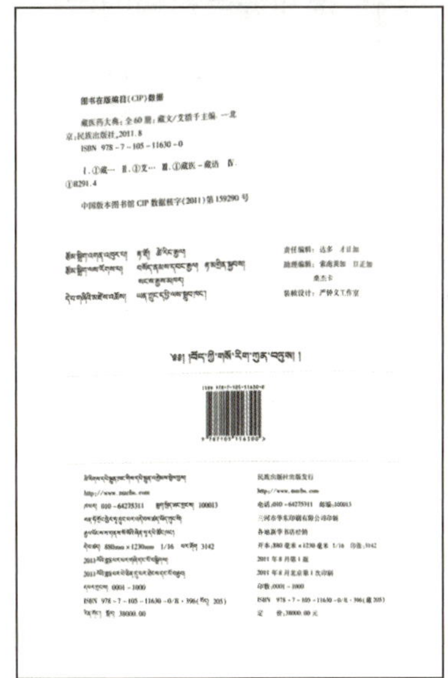

图书在版编目(CIP)数据

藏医药大典：全60册：藏文/艾措千主编. —北京：民族出版社，2011.8

ISBN 978-7-105-11630-0

Ⅰ.①藏… Ⅱ.①艾… Ⅲ.①藏医－藏语 Ⅳ.①R291.4

中国版本图书馆 CIP 数据核字(2011)第159290号

责任编辑：达多 才旦加

装帧设计：严钟义工作室

༄༅། །བོད་ཀྱི་གསོ་རིག་ཀུན་བཏུས། །

民族出版社出版发行

http://www.mzcbs.com

电话:010-64275311 邮编:100013

三河市华东印刷有限公司印刷

各地新华书店经销

开本:880毫米×1230毫米 1/16 印张:3142

2011年8月第1版

2011年8月北京第1次印刷

印数:0001-1000

ISBN 978-7-105-11630-0/R·396(藏205)

定 价:38000.00元

གསུང་རྩོམ་འདི་ཉིད་མི་རིགས་དཔེ་སྐྲུན་ཁང་གིས་༢༠༡༡ལོའི་ཟླ་༨པར་དཔེ་སྐྲུན་བྱས་པའི《བོད་ཀྱི་གསོ་རིག་ཀུན་བཏུས།།》ནང་བསྡུ་བསྒྲིགས་བྱས་ཡོད་པ་དང་། ཁྱོན་བསྡོམས་ཤོག་གྲངས་༡༩ཁ་བཞུགས།

ནང་དོན་གནད་བསྡུས།

འབྲི་ལུགས་སྨན་ནག་ཆེན་མོའི་ཕྱག་ལེན། སྙུང་ནད་དང་། བད་ཀན་སྨུ་སེར། འདུས་ནད་སྨུག་པོ་བཅས་ཀྱི་གཉེན་པོ་སྨན་སྦྱོར། འདུ་བ་སྤྱིའི་སྨན་ཟླ་ཤེལ་སྒྱུ་གུའི་སྦྱོར་བ། སློ་སྨན་སྤང་རྒྱན་བཅོ་ལྔ་དང་དེའི་གཏོང་ལུགས། གཉན་ནད་གཟེར་ཐུང་གི་བཅོས་ཐབས། ཆུ་བཅོས་ཀྱི་ཞལ་ཤེས། བད་ཀན་མེད་འཆུས་ནད་ལ་མན་ངག་ཤོག་དྲིལ་ལྟར་བཅོས་མ་ཕན་ན་གཉེན་པོ་གཞན་གྱི་ཐབས་བསྟེན་པའི་མན་ངག རྒྱ་གཟེར་གྱི་བཅོས། རྒྱ་ནག་ཚ་གྲང་གི་འབྲུ་སོ་སོར་གཉེན་པོ་སྨན་གང་སྦྱོད་ཐབས་དང་དངོས་གཞིའི་ཁོང་སྨན་ཞག་བདུན་དུ་སྦྱོད་པའི་ཚུལ། བཏང་རྗེས་ཟས་སྤྱོད་སྤང་བླང་གི་བསླབ་བྱ་བཅས་གཉེན་པོ་སྨན་དཔྱད་སྦྱོད་ཐབས། དེ་མིན་ལག་ལེན་སྐོར་ཕྱག་རྡོར་རིལ་བུའི་ལག་ལེན་ཡང་འདིར་བརྗོད་པ། གཞན་དུག་སྨན་ཏ་ཟེ་མའི་ལག་ལེན་དང་སྤང་བླང་། མི་རྒྱུ་བའི་དུག་གི་སྐབས་ཀོ་ཐའི་གཏོང་ལུགས། སྟོད་སྟོན་དཀོན་མཆོག་སྐྱབས་ཀྱི་སྤྲས་པ་བྱ་རིག་གི་ལག་ལེན་བཅས་ལག་ལེན་རིགས་རྩོམ་པ་པོ་ཉིད་ཀྱིས་སློབ་དཔོན་གྱི་གསུངས་དང་རང་གི་མྱོང་བྱང་ཕྱོགས་བསྡུས་སུ་བཀོད་པའི་སྨན་ཡིག་ཉེར་མཁོ་ཞིག་གོ།

གསོ་རིག་གི་རིན་ཐང་།

འབྲི་ལུགས་ཀྱི་སྨན་ནག་ཆེན་མོ་དང་། རླུང་ཁྲག་གཉན་གསུམ་སེལ་བའི་ཨ་གར་སོ་ལྔ། གློ་བཅོས་ཀྱི་སྤང་རྒྱན་བཅོ་ལྔ་སོགས་ཀྱི་མཁས་པ་སོ་སོའི་མི་འདྲ་བའི་བཞེད་ལུགས་དང་། ནད་དང་སྦྱར་ནས་སྨན་གང་ཕྱུང་བསྐྱེད་དགོས་ཚུལ། ཁ་བསྒྱུར་བྱ་ཐབས། ཉག་སྦྱོད་བྱ་ཐབས། དེ་མིན་སྦྱོར་བའི་ཚབ་སྨན་དང་། གསང་སྨན། སྦྱོར་ཚད་རྣམས་ཅུང་རྒྱས་པར་བསྟན་ཡོད་པས། སྨན་པ་རྣམས་ཀྱི་ནད་ཐོག་གི་ལག་ལེན་ཐད་རིན་ཐང་ཆེའོ།།

《口授心精次第甘露滴或秘诀集要·利乐精华秘密之钥匙》

本医著收载于《藏医药大典》，共19页。此书由民族出版社于2011年8月出版。

内容提要：

本医著详尽记载了直贡派大黑丸的配方成分，以及针对隆病、培根病、培根合病、聚和病等疾病的治疗药物。书中亦阐述了十五味龙胆散在治疗肺病方面的应用，疫病的处理方法，以及水鼓病、浮肿等病症的秘方解释。此外，书中还记载了若《秘诀医卷》中所述的治疗培根革更病（食道癌）的方法无效时，应采取的替代疗法，腹泻伴随绞痛的治疗方法，以及急慢性肠炎的详尽治疗方案和饮食禁忌。书中亦包含秀多丸、达斯丸、“果查”等药物的使用说明，以及多顿贡求加动物类药物的临床应用秘诀，是一部集临床治疗经验之大成的医学文献。

医学价值：

本医著详尽地记录了直贡派所创制的大黑丸，以及不同流派名医对于方剂配伍的不同见解。书中记载了针对不同症状的药物加减法、剂量等细节，以及交替使用药物的方法、秘方和剂量等，汇集了多种临床治疗经验和药物应用方法，这些内容不仅为医学专业人士提供了宝贵的参考，也为临床治疗的传承和创新提供了坚实的基础。其重要性不仅体现在对现有知识的整理和总结上，更在于它对未来的医学研究和实践具有指导意义，因此具有重要的传承和实用价值。

༡༢ དེའུ་དམར་བསྟན་འཛིན་ཕུན་ཚོགས།
12 帝玛尔·丹增彭措

དེའུ་དམར་བསྟན་འཛིན་ཕུན་ཚོགས་ཀྱི་ངོ་སྤྲོད་མདོར་བསྡུས།
帝玛尔·丹增彭措简介

དེའུ་དམར་དགེ་བཤེས་བསྟན་འཛིན་ཕུན་ཚོགས་ནི། འབྲུངས་ཡུལ་ཆབ་མདོ་ཀྲོན་ཆུས་གོ་འཇོ་རྫོང་ཡིན་ཅིང་། ཡབ་ཀྱི་མཚན་ལ་རྡོ་རྗེ་བཀྲ་ཤིས་དང་ཡུམ་ལྷ་དཀར་ཞེས་པ་གཉིས་ཀྱི་སྲས་སུ་དུས་རབས་བཅུ་བདུན་པའི་ནང་སྐུ་འབྲུངས། རུས་ནི་བི་བྱི་ཡིན་པར་གྲགས། དེའུ་དམར་ཞེས་པ་ནི་འབྲུངས་ཡུལ་གོ་འཇོའི་གསེར་དཀར་ཞེས་པའི་གྲོང་ཚོའི་འགྲམ་ལ་རི་དེའུ་དམར་པོ་ཞིག་ཡོད་པའི་ཉེ་ལོགས་སུ་མཚམས་ཁང་བརྒྱབ་ནས་བཞུགས་པས་མཚན་དེ་ལྟར་བྱུང་། རྗེས་སུ་སྨིན་གླིང་གཏེར་ཆེན་གྱི་རྒྱལ་སྲས་ས་ཁུལ་དེར་ཕེབས་ནས་དེའུ་དམར་བཞུགས་ས་མགོ་ཁྲིམ་དགོན་པ་ཞེས་སུ་མིང་བཏགས་པར་མཛད། དེའུ་དམར་བསྟན་འཛིན་ཕུན་ཚོགས་ཆུང་དུས་ནས་འཇོ་མདའ་རྫོང་གི་ཁོངས་སུ་ཡོད་པའི་རྫི་དཀར་དགོན་པར་ཆོས་ཞུགས་གནང་སྟེ་སྦ་ཕྱིར་སློབ་དཔོན་ཀརྨ་བསྟན་འཕེལ་ཞེས་པ་དང་། ཀུན་དགའ་བསྟན་འཛིན་གཉིས་ཀྱི་དྲུང་ནས་ཐུན་མོང་དང་ཐུན་མོང་མ་ཡིན་པའི་ཤེས་བྱ་ཇི་སྙེད་དང་ལྷག་པར་གསོ་དཔྱད་དང་སྐར་རྩིས་གཉིས་ལ་སྦྱངས་པ་མཐའ་འཁྱོངས་པར་གནང་།

རྗེས་སུ་རྫི་དཀར་དགོན་པའི་སྒྲིག་ཁྲིམས་དང་མི་མཐུན་པའི་སྐོར་གྱི་བསྙད་འདོགས་སྣ་ཚོགས་རྐྱེན་གྱིས་བསྟན་འཛིན་ཕུན་ཚོགས་མཆོག་དགོན་པ་དེ་དང་ཞལ་བྲལ་དགོས་ཀྱི་གནས་སུ་གྱུར་ནས་སྐྱེ་དགེ་ལྷ་ཐོག་ཁུལ་དུ་ལོ་ཤས་བཞུགས། ཉེང་མར་ལྷ་ཐོག་རྒྱལ་པོ་བློ་གྲོས་ཞེས་པས་ཀྱང་དེའུ་དམར་བསྟན་འཛིན་ཕུན་ཚོགས་ལ་མི་བཟོད་པའི་སྡང་ཟུག་སྤྲད་དེ་ལྷ་ཐོག་ནས་ཡུལ་ཕུད་བཏང་ཞིང་། དེའུ་དམར་བསྟན་འཛིན་ཕུན་ཚོགས་མཆོག་གིས་བརྩམས་པའི་བསྟན་བཅོས་ཁྱད་དུ་འཕགས་པ་པོ་ཏི་བཞི་བཅུ་ཞེ་གཉིས་ཙམ་ཡོད་པ་འགའ་ཤས་མེ་ལ་བསྲེགས་པ་དང་། འགའ་

ཞིག་ཆུ་ལ་བསྐྱུར་བ་སོགས་བྱ་ངན་མ་རུངས་པ་སྣ་ཚོགས་བྱས་རུང་སྐུ་ཆེ་ལ་བར་ཆད་མ་བྱུང་ཙམ་གྱི་ངང་ནས་ཐོག་མར་ཡུན་ནན་ལ་ཕེབས། དེ་ནས་རྒྱ་གར་འཕགས་ཡུལ་དུ་གནས་སྐོར་གནང་རྗེས་བོད་དུ་ཕེབས་ཏེ་ལྷ་སའི་སེ་ར་དགོན་པ་དང་། བྱང་གི་གནས་མཚོ་ཁུལ་ལ་ཡང་ལོ་མང་བཞུགས་སྐད་འདུག

དེའི་རིང་དེཝུ་དམར་བསྟན་འཛིན་ཕུན་ཚོགས་ནས་སྐུ་ངལ་དང་བར་ཆད་ལ་ཧེ་མི་སྨམ་པར་སྐུ་ཚེ་གཅིག་རིང་བོད་ཀྱི་གསོ་རིག་དང་། ལྷག་པར་སྨན་རིག་ཐད་ལ་བརྩོན་ཞིབ་གནང་བའི་མཛད་རྗེས་དང་གྲུབ་འབྲས་ནི་དུས་ཕྱིས་སུས་ཀྱང་འགྲན་དུ་མེད་པ་ལྟ་བུ་ཞིག་ཡིན། དཔེར་ན་ད་ལྟ་ཡོད་པའི་གསུང་རྩོམ་སྐོར་གྱི་དཀར་ཆག་ཀ་ལྡེ་མི་ཏྲ་ཤྲཱ་ས་ཏིའི་རིག་ཟིག་དྲན་པ་གསོ་བ་གསོ་རིག་གི་ཡིག་ཐོ་གསལ་བྱེད་མཁྱེན་རྒྱུན་ཐག་ཅེས་པར་ཁྱོན་བསྡོམས་ལེ་ཚན་དྲུག་ཅུ་རེ་གསུམ་ཡོད། དེའི་ནང་སྨན་སྐོར་ལ་དཀར་ཆག་ཅ་པ་ལ་རོ་དྲུག་སྨན་གྱི་སྦྱོར་སྦྱོར་གསལ་བར་འགྲེམས་པ་དྭང་སྲོང་ཞལ་ལུང་བ་ཀུ་ལའི་འདབ་ཕྲེང་ཞེས་པ་དང་། དེ་བཞིན་དཀར་ཆག་པ་ལ་བདུད་རྩི་སྨན་གྱི་རྣམ་དབྱེ་ངོ་བོ་ནུས་མིང་རྒྱས་པར་བཤད་པ་དྲི་མེད་ཤེལ་ཕྲེང་། དཀར་ཆག་ཛ་པ་ལ་བདུད་ནད་འཛོམས་པའི་གཉེན་པོ་རྩི་སྨན་གྱི་ནུས་པ་རྒྱང་བཤད་གསལ་སྟོན་དྲི་མེད་ཤེལ་གོང་། དཀར་ཆག་ཉ་པ་ལ་ཞུ་རྗེས་གསུམ་གྱི་ངོ་སྦྱོད་གསལ་སྟོན་མེ་ལོང་། དཀར་ཆག་ཏ་པ་ལ་སྨན་གྱི་རོ་ནུས་ཞུ་རྗེས་སྦྱར་ཐབས་ཀྱི་རྟེལ་འགྲེམས་རྒྱུད་དགོངས་གསལ་སྟོན་དང་། དེའི་ཤོག་བགྲ་ར་མིག་གསལ་སྣང་། དཀར་ཆག་ཚ་པ་ལ་ལག་ལེན་གཅེས་བསྡུས་སྨན་ཀུན་བཙུད་དུ་བསྒྲུབ་པའི་ལས་ཀྱི་ཆོ་ག་ཀུན་གསལ་སྣང་མཛོད། དཀར་ཆག་ཇ་པ་རོ་སྦྱེབ་སྦྱར་བ་ཕན་ཡོན་དང་སྦྱགས་མར་ཚོགས་སུ་བཅད་པ་དོན་ཚང་ཚིག་བསྡུས། དཀར་ཆག་ཟི་པ་ལ་སྣ་ཚོགས་ཉེར་ལྔ་བརྒྱ་རྩ་འཆི་མེད་བདུད་རྩིའི་ཤེལ་དཀར་ཕྲེང་བ་ཞེས་བྱ་བ་མཁས་མང་ཡོངས་ཀྱི་མགུལ་རྒྱན། དཀར་ཆག་ཡ་པ་ལ་གསོ་བ་རིག་པའི་ཆོས་འབྱུང་རྣམ་ཐར་རྒྱ་མཚོའི་ཐ་ཤླབས་དང་དྲང་སྲོང་དགྱེས་པའི་འཇུམ་ཕྲེང་ལ་སོགས་པ་རྒྱ་ཆེ་ལ་གཏིང་ཟབ་པའི་བསྟན་བཅོས་མང་དག་ཅིག་བརྩམས་པར་མཛད་འདུག

གོང་གསལ་དེ་དག་ནང་ནས་སྨན་རྫས་རིག་པའི་སྐོར་ལ་དྲི་མེད་ཤེལ་ཕྲེང་འདི་ཉིད་ཕྱུལ་དུ་བྱུང་བའི་སྦྱོ་འབུམ་སྐད་གྲགས་ཅན་དེ་ཡིན་པར་ཀུན་གྱིས་ཁས་བླངས་དོན་ཐོག་དུ་གསལ་བ་ལ་ཁྱད་ཆོས་མང་པོ་ཡོད་ཀྱང་མདོར་བསྡུས་ན།

གཅིག སྐྱེ་དངོས་དང་། སྲོག་ཆགས། གཏེར་རྫོའི་སྨན་མཐའ་དག་ནི་རོ་ནུས་དང་རང་བཞིན། མངོན་བརྗོད། འབྱུང་ཁུངས་དཔེ་སོགས་ཞིབ་རྒྱས་སུ་བཀོད་ཡོད་པ་དང་།

གཉིས གནམ་མཚོ་སོགས་ལ་ཕེབས་དུས་ཁོང་རང་ངོ་མས་འདྲི་བརྩད་དང་། བརྟག་དཔྱད་གནང་བ་རྣམས་ལུང་རིགས་དཔྱད་པ་གསུམ་གྱིས་གཏན་ལ་ཕབ་སྟེ་ཚད་ཐུབ་ཀྱི་ཁུངས་དང་བཅས་པས་གསལ་བཤད་གནང་བ།

གསུམ སྨན་རྫས་རྣམས་སྡེ་ཚན་བཅུ་གསུམ་དུ་ཕྱེ་ནས་བྱེ་བྲག་ནང་གསེས་ལ་རྩ་བའི་སྨན་རིགས་རྣམ་གྲངས་ཆིག་སྟོང་ཆིག་བརྒྱ་དོན་དྲུག་དང་། ནང་གསེས་དབྱེ་བའི་རྣམ་གྲངས་ཉིས་སྟོང་ཉིས་བརྒྱ་གོ་བཞི་ཡོད་པ་སྦྱོ་འབུམ་

ནང་གི་རྒྱས་ཤོས་ཤིག་ཡིན།

བཞི དྲི་མེད་ཤེལ་ཕྲེང་ནང་འཕོད་པའི་སྨན་གྱི་ངོས་འཛིན་དང་རྒྱས་བཤད་འབྲུངས་དཔེ་སོགས་བོད་ལྗོངས་ཙམ་མ་ཟད། མཚོ་སྔོན་དང་། ཀན་སུའུ། སི་ཁྲོན། ཡུན་ནན། ནང་སོག་བཅས་ཀྱི་སྨན་པ་ཚོས་གཞི་འཛིན་ས་དང་།ཚད་ལྡན་སྒོ་འབྱམ་འབབ་ཞིག་ལ་བརྩིས་ནས་བེད་སྤྱོད་བྱེད་པ།

ལྔ དྲི་མེད་ཤེལ་ཕྲེང་འདི་བཞིན་སྔ་རྗེས་སུ་ཤིང་པར་བསྐྲུན་པ་དང་།ཡང་ན་སྨན་ངོ་རྐྱང་པའི་འདྲ་ཡིག་རེ་མོར་བྲིས་ནས་སློབ་ཁྲིད་དང་།ངོས་འཛིན་བྱེད་བདེ་ཡོང་ཕྱིར་དཔེ་དེབ་པར་དུ་བསྐྲུན་པ་སོགས་ནས་དེང་སྐབས་ཀན་ལྷོ་བོད་རིགས་ཁུལ་གྱི་བསང་རྒྱ་རྫོང་བོད་ལུགས་སྨན་ཁང་གིས་ཆེད་མངགས་ལྷུགས་པར་དུ་བཀོད་པའང་ཡོད།

དེ་མིན་ད་དུང་དེའུ་དམར་བསྟན་འཛིན་ཕུན་ཚོགས་ཀྱིས་བརྩམས་པའི་བཤལ་སྙུགས་ཀྱི་ལག་ལེན་ཉེ་མའི་སྙིང་པོ་དང་།བཅུད་ལེན་རྗེས་བཤད་ཟབ་མེད་བདེ་སྟེར།གཏར་ཁའི་གདམས་པ་ཉེས་འཕྲུགས་དྭངས་འབྱིན།མེ་བཙའི་གདམས་པ་ཤེལ་དཀར་མེ་ལོང་།ལུས་གནད་དང་བྱང་ཁོག་ཡུལ་ཐིག་སོགས་ཡོད་པའི་སྐོར་མཁྱེན་བརྩེའི་བཀའ་འབུམ་དཀར་ཆག་ཐ་པའི་ནང་དུ་གསལ་བ་བཅས། མདོར་ན་དེའུ་དམར་བསྟན་འཛིན་ཕུན་ཚོགས་ནི་བོད་ཀྱི་གསོ་བ་རིག་པའི་ནང་ཚན་སྨན་རྫས་རིག་པའི་སྐོར་ལ་མངའ་བརྙེས་ཤིང་།བྱང་ཆུབ་པ་འདི་འདྲ་ད་ཕན་ལོ་རྒྱུས་ཐོག་མཐོང་དཀོན་པ་ལྟ་བུ་དང་།མེས་རྒྱལ་གྱི་ཀྲུང་དབྱི་སྨན་རྫས་མཁས་ཅན་ལི་ཧྲེ་ཀྲེན་གྱི"སྨན་ཚའི་ཀང་རྨུའུ" ཞེས་པ་ལས་ཀྱང་ཁྱད་དུ་འཕགས་པ་ཞིག་ཡིན་པ་རྒྱ་རིགས་མཁས་དབང་ཆོས་གདེང་འཛོག་གནང་མཁན་དངོས་སུ་བྱུང་བ་བཅས། རྗེ་འདིའི་མཁྱེན་རབ་དང་། དགོངས་པའི་རྩལ་ནི་ཕྱིར་བཏང་ལས་ལྷག་པ་ཞིག་དང་། ཤུལ་བཞག་གསུང་རྩོམ་རྣམས་ནི་དེང་དུས་བལྟས་ཀྱང་ཡིད་དབང་དབང་མེད་དུ་འཕྲོག་ནུས་པའི་ཁྱད་ཆོས་དམིགས་བསལ་ཅན་ཡོད་པས་དམ་པ་དེའི་གསུང་གི་བདུད་རྩིའི་དགའ་སྟོན་ཟད་མེད་དུ་ལོངས་སྤྱོད་སྐབས་མཛད་རྗེས་བཟང་པོ་རྣམས་ཡིད་ལ་བཅངས་བཞིན་རྗེས་དྲན་ཞུ་དགོས་པ་ནི་ཅི་ནས་ཀྱང་གལ་ཆེ་བར་གདའོ།།

帝玛尔·丹增彭措，藏历第十一绕迴水牛年（1673）诞生于多康竹达萨摩岗贡觉色卡（今西藏自治区昌都市贡觉县相皮乡色卡村兰果庄）的布吉家族，该家族在藏医药学领域享有盛誉，历史上涌现出众多杰出的藏医学家，例如第三十三代藏王松赞干布的御医嘎勒卢、第三十七代和三十八代藏王的御医布吉·赞巴希拉哈，以及九圣贤医之首拉丹公布等。此外，著名的达波噶举派创始人达波拉吉亦曾受教于布吉曼薛，成为布吉家族医学传承的重要人物。其父布吉·多吉扎西、叔父布吉·南卡西拉均为当地知名的医者。关于其圆寂的确切时间，文献中未有详尽记载。然而，从其所著《藏医药名词解译》一书的后记中可以得知："应众多敬业者之请，丹增彭措于六十八岁撰写此书"，据此推断，丹增彭措至少活到了68岁。

帝玛尔·丹增彭措自幼即开始学习藏文文字、语法及书法，8岁时，他开始跟随叔叔布吉·南卡西拉系统地学习藏医药、天文历算等传统藏文化知识；12岁时，他进一步跟随当地著名高僧释迦拉旺深入研修藏传佛教大手印法，并在闲暇之余学习藏族传统绘画工艺。此时，帝玛尔·丹增彭措的学术造诣已在同龄人中崭露头角，其处女作《药师佛境土礼赞颂》即是在他12岁时所撰写；25岁时，他在竹巴噶举的道场（康噶尔彭措吉祥法轮洲）跟随阿旺更嘎丹增格勒深入学习了藏传"十明"学科的精髓，并迅速成为藏传佛教噶举派的杰出弟子。随后，他又在哲蚌寺（格鲁派三大寺之一）深造，系统地学习了藏传佛教《五部大论》，并顺利完成了学业，获得了格西学位，成为了广为人知的帝玛尔·格西。由于他在学术上的卓越成就和医疗技术上的精湛，他先后被德格土司登巴泽仁（1678—1738）、囊谦土司多杰才旺（1680—1734）聘为私人医生。

帝玛尔·丹增彭措曾亲自远涉深山旷野，进行药物标本的调查与采集工作。起初，他的调查活动始于其家乡昌都地区。依据《晶珠本草》中关于石类药物白松石的记载："此物为白色石块，外观呈脑状，表面散布着稀疏的脑凸粒，质地极为坚硬，断面呈现出光泽，颜色类似象牙。在达消萨玛山（位于今西藏自治区昌都市丁青县境内）的一个小沟中，多数石块均为此物。"由此可见，他确实在达消萨玛山进行过白松石的调查。《晶珠本草》与《丹增彭措文集》中多处提及，他亦在山西五台山、四川峨眉山、云南鸡足山等地对藏药品种进行了调查研究，例如在描述京墨时记载："我国汉地五台山附近所产的普贤草，叶色淡绿，宽大且厚实，花色为黄色，形态类似闹阳花，散发出类似艾草的气味，特别芬芳引人。"此外，他还前往印度、尼泊尔、克什米尔等与青藏高原接壤的地区，对藏药品种进行了广泛的调查。

据《晶珠本草》所载，檀香的考证记录如下："源自印度马拉雅的紫檀，若出现裂纹，质地轻盈、松软，则品质欠佳。然而，未见新生之材，佛陀伽耶大菩提寺周边等地所产均为陈年檀木。"在描述蜂蜜时，书中亦提及："由蚂蚁所酿制之蜜，因主而得名，故称之为'玉皇蜜'。此蚁蜜亦称叉茂奈钧巴，乃滋补之极品，能有效对抗各种毒素，此类蜜在尼泊尔较为常见，亦产自洛门地区。”类似之记载在《晶珠本草》中多达四十余次，真实地展现了作者不畏艰险，亲赴实地考察藏药种类的严谨态度。

帝玛尔·丹增彭措对药物炮制工艺的重视程度非同一般，为此撰写了《实践精要》一书。在该书中，他阐述道："未经炮制的药物各自含有毒性，这种毒性并非致命。然而，对于体质虚弱者而言，药物的药性可能会急剧增强，导致致命后果，其弊端远大于益处。药物的毒性可能导致胃部受损，影响视力，阻塞脉络，使药物的锐性转变为钝性，引起食欲不振、呕吐腹泻等不良反应，从而导致多种疾病。相比之下，经过祛毒处理的药物，其性质温和且效果显著，能够规范药物的味性效，因此，为了炮制药物，我们应当不懈努力。”该书通过三个章节详细介绍了药物加工炮制大法。第一章为煅烧法，记载有珍宝类药物煅烧法和其他药物煅烧法两种；第二章为制作法，其中包括 9种盐碱类药物的特殊制作方法；第三章为常用的炮制法，分为水银炮制法、马钱子炮制法、乌头炮制法、唐冲炮制法、草药类炮制法、珍宝类炮制法、石类炮制法、催泻类药物炮制法、补药类炮制法等。其中在水银炮制法中，记载了寒性炮制方法和热性炮制方法等15种不同的“水银”炮制方法，此法在其他藏医药典籍中是罕见的。而对寒水石，就有猛制、热制、奶制等炮制方法，使其药物毒性降低，调和诸药，提高临床疗效。

帝玛尔·丹增彭措于帝玛尔寺创立了藏医学校，其教育体系与其他藏医学校保持一致：春季专注于理论知识的学习，夏季则转向户外识别和采集药材，而秋季与冬季则主要致力于临床实践的学习。课程内容涵盖了汤剂、丸剂、散剂等多种制剂的制备方法以及单味药材的加工技术，并且强调了临床实践的重要性。他培养了众多藏医学领域的专业人才，这些学生来自今西藏自治区的昌都市，以及今四川甘孜州、青海玉树州、云南迪庆州等康巴地区的广泛区域。学成归乡后，学子们纷纷建立医院与学校，致力于培育本地人才。此种教育传承至今仍得以持续。其杰出门生包括司徒班钦·曲吉迥乃、色芒·策藏伽马仁增松然江措、共巴拉摩加（囊谦御医）、求炯罗周（德格御医）、杰多拉切·求扎西等，他们在藏医学及文化领域培养了众多杰出人才。

帝玛尔·丹增彭措自12岁起便开始研习绘画艺术。据传，他家乡附近流传着《晶珠本草》附有彩色药物唐卡的说法，其真实性尚需进一步的考证。然而，毋庸置疑的是，在他的恩师阿旺更嘎但真的指导下，他的唐卡绘制技艺已达到相当高的水准。今西藏自治区昌都地区卡如区妥坝乡康巴村的康巴寺，至今仍珍藏着由他亲手绘制的唐卡作品。

帝玛尔·丹增彭措不仅全面总结了藏药药性的理论知识，而且将药物的六味、三化味、十七效等药性基础理论知识详细附于每个药物名目下，逐条阐述，明确指出各药的药性归属。他还撰写了《按药味、效、三化味配伍之石展注释·四续内容明示》《按味配方五十七种配伍法图表·明智欢宴》《三化味介绍·明示宝鉴》等专门论述药性理论的典籍，强调药物性能分为药源性能和本质性能，这些记载与总结远远超越了此前任何一部本草著作。

经过严谨的考证，帝玛尔·丹增彭措研制了诸如二十五味珊瑚丸、十五味龙胆丸等众多藏药经典方剂。据《二十五味藏药经典配方一百首汇编》记载，二十五味珊瑚丸最初名为二十五味红鹏丸，后经过更名，定为现称。该药方是在五鹏丸（即五味麝香丸，亦为后期更名的方剂）的基础上加以改良而成，并被收录于《中国药典》。十五味龙胆丸则是帝玛尔·丹增彭措为他的恩师阿旺更嘎但真所特别配制的药物。当恩师遭受咽喉疾病的困扰时，帝玛尔·丹增彭措以龙胆为主要成分，研制出此药。后世称之为“帝玛尔十五味龙胆丸”或“秘诀十五味龙胆丸”。至于十五味乌鹏丸，它是针对昌都流行的“嘉拓病”而研制的，该药包括口服的十五味乌鹏丸和外用的药膏等不同形式。

帝玛尔·丹增彭措的著述多达百余部，然而其中大多数已散佚，成为珍贵的古籍。他的作品涵盖了《大手印修辞简要讲义智慧明灯》《藏梵词汇解释十三章》《使用藏历算明释必用钥匙》《藏医历史渊源》《制作佐珠欠莫的工艺》《藏药加持依规实行集要》以及《工巧明中的有关绘画》等诸多领域。在大小五明学方面，他亦有诸多论述，尤其是《晶珠本草》一书，影响深远。

帝玛尔·丹增彭措大师，作为藏医学界的翘楚，其博大精深的学识和宏伟系统的研究成果，在藏医学及藏药学领域所作出的开创性贡献，历史上无人能出其右。内地众多医学专家将他与明代药学巨擘李时珍相提并论。他对于藏医药发展的卓越贡献，至今仍令人敬仰。其伟大功绩，至今亦令人肃然起敬。

དེའུ་དམར་བསྟན་འཛིན་ཕུན་ཚོགས་ཀྱི་གསུང་འབུམ།

帝玛尔·丹增彭措医著

༄༅། །དེའུ་དམར་གསོ་རིག་གཅེས་བཏུས་རིན་ཆེན་ཕྲེང་བ་ཞེས་བྱ་བ་བཞུགས་སོ། །

གསུང་འབུམ་འདི་ལ་དེབ་གཅིག་ཡོད། ཁྱོན་བསྡོམས་ཤོག་གྲངས་༧༤༨བཞུགས། སྤྱི་ལོ་༡༩༩༨ལོའི་ཟླ་༥པར་མཚོ་སྔོན་མི་རིགས་དཔེ་སྐྲུན་ཁང་གིས་དཔར་དུ་བསྐྲུན།

ནང་དོན་གནད་བསྡུས།

དེབ་འདིའི་ནང་བོད་ཀྱི་གསོ་རིག་ཆོས་འབྱུང་གི་སྐོར་ལས་གསོ་དཔྱད་ཀྱི་ཐོག་མའི་འབྱུང་ཁུངས་དང་གྲུབ་ཆ། འཕེལ་རིམ་བཅས་དང་། བྱང་བྱུར་གཉིས་ཀྱི་མཛད་རྗེས་ཁྱད་དུ་འཕགས་པ་ལ་དོན་དངོས་དང་མཐུན་པའི་གདེང་འཇོག་གནང་ཡོད་པ་དང་གཅིག མན་ངག་སྙིང་པོ་བསྡུས་པའི་ཐུན་མིན་གྱི་གཞུང་ལུགས་དང་ནད་ཐོག་དམར་ཁྲིད་ཀྱི་ལག་ལེན། མཁས་དབང་རིམ་བྱོན་གྱི་ཉམས་མྱོང་། སྨན་དཔྱད་སྙེར་བཅོས་ཀྱི་གདམས་པ་དང་སྦྱོར་བ་ཉེ་བར་མཁོ་བ་བགྲང་ལས་འདས་པའི་ཉམས་ཡིག་རྣམས་ནག་འགྲོས་སུ་བཀོད་ཅིང་། སྔོས་སུ་གཉན་རིམས་དང་། འབྲུམ་སྣག་བྱིས་གདོན། རྨ་བཅོས་ལ་སོགས་པའི་ཟིན་ཏིག་ཁྱད་པར་ཅན་མང་པོ་བསྡུས་ཡོད་པ་དང་གཉིས། ལག་ལེན་གཅེས་རིགས་བཏུས་པ་ལས་དཔྱད་མཆོག་གཏར་གའི་གདམས་པ་དང་། མེ་བཙའི་གདམས་པ། རྡོ་རྗེ་དབྱུག་པའི་མན་ངག བཤལ་སྐྱུགས་རྩ་སྦྱོང་གི་ལག་ལེན། རྟུལ་འབྱིན་གྱི་གདམས་པ་སོགས་རྒྱས་པར་མཛད་ཡོད་པ་དང་གསུམ། སྨན་ཀུན་བཅུད་དུ་སྒྲུབ་པའི་ལས་ཀྱི་ཚོ་ག་ཙ་རིན་ཆེན་བཅོ་བརྒྱའི་ལག་ལེན་དང་། བཅུད་ལེན་དང་ཞི་སྦྱོང་གི་སྨན་རྣམས་ཀྱི་དུག་འདོན་བྱེད་ཐབས། རྩྭའི་རིགས་བཟོ་ཐབས་དང་མར་ཁུའི་སྦྱོར་བ་སོགས་ལས་ཀྱི་ཚོ་ག་ཐུན་མོང་མ་ཡིན་པ་མང་པོ་བཀོད་ཡོད་པ་དང་བཞི། བཟོ་རིག་པ་ལ་ཉེ་བར་མཁོ་བའི་རིན་པོ་ཆེ་དང་། ཚོན་དང་། སྤོས་དང་། མགར་དང་འཚེམས་དྲུབ་སོགས་ཀྱི་ལག་རྩལ་ཕུན་སུམ་ཚོགས་ཤིང་། ཡིད་ཆེས་ཁུངས་བཙན་གྱི་ལུང་རིགས་གནད་དུ་ཁེལ་བ། སྤྱོད་སྒོ་ཆེ་ཞིང་དམིགས་བསལ་གྱི་ཁྱད་ཆོས་ལྷག་པར་ལྡན་པ་རྣམས་ཞིབ་རྒྱས་སུ་བཀོད་ཡོད་དོ།།

གསོ་རིག་གི་རིན་ཐང་།

གཞུང་འདིའི་ནང་དུ་བོད་ཀྱི་གསོ་དཔྱད་ཀྱི་ཐོག་མའི་འབྱུང་ཁུངས་དང་། འཕེལ་རིམ། ཐུན་མིན་གྱི་གཞུང་ལུགས། ནད་ཐོག་ཉམས་ཡིག་ཟིན་ཏིག སྨན་རྫས་དུག་འདོན་འདུལ་སྦྱོང་། དཔྱད་བཅོས་ཁྱད་པར་ཅན་སོགས་མདོར་ན་གསོ་རིག་གི་མ་ལག་ཆ་ཚང་ཞིང་། རྩིས་དང་བཟོ་རིག་པ་སོགས་ཀྱིས་ཟུར་དུ་བརྒྱན་པའི་རིག་གནས་ཀྱི་བང་མཛོད་ཆེན་པོ་ཞིག་ཡིན་ལ། ནང་དོན་ཆ་ཚང་ཞིང་མགོ་མཇུག་ལྡན་པ། སྤྱོད་སྒོ་ཆེ་ཞིང་དམིགས་བསལ་གྱི་ཁྱད་ཆོས་མངོན་དུ་འཕགས་པའི་བརྩམས་ཆོས་ཤིག་ཀྱང་ཡིན་པས། ནད་ཐོག་ལག་ལེན་དང་རིག་གཞུང་ཞིབ་འཇུག་ཐད་ཀྱི་དཔྱད་གཞིའི་ཡིག་ཆ་གལ་ཆེན་ཞིག་ཡིན་ནོ།།

《帝玛尔·丹增彭措医著选集》

本医著共1册764页，由青海民族出版社于1994年5月出版。

内容提要：

本医著详尽地收录了藏医学历史中关于藏医药的起源、形成及发展阶段的相关内容，并对南北两派在传承过程中的显著贡献进行了客观评价。该书汇集了丰富的秘诀理论、临床实践经验、历代学者的智慧、独特的治疗方法、秘方等宝贵内容，尤其对于疫病、痘疮等外邪入侵以及儿科疾病的治疗秘诀有着深入的探讨。书中还详细记载了外治法中的放血疗法、艾灸疗法、棍疗、催吐疗法、泄疗法、汗浴疗法等；记录了药物炮制法、水银洗炼法、药物祛毒增效法、盐类药物制法、酥油配制法等特殊药物的制备方法；并记载了工艺学中必备的珍宝、颜料、香料、锻制、缝纫等特殊加工技术。

医学价值：

本医著详细地记录了藏医药学的起源和发展历程，深入探讨了其独特的理论体系，包括临床实践中的宝贵经验和秘诀。此外，它还详尽地介绍了藏药的炮制技术以及一系列独特的外治疗法。这些内容被系统地、全面地整理出来，使得藏医药的特色得到了充分的展现。本医著不仅内容全面、结构完整，而且特色鲜明、适用范围广泛，对于从事藏医临床实践和学术研究的人员来说，具有重要的参考价值。

༄༅། །ཁྲུད་ནད་གཞོམ་པའི་གཉེན་པོ་རྩི་སྨན་གྱི་རྣམ་པ་རྒྱུད་བཤད་གསལ་སྒྲོན་དྲི་མེད་ཤེལ་གོང་ཞེས་བྱ་བ་བཞུགས་སོ། །

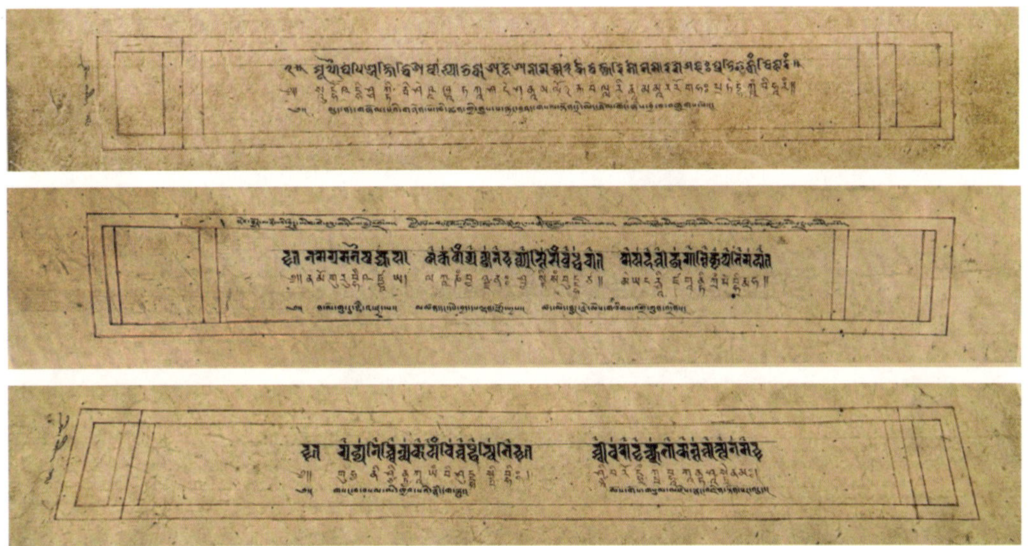

གསུང་རྩོམ་འདིའི་མ་ཡིག་ནི་ཤིང་པར་དང་། ཡིག་གཟུགས་དབུ་ཅན། ཤོག་ངོས་རེར་ཐིག་ཕྲེང་༦། ཐིག་ཕྲེང་རེར་ཡིག་འབྲུ་༥༣། ཁྱོན་བསྡོམས་ཤོག་ངོས་༤༧བཞུགས། ད་ལྟ་ཁྲིན་ཏུའུ་ཀྲུང་ལུགས་གསོ་རིག་སློབ་ཆེན་གྱི་དགེ་རྒན་ཆེན་མོ་འཇམ་དབྱངས་བསོད་ནམས་ལགས་ཀྱིས་ཉར་ཚགས་བྱས་ཡོད།

ནང་དོན་གནད་བསྡུས།

རིན་པོ་ཆེ་དང་། རྩི་ཤིང་། སྲོག་ཆགས་སོགས་ལས་བྱུང་བའི་སྨན་སྣ་ཁྱོན་བསྡོམས་དགུ་བརྒྱ་དང་བཅོ་ལྔ་ཙམ་ཡོད། དེ་དག་སྤྱི་ཚན་བཅུ་གསུམ་དུ་ཕྱེ་ནས་རེ་རེའི་ནུས་པ་རྒྱུད་སེལ་ཚིགས་བཅད་ཀྱི་རྩོམ་སྟངས་སྤྱད་ནས་བཀོད་ཡོད།

གསོ་རིག་གི་རིན་ཐང་།

དེབ་འདིའི་ནང་དུ་མེས་པོ་གོང་མ་རྣམས་ཀྱི་སྨན་ཡིག་གཞིར་བྱས་ཏེ། དེའི་སྟེང་རྩོམ་པ་པོ་རང་ཉིད་སྐུ་དངོས་ཀྱིས་ལོ་ངོ་མང་པོར་ཡུལ་ཕྱོགས་སོ་སོར་འགྲིམས་པའི་ངོས་འཛིན་ཁ་སྐོང་དུ་བྱས་ཏེ། རིན་པོ་ཆེ་དང་། རྩི་ཤིང་། སྲོག་

ཆགས་སོགས་ལས་བྱུང་བའི་སྨན་སྣ་ཕྱོན་བསྡོམས་དགུ་བརྒྱ་དང་བཅོ་ལྔ་ལྷག་ཙམ་བཀོད་ཡོད་ལ། དེ་དག་སྡེ་ཚན་བཅུ་གསུམ་དུ་ཕྱེ་ནས་རེ་རེའི་ནུས་པ་རྒྱང་སེལ་ཚིགས་བཅད་ཀྱི་རྗོམ་སྟངས་སྤྱད་ནས་བཀོད་ཡོད་པས། ཚིག་ཉུང་ཞིང་དོན་འདུས་པ་དང་། ཁ་གསལ་ཞིང་གོ་བདེ་བ། ཀློག་འཛིན་པར་སྟབས་བདེ་བ་སོགས་ཀྱི་དགེ་མཚན་ཕུན་སུམ་ཚོགས་པ་ལྡན་ཅིང་། བོད་སྨན་གྱི་རྣམ་གྲངས་འཕྲུས་ཚང་དང་རིགས་དབྱེ་བཀར་ལུགས་སོགས་ཀྱི་ཐད་ཐུན་མོང་མ་ཡིན་པའི་དོན་སྙིང་ལྡན་ཡོད་ལ། དེ་ནི་བོད་སྨན་ནད་ཐོག་ལག་ལེན་གྱི་གཞི་རྩའི་རྨང་གཞི་ལྟ་བུ་དང་། ནད་ཐོག་ལས་དང་པོ་བར་མེད་དུ་མི་ཐུང་བའི་རྩ་བའི་བསྟན་བཅོས་གལ་ཆེན་ཞིག་ཡིན་ནོ།།

《明示摧毁魔病的单味精药功效·无垢晶精》

本医著母本为木刻本，字体为乌梅体，每页6行，每行53字，共47页。此书现由成都中医药大学降拥四郎教授个人收藏。

内容提要：

本医著采用韵文形式，将珍宝类、植物类、动物类等915种药物细致划分为13类，并详尽记录了每一种单味药物的主治功效。

医学价值：

本医著详尽地记录了源自古代藏药文献的915种单味藏药材，这些珍贵的药材资料都是由作者亲自进行整理和辨识的，每一种药材都具有明确的主治功效和应用价值。全书采用了简洁易懂的韵文形式进行编写，虽然篇幅不长，但内容却十分充实，无论是在藏药材的记载数量上还是在分类方式上，都体现出极高的实用性和科学性。本医著是藏药临床合理用药的重要基础，对于从事藏医药一线工作的专业人员来说，它无疑是一本不可或缺的、珍贵的藏药材宝典。

༄༅། །ཁྲུད་ཀྱི་སྨན་གྱི་རྣམ་དབྱེ་ངོ་བོ་ཉུས་མིང་རྒྱུས་བར་བཤད་པ་དྲི་མེད་ཤེལ་ཕྲེང་ཞེས་བྱ་བ་བཞུགས་སོ། །

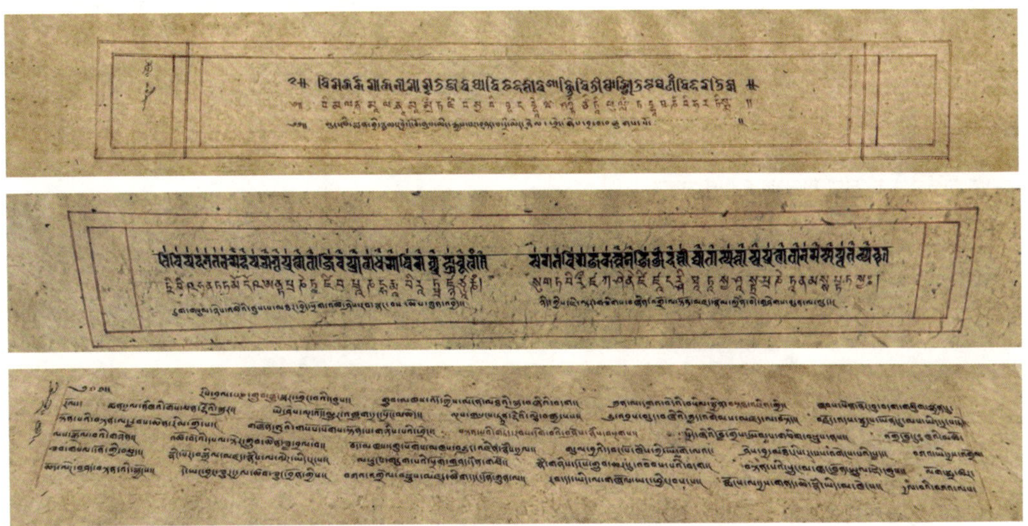

གསུང་རྩོམ་འདིའི་མ་ཡིག་ནི་ཤིང་པར་དང་། ཡིག་གཟུགས་དབུ་ཅན། ཤོག་ངོས་རེར་ཐིག་ཕྲེང་༦། ཐིག་ཕྲེང་རེར་ཡིག་འབྲུ་༥༨། ཁྱོན་བསྡོམས་ཤོག་ངོས་༤༠་བཞུགས། ད་ལྟ་ཁྲིན་ཏུའུ་ཀྲུང་ལུགས་གསོ་རིག་སློབ་ཆེན་གྱི་དགེ་རྒན་ཆེན་མོ་འཛམ་དབྱངས་བསོད་ནམས་ལགས་ཀྱིས་ཉར་ཚགས་བྱས་ཡོད།

ནང་དོན་གནད་བསྡུས།

རྩོམ་པ་པོས་ཐྲ་རབས་བརྩམས་ཆོས་སུ་སྨན་སྣའི་གྲངས་ཉུང་ཞིང་ཐ་སྙོར་ཡིན་པ་དང་། སྨན་ངོ་འཕྲུས་ཚང་མིན་པ། འབྲུངས་དཔེ་བསྡུས་དྲགས་པ། དེ་མིན་ལག་ལེན་གྱི་ཁྲོད་ངོས་འཛིན་གཅིག་གྱུར་མེད་པ་བཅས་ལ་དམིགས་ནས་སྐུ་དངོས་རྒྱ་ནག་དང་།རྒྱ་གར་སོགས་ས་གནས་གང་མང་ལ་ཕེབས་ཏེ་སྨན་རིགས་ཆིག་སྟོང་ཆིག་བརྒྱ་དོན་དྲུག་དང་ནང་ཚན་རིགས་དབྱེ་ཉིས་སྟོང་ཉིས་བརྒྱ་གོ་བཞི་སོ་སོའི་སྐྱེས་ས་དང་། རོ་ནུས་ཞུ་རྗེས། ངོས་འཛིན་འབྲུངས་དཔེ། མིང་གི་མངོན་བརྗོད། ནང་ཚན་རིགས་དབྱེ། སྦྱར་ཐབས་ལག་ལེན། འབྱུང་ཡུལ་ཁྱད་ཆོས།བཟང་ངན་བརྟག་ཐབས་སོགས་ལ་ཞིབ་འཇུག་བྱས་པ་ལུང་རིགས་ཟུང་འབྲེལ་གྱིས་ཤིན་ཏུ་གསལ་ཞིང་རྒྱས་ལ་འདུས་པར་བཀོད་ཡོད།

གསོ་རིག་གི་རིན་ཐང་།

དེབ་འདིའི་ནང་སྨན་རིགས་ཆིག་སྟོང་ཆིག་བརྒྱ་དོན་དྲུག་དང་ནང་ཚན་རིགས་དབྱེ་ཉིས་སྟོང་ཉིས་བརྒྱ་གོ་བཞི་སོ་སོའི་སྐྱེས་ས་དང་། རོ་ནུས་ཞུ་རྗེས། ངོས་འཛིན་འཁྲུངས་དཔེ། མིང་གི་མངོན་བརྗོད། ནང་ཚན་རིགས་དབྱེ། སྦྱོར་ཐབས་ལག་ལེན། འབྱུང་ཡུལ་ཁྱད་ཆོས།བཟང་ངན་བརྟག་ཐབས་སོགས་ལ་ཞིབ་འཇུག་བྱས་པ་ལུང་རིགས་ཟུང་འབྲེལ་གྱིས་ཤིན་ཏུ་གསལ་ཞིང་རྒྱས་ལ་འདུས་པར་བཀོད་ཡོད་པས། བོད་སྨན་ངོས་འཛིན་དང་ལག་ལེན་ཐད་དཔྱད་གཞིའི་རིན་ཐང་གལ་ཆེན་ལྡན་ཡོད།

དེབ་འདི་ནི་དྲི་མེད་ཤེལ་གོང་གི་འགྲེལ་བཤད་ཀྱི་ཚུལ་དུ་ནང་དོན་འཕྱུས་ཚང་བར་བྱས་ལ། རྩོམ་པ་པོ་རང་ཉིད་ཀྱི་ལག་ལེན་དངོས་ཀྱི་ཉམས་མྱོང་དང་ཟུང་འབྲེལ་གྱིས་དེ་སྔོན་གྱི་སྨན་གཞུང་དག་ལ་ཁ་སྐོང་དང་གཅིག་གྱུར། ཚད་ལྡན་སོགས་སུ་བཅོས་ཞིང་། དེས་བོད་སྨན་གྱི་ངོས་འཛིན་དང་། རིགས་དབྱེ། འདུལ་སྦྱོང་། སྦྱོར་ཐབས། བཟང་ངན་སོགས་ཀྱི་ཐད་ལ་ཚད་ལྡན་གྱི་རིག་གཞུང་གི་རྨང་གཞིར་ཆགས་ཡོད་ལ། བོད་ཀྱི་གསོ་རིག་སྤྱིའི་འཕེལ་རྒྱས་ཐད་ཐུན་མོང་མ་ཡིན་པའི་དོན་སྙིང་ལྡན་ཡོད།།

《详论甘露药形体、本质、功效·无垢晶精》

本医著母本为木刻本，字体为乌金体，每页6行，每行58字，共409页。此书现由成都中医药大学降拥四郎教授个人收藏。

内容提要：

本医著为《无垢晶精》的详细注解版本。作者针对先前药物文献中所存在的药物种类较少、记录分散且不完整、图谱绘制过于简略以及在实际应用中对药物认识不一致等问题，亲自前往国内及印度等地进行深入考察与研究。本书对1176项药物进行了细致分类，共计2294种，阐述了它们的产地、性味功效、辨识图谱、药名用词、内部分类、配伍实践、原产地特征以及优劣鉴别等方面，引用了大量经典文献。

医学价值：

本医著为《无垢晶精》的详细注解版本，专注于对1176种药物进行分类，共计2294项，涵盖了药物的产地、性味功效、辨识图谱、药名修饰、内部分类、配伍实践、原产地特征、优劣鉴别等方面，进行了深入的阐释。同时，作者基于个人的实践经验，对前人所著的药物学著作进行了补充和完善，以及规范和统一。本书为藏药材的识别、分类、炮制、配伍等方面提供了系统化的科学理论和实践基础，对藏医药的传承和发展具有划时代的意义。

༄༅། །ཟབ་གསང་རྒྱ་བཀྲོལ་གྱི་སྐྱེལ་དར་སྙིང་གི་ཡང་བཅུད་ཅེས་བྱ་བ་བཞུགས་སོ། །

གསུང་རྩོམ་འདི་《གསོ་རིག་གཅེས་བཏུས་རིན་ཆེན་ཕྲེང་བ།》ཞེས་པའི་ནང་གི་ཤོག་ངོས་༥༥༩ནས་༥༦༡བར་གསལ། ཁྱོན་བསྡོམས་ཤོག་གྲངས་༢དང་ཕྱེད་བཞུགས།

ནང་དོན་གནད་བསྡུས།

དེབ་འདིར་སློ་བ་དང་། མཁྲིས་པ། རྒྱ་གཟེར། སྣ་ཁྲག་ཤོར་བ་སོགས་ནད་ཐོག་རྒྱུན་མཐོང་དང་བཅོས་དཀའི་ནད་རིགས་མང་པོའི་གསང་སྨན་གྱི་རྒྱ་མདུད་བཀྲོལ་ནས་དེ་དག་སོ་སོའི་ངོས་འཛིན་མི་འདྲ་བ་དང་འབྱུངས་དཔེ། དེ་དག་གི་ཕན་ནུས་དང་རིགས་ལམ་བཅས་གསལ་པོར་བཀོད་ཅིང་། གསོ་རིག་གི་མན་ངག་རྩ་ཆེན་ཞིག་ཡིན་པས། བོད་གསོའི་བརྟག་བཅོས་རིག་པ་དང་ཁྱད་ཆོས་ཞིབ་འཇུག་ཐད་དཔྱད་གཞིའི་རིན་ཐང་གལ་ཆེན་ལྡན་ཡོད།

གསོ་རིག་གི་རིན་ཐང་།

ཟབ་གསང་གི་གདམས་པའི་སྐོར་ནི་སྤྱིར་བཏང་དུ་སྤྱོད་ལྡན་མིན་པ་དང་དབང་ལུང་མེད་པའི་སློབ་མར་གསང་ནས། གབ་ཡིག་དང་སྙན་བརྒྱུད་སོགས་ཀྱི་སྒོ་ནས་རྒྱུན་འཛིན་གྱི་སྤྱོད་ལྡན་སློབ་མ་རེ་གཉིས་ཤིག་ལ་སྤེལ་ཚོག་པ་ཞིག་ཡིན་མོད། འདིའི་ནང་རྩོམ་པ་པོས་སྐབས་དེའི་སྤྱི་ཚོགས་ཀྱི་དགོས་མཁོ་དང་མ་འོངས་པའི་རྒྱུན་འཛིན་ལ་དམིགས་ནས་མ་གསང་མ་སྦས་པར་སློ་བའི་གསང་སྨན་དང་། མཁྲིས་པའི་གསང་སྨན། རྒྱ་གཟེར་གྱི་གསང་སྨན། སྣ་ཁྲག་ཤོར་བའི་གསང་སྨན་སོགས་གསང་སྨན་སུམ་ཅུ་རྩ་ལྔའི་གསང་ཚིག་གི་རྒྱ་མདུད་བཀྲོལ་ནས་དེ་དག་སོ་སོའི་ངོས་འཛིན་མི་འདྲ་བ་དང་འབྱུངས་དཔེ་བཅས་གསལ་པོར་བཀོད་ཡོད་པས། དེ་ལྟར་དུ་སྨན་པ་རྣམས་ཀྱིས་ནད་ཐོག་ཏུ་ལག་ལེན་བྱས་ན་འགྲོ་དོན་རྒྱ་ཆེན་པོ་འགྲུབ་པར་མ་ཟད། ཞི་བྱེད་སྨན་སྦྱོར་རིག་པ་དར་སྤེལ་རྒྱུད་འཛིན་བྱ་རྒྱུའི་ཐད་ལའང་དོན་སྙིང་དང་རིན་ཐང་ཆེ་བར་མངོན་ནོ།།

《解开密封奥秘之送别哈达·精华之精华》

本医著收载于《帝玛尔·丹增彭措医著选集》中第559至561页，共2页半。

内容提要：

本医著主要揭示了治疗肺病、赤巴病、痢疾、止鼻血等疾病的35种秘方，并对这些药物的不同鉴别方法及图谱进行了阐释。

医学价值：

奥秘教义通常不会传授给资质不足或未经灌顶的学生，但可通过隐秘文字和口头传授的方式，传授给具备传承资质、有望成才的学生。鉴于当时社会的需求以及藏医药学的未来发展，作者毫无保留地公开了治疗肺病、赤巴病、痢疾等35种秘方，并阐释了治疗多种临床常见疾病及疑难杂症的药用奥秘，以及其原理及功效。该著作是藏医药学中极为重要的秘诀文献，对于探究藏医药的诊断与治疗原理以及诊疗特色具有极高的参考价值，对于藏医药的临床应用、发展及传承具有深远的历史意义。

༄༅། །ཚབ་ཤིག་ཡོངས་ཀྱི་བཅུད་བསྡུས་སྨན་དབུལ་སེལ་བའི་ནོར་བུ་ཞེས་བྱ་བ་བཞུགས་སོ། །

གསུང་རྩོམ་འདི་《གསོ་རིག་གཅེས་བཏུས་རིན་ཆེན་ཕྲེང་བ།》ཞེས་པའི་ནང་གི་ཤོག་ངོས་༥༣༧ནས་༥༥༩བར་གསལ། ཁྱོན་བསྡོམས་ཤོག་གྲངས་༢༣བཞུགས།

ནང་དོན་གནད་བསྡུས།

རྩོམ་པ་པོས་མཐའ་འཁོབ་ཀྱི་ཡུལ་དང་། ནད་པ་དབུལ་པོ་སོགས་ལ་དམིགས་ནས་རྩེ་ཐང་སྦོ་གསུམ་གཙོ་བྱས་ལན་ཚྭ་བཅས་ལས་བྱུང་བའི་སྨན་བརྒྱ་དང་ཉེ་ཤུ་ལྷག་གི་ངོད་དུ་ཚབ་སྨན་གང་དང་གང་གཏོང་དགོས་པ་དང་། དེ་གཏོང་དུ་རུང་བའི་རྒྱུ་མཚན། འབྱུང་དཔེ། གཏོང་དུས་ཀྱི་ལག་ལེན་སོགས་བཀོད་ཡོད།

གསོ་རིག་གི་རིན་ཐང་།

འདིའི་ནང་རྩེ་ཐང་སྦོ་གསུམ་གཙོ་བྱས་ལན་ཚྭ་བཅས་ལས་བྱུང་བའི་སྨན་བརྒྱ་དང་ཉེ་ཤུ་ལྷག་གི་ངོད་དུ་ཚབ་སྨན་གང་དང་གང་གཏོང་དགོས་པ་དང་། དེ་གཏོང་དུ་རུང་བའི་རྒྱུ་མཚན། འབྱུང་དཔེ། གཏོང་དུས་ཀྱི་ལག་ལེན་སོགས་བཀོད་ཡོད་པས། བོད་སྨན་ནད་ཐོག་དང་ཞིབ་འཇུག་ལ་དཔྱད་གཞིའི་རིན་ཐང་གལ་ཆེན་ལྡན་ཡོད། འདིའི་ནང་གཙོ་བོ་རྒྱུན་སྤྱོད་སྨན་རྫས་རྣམས་ཀྱི་ཚབ་སྨན་གྱི་མིང་དང་། རྒྱུ་མཚན། ངོས་འཛིན། ལག་ལེན་སོགས་བཀོད་ཡོད་ལ། ཁོར་ཡུག་དང་དཔལ་འབྱོར་སོགས་ཀྱི་ཆ་རྐྱེན་དམན་པས་རིན་པོ་ཆེ་སོགས་སྨན་རྫས་འགངས་ཆེན་རྙེད་མི་ཐུབ་པར་ཚབ་སྨན་གཏོང་བའི་ཐབས་ཤེས་བསྟན་ཡོད་པས། གཅིག་ནས་ཡུལ་མཐའ་འཁོབ་དང་ནད་པ་དབུལ་པོ་རྣམས་ཀྱི་སྨན་བཅོས་ཀྱི་དགོས་མཁོ་བསྐང་བ་དང་། གཉིས་ནས་བོད་སྨན་ཚབ་སྨན་གཏོང་ལུགས་ཀྱི་རིགས་ལམ་བསྟན་ཡོད་པས། བོད་ཀྱི་གསོ་རིག་རྒྱུད་འཛིན་དར་སྤེལ་ཐད་ལོ་རྒྱུས་ཀྱི་རིན་ཐང་གལ་ཆེན་ལྡན་ཡོད།།

《汇集替代药精华·消除药物贫乏之宝》

本医著收载于《帝玛尔·丹增彭措医著选集》中第537页至559页，共23页。

内容提要：

为便于偏远地区患者获取药物，并满足贫困患者对药品的需求，作者精选了以精华药、平地产药、草本药为主，盐类药为辅的120余种可替代药物。本医著详细记载了替代药物的种类、替代原因、替代药物的图谱以及替代药物制剂的实际操作流程等内容。

医学价值：

昔日青藏高原地广人稀，边远地区的贫困群体数量庞大。由于环境与经济等客观条件的限制，患者难以寻觅、无力承担昂贵原药材的情形屡见不鲜。因此，寻求替代药物成为解决此问题的关键途径。本医著作者详细记录了替代珍贵药材的原因，以及替代药物的名称、鉴别方法、临床应用等信息。这些内容不仅阐释了藏药替代药物的具体原理，而且满足了贫困患者的实际需求，对于后世藏医药的临床实践及药物研究具有重要的参考意义。

༄༅། །མན་ངག་སྙིང་པོ་བསྡུས་པ་ལག་ལེན་ཀུན་གྱི་བཅུད་བསྡུས་ཞེས་བྱ་བ་བཞུགས་སོ། །

གསུང་རྩོམ་འདི་《གསོ་རིག་གཅེས་བཏུས་རིན་ཆེན་ཕྲེང་བ།》ཞེས་པའི་ནང་གི་ཤོག་ངོས་༣༣༣ནས་༤༡༣བར་གསལ། ཁྱོན་བསྡོམས་ཤོག་གྲངས་༨༠དང་ཕྱེད་བཞུགས།

ནང་དོན་གནད་བསྡུས།

གསུང་རྩོམ་འདིའི་ནང་གཙོ་བོ་ཟུར་མཁར་བ་དང་། འབྲི་ལུགས་མཁས་པ། འགྲོང་རྗེ་ཆོས་རྗེ། ལྷུན་ཐྲིངས་པ་སོགས་མཁས་པའི་གསུང་དང་། རང་གི་ལག་ལེན་ཕྱག་བཞེད་ལས་ཐོན་པའི་རྒྱུད་ཀྱི་ནད་ཕལ་ཆེ་བ་ལ་ཕན་པའི་སྦྱོར་བ་ཉིས་བརྒྱ་དང་ལྔ་བཅུ་ལྷག་བཀོད་ཡོད་ཅིང་། ལྷག་པར་གྲི་སྨན་གཡུ་སྙི་བརྒྱད་པ་དང་། གྲི་སྦྱོར་དུང་དཀར་རྒྱང་གྲགས་སོགས་ཐུ་ན་མ་གྲགས་པའི་སྨན་སྦྱོར་ཟབ་མོ་འགའི་སྦྱོར་ཚད་དང་། སྨན་རྫ། ཁ་ཚར། ཕན་ནུས་བཅས་ཀྱང་གསལ་བར་བསྟན་ཡོད།

གསོ་རིག་གི་རིན་ཐང་།

འདིའི་ནང་དུ་གསོ་རིག་རྒྱུད་བཞི་སོགས་ལས་བཀོད་པའི་ནད་རིགས་བཞི་བརྒྱ་རྩ་བཞི་ཕལ་ཆེར་ལ་ཕན་པའི་སྨན་སྦྱོར་༢༥༠ཙམ་བཀོད་ཡོད་ཅིང་། མེས་པོ་གོང་མའི་སྨན་གཞུང་དང་རང་ཉིད་ཀྱི་ནད་ཐོག་དངོས་ཀྱི་ཉམས་མྱོང་ཟུང་དུ་འབྲེལ་ནས། ནད་ཐོག་དངོས་སུ་ཕན་པའི་སྨན་སྦྱོར་མང་པོ་ཁ་སྐོང་མཛད་ཡོད་པས། བོད་སྨན་ནད་ཐོག་དང་ཞིབ་འཇུག་ཐད་དཔྱད་གཞིའི་རིན་ཐང་གལ་ཆེན་ལྡན་ཡོད།།

《秘诀精华汇集·一切实践之荟萃》

本医著收载于《帝玛尔·丹增彭措医著选集》中第333页至413页，共80页半。

内容提要：

本医著遵循苏喀巴、直贡医派名医重孜却吉、伦定等医学大家的教诲，详尽记录了作者在临床实践中总结出的，对《四部医典》中所述多数疾病的治疗具有显著疗效的250余种方剂。尤其对那些前所未有的特效方剂，如治疗喉痛的八味玉龙吟散，以及采用动物喉管配制的白螺远响散等，对其剂量、引药、加味药及其功能主治进行了阐述。

医学价值：

本医著详细记载了能够有效治疗《四部医典》以及其他藏医书籍中提到的大多数疾病的250多个藏药方剂。它不仅总结了前辈们的智慧，还结合了作者自身的实践经验，新增了许多具有显著疗效的常用方剂。因此，这部医著对于藏医临床用药实践具有极其重要的参考价值和指导意义。

༄༅། །མན་ངག་སྙིང་བོ་གཅེས་པར་བསྡུས་པ་ལག་ལེན་རྒྱུན་ཁྱེར་བྱ་བའི་རིམ་པ་ཞེས་བྱ་བ་བཞུགས་སོ། །

གསུང་རྩོམ་འདི་《གསོ་རིག་གཅེས་བཏུས་རིན་ཆེན་ཕྲེང་བ།》ཞེས་པའི་ནང་གི་ཤོག་ངོས་༤༡༤ནས་༤༣༧བར་གསལ། ཁྱོན་བསྡོམས་ཤོག་གྲངས་༢༤བཞུགས།

ནང་དོན་གནད་བསྡུས།

རྒྱུད་དང་སྔ་གཞུང་གསོ་དཔྱད་རྣམས་ཀྱི་དགོངས་དོན་གཞིར་བཞག་ཁར་རྩོམ་པ་པོ་རང་ཉིད་ཀྱི་ལག་ལེན་དངོས་ཀྱི་ཁྲོད་ནས་ཐོན་པའི་ཨ་གར་བཅུ་དགུ་ལ་སྦྱོར་བ་མི་འདྲ་བ་རིགས་གཉིས་ཡོད་པ་ལྟ་བུ། གྲི་འགགས་ལ་གཞུང་གཞན་དུ་ཁ་གསལ་མེད་པ་ཙུག་པ་ཆོས་སེང་ལུགས་ཀྱི་བོང་དམར་ཟུང་སྦྱོར་ལྟ་བུ། མགུལ་འགགས་ལ་གཉེན་པོ་སྨན་གྱི་སྦྱོར་བ་མ་ཟད་སྔགས་ཀྱི་བཅོས་ཟབ་མོ། གསང་སྨན་གབ་སྣས་དང་། སྦྱོར་ཚད། ཕན་ནུས་བཅས་གསལ་པོར་གསུངས་པའི་མྱོང་གྲུབ་ཟབ་ཁྱད་ལྡན་པའི་ཉེར་མཁོའི་སྨན་སྦྱོར་བརྒྱད་ཅུ་ལྷག་ཡོད།

གསོ་རིག་གི་རིན་ཐང་།

འདིའི་ནང་དུ་རྒྱུད་དང་སྔ་གཞུང་གསོ་དཔྱད་རྣམས་ཀྱི་དགོངས་དོན་གཞིར་བཞག་ཁར་རྩོམ་པ་པོ་རང་ཉིད་ཀྱི་ལག་ལེན་དངོས་ཀྱི་ཁྲོད་ནས་ཐོན་པའི་ཉམས་མྱོང་ཟུང་དུ་འབྲེལ་ནས། སྨན་སྦྱོར་ཁ་ཤས་ཀྱི་སྦྱོར་སྟངས་མི་འདྲ་བ་དང་རྒྱུན་མཐོང་ནད་རིགས་མི་འདྲ་བའི་གསང་བའི་སྨན་སྦྱོར་དང་ཐབས་བཅོས་སོགས་མན་ངག་ཕུན་སུམ་ཚོགས་པ་བཀོད་ཡོད་པས། བོད་སྨན་ནད་ཐོག་ལག་ལེན་དང་གཞུང་ལུགས་ཞིབ་འཇུག་ཐད་དཔྱད་གཞིའི་རིན་ཐང་གལ་ཆེན་ལྡན་ཡོད།།

《秘诀精华集要·实践中实用方剂》

本医著收载于《帝玛尔·丹增彭措医著选集》中第414页至437页，共24页。

内容提要：

本医著作者在《四部医典》及先前藏医药书籍的学术思想基础上，结合自身在临床实践中的经验，详尽记录了80余种实用验方的配方、秘药术语、用药剂量以及其功能主治等信息。例如，详细阐述了十九味沉香丸的两种不同配方；对其他医书论述不详的欧巴却桑医派所创制的治疗喉阻病的三味红乌头丸进行了深入探讨，并揭示了治疗喉阻病时，除药物治疗外，还需配合咒语治疗的深奥方法。

医学价值：

本医著不仅遵循了先前藏医药学家们深邃的学术思想，而且融入了作者个人丰富的实践经验。在书中，作者对临床实践中常用的80多种方剂的配伍原则进行了深入的探讨，并对这些方剂在治疗各种常见疾病时的用药方法、咒语治疗等传统方法进行了详尽的解释和说明。通过这些内容的阐述，本书总结并归纳了藏医中常用方剂的多种应用技巧和方法，为藏医学的临床实践提供了重要的指导和参考，具有不可估量的学术价值和实用意义。

༄༅། །ལག་ལེན་གཅེས་རིགས་བཏུས་པ་སྨན་ཀུན་བཅུད་དུ་སྒྲུབ་པའི་ལས་ཀྱི་ཚོ་ག་ཀུན་གསལ་སྣང་མཛོད་ཅེས་བྱ་བ་བཞུགས་སོ། །

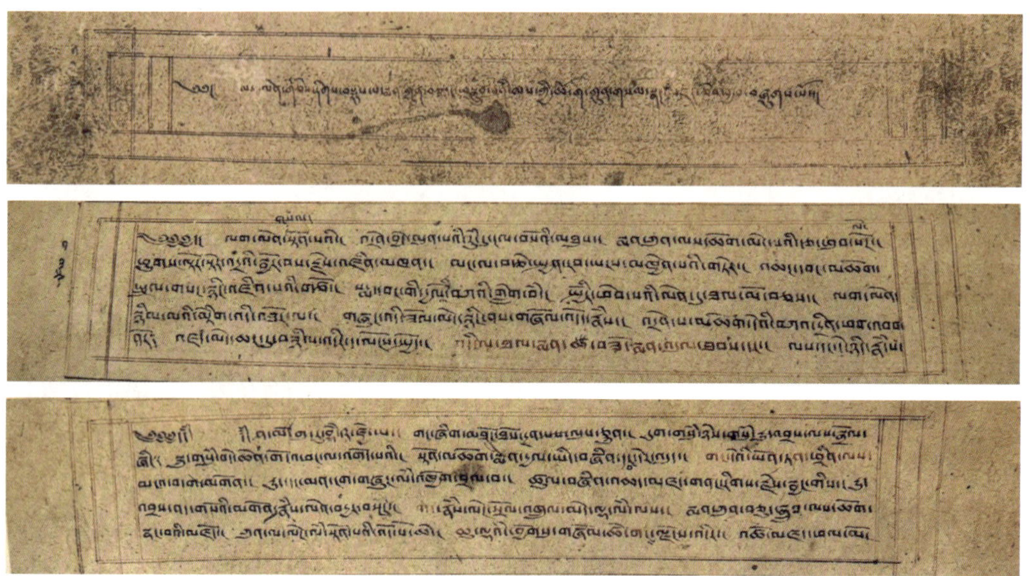

གསུང་རྩོམ་འདིའི་མ་ཡིག་ནི་ཤིང་པར་དང་། ཡིག་གཟུགས་དབུ་མེད། ཤོག་ངོས་རེར་ཐིག་ཕྲེང་༥། ཐིག་ཕྲེང་རེར་ཡིག་འབྲུ་༤༥། ཁྱོན་བསྡོམས་ཤོག་ངོས་༡༢༨བཞུགས། ད་ལྟ་ཁྲིན་ཏུའུ་ཀྲུང་ལུགས་གསོ་རིག་སློབ་ཆེན་གྱི་དགེ་རྒན་ཆེན་མོ་འཇམ་དབྱངས་བསོད་ནམས་ལགས་ཀྱིས་ཉར་ཚགས་བྱས་ཡོད།

ནང་དོན་གནད་བསྡུས།

ཐོག་མར་སྨན་པའི་རྒྱལ་པོ་དེ་ལ་སྐྱབས་སུ་འགྲོ་བ་དང་མཆོད་བསྟོད་སྒྲུབ་ཐབས་ཀྱི་ཚོ་ག་དང་། དེའི་རྗེས་ཐལ་སྨན་བཟོ་སྨན་གྱི་འདུལ་ཐབས་སྤྱིའི་ཤེས་བྱ་དང་། དངོས་གཞིའི་ཚོ་ག་སྣ་ཚོགས་ཀྱི་ཕྱག་ལེན་བྱེད་ཚུལ། ཚ་སྦྱོར་ཐལ་བའི་ལག་ལེན་བྱེད་སྟངས་ཀྱི་གོ་རིམ། ཐལ་མཆོག་ཅོང་ཞི་འཕྲུལ་ཐལ་གྱི་ལག་ལེན་སྤྱིའི་འགྲོ་སྟངས། བྱ་སྦྲོའི་རིགས་ཀྱི་བསྲེག་ཚུལ་གྱི་ཚོ་ག ཕྱག་རྒྱ་དྲུག་གིས་བྱིན་གྱིས་བརླབས་ཚུལ། བྱ་ཁྱུང་ལྡའི་བཅུད་སྒྲུབ་ལག་ལེན་གྱི་ཚོ་ག་སོགས་རེ་རེ་བཞིན་གསལ་པོར་བསྟན་ཡོད།

གསོ་རིག་གི་རིན་ཐང་།

འདིའི་ནང་གཙོ་བོ་རྒྱུན་བཀོལ་བོད་སྨན་རྣམས་ཀྱི་འདུལ་ཐབས་དང་། དེ་དག་གི་གནད་འགགས་དང་ཞིབ་ཕྲའི་ལག་ལེན་རྣམས་གསལ་བར་བཀོད་ཡོད་ལ། ཐོག་མའི་ཆོ་ག་དང་། འདུལ་ཐབས་དངོས། སྨན་སྒྲུབ་སོགས་ཀྱི་རིམ་པ་ཆ་ཚང་བ་བཀོད་ཡོད་པས། བོད་སྨན་འདུལ་སྦྱོང་དང་ནད་ཐོག་ལག་ལེན་གྱི་དཔྱད་གཞིའི་ཡིག་ཆ་གལ་ཆེན་ཞིག་ཡིན།།

《炮制实践选集，一切药物皆成菩提精的修习仪轨·皆明光库》

本医著母本为木刻本，字体为乌梅体，每页5行，每行45字，共126页。该书现由成都中医药大学降拥四郎教授个人收藏。

内容提要：

本医著分两个部分来介绍藏药材的炮制实践。第一部分记载了藏药材炮制前须向药师佛祈求护佑，以及如何作供奉、赞颂、修习的仪轨。第二部分记载了灰药、人造药物的炮制知识，以及炮制正行中的各种操作规程、热方灰剂的制作实践次第、高级灰药寒水石神奇灰剂的制作实践总思路、羽毛类的烧炭法、十六种人造盐的制作实践等。特别明确地记载了六种咒的诵念仪轨、六种大手印加持法、五鹏成精操作仪轨等炮制药物时的仪式活动。

医学价值：

本医著记载了常用藏药材炮制的前期仪轨，常见不同类型的藏药材炮制流程、炮制方法及步骤，以及药物持咒加持和增效等方法，系统全面地说明了藏药材炮制工艺的整体流程，对藏药材加工炮制及临床应用具有重要的指导意义。

༄༅། །རྣ་རྩ་དང་ཞོ་རྩ་བརྟག་པའི་ཡིག་ཆུང་ཞེས་བྱ་བ་བཞུགས་སོ། །

གསུང་རྩོམ་འདི་《གསོ་རིག་གཅེས་བཏུས་རིན་ཆེན་ཕྲེང་བ།》ཞེས་པའི་ནང་གི་ཤོག་ངོས་༢༥༥ནས་༢༦༧བར་གསལ། ཁྱོན་བསྡོམས་ཤོག་གྲངས་༡༣བཞུགས།

ནང་དོན་གནད་བསྡུས།

ལུས་སེམས་མ་སྨིན་པའི་ན་ཕྲ་མོ་བཅུ་གཉིས་བཞག་ནས་ལོ་བརྒྱད་བར་གྱི་བྱིས་པའི་རྣ་རྩ་བརྟག་ཐབས་སུ་རྣ་བའི་རིགས་དབྱེ་བཞི་དང་། བརྟག་ཚུལ། རྩ་རྒྱུ་བཟང་ངན། ས་མལ། ཕོ་མོའི་རྩ་ཡི་ངོ་བོ་སོགས་རི་མོའི་ལམ་ནས་བཀོད་ཡོད་པ་དང་། ཆུ་ལ་བརྟག་ནས་ནད་དང་ནད་མེད། གདོན་སོགས་ངོས་འཛིན་ཚུལ། ལོ་གཅིག་ལོན་ཚུན་མའི་ནུ་ཞོ་དང་ལོ་མང་འདས་ནས་བྱིས་པ་རང་གི་ལག་རྩ་ལ་བརྟག་ཚུལ་ཏེ་སྔོན་འགྲོའི་ཆ་རྐྱེན་དང་། བརྟག་པའི་ཐབས་དང་། ངོས་འཛིན་གྱི་ནད་སོགས་བཀོད་ཡོད།

གསོ་རིག་གི་རིན་ཐང་།

རྩོམ་པ་པོས་དཔལ་ལྡན་རྒྱུད་བཞི་གཞིར་བྱས་ཏེ་བྱིས་པའི་རྣ་རྩ་བརྟག་པའི་ཐབས་༡༨འདི་དང་། ཞོ་རྩ་བརྟག་པ་ལ་སྔོན་འགྲོ་དང་བརྟག་སྟོད། བརྟག་ཐབས། ངོས་འཛིན་བཅས་བཞི་པོ་འདི་དག་དཀའ་སྤྱད་འབད་བརྩོན་གྱིས་ནད་ཐོག་ལག་ལེན་ཁྲོད་དུ་བསགས་པའི་ཉམས་མྱོང་ཕུན་སུམ་ཚོགས་པ་ཡིན་པས་དེང་རབས་བོད་ལུགས་གསོ་རིག་གི་བྱིས་ནད་བརྟག་བཅོས་ཀྱི་ནད་ཐོག་ལག་ལེན་ལ་རྨང་གཞི་ལེགས་པོ་བཞག་ཡོད།།

《小儿耳脉和母乳诊察小册》

本医著收载于《帝玛尔·丹增彭措医著选集》中第255页至267页，共13页。

内容提要：

本医著图文并茂地记载了从出生12天至8岁之间身心未发育成熟的小儿的耳脉诊察法。具体内容包含：辨别耳朵类型的四种方法、耳脉诊察法、脉行的好坏、井字划格法、男女耳脉的本质等。另外记载了通过尿诊的方法来诊察是否有病和邪作祟等。还记载了1岁之内的小儿可以通过察母乳，5岁以上小儿通过诊本人手腕脉来诊断疾病的方法，以及诊察前的先行准备、诊察方法、识病要点等。

医学价值：

本医著在《四部医典》的基础上结合作者多年的丰富临床经验，阐述了诊察儿童耳脉的16个方法，以及儿童母乳诊察法的前提、容器、方法、诊断等四方面的内容。本医著丰富了藏医儿科学的内容，为藏医儿科的临床实践提供了丰富的诊疗经验。

༄༅། །ནད་སྣ་ཚོགས་བཅོས་པའི་ཡིག་ཆུང་ཞེས་བྱ་བ་བཞུགས་སོ། །

གསུང་རྩོམ་འདིའི་མ་ཡིག་ལག་བྲིས། ཡིག་གཟུགས་དབུ་མེད། ཤོག་ངོས་རེར་ཐིག་ཕྲེང་༥ནས་༧། ཐིག་ཕྲེང་རེར་ཡིག་འབྲུ་༢༠ནས་༣༨། ཁྱོན་བསྡོམས་ཤོག་ངོས་༤༩༣བཞུགས།

ནང་དོན་གནད་བསྡུས།

གསུང་རྩོམ་འདིའི་ནང་གཙོ་བོ་མ་ཞུ་བ་ལས་བསྐྱེད་པའི་ནད་གདུག་པ་ཅན་བད་ཀན་སྨུག་པོ་དང་། དམུ་ཆུའི་ནད། གློ་བའི་ནད། གཉན་སྲིན་གྱི་ནད། དུས་ནད་ནག་པོ་སུམ་དྲིལ། ནད་ངན་ཏྲེ་ཏྲེ་ཧོ། མཚོན་རྨའི་བཅོས། བྱིས་གདོན་གསོ་བ། དུག་ནད་གསོ་བ་དང་བསྲུང་བ། རྔུལ་འབྱིན་གྱི་གདམས་པ། མན་ངག་སྣ་བ་སྒོ་འབྱེད་སོགས་ཀྱིས་མཚོན་པའི་གསོ་བཅོས་ལག་ལེན་ཁ་འཐོར་རྣམས་ཕྱོགས་གཅིག་བསྡུས་ནས་བཀོད་ཡོད།

གསོ་རིག་གི་རིན་ཐང་།

ནད་སྣ་ཚོགས་འདི་དག་དམ་པ་ཁོང་གིས་རྒྱུད་དང་སྔོན་བྱོན་མཁས་པའི་དཔེ་རྙིང་ཁག་གཞིར་བཟུང་ནས་ཐར་ལས་ལྷག་པའི་སྒོ་ནས་ནད་འདི་དག་གི་རྒྱུ་རྐྱེན། དབྱེ་བ། རྟགས། བཅོས་ཐབས་སོགས་ཀྱི་སྐོར་ནས་རང་ཉིད་ཀྱིས་ནད་ཐོག་ཉམས་མྱོང་དག་ཁ་གསབ་བྱས་ནས་ཕྱི་རབས་པ་རྣམས་ཀྱིས་ནད་ཐོག་ལག་ལེན་དང་རིག་གཞུང་ཞིབ་འཇུག་ཕྱོགས་ལ་ནུས་པ་ཆེན་པོ་ཐོན་ཡོད་པ་དང་། བོད་ལུགས་གསོ་རིག་ཐད་ནས་ནད་ཐོག་ལག་ལེན་ཐར་ལས་འཕྲུས་ཚང་དང་སྨན་གྱི་སྦྱོར་སྡེ་གསར་པ་ཞིབ་འཇུག་སོགས་ལ་རིན་ཐང་ལྡན་ཡོད།།

《各种疾病治疗小册》

本医著母本为手写本，字体为乌梅体，每页5～7行，每行20～38字，共493页。

内容提要：

本医著汇集了由消化不良引发的多种疾病，包括培根木布、水鼓病、肺水鼓病、疫虫病、时疫黑三合病、凶病“哲哲霍”、兵器创伤、小儿邪祟病等的治疗方法，以及中毒症的治疗与预防、发汗疗法、开启疗法等零散的治疗经验。

医学价值：

本医著的作者在继承先贤所撰写的藏医药古籍的基础上，融入了个人的临床实践经验和独创的秘方，对由消化不良引发的各类疾病进行了深入探讨，内容涵盖病因、分类、症状、治疗方法等多个方面。本书对零散杂症的治疗经验进行了系统整理，为后来的医学研究者在临床实践和学术研究方面提供了宝贵的指导，对于丰富和发展藏医的临床方法以及创新藏药配方具有重要的参考意义。

༄༅། །སངས་རྒྱས་སྨན་བླའི་ཞིང་ཁམས་ལྟ་ན་སྡུག་གི་གསོལ་འདེབས་སངས་རྒྱས་མྱུར་འགྲུབ་ཅེས་བྱ་བ་བཞུགས་སོ། །

གསུང་རྩོམ་འདི་《གསོ་རིག་གཅེས་བཏུས་རིན་ཆེན་ཕྲེང་བ།》ཞེས་པའི་ནང་གི་ཤོག་ངོས་༡༩ནས་༢༤བར་གསལ། ཁྱོན་བསྡོམས་ཤོག་གྲངས་༦བཞུགས།

ནང་དོན་གནད་བསྡུས།

རྒྱུད་ལས་གསུངས་པའི་སྨན་གྱི་གྲོང་ཁྱེར་ལྟ་ན་སྡུག་གི་ཕྱི་ནང་གི་བཀོད་པ་ཕུན་སུམ་ཚོགས་པ་དང་དབུས་ཀྱི་ལྷ་གཙོ་འཁོར་ཐམས་ཅད་ཀྱི་མཚན་དང་དཔེ་བྱད་སྐུ་གསུང་ཐུགས་ཀྱི་ཡོན་ཏན། ཕྱོགས་བཞིའི་རི་བཞི་སོགས་དེའུ་དམར་རིན་པོ་ཆེའི་རྨི་ལམ་དུ་སྤྲུལ་བའི་གྲོང་ཁྱེར་འདི་ཉིད་མཐོང་བའི་དུས་ཀྱི་རྣམ་པ་ཇི་བཞིན་དུ་བྲིས་པ་མ་ཟད་ཞིང་ཁམས་དེར་སྐྱེ་བར་གསོལ་བ་འདེབས་ཚུལ་ཞིབ་པར་བཀོད་ཡོད།

གསོ་རིག་གི་རིན་ཐང་།

རྒྱུད་བཞིའི་དོན་བདེ་ལེགས་ངང་རྟོགས་ཐུབ་པ། ཡུལ་གྱི་ཁྱད་ཆོས་དང་བསྟུན་ནས་ཕྱོགས་བཞིའི་སྨན་རྣམས་ཀྱི་བསིལ་དྲོད་ཀྱི་ངོས་འཛིན་དང་འཛུ་སྒྲུབ་ལས་རིགས་དང་། དཔལ་ལྡན་རྒྱུད་བཞིའི་སྨན་གྱི་གྲོང་ཁྱེར་ལྟ་ན་སྡུག་དང་སྦྱར་ནས་བསྟན་ཡོད་པས་བོད་ལུགས་གསོ་བ་རིག་པའི་རྗེས་འཇུག་པ་རྣམས་ལ་སྤྲིངས་འདོད་ཀྱི་སྤྲོ་སྣང་དང་བློ་སྟོབས་གསར་པ་བསྐྱེད་ཐུབ་པ་དང་།། བོད་ཀྱི་གསོ་རིག་དང་སྨན་རྫས་ཀྱི་རྨང་གཞིའི་གཞུང་ལུགས་ཤེས་བྱ་ཁོང་དུ་ཆུད་པར་དོན་སྙིང་གལ་ཆེན་ལྡན་པའོ།།

《药师佛净土“达那斗”城之祈祷仪轨·立地成佛》

本医著收载于《帝玛尔·丹增彭措医著选集》中第19页至24页，共6页。

内容提要：

本医著详细阐述了帝玛尔大师梦中所见，拜谒《四部医典》所载药王城“达那斗”的情景。书中对药王城及其周边金碧辉煌的建筑进行了细致描绘，详述了宫殿中央所有主侍佛像的名号、形态以及身语意的卓越特征，同时记录了城外东西南北四面山上各类药物的生长状况，并记载了祈愿来世能生于斯地的祈祷仪式。

医学价值：

本医著作者依据个人梦境所见，对《四部医典》所载药王城之内容进行了详尽阐述，此举有助于读者深入理解《四部医典》的权威性及其内容，并能准确辨识不同环境下生长的药材之性味，掌握其采集与配制之法；同时，亦有助于激发后世学者对《四部医典》研究的兴趣，增进其智慧，并结合药王城“达那斗”的非凡景象，对掌握藏医学基础具有至关重要的意义。

༄༅། །ཏི་ར་བ་ཞིའི་སྨན་ཐབས་བཅོས་ཚིག་ཚིག་རིན་ཆེན་སྙིང་པོ་ཞེས་བྱ་བ་བཞུགས་སོ། །

གསུང་རྩོམ་འདི་《གསོ་རིག་གཅེས་བཏུས་རིན་ཆེན་ཕྲེང་བ།》ཞེས་པའི་ནང་གི་ཤོག་ངོས་༣༠༢ནས་༣༠༣བར་གསལ། ཁྱོན་བསྡོམས་ཤོག་གྲངས་༡དང་ཕྱེད་བཞུགས།

ནང་དོན་གནད་བསྡུས།

ཐོག་མར་ཏི་ར་བ་ཞིའི་སྨན་ཐབས་བཅོས་འདི་དཔལ་རྡོ་རྗེ་འཛིགས་བྱེད་དང་། ཕྱག་ན་རྡོ་རྗེ། ཨཙཱརྱ་ཏི་ར་བ་ལི། པཎ་ཆེན་ཝཱཀྐྲ་ཏ་ལྦ། འཚོ་མཛད་ལེགས་པའི་བློ་གྲོས། སྨན་ཐབས་འཆང་ཐར་བ་རྒྱལ་མཚན། དེ་ནས་གཞུང་འདིའི་མཛད་པ་པོ་དེའུ་དམར་བསྟན་འཛིན་ཕུན་ཚོགས་ཀྱི་བར་བརྒྱུད་པའི་ལོ་རྒྱུས་ སྙིང་ཙམ་བསྟན་ནས། བར་དུ་སྦྱོར་ངན་དུག་ནད་སྣ་ཚོགས་དང་། རིམས་གཉན་སོགས་འཛོམས་པའི་སྨན་ཐབས་རྐྱད་འདི་རིགས་ཏ་ཅང་ཟབ་ཚུལ་དང་། གང་འདོད་དུ་སྨྲ་བར་མི་བྱ་བར་བཀག་རྒྱ་ཡོད་པ། གཞན་སྨན་ཐབས་བརྒྱད་དང་། སྨན་སྣ་དྲུག སྣ་ཉ་གཉིས་ལ་བརྟེན་ནས་པི་ཊ་བརྟག་པ་དང་། སྲུང་བ། བཅོས་པ་སྨན་ཐབས་ཀྱི་ཁྱད་ཆོས་བཅས་བསྟན། ཐ་མར་ཏི་ར་བ་ལིའི་རྣམ་ཐར་དང་། ཚད་མེད་བཞི་དང་། འཕྲིན་ལས་བརྒྱད། འབྲུ་བརྒྱད་སྨན་ཐབས་དང་སེམས་དཔའ་བརྒྱད། བརྡ་བརྒྱད་འགྲོལ་བའི་མན་ངག་སོགས་རེ་རེའི་དགོ་མཚན་དང་ནུས་མཐུ་རྣམས་གསལ་པོར་གསུངས་ཡོད།

གསོ་རིག་གི་རིན་ཐང་།

སྤྱིར་བོད་ཀྱི་རིག་གནས་ཆེ་ཆུང་ཕན་ཚུན་འབྲེལ་བ་དམ་ཟབ་ཡོད་པ་ལས་བོད་ལུགས་གསོ་རིག་གི་རྒྱུད་འགྲེལ་དང་ཉམས་ཡིག་སོགས་སུ་ཀྱང་གསང་སྔགས་ཀྱི་རིག་པའི་ཐོག་ནས་བཅོས་ལུགས་སོགས་མི་འདྲ་བ་ཡོད། སྨན་བཅོས་ཀྱི་རིག་པ་འདིས་ཁྱུན་མོང་མ་ཡིན་པའི་བོད་ཀྱི་གསོ་བ་རིག་པའི་གཞུང་ལུགས་འདི་ཉིད་འཕྱུས་ཚང་དུ་བཏང་ཡོད་ཅིང་། ལྷག་པར་དུ་ནད་པའི་སེམས་ཁམས་དང་འབྲེལ་བའི་ནད་སྣ་ཚོགས་ལ་ནུས་པ་ལེགས་པོ་ཐོན་ཐུབ་པས། གསོ་རིག་ནད་ཐོག་ལག་ལེན་དང་རིག་གཞུང་ཞིབ་འཇུག་ལ་དཔྱད་གཞིའི་རྒྱུ་ཆ་ལེགས་པོ་མཁོ་འདོན་བྱས་ཡོད།།

《帝热瓦利之咒治单传仪轨·珍宝精髓》

本医著收载于《帝玛尔·丹增彭措医著选集》中第302页至303页，共1页半。

内容提要：

本医著共分为三个主要章节。开篇部分详细叙述了帝热瓦利的咒语疗法如何依次传承给多杰久协、秀那多杰、阿乍热亚帝热瓦利、班钦吾达达塔、医生勒巴洛哲以及持咒者太日瓦坚赞，最终传至本著作的作者帝玛尔·丹增彭措的传承历史。中间章节记录了针对由恶徒投毒引发的各类中毒症状、瘟疫等病症的神奇咒语疗法及其保密治疗法。此外，本章节还阐述了如何利用八种咒语、六种药物以及鼻耳两器官来诊断乌头中毒，并强调了使用咒符进行防护和治疗乌头中毒的显著优势。结尾章节则详尽记载了帝热瓦利的生平事迹，包括四无量、八事业、八字咒以及八菩萨和八词义解释的秘诀等内容，并对每一种方法的功效和力量进行了明确的阐释。

医学价值：

藏族文化中的大小五明彼此紧密相连，其中藏医药古籍对咒语疗法有着不同的阐释。咒语疗法作为藏医药文化中“天人合一”等理念的独特体现，不仅承载着深厚的文化底蕴，而且在治疗实践中展现了其独特的疗效。这种疗法通过念诵特定的咒语，旨在调和人体内的气、血、精等元素，以达到身心平衡的状态。它强调人与自然的和谐共生，认为疾病是由于人体与自然界的失衡所引起的。因此，咒语疗法不仅仅是一种物理治疗手段，更是一种精神和哲学的实践，它鼓励人们在日常生活中遵循自然规律，追求内心的平静与外在环境的和谐。是藏医药理论特色传承及治疗方法的重要补充。它对于多种复杂疾病的治疗具有确切效果，对于探究藏医治疗方法及其文化特色具有极其重要的价值。

༄༅། །པུ་རི་སྐྲ་བཙིང་གི་སྔགས་ཆོག་དུག་འཇོམས་སྤྱིའི་རྒྱལ་པོ་ཞེས་བྱ་བ་བསྡུས་ཆོག་ཏུ་བཀོད་པ་ཞེས་བྱ་བ་བཞུགས་སོ། །

གསུང་རྩོམ་འདི་《གསོ་རིག་གཅེས་བཏུས་རིན་ཆེན་ཕྲེང་བ།》ཞེས་པའི་ནང་གི་ཤོག་ངོས་༣༠༣ནས་༣༡༢བར་གསལ། ཁྱོན་བསྡོམས་ཤོག་གྲངས་༡༠བཞུགས།

ནང་དོན་གནད་བསྡུས།

གསུང་རྩོམ་འདིའི་ནང་གཙོ་བོ་དུག་རིགས་མཐའ་དག་གི་ནུས་པ་གནོན་པའི་གཉེན་པོ་མཆོག་ཏུ་གྱུར་པ་སྔགས་མཆོག་དུག་འཇོམས་སྤྱིའི་རྒྱལ་པོ་འདི་སྒྲུབ་པའི་སྔོན་འགྲོ་དང་། རྩ་བའི་ཆ་རྐྱེན་གཙོ་བོ་གཉེན་པོ་སྟོབས་བཞིའི་སྒོ་ནས་བསྒྲུབ་ཚུལ་སྤྱི་དང་། ཁྱད་པར་དུ་དེ་དག་གི་བསྒྲུབ་ཐབས་དང་། ཇི་ལྟར་ཉམས་ལེན་བྱེད་དགོས་ཚུལ་གྱི་གདམས་པ་བསྟན་ཡོད་པར་མ་ཟད། དུག་རིགས་འཇོམས་པའི་སྐྲ་བཙིང་སྔགས་ཆོག་གི་ཁྱད་ཆོས་དང་། སྔོག་དུས་ཀྱི་དུས་ཡུན། གདམས་པ་ཟབ་ཁྱད་ཀྱི་ལག་ལེན་བཅས་གསལ་པོར་མཛད་ཡོད།

གསོ་རིག་གི་རིན་ཐང་།

གསུང་རྩོམ་འདིའི་ནང་གཙོ་བོ་དུག་བཅོས་སྔགས་ཀྱི་ཆོ་ག་འདིས་སྔོན་བྱོན་མཁས་པའི་ལག་ལེན་དག་རྒྱུད་འཛིན་དང་བོད་ལུགས་གསོ་བ་རིག་པའི་དུག་འཇོམས་ཀྱི་ལག་རྩལ་འདི་ཕུན་སུམ་ཚོགས་པ་ཡིན་པ་ར་སྤྲོད་བྱས་འདུག དེ་བཞིན་གནའ་ནས་ད་བར་དུ་མ་ཉམས་གོང་སྤེལ་གྱི་སྒོ་ནས་ནད་ཐོག་ལག་ལེན་དང་། དེང་རབས་བོད་ལུགས་གསོ་བ་རིག་པའི་རྗེས་འཇུག་པ་ཚོས་དུག་ནད་ཕྱོགས་ལ་ཞིབ་འཇུག་བྱེད་པ་སོགས་ལ་དཔྱད་གཞིའི་རྒྱུ་ཆ་མཐོ་འདོན་དང་གསོ་རིག་རིག་གནས་རྒྱུད་འཛིན་ལ་ནུས་པ་གལ་ཆེན་ཐོན་ཡོད།།

《布如扎姜之咒治仪轨·除毒总王》

本医著收载于《帝玛尔·丹增彭措医著选集》中第303页至312页，共10页。

内容提要：

本医著介绍了摧毁一切毒药的殊胜对治药“诵咒除毒总王”的制作，从先行、根本条件、主要药物、四力等方面做了一般性介绍。特别对这些修持方法、怎样进行验证的教言，一一做了深入介绍。尤其对除毒“扎姜”（束发）咒法仪轨的特点、防护时间、奥妙教言的实践操作等作了明确阐释。

医学价值：

诵咒除毒法是对前人特色技术的传承，同时证明了藏医药除毒技术的丰富高超。诵咒除毒法是藏医药特色诊疗技术之一，对从古至今的临床医术传承和学术研究具有重要参考价值。

༄༅། །བྱང་ཁོག་ཡུལ་གནས་བབ་དབྱེའི་ཐིག་འབྱེད་གསང་བ་སྒོ་དབྱེ་ཞེས་བྱ་བ་བཞུགས་སོ། །

གསུང་རྩོམ་འདི་《གསོ་རིག་གཅེས་བཏུས་རིན་ཆེན་ཕྲེང་བ།》ཞེས་པའི་ནང་གི་ཤོག་ངོས་༢༧༩ནས་༢༨༤བར་གསལ། ཁྱོན་བསྡོམས་ཤོག་གྲངས་༦བཞུགས།

ནང་དོན་གནད་བསྡུས།

གསུང་རྩོམ་འདིའི་ནང་ལུས་ཀྱི་ཕྱི་ལ་ཐིག་བཏབ་ནས་ནང་དོན་སྣོད་ཀྱི་ཡུལ་བསྐལ་དང་གསང་དམིགས་ངོས་འཛིན་པ་སྟེ། ཐིག་གདབ་པའི་སྐབས་ཀྱི་ལུས་ཀྱི་འདུག་སྟངས་དང་གནམ་ཐིག་ཚངས་ཐིག་གི་གདབ་སྟངས། རྩ་ལྡེབས་དང་སྤུད་སྒོ་སོགས་མགོ་བའི་གཉན་པའི་གནས་དང་དོན་ལྔ་སྣོད་དྲུག་གི་གསང་། མདའ་གསང་། རང་གསང་། ཐོག་གསང་། དབྱེ་གསང་། མེ་གསང་། གཏར་གསང་སོགས་ཕྱིར་མི་མངོན་པ་ནང་གི་གནད་དང་ཡུལ། གནས་ལུགས། ཐིག་ལམ། ནད་ཕྱུང་དབྱེ་མིག་སོགས་བསྡོམས་པས་ཉིས་བརྒྱ་རེ་ལྔའི་ལུས་གནད་མཛུབ་ཚུགས་སུ་བསྟན་ཡོད།

གསོ་རིག་གི་རིན་ཐང་།

གསུང་རྩོམ་འདིའི་ནང་དཔལ་ལྡན་རྒྱུད་བཞིའི་བྱང་ཁོག་ཡུལ་ལ་ཐིག་གདབས་པའི་རྨང་གཞིའི་སྟེང་དུ་དམ་པ་ཁོང་གིས་ལུས་གནད་གསང་དམིགས་ཉིས་བརྒྱ་རེ་ལྔ་མཛུབ་ཚུགས་སུ་བསྟན་པ་དང་། ལུས་ཀྱི་འདུག་སྟངས་དང་ཐིག་གི་གདབ་སྟངས་སོགས་ཁ་གསལ་བར་བཀོད་ཡོད་པ་དང་། འདིའི་ནང་གི་བྱང་ཁོག་ཡུལ་ལ་ཐིག་བཏབ་ནས་གསང་དམིགས་རེ་རེ་ངོས་འཛིན་པའི་ལག་རྩལ་འདིས་ཕྱི་རབས་སྨན་པ་རྣམས་ལ་ནད་ཐོག་ལག་ལེན་ལ་ཟུར་ལྟའི་དཔྱད་གཞིའི་རྒྱུ་ཆ་མཁོ་འདོན་བྱས་ཡོད།།

《体腔器官居位的划线定位法·开启隐门》

本医著收载于《帝玛尔·丹增彭措医著选集》中第279页至284页，共6页。

内容提要：

藏医通过体表划线定位法可以测定体内脏腑的居位及穴位。本医著首先讲解了划线定位时身体的坐姿、横线纵线的划法。之后阐释了角位（牛羊生角位置）和结门（囟门）等头部的凶险处和五脏六腑的穴位，以及箭穿穴、自然孔穴、中械穴、分离穴（箭与肌肉剖离穴）、灸穴、放血脉位等。最后指出了不外显的内部组织的要害、居位、结构、线路、剔除病灶的剖穴等，以及265个人体要害部位。

医学价值：

本医著在阐述《四部医典》中体表划线定位方法的基础上一一指出了265个人体要害和穴位，详细讲解了划线定位时身体的坐姿、划线的划法等内容。藏医人体体表划线定位法是藏医人体学理论中又一特色亮点，本医著在准确地理解和掌握《四部医典》人体定位法这一技能方面有很大的意义，更为藏医临床外治疗法的学术研究和临床实践提供了重要参考文献。

༄༅། །སྨན་གཏོང་བའི་རྩུལ་ལ་དྲིས་ལན་གྱི་འགྲེལ་ཆུང་རབ་གསལ་ཀུན་སྣང་ཞེས་བྱ་བ་བཞུགས་སོ། །

གསུང་རྩོམ་འདི་《གསོ་རིག་གཅེས་བཏུས་རིན་ཆེན་ཕྲེང་བ།》ཞེས་པའི་ནང་གི་ཤོག་ངོས་༧༥ནས་༧༩བར་གསལ། ཁྱོན་བསྡོམས་ཤོག་གྲངས་༥བཞུགས།

ནང་དོན་གནད་བསྡུས།

གསུང་རྩོམ་འདིའི་ནང་ནད་དྲག་ཞན་དང་ནད་ཚབས་ཆེ་ཆུང་གི་དབང་གིས་གསུངས་པའི་ཟས་ཞུ་སྨན་དང་སྨན་ཞུ་ཟས་གཏོང་གཅེས་ཞེས་པ་འདི་ལ་གསོ་རིག་རྗེས་འཇུག་པ་སྐོར་ཞིག་གིས་ཞིབ་འཇུག་དང་བསམ་བློ་མ་བཏང་བར་འོལ་ཚོད་ཀྱིས་སྨན་གཏོང་ཚུལ་བཅུ་དང་འགལ་བར་འདོད་དེ། སྨན་དང་ཟས་འཕྲད་ན་སྨན་གྱི་ནུས་པ་ཟས་ཀྱིས་འཕྲོག་འགྲོ་བས་མི་རིགས་ཟེར་བ་དང་། ཟས་ཐོག་ཏུ་སྨན་ཟོས་ན་སྨན་གྱིས་ཟས་མི་ཕིགས་ཟེར་བ། སྨན་ཐོག་ཏུ་ཟས་ཟོས་ན་ཟས་ཀྱིས་སྨན་མི་སླེབས་ཟེར་བ་སོགས་མང་དུ་སྣང་བས། རྩོམ་པ་པོས་སྨན་གྱི་གཏོང་ཚུལ་བཅུ་པོ་རེ་རེ་བཞིན་ཞིབ་པར་བརྗོད་ནས་རྨོངས་པ་དག་གསལ་བར་བྱས་ཡོད།

གསོ་རིག་གི་རིན་ཐང་།

གསུང་རྩོམ་འདིའི་ནང་རྩོམ་པ་པོས་དཔལ་ལྡན་རྒྱུད་བཞི་དང་ཟླ་ཟེར་སོགས་གཞུང་མང་པོའི་ནང་ནས་གསུངས་པའི་སྨན་གྱི་གཏོང་ཚུལ་བཅུ་ལ་འགྲེལ་བཤད་དང་ཉམས་ལེན། རང་གི་ཉམས་མྱོང་ཟུང་དུ་འབྲེལ་ནས་སྨན་གྱི་གཏོང་ཚུལ་ཀུན་གྱིས་ཡང་དག་རྟོགས་ཐུབ་པ་ཞིག་ཁ་གསལ་ལ་གོ་བདེ་བར་བཀོད་ཡོད་ཅིང་། སྨན་གཏོང་ཚུལ་ངོ་སྣང་མེད་པའི་རྗེས་འཇུག་པ་རྣམས་ལ་གསལ་འདེབས་ཀྱི་ཚུལ་དུ་ནན་པར་བསྟན་ཡོད་པས། བོད་ལུགས་གསོ་རིག་གི་ཐུན་མོང་མ་ཡིན་པའི་སྨན་གྱི་གཏོང་ཚུལ་ཞིབ་འཇུག་ལ་དཔྱད་གཞིའི་ཡིག་ཆ་མཁོ་འདོན་དང་ནད་ཐོག་ལག་ལེན་ཁྲིད་ནད་སྨན་སྦྱོད་པར་ནོར་འཛོལ་མི་བྱུང་བ་སོགས་ཀྱི་རིན་ཐང་ལྡན་ཡོད།།

《服药之法答问简释·更明善显》

本医著收载于《帝玛尔·丹增彭措医著选集》中第75页至79页，共5页。

内容提要：

由于疾病有急缓、病势有大小，本医著依据医典所讲的藏医服药法即食物消化后再服药和药消化后再进食的理论，指出实践中有医务人员存在不去研究、不去思考而乱服药，违背服药十法的错误做法；对药前进食、导致食物夺去药物功效，食前服药、导致药物不会渗透食物，服药后进食导致药不达病等多种问题，作者一一做了详细阐释，解除了人们的疑惑。

医学价值：

作者根据已有的医典记载，对根据疾病急缓、病势大小、病程长短、个人体质等综合因素的10种服药方法，结合自身临床经验进行了详尽的阐释和重点说明，说明其重要性及其原理，对学习或研究藏药独特的服药知识和掌握正确的服药方法具有重要意义。

༧༧། །རོ་སྦྱོར་ལྔ་བཅུ་རྩ་བདུན་གྱི་རེའུ་མིག་བློ་གསལ་དགའ་སྟོན་ཞེས་བྱ་བ་བཞུགས་སོ། །

གསུང་རྩོམ་འདི་《གསོ་རིག་གཅེས་བཏུས་རིན་ཆེན་ཕྲེང་བ།》ཞེས་པའི་ནང་གི་ཤོག་ངོས་༥༠ནས་༥༡བར་གསལ། ཁྱོན་བསྡོམས་ཤོག་གྲངས་༡དང་ཕྱེད་བཞུགས།

ནང་དོན་གནད་བསྡུས།

གསུང་རྩོམ་འདིའི་ནང་གཙོ་བོ་རྒྱུད་པའི་རོ་མངར་སྐྱུར་ལན་ཚྭ་ཁ་ཚ་བསྐ་བཅས་དྲུག་པོ་ལས་རོ་གཉིས་དང་གསུམ།བཞི་སོགས་ཕན་ཚུན་ནང་འཕྲོད་དུ་སྦྱར་བས་འདུས་པས་རོ་མི་འདྲ་བ་ལྔ་བཅུ་རྩ་བདུན་འབྱུང་བར་འགྱུར་བ་ལ་ཡིག་ཚོགས་བསྐྱངས་ཏེ་རེའུ་མིག་གི་ལམ་ནས་ཞིབ་པར་བཀོད་ཡོད།

གསོ་རིག་གི་རིན་ཐང་།

གསུང་རྩོམ་འདིའི་ནང་གཙོ་བོ་འདིའི་ནང་དུ་རོ་མངར་བ། སྐྱུར་བ། ལན་ཚྭ། ཁ་བ། ཚ་བ། བསྐ་བ་བཅས་དྲུག་པོ་སྦྱིབ་པའི་སྦྱོར་བ་རྒྱུད་པ་ཅན་དང་། གཉིས་ཅན། གསུམ་ཅན། བཞི་ཅན། ལྔ་ཅན་བཅས་སོ་སོས་ཉེས་པ་རླུང་མཁྲིས་བད་ཀན་སེལ་ཐུབ་པ་དང་། ཐར་ལས་ལྷག་པའི་སྒོ་ནས་རོ་སྦྱིབ་ཀྱི་སྦྱོར་བ་ཁ་གསལ་འཐུས་ཚང་དུ་བཏང་ཡོད་ལ། རོ་སྦྱིབ་ཀྱི་སྦྱོར་བ་༥༧འདིས་ནད་ཐོག་ལག་ལེན་ལ་གཏོང་བའི་སྨན་སྦྱོར་ཁག་ལ་ཁ་ཚར་དང་ཁ་འཛིན་སྦྱར་ཐབས་དང་། སྨན་གྱི་སྦྱོར་སྡེ་ལ་ཞིབ་འཇུག་བྱེད་པ་སོགས་ལ་དཔྱད་གཞིའི་ཡིག་ཆ་མཁོ་འདོན་བྱས་ཡོད།།

《按味配方五十七种配伍法图表·明智欢宴》

本医著收载于《帝玛尔·丹增彭措医著选集》中第50页至51页，共1页半。

内容提要：

本医著主要阐述了藏药按药味的配伍方法。藏医学理论中把药物的药味分为甘、酸、咸、苦、辛、涩六味。药方按药味配伍有两种药味或三种药味、四种药味、五种药味及六种药味进行配伍的方法，可产生57种不同药味配伍法。作者用图表形式简洁地阐释了这些配伍方法。

医学价值：

本医著用图表的形式详细阐释了藏药六味按单味、多味组合配伍用于治疗疾病的原理及功效，简洁易懂，57种药味配伍方法对藏药加减方的运用具有重要指导意义，对研究藏药配伍及临床应用具有参考价值。

༄༅། །རོ་དྲུག་སྨན་གྱི་སྦྱོར་བ་གསལ་བར་དྲང་སྲོང་ཞལ་ལུང་བ་ཀུ་ལའི་འདབ་ཕྲེང་ཞེས་བྱ་བ་བཞུགས་སོ། །

གསུང་རྩོམ་འདི་《གསོ་རིག་གཅེས་བཏུས་རིན་ཆེན་ཕྲེང་བ།》ཞེས་པའི་ནང་གི་ཤོག་གྲངས་༥༡ནས་༦༠བར་གསལ། ཁྱོན་བསྡོམས་ཤོག་གྲངས་༡༠བཞུགས།

ནང་དོན་གནད་བསྡུས།

གསུང་རྩོམ་འདིའི་ནང་ཁོང་གིས་རོ་སྦྱོར་ལྔ་བཅུ་རྩ་བདུན་གྱི་སྦྱོར་ལུགས་དང་། ནད་ཀྱི་འཕེལ་ཟད་བདུན་ཅུ་རྩ་བཞིའི་གྲངས་འདྲེན། ལྡན་པའི་རོ་ལྔ་བཅུ་རྩ་བདུན་དང་རྐྱང་པའི་རོ་དྲུག་བཅས་ཁྱོན་བསྡོམས་རོ་སྦྱོར་བ་དྲུག་ཅུ་རྩ་གསུམ་དང་དེས་ནད་ཀྱི་འཕེལ་ཟད་བདུན་ཅུ་དོན་བཞི་འཇོམས་ཚུལ་རྣམས་ངོ་འཕྲོད་པ་ཞིག་གསུངས་ཡོད།

གསོ་རིག་གི་རིན་ཐང་།

གསུང་རྩོམ་འདིའི་ནང་ཁོང་གིས་དཔལ་ལྡན་རྒྱུད་ཀྱི་རོ་སྦྱོར་བ་ལྔ་བཅུ་རྩ་བདུན་གྱི་གཞུང་དོན་ཐད་ལས་གསལ་བར་བསྟན་པ། རོ་སྦྱོར་དང་འདུ་བ་རྐྱང་ལྡན་འདུས་པའི་བར་གྱི་འབྲེལ་བ་མདོར་ཚུགས་སུ་བསྟན་པ། ཐར་བྱུང་བསྟན་བཅོས་ལས་བྱུང་བའི་རོ་སྦྱོར་གྱི་སྨན་སྦྱོར་ཐབས་དང་ནད་གསོ་ཐབས་གསལ་བར་བྱས་ཡོད་ལ། རོ་དྲུག་སྨན་གྱི་སྦྱོར་དྲུག་ཅུ་རྩ་གསུམ་དེ་ཉེས་གསུམ་འཕེལ་ཟད་ཀྱི་དབྱེ་བ་བདུན་ཅུ་དོན་བཞི་ཡི་གཉེན་པོར་སྦྱོར་ཚུལ་རྒྱས་པར་བཀྲལ་ཡོད་པས། ད་ཕན་མར་གསོ་རིག་ལ་ཞུགས་པའི་འཚོ་བྱེད་གཞོན་ནུ་རྣམས་དང་། སྨན་སྦྱོར་ཞིབ་འཇུག་པ་ལ་དཔྱད་གཞིའི་ཡིག་ཆ་མཁོ་འདོན་བྱས་ཡོད།།

《六味配伍明释·大医口述瓦格拉花瓣串》

本医著收载于《帝玛尔·丹增彭措医著选集》中第51页至60页，共10页。

内容提要：

本医著主要阐述了藏医三因增损引起的74种疾病变化，和藏药六种药味进行两种药味、三种药味配伍组合的57种方法，加6种单味配伍方法，共有63种。书中分析讨论了这63种药味配方对治74种三因增损疾病的原理。

医学价值：

本医著详尽阐释了藏药63种药味配伍法、74种三因增损疾病，并分析了63种配方对治74种疾病的原因，丰富了藏药按药味配伍法及其对治疾病的理论，是研究藏药配伍理论的重要参考文献。

༄༅། །རོ་སྡེབ་སྦྱོར་བ་ཕན་ཡོན་དང་སྦྲགས་པ་ཚིགས་སུ་བཅད་པ་དོན་ཚང་ཚིག་བསྡུས་ཞེས་བྱ་བ་བཞུགས་སོ།།

གསུང་རྩོམ་འདི་《གསོ་རིག་གཅེས་བཏུས་རིན་ཆེན་ཕྲེང་བ།》ཞེས་པའི་ནང་གི་ཤོག་ངོས་༤༩ནས་༥༠བར་གསལ། ཁྱོན་བསྡོམས་ཤོག་གྲངས་༢བཞུགས།

ནང་དོན་གནད་བསྡུས།

གསུང་རྩོམ་འདིའི་ནང་ཁྲུང་བའི་རོ་དྲུག་པོ་ཕན་ཚུན་གཉིས་སྦྱོར་དང་། སུམ་སྦྱོར། བཞི་སྦྱོར་སོགས་ནང་འཕྲད་བྱུང་བ་ལས་སྦྱོར་བ་ལྔ་བཅུ་རྩ་བདུན་འབྱུང་བར་འགྱུར་བ་དག་གི་རྣམ་གྲངས་དང་དེས་འདུ་བའི་ནད་སྤྱི་བྱེ་བྲག་གང་དང་གང་སེལ་བའི་ཕན་ནུས་བཅས་ཚིགས་བཅད་ཀྱི་ལམ་ནས་ཚིག་ཉུང་དོན་འདུས་སུ་གསུངས་ཡོད།

གསོ་རིག་གི་རིན་ཐང་།

གསུང་རྩོམ་འདིའི་ནང་གཡུ་ཐོག་སྙོ་འབུམ་དང་འཇམ་དབྱངས་སྙོ་འབུམ། སྒྲོལ་མ་སྙོ་འབུམ་སོགས་ཐར་བྱུང་བསྟན་བཅོས་དང་། དུས་ཕྱིས་ཀྱི་སྨན་མིང་རྒྱ་མཚོ་སོགས་སྨན་གྱི་བསྟན་བཅོས་ཀྱི་དགོངས་པའི་གསང་བ་མངོན་ཕྱུང་གི་ནུས་པ་ཐོན་ཡོད་པ་དང་། རྩ་བའི་རོ་དྲུག་ལས་མཆེད་པའི་སྨན་རྒྱུ་སྡེབ་སྟངས་ལ་རིགས་ལམ་མཁོ་སྤྱོད་བྱས་ཡོད་ལ། འཕེལ་ཟད་དྲུག་ཅུ་རྩ་བཞིའི་གཉེན་པོར་སྨན་རྒྱུ་སྡེབ་ཚུལ་གྱི་ཐབས་ལམ་རྒྱུད་ཀྱི་དགོངས་པ་དང་ཡ་མ་བྲལ་བར་བསྟན་ཡོད་པས། བོད་སྨན་ནད་ཐོག་ལག་ལེན་དུ་བསྟར་བར་ཁུངས་བཙུན་པའི་གཞུང་ལུགས་ཀྱི་རྒྱབ་རྟེན་བཟང་པོ་བྱེད་ནུས་སོ།།

《按味配方及其功效：词简意全之诗》

本医著收载于《帝玛尔·丹增彭措医著选集》中第49页至50页，共2页。

内容提要：

本医著以韵文形式，言简意赅地阐释了藏药按药味配伍的两种药味、三种药味、四种药味等57种药味配伍组合的方法，并讨论了药味配伍方法治疗三因增损疾病的原理。

医学价值：

本医著以韵文形式言简意赅地阐释了六味药57种药味配伍方法，讨论了其对治三因增损疾病的原理，丰富了藏药药味配伍法理论，对开发按药味配伍的新药方具有一定的参考和指导作用，对临床加减药味的三因病治疗具有重要指导意义。

༄༅། །ཞུ་རྗེས་གསུམ་གྱི་ངོ་སྤྲོད་གསལ་སྟོན་མེ་ལོང་ཞེས་བྱ་བ་བཞུགས་སོ། །

གསུང་རྩོམ་འདི་《གསོ་རིག་གཅེས་བཏུས་རིན་ཆེན་ཕྲེང་བ།》ཞེས་པའི་ནང་གི་ཤོག་ངོས་༦༧ནས་༧༥བར་གསལ། ཁྱོན་བསྡོམས་ཤོག་གྲངས་༩བཞུགས།

ནང་དོན་གནད་བསྡུས།

གསུང་རྩོམ་འདིའི་ནང་ཐོག་མར་རོ་དྲུག་ཟས་སྨན་གང་ཟོས་པ་ཕོ་བའི་མེ་དང་འཕྲད་པས་ཞུ་རྗེས་གསུམ་དུ་འགྱུར་ལ། ཞུ་རྗེས་གསུམ་དང་ཉེས་པ་གསུམ་འཕྲད་པའི་ཚེ་གཅིག་སེལ་གཉིས་བསྐྱེད་དང་གཉིས་སེལ་གཅིག་བསྐྱེད་དུ་འགྱུར་བ་སོགས་དོན་སྤྱི་ཙམ་བསྟན་ནས། ཐེ་བྲག་ཏུ་རོ་ནུས་ཞུ་རྗེས་ཀྱི་ནུས་པ་འདྲ་ཡང་སྟོབས་ཀྱི་ཆེ་ཆུང་ཁྱད་པར་ཡོད་པ་དང་། རོ་དང་ཞུ་རྗེས་ལ་སོགས་འདྲ་ཡང་ནུས་མཐུ་མི་འདྲ་བ། རོ་ཡི་ལས་དང་འབྲས་བུའི་མཐུ་མི་མཐུན་པ་ཡང་འགའ་ཡོད། དེ་བཞིན་དུ་གནོད་པ་འདྲར་སྣང་ཡང་མི་གནོད་པར་ཕན་པ། ཕན་པར་འོས་ཀྱང་མི་ཕན་པར་གནོད་པ་སོགས་ཀྱི་རྒྱུ་མཚན། དེ་ལྟར་ཤེས་ན་སྨན་གྱི་སྦྱོར་བ་བསྡེབས་པའི་སྐབས་ཀྱི་རྟེན་འབྱུང་བའི་ཤུགས་ཆེ་ཆུང་དང་། དང་པོའི་རོ་ལས་ཕྱིས་གཞན་དུ་གྱུར་པ་ལས་བྱུང་བའི་ནུས་པ་སོ་སོ། སྦྱར་བའི་དབང་གྱུར་བ་ཐང་ཕྱེ་རིལ་བུ་ལ་སོགས་པ་སྦྱོར་བའི་གྲོགས་ཀྱི་དབང་གིས་ནུས་པ་ཡང་སོ་སོར་འདོན་པ་སོགས་ཡོད་པ་རྟོགས་ཐུབ་པ་གསུངས་སོ།།

གསོ་རིག་གི་རིན་ཐང་།

གསུང་རྩོམ་འདིའི་ནང་རོ་དྲུག་ཏུ་གཏོགས་པའི་ཟས་གང་ཟོ་བའི་མེ་དྲོད་གསུམ་དང་འཕྲད་པའི་ཚེ་ཐར་གྱི་རོའི་ངོ་བོ་དེ་འགྱུར་བ་ལས་བྱུང་བའི་མངར་བ་དང་། སྐྱུར་བ། ཁ་བ་གསུམ་ནི་ཞུ་རྗེས་གསུམ་ཡིན། ཞུ་རྗེས་དང་འབྲེལ་ནས་སྨན་ཟས་གང་ཞིག་ཞིབ་འཇུག་གཏོང་བ་དང་སྨན་ཟས་ཀྱི་ཞུ་རྗེས་ལ་གཞིགས་ནས་སྨན་གྱི་སྦྱིབ་སྦྱོར་བྱེད་སྟངས་སོགས་ལ་མཛུབ་སྟོན་གྱི་ནུས་པ་གལ་ཆེན་ལྡན་ཡོད།།

《三化味介绍·明示宝鉴》

本医著收载于《帝玛尔·丹增彭措医著选集》中第67页至75页，共9页。

内容提要：

本医著首先阐释了食用任何具有六味性质的食物或药物后，经过三胃火的消化变为三化味的过程，进而阐述了三化味的作用，即三化味与三因相遇时，具有平息某一因而激发另外两因或平息其中两因而激发另一因的作用。并且介绍了性、味、三化味的功能虽相同但药力有大小差别，或味、三化味等相同但功能、药力不同，即味之因和药力之果不同的几种特殊情况，因此会出现似对治病不利但实则有益的情况。还记载了有益则为适宜，不利则对身体有害的原因。如能掌握这些原理，在配伍之时就能理解药物本身五元的多寡属性和偏盛偏衰和药物第一味的功能，以及化味的功能。这些不同功能，在药物通过配伍制成汤、散、丸等不同剂型时，药物功能也会受到不同影响。

医学价值：

本医著重点介绍了食用任何具有六味属性的食物或药物后经过三胃火的消化产生的甘、酸、苦三化味的过程，以及三化味与三因相遇时对三因的作用利害关系，分析讨论了六味及三化味对治三因增损疾病的原理，对掌握藏药实际应用中的配伍及应用方法具有重要意义。

༄༅། །བཤལ་སྐྱུག་དང་རྩ་སྦྱོང་གི་ལག་ལེན་རྒྱུད་ཀྱི་དགོངས་པ་གསལ་བར་བྱེད་པའི་ཞལ་གདམས་ཟིན་བྲིས་ཉི་མའི་སྙིང་པོ་ཞེས་བྱ་བ་བཞུགས་སོ། །

གསུང་རྩོམ་འདི་《གསོ་རིག་གཅེས་བཏུས་རིན་ཆེན་ཕྲེང་བ།》ཞེས་པའི་ནང་གི་ཤོག་གྲངས་༥༦༢ནས་༥༨༤བར་གསལ། ཁྱོན་བསྡོམས་ཤོག་གྲངས་༢༣བཞུགས།

ནང་དོན་གནད་བསྡུས།

གསུང་རྩོམ་འདིའི་ནང་གསོ་ཐབས་ལག་ལེན་བཅོ་བརྒྱད་ཀྱི་རྣམ་གྲངས་དང་བཤལ་སྐྱུགས་རྩ་སྦྱོང་གི་ལག་ལེན་བསྟན་ཡོད། ཐོག་མར་བཤལ་སྐྱུག་རྩ་སྦྱོང་ལ་རུང་མི་རུང་ནད་ཀྱི་རྒྱུ་བརྟག་པ་དང་། ཐུབ་མི་ཐུབ་ལུས་ཀྱི་ཟུངས་བརྟག་པ། རན་མི་རན་དུས་ཚོད་བརྟག་པ་གསུམ་ནད་གཞི་དང་སྦྱར་ནས་རེ་རེ་གསལ་པོར་བཀོད་དེ། རྩ་སྦྱོངས་ཀྱི་སྔོན་འགྲོ་ཐང་གཏོང་ཚུལ་དང་། ལས་ལྔའི་སྔོན་འགྲོ་སྣུམ་འཆོས་གཏོང་དོན། སྤྱི་བཤལ་གྱི་དངོས་གཞིའི་སྨན་གྱི་སྦྱོར་སྡེ། སད་མདའ་གཏོང་ཚུལ། སྤྱི་བཤལ་སྙོས་བཤལ་སོགས་ཀྱི་ལག་ལེན་རྣམས་རྒྱས་པར་གསུངས་ཡོད།

གསོ་རིག་གི་རིན་ཐང་།

གསུང་རྩོམ་འདིའི་ཁྱད་ཆོས་ནི་བཤལ་སྐྱུག་དང་རྩ་སྦྱོང་གི་ལག་ལེན་འདི་སྔ་ནས་ད་བར་དུ་མ་ཉམས་པར་རྒྱུད་འཛིན་དང་དར་སྤེལ་བཏང་ཡོད་ལ། བཤལ་སྐྱུག་དང་རྩ་སྦྱོང་གི་གནད་འགགས་དང་མན་ངག་སོགས་རྒྱས་འགྲེལ་གསལ་པོ་བྱས་པས་ནད་ཐོག་ལག་ལེན་ལ་དཔྱད་གཞིའི་རིན་ཐང་གལ་ཆེན་ལྡན།།

《明示〈四续〉中的泻下、引吐和海脉法之操作思想的教诫笔记·太阳精华》

本医著收载于《帝玛尔·丹增彭措医著选集》中第562页至584页，共23页。

内容提要：

本医著阐释了治疗十八法的类别和下泻法、催吐法、脉泻法的实践操作。首先详释了下泻法、催吐法和脉泻法的禁忌证和适应证，及疾病成因诊断、患者身体能否承受治疗的判断法、治疗时间的判断方法。接着详细记载了脉泻施治先行所饮汤剂、泻治五业的施治先行所用油疗法、下泻法正行服用的方剂、试探药的服用方法、通用泻剂和特用泻剂及其实践操作等。

医学价值：

本医著是对藏医特色泻治法之下泻、催吐、脉泻等传统泻治技术的传承发展，对藏医泻治疗法及临床实践具有重要指导意义。

༧༧། །རྩ་སྦྱོང་གི་ཞལ་གདམས་གནད་ཀྱི་གཟེར་བུ་ཞེས་བྱ་བ་བཞུགས་སོ། །

གསུང་རྩོམ་འདི་《གསོ་རིག་གཅེས་བཏུས་རིན་ཆེན་ཕྲེང་བ།》ཞེས་པའི་ནང་གི་ཤོག་ངོས་༥༨༤ནས་༥༨༧བར་གསལ། ཁྱོན་བསྡོམས་ཤོག་གྲངས་༤བཞུགས།

ནང་དོན་གནད་བསྡུས།

སྨན་གཞུང་འདིའི་ནང་གཙོ་བོ་རྩ་སྦྱོང་གི་སྔོན་འགྲོ་དངོས་གཞི་རྗེས་གཙོད་བཅས་ཀྱི་ལག་ལེན་རྣམས་དམར་ཁྲིད་ལྟར་རྒྱས་པར་གསུངས་ཡོད་དེ། རྩ་སྦྱོང་ཐེབས་པར་སླ་བའི་སྔོན་འགྲོ་ལ་ཨ་རུ་མཆུ་སྟུང་དང་། ལྗམ་པ། གཡེར་འབྲུའི་ཤུན་པ་སོགས་གཏོང་ཚུལ་དང་། དངོས་གཞིའི་སྨན་སྣ་དེ་དག་ལ་གཉེན་པོས་ཁ་བསྒྱུར་བྱ་ཚུལ། རྩ་སྦྱོང་གི་རྗེས་སུ་གཡལ་བ་དང་། སྐྱིགས་བུ། གཡན་པ་སོགས་འབྱུང་བར་རྗེས་གཙོད་བྱ་ཐབས་གང་འདྲ་ཡིན་པ་སོགས་ཀྱི་ལག་ལེན་ཟབ་མོ་རྒྱས་པར་བསྟན་ཡོད།

གསོ་རིག་གི་རིན་ཐང་།

དཔལ་ལྡན་རྒྱུད་ཀྱི་སྦྱོང་གི་ལོག་གནོན་རྩ་སྦྱོང་གི་དགོངས་དོན་གཞིར་བཟུང་ནས་སྦྱོར་དངོས་རྗེས་གསུམ་ལ་ཐར་མེད་ཀྱི་ནད་ཐོག་སྤྱོང་བྱང་བཀོད་ཡོད་པ་དང་། ཐུན་མིན་ཁྱད་ཆོས་ལྡན་པའི་གཞུང་དང་ལག་ལེན་ཟུང་འབྲེལ་གྱི་ཕྱག་བཞེས་དང་། རྩ་སྦྱོང་གི་སྔོན་འགྲོ་དང་དངོས་གཞི། རྗེས་བཅད་བཅས་ཀྱི་བརྒྱུད་རིམ་ཆ་ཚང་ནད་ཐོག་ལག་ལེན་དངོས་ལ་སྦྱར་ནས་གསུངས་ཡོད་པས། དཔལ་ལྡན་རྒྱུད་ཀྱི་རྩ་སྦྱོང་གི་ལེའུར་ཁ་གསབ་གྱི་ནུས་པ་ལྟ་བུ་དང་། ལྷག་པར་ནད་ཐོག་དངོས་ཀྱི་ལག་ལེན་ལ་མཛུབ་སྟོན་གྱི་རིན་ཐང་གལ་ཆེན་ལྡན་ཡོད།།

《泻脉法之教诫·要点之钉子》

本医著收载于《帝玛尔·丹增彭措医著选集》中第584页至587页，共4页。

内容提要：

本医著详述了脉泻法的术前先行、正行、善后等的实践操作。记载了脉泻药效更易到达病灶，先行时要服尖嘴诃子、冬葵、花椒皮等的煮汁的方法；正行时要服加大红花剂量的六良药用以防护脏腑受损的方法；脉泻施治后出现打哈欠、呃逆、疥癣等不适情况时如何进行处理等技能操作。

医学价值：

本医著对藏医《四部医典》的脉泻方法的前行、正行、善后等操作步骤进行了详细阐述。理论与实践结合，详细阐释和补充完善了《四部医典》脉泻疗法的内容，对藏医脉泻疗法技术研究与临床实践具有重要指导意义。

༄༅། །དཔྱད་ཐུར་སྤུད་ཟེའི་མཚན་བཤད་ཨ་ཝ་སྤྲིན་གྱི་སྨྱུ་གུ་ཞེས་བྱ་བ་བཞུགས་སོ། །

གསུང་རྩོམ་འདི་《གསོ་རིག་གཅེས་བཏུས་རིན་ཆེན་ཕྲེང་བ།》ཞེས་པའི་ནང་གི་ཤོག་ངོས་༨༣ནས་༨༤བར་གསལ། ཁྱོན་བསྡོམས་ཤོག་གྲངས་༢བཞུགས།

ནང་དོན་གནད་བསྡུས།

གསུང་རྩོམ་འདིའི་ནང་ཆ་བྱད་ཐུར་མ་ལ་ཁྱད་ཆོས་གང་དང་གང་ཚང་དགོས་པ་དང་དེ་དག་གི་མཚོན་དོན་ཅི་ཡིན་བསྟན་ཡོད་དེ། དཔེར་ན། རིང་ཚད་སོར་བཅུ་གཉིས་ཡོད་པ་ནི་གསོ་ཐབས་སྐབས་ཀྱི་རྟེན་འབྲེལ་ཡན་ལག་བཅུ་གཉིས་མཚོན་པ་དང་། རིང་ཚད་སོར་བཅུ་གཉིས་ཀྱི་གཞུངས་འབུར་ལ་མཐའ་གཉིས་ལེབ་མོ་ཡིན་པ་ནི་ཐུ་མས་དབུ་མ་དང་གདོན་བགེགས་དུམ་བུར་གཏུབ་པ་སོགས་མཚོན་པའི་རིགས་ཤིག་དང་། ཡང་སྲིད་སོར་བཅུ་ལ་བྱས་པ་ནི་ས་བཅུ་མཚོན་པ་སོགས་ཀྱི་ལུགས་ཤིག་ཀྱང་བཀོད་དེ་ཐུར་མའི་ཁྱད་ཆོས་མི་འདྲ་བ་ལ་རྟེན་འབྲེལ་གྱི་མཚོན་དོན་མི་འདྲ་བ་ཅི་ཡོད་བསྟན།

གསོ་རིག་གི་རིན་ཐང་།

གསུང་རྩོམ་འདིའི་ནང་བོད་ཀྱི་གསོ་བ་རིག་པ་ལས་དཔྱད་ཀྱི་ཆ་བྱད་ཐུར་མ་ལ་ཁྱད་ཆོས་གང་དག་ཚང་དགོས་པ་དང་། དེ་དག་གི་རྟེན་འབྲེལ་གྱི་མཚོན་དོན་ཇི་ལྟར་ཡིན་པ་སོགས་བསྟན་ཡོད་པས། བོད་ཀྱི་གསོ་རིག་གི་དཔྱད་བཅོས་ཀྱི་ཆ་བྱད་སྤྱི་དང་དེ་དག་གི་ཐུན་མོང་མ་ཡིན་པའི་ཁྱད་ཆོས་དང་དགེ་མཚན་ཕུན་སུམ་ཚོགས་པ་དང་གིས་མཚོན་ཐུབ་པར་བྱས་ཡོད།།

《针刺器械琐谈·“阿瓦珍”之幼苗》

本医著收载于《帝玛尔·丹增彭措医著选集》中第83页至84页，共2页。

内容提要：

本医著详述了“特尔玛”穿刺疗法部分器械的规格尺寸，及其寓意。如，穿刺针长度为12指，寓意治疗方法中的十二缘起，12指长且中间圆而两边扁，是正解中观教义和破除障碍的寓意，如长度设置为10指，具有十地的寓意等。不同的长度宽度及形状具有不同的寓意。

医学价值：

本医著对藏医“特尔玛”穿刺疗法部分器械的长度、宽度等规格尺寸、形状特点及其不同寓意进行了详细阐释，更好地体现了藏医药独特的文化背景及特色内涵。

༄༅། །རྩ་བ་ཐུགས་རྒྱུད་ཀྱི་སྙིང་པོ་བསྡུས་པ་རྡེལ་འགྲེམ་རྩ་བའི་ལེའུར་བྱས་པ་ཞེས་བྱ་བ་བཞུགས་སོ། །

གསུང་རྩོམ་འདི་《གསོ་རིག་གཅེས་བཏུས་རིན་ཆེན་ཕྲེང་བ།》ཞེས་པའི་ནང་གི་ཤོག་ངོས་༢༤ནས་༢༨བར་གསལ། ཁྱོན་བསྡོམས་ཤོག་གྲངས་༥བཞུགས།

ནང་དོན་གནད་བསྡུས།

གསུང་རྩོམ་འདིའི་ནང་རྩ་རྒྱུད་ལས། རྩ་བ་གསུམ་ལ་དྲིལ་བའི་སྡོང་པོ་དགུ།། གྱེས་པའི་ཡལ་ག་བཞི་བཅུ་རྩ་བདུན་ཏེ།། ལོ་འདབ་ཉིས་བརྒྱ་རྩ་བཞི་གྱེས་པ་ཡིན།། གསལ་བའི་མེ་ཏོག་འབྲས་བུ་ལྔ་རུ་སྨིན།། ཞེས་རྩ་བ་ཐུགས་རྒྱུད་ཀྱི་དགོངས་པ་དོན་སྙིང་པོ་འདྲིལ་བའི་ཤོ་ལོ་ཀ་འདིའི་བརྗོད་བྱའི་སྤྱ་ཕྱིའི་རིམ་པ་རྣམས་རྡེའུ་སྤྱད་ནས་སྡོན་ཤིང་གི་གཟུགས་སུ་བཀོད་དེ་བསྟན་ཡོད།

གསོ་རིག་གི་རིན་ཐང་།

གསུང་རྩོམ་འདིའི་ནང་གཙོ་བོ་རྩ་བ་ཐུགས་ཀྱི་རྒྱུད་དགོངས་མདོར་བསྟན་པ།། སྙིང་པོ་དྲིལ་ནས་སྒྲ་ངན་མེད་པའི་ཤིང་།། དཔེར་མཛད་གསང་བའི་བསྡུས་དོན་རྡེལ་འགྲེམ་ཚུལ།། ལག་ཏུ་ལེན་རིམ་ཇི་བཞིན་བརྗོད་འདིར་ཉོན།། ཞེས་པ་ལྟར། རྩ་བའི་རྒྱུད་ཀྱི་གཞུང་དོན་གྱི་སྙིང་པོའམ་རྩ་བ་ཐུགས་རྒྱུད་ཀྱི་སྡོམ་ཚིག་བཞི་སྟེ། རྩ་བ། སྡོང་པོ། ཡལ་ག ལོ་འདབ། མེ་ཏོག་འབྲས་བུ་རྣམས་རིམ་བཞིན་གྱེས་ཚུལ་རྡེལ་འགྲེམ་གྱི་རྣམ་པས་གསལ་བར་བསྟན་ཡོད་པས། གསོ་རིག་གཞུང་དོན་ཀུན་གྱི་སྤྱི་ཁོག་གམ་སྙིང་པོ་གསལ་བར་བྱས་ཡོད།།

《汇集〈根本心续〉的精华石展注释》

本医著收载于《帝玛尔·丹增彭措医著选集》中第24页至28页，共5页。

内容提要：

本医著按照《四部医典·根本心续》（又译作《总则部》）所记："三根生出九树干，分支出四十七枝，生出二百二十四叶，花与果实共五颗。"即三棵树喻的内容，依照先后顺序，用石子摆出菩提树的形象表示法，做了详细讲释。

医学价值：

本医著主要以《四部医典·根本心续》的内容为主体框架，用石子依次摆出菩提树的根、树干、枝、叶、花果等内容。再次展现了《根本心续》的石展方法，并进行详细阐述，用石展更加简洁形象的特点，充分展现树喻、石展等藏医药文化特色，对掌握藏医药系统知识的框架及基础有重要意义。

༄༅། །རྩ་བ་ཐུགས་རྒྱུད་ཀྱི་སྙིང་པོ་བསྡུས་པ་རྡེལ་འགྲེམ་གཞུང་དོན་འབྱེད་པའི་ལྡེ་མིག་ ཅེས་བྱ་བ་བཞུགས་སོ། །

གསུང་རྩོམ་འདི་《གསོ་རིག་གཅེས་བཏུས་རིན་ཆེན་ཕྲེང་བ།》ཞེས་པའི་ནང་གི་ཤོག་ངོས་༢༨ནས་༣༧བར་གསལ། ཁྱོན་བསྡོམས་ཤོག་གྲངས་༡༠བཞུགས།

ནང་དོན་གནད་བསྡུས།

གསུང་རྩོམ་འདིའི་ནང་དཔལ་ལྡན་རྒྱུད་བཞིའི་རྩ་བའི་སྙིང་པོ་དྲིལ་བའི་བསྡོམས་བཞི་སྟེ་རྩ་བ་གསུམ་ལ་དྲིལ་བའི་སྡོང་པོ་དགུ། ཤེས་པའི་ཡལ་ག་བཞི་བཅུ་རྩ་བདུན་ཏེ།། ལོ་འདབ་ཉིས་བརྒྱ་རྩ་བཞི་ཤེས་པ་ཡིན།། གསལ་བའི་མེ་ཏོག་འབྲས་བུ་ལྔ་རུ་སྨིན།། ཞེས་ཚིགས་བཅད་རྐང་པ་བཞི་གསུངས་པ་འདི་ཉིད་ཀྱི་གྲངས་རྣམས་ལྡོན་ཤིང་ལ་དཔེར་མཛད་ནས་རྡེའུ་དཀར་སེར་སྔོ་གསུམ་གྱིས་རྩ་བ་དང་། སྡོང་པོ། ཡལ་ག་ལོ་མ་སོགས་བྱས་ནས་རྣམས་གྲངས་སོ་སོ་ངོ་སྤྲོད་བྱེད་པ་དང་མཉམ་དུ་གཞུང་དོན་རྣམས་ཚིག་ཉུང་དོན་འདྲིལ་གྱི་སྒོ་ནས་ཚིག་འགྲེལ་བྱས་ཡོད།

གསོ་རིག་གི་རིན་ཐང་།

གསུང་རྩོམ་འདིའི་ནང་དུ་བོད་ཀྱི་གསོ་བ་རིག་པའི་གཞུང་ལུགས་ཀུན་གྱི་རྩ་བ། རྒྱུད་བཞིའི་སྙིང་པོ་དྲིལ་བ་ལྟ་བུའི་རྩ་བ་ཐུགས་རྒྱུད་ཀྱི་བརྗོད་བྱ་རྣམས་སྒྲ་དབྱེ་མེད་པའི་ལྡོན་ཤིང་གི་དཔེར་བཀོད་པ་ལས། རྩ་བ་གསུམ། སྡོང་པོ་དགུ། ཡལ་ག་བཞི་བཅུ་རྩ་བདུན། ལོ་འདབ་ཉིས་བརྒྱ་རྩ་བཞི། མེ་ཏོག་འབྲས་བུ་ལྔ་བཅས་ཀྱི་དོན་གྱི་རྣམ་གྲངས་དག་རྡེའུ་དཀར་སེར་སྔོ་གསུམ་གྱིས་རེ་རེ་བཞིན་འགྲེམས་པར་བྱས་ཡོད་པས། བོད་ཀྱི་གསོ་བ་རིག་པའི་སློབ་ཕྲུག་གམ་གཞུང་དོན་རྣམས་ཁ་གསལ་ཞིང་གོ་བདེ་བར་གལ་ཆེའི་རིན་ཐང་ལྡན་ཡོད།།

《〈根本心续〉的石展注释·开启医理钥匙》

本医著收载于《帝玛尔·丹增彭措医著选集》中第28页至37页，共10页。

内容提要：

本医著针对《四部医典·根本心续》的精华语句“结成三根长九干，发出四十七条枝，生叶二百二十四，结出花果共为五”，按照医文中的数目和意思，用白、黄、青三种不同颜色的石子将树干、树枝、树叶等表示出来，并对此石展所表示的医药学内容做了言简意赅的解释。

医学价值：

本医著将《四部医典·根本心续》的内容，用菩提树形象表示的树喻法，以树之根、树 干、枝、叶、花果的形式依次进行了系统阐释，并介绍了用白、黄、青三种颜色石子依次展现该内容的石展方法，对初次学习藏医药学的人清晰理解藏医药知识之间的结构关系具有重要作用。

༄༅། །རྗེ་ལ་འབྲེལ་རྒྱུད་དགོངས་གསལ་བའི་ཤོག་བཀྲའི་རིའུ་མིག་རབ་གསལ་སྣང་བ་ཞེས་བྱ་བ་བཞུགས་སོ། །

གསུང་རྩོམ་འདི་《གསོ་རིག་གཅེས་བཏུས་རིན་ཆེན་ཕྲེང་བ།》ཞེས་པའི་ནང་གི་ཤོག་ངོས་༤༠ནས་༤༢བར་གསལ། ཁྱོན་བསྡོམས་ཤོག་གྲངས་༣བཞུགས།

ནང་དོན་གནད་བསྡུས།

གཉེན་པོ་སྨན་གྱི་རྟེན་འབྱུང་བ་སོ་སོའི་ངོ་བོ་དང་འབྱུང་བ་དེ་དག་གིས་རོ་དྲུག་བསྐྱེད་ཚུལ། སྨན་གྱི་ཡོན་ཏན་བཅུ་བདུན་གྱིས་ནད་ཀྱི་མཚན་ཉིད་ཉི་ཤུ་འཇོམས་ཚུལ་བཅས་རིའུ་མིག་གི་ལམ་ནས་བཀོད་དེ་བསྟན་ཡོད།

གསོ་རིག་གི་རིན་ཐང་།

འདིའི་ནང་འབྱུང་བཞིས་རོ་དྲུག་དང་ཡོན་ཏན་བརྒྱ་དང་ང་བཞི་བསྐྱེད་ཚུལ་དང་། སྨན་གྱི་ཡོན་ཏན་བཅུ་བདུན་གྱིས་ནད་ཀྱི་མཚན་ཉིད་ཉི་ཤུ་འཇོམས་ཚུལ་སོགས་རིའུ་མིག་གི་ལམ་ནས་གསལ་བར་བསྟན་ཡོད་པས། བོད་སྨན་གྱི་ཡོན་ཏན་དང་འབྲེལ་བའི་རྒྱུད་ཀྱི་དགོངས་པ་རྣམས་ཁ་གསལ་ཞིང་གོ་བདེ་བར་བྱས་ཡོད་པ་དང་། སྨན་སྦྱོར་རིག་པའི་དཔྱད་གཞིའི་ཡིག་ཆ་གལ་ཆེན་ཞིག་ཏུ་གྱུར་ཡོད།།

《石展注释〈四续〉思想明示图解·更明阳光》

本医著收载于《帝玛尔·丹增彭措医著选集》中第60页至62页，共3页。

内容提要：

本医著阐述了药物本源四源的药性理论，以及由四源生成药物六味的原理，药物十七效对治三因疾病二十种属性的药理理论，并用表格形式作了阐释。

医学价值：

本医著用表格形式清晰展现了四源如何生六味、一百五十四效、药物十七效对治疾病二十种特性等内容，对掌握藏药味性效及疾病特性理论有重要意义，是藏药药性理论的重要参考文献。

༄༅། །སྨན་གྱི་རོ་ནུས་ཞུ་རྗེས་སྦྱར་ཐབས་ཀྱི་རྡེའུ་འགྲེམ་རྒྱུད་དགོངས་གསལ་སྟོན་ཞེས་བྱ་བ་བཞུགས་སོ། །

གསུང་རྩོམ་འདི་《གསོ་རིག་གཅེས་བཏུས་རིན་ཆེན་ཕྲེང་བ།》ཞེས་པའི་ནང་གི་ཤོག་ངོས་༦༢ནས་༦༧བར་གསལ། ཁྱོན་བསྡོམས་ཤོག་གྲངས་༦བཞུགས།

ནང་དོན་གནད་བསྡུས།

གསུང་རྩོམ་འདིའི་ནང་ནད་གསོ་བར་བྱེད་པའི་གཉེན་པོ་ཆེ་བ་བཞི་ལས་སྨན་གྱི་རོ་དང་ནུས་པ།ཞུ་རྗེས།སྦྱར་ཐབས་བཅས་ཀྱི་དབྱེ་བ་དང་འབྱུང་ཁུངས་སོགས་ཚིགས་བཅད་ཀྱི་ལམ་ནས་རྡེའུ་འགྲེམས་ཀྱི་ཚུལ་དུ་བཀོད་ཡོད། གཙོ་བོ་ལ་རོ་ཡི་རྟེན་འབྱུང་བཞི་སོ་སོའི་ངོ་བོ་དང་ནུས་པ། འབྱུང་བ་དེ་དག་གི་རྩ་བའི་རོ་དྲུག་དང་དེ་ལས་འཕྲོས་པའི་རོ་བཞི་ཁྲི། ནུས་པ་བརྒྱད་སོགས་བསྐྱེད་ཚུལ། ནུས་པ་བརྒྱད་ཀྱིས་ཉེས་པའི་མཚན་ཉིད་ཉེ་བྲུ་འཇོམས་ཚུལ། ཞུ་རྗེས་མངར་སྐྱུར་ཁ་གསུམ་གྱི་སྦྱོར་བཏང་དང་དམིགས་བསལ་གྱི་བྱེད་ལས་སོགས་བསྟན་ཡོད།

གསོ་རིག་གི་རིན་ཐང་།

གསུང་རྩོམ་འདིའི་ནང་སྦྱོར་བ་སྨན་གྱི་གནས་ལ་བསླབ་པའི་ཐབས། སྨན་གྱི་རོ་དང་ནུས་པ། ཞུ་རྗེས། སྦྱོར་ཐབས་སོགས་རེ་རེ་བཞིན་གྱིས་ནད་ཀྱི་མཚན་ཉིད་འཇོམས་པར་བྱེད་པའི་ཚུལ་རྣམས་རྡེའུ་འགྲེམ་གྱི་ཚུལ་དུ་བསྟན་ཡོད་པས། བོད་སྨན་གྱི་རོ་ནུས་ཞུ་རྗེས་སྦྱོར་ཐབས་ཀྱི་རིག་གཞུང་ཁྱད་པར་བ་དེ་གོ་བདེ་ཞིང་ཁ་གསལ་བར་བྱས་ཡོད་ལ། གཞན་དང་མི་འདྲ་བའི་བོད་ཀྱི་གསོ་བ་རིག་པའི་ཐུན་མིན་གྱི་ཁྱད་ཆོས་མང་པོ་ལྡན་ཡོད་པས། བོད་སྨན་གྱི་ཞི་བྱེད་སྨན་གྱི་སྦྱོར་བ་ལ་མེད་དུ་མི་རུང་བའི་རྨང་གཞིའི་རིག་གཞུང་གལ་ཆེན་ཞིག་ཏུ་གྱུར་ཡོད།།

《按药味、效、三化味配伍之石展注释·〈四续〉内容明示》

本医著收载于《帝玛尔·丹增彭措医著选集》中第62页至67页，共6页。

内容提要：

藏医治疗疾病有食、行、药、械四大对治法，本医著对药治法内容按药味、效、三化味配伍法的分类及味、效的本源等以石展形式作了注释。主要阐释了作为药味本源的四源各元素的本性、功效、四源所形成的基本六味及附带产生的四万个药味、八性等理论，八性对治疾病特性的原理，化味甘、酸、苦三味的一般和特殊的功效等药理理论。

医学价值：

本医著用石展的形式阐释了药物配伍方法中按药味、性、化味的配伍法及其如何对治疾病特性的理论，更加形象地展示了藏药味、性、化味配伍法的内容，是掌握藏药味性化味理论的重要参考文献。

༄༅། །སྤྲུལ་པའི་སྨན་ཞིང་ལྷ་ན་སྡུག་གི་བཀོད་ཡིག་ངོ་མཚར་མིན་ཀའི་གར་བརྒྱ་ཞེས་བྱ་བ་བཞུགས་སོ། །

གསུང་རྩོམ་འདི་《གསོ་རིག་གཅེས་བཏུས་རིན་ཆེན་ཕྲེང་བ།》ཞེས་པའི་ནང་གི་ཤོག་ངོས་ཨང་༡༨ཁར་གསལ། ཁྱོན་བསྡོམས་ཤོག་གྲངས་༡༧བཞུགས།

ནང་དོན་གནད་བསྡུས།

གསུང་རྩོམ་འདིའི་ནང་དུ་སྟོན་པ་བཅོམ་ལྡན་འདས་འཚོ་མཛད་སྨན་གྱི་བླ་བཻཌཱུརྱ་འོད་ཀྱི་རྒྱལ་པོའི་སྤྲུལ་ཞིང་ལྟ་ན་སྡུག་པའི་བཀོད་པ་རྒྱས་འབྲིང་བསྡུས་གསུམ་གྱིས་བསྟན་ཡོད། གཙོ་བོ་ལ་སྨན་རྒྱལ་ཉིད་ཀྱི་ཐུགས་ཀྱི་ཞིང་ཁམས་གཞལ་མེད་ནང་ཆེན་འདི་ཐོག་མཁར་གསུམ་བརྩེགས་སྨན་གྱི་ནོར་བུ་རིན་ཆེན་ཧྲག་གིས་མཛེས་པ། སྒོ་བཞིར་རྟ་བབས་བཞི་བཞི་དང་རི་དྭགས་ཕོ་མོ་སོགས་ཀྱི་བཀྲ་ཤིས་མཚན་མས་ལེགས་པར་བརྒྱན་ཞིང་། དཀྱིལ་འཁོར་གྱི་དབུས་སུ་ནི་ཨིནྡྲ་ནཱི་ལའི་ས་གཞིར་མཚལ་གྱི་མིག་མངས་རིས་སུ་བྲིས་པ་ལྟ་བུའི་བཀོད་པ་ཕུན་སུམ་ཚོགས་པ་དང་། འདབ་མ་སྟོང་ལྡན་པད་མའི་གེ་སར་གྱིས་མཛེས་པའི་རིན་ཆེན་སྣ་ལྔའི་མཆོད་ཁྲིའི་སྟེང་ལ་སྟོན་པ་སྨན་གྱི་བླ་བཻཌཱུརྱ་འོད་ཀྱི་རྒྱལ་པོ་གང་ཉིད་སྐུ་མདོག་མཐིང་ཀའི་འོད་ཟེར་དང་བཅས་ཏེ་ལྷེམ་མེར་བཞུགས་པ་ལ། དེའི་ཕྱོགས་དང་མཚམས་བརྒྱད་ནའང་ཉི་མའི་སྟོབས་དང་ལྡན་པ་འཕགས་བྱེད་དང་ཟླ་བའི་སྟོབས་དང་ལྡན་པ་གངས་ཅན་ལ་སོགས་པའི་གནས་ཀྱི་ཁྱད་པར་ཀུན་ནས་འཛོམས་ཤིང་། ལྷ་མིའི་དྲང་སྲོང་དང་ཉན་རང་གི་དགྲ་བཅོམ་པ། གྲུབ་པ་དང་རིག་འཛིན་པའི་ཞི་བའི་ཏིང་ངེ་འཛིན་ལ་རོལ་པའི་འཁོར་སྡེ་བཞིས་ཡོངས་སུ་བསྐོར་ཏེ་གསོ་རིག་བསྟན་པ་ཡུན་ནས་ཡུན་དུ་རྒྱས་ཤིང་བསམ་གྱིས་མི་ཁྱབ་པའི་འཕྲིན་ལས་ཀྱིས་སྤྲུལ་པའི་དུས་དང་རྣམ་པ་ཀུན་ཏུ་འགྲོ་བའི་སྡུག་བསྔལ་སྐྱོབ་པའི་ཐུགས་བསྐྱེད་དང་སྨོན་ལམ་ལས་མཚོན་པའི་སྨན་ཞིང་ལྟ་ན་སྡུག་གི་བཀོད་པ་ཆ་ཚང་བ་ཞིག་སྤྲོས་ཡོད།

གསོ་རིག་གི་རིན་ཐང་།

གསུང་རྩོམ་འདིའི་ནང་འདིའི་ནང་དུས་དང་རྣམ་པ་ཀུན་ཏུ་འགྲོ་བའི་སྡུག་བསྔལ་སྐྱོབ་པའི་ཐུགས་བསྐྱེད་དང་སྨོན་ལམ་ལས་འཁྲུངས་པའི་སངས་རྒྱས་སྨན་བླའི་སྤྲུལ་པའི་ཞིང་ལྟ་ན་སྡུག་གི་ངོ་མཚར་གྱི་རྣམ་པ་དང་། གནས་ཕུན་སུམ་ཚོགས་པ། སྟོན་པ་ཕུན་སུམ་ཚོགས་པ།འཁོར་ཕུན་སུམ་ཚོགས་པ། ཆོས་ཕུན་སུམ་ཚོགས་པ་སོགས་ཀྱིས་མཚོན་

ཞིང་། འགྲོ་བ་རིགས་དྲུག་གི་ལུས་སེམས་གཉིས་ལས་བྱུང་བའི་ནད་རིགས་བཞི་བརྒྱ་རྩ་བཞི་སེལ་བར་བྱེད་པའི་སྨན་གྱི་གྲོང་ཁྱེར་འདིའི་ཕྱི་ནང་གི་བཀོད་པ་བསམ་གྱིས་མི་ཁྱབ་པ་རྒྱས་འབྲིང་བསྡུས་གསུམ་གྱིས་བཀོད་ཡོད་པས། བོད་ཀྱི་རིག་གནས་སྤྱི་དང་ཁྱད་པར་དུ་བོད་ཀྱི་གསོ་བ་རིག་པའི་ཐུན་མིན་གྱི་ཁྱད་ཆོས་མང་པོ་ཞིག་རང་བཞིན་གྱིས་མཚོན་པར་བྱས་ཡོད་པས། དགེ་མཚན་ཁྱད་དུ་འཕགས་པ་ལྡན་ནོ།།

《神变药王城“达那斗”的布局·神奇“美那嘎”百戏》

本医著收载于《帝玛尔·丹增彭措医著选集》中第3页至19页，共17页。

内容提要：

本医著记载了如来药师佛琉璃光王幻变的药王城“达那斗”的布局。主要是药王心田无量宫，有三层，顶端有珍宝顶饰，四门有四个下马石，装饰有雄雌野兽等吉祥塑像。坛城的中央蓝宝石砌的地基上画有朱砂色的格子图案，显示了圆满的布局。在千瓣莲托基镶有五种珍宝的宝座上坐着佛祖药师佛琉璃光王，身体闪烁着天蓝色的光芒。药王城四周和八方遍布具有太阳威力的阳山和月光威力的阴山等雪域地貌。佛祖四周围坐着神仙圣人、声闻独觉的阿罗汉、修行者、持明等享用平息三摩地定的四组侍从。这些描绘体现了医学永世昌盛和所取得的不可思议的成就，显示了时刻以各种形式解脱众生痛苦的慈悲心和祝福之心的药王城“达那斗”的完整布局。

医学价值：

本医著记载了如来药师佛琉璃光王幻变的药王城“达那斗”的奇妙景象，以圣地、圣尊、圣众、圣法等聚合四殊胜的形式，展示了时刻以各种形式解脱众生痛苦的慈悲心和祝福心的药王城的完整布局，用独特的文化背景和表述形式彰显了藏族十明文化的特色魅力。

༡༧། །རིན་པོ་ཆེ་དབང་པོ་རིལ་བུ་གསུམ་གྱི་ལག་ལེན་གསལ་བའི་བསྟན་བཅོས་ཟབ་གསལ་སྙིང་ཐིག་ཅེས་བྱ་བ་བཞུགས་སོ། །

གསུང་རྩོམ་འདི་《གསོ་རིག་གཅེས་བཏུས་རིན་ཆེན་ཕྲེང་བ།》ཞེས་པའི་ནང་གི་ཤོག་ངོས་༣༡༧ནས་༣༣༣བར་གསལ། ཁྱོན་བསྡོམས་ཤོག་གྲངས་༡༧བཞུགས།

ནང་དོན་གནད་བསྡུས།

གསུང་རྩོམ་འདིའི་ནང་རྒྱ་གར་དང་བོད་ཀྱི་མཁས་གྲུབ་དུ་མའི་ལག་ལེན་དང་རང་གི་སློབ་དཔོན་ཡང་མེས་ནས་བརྒྱུད་པའི་ཕྱག་ལེན་ཞལ་རྒྱུན་བཅས་ཀྱི་སྙིང་པོ་དྲིལ་ནས་དུག་རིགས་ཀུན་ལ་ཕན་པའི་དབང་རིལ་གྱི་དོན་ས་བཅད་གསུམ་དུ་བསྡུས་ནས་གསུངས་ཡོད། དང་པོ་ལ་རང་བྱུང་གི་དབང་པོ་རིལ་བུའི་འབྱུང་ཁུངས་དང་། རིགས་དབྱེ། ལེགས་ཉེས་བརྟག་པ། ནད་ལ་གནོད་པའི་ཚ་ག ཕོག་གནོན། ནུས་གསོ་ངར་སླུད། ཕན་པའི་ཡོན་ཏན། སྦྱོར་བའི་མན་ངག་བཅས་བསྟན། གཉིས་པ་ལ་བསྒྲུབ་པའི་དབང་པོ་རིལ་བུའི་འབྱུང་ཁུངས་དང་། སྨན་གྱི་སྦྱོར་བ། ཚ་གའི་ཕྱག་ལེན། སྦྱར་ཐབས་ལག་ལེན། དུག་རིགས་སྣ་ཚོགས་ལ་ཕན་པའི་ཡོན་ཏན། གཏོང་བའི་ཐབས་བཅས་བསྟན། གསུམ་པ་ལ་སྦྱོར་བའི་དབང་པོ་རིལ་བུའི་སྨན་སོ་སོའི་སྦྱར་ཐབས་དང་། ནད་དུག་ཡོད་མེད་ཀྱི་སྤྱིའི་བརྟག་ཐབས་དང་བྱེ་བྲག་དབྱེ་དུག་བརྟག་པ་དང་སྦྱར་ཟས་ཀྱི་དུག་བརྟག་པ། དུག་ཡོད་པ་གསོ་བའི་ཐབས། དུག་ཐོན་མིན་བརྟག་པ། དུག་གི་བསྲུང་ཐབས། ལྟོ་བཀུག་ནས་གཏོང་ཐབས།སྨན་འདྲེན་དུ་གཏོང་ཐབས་བཅས་ལག་ལེན་མཐོ་གལ་ཆེ་བ་མང་པོ་ཞིག་ཞིབ་རྒྱས་སུ་བསྟན་ཡོད།

གསོ་རིག་གི་རིན་ཐང་།

གསུང་རྩོམ་འདིའི་ནང་དུ་དུག་རིགས་ཀུན་ལ་ཕན་པའི་དབང་རིལ་གྱི་དོན་ས་བཅད་གསུམ་དུ་བསྡུས་ནས་གསུངས་ཡོད། དང་པོ་རང་བྱུང་དབང་རིལ་དང་། གཉིས་པ་བསྒྲུབ་པའི་དབང་རིལ། གསུམ་པ་སྦྱོར་བའི་དབང་རིལ་སོགས་དེ་དག་གི་འབྱུང་ཁུངས་དང་སྒྲུབ་ཐབས། སྨན་སྦྱོར། སྦྱར་ཐབས། ཡོན་ཏན། བསྟེན་ཚུལ་སོགས་གོ་རིམ་ལྡན་པ་དང་། དུག་རིགས་ཀྱི་བརྟག་ཐབས་གསོ་ཐབས་སོགས་ཆ་ཚང་བར་བསྟན་ཡོད་པ་དང་། དུག་རིགས་ཀུན་ལ་ཕན་པའི་དབང་རིལ་གྱི་ལག་ལེན་གྱིས་མཚོན་པའི་བོད་ཀྱི་གསོ་བ་རིག་པའི་ཐུན་མོང་མ་ཡིན་པའི་སྨན་རྫས་ལག་ལེན་གྱི་ཚ་ག་མང་པོ་ཞིག་གསལ་བར་བསྟན་ཡོད་པས། བོད་ཀྱི་གསོ་བ་རིག་པ་ལས་དབང་རིལ་གྱི་ཕྱག་ལེན་མི་ཉམས་པར་གལ་ཆེའི་རིན་ཐང་ལྡན་ཡོད།།

《三种马宝丸制作实践·光明著作更明心精》

本医著收载于《帝玛尔·丹增彭措医著选集》中第317页至333页，共17页。

内容提要：

本医著总结了印度和中国西藏诸多藏医先贤的制剂实践及祖辈口传耳受的实践，对可治疗一切中毒症的马宝丸的制作归纳为三章作了记载。首先，记载了天然马宝丸的来源、分类、优劣鉴别；用于治病时的法事仪轨、镇逆法、淬火增效、功能治法、配方秘诀等。其次，记载了马宝丸的起源、组方、仪轨操作、配伍实践、对一切中毒症的治疗功效、服用方法等。最后，详尽记载了马宝丸的各味药的配伍法、检查是否中毒的总诊察法和具体的重金属中毒的诊察法，以及食物中毒的诊察法、中毒症治疗法、毒是否排出的诊察法、防护中毒法、空腹服药法、服引药入病灶法等许多实用的实践操作。

医学价值：

本医著结合前辈的实践传承及导师的口授相传，详细阐述了治疗一切中毒症的各种马宝丸的来源、制作、配伍、功效、使用，中毒症的诊治等内容，总结了藏药炮制方法中各种独特仪轨及实践操作，体现了藏医药的博大精深，对传承藏药马宝丸炮制方法及中毒症诊治经验具有重要意义。

༄༅། །ཟིལ་གནོན་དུག་སྦྱོར་བི་ཥའི་སྨན་ནད་འཇོམས་བྱེད་བདུད་རྩི་འཁྱིལ་བ་ཞེས་བྱ་བཞུགས་སོ། །

གསུང་རྩོམ་འདི་《གསོ་རིག་གཅེས་བཏུས་རིན་ཆེན་ཕྲེང་བ།》ཞེས་པའི་ནང་གི་ཤོག་ངོས་༣༡༦ནས་༣༡༧བར་གསལ། ཁྱོན་བསྡོམས་ཤོག་གྲངས་༢བཞུགས།

ནད་དོན་གནད་བསྡུས།

གསུང་རྩོམ་འདིའི་ནང་དལ་བརྒྱད་འབྱོར་བཅུ་ཚང་བའི་མི་ལུས་ཚེ་སྲོག་དབང་གི་རྒྱལ་པོ་ཉིད། དུག་རིགས་ཀུན་གྱི་རྩ་བ་བི་ཁ་སྨུ་ལའི་སྨན་ནད་ཕོག་པ་འཆི་ལ་ཤོར་ཡང་ཚུར་ལ་སོས་པའི་ནུས་མཐུ་དང་ལྡན་པའི་གཉེན་པོ་ཟིལ་གནོན་དུག་སྦྱོར་གྱི་སྦྱོར་བ་དང་། སྦྱོར་ཚད། ཕན་ནུས་བཅས་དཔེའི་སྒོ་ནས་གསལ་པོར་བསྟན་ཡོད།

གསོ་རིག་གི་རིན་ཐང་།

གསུང་རྩོམ་འདིའི་ནང་དུ་དུག་རིགས་ཐམས་ཅད་ཀྱི་རྩ་བ་ལྷ་བུ་བི་ཁ་སྨུ་ལའི་སྨན་ནད་ཕོག་པ་ལ་དེའི་གཉེན་པོ་ཟིལ་གནོན་དུག་སྦྱོར་གྱི་སྦྱོར་བ་དང་ཕན་ནུས་སོགས་དཔེ་དོན་སྦྲགས་མ་དང་། སྔན་ངག་གི་ཉམས་མཚར་དོད་པོས་གསང་བ་མན་ངག་གི་ཚུལ་དུ་བསྟན་པ་དང་། ནད་སྨན་སྦྱོད་པའི་ཉམས་ཡིག་ཁྱད་པར་ཅན་ཞིག་ཡིན། བོད་ཀྱི་གསོ་རིག་ལས་སྨན་ནད་འཇོམས་པའི་གཞུང་ལུགས་མན་ངག་ཁྱད་པར་བ་ཞིག་ཡིན་ལ། བོད་ཀྱི་གསོ་རིག་རྒྱུད་འཛིན་གྱི་ཐད་ཐུན་མིན་གྱི་ཁྱད་ཆོས་ལྡན།།

《治铁棒锤中毒的六味镇压方·甘露漩涡》

本医著收载于《帝玛尔·丹增彭措医著选集》中第316页至317页，共2页。

内容提要：

本医著应用比喻法明确地记载了具有“八有暇十圆满”的人生命的统治王、一切毒的根本毒——铁棒锤中毒的相关内容，以及对治疗铁棒锤中毒有救命复生功效的六味镇压方的组方、剂量、功效等。

医学价值：

本医著应用比喻法，用优美的诗词巧妙地揭示了一切毒之根本——铁棒锤中毒，有救命复生功效的对治秘方六味镇压方的组方、剂量、功效等内容。该书是藏医药典籍中治疗药毒症的重要著作，对藏医秘方传承具有重要意义。

༄༅། །རིལ་བུ་དམར་ཆེན་གྱི་སྦྱོར་བ་རྡོ་རྗེ་པ་ལམ་ཞེས་བྱ་བ་བཞུགས་སོ། །

གསུང་རྩོམ་འདི་《གསོ་རིག་གཅེས་བཏུས་རིན་ཆེན་ཕྲེང་བ།》ཞེས་པའི་ནང་གི་ཤོག་ངོས་༢༤༣ནས་༢༤༤བར་གསལ། ཁྱོན་བསྡོམས་ཤོག་གྲངས་༢བཞུགས།

ནང་དོན་གནད་བསྡུས།

གསུང་རྩོམ་འདིའི་ནང་སྨན་སོ་ལྔས་གྲུབ་པའི་རིལ་བུ་དམར་ཆེན་ནམ་དམར་པོ་མང་སྦྱོར་ཆེན་མོ་འདིའི་བརྒྱུད་རྩལ་དང་། སྡེབ་ཀ སྦྱོར་ཚད། མཁན་ནག་ཟུར་མའི་ཁུ་བས་སྦྲུས་ནས་སྲན་མ་ཆེ་ཤོས་ཙམ་སྒྲུར་ཏེ་ལས་མཁན་དམར་པོའི་ན་བཟའ་གསོལ་དགོས་པ་ལྷ་བུའི་རིལ་བུའི་སྒྲུར་ཐབས། ཁྲུང་ཆེན་དམར་པོར་དམིགས་ནས་བསྐྱེན་ཐབས། སྤྱིའི་ཕན་ནུས། སྡེ་བརྒྱུད་གཟའ་དང་དགུས་རིལ་བུ་དམར་ཆེན་འདི་ལ་མཚན་དགུ་གསོལ་ཚུལ་བཅས་རེ་རེ་བཞིན་བཀོད་ཡོད།

གསོ་རིག་གི་རིན་ཐང་།

གསུང་རྩོམ་འདིའི་ནང་དུ་གཙོ་བོ་རིལ་བུ་དམར་ཆེན་གྱི་སྦྱོར་བ་རྡོ་རྗེ་པ་ལམ་ལྟ་བུའི་རིན་ཐང་གཞལ་དུ་མེད་པ་འདིའི་སྨན་སྦྱོར་དང་སྦྱོར་ཚད། སྒྲུར་ཐབས། གཏོང་ཚུལ། ཕན་ནུས། མཚན་མི་འདྲ་བ་གསོལ་ཚུལ་སོགས་མ་གསང་མ་སྦས་པར་གསུངས་ཡོད་ལ། ཁྱད་པར་འདིའི་བརྒྱུད་རྩལ་དང་སྒྲུར་ཐབས། རིན་ཐང་སོགས་ཀྱི་ཐད་བོད་ཀྱི་རིག་གནས་སྤྱི་དང་ཁྱད་པར་གསོ་བ་རིག་པའི་ཐུན་མོང་མ་ཡིན་པའི་ཁྱད་ཆོས་ལྡན་ཡོད་པས། སྔོད་ལྡན་རྗེས་འཇུག་རྣམས་ཀྱིས་བོད་ཀྱི་གསོ་རིག་གི་ཞི་བྱེད་སྨན་གྱི་སྦྱོར་བའི་མན་ངག་ལག་ལེན་ཟབ་ཁྱད་ཅན་འདི་ཉིད་རྒྱུད་འཛིན་འཕེལ་རྒྱས་གཏོང་བར་རིན་ཐང་ཆེན་པོ་ལྡན་ཡོད།།

《大红丸方·金刚石》

本医著收载于《帝玛尔·丹增彭措医著选集》中第243页至244页，共2页。

内容提要：

本医著记载了由三十五味药物组成的大红丸金刚石（又名大红多味丸）的传承情况及其组方、剂量，制成豌豆大小的水丸，丸外包裹红衣（用朱砂染为红色）的配伍方法；此丸总功效，以及将此丸想象为红色大鹏服用的服用法；通过八部、星曜来命名九个名字的内容。

医学价值：

本医著详细阐述了无比殊胜宛如金刚石的配方、剂量、配制、服用方法、功效及九种命名方式。特别是对方药的形成、配制、价值等方面做了详细阐述，体现了藏医药独有的文化特色，并对藏药秘方及实践传承具有重要意义。

༄༅། །རིན་ཆེན་བཙོ་བཀྲུའི་ལག་ལེན་ཟླ་དབང་རབ་འཆིང་ཞེས་བྱ་བ་བཞུགས་སོ། །

གསུང་རྩོམ་འདི་《གསོ་རིག་གཅེས་བཏུས་རིན་ཆེན་ཕྲེང་བ།》ཞེས་པའི་ནང་གི་ཤོག་ངོས་༥༢༩ནས་༥༣༤བར་གསལ། ཁྱོན་བསྡོམས་ཤོག་གྲངས་༦བཞུགས།

ནང་དོན་གནད་བསྡུས།

གསུང་རྩོམ་འདིའི་ནང་རིན་ཆེན་བཙོ་བཀྲུ་ཆེན་མོ་ལག་ལེན་བྱེད་སྐབས་ཀྱི་ཐོག་མའི་སྔོན་འགྲོ་དང་། དངོས་གཞིའི་བརྒྱུད་རིམ། ཁྱད་པར་དུ་དངུལ་ཆུ་སྦྱབ་པ་ལ་སློབ་དཔོན་སོ་སོའི་ཕྱག་ལེན་མི་འདྲ་བ་ཡོད་པ། དཔེར་ན་ཟུར་མཁར་བས་ལྕང་ཚེར་གྱི་ཚབ་ཏུ་ཐལ་རྒྱབ་མཛད་ཚུལ་དང་། རང་ལུགས་ལ་ལྕང་ཚེར་སྤྱི་ཏ་བཞག་ཚུལ་ལྟ་བུ། གཞན་ད་དུང་རིན་པོ་ཆེ་དང་དངུལ་ཆུ་བཙོ་བཀྲུ་བྱ་ཐབས་ལ་མེད་ཐབས་མེད་པའི་གཡའ་ཕྱི་དང་། ལྷེ་བའི་དུག་བཀྲུ་བ། འབིགས་པའི་དུག་བཙོ་བ། དགྲ་དང་སྲིད་ནས་གསོད་པ་བཞིའི་ལག་ལེན་བྱེད་སྟངས་རྣམས་བཀོད་ཡོད།

གསོ་རིག་གི་རིན་ཐང་།

སྨན་གཞུང་འདིའི་ནང་དུ་བོད་སྨན་འདུལ་སྦྱོང་དང་ཁྱད་པར་དངུལ་ཆུ་བཙོ་བཀྲུ་ཆེན་མོའི་སྐབས་ཀྱི་དངུལ་ཆུ་གཡའ་ཕྱི་བཙོ་བཀྲུ་བཤད་པས་རང་གཟུགས་སུ་བསྒྱུར་བའི་ལག་ལེན་བཀླས་ཚིག་ཏུ་བཀོད་པ་སྟེ། དངུལ་ཆུ་བཙོ་བཀྲུ་ཆེན་མོའི་ཕྱག་ལེན་གྱི་སྤྱི་དོན་སྔོན་འགྲོ་དངོས་གཞི་ཕྱི་རྗེས་དང་གསུམ་གྱི་སྒོ་ནས་བཀོད་ཡོད་པ་དང་། དངོས་གཞི་ལའང་དགོས་པའི་ཡན་ལག་འདུ་བ། རྩ་བ་རིན་པོ་ཆེའི་བཙོ་བཀྲུ་དང་གཉིས་ལས། དང་པོ་ཟ་བྱེད་ཀྱི་ཁམས་བརྒྱད་དང་འཆིང་བྱེད་ཀྱི་ལྕགས་བརྒྱད་སོགས་ཀྱི་འདུལ་ལུགས་དང་། ལུགས་མི་འདྲ་བའི་ཕྱག་ལེན་སོགས་ཞིབ་པར་བཀོད་ཡོད་པས། བོད་ཀྱི་གསོ་རིག་གི་ཐུན་མོང་མ་ཡིན་པའི་དངུལ་ཆུ་བཙོ་བཀྲུ་ཆེན་མོའི་ཕྱག་ལེན་འདི་ཉམས་པ་སོར་ཆུད་དང་མི་ཉམས་གོང་འཕེལ་དང་ཁྱད་པར་དངུལ་ཆུ་བཙོ་བཀྲུ་ཆེན་མོའི་ལག་ལེན་དང་རིག་གཞུང་ཞིབ་འཇུག་ཐད་རིན་ཐང་གལ་ཆེན་ལྡན་ཡོད།།

《珍宝煮洗工艺·收摄月威》

本医著收载于《帝玛尔·丹增彭措医著选集》中第529页至534页，共6页。

内容提要：

本医著记载了珍宝药物大煮洗工艺的先行、正行炮制方法，特别是记录了藏医各家对水银炮制法各导师皆有不同的操作实践，如苏喀巴用黛赭石替代云母，帝玛尔仍用云母等。另外记载了珍宝药物和水银煮洗必需的除锈法、消除重性的洗煮法、消除刺激的煮毒法、用对抗药杀灭毒法等4种炮制操作方法。

医学价值：

本医著记载了藏医珍宝药物大煮洗法，特别是水银洗炼法的先行、正行、后期善后等具体操作流程，各种金属类药物的除锈、洗、煮、灭等祛毒炮制方法，以及一些不同的传承实践方式，这些记述对藏药金属炮制的顶级工艺——水银洗炼法的传承和藏药金属炮制方法的实践操作具有重要指导价值。

༄༅། །བདུད་རྩི་སྨན་གྱི་རྣམ་དབྱེ་ཁུས་མིང་རྒྱས་པར་བཤད་པ་ཤེལ་གོང་ཤེལ་ཕྲེང་ཞེས་བྱ་བ་བཞུགས་སོ། །

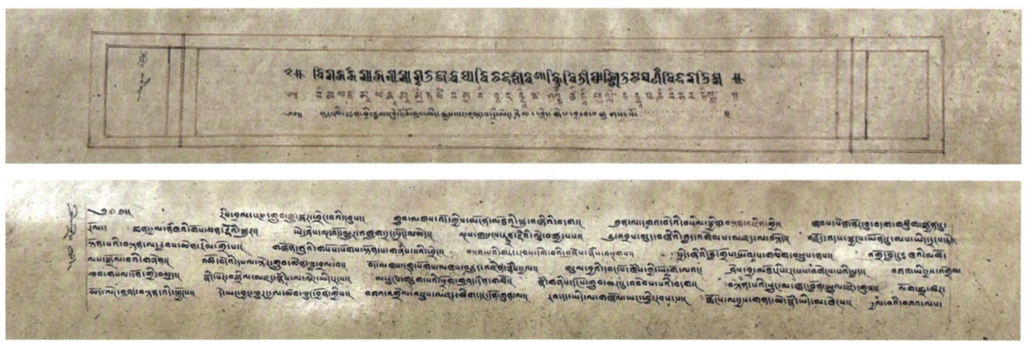

གསུང་འབུམ་འདིའི་མ་ཡིག་ནི་པར་མ་ཡིན་ལ། ཡིག་གཟུགས་དབུ་མེད། ཤོག་ངོས་རེར་ཐིག་ཕྲེང་༦། ཐིག་ཕྲེང་རེར་ཡིག་འབྲུ་༤༧། ཁྱོན་བསྡོམས་ཤོག་གྲངས་༤༨༢བཞུགས། ད་ལྟ་འདིའི་མ་ཡིག་ནི་ཁྲིན་ཏུའུ་ཀྲུང་ལུགས་གསོ་རིག་སློབ་ཆེན་མི་རིགས་གསོ་རིག་སློབ་གླིང་གི་ཡིག་ཚགས་ཁང་དུ་ཡོད།

ནང་དོན་གནད་བསྡུས།

ཤེལ་གོང་ནང་སྨན་སྣ་དགུ་བརྒྱ་དང་བཅོ་ལྔ་ཡི་ནུས་པ་ཀྲུང་སེལ་བཤད་དེ་རྩ་བ་ལྟ་བུ་ཚིགས་བཅད་དུ་མཛད་པ་དང་། ཤེལ་ཕྲེང་ནང་སྨན་དེ་དག་གི་ནང་གསེས་དབྱེ་བ་ཉིས་སྟོང་བརྒྱ་གོ་བཞིའི་ངོ་བོ། ནུས་པ། མིང་གི་རྣམ་གྲངས་བཅས་རྒྱས་པར་ཚིག་ལྷུག་ཏུ་འགྲེལ་བའི་སྨན་གཞུང་ཚད་ལྡན་ཞིག

གཞུང་ལུགས་ཀྱི་རིན་ཐང་།

༡ བོད་སྨན་ཞིབ་འཇུག་གི་རིན་ཐང་། ཟིན་ཏིག་མཛེས་རྒྱན་བདུད་རྩིའི་སྨན་མཛོད་དུ་ཤིང་ཀུན་ཉེར་ལྔ་དང་ཨ་གར་སོ་ལྔ་སོགས་རླུང་ནད་ཀྱི་སྨན་སྣ་༢༧་དང་། མགོ་ཐང་གསུམ་པ་དང་ཏིག་ཏ་བརྒྱད་པ་སོགས་མཁྲིས་པའི་སྨན་སྦྱོར་༢༨་དང་། བད་ཀན་གྱི་སྨན་སྦྱོར་༣༥། གཅོང་ནད་ཀྱི་སྨན་སྦྱོར་༦༡། ཚ་བ་དང་རིམས་ནད། གཉན་ནད་རྣམས་ཀྱི་སྨན་སྦྱོར་སོགས་༡༩་ཡོད། ལུས་སྟོད་དབང་པོ་གསོ་བའི་ནད་ཀྱི་སྨན་སྦྱོར་༢༦་ཡོད། དོན་ལྔའི་ནད་ཀྱི་སྨན་སྦྱོར་༥༠་ཡོད། བཅུད་ལེན་རོ་ཙའི་སྨན་སྦྱོར་སོགས་ནད་ཐོག་གི་སྨན་སྦྱོར་༥༥༨ལྷག་གི་རེ་རེའི་སྨན་སྣ་དང་དེའི་སྦྱོར་ཚད་སོགས་

གསལ་ཞིང་རྒྱས་པར་བསྟན་ཡོད་པས། ནད་ཐོག་གི་སྨན་སྦྱོར་ལ་དང་ལྷག་པར་དུ་དེང་གི་ཆར་འགོས་ཁྱབ་ཆེ་བའི་གཉན་རིམས་ནད་ཀྱི་གསོ་བཅོས་སོགས་ལ་ཞིབ་འཇུག་གི་རིན་ཐང་གཞལ་དུ་མེད་དོ།

༢ རིག་གཞུང་གི་རིན་ཐང་། མཁས་དབང་ཐུ་མ་དག་གི་ཟོ་སྨན་གྱི་ངོས་འཛིན་དང་རིགས་དབྱེ་སོགས་ཀྱི་ཉམས་མྱོང་ཕྱོགས་བསྡུས་བྱས་ཡོད་པ་དང་། སྨན་རྫས་རེ་རེའི་འབྱུང་ཁུངས་དང་སྐྱེ་ཡུལ། རོ་དང་ནུས་པ། ཞུ་རྗེས་སོགས་ཞིབ་རྒྱས་བཀོད་ཡོད་ལ། བོད་ཡུལ་ན་མེད་པའི་སྨན་རྫས་ཁ་ཤས་རྒྱ་གར་དང་རྒྱ་ནག་འཛམ་ཡུལ་སོགས་ན་ཡོད་པའང་ཁ་གསབ་བྱས་པས། བོད་སྨན་གྱི་ནང་དོན་འཕྱུས་ཚང་དུ་བཏང་ཡོད་དོ།

༣ བོད་སྨན་རིགས་དབྱེའི་རིན་ཐང་། སྨན་རྒྱུའི་འབྱུང་ཁུངས་དང་སྐྱེ་ས། ལོ་ཐོག་མེ་འབྲས་སོགས་སྨན་དུ་གཏོང་

བྱ་ལ་གཞིགས་ནས་སྡེ་བཅུ་གསུམ་དུ་ཕྱེས་པ་དང་། སྤྱི་བསྡོམས་པས་སྨན་རྫས་༢༢༨༩ ལྷག་བསྡུས་ཡོད་པས། སྨན་རྫས་ཀྱི་གྲངས་ཀ་ཆེས་མང་བའི་ཟོ་གཞུང་དུ་གྱུར་འདུག་གོ།

༤ བོད་སྨན་ངོས་འཛིན་གྱི་རིན་ཐང་། སྨན་རྫས་རེ་རེའི་ངོ་བོ་དང་རིགས་དབྱེ། སྨན་རྫས་ཀྱི་མིང་གི་རྣམ་གྲངས་དང་ཡོང་ཁུངས་གསལ་པོར་བཀོད་ཡོད་ལ། ཐར་གྱི་ཟོ་འབུམ་ལས་ནོར་བ་རྣམས་དག་བཅོས་བྱས་འདུག ད་ལྟའང་རྒྱལ་ཁབ་ཕྱི་ནང་ཀུན་གྱིས་བོད་སྨན་གྱི་གནའ་དཔེ་རྩ་ཆེན་ཞིག་ཏུ་བརྩི་བཞིན་འདུག

༥ བོད་སྨན་འདུལ་སྦྱོར་གི་རིན་ཐང་། གཞུང་འདི་ཙ་རིན་པོ་ཆེ་དང་སྲོག་ཆགས། སྐྱེ་དངོས་སོགས་རིགས་མི་འདྲ་བ་༢༨་ཀྱི་འདུལ་སྦྱོར་དང་། མདོར་ན་དངུལ་ཆུ་ཚ་འདུལ་སོགས་སྨན་ནུས་ཆེར་བསྐྱེད་དང་དུག་འདོན་གྱི་ཐབས་ཤེས་ཞིབ་རྒྱས་སུ་བཀོད་ཡོད་དོ།།

《晶珠本草》

本医著母本为抄本，字体为乌梅体，每页6行，每行47字，共482页。此书现收藏于成都中医药大学民族医药学院资料室。

内容提要：

《晶珠本草》分上、下两部。上部为歌诀之部，以偈颂体写成，对每种药的功效进行概括论述；下部为解释之部，以叙述体写成，分别对每种药物的来源、生长环境、性味、功效予以叙述。

学术价值：

（1）文献学价值：本医著总结了历代藏本草之精华，分别对每种药物的来源、生境、性味、功效予以叙述，对药物味、性、效及用药的注意事项进行阐述，丰富了藏药学的内容，构建了完整的藏药学体系。

（2）分类学价值：本医著根据药物的来源、生长环境、质地、入药部位的不同，把药物分为十三类。共收载药物1176种，细分为2294种，这是迄今为止收载药物数量最多的藏医药著作。

（3）品种鉴定价值：本医著所载药物具有浓厚的青藏高原特色，考证了各代典籍中记载之谬误，详述药物品种识别及药物性能，每种药物都载有别名和出处，成为国内外最重要的藏药经典本草著作。

（4）炮制加工价值：本医著收载了加工炮制类药物82种，记述了水银等药物有寒性、热性炮制的独特加工方法，提高了临床用药的安全性和有效性。

༄༅། །ཁུངས་གཏན་གསལ་བའི་སྟོང་ཐུན་ངེས་གསལ་སྒོ་འབྱེད་ཅེས་བྱ་བ་བཞུགས་སོ། །

ARURA
༄༅།།དེའུ་དམར་གསོ་རིག་གཅེས་བཏུས།།
སྟོད་ཆ།

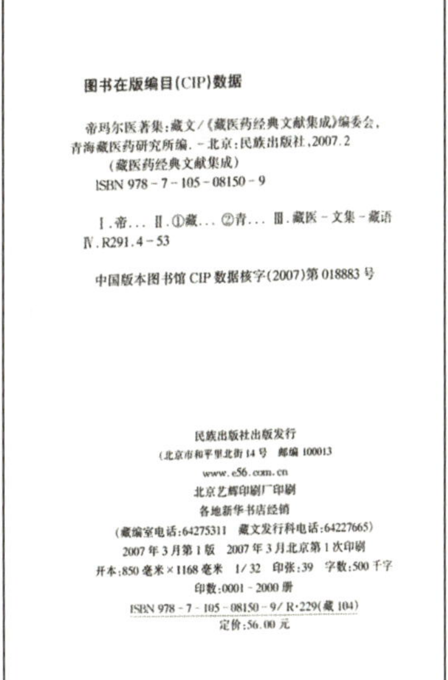

图书在版编目(CIP)数据

帝玛尔医著集：藏文/《藏医药经典文献集成》编委会，青海藏医药研究所编. －北京：民族出版社，2007.2
（藏医药经典文献集成）
ISBN 978－7－105－08150－9

Ⅰ.帝… Ⅱ.①藏… ②青… Ⅲ.藏医－文集－藏语
Ⅳ.R291.4－53

中国版本图书馆CIP数据核字(2007)第018883号

民族出版社出版发行
（北京市和平里北街14号 邮编100013
www.e56.com.cn
北京艺辉印刷厂印刷
各地新华书店经销
（藏编室电话：64275311 藏文发行科电话：64227665）
2007年3月第1版 2007年3月北京第1次印刷
开本：850毫米×1168毫米 1/32 印张：39 字数：500千字
印数：0001－2000册
ISBN 978－7－105－08150－9/R·229(藏104)
定价：56.00元

གསུང་འབུམ་འདིར་སྟོད་ཆ་དང་སྨད་ཆ་གཉིས་ཡོད་པ་ལས་སྟོད་ཆ་ཡིན། ཁྱོན་བསྡོམས་ཤོག་གྲངས་༡༧ཡོད། ༢༠༠༧ལོའི་ཟླ་༣པའི་ནང་དུ་མི་རིགས་དཔེ་སྐྲུན་ཁང་གིས་པར་བསྐྲུན་བྱས།

ནང་དོན་གནད་བསྡུས།

གསུང་རྩོམ་འདིའི་ནང་གཙོ་བོ་ཤ་གནད་ཚོལ་གནད་རྩས་གནད་དང་། རྒྱ་རྒྱུས་གནད་དང་དོན་གནད་སྟོད་ཀྱི་གནད། རྩ་ཡི་གནད་དང་རྣམ་པ་བདུན་གྱིས་བསྟན་པ་དང་། གནད་དུ་བཤད་པ་ལ་ཡང་གཉན་པ་རབ་འབྲིང་ཐ་གསུམ་དུ་བསྟན་ཏེ་རབ་ཏུ་གཉན་པ་དག་བཙོས་སུ་མེད་པ་དང་འབྲིང་དུ་གཉན་པ་རྣམས་བཅོས་སུ་རུང་བ། ཐ་མ་དག་གནད་དུ་བསྟན་ན་ཡང་གཉན་པར་མ་བཤད་ཀུན་གྱིས་གསོ་བར་ནུས་པ་གསུངས། དེ་མིན་རབ་འབྲིང་ཐ་གསུམ་གྱི་རྣམ་གྲངས་བསྟན་པ་དང་ནད་རྟགས་གང་འདྲ་ཡོད་པ་སྤྱི་བསྡོམས་ཀྱི་ཚུལ་དུ་བསྟན་པ། གཏར་རྩ་དོན་བདུན་དང་གཏར་རུང་མི་རུང་གི་གླང་དོར། གཏར་གསང་འཛུལ་ཚུལ་དང་གཏར་ཚུལ། ཁྲག་མི་ཐོན་པའི་རྒྱུ་བཅུ། ཁྲག་དབྱུང་ཚད་བཅས་རྒྱས་པར་བསྟན་ཡོད།

གསོ་རིག་གི་རིན་ཐང་།

གསུང་རྩོམ་འདིའི་ནང་གཙོ་བོ་གནའ་བོའི་དུས་སྐབས་སུ་མཚོ་བོད་མཐོ་སྒང་འདིའི་སྟེང་དུ་འཚོ་སྡོད་བྱེད་པའི་བོད་རིགས་མེས་པོ་རྣམས་ཀྱིས་ཡུན་རིང་ཞིག་ལ་ནད་རིགས་དང་འཐབ་རྩོད་བྱས་པའི་གོ་རིམ་ཁྲོད་ཁྱད་དུ་འཕགས་པའི་བསམ་བློའི་འདུ་ཤེས་དང་། ཞིབ་འཇུག་གི་ཐབས་ལམ་སོགས་ཀྱིས་མིའི་ལུས་ཕུང་གི་གཞི་རྩའི་རྒྱུ་རྐྱེན་ལ་གཏིང་ཟབ་པའི་སྒོ་ནས་ཞིབ་འཇུག་དང་གསལ་བཤད་བྱས་ཡོད་པ་དང་། འཛམ་གླིང་སྤྱིལ་རྒྱུན་གསོ་རིག་ནང་ཁྱད་དུ་འཕགས་པའི་ལུས་ཕུང་གྲུབ་ལུགས་སྟེ་གྲུབ་པ་ལུས་ཀྱི་རྣམ་གཞག་དང་བྱང་ཁོག་ཡུལ་ཐིག་སོགས་

ལུས་གནད་གསལ་བའི་རིག་པའི་གཞུང་ལུགས་གསར་གཏོད་བྱས་ཡོད། འདིར་གཙོ་བོ་གྲུབ་པ་ལུས་ཀྱི་གནས་ལུགས་དང་འཕེལ་འགྲིབ་ནད་པར་གྱི་འབྲེལ་བ་བརྗོད་ཡོད་པས་བོད་ཀྱི་གསོ་རིག་འཕེལ་རྒྱས་བརྒྱུད་རིམ་ནང་དུ་ཆེས་གལ་ཆེ་བའི་གནས་སུ་ཡོད་པ་དང་། གཞུང་འདི་ལ་ཚན་རིག་རང་བཞིན་དང་ལྡན་པ་དེས་འཛམ་གླིང་ཡོངས་ངོ་མཚར་བར་བྱས་ཡོད། རྒྱུ་མཚན་ནི་དཔེ་ཆ་འདིའི་ནང་གི་ནང་དོན་མང་པོ་ཞིག་དེང་རབས་གསོ་རིག་གི་ལུས་ཕུང་གྲུབ་ཚུལ་གྱི་ལྟ་བ་དང་མཐུན་ལ་ཞིབ་བསྡུར་དང་ཞིབ་འཇུག་དཔྱད་གཞིར་གྱུར་ཡོད། དེ་བས་དེབ་འདིར་ཧ་ཅང་མཐོ་བའི་འཆད་ཉན་མཛུབ་སྟོན་གྱི་རིན་ཐང་སོགས་ལྡན་ཡོད་དོ།།

《身体要害部位明鉴总义解密》

本医著收载于《帝玛尔医著集》，共2册，本医著为上册，共17页。由民族出版社于2007年3月出版。

内容提要：

本医著主要阐述组成人体基本物质之肉、脂肪、骨、肌腱、韧带、脏腑、脉络等要害部位的厘定。指出当身体受到外来伤害时，根据以上要害部位病情的轻重程度，又分为重、中、轻三种。其中重者无法医治、中者可精心医治，轻者虽在要害部位中，但其严重程度远远达不到危及生命等后果。并记载了以上所有要害部位受伤后的一系列症状，供医者第一时间精准判断其危害程度，确定治则治法等。另外，书中还阐述了藏医放血疗法的适应证和禁忌证、放血穴位的厘定、放血量的控制措施、实施过程中的操作技能等内容。

医学价值：

自古以来，生活在青藏高原上的藏族先辈们在与疾病长期斗争的过程中，以独特的思想理念和研究方法，对构成人体的基本要素进行了深入细致的研究，创立了世界传统医学体系中独树一帜的人体结构学科——藏医人体生理解剖学和人体要害部位体外厘定的研究学说。本医著重点阐述正常人体组织器官的解剖部位和形态结构功能，以及与疾病的关系理论。其中许多理论同现代医学解剖学的观点相似，内容的科学性让世人惊叹。书中同时进行了学习借鉴和对比研究，这些理论在藏医学的发生发展中扮演着十分重要的角色，具有很高的学术指导价值。

༄༅། །སྨན་ཚོགས་མན་ངག་ཉེར་ལྔ་བརྒྱ་རྩ་འཆི་མེད་བདུད་རྩིའི་ཤེལ་དཀར་ཕྲེང་བ་ཞེས་བྱ་བ་བཞུགས་སོ། །

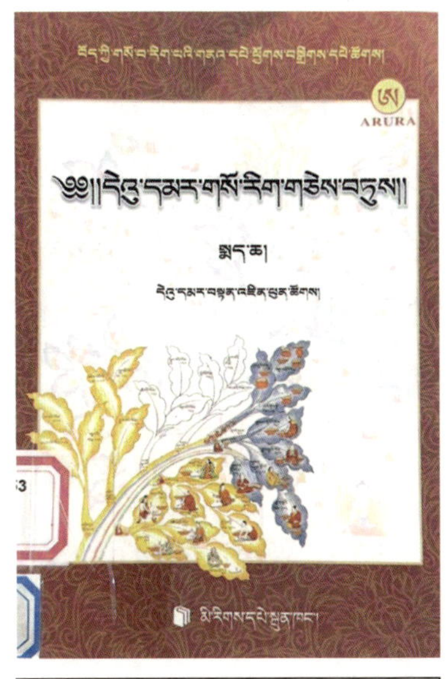

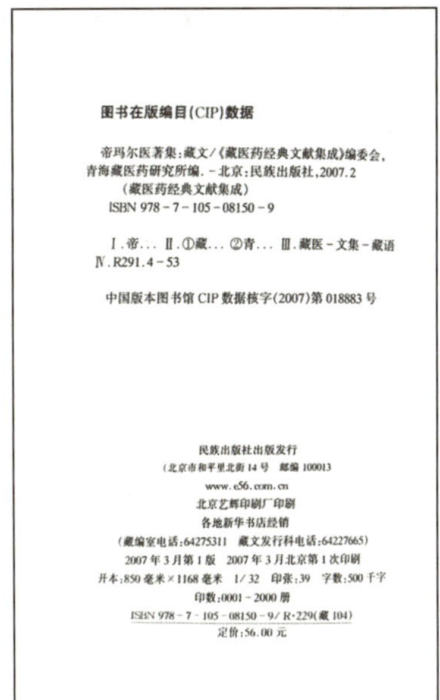

图书在版编目(CIP)数据

帝玛尔医著集：藏文/《藏医药经典文献集成》编委会，青海藏医药研究所编．-北京：民族出版社，2007.2
（藏医药经典文献集成）
ISBN 978-7-105-08150-9

Ⅰ.帝… Ⅱ.①藏… ②青… Ⅲ.藏医-文集-藏语 Ⅳ.R291.4-53

中国版本图书馆 CIP 数据核字(2007)第 018883 号

民族出版社出版发行
（北京市和平里北街 14 号 邮编 100013
www.e56.com.cn
北京艺辉印刷厂印刷
各地新华书店经销
（藏编室电话：64275311 藏文发行科电话：64227665）
2007 年 3 月第 1 版 2007 年 3 月北京第 1 次印刷
开本：850 毫米×1168 毫米 1/32 印张：39 字数：500 千字
印数：0001-2000 册
ISBN 978-7-105-08150-9/R·229(藏 104)
定价：56.00 元

གསུང་འབུམ་འདིའི་དེབ་སྟོད་ཆ་དང་སྨད་ཆ་གཉིས་ཡོད་པ་ལས་སྨད་ཆའི་ནང་དུ་བསྟན་ཡོད་དེ། ཁྱོན་བསྡོམས་ཤོག་གྲངས་༥༨བཞུགས།༢༠༠༧ལོའི་ཟླ་༣པའི་ནང་དུ་མི་རིགས་དཔེ་སྐྲུན་ཁང་གིས་པར་བསྐྲུན་བྱས།

ནང་དོན་གནད་བསྡུས།

གསུང་རྩོམ་འདིའི་ནང་གཙོ་བོ་ཐང་ཆེན་ཉེར་ལྔ་ལྔ་བུའི་སྨན་སྣ་ཉེར་ལྔ་ལས་གྲུབ་པའི་སྨན་༡༢༡གི་སྨན་སྦྱོར་དང་སྦྱོར་ཚད། ཕན་ནུས་སོགས་གཞུང་ཀུན་བཅུད་བསྡུས་རང་གི་ལག་ལེན་བཅས་ཀུན་ཕན་ལྷག་བསམ་གྱིས་ལག་ལེན་དམར་ཁྲིད་བྱས་པ་བསྟན་ཡོད།

གསོ་རིག་གི་རིན་ཐང་།

གསུང་འབུམ་འདིའི་ནང་དུ་གཙོ་བོ་ཐང་ཆེན་ཉེར་ལྔ་དང་། ཤིང་ཀུན་ཉེར་ལྔ། བོང་ཁྲག་ཉེར་ལྔ། སེང་ལྡེང་ཉེར་ལྔ། དབང་རིལ་ཉེར་ལྔ་སོགས་སྨན་སྣ་ཉེར་ལྔ་ལས་གྲུབ་པའི་སྨན་སྦྱོར་བརྒྱ་དང་ཉེར་གཅིག་གི་སྦྱོར་ཚད་དང་། ཕན་ནུས་སོགས་གསལ་སྟོན་མཛད་ཡོད་ལ། གཙོ་བོ་གྲངས་མཉམ་པའི་སྨན་སྦྱོར་གྱི་ཁྱད་ཆོས་དང་། སྦྱོར་ཚུལ་གྱི་ཆོས་ཉིད། དེ་དག་སྨན་སྦྱོར་ཉེར་ལྔ་ལས་མང་བ་དང་ཉུང་བ་གང་ཡང་མ་ཡིན་པར་གྲངས་ཚད་དེ་ལྟར་ཡིན་དགོས་པའི་རྒྱུ་མཚན་སོགས་ལ་གཞིགས་ན་དེང་དུས་བོད་ཀྱི་གསོ་རིག་འཛིན་སྐྱོང་སྤེལ་གསུམ་གྱི་ལས་འཛུག་མཁན་ཞིག་ལ་མཚོན་ན་སློབ་སྦྱོང་དང་ཞིབ་འཛུག་གི་ཁ་ཕྱོགས་གསར་བ་ཞིག་མགོ་སྟོད་བྱས་ཡོད་དོ།།

《各种秘诀百条二十五味方·长寿甘露白晶串所有名医之项饰》

本医著收载于《帝玛尔医著集》下册中，共54页。由民族出版社于2007年3月出版。

内容提要：

本医著重点阐述藏药二十五味大汤散（唐茜聂啊）、二十五味阿魏散、二十五味驴血丸、二十五味儿茶丸、二十五味马宝丸等组方中有25种药材的121种藏药成方制剂的配伍规律、制剂工艺原理，对每一种药材的用量、功能主治等进行了详细的记载。

医学价值：

本医著重点介绍了藏药二十五味大汤散等组方中有25种配伍的121种藏药成方制剂的配伍规律、工艺原理，对每一种药材的用量、配伍剂量、功能主治等进行了详细介绍，对今后不同数量、不同方药的对比研究及临床用药具有较大的指导意义。

༄༅། །དཔྱད་མཆོག་གཏར་གའི་གདམས་པ་ཞེས་འབྲུགས་རྙོགས་མ་བྲངས་འབྱིན་གི་ཏ་ཀ་ཞེས་བྱ་བ་བཞུགས་སོ། །

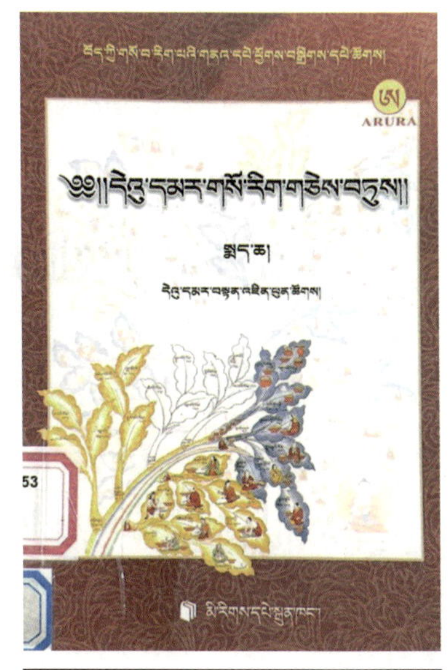

གསུང་འབུམ་དེའུ་དམར་གསོ་རིག་གཅེས་བཏུས་ཞེས་པར་སྟོད་ཆ་དང་སྨད་ཆ་གཉིས་ཡོད་པ་ལས་སྨད་ཆའི་ནང་ཚན་ཞིག་ཡིན། ཁྱོན་བསྡོམས་ཤོག་གྲངས་༣༤ཡོད། ༢༠༠༧ལོའི་ཟླ་༣པར་མི་རིགས་དཔེ་སྐྲུན་ཁང་གིས་པར་བསྐྲུན་བྱས།

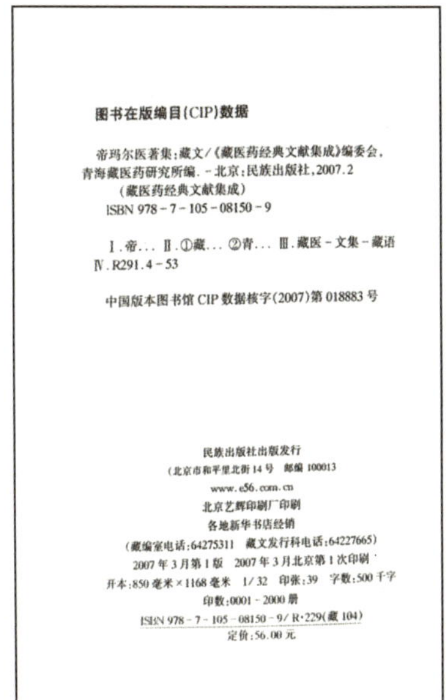
图书在版编目(CIP)数据

帝玛尔医著集:藏文/《藏医药经典文献集成》编委会,青海藏医药研究所编. -北京:民族出版社,2007.2
(藏医药经典文献集成)
ISBN 978-7-105-08150-9

Ⅰ.帝... Ⅱ.①藏... ②青... Ⅲ.藏医-文集-藏语
Ⅳ.R291.4-53

中国版本图书馆 CIP 数据核字(2007)第 018883 号

民族出版社出版发行
(北京市和平里北街 14 号 邮编 100013
www.e56.com.cn
北京艺辉印刷厂印刷
各地新华书店经销
(藏编室电话:64275311 藏文发行科电话:64227665)
2007 年 3 月第 1 版 2007 年 3 月北京第 1 次印刷
开本:850 毫米×1168 毫米 1/32 印张:39 字数:500 千字
印数:0001-2000 册
ISBN 978-7-105-08150-9/R·229(藏 104)
定价:56.00 元

ནང་དོན་གནད་བསྡུས།

གསུང་རྩོམ་འདིའི་ནང་གཏར་མཁན་སྨན་པ་དང་གཏར་བྱེད་ཆ་དཔྱད། གཏར་དུས་གནད་བརྟག་གཏར་ཡུལ་ནད་ཡོད་དང་། གཏར་གནས་རྩ་དམིགས་གཏར་བྱ་ནད་རྒྱུ་དང་། གཏར་ཐབས་དངོས་དང་གཏར་སྐྱོན་ཡོན་ཏན་དགུ་སོགས་རྒྱས་པར་བརྗོད་ཡོད། ལྷག་པར་དུ་ཟླ་གནས་འཕོ་ཚུལ་དང་བསྟུན་ནས་གཏར་ག་བྱ་ལུགས་བརྗོད་པས་ནད་ཐོག་ཏུ་ནད་པ་རྣམས་ནད་ཀྱི་སྡུག་བསྔལ་ལས་མྱུར་དུ་བསལ་བར་རོགས་འདེགས་གང་མང་བྱས་ཡོད་ལ་ནླ་གཉན་གྱི་ནད་མི་འབྱུང་བའི་ཐབས་ལམ་གཙོ་བོ་ཞིག་ཀྱང་བསྟན་ཡོད།

གསོ་རིག་གི་རིན་ཐང་།

དེབ་འདི་ནི་བོད་ཀྱི་གསོ་བ་རིག་པའི་གཞུང་གི་ཕྱི་མོ་དཔལ་ལྡན་རྒྱུད་བཞིའི་ཕྱི་མ་རྒྱུད་ལས་བསྟན་པའི་ལག་ལེན་བཅོ་བརྒྱད་ཀྱི་ནང་ཚན་གཏར་གའི་ཆ་བྱད་དང་། གཏར་གའི་སྔོན་འགྲོ། གཏར་ག་ཙང་མི་ཙང་ནད་གཞི། གཏར་རན་མ་རན་གྱི་གསོ་དུས་ངོས་བཟུང་བ། ཟླ་གནས་འཕོ་ཚུལ། གཏར་གའི་གསང་དམིགས་དངོས་བསྟན་དོན་བདུན་དང་། གབ་རྩ་དྲུག་ཅུ་རེ་ལྔ་སོ་སོའི་རྩ་བསླལ་ཐབས། གཏར་དམིགས་སོ་སོའི་ཕན་ནུས། ནད་གང་དང་གང་ལ་གཏར་དམིགས་གང་དང་གང་ཞིག་གཏར་དགོས་པ་དང་། ཁྲག་ཐྲ་ལ་བརྟག་

ཐབས། ཁྲག་མ་ཐོན་པ་དང་། ཁྲག་མ་ཆོད་པ། འགོག་པ་སོགས་ཀྱི་གཏར་གའི་ལོག་གནོན། དེ་མིན་ལོག་གནོན་དེ་དག་སེལ་ཐབས། གཏར་ལེགས་པའི་ཡོན་ཏན་སོགས་ཞིབ་ཅིང་ཕྲ་བའི་སྒོ་ནས་གསལ་སྟོན་མཛད་ཡོད་ལ། དེང་གི་དུས་འདིར་བོད་ཡུལ་མདོ་དབུས་ཁམས་གསུམ་གྱི་བོད་ལུགས་སྨན་ཁང་ཆེ་འབྲིང་ཆུང་གསུམ་གྱི་དཔྱད་བཅོས་ཚན་ཁག་ཏུ་སྤྱོད་བཞིན་པའི་གཏར་གའི་ལག་ལེན་ཡོད་ཚད་ཀྱི་གཞི་འཛིན་ས་ཡང་དེབ་འདི་ཡིན་པས་འདི་ལ་རིག་གཞུང་གི་རིན་ཐང་དང་། ལག་ལེན་མཇུབ་སྟོན་གྱི་རིན་ཐང་གལ་ཆེན་ལྡན་ཡོད་དོ།།

《最优外治术放血疗法之教诫·澄清三邪紊乱的明矾》

本医著收载于《帝玛尔医著集》下册中，共36页。由民族出版社于2007年3月出版。

内容提要：

本医著重点介绍了藏医放血疗法，并对放血医生、放血器械、放血时机、放血部位、适宜患者、疾病特征、操作步骤、禁忌证、突发情况的预判方法、放血后注意事项等方面提出了详细要求。

医学价值：

放血疗法是藏医外治方法中很有特色的治疗技术之一，临床疗效确切。施行放血疗法必须严格掌握适应证、禁忌证、放血时间、部位、操作规程及放血量的控制等。另外，一定要结合命脉走行和患者体质来选择合适的放血时机，放血后养护措施等方面也尤为重要。与其他医学著作不同的是，本医著除了阐述藏医放血疗法中指定的77处穴位，还阐述了其他65处特定穴位及其功效。该书具有极高的医学价值，现阶段国内外几乎所有藏医院、研究机构、学校实训室在进行放血时，都把本医著作为参考和指导。

༡༣ ཀོང་རོང་སྨན་བླ་དོན་གྲུབ།

13 贡荣曼拉·顿珠

ཀོང་རོང་སྨན་བླ་དོན་གྲུབ་ཀྱི་ངོ་སྤྲོད་མདོར་བསྡུས།

贡荣曼拉·顿珠简介

རབ་བྱུང་བཅུ་གཅིག་པའི་ཤིང་ཡོས་ （སྤྱི་ལོ་༡༦༧༥）ལོར་ཀོང་སྟོད་བཀྲ་ཤིས་འབྲས་ལྗོངས་སུ་སྐུ་བལྟམས། རྩ་བའི་སྐུ་ཡོན་གསན་ཡུལ་ནི་ལུགས་ཟུང་གི་བཀའ་དྲིན་ཟླ་མེད་སྨན་བླ་ཚེ་དབང་དང་། སློབ་དཔོན་གཞན་ཕན་བདེ་ཆེན་རྒྱལ་པོ། དྲུང་འཚོ་བ་སངས་རྒྱས། འདི་ཕྱིའི་སྐྱབས་མཆོག་འགྲོ་མགོན་ཆེན་པོ་དྲིན་ཅན་བླ་མ་རྣམ་གཉིས་ཞལ་དང་། བེ་བུམ་ལས་བྱུང་བ་སོགས་ལས་ཕྱག་ལེན་མཐོང་ཞིང་། དེ་མིན་སློབ་དཔོན་གཞན་ཕན་བདེ་ཆེན་རྒྱལ་པོ་ནི་སྨན་དཔྱད་ཀྱི་སློབ་དཔོན་དངོས་རང་ཡིན། སྨན་བླ་དོན་གྲུབ་ཀྱིས་དོ་དམ་དང་ཞུས་དག་གནང་སྟེ། སྣམ་པོའི་པར་མ་ཞེས་པའི་རྒྱུད་བཞིའི་པར་བཀོ་མཛད། ཁོང་གི་བརྩམས་ཆོས་ལ་《དཔལ་ལྡན་གསོ་བ་རིག་པའི་མན་ངག་ཀུན་ལས་ཟབ་གཅེས་ཡང་བཅུད་བསྡུས་པ་ཕན་བདེ་འབུམ་ཕྲག་》ཞེས་པ་དང་། 《རིག་ཟིན་ནེའུ་ལེའི་རྒྱལ་པ་》《ཕྱི་རྒྱུད་ཕ་ལམ་རིན་ཆེན་འཁོར་ལོ》ཞེས་སོགས་ལྡགས་རྩོམ་མཛད། དམ་པ་དེའི་བརྒྱུད་འཛིན་སློབ་མའི་ནང་ནས་གྲགས་ཆེ་བ་ནི་ཤི་ཧྲ་དྲའམ་ངག་དབང་དཔལ་བཟང་སོགས་མང་དག་བྱོན།།

贡荣曼拉·顿珠于藏历第十一绕迥木兔年（1675）出生于哲蚌，曾在大恩医者曼拉才翁、利他上师德钦加布、秘书桑杰等多位大恩怙主根本上师处长期学习，并在藏医巨作《贝崩》的传承实践中悟道，利他上师德钦加布是他学习医学的主要老师。贡荣曼拉·顿珠修正定稿的《四部医典》，被称为岗布版。他的著作有《汇集所有具威医学秘诀中的奥妙精华·利乐千万》《笔记吐宝兽》《后续金刚钻珍宝轮·秘诀读者事成》等，他培养了以希巴扎（又名阿旺贝桑）为代表的多位著名藏医药学家。

ཀོང་རོང་སྨན་བླ་དོན་གྲུབ་ཀྱི་གསུང་འབུམ།

贡荣曼拉·顿珠医著

༄༅། །དཔལ་ལྡན་གསོ་བ་རིག་པའི་མན་ངག་ཀུན་ལས་ཟབ་གཅེས་ཡང་བཅུད་བསྡུས་པ་ཕན་བདེའི་འབུམ་ཕྲག་ཅེས་བྱ་བ་བཞུགས་སོ། །

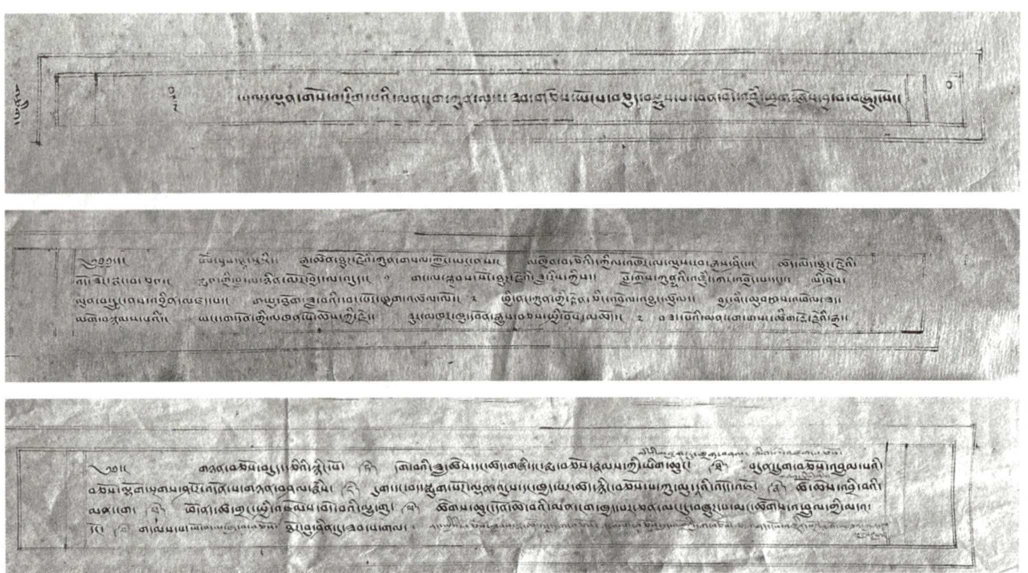

གསུང་རྩོམ་འདིའི་མ་ཡིག་ནི་ཤིང་པར་ཡིན། པོ་ཏི་གཅིག་ཡོད། ཡིག་གཟུགས་དབུ་མེད། ཤོག་ངོས་རེར་ཐིག་ཕྲེང་༥། ཐིག་ཕྲེང་རེར་ཡིག་འབྲུ་༣༣། ཁྱོན་བསྡོམས་ཤོག་ངོས་༢༥བཞུགས། ད་ལྟ་ཁྲིན་ཧྲུའུ་ཀྲུང་ལུགས་གསོ་རིག་སློབ་གྲྭ་ཆེན་མོའི་དགེ་རྒན་འཇམ་དབྱངས་བསོད་ནམས་ལགས་ཀྱིས་ཉར་ཚགས་བྱས་ཡོད།

ནང་དོན་གནད་བསྡུས།

སྔ་རབས་སྨན་པ་རྣམས་ཀྱི་མན་ངག་ལག་ལེན་ཟབ་མོ་དང་ཁྱད་པར་དུ་རང་ཉིད་ཀྱི་ལག་ལེན་མྱོང་བྱང་རྣམས་ཀུང་བསྒྲིགས་ཏེ་མན་ངག་རྒྱུད་ཀྱི་ནད་རིགས་ཞེ་དགུ་ལྷག་གི་དབྱེ་བ་དང་། ནད་ངོའི་བབས་དང་བསྟུན་གཉེན་པོ་གང་དགོས་འཕྲུལ་བའི་སྦྱོར་བཅོས་ཀྱི་ལག་ལེན། སྨན་གཏོང་ཚད། དེ་མིན་སྨན་ངོ་ངོས་འཛིན་གྱི་དོན་རགས་ཙམ་བཅས་བསྟན་ཡོད།

གསོ་རིག་གི་རིན་ཐང་།

གསུང་འབུམ་འདི་ནི། དུས་རབས་བཅུ་བདུན་པའི་ནང་མཛད་ཅིང་། ཁོང་གིས་སྔོན་གྱི་མཁས་དབང་ཚོའི་གསོ་བ་རིག་པའི་གཞུང་གི་ལག་ལེན་སྙིང་བཅུད་རྣམས་གནད་དུ་དྲིལ་བ་དང་། རང་ལ་ཐོབ་པའི་ནད་སྨན་སྦྱོད་ཚུལ་སྐོར་གྱི་མྱོང་ཚོར་ཟབ་མོ་རྣམས་ཕྱོགས་གཅིག་ཏུ་བསྡུས་ཏེ་མན་ངག་རྒྱུད་ཀྱི་ནད་རིགས་ཞེ་དགུ་ཕྱེ་ནས་བསྟན་ཡོད་ཅིང་། སྨོ་མཆོག་དམན་ཀུན་གྱིས་རྟོགས་སླ་བ་སྤྱོད་བདེ་བ་སོགས་ཀྱི་དགེ་མཚན་ཁྱད་དུ་འཕགས་པ་ཅན་ཡོད་པས། ནད་ཐོག་ལག་ལེན་ལ་ཞུགས་པའི་སྨན་པ་རྣམས་ལ་ཕྱིན་ཆད་ སྔར་ལས་གཏིང་ཟབ་ཏུ་སློབ་སྦྱོང་དང་ཞིབ་འཇུག་བྱེད་རིན་ཡོད་པའོ།།

《汇集所有具威医学秘诀中的奥妙精华·利乐千万》

本医著母本为木刻版，字体为乌梅体，每页6行，每行33字，共1卷86页。此书现由成都中医药大学民族医药学院降拥四郎教授个人收藏。

内容提要：

本医著汇编古代医者的临床实践中的经验秘诀，特别记载了作者本人的实践经验，结合《秘诀部》所述的49种疾病的分类、性质，概括记载了临床治疗所需的药物、服药量和各药物的鉴定等。

医学价值：

本医著汇编古代医者的临床实践中的经验秘诀，特别记载了生于17世纪的作者本人的实践经验，结合《秘诀部》所述的49种疾病的分类、性质，在临床诊疗、藏药方剂配伍、藏药识别等方面有着极其独到的学术见解，对后世医者而言具有极高的研究价值，值得深入学习。

༄༅། །མན་ངག་ཕན་བདེ་འབུམ་ཕྲག་ལས་འཕྲོས་པའི་བཟ་ཚིག་གསང་རྒྱའི་ལྡགས་འབྱེད་གསེར་གྱི་ལྡེ་ཁྲུ་མིག་ཅེས་བྱ་བ་བཞུགས་སོ། །

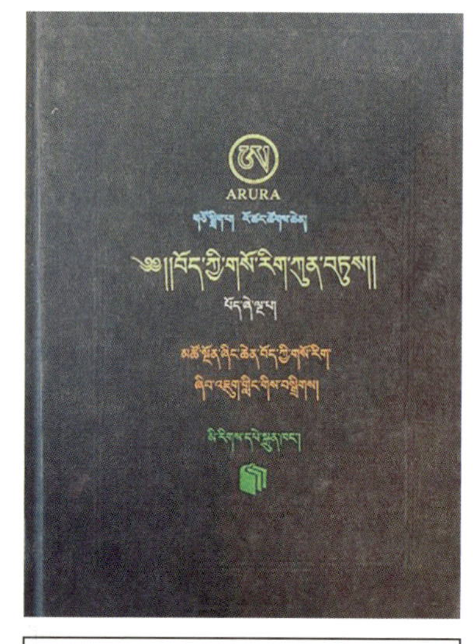

གསུང་རྩོམ་འདི་ཉིད་མི་རིགས་དཔེ་སྐྲུན་ཁང་གིས་༢༠༡༡ལོའི་ཟླ་༤པར་དཔེ་སྐྲུན་བྱས་པའི་བོད་ཀྱི་གསོ་རིག་ཀུན་བཏུས་ཞེས་པའི་པོད་ཞེ་ལྔ་པའི་ནང་གསལ། ཁྱོན་བསྡོམས་ཤོག་ངོས་༨༨བཞུགས།

ནང་དོན་གནད་བསྡུས།

གསུང་རྩོམ་འདིའི་ནང་ཕན་བདེ་འབུམ་ཕྲག་ཏུ་བསྟན་པའི་སྨན་སྦྱོར་སོ་སོའི་ཁྲོད་ཀྱི་གབ་མིང་དང་གསང་སྨན་རྣམས་གསལ་པོར་བཀོད་ཡོད་པར་མ་ཟད། སྦྱོར་སྡེབ་ཁྲོད་ཀྱི་སྨན་སྣ་གང་ཞིག་གིས་སྤྱིའི་ནུས་པ་ཤས་ཆེར་ཐོན་པ་དང་། ནད་ཀྱི་ངོ་བོ་དང་བསྟུན་ནས་སྦྱོར་ཚད་ཇི་ལྟར་བསྐྱེད་ཚུལ་དང་ཁ་བསྒྱུར་བྱ་ཐབས་སོགས་བཀོད་ཡོད།

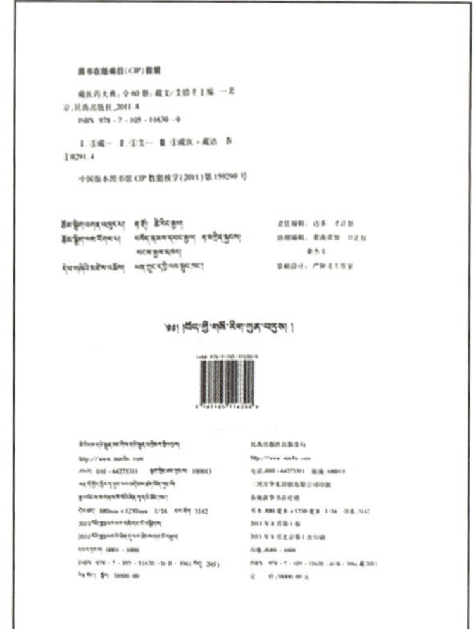

གསོ་རིག་གི་རིན་ཐང་།

གསུང་རྩོམ་འདིའི་ཁྱད་ཆོས་ནི། སློབ་དཔོན་ཉིད་ཀྱི་རྣམ་དཔྱོད་ཀྱི་རྩལ་དང་། ཉམས་མྱོང་གི་གདམས་ངག་ཟབ་མོས་ལེགས་པར་བརྒྱན་ཏེ་མན་ངག་ཕན་བདེ་འབུམ་ཕྲག་གི་དགོངས་དོན་གྱི་སྙིང་པོ་གཅིག་ཏུ་བསྒྲིལ་ལ། སྨན་སྦྱོར་ནང་གི་གསང་སྨན་རྣམས་གབ་པ་མངོན་དུ་ཕྱུངས་པ། སྨན་སྦྱོར་གྱི་སྟེང་དུ་ཤིན་ཏུ་ཟབ་པའི་མན་ངག་མྱོང་གྲུབ་ཞལ་ཤེས་གུད་དུ་ཐས་པ་ཅན་ཁ་ཚར་བརྒྱབ་པ། ཡིད་ཆེས་ཁུངས་བཙུན་གྱི་ལུང་རིགས་མང་པོ་གནད་དུ་འཁེལ་བ། སྤྱོད་སྒོ་ཆེ་ཞིང་དམིགས་བསལ་གྱི་ཁྱད་ཆོས་ལྡན་པའི་ལེགས་ཆ་མང་བས་གསོ་རིག་གཞུང་ལུགས་དང་ནད་ཐོག་ལག་ལེན་ལ་ཐོས་བསམ་གྱིས་སྒྲོ་འདོགས་གཅོད་པར་འདོད་པའི་སྨན་པ་རྣམས་དང་། ཞིབ་འཇུག་པ་རྣམས་ཀྱིས་གཟིགས་རྟོག་གནང་རྒྱུ་ཡིན་ན་བློ་དོགས་སེལ་ཞིང་བློ་སྐྱེད་ཆེན་པོ་འབྱུང་ངེས་སོ།།

《开启十万利乐中的隐秘术语铁锁之金钥匙》

本医著收载于《藏医药大典》第四十五卷，共66页。此书由民族出版社于2011年8月出版。

内容提要：

本医著明确记载了《十万利乐》所述的各个方剂中的药物隐名和秘药、功效和方解等内容，还结合疾病性质记载了方剂剂量增减和咔嚓[①]药物等临床应用方法。

医学价值：

本医著是对《十万利乐》中多数药方进行充分发掘、实践、整理而成的。这些秘方是他们世代相传或师徒授受，在行医实践中不断重复、深化和总结而成，具有可靠而独特的疗效。尤其是对一些疑难顽症，大师通过方剂剂量的增减和咔嚓药物后有“以小方治大病”的功效，对藏医药的科研、教学、临床用药等方面具有重要的指导意义和参考价值。

---

① 咔嚓：藏文为ཁ་ཚར，意为“添加”。咔嚓药在原有配方的基础上，添加一些特殊药材，使药效增强，提高对症治疗的准确性与安全性，以达到最佳治疗效果。

༄༅། །རིག་ཐིག་ཆེ་ཏྲུ་ལེ་རྒྱལ་བ་ཞེས་བྱ་བ་བཞུགས་སོ། །

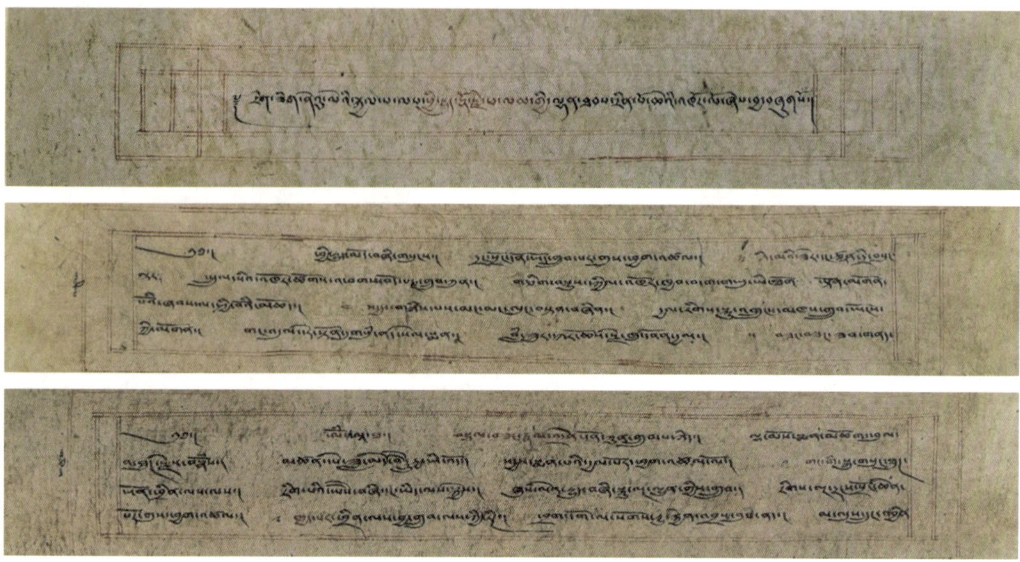

གསུང་རྩོམ་འདིའི་མ་ཡིག་ནི་ལག་བྲིས་ཡིན། པོ་ཏི་གཅིག་ཡོད། ཡིག་གཟུགས་དབུ་མེད། ཤོག་ངོས་རེར་ཐིག་ཕྲེང་༤། ཐིག་ཕྲེང་རེར་ཡིག་འབྲུ་༢༥། ཁྱོན་བསྡོམས་ཤོག་ངོས་༧༠བཞུགས། ད་ལྟ་ཁྲིན་ཏུའུ་ཀྲུང་ལུགས་གསོ་རིག་སློབ་ཆེན་གྱི་དཔེ་མཛོད་ཁང་དུ་ཉར་ཚགས་བྱས་ཡོད།

ནང་དོན་གནད་བསྡུས།

དཔེ་ཆ་འདིའི་ནང་ཕྱི་མ་རྒྱུད་ཀྱི་རྩ་མདོ་དང་ཆུ་མདོ། ཞི་བྱེད་སྨན་དང་སྦྱོང་བྱེད་ལས་སོགས་ལ་ལྷན་ཐབས་ཀྱི་ཚུལ་དུ་ལུང་དང་མན་ངག་རྣམས་བཀོད་ཡོད་པ་སྟེ། བརྟག་ཐབས་ལས་མཐོང་བ་ལ་ལྕེ་ཆུ་ལས་གཞན་བ་སྤྱུ་སྐྲངས་རྣག་སོགས་ཀྱི་བརྟག་ཐབས་དང་། རིག་པ་ལ་རྩ་རྒྱུད་ལས་གཞན་ཤ་དྲོད་གསང་སྐྲན་སོགས་ཀྱི་བརྟག་ཐབས། དེ་མིན་ཞི་བྱེད་སྨན་གྱི་སྦྱོར་སྡེ་སྣ་ཚོགས་དང་། ཐུར་མའི་ཡུལ་གསང་ངོས་བཟུང་དང་གདབ་ཐབས། དྲེག་གྲུམ་གྱི་བཅོས་ཐབས་མདུད་གྲོལ་ཟབ་མོ། དབང་རིལ་གྱི་ལག་ལེན་ཁྱད་པར་ཅན། མཇུག་ཏུ་ཁ་གསལ་ཞིང་གོ་སླ་བའི་སྨན་པའི་བསླབ་བྱ་སྙིང་ཐིག་དྲན་མོ་ཞིག་སོགས་གསུངས་ཡོད།

གསོ་རིག་གི་རིན་ཐང་།

འདི་ནི་ནེའུ་ལེའི་རྒྱལ་བ་ཇི་བཞིན་དགོས་འདོད་ཀྱི་རིན་ཆེན་འབྱུང་བའི་བརྟག་བཅོས་ཀྱི་མན་ངག་འབུམ་ཚང་ཞིང་ཐུན་མོང་མ་ཡིན་པའི་དགེ་མཚན་མང་དུ་ལྡན་ཡོད་པ་སྟེ། ཕྱི་མ་རྒྱུད་ཀྱི་ལྷན་ཐབས་ཀྱི་ཚུལ་དུ་རྩ་ཆུའི་མདོ་དང་ལག་ལེན་བཅོ་བརྒྱད་སོགས་གཙོ་བྱས་པའི་བརྟག་བཅོས་བྱ་ཐབས་ཀྱི་ཚུལ་རྣམས་གསལ་བར་བཀོད་ལ། རྒྱུད་ལས་དངོས་སུ་མ་བསྟན་པའི་བ་སྤུ་སྐྲངས་ནག་དང་ཤ་དྲོད་གསང་སྐྲན་སོགས་ཀྱི་བརྟག་ཚུལ་དང་། སྨན་གྱི་སྦྱོར་སྡེ་སྣ་ཚོགས། ཐུར་མའི་གདབ་ཐབས་དང་དྲེག་གྲུམ་བཅོས་ཐབས། དབང་རིལ་ལག་ལེན་སོགས་ཁྱད་པར་གྱི་གདམས་པ་མང་པོ་གསུངས་ཡོད་པས། གསོ་རིག་ནད་ཐོག་ལག་ལེན་དང་གཞུང་ལུགས་ཞིབ་འཇུག་ཐད་རིན་ཐང་ཆེན་པོ་མངོན་ཡོད།།

《笔记吐宝兽》

本医著母本为手抄本，字体为乌梅体，每页4行，每行25字，共1卷70页。此书现由成都中医药大学图书馆收藏。

内容提要：

本医著对《四部医典·后续部》的脉诊、尿诊、药剂、泄疗等章节进行了补充注解，特别介绍了望诊中的毛发脓肿、触诊中的体热隐瘤等特殊诊断法，以及多种成药配方、针刺疗法、风湿诊治、马宝丸配制工艺等特殊技艺。

医学价值：

本医著犹如传说中的吐宝兽吐出的如意珍宝，为求知若渴的初学者提供了珍贵独特的诊疗秘诀。本医著以《四部医典·后续部》为蓝本，以脉诊、尿诊、药剂、泄疗、外治等十八种实践技能等诊疗方法为重点，进行了详尽的补充阐释，尤其增加了医典中未记载的毛发脓肿、体热隐瘤等诊断方式，以及诸多药物配方、针刺疗法、风湿诊治方法、宝丸配制工艺等独特技术，对藏医临床及学术研究具有重要参考价值。

༡༤ སི་ཏུ་ཆོས་ཀྱི་འབྱུང་གནས།
14 司徒·曲吉迥乃

སི་ཏུ་ཆོས་ཀྱི་འབྱུང་གནས་ཀྱི་ངོ་སྤྲོད་མདོར་བསྡུས།
司徒·曲吉迥乃简介

སི་ཏུ་ཆོས་ཀྱི་འབྱུང་གནས་ཁོང་ནི་མདོ་ཁམས་སྐྱང་དྲུག་གི་ཡ་གྱལ་འབྲི་ཟླ་ཟལ་མོ་སྒང་གི་ནང་ཚན་ཁམས་སྡེ་དགེ་ལྷུན་གྲུབ་སྟེང་དང་ཉེ་བར་ཨ་ལོའི་དིང་རི་སྒང་དུ་ཡབ་ངག་དབང་ཚེ་རིང་དང་ཡུམ་ཁྲ་འགུ་མ་གཉིས་ལ་སྲས་སྐུ་མཆེད་བཞི་འཁྲུངས་པའི་ཐོག་མ་ཡིན། ཁོང་ནི་རབ་བྱུང་བཅུ་གཉིས་པའི་ས་མོ་ཡོས་ལོར་（༡༧༠༠）ཟླ་བ་བཅུ་གཅིག་པའི་ཚེས་བཅུ་བདུན། རེས་གཟའ་ཕུར་བུ་སྐར་མ་ནམ་སོ་སྨྲ་དྲོ་ཉི་མ་ཤར་བ་དང་དུས་མཚུངས་སུ་སྐུ་འཁྲུངས་ཤིང་། འཁྲུངས་མ་ཐག་ནས་ཁྲུ་བོ་ཨ་ལོ་བླ་མ་ཀུན་མཁྱེན་གྱིས་མགོན་པོ་སྲུང་ཞེས་མཚན་གསོལ། དགུང་ལོ་གསུམ་པའི་དུས་ཀརྨ་པ་སྐུ་ཕྲེང་བཅུ་གཅིག་པ་ཡེ་ཤེས་རྡོ་རྗེས་ངོས་འཛིན་གནང་། དགུང་ལོ་ལྔ་པར་ཡབ་ཀྱི་སྐུ་མདུན་ནས་ཡི་གེའི་སྦྱོར་ཀློག་བསླབས། འབྲི་ཀློག་སོགས་ཐོགས་པ་མེད་པར་མཁྱེན། དགུང་ལོ་བདུན་པར་ཨ་ལོ་དཔལ་འབྱོར་དགོན་དུ་རྒྱུན་སྤྱོད་ཀྱི་ཆོ་ག་ཕྱག་ལེན་སོགས་ལེགས་པར་སྦྱངས། མཁས་པའི་དབང་པོ་དཔལ་གྲུབ་མདུན་སྐར་རྩིས་དང་སྨན་རིག་པ་སྔན་ངག་སྙོར་དང་། ཁྲུ་བོ་བླ་མ་ཀུན་མཁྱེན་མདུན་དབུ་མར་འདུལ་མཛོད་སོགས་ནང་དོན་རིག་པ་ལེགས་པར་གསན་པས་ཡོན་ཏན་གྱི་གཞི་ལེགས་པར་བཏིང་། ཁྱད་པར་དུ་དེའུ་དམར་དགེ་བཤེས་ལ་དབྱངས་འཆར་གྱི་རི་མོ་མཐར་ཕྱིན་པར་གསན། མངོན་རྟོགས་རྒྱན་རྩ་འགྲེལ་འདུལ་བ་མདོ་རྩ་འདུལ་ཊཱིཀ་ལུང་རིག་གཏེར་མཛོད་རྒྱུད་བླ་མའི་རྩ་བ་དང་བཅས་ཐུགས་འཛིན་གནང་། བཅའ་འབུད་བརྟུང་གསུམ་གར་ཐིག་དབྱངས་གསུམ་སོགས་ཀྱང་རེས་མེད་ཀྱི་དམ་པ་དུ་མའི་ཞབས་པད་རྩུལ་བཞིན་དུ་བསྟེན་ནས་ཁོང་དུ་ཆུད་པར་

མཛད། ལྷ་རིས་ཀྱང་རྒྱ་བལ་བོད་སོགས་ཀྱི་ལེགས་ཆ་ཐམས་ཅད་ཕྱོགས་གཅིག་ཏུ་བསྡུས་ནས་སྐར་བྲིས་ལ་ཁྱད་ཐོན་མཛད། ཡིག་རིགས་སྣ་ཚོགས་དང་ཁྱད་པར་སློབ་དཔོན་སྒེག་པའི་རྡོ་རྗེའི་ཕྱག་བྲིས་ལ་ལཱུའི་མཚན་བརྗོད་དང་པདྨ་ལིའི་བྲིས་མ་བརྟག་གཉིས་སོགས་ལ་ནན་གྱིས་སྦྱངས། གཏེར་ཆེན་དཔོན་པོ་ཨོ་རྒྱན་ལྷུན་གྲུབ་མདུན་བྱུར་མང་སྐྱན་རྒྱུད་བདེ་མཆོག་ཚོགས་ལས་ཀྱི་གར་སྣ་སུམ་བརྒྱ་དྲུག་ཅུ་གསང་གར་དང་བཅས་པ་ཕུལ་ཕྱིན་སྦྱངས།

དགུང་གྲངས་བཅུ་བཞི་པར་ཆུ་ཕོ་འབྲུག་ལོའི་ (༡༧༡༢) ཟླ་བ་ལྔ་པར་དབུས་སུ་ཐེངས་དང་པོར་ཕྱིན། ལོ་དེའི་ཚེ་འཕྲུལ་ཟླ་བའི་ཆོས་བཅུ་ལྔར་ཞྭ་དམར་ཐམས་ཅད་མཁྱེན་པ་བརྒྱད་པ་དཔལ་ཆེན་ཆོས་ཀྱི་དོན་གྲུབ་མདུན་དུ་རབ་བྱུང་གི་སྡོམ་པ་བཞེས། མཚན་ཀརྨ་བསྟན་པའི་ཉིན་བྱེད་གཙུག་ལག་ཆོས་ཀྱི་སྣང་བ་ཞེས་གསོལ། ཞྭ་དམར་གྱི་ཅོད་པན་བཞེས་ཤིང་ཤིས་བརྗོད་ཀྱི་མེ་ཏོག་འཐོར། གསེར་ཐམ་དང་སྐུ་ཆས་སོགས་ཆེ་འདོན་གྱི་གནང་སྐྱེས་བཀའ་དྲིན་དུ་མ་ཐོབ། ཐུ་རྗེས་སུ་མཁས་ཤིང་གྲུབ་པ་བརྙེས་པའི་བཤེས་གཉེན་དམ་པ་མང་པོའི་དྲུང་དུ་ཐོས་པ་རྒྱ་ཆེན་པོ་བཙལ་ཞིང་། ལྷག་པར་བཀའ་དྲིན་ཅན་གྱི་སློབ་དཔོན་ལུང་རྟོགས་ཡོན་ཏན་འབུམ་གྱིས་ཕྱུག་པ་ཀརྨ་བསྟན་འཕེལ་ཞེས་པ་དང་། མཐའ་ཡས་གཞུང་གདམས་རྒྱ་མཚོའི་ཕ་རོལ་དུ་སོན་པ་དགེ་རྩེ་པཎྜི་ཏ་གསོ་རིག་ནོར་བུའི་མཛོད་ལ་དབང་བསྒྱུར་བ་ཀརྨ་པ་རང་བྱུང་རྡོ་རྗེའི་སློབ་རྒྱུད་འཛིན་པ། ཟུར་བྲག་ལྷ་ལུང་མཁན་པོའི་ཡང་སློབ་ཟུར་ཁུགས་གྲྭ་ཨེམ་རྗེ་ཀརྨ་བསམ་གྲུབ། དེ་བཞིན་མཁས་དབང་འབྲི་གུང་ཆོས་གྲགས་ཀྱི་སློབ་མ་དཀོན་མཆོག་འགྲོ་ཕན་དབང་པོའི་ཞལ་སློབ་ཕུལ་ཕྱིན་དཔོན་ཚང་ཡེ་ཤེས་བཅས་ཀྱི་ཞབས་པད་ཡུན་རིང་དུ་བསྟེན་པ་མདོ་སྔགས་རིག་གནས་ཀུན་ལ་མཁས་པར་གྱུར་ཏེ་སི་ཏུ་པཎ་ཆེན་ཞེས་པའི་སྙན་གྲགས་ནམ་མཁའི་ཕ་མཐར་ཁྱབ་པ་བྱུང་ངོ།།

སྐུ་ཚེ་འདིར་བོད་ལྗོངས་དང་། རྒྱ་ནག། རྒྱ་གར། བལ་པོ། སིཀྐིམ་ལ་སོགས་ཀྱི་ཡུལ་གྲུར་ཕེབས་ནས་མཁས་པ་མང་པོར་རིག་གནས་ལྔའི་དཀའ་གནད་འདྲི་རྩད་དང་། ཕྱོགས་མཚུངས་ས་ཁུལ་དེ་དག་གི་གསོ་རིག་མན་ངག་ལག་ལེན་དང་བཅས་པའི་ཁུངས་མང་པོ་ཉམས་བཞེས་གནང་བས་མཚོན་བོད་ཀྱི་རིག་གནས་དང་། སྨན་དཔྱད་ཡར་རྒྱས་ཀྱི་ཆེད་དུ་སྐུ་ངལ་མང་པོ་ཁྱད་བསད་གནང་བའི་སྐོར་ནི་བརྗོད་པའི་ཡུལ་ལས་འདས། རང་ཅག་བོད་དང་། ཁམས་ཕྱོགས་ནས་བཤད་ན།སྐབས་དེར་གྲགས་ཆེ་བའི་བླ་མ་ཀརྨ་ཆོས་དབང་དང་། དགེ་སློང་དཔལ་གྲུབ། དགེ་ཤེས་བསྟན་འཛིན་ཕུན་ཚོགས་སོགས་ཚེ་རིག་འཛིན་པ་ཐམས་ཅད་ལ་སྐུ་ཉིད་ཀྱིས་བཀའ་འདྲི་དང་། བདར་ཤ་བཅད་ནས་བོད་ཀྱི་གསོ་རིག་ཡར་རྒྱས་གོང་འཕེལ་འགྲོ་རྒྱུར་མི་ནུབ་པའི་མཛད་རྗེས་རླབས་ཆེན་བཞག ལྷག་ཏུ་རྗེ་ཉིད་ཀྱིས་ཐུ་ཕྱིར་ཡུལ་ཕྱོགས་མང་པོར་ཕེབས་པ་དང་། སློབ་དཔོན་གོང་མ་རྣམས་ཀྱི་ཕྱག་བཞེས་མན་ངག དེ་བཞིན་ལོ་མང་རིང་ནད་པའི་འགྲོ་དོན་སྐྱོང་བཞིན་བཞུགས་དུས་ཀྱི་ཉོང་བྱང་རྣམས་གཅིག་ཏུ་བསྡུས་ནས་སྨན་གྱི་སྐོར་གྱི་གསུང་ཐོར་བུ་དཀར་ཆག་ཐ་བར་བོད་གཅིག་ཡོད་པ་དེའི་ནང་ཐུན་མོང་མ་ཡིན་པའི་གདམས་པ་སྣ་ཚོགས་ཡོད་པ་དང་། ད་དུང་

རྒྱ་ནག་ཏུ་ཕེབས་སྐབས་ཀྱང་དབྱི་མཁས་པའི་ཉམས་སྙིང་མང་པོ་བསྡུ་ལེན་མཛད་རིགས་ཀྱང་ཟིན་བྲིས་སུ་འགོད་གནང་མཛད་པའི་ཁར། རྒྱ་ནག་གི་འགྱུར་རྩ་མདོ་ཤིན་ཏུ་རྒྱས་པ་ཞིག་ཀྱང་ཕྱིས་སུ་ཤིང་པར་ལ་འཁོད་འདུག གཞན་ཡང་སི་ཏུའི་མིག་འབྱེད་ལག་ལེན་དང་། དངུལ་ཆུ་བཙོ་བཀྲུའི་ཟིན་བྲིས་སོགས་སྨན་དཔེ་རྣམས་ལ་ཕྱིས་བྱུང་སྨན་པ་ཀུན་གྱིས་སྤྱི་བོའི་གཙུག་ཏུ་བཀུར་ནས་ཡིད་ཆེས་གདེང་འཇོག་དང་ཤིན་ཏུ་གཙིགས་ཆེ་བར་བྱེད།། སྐུ་ཚེའི་སྨད་ལ་དཔལ་སྤུངས་ཆོས་འཁོར་གླིང་དུ་བཅུ་ཕྲག་རིག་པའི་བཤད་གྲྭ་འཛུགས་གནང་དང་། སྐུ་དངོས་ཀྱི་གཙོ་སྐྱོང་གནང་བར་བརྟེན་སློབ་མ་མཁས་པ་དཔོན་ཀརྨ་ངེས་ལེགས་བསྟན་འཛིན་དང་། ཁམས་སྨྱུལ་ཆོས་ཀྱི་ཉི་མ།འབྲུག་བདེ་ཆེན་ཆོས་འཁོར་ཀྱི་ཡོངས་འཛིན་འཇམ་དཔལ་དཔའ་བོ། སྡེ་དགེ་རྒྱལ་པོ་བསྟན་པ་ཚེ་རིང་སོགས་མང་དག་ཅིག་བྱུང་། དེ་ལ་བརྟེན་ནས་ཀོང་སྤྲུལ་ཡོན་ཏན་རྒྱ་མཚོས་ཤེས་བྱ་ཀུན་ཁྱབ་ཀྱི་མཛོད་ཅེས་པའི་ནང་། ཀུན་གཟིགས་ཆོས་ཀྱི་འབྱུང་གནས་ཉིད་གསོ་བ་རིག་པ་ལ་ཐོན་སྤྲུངས་སད་པ་ལྷ་བུའི་བློང་རྩོལ་གྱིས་ཁྱད་པར་ཏུ་མཁས་པར་གྱུར་ཅིང་། ཟུར་མཁར་ཕྱི་མའི་སློབ་བརྒྱུད་དཔོན་ཚང་ཡེ་ཤེས་དང་། འཕགས་ཡུལ་ནུབ་ཕྱོགས་ཕྲེང་གིའི་སྨན་པ་ཨེ་ཧོ་སི། རྒྱ་ནག་གི་སྨན་པ་མཁས་པ་རྣམས་ལས་བཤད་རྒྱུན་དང་། དཀའ་གནད་འདྲི་མོལ་གྱིས་གཏན་ལ་ཕབ་སྟེ། སྨན་གྱི་བླ་མ་གཉིས་པའི་གོ་འཕང་བརྙེས། སློབ་མ་མཁས་པ་མང་དུ་ཐོན་ཞིང་། ད་ལྟའི་བར་བཤད་པ་དང་། ལག་ལེན་གྱི་རྒྱུད་མ་ཉམས་པས་རྒྱུད་འཛིན་རྣམས་ཀྱང་སྨན་པ་གཞན་ལས་ཁྱད་པར་འཕགས་པ་ཡོངས་སུ་གྲགས་པས་མཚོན། ཞེས་གསུངས་པ་དོན་དུ་གནས། དཔེར་ན་རྗེ་འདིའི་ཞལ་སློབ་གྲས་སྡེ་དགེ་བསྟན་པ་ཚེ་རིང་ཞེས་པས་ཁམས་ཕྱོགས་སུ་གསོ་རིག་གོང་འཕེལ་ཡོང་ཆེད་སྔ་སོར་མི་དབང་སངས་རྒྱས་རྒྱ་མཚོས་ཞུས་དང་ལེགས་བཅོས་མཛད་པའི་ལྷ་ལྡན་པོ་ཏཱ་ལའི་རྒྱུད་བཞི་པར་མ་དང་བཻ་སྔོན་འདི་ཉིད་ཡིད་རྟོན་པའི་གནས་སུ་གཟིགས་ཏེ་འདི་ཉིད་ལས་འབྲུ་ལེན་གྱི་ཕྱི་མོ་བྱས་ཏེ་རབ་བྱུང་བཅུ་གཉིས་པའི་ཆུ་གླང་སྤྱི་ལོ་༡༧༣༣ལོ་བར་དུ་བསྐྲུན་པར་བརྟེན་རྒྱ་ཁྱབ་གང་སར་ཁྱབ་སྤེལ་ཤིན་ཏུ་ཆེ་བ་བྱུང་བ་དང་རྗེས་སུ་རབ་བྱུང་བཅུ་དྲུག་པའི་ཆུ་ཁྱི་སྤྱི་ལོ༡༩༢༢ལོར་བོད་ལྗོངས་མི་དམངས་དཔེ་སྐྲུན་ཁང་ནས་སྐྱེ་འགྲོའི་བདེ་རྩར་དགོངས་བཞེས་བླ་ན་མེད་མཚོ་སྔོན་དུ་སྡེ་དགེའི་རྒྱུད་བཞི་དང་བཻ་སྔོན་པར་མ་གཞིར་བཟུང་ནས་ངོ་མཚར་འཕྲུལ་གྱི་འདུ་བྱེད་ལས་ལྷུགས་པར་བསྐྲུན་ཏེ་འདེབས་རྒྱ་ཆེར་མཛད་པ་དང་འབྲེལ་འབྱོར་བོད་ལྗོངས་དང་། མཚོ་སྔོན། ཀན་སུའུ། སི་ཁྲོན། ཡུན་ནན་ལ་སོགས་པའི་བོད་རིགས་ས་ཁུལ་འགྲེམས་སྤེལ་གནང་བས་སླར་ཡང་བོད་ཀྱི་གསོ་རིག་ཡར་ཟླའི་དཔལ་ལ་འགྲན་པའི་བཀའ་དྲིན་བླ་ལྷག་ཏུ་ཆེ།།

སྤྱི་ལོ་༡༧༢༧མི་ལུག་ལོར་གདན་ས་དཔལ་སྤུངས་ཐུབ་བསྟན་ཆོས་འཁོར་གླིང་གསར་དུ་བཞེངས་ཏེ་ཐུན་མིན་དཔལ་ལུགས་ཀྱི་སྲོལ་བཏོད་པ་ནས་ཀརྨ་བཀའ་བརྒྱུད་ཀྱི་གདན་ས་དཔལ་མཚུར་གཉིས་ཞེས་ཡོངས་སུ་གྲགས་པའི་ཡ་གྱལ་དུ་བཀུར། དགོན་མ་ལག་བརྒྱ་དང་བརྒྱད་ཅུ་དང་ཆོས་སྡེ་ཆེན་པོ་བཅུ་གསུམ་སོགས་སུ་རྗེ་ཉིད་ཀྱི་མཛད་

ཕྲིན་གྱི་སྣང་བ་ཕྱོགས་མེད་དུ་བརྡལ། སྡེ་དགེའི་བཀའ་འགྱུར་ཆེན་མོ་གསར་བཞེངས་དང་ཞུས་དག་ཁ་སྐོང་སོགས་མཛད། གསུང་རྩོམ་ནང་རིག་པའི་སྐོར་དང་། གཏན་ཚིགས་རིག་པ། སྒྲ་རིག་པ། གསོ་བ་རིག་པ། སྐར་རྩིས་རིག་པ་སོགས་དང་། ཁྱད་པར་དུ་བོད་རྒྱལ་སྲོང་བཙན་སྒམ་པོ་སོགས་ཀྱི་སྐུ་དུས་སུ་ཇི་བཞིན་མ་འགྱུར་བའི་རྒྱ་རྩིས་གསར་འགྱུར་དང་། འབྲུམ་བཅོས་སོགས་གསར་འགྱུར་སྨན་གྱི་སྐོར་སྣ་ཚོགས། སྒྲ་ལྷ་ཏི་པ་དང་དབྱངས་ཅན་སྒྲ་མདོ། མངོན་བརྗོད་འཆི་མེད་མཛོད་བཅས་གསར་དུ་བསྒྱུར་བའམ་འགྱུར་བཅོས་མཛད་པ་སོགས་པོད་བཅུ་བཞི་ཡོངས་སུ་གྲགས་པ་ལས་སུམ་རྟགས་འགྲེལ་ཆེན་སི་ཏུ་ཞལ་ལུང་ཞེས་བཟུང་བ་ཆེས་ཀྱང་བོད་ཀྱི་རིག་པའི་གནས་ལ་འཇུག་པར་སློབ་ཡོངས་ཀྱི་ལྟ་བྱེད་ཀྱི་མིག་ལྟ་བུ་གྱུར། ལྕགས་ཕག་ལོར་ (༡༧༣༡) རྒྱལ་བའི་བཀའ་འགྱུར་ཆེན་མོ་ཞུ་དག་དང་པར་དུ་བསྐོ་བའི་སྔོན་འགྲོའི་མཐུན་རྐྱེན་དུ་དབུས་གཙང་ཁམས་གསུམ་གྱི་སྒྲུག་ཐོག་པ་བཞི་བཅུ་ལྷག་བསྡུས། ཡིག་གཟུགས་ཀྱི་ལེགས་ཆ་གཅིག་ཏུ་བསྡུས་ཏེ་སྡེ་བྲིས་ཀྱི་སྲོལ་ཚུགས། སྐུ་ཚེའི་སྨད་གཞུག་ཏུ་དབུས་སུ་ཐེངས་ལྔ་དང་། བལ་ཡུལ་དུ་ཐེངས་གཉིས་ཡུན་ནན་འཛང་རྒྱལ་རོང་གི་རྒྱལ་ཁབ་སོགས་མདོ་སྟོདད་མདོ་སྨད་ཀུན་དུ་ཞབས་ཀྱིས་བཅགས། རིས་མེད་ཀྱི་བླ་སྤྲུལ་དང་སྡེ་འབངས་ཡོངས་ལ་ཇི་ལྟར་འཚམས་པའི་དབང་ལུང་མན་ངག་རབ་བྱུང་བསྙེན་རྫོགས་ཀྱི་སྡོམ་པ་སོགས་ཀྱི་བཀའ་དྲིན་བསྐྱལ། རང་ཉིད་ཀྱིས་ཇི་ལྟར་རྟོགས་པའི་ཤེས་བྱ་མ་ལུས་པ། བལ་ཡུལ་དང་གངས་ཅན་ལྗོངས་ཀྱི་ཡུལ་གྲུ་ཀུན་ཏུ་འཆད་སྤེལ་གནང་བས་བསྐལ་པའི་མཐར་ཡང་མི་ནུབ་པའི་རྒྱལ་མཚན་བཙུགས། དཔལ་སྤུངས་སོགས་འཆད་ཉན་སྒོམ་སྒྲུབ་ཀྱི་གནས་གཞི་དུ་མ་གསར་བསྐྲུན་དང་ཉམས་པ་སླར་གསོས་མཛད། དགེ་ཚུལ་སློང་སྟོང་ཕྲག་ལྔ་ཉེ་བར་བསྒྲུབས། སྡེ་དགེ་རྒྱལ་པོ་དང་འཛང་རྒྱལ་པོ་སོགས་ལ་ལུགས་གཉིས་ཀྱི་བསླབ་བྱ་གནང་སྟེ་ཡུལ་གྲུ་ཀུན་ལ་ཕན་བདེའི་དཔལ་ལ་རོལ་བར་མཛད། ཅདཔལ་སྤུངས་ལྔ་རིག་སློབ་གླིང་གསར་དུ་བཙུགས་པས་མདོ་ཁམས་ཕྱོགས་སུ་བཅུ་ཕྲག་རིག་པའི་གནས་འཛིན་སྐྱོང་སྤེལ་གསུམ་གྱི་སྲོལ་ཚུགས་པ་ནི་དམ་པ་འདི་ཕོ་ནའི་བཀའ་དྲིན་ལས་བྱུང་བའོ།། མིང་གི་རྣམ་གྲངས་ལ་སི་ཏུ་ཆོས་འབྱུང་། སི་ཏུ་ཆོས་ཀྱི་འབྱུང་གནས། སི་ཏུ་པཎ་ཆེན་ཆོས་ཀྱི་འབྱུང་གནས། ཀརྨ་བསྟན་པའི་ཉིན་བྱེད་གཙུག་ལག་ཆོས་ཀྱི་སྣང་བ། དཔོན་པོ་ཀརྨ་ངེས་ལེགས་ཞེས་བཏགས།

རབ་བྱུང་བཅུ་གསུམ་པའི་ཤིང་ཕོ་རྟའི་ལོར་ (༡༧༧༤) རྒྱ་ནག་གོང་མའི་གདན་ཞུས་ལྟར་ཟླ་བ་གཉིས་པའི་ཚེས་ལྔ་ནས་རིམ་པར་དཔལ་སྤུངས་ནས་བཏེགས། ཟླ་བ་དེའི་ཚེས་བཅོ་བརྒྱད་དཀར་མཛེས་སུ་ཐེབས། དེར་བད་མཁྲིས་ཀྱི་སྙུན་གཞི་བྱུང་བས་ཟླ་གཉིས་པའི་ཚེས་ཉེར་བཞིའི་མཚན་མོར་དཀར་མཛེས་རྫོང་གི་ས་ཆ་ཀླུ་གང་ཐང་དུ་གཟུགས་སྐུའི་བཀོད་པ་ཆོས་དབྱིངས་སུ་བསྡུས་པའི་ཚུལ་བསྟན།

司徒·曲吉迥乃诞生于第十三绕迥土兔年（1699）十一月十七日，即木曜日的清晨。地点位于朵甘思六岗中，金沙江与澜沧江之间的色莫岗，德格土司府地伦珠丁附近的“阿洛定日岗”（今德格县龚垭乡）。其父亲名为阿旺次仁，母亲为格托萨察古玛。他有四位兄弟，曲吉迥乃排行老大，由其伯父阿洛喇嘛更庆赐予“贡布松”之名。3岁时（1702），曲吉迥乃被噶玛噶举派黑帽系第十一世活佛意西多吉认定为上一世司徒活佛的转世灵童。5岁时，父亲便开始教授其藏文的拼读与书写，使其能够熟练地诵读。到了14岁那年，即水龙年（1713）的五月，他首次前往前藏。同年正月十五日，在红帽系第八世一切智白钦曲吉顿珠尊前，他接受了出家戒，并被赐予法名噶玛·丹白尼切祖拉曲吉朗哇。他头戴红帽系的通人冠，受到了众人的赞美与祝福，并获得了金印、财物等丰富的坐床礼品。在藏期间，司徒·曲吉迥乃有幸受到噶玛噶举派黑帽系第十二世活佛向秋多杰、红帽系第八世活佛曲吉敦珠等多位先贤的教导，学习了大手印、那若六法、时轮法、扎噶那瓦、胜乐、欢喜、密集三金刚等噶举派教法，以及坛城、念诵、修供等仪轨的执行。他在大学者白珠尊前聆听了历法、声明、诗学；在伯父喇嘛恭钦尊前深入了解了中观、般若、律藏、俱舍等内明，从而奠定了扎实的学业基础。他还特地向德乌玛格西学习了韵律图，并熟记了《现观庄严论》及其注释、《律经根本律》《律疏教理宝库》《宝性论》以及托氏的注疏。通过依止各派的诸位大德，他通晓了制作、吹奏及舞画啐等技艺。他集汉地、藏地、尼泊尔的优秀画像之大成，形成了噶止画派。他还认真学习了多种文字，尤其是轨范师格白多杰手写的兰札字《名称经》与巴达易所书写的《喜金刚续二品》。在掘藏大师温波邬坚伦珠前，他深入研习了苏芒耳传上乐法会的360种舞姿及其秘密付法。

司徒·曲吉迥乃广泛涉猎各类书籍，深入研究经典著作，拜众多名师为师。他特别受到精通教义与实证的大导师噶玛丹培、精通经典学说的格孜·班智达，以及在医学领域造诣深厚的噶玛巴·让琼多吉的传承弟子——洛扎拉隆堪布的再传弟子、密僧医师噶玛桑珠的指导。此外，他还师从直贡大师曲扎的弟子贡觉卓潘旺布的弟子奔仓益西等杰出大师。这些学习经历使他在显宗与密宗佛教领域达到了极高的成就，因此被尊称为“司徒班钦”，其名声随之远播，享誉四方。

司徒·曲吉迥乃不惧艰难，曾远赴中国西藏与内地，以及印度、尼泊尔、斯里兰卡等国，拜访当地杰出的学者与大师，与之深入交流，解决大五明等领域的诸多难题，并学习研究当地的医学理论与实践经验，为藏文化及藏医学的传承与发扬作出了卓越贡献。他在卫藏地区和康区亲自拜访了噶玛曲旺、格隆白珠、格西丹增彭措等医学大师，向他们请教藏医学中的难点，并与他们就藏医学中的疑点进行辩论。他还汇集了各地导师的秘诀与实践经验，并结合自己多年的从医经验，编撰了一部包含众多独特秘诀的医药论著。在内地，他收集并记录了众多中医名医的经验，并将中医《脉诊学大全》一书进行了木刻发行。他在医学领域的研究造诣颇深，其著作《司徒眼科术》《中医天花疗法》以及《水银加工之笔记》等，被后世医者视为坚实的理论基础，并受到高度珍视。

在土鸡年（1729），司徒班钦应云南丽江地方之邀启程前往，沿途所经之处，均受到当地寺院、民众、首领及官员的迎接与款待。年末，抵达鲁曲朵（ཀླུ་ཆུ་མདོ།），应喇嘛噶玛（བླ་མ་ཀརྨ།）之邀，撰写了《大手印祈祷颂疏》。铁狗年（1730），司徒班钦从鲁曲朵出发，途经结塘、鸡足山，以及众多古迹名刹，抵达大理。在该地，他参访了众多寺院，并多次受到当地政府官员如提督、把总等人的邀请，享受了盛情的款待。大师与云南大理、丽江地区的藏族、纳西族这些主要信仰藏传佛教噶举派的群体，建立了深厚的联系。他不仅传播了藏传佛教的教义，还向他们传授了藏医学的知识，传授疾病的预防与治疗之道，还亲自为病患诊断，以精湛的医术解除了许多人的病痛。司徒班钦以其慈悲为怀的心肠和高超的医学技能，赢得了当地民众的深深敬仰与感激。在他的影响下，更多的民众开始关注并重视健康，藏医学在当地得到了更广泛的传播与发展。在郭贝寺驻锡期间，司徒班钦首次将丽江土司所著的汉文《度母咏》翻译成藏文，并向一些汉族医师学习了医学知识。同年十二月初九日，他从丽江启程返回德格八帮寺。在这次朝圣之旅中，司徒・曲吉迥乃大师深刻感受到了不同民族文化的独特魅力，也体会到了信仰的力量对于人心的深远影响。他将这些珍贵的体验和感悟记录下来，融入到自己的著作和教学中，使得他的思想更加深邃，影响更加广泛。这次云南之行，不仅加深了司徒・曲吉迥乃大师对于多元文化的理解和尊重，也为他日后的学术研究和文化传承奠定了坚实的基础。

司徒・曲吉迥乃晚年于八邦寺创立了十明之学讲经院，并亲自担任院长。在此期间，他培养了诸如温・噶玛额列丹增、康珠・确杰尼玛、竹德钦曲廓寺之太师绛白巴沃、德格・丹巴次仁等杰出弟子。贡珠・云丹嘉措在其著作《知识总汇》中对曲吉迥乃的贡献给予了高度评价：“普知大师曲吉迥乃，凭借宿慧与医学之缘，开悟精通，尊崇苏喀后承之弟子奔仓益西，印度南部陈给医师‘埃卓斯’以及汉地名医等，其学识达到了第二药佛之境界，并培养了众多杰出弟子。其医学理论与实践的传承源远流长，成为众多传承中的一派翘楚。”

铁猪年（1731），为勘校并刻印《甘珠尔》，他集中了来自卫藏康三地的四十多位缮写员，他们搜集了字体工整且精美的书页，从而首创“德哲”书法。

德格·丹巴次仁，作为其师之一，致力于在康区传播藏医学。他将米王桑杰嘉措校对并整理的布达拉宫版《四部医典》及其注释《蓝琉璃》视为权威版本。1733年，他在德格地区进行了木刻印刷，并广泛发行。1982年，西藏人民出版社基于德格木刻版，在青海出版了铅印本。目前，该书在西藏、青海、甘肃、四川、云南等地广泛流传。

在第十三绕迥木马年，也就是1774年的二月五日，根据皇帝的圣旨，司徒·曲吉迥乃从八邦寺启程出发。经过一段漫长的旅程，终于在二月十八日到达了甘孜。然而不幸的是，由于健康状况不佳，医治无效，这位尊贵的人物在二月二十四日的夜晚，在甘孜的鲁冈塘不幸圆寂，享年76岁。

司徒·曲吉迥乃大师的逝世，让无数弟子与信众深感悲痛。大师不仅在佛教文化领域，还在藏医学、文学、艺术等领域取得了卓越成就，为藏医学的传承与进步作出了不可磨灭的贡献。大师的离世象征着藏学界失去了一位卓越的学者，然而，其精神与学术成就犹如夜空中璀璨的星辰，将永远照亮后继者前进的道路。

སི་ཏུ་ཆོས་ཀྱི་འབྱུང་གནས་ཀྱི་གསུང་འབུམ།

司徒·曲吉迥乃医著

༄༅། །འབྲུམ་བཅོས་སོགས་རྒྱ་བོད་ཀྱི་སྨན་བཅོས་སྣ་ཚོགས་ཕན་བདེའི་འབྱུང་གནས་ཞེས་བྱ་བ་བཞུགས་སོ། །

国家中医药管理局民族医药文献整理丛书
མི་རིགས་ཀྱི་ཚད་ལྡན་སྨན་བཅོས་ཡིག་ཆ་ལེགས་སྒྲིག་དཔེ་ཚོགས།
民族医药文献整理丛书1～9卷 2
སི་ཏུ་ཆོས་འབྱུང་གི་སྨན་རྩིས་གསུང་རྩོམ་ཕྱོགས་བསྒྲིགས།
司徒医算文集
总 主 编◎余曙光
本册主编◎雄 呷 伍金丹培
四川党建期刊集团 · 四川民族出版社

གསུང་འབུམ་འདི་ནི་《སི་ཏུ་ཆོས་འབྱུང་གི་སྨན་རྩིས་གསུང་རྩོམ་ཕྱོགས་བསྒྲིགས་》ཞེས་པའི་ཤོག་ངོས་༡ནས་༩༩བར་གསལ། སྤྱི་བསྡོམས་ཤོག་གྲངས་༩༩ཡོད། ༢༠༡༨ལོའི་ཟླ་༨པའི་ནང་དུ་སི་ཁྲོན་མི་རིགས་དཔེ་སྐྲུན་ཁང་གིས་པར་བསྐྲུན་བྱས།

ནང་དོན་གནད་བསྡུས།

སྨན་ཡིག་འདི་ཡང་སི་ཏུ་ཆོས་ཀྱི་འབྱུང་གནས་ཁོང་རང་གི་བརྩམས་ཆོས་ཁྲོད་ཆོས་ལྡན་པ་སྟེ། དཀའ་བ་ཁྱད་དུ་བསད་དེ་ཡུལ་གྲུ་མང་པོ་རུ་ཕེབས་ཤིང་གཞན་མི་རིགས་ཀྱི་རིག་གནས་ལ་སྦྱོང་བ་ལེགས་པོར་བྱས་ནས། སྨན་ཡིག་འདིར་གཉན་རིམས་འབྲུམ་ནད་ཀྱི་གསོ་བཅོས་ཐད། བོད་གསོ་རིག་པའི་གཞུང་ལུགས་གཞིར་བཟུང་ནས་འབྲུམ་བཅོས་ཀྱི་ལག་ལེན་སོགས་ཆ་ཚང་བར་བཀོད་ཡོད་ལ། དེའི་སྟེང་བཅོས་ཐབས་ལག་ལེན་ཐད་རྒྱ་ནག་གསོ་རིག་གི་ཐབས་ལམ་འགའ་ཡང་བཀོད་དེ་ནད་ཐོག་ལག་ལེན་ཐད་དེ་བས་འཐུས་ཚང་དུ་གྲུབ་ཡོད། སྨན་ཡིག་ཏུ་སྤྱིར་ནད་ཀྱི་རྒྱུ་དང་རྐྱེན། དབྱེ་བ། རྟགས་དང་བཅོས་ཐབས་བཅས་ལྡེ་དང་། ལྷག་པར་བཅོས་ཐབས་ཀྱི་སྐབས་སུ་ནད་ཀྱི་བརྒྱུད་རིམ་མི་འདྲ་བ། བབས་སའི་གནས་མི་འདྲ་བ་དང་བསྟུན་ནས་ཁོང་སྨན་སོགས་གཉེན་པོ་གཏོང་ལུགས་ཀྱང་མི་འདྲ་བ་བཀོད་ཡོད་ཅིང་། བཅོས་ཐབས་གཉེན་པོ་ཡང་ཁོང་སྨན་དང་ཕྱི་བཀོད་གང་མཐོ་གང་འཚམ་གྱི་ཐབས་ལམ་མང་པོ་བཀོད་ཡོད།

གསོ་རིག་གི་རིན་ཐང་།

སྨན་ཡིག་འདིའི་ནང་འབྲུམ་ནད་ཀྱི་རྒྱུ་རྐྱེན་དབྱེ་བ་རྟགས་བཅོས་སོགས་བོད་གསོ་རིག་པའི་གཞུང་ལྟར་གསལ་

པོར་བཀོད་ཡོད་པ་དང་། ལྷག་པར་དུ་གསོ་བཅོས་སྐབས་ནད་ཐོག་ལག་ལེན་གྱི་ནད་རྩུལ་མི་འདྲ་བར་སྒྱུར་ནས་ཕྱི་ནང་གི་བཅོས་ཐབས་མི་འདྲ་བ་དང་།ཁ་ཚར་སོགས་ཁོང་སྨན་གཉེན་པོ་མི་འདྲ་བ། དེ་མིན་རྒྱ་ནག་གསོ་རིག་གི་གཞུང་གི་ངོས་འཛིན་དང་བཅོས་ཐབས་ཐབས་ལམ་ཡང་ཁ་གསབ་གྱིས་བཀོད་ཡོད་པས། འདིར་རིམས་ནད་དང་ཁྱད་པར་འབྲུམ་རིམས་ནད་ཀྱི་རིག་གཞུང་ཆ་ཚང་དུ་གཏོང་བ་དང་། སྔོས་སུ་འབྲུམ་རིམས་ཀྱི་གསོ་བཅོས་ལག་ལེན་ཐད་མཇུབ་སྟོན་དང་བཅོས་བསྐྱེད་ཐེ་མཐོ་རུ་འདེགས་རྒྱུ་ལ་རིན་ཐང་ཆེན་པོ་ལྡན།།

《治痘疮等藏汉医治法·福利之源》

本医著收载于《司徒医算文集》中第1页至44页，共44页。由四川民族出版社于2016年6月出版。

内容提要：

据史料记载，乾隆十三年（1748）正月，拉萨地区暴发了天花疫情。当时身处拉萨的司徒·曲吉迥乃，将中医与藏医的精髓相结合，凭借其卓越的医术，成功救治了众多患者。随后，他利用自身对藏医和中医均有深入理解的优势，将两种医学体系融合，并撰写了《治痘疮等藏汉医治法·福利之源》一书。该医著共分为63节，其中第一节和第二节专门探讨了天花的病因、病理以及临床诊断和治疗，重点介绍了天花临床表现的多种药物治疗方案。而第三节至第六十三节则详述了隆病等多种病症的临床治疗方法。此书为藏医学界提供了借鉴中医治疗天花的宝贵资料。

医学价值：

本医著依据藏医学理论，对天花病的成因及病理机制进行了阐释，并结合作者在与天花病斗争中的临床经验，参考中医理论，探讨了天花及其他疾病的治疗原则与方法。本医著总结了针对天花病不同临床表现的诊断与治疗方法，为后世医者在实践中如何融合藏医与中医知识，以认知、研究和传承或发展医学技术提供了宝贵的参考。此外，本医著内容基于作者丰富的诊疗经验，理论与临床实践紧密结合，在治疗天花病方面具有显著的指导意义和实用价值。

༄༅། །རྒྱ་ནག་ལུགས་ཀྱི་གསོ་དཔྱད་གཞུང་ལས་རྟོགས་པའི་རེག་པ་རྩ་ལ་བརྟེན་ནས་ནད་ངོས་འཛིན་པའི་ཚུལ་ཞེས་བྱ་བ་བཞུགས་སོ། །

གསུང་འབུམ་འདི་ནི་《སི་ཏུ་ཆོས་འབྱུང་གི་སྨན་རྩིས་གསུང་རྩོམ་ཕྱོགས་བསྒྲིགས་》ཞེས་པའི་དེབ་འདིའི་ཤོག་ངོས་༤༥ནས་༨༧བར་གསལ། སྤྱི་བསྡོམས་ཤོག་གྲངས་༤༢ཡོད། ༢༠༡༦ལོའི་ཟླ་༦པའི་ནང་དུ་སི་ཁྲོན་མི་རིགས་དཔེ་སྐྲུན་ཁང་གིས་པར་བསྐྲུན་བྱས།

ནང་དོན་གནད་བསྡུས།

སྨན་ཡིག་འདི་དཔལ་ལྡན་རྒྱུད་བཞིའི་གཞུང་དུ་ནད་ལ་རྩས་བརྟག་ཐབས་ཚོག་ཀྲང་རེ་རེ་དང་རྒྱ་ནག་གསོ་རིག་གི་དེ་འབྲེལ་གཞུང་ལ་དཔྱད་བསྡུར་སྒོ་ནས་བཀོད་པ་ཞིག་ཡིན་ལ། དེ་མིན་ནད་རིགས་ཁག་ཅིག་གི་རྩའི་འཕར་ཚུལ་ལམ་བརྟག་ཐབས་སྐོར་གསོ་རིག་རིགས་གཉིས་ཞིབ་བསྡུར་གྱིས་མཛད་ཡོད་པ་ཞིག་ཡིན།

ལོ་རྒྱུས་དང་རིག་གཞུང་གི་རིན་ཐང་།

སྨན་ཡིག་འདི་ནས་སྐབས་དེའི་བོད་ལུགས་གསོ་རིག་གི་འཆད་རྩོད་རྩོམ་པའི་ངང་ཚུལ་ལམ་འཕེལ་རྒྱས་དང་ཞིབ་འཇུག་གི་རྣམ་པ་ངེས་ཅན་ཞིག་མཚོན་ཡོད་ལ། རང་གསོ་རིག་གི་གཞུང་ལ་སྦྱོང་བ་བྱང་ཆུབ་པ་ཞིག་དགོས་པར་མ་ཟད་གཞན་མི་རིགས་ཀྱི་གསོ་རིག་ལ་ཡང་སྦྱོང་བ་མཛད་དེ། དེ་གཉིས་ཟུང་འབྲེལ་གྱིས་རང་གསོ་རིག་གི་གཞུང་དང་ལག་ལེན་འཕྲུས་ཚང་དང་ཞིབ་འཇུག་འདྲ་མིན་སྤེལ་རྒྱུའི་ལམ་བུ་ཡངས་བར་བཏང་ཡོད་པ་དང་། དེའི་སྐབས་ཀྱི་བོད་ལུགས་གསོ་རིག་དང་ཡང་ན་རིག་གནས་གཞན་གང་ཡང་མི་རིགས་དང་མི་རིགས་བར་རྒྱལ་ཁབ་དང་རྒྱལ་ཁབ་བར་གྱི་བརྗེ་རེས་དང་དར་སྤེལ་དུ་གཏོང་བའི་ལོ་རྒྱུས་མཚོན་ཡོད།

《中医理论中的脉诊诊断方法》

本医著收载于《司徒医算文集》中第45页至87页，共42页。由四川民族出版社于2016年6月出版。

内容提要：

本医著共分为68章，其中前26章系统阐述了脉诊的诊断技术、各类脉象的含义及其在临床诊断中的重要性。余下的42章则详尽记录了针对不同疾病的脉诊诊断方法，其间穿插了相关治疗药物的介绍。

历史与学术价值：

本医著主要依据中医理论，深入探讨了脉诊诊断技术，并对藏医学与中医学在脉诊方面的诊断方法进行了比较研究。书中真实记录了藏医学与其他医学体系间的交流与融合情况。

本医著详尽地比较了中医学与藏医学在脉诊诊断技术方面的理论与实践，不仅为藏医学的脉诊理论和临床应用提供了有力的补充，丰富了其诊断方法和实践技能，还促进了藏医学与中医学在脉诊理论和临床实践方面的交流。此外，本医著在药物代名词的使用上较为频繁，并附有详细的注释，对理解隐晦的药物名称具有重要的实际价值。

༄༅། །འབམ་བཅོས་ཀྱི་མན་ངག་དགོས་འདོད་ཀུན་འབྱུང་ཞེས་བྱ་བ་བཞུགས་སོ། །

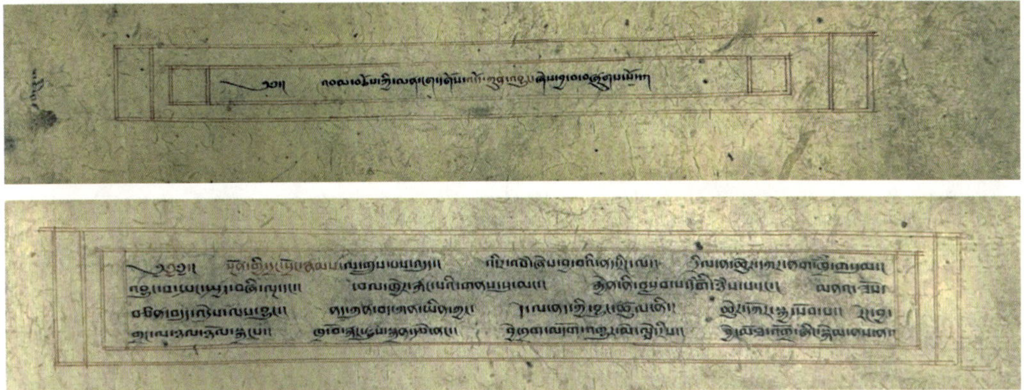

གསུང་རྩོམ་འདིའི་མ་ཡིག་ནི་པར་མ་ཡིན། པོ་ཏི་གཅིག་ཡོད། ཡིག་གཟུགས་འབྲི་ཚ། ཤོག་གྲངས་རེར་ཐིག་ཕྲེང་༥། ཐིག་ཕྲེང་རེར་ཡིག་འབྲུ་༣༡། ཁྱོན་བསྡོམས་ཤོག་གྲངས་༡༨བཞུགས། ད་ལྟ་ཁྲིན་ཏུའུ་ཀྲུང་ལུགས་གསོ་རིག་སློབ་གྲྭ་ཆེན་མོའི་དཔེ་མཛོད་ཁང་དུ་ཉར་ཚགས་བྱས་ཡོད།

ནང་དོན་གནད་བསྡུས།

དེབ་འདིར་གཙོ་བོ་འབམ་ནད་ཀྱི་རྒྱུ་རྐྱེན་དང་དབྱེ་བ། རྟགས། བཅོས་ཐབས་སོགས་ཀྱི་སྒོ་ནས་གསུངས་ཡོད། འབམ་ནད་ཀྱི་གཞི་ནི་བད་ཀན་ཡིན་ལ་རིགས་གསུམ་དུ་དབྱེ། དེ་ལས་དཀར་པོ་སྐྲ་སོབ་རེག་བྱ་རྩུབ། ཁྲ་བོ་ཟུག་ཆེ་སྐྲན་རྩེ་ན། ནག་པོ་སྨུག་ནག་བཙན་ཐབས་སྐྲངས། བཅོས་ཐབས་ལ་སྨན་དཔྱད་ཟས་སྤྱོད་བཞི་ལས་སྨན་བཅོས་གཙོར་བཟུང་ནས་གསུངས་ཡོད། དེ་མིན་རིམ་གྲོའི་བཅོས་ཐབས་ཡང་གསུངས་ཡོད།

གསོ་རིག་གི་རིན་ཐང་།

གཞུང་འདིར་སི་ཏུ་ཁོང་གིས་འབམ་ནད་འདི་ཆུ་སེར་གྱི་ཁ་དོག་ལས་དཀར་ནག་ཁྲ་གསུམ་དུ་དབྱེ་བ་དང་། གཞན་རྟེན་ཅན་དང་རྟེན་མེད་གཉིས་ཀྱི་སྒོ་ནས་གསོ་བྱའི་རྩ་རྒྱུའི་འགྱུར་ལྡོག་དང་བསྟུན་པའི་གཞན་དང་མི་མཚུངས་བཅོས་ཐབས་གསུངས་ཡོད་པས་ནད་ཐོག་ལག་ལེན་གཉེར་མཁན་གྱི་སྨན་པ་རྣམས་ལ་འབམ་ནད་ཀྱི་འབྲེལ་ཡོད་ནད་ཀྱི་ངོས་འཛིན་དང་བཅོས་ཐབས། ནད་གཞུག་བརྡར་གཅོད་སོགས་ཀྱི་ཕྱོགས་ལ་བློ་བསྐྱེད་ཆེན་པོ་ཡོད་ལ། དེ་མིན་

བོད་གསོ་རིག་ཕྱོགས་ལ་བསླབ་པ་མཛད་མེད་གནང་བའི་སློབ་དཔོན་དང་སློབ་བུ་རྣམས་ལ་གཞུང་ལུགས་ཀྱི་རྒྱབ་རྟེན་བརྟན་པོ་བཞག་ཡོད།།

《治疗岗巴病的所想俱具秘诀》

本医著母本为木刻本，字体为乌梅体，每页5行，每行31字，共18页。此书现由成都中医药大学图书馆收藏。

内容提要：

本医著详尽地探讨了岗巴病的成因、分类、临床表现及治疗方法。其主要致病因素为培根。症状分为黄水病的白、黑、花三种类型。治疗策略包括药物治疗、外治法、饮食调理以及生活习惯的调整。治疗方案的制定依据患者脉象和尿液检查结果的变化，并结合了禳解疗法。

医学价值：

本医著深刻地展示了作者在岗巴病治疗方面的独到见解和辨证论治的丰富经验。它详细记录了作者在岗巴病治疗领域的临床实践和心得，涵盖了对岗巴病的病因、病机的深入分析，以及多样化的治疗方法和对疾病预后的准确判断。这些内容不仅为临床医生提供了宝贵的实践指导，而且对于医学理论的教学和研究也具有极高的参考价值。

༧༢། །སྐྱབས་མགོན་ཏའི་སི་ཏུ་བསྟན་པའི་ཉིན་བྱེད་ཀྱི་དཔྱ་ཆུའི་སྦྱོང་བཅོས་བཀའ་རྒྱ་མ་ཞེས་བྱ་བ་བཞུགས་སོ། །

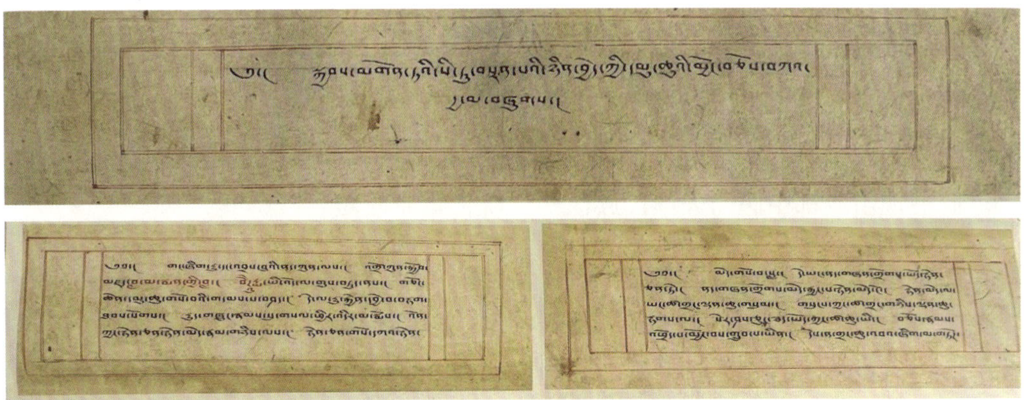

གསུང་རྩོམ་འདིའི་མ་ཡིག་ནི་ལག་བྲིས་ཡིན། པོ་ཏི་གཅིག་ཡོད། ཡིག་གཟུགས་དབུ་མེད། ཤོག་ངོས་རེར་ཐིག་ཕྲེང་༥། ཐིག་ཕྲེང་རེར་ཡིག་འབྲུ་༢༧། ཁྱོན་བསྡོམས་ཤོག་ངོས་༦བཞུགས། ད་ལྟ་ཁྲིན་ཏུའུ་ཀྲུང་ལུགས་གསོ་རིག་སློབ་གྲྭ་ཆེན་མོ་མི་རིགས་གསོ་རིག་སློབ་གླིང་རྒྱུད་འཛིན་ཁང་དུ་ཉར་ཚགས་བྱས་ཡོད།

ནང་དོན་གནད་བསྡུས།

གསུང་རྩོམ་འདི་ནི་སི་ཏུ་ཆོས་ཀྱི་འབྱུང་གནས་ཀྱིས་མཛད་པའི་གཅོང་ཆེན་དཔྱ་ཆུ་གསོ་བའི་གདམས་པ་བསྟན་པའི་སྨན་ཡིག་ཅིག་སྟེ། འདིའི་ནང་དོན་གཙོ་བོ་ནི་གཅོང་ཆེན་དཔྱ་ཆུའི་ནད་ལ་ཚ་གྲང་གཉིས་སུ་དབྱེ་ཞིང་གསོ་བྱེད་གཉེན་པོ་ཡང་ལུང་དང་བརྒྱུད་པའི་སྦྱོང་བས་གྲུབ་ཅིང་མན་ངག་ཟབ་མོས་ཁ་བསྐངས་ཏེ་ཕྱག་ལེན་སྙིང་བཅུད་རྣམས་གནད་དུ་དྲིལ་ནས་བཀོད་ཡོད།

གསོ་རིག་གི་རིན་ཐང་།

གསུང་རྩོམ་འདིའི་ནང་དོན་གཙོ་བོ་ནི་གཅོང་ཆེན་དཔྱ་ཆུའི་ནད་ཀྱི་བརྟག་བཅོས་སྐོར་གྱི་མན་ངག་ཟབ་མོ་རྣམས་ཚིག་ཉུང་ལ་དོན་ཚང་དུ་བཏུས་ཏེ་བཀོད་ཡོད་དེ། གཞུང་དོན་ཁུངས་བཙུན་ཞིང་ལུང་རིགས་ཀྱིས་ཕྱུག་པ། མཐོང་བརྒྱུད་ཕྱག་ལེན་རྣམས་གནད་དུ་འཁེལ་བ་དགེ་སློབ་ཀུན་གྱིས་རྟོགས་སླ་བ་སྤྱོད་བདེ་བ་སོགས་ཀྱི་དགེ་མཚན་ལྷག་ཏུ་ཆེ་བས། རྗེས་

འཇུག་སྐལ་ལྡན་གྱི་སྨན་པ་རྣམས་ལ་དམུ་ཆུའི་བཅོས་ཐབས་ཐད་བྱུར་ལྟའི་སྨན་ཡིག་རྩ་ཆེན་དང་ནད་ཐོག་བཀོལ་སྤྱོད་རིན་ཐང་ཆེ་བ་ཞིག་ཏུ་འགྱུར་སོ།།

《司徒·曲吉迥乃大师治疗水鼓病的临床经验·秘籍》

本医著母本为手抄本，共1册，字体为乌梅体，每页5行，每行27字，共6页。此书现由成都中医药大学民族医药学院传承室收藏。

内容提要：

本医著汇集了司徒·曲吉迥乃大师在治疗水鼓病方面的临床经验精粹。在治疗策略上，大师针对水鼓病的热型与寒型，广泛搜集相关资料，深入研究历代医籍，结合临床实践，对每一个方剂和证型，都进行了深入研究和实践，确保了其在治疗水鼓病方面的可靠效果。

医学价值：

本医著汇集了司徒·曲吉迥乃大师治疗水鼓病的临床经验精华。它不仅内容通俗易懂，而且对药物治疗水鼓病方面提出了独特的学术见解，充分体现了其实用性。无论是对于医疗工作者，还是医学院校的师生，都是一份极具借鉴意义的资料。此外，该医著还具有一定的临床应用价值，能够为相关领域的专业人士提供宝贵的参考。

༡༥ ཀརྨ་ངེས་ལེགས་བསྟན་འཛིན།

15 噶玛·额勒丹增

ཀརྨ་ངེས་ལེགས་བསྟན་འཛིན་གྱི་ངོ་སྤྲོད་མདོར་བསྡུས།

噶玛·额勒丹增简介

ཀརྨ་ངེས་ལེགས་བསྟན་འཛིན་ནི། སྨད་མདོ་ཁམས་སྒང་དྲུག་གི་ཡ་རྒྱལ་འབྲི་ཟླ་ཟལ་མོའི་བར་སྒང་དུ་གཏོགས་པའི་སྡེ་དགེའི་མངའ་ཁུལ་ཨ་ཏ་རོང་གི་ཨ་ལོ་དིང་རིང་སྒང་དུ་ཡབ་བོད་ཀྱི་ཏུས་ཆེན་དྲུག་གི་ཡ་རྒྱལ་འབྲུ་ཡི་རིགས་ངག་དབང་ཚེ་རིང་དང་། ཡུམ་ཁྲ་འགུ་མ་གཉིས་ཀྱི་སྲས་སུ་རབ་བྱུང་བཅུ་གཉིས་པའི་ཤིང་བྱ（སྤྱི་ལོ་༡༧༠༥）ལོར་སྐུ་བལྟམས། པཎ་ཆེན་སི་ཏུ་ཆོས་ཀྱི་འབྱུང་གནས་ཀྱི་དངོས་སློབ་དུ་མའི་ཁྲོད་ནས་ཕུལ་དུ་བྱུང་བ་ཞིག་ཡིན། རབ་བྱུང་བཅུ་གཉིས་པའི་ཆུ་བྱི（སྤྱི་ལོ་༡༧༣༢）ལོར་རྩིས་གཞུང་ཉེར་མཁོ་བུམ་གསུམ་ཞེས་པ་བརྩམས། ཁོང་གིས་བརྩམས་པའི་དཔལ་ལྡན་རྒྱུད་བཞི་སོགས་གསོ་བ་རིག་པའི་བཀའ་བསྟན་མན་ངག་ཀུན་གྱི་གནད་བསྡུས་ཕན་བདེའི་བསིལ་ཟེར་འགྲོ་བའི་ཟླ་བ་གསར་པ་ཞེས་པའམ་མིང་གཞན་སྨན་བསྡུས་ཨེ་ཞེས་པའི་ནང་རྣམ་ཐར་མདོར་བསྡུས་སྐབས། ཐུར་ཆུང་ཚེའི་དུས་སུ་སྨན་ཐོག་མར་བསླབས་པའི་ནུབ་མོ་རྨི་ལམ་བཟང་བར་གླེང་བ་ཞིག་བྱུང་བ་དང་། སྐུ་ཞབས་ཐམས་ཅད་མཁྱེན་གཟིགས་ཆེན་པོ་མཧཱ་པཎྜི་ཏ་ཆོས་ཀྱི་འབྱུང་གནས་ཀྱི་བཀའ་དྲིན་ལ་བརྟེན་ནས་རིག་པ་འདི་ལ་ཕྱོགས་སྒོར་མོ་ནས་མཐོང་ཐོས་ཅི་རིགས་ཀྱིས་འགྲོ་ཕྱོགས་དཀྱུས་མ་མིན་ཙམ་ནི་ཡོད་དོ།། ཞེས་བྲིས་འདུག་པས་གསོ་རིག་སྐོར་སི་ཏུ་རིན་པོ་ཆེའི་དྲུང་ནས་གསན་བཞེས་གནང་བ་སོམ་ཉི་བྲལ། འོན་ཀྱང་མི་ལོ་བཅོ་ལྔ་ཙམ་གྱི་རིང་སྨན་དཔྱད་ཀྱི་ཕྱག་ལེན་མཚམས་བཞག་པའི་སྐོར་གྱི་གནས་ཚུལ་ཡང་བྱུང་འདུག་པ་དེའི་རྒྱུ་རྐྱེན་ནི། དེང་སང་ཡི་གེའི་རིགས་གང་དང་གང་ཡིན་ཡང་ཤིན་ཏུ་ངོ་མཚར་བ་མཁས་པ་དགའ་བ་སྐྱེ་བ་ཞིག་དང་། རྣ་བར་ཐོས་སུ་མི་འདོད་པ་ཞིག་ལྷན་ཅིག་ཏུ་ཚོགས་ན་དེ་གཉིས་ལ་ཁྱད་པར་མེད་པའམ་ཕྱི་

མ་དེ་མཆོག་ཏུའང་བྱེད་པའི་སྐབས་ཏེ། དེ་ལྟ་བུ་རྣམ་པར་དབྱེ་བ་རྒྱལ་ཁྲིམས་ལ་མེད། ཡོད་ཀྱང་ཅི་ལ་ཡོད་དེ། དེ་འདྲ་ལེགས་པར་དབྱེ་ཤེས་མཁན་ཉིད་ཡུལ་གྲུ་ཆེན་པོ་འགའ་ལའང་སྲིད་མཐའ་མ་བཀག་ཙམ་ལས་མེད་ལ། བརྒྱ་ལ་སྲིད་པ་དེ་དག་ཀྱང་གྲགས་པ་མེད་པའི་མི་ གྱི་ན་བ་ཞིག་ཏུ་གྱུར་ནས། གང་མི་ཤེས་པ་ཉིད་གྲགས་པའི་ཕྱུང་པོར་གྱུར་པོར་གྱུར་པ་ཉིད་མང་བའི་ཕྱིར་རོ།། ཞེས་སྐབས་དེའི་སྤྱི་ཚོགས་ཀྱི་ནང་མཁས་ བླུན་དབྱེ་བ་མི་འབྱེད་པའི་དབང་གིས་སྨན་པའི་བྱ་བ་མཚམས་འཛོག་གནང་དགོས་བྱུང་བ་འདྲ། རྗེས་སུ་ཀརྨ་ངེས་ལེགས་བསྟན་འཛིན་གྱི་སྨན་སློབ་སྡེ་དགེ་ཡིད་ལྷུང་འཛམ་དབྱངས་སམ་ཚུལ་ཁྲིམས་འོད་གསལ་ཞེས་པས་ཐེངས་མང་ནན་བསྐུལ་ཞུས་པ་ལྟར་ཨེ་ཕྱམ་ཞེས་པའི་པོད་གཉིས་རྩོམ་འབྲི་ལེགས་པར་མཛད། སྨན་དཔེ་དེ་གཉིས་ལས་ཨེ་ནི་རྒྱུད་བཞི་ཡི་ནང་ནས་ནད་རིགས་ཐམས་ཅད་ཀྱི་གསོ་ཐབས་ལག་ལེན་མན་ངག་རྒྱུད་རྗེས་སུ་མཐུན་པར་གསོ་དཔྱད་ཀྱི་གཞུང་གདམས་མན་ངག་གངས་རིའི་ཁྲོད་འདིར་ཐུ་ཕྱིར་བྱུང་བ་མང་པོ་དག་ལས་གཅེས་དགུ་ཕྱོགས་གཅིག་ཏུ་བསྡུས་ཏེ་བསྒྲིགས་པ་ཞིག་ཡིན་ཚུལ་དང་། ཕྱམ་ཞེས་པའི་པོད་དེ་ནི་གསོ་བ་རིག་པའི་མན་ངག་མཐའ་དག་གི་སྙིང་པོ་ཕྱོགས་གཅིག་ཏུ་བསྡུས་ནས་མན་ངག་ཡོན་ཏན་རྒྱུད་དང་། ཕྱི་མ་འཕྲིན་ལས་རྒྱུད་དག་གི་ལྷན་ཐབས་ཚུལ་དུ་བཀོད་པ་ཕན་བདེ་ནོར་བུའི་བང་མཛོད་ཅེས་པ་གཙོ་བོར་སྨན་གྱི་སྦྱོར་སྡེ་ཤ་སྟག་ཡིན། མཐར་དགུང་ལོ་ང་ལྔ་བཞེས་པ་རབ་བྱུང་༡༣་པའི་ས་མོ་ཡོས་ (སྤྱི་ལོ་༡༧༥༥ལོ་) ལོར་གཟུགས་སྐུའི་བཀོད་པ་བདེ་གཤེགས་བླ་མའི་ཐུགས་ཀྱི་ཆོས་དབྱིངས་སུ་ཐིམ་མོ།།

མདོར་ན། ཨེ་ཕྱམ་ཞེས་པའི་པོད་གཉིས་པོ་དེ་ནི་སྔོན་ཆད་རང་ཉིད་མཁས་པའི་གྲགས་པ་དོན་དུ་གཉེར་ནས་མིག་གིས་གང་མཐོང་རྣ་བས་གང་ཐོས་ཐམས་ཅད་ཐོལ་བྱུང་དུ་བསྒྲིགས་པ་དང་། སྡེ་ཚན་འཁྲིག་འཁྲིག་ལྟར་བསྒྲིགས་པ་དང་། རྫུན་པོ་ན་བསྒྲིགས་པ་དང་། དུས་གསུམ་གྱི་བརྡ་དག་ཙམ་དང་རྣམ་དབྱེ་བདུན་གྱི་རྣམ་གྲངས་ཙམ་ཡང་མི་ཤེས་པའི་རྩོམ་ཆོས་རྣམས་དང་མི་འདྲ་སྟེ། དེ་དག་རྣམས་དང་རྒྱབ་འགལ་ཞིང་། ཉེར་མཁོ་མེད་ཐབས་མེད་པའི་ཉམས་ཕན་དང་། དཔྱད་ན་མི་བསླུ་སླམ་པ་ཞིག་དང་། མཁའ་འགྲོའི་བཀའ་རྒྱ་གྲོལ་བ་དང་། བརྒྱུད་པའི་བྱིན་རླབས་ལ་རེ་བས་ལུང་སོགས་ཀྱང་ཅི་ཐོབ་བྱས་ཤིང་། མ་ཐོབ་པ་ཕལ་ཆེར་སློབ་དཔོན་པད་མའི་ཞལ་ལུང་བཟང་བས་དེ་པའི་ལུགས་ཀྱི་ལུང་རང་གིས་ བླངས་པ་སོགས་ཀྱིས་ཚུང་ཟད་རྣམ་པར་དག་པའི་ལུགས་སུ་གྱུར་ཏོ།། ཞེས་ཏ་ཙང་ཁུངས་ལྡན་ཡིན་པར་ཞལ་བཞེས་མཛད།།

གཞན་ཡང་རིག་གནས་དར་ཚུལ་སྐོར་ལ་སྤྱིར་རིག་པའི་གནས་ཕལ་ཆེ་བ་ནི། རྒྱ་གར་གྱི་ཆོས་ཀྱི་རྗེས་སུ་འབྲང་བར་འདུག་ལ། རྩིས་ནག་དང་ཀོང་ཙེའི་གཏོ་རྣམས་ནི་རྒྱ་དཀར་ནག་དང་དེར་མ་འདུས་པ་ཡུལ་ཕྲན་གཞན་ནས་ཀྱང་བླངས་པའི་གསོ་དཔྱད་རྣམས་ཀྱི་དོན་གྱི་ཆ་བསྡུས་ཤིང་། དེའང་བོད་ཡུལ་དུ་དར་བའི་སྨན་གྱི་རོ་ནུས་ཞུ་རྗེས་སོགས་སྔོན་གྱི་སློབ་དཔོན་མཁས་ཤིང་། དེ་འང་བོད་ཡུལ་དུ་དར་བའི་སྨན་གྱི་རོ་ནུས་ཞུ་རྗེས་སོགས་སྔོན་གྱི་སློབ་དཔོན་མཁས་ཤིང་གྲུབ་པ་ཐོབ་པ་རྣམས་ཀྱིས་གཏན་ལ་ཕབས་པ་སྟེ། དེས་ན་སློབ་དཔོན་དེ་དག་ནི་བོད་ཡུལ་གྱི་སྨན་གྱི་སྔོན་པར་གྱུར་ཅིང་། བསྟན་བཅོས་

རྣམས་ཀྱང་བོད་གཞུང་དུ་གྱུར་པ་ཡིན་ལུགས་དང་། སྨན་གཞུང་ཀུན་གྱི་ནང་ནས་ཉེ་བླ་ལྟར་གྲགས་རྒྱུད་བཞི་འདི་ཉིད་ཁོག་ཕུབ་གཙོ་ཆེར་ཡན་ལག་བརྒྱད་པའི་སྙིང་པོ་རྩ་འགྲེལ་ལྟར་བྱས་ཤིང་། དེ་མིན་རྒྱ་དཀར་ནག་སྟག་གཟིག་ལི་ཡུལ་སོགས་ཀྱི་མན་ངག་རྣམས་དང་། བོད་དུ་བྱུང་བ་རྣམས་ཀྱིས་ཀྱང་བརྒྱན་པའི་བེ་བུམ་དུ་འདུག་ལ། འདིར་མ་འདུས་པའང་གཏེར་མ་སོགས་ཅི་རིགས་ལས་འབྱུང་ངོ་། ཞེས་གསུངས་པ་ནི་ཤིན་དུ་བདེན་པའི་བཀའ་མོལ་དུ་མཐོང་།

འོན་ཀྱང་ཀརྨ་ངེས་ལེགས་བསྟན་འཛིན་ཁོང་རང་གིས་བསྒྲིགས་པའི་ལྷན་ཐབས་སམ་ཨེ་ཕམ་པོད་གཉིས་འཕྲུལ་ཤིན་ཏུ་ཆེ་ཚུལ་དང་མི་རྗེས་སླ་རུས་མཛད་པའི་ལྷན་ཐབས་ལ་ཅུང་ཟད་ཟུར་ཟ་མཛད་དེ། དུས་ཕྱིས་ཀྱི་མན་ངག་རྒྱུད་ཀྱི་ལྷན་ཐབས་ཟེར་བ་འདི་ནི་མིང་ལྷན་ཐབས་ཟེར་བ་ལས། དོན་དུ་རྒྱུད་ཚིག་གཞིར་བཞག་པའི་རང་ཚོ་ཐུབ་པའི་ཁུལ་དུ་བྱས་འདུག་མོད་ཀྱི་ལྷན་ཐབས་སུ་མི་འདུག་ལ། བསྒྲིགས་ཚུལ་ཡང་ལེགས་རྒྱུ་མི་འདུག་ཅེས་སོགས་གསུང་པ་ནི། སྡེ་སྲིད་རིན་པོའི་ཆེའི་ཞལ་ནས་རྗེས་མར་སྔོན་མར་སྐྱོན་མཐོང་བ་ཆོས་ཉིད་ཡིན་ཚུལ་གསུངས་པ་ལྟར་ཡིན་ངེས་ཀྱང་། ཁོ་བོ་ནི་སྐ་བ་ཤཱཀྱ་དབང་ཕྱུག་གམ་མཚོ་སྨད་མཁན་ཆེན་གྱིས་མཛད་པའི་ལེགས་བཤད་དཔྱལ་དཀར་མེ་ལོང་ལས། མཁས་དང་གྲུབ་པའི་གང་ཟག་ཆེན་པོ་ལའང་།། སྨོན་ལམ་ལས་འབྲེལ་དབང་གིས་ཆོས་རྣམས་ལ།། དགག་སྒྲུབ་དཔྱད་པ་མང་པོ་མཛད་མོད་ཀྱང་། ཆོས་དང་གང་ཟག་དེ་གཉིས་གཅིག་བདེན་ན།། གཅིག་ཉིད་རྫུན་པར་འཛོག་པ་ག་ལ་ཡིན།། ཞེས་གསུངས་པ་ལྟར་འདི་ཡིན་ཁ་ཚོན་གཅོད་པ་རོ་འཛིན་གྱི་ཡུལ་ལ་འགོངས་སོ།།

噶玛·额勒丹增出生于第十二绕迥木鸡年（1705），诞生地为朵甘思六岗中的色莫岗之阿洛定日岗（现位于德格县龚垭乡）。其父亲名为阿旺次仁，母亲名为格托萨察古玛。藏历第十二绕迥水鼠年（1732），他编著了《历算典籍·实用宝瓶》，他编著的《医典之诀窍·利乐凉爽新月》（简名《医诀集“ཨེ”函》）中简述了他的点滴事迹。该书描述噶玛·额勒丹增从小天资聪慧，学习医学得到梦中吉兆，在佛学智者的恩惠下开启智慧之门，医学方面深得司徒·曲吉迥乃大师真传。

据记载，在他所处的正反颠覆时代，人们不重视知识，反而以愚昧为荣，充满才学的智者得不到应有的尊敬，而那些滥竽充数之辈占据着整个历史舞台。当时的局势如同麦田中成长的麦穗，成熟而饱满的麦穗谦卑地低垂着头，而那些空麦穗却昂着头，傲立在空中。因此，噶玛·额勒丹增在这种智者和愚者不分的时代，有长达15年的时间放弃学习藏医药知识。后来在其弟子德格·耶隆嘉央（又称措赤奥赛）的多次恳求下，他编著了《医诀集“ཨེ”函》和《医诀集“ཕམ”函》。其中《医诀集“ཨེ”函》汇集了《四部医典》及此后藏医学典籍中有关各种疾病的诊疗方法；《医诀集“ཕམ”函》汇集了《秘诀补遗》和《秘诀部》的补遗配方，是一本藏药配方的利众宝库。上述两本经卷于1999年由青海省组织编辑整理出版，书名分别为《利乐新月》和《利乐宝库》。在噶玛·额勒丹增生活的那个时期，有些人为了提高声望，将所见所闻东拼西凑汇集成书，有模有样地按照类别、章节编写。可是仔细阅读后却会发现这些书籍的内容混乱，作者连最基本的藏文书写格式和语法都没有弄清楚。与此相反，噶玛·额勒丹增编著的《医诀集“ཨེ”函》和《医诀集“ཕམ”函》则是根据求真务实的治疗理念、行医用药的实践经验以及对祖先教诲深刻领会而编著的呕心沥血之作。书中记述的医学内容是经过几代人的传承而留存于世，个别没有传承的内容均收载于莲花生大师的医学文集中。这两本医著是具有藏医药学术价值的历史书籍，是藏医药发展史上璀璨的明珠。

噶玛·额勒丹增对文化发展的看法具体表现为：其一，在佛学方面继续沿着当时印度佛教在西藏的发展形势而持续发展；五行占算和食子仪轨紧跟中国内地发展趋势；药物学方面除了收集中国内地和印度的药学知识，还收集其他地域的药学知识。其二，明确了西藏本地学者按照药物性味归纳总结药物，而且将这些学者归为西藏药物发展的奠基者，确认他们的学术典籍为西藏本土医学进行总结而编著，阐明在所有医学典籍中如同日月的《四部医典》，其最核心部分是《医学八支》的本释为主。其三，不拘泥于发展本土医药，还源源不断地吸收其他医学之精华，将中国内地、印度、波斯、里域①等地区的医学秘诀以及本地的医学秘诀收集成册，同时他还对尚未收集的一些伏藏典籍进行了来源考证，这些考证明确了伏藏典籍的历史价值。

噶玛·额勒丹增认为自己编著的《医诀集“ཨེ”函》和《医诀集“ཕམ”函》是倾心之作，是无可替代的佳作。针对第司·桑杰嘉措编著的《秘诀补遗》有诸多瑕疵之说，他认为将《秘诀补遗》起名为“补遗”，不如称“秘诀续词”更合适，并且称上述著作存在排版欠缺等缺点。虽然第司·桑杰嘉措曾

---

① 里域：藏文为ལི་ཡུལ。新疆南部昆仑山以北和塔克拉玛干沙漠之间一带总名。包括和田、且末、民丰和若羌等地。特指和田、于田地区古名。一说为龟兹。这一带佛教曾经十分盛行。

言，后者能发现前者的不足是一种发展中的现象，但是措美堪钦在《医学概论·白银明镜》中道："精通知识的贤哲，善治一切的佛祖，历代诸事岂能没有争论，若贤哲和佛祖之中认一个为真理，岂能说另一个是假的。"所以对此口舌之争难以论说。

虽然噶玛·额勒丹增生活的时代因各种原因，佛教处于衰退阶段，医学也受到了严重影响。然而不久宗喀巴大师使佛教重放光芒，噶玛·额勒丹增也发展了医学，培养了众多弟子。多康地区名医噶玛·额顿丹增赤列绕杰就是其弟子之一。

最终噶玛·额勒丹增大师于1759年圆寂，享年54岁。

ཀ་རྨ་ངེས་ལེགས་བསྟན་འཛིན་གྱི་གསུང་འབུམ།

噶玛·额勒丹增医著

༄༅། །གསོ་བ་རིག་པའི་མན་ངག་མཐའ་དག་གི་སྙིང་པོ་ཕྱོགས་གཅིག་ཏུ་བསྡུས་ནས་མན་ངག་ཡོན་ཏན་རྒྱུད་དང་ཕྱི་མ་འཕྲིན་ལས་རྒྱུད་དག་གི་ལྷན་ཐབས་ཀྱི་ཚུལ་དུ་བཀོད་པ་ཕན་བདེའི་ནོར་བུའི་བང་མཛོད་ཅེས་བྱ་བ་བཞུགས་སོ། །

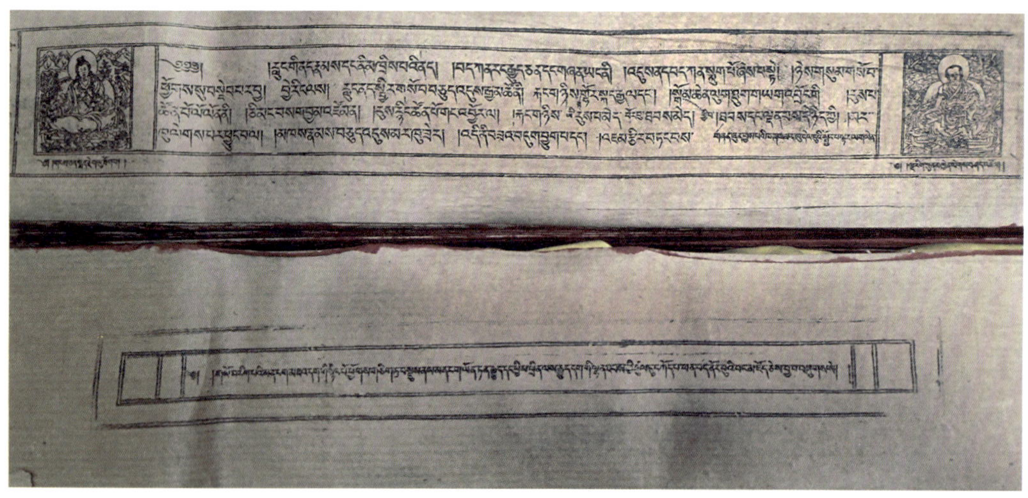

གསུང་འབུམ་འདིའི་མ་ཡིག་ནི་པར་མ་དང་། ཡིག་གཟུགས་དབུ་ཅན། དེབ་གཅིག་བཞུགས། ཤོག་ངོས་རེར་ཐིག་ཕྲེང་༤དང་ཐིག་ཕྲེང་རེར་ཡིག་འབྲུ་༣༢བཞུགས། ཁྱོན་བསྡོམས་ཤོག་གྲངས་༥༣༣བཞུགས། ད་ལྟ་ཁྲིན་ཏུའུ་ཀྲུང་ལུགས་གསོ་རིག་སློབ་གྲྭ་ཆེན་མོའི་དཔེ་མཛོད་ཁང་དུ་ཉར་ཚགས་བྱས་ཡོད།

ནང་དོན་གནད་བསྡུས།

སྨན་གཞུང་འདི་ལ་སྨན་བསྡུས་ཕམ་ཡང་ཟེར་ཏེ་གཙོ་བོར་འདིའི་ནང་དུ་མིང་གྲགས་ཆེ་བའི་གནའ་བོའི་སྨན་གཞུང་འབུམ་ཁུ་ཚུར་དང་བསེ་ཁྲོམ་སྨུག་པོ་སོགས་གཞུང་ལུགས་བཞི་བཅུ་ལྷག་གི་སྙིང་པོ་སྟེ་ནད་རིགས་གཅིག་ལ་སྨན་སྦྱོར་སྣ་ཚོགས་ཞིག་གིས་ཕན་པར་བྱ་བའི་ཐབས་དང་། ཞི་སྦྱོང་གཉིས་ཀྱི་སྨན་སྦྱོར་སོགས་ཉེར་མཁོ་མེད་ཐབས་མེད་པའི་ཉམས་ཡིག་དང་། སྦྱོང་བྱང་། ལུང་དང་བཅས་པའི་མན་ངག་རྣམ་པར་དག་པ་འདི་རྣམས་མན་ངག་ཡོན་ཏན་རྒྱུད་དང་། ཕྱི་མ་འཕྲིན་ལས་རྒྱུད་ཀྱི་ལྷན་ཐབས་སུ་བཀོད་ཡོད་པ་དང་། གཞན་ཡང་མཁོ་གལ་ཆེ་བའི་དངུལ་ཆུ

གྲུབ་པའི་བསྟན་བཅོས་དང་སྨན་གྱི་མངོན་བརྗོད། རྟ་བོང་གི་ནད་གསོ་སྲུང་བྱ་ཐབས། འཕྲུལ་སྣག་བཟོ་ཐབས་དང་ལྕུགས་ལ་རི་མོ་བྱ་ཐབས་སོགས་སྨན་དང་བཟོ་རིག་པའི་མན་ངག་སྣ་ཚོགས་རྒྱས་པར་སྔོས་ཡོད།

གསོ་རིག་གི་རིན་ཐང་།

འདིའི་ནང་དུ་མིང་གྲགས་ཆེ་བའི་གནའ་བོའི་སྨན་གཞུང་འབུམ་ཁུ་ཚུར་དང་བསེ་སྒྲོམ་སྨུག་པོ། རྡོ་རྗེ་ཕ་ལམ། རིན་ཆེན་གཏེར་མཛོད་སོགས་གཞུང་ལུགས་བཞི་བཅུ་ལྷག་གི་སྙིང་པོ་སྟེ་ནད་རིགས་གཅིག་ལ་སྨན་སྦྱོར་སྣ་ཚོགས་ཤིག་གིས་ཕན་པར་བྱ་བའི་ཐབས་དང་། གཞན་ཡང་མགོ་གལ་ཆེ་བའི་དངུལ་ཆུ་གྲུབ་པའི་བསྟན་བཅོས་སོགས་རྒྱས་པར་སྔོས་ཡོད་པས་འདི་ནི་བོད་ཀྱི་གསོ་བ་རིག་པའི་བརྩམས་ཆོས་ཁྲོད་ཆེས་ཆེ་བའི་སྨན་སྦྱོར་གྱི་བང་མཛོད་ཅིག་ཡིན་ལ་ནད་རིགས་འགོག་བཅོས་ཀྱི་ཐད་ལ་མེད་དུ་མི་རུང་བའི་གཞུང་ལུགས་གལ་ཆེན་ཞིག་ཀྱང་ཡིན་པས། བོད་སྨན་སྨན་སྦྱོར་གྱི་ཞིབ་འཇུག་དང་ནད་ཐོག་བཀོལ་སྤྱོད་ལ་དཔྱད་གཞིའི་རིན་ཐང་གལ་ཆེན་ལྡན་པའོ།།

《各种医学秘诀要义秘诀续和后补续补遗·利乐珍宝库》

本医著母本为木刻本，字体为乌金体，共1册，每页4行，每行32字，共计533页。此书现由成都中医药大学图书馆收藏。

内容提要：

本医著又称为《医药选集·方便大乐》，重点介绍了著名藏医药经典著作之《本柯次尔》《色忠幕布》《金刚石》《宝藏》等40余本医著的内容要点。如一种疾病对应多种方剂的配伍规律和用药方法，多种疾病诊治和方剂配伍的秘诀和补遗、后续补遗、急需药品藏药佐台的洗炼秘诀、方剂中药材的别名、马驴疾病防治措施等医药与工巧秘诀结合等极为丰富的内容。

医学价值：

本医著重点介绍了著名藏医药经典著作之《本柯次尔》《色忠幕布》《金刚石》《宝藏》等40余本医著的内容要点，以及藏药经典炮制方法之水银的洗炼法等。该书内容极为丰富，堪称藏医药典籍中方剂数量最全的方剂宝库之一，是疾病防治过程中不可缺少的医学著作之一，对藏药方剂研究和临床用药具有很大的参考和应用价值。

༄༅། །དཔལ་ལྡན་རྒྱུད་བཞི་ལ་སོགས་གསོ་བ་རིག་པའི་མན་ངག་ཀུན་གྱི་གནད་བསྡུས་པན་བདེའི་བསིལ་ཟེར་སྒྲོ་བའི་ཟླ་བ་གསར་པ་ཞེས་བྱ་བ་བཞུགས་སོ། །

གསུང་རྩོམ་འདིའི་མ་ཡིག་ནི་སྡེ་དགེའི་དཔར་མ་ཡིན་ཏེ། པོ་ཏི་གཅིག་ཡོད། ཡིག་གཟུགས་དབུ་ཅན། ཤོག་ངོས་རེར་ཐིག་ཕྲེང་༥དང་ཐིག་ཕྲེང་རེར་ཡིག་འབྲུ་༣༨བཞུགས། སྨན་ཡིག་འདིར་སྤྱི་བསྡོམས་ལེའུ་༢༧གྱིས་གྲུབ་ལ། ཡིག་འབྲུ་ཁྲི་བཅུ་དགུ་དང་སྟོང་ཕྲག་བརྒྱད་ཡོད། ད་ལྟ་ཁྲིན་ཏུའུ་ཀྲུང་ལུགས་གསོ་རིག་སློབ་གྲྭ་ཆེན་མོའི་དཔེ་མཛོད་ཁང་དུ་ཉར་ཚགས་བྱས་ཡོད།

ནང་དོན་གནད་བསྡུས།

སྨན་གཞུང་འདི་ལ་སྨན་བསྡུས་ཨེ་ཡང་ཟེར་ཏེ། གཙོ་བོ་འདིའི་ནང་དུ་མན་ངག་ཡོན་ཏན་རྒྱུད་ཀྱི་ལྷན་ཐབས་སུ་མིང་གྲགས་ཆེ་བའི་གནའ་བོའི་སྨན་གཞུང་《བྱ་རྩུར་འབུམ》དང་། 《གཙང་སྟོད་ཟིན་ཏིག》《ཕྱག་རྡོར་གཅེས་བསྡུས།》《སེ་སྒྲོམ་སྨུག་པོ།》《རིན་ཆེན་གཏེར་མཛོད།》《བྱེ་རིང》སོགས་བཞི་བཅུ་ལྷག་གི་ལུང་དང་རིགས་པ་ཀུན་གྱིས་ཕྱུག་ཅིང་། ཞར་བྱུང་ཕྱི་མ་རྒྱུད་ཀྱི་ལྷན་ཐབས་སུ་རྒྱུད་བཞི་ལ་ཡོད་པ་ལས་དགུ་འགྱུར་གྱིས་ཟབ་པའི་གོང་བུའི་ས་སྦྱོར་གྱི་ལག་ལེན་དམར་ཁྲིད་དང་། རྩ་བཟོ་བའི་ཉམས་ཡིག བ་སྤྲུ་ཁ་ཕྱེ་བའི་མན་ངག མན་ངག་འཛིབ་ཙུའི་གདམས་ངག་སོགས་གསུངས་ཡོད།

གསོ་རིག་གི་རིན་ཐང་།

འདིའི་ནང་དུ་མན་ངག་ཡོན་ཏན་རྒྱུད་ཀྱི་ལྷན་ཐབས་སུ་མིང་གྲགས་ཆེ་བའི་གནའ་བོའི་སྨན་གཞུང་བཞི་བཅུ་ལྷག་གི་ལུང་དང་རིགས་པ་ཀུན་གྱིས་ཕྱུག་ཅིང་། ཞར་བྱུང་ཕྱི་མ་རྒྱུད་ཀྱི་ལྷན་ཐབས་སུ་རྒྱུད་བཞི་ལ་ཡོད་པ་ལས་དགུ་འགྱུར་གྱིས་ཟབ་པའི་ཀོང་བུའི་ས་སྦྱོར་གྱི་ལག་ལེན་དམར་ཁྲིད་སོགས་མང་པོ་ཞིག་ངོ་སྤྲོད་བྱས་ཡོད་པས། སྐལ་ལྡན་རྗེས་འཛིན་པ་དག་གིས་སློབ་སྦྱོང་ཞིབ་འཇུག་བྱེད་པར་མཐུན་རྐྱེན་གང་ལེགས་བསྐྲུན་ཡོད།།

《〈医学四续〉等各种医学秘诀要义·利乐凉光新月》

本医著母本为藏文德格木刻版，字体为乌金体，共1册，每页5行，每行36字。此书共有27章，共19.8万字。此书现由成都中医药大学图书馆收藏。

内容提要：

本医著又称为《医药选集·智慧空》，重点介绍了藏医典籍《四部医典·秘诀部》中关于补遗最经典的《柯次尔本》《藏朵尔森斗》《恰朵基滴》《色忠幕布》《宝藏》《西让》等富有教育理学等特征的40余本医著中有关各种疾病的诊疗方法。还对历代藏医阐述的藏医盐敷制剂、藏药浴、角吸疗法等内容进行了经典汇总。

医学价值：

本医著内容结合藏医典籍《四部医典·秘诀部》中关于补遗最经典的富有教育理学等特征的40余本医著内容进行总结性阐述。并在补遗中收录了比《四部医典》内容更为详细和全面的藏药炮制学内容，以及藏医盐敷制剂、角吸疗法等临床适用性极强的治疗方法。这些内容为藏医药学者及临床诊疗实践提供了有力的参考。

༡༦ འབེ་ལོ་ཚེ་དབང་ཀུན་ཁྱབ།
16 白洛·才旺更恰

འབེ་ལོ་ཚེ་དབང་ཀུན་ཁྱབ་ཀྱི་ངོ་སྤྲོད་མདོར་བསྡུས།
白洛·才旺更恰简介

འབེ་ལོ་ཚེ་དབང་ཀུན་ཁྱབ་མཆོག་ནི་རབ་བྱུང་བཅུ་གཉིས་པའི་ས་ཁྱི་སྤྱི་ལོ་༡༧༡༨བོད་ཟླ་༡༢པའི་ནང་། ཡབ་འབེ་སྤྲུལ་མགོན་དང་ཡུམ་བསོད་ནམས་ཆོས་སྒྲོན་གཉིས་ཀྱི་སྲས་སུ་བོད་ཆེན་པོའི་ས་ཆར་བཀྲ་ཤིས་ཟུར་མང་དགོན་དང་ཉེ་བར་འབེ་དམ་ཐོག་སྐང་དུ་སྐུ་འཁྲུངས། ཁམས་སྤྲུལ་ངག་དབང་ཀུན་དགའ་བསྟན་འཛིན་ནས་ཀརྨ་དོ་རྗེ་ཞེས་མཚན་གསོལ། དགུང་ལོ་བདུན་གྱི་ཐོག་ཟུར་མང་ཀརྨ་བསྟན་འཛིན་དབང་ཕྱུག་གི་དྲུང་དུ་ཡོངས་རྫོགས་དགེ་བསྙེན་གྱི་སྡོམ་པ་ཞུས་ཏེ་མཚན་ཀརྨ་ཀུན་ཁྱབ་ཏུ་གསོལ། དགུང་ལོ་དགུ་ནས་བཅོ་ལྔ་བར་མཁས་དབང་མང་པོའི་སྐུ་མདུན་བཅར་ནས་གསང་སྔགས་ཆོས་སྐོར་མ་ལུས་ཞུས་ཤིང་། བཀླགས་བརྗོད་དང་། སྒོམ་སྒྲུབ་སོགས་ལ་ཐུགས་བརྩོན་ཆེན་པོ་མཛད། ཚོ་ག་ཆོས་སྤྱོད་བློ་འཛིན་དང་སྒྲ་རྩིས་སོགས་ཐུན་མོང་རིག་གནས་སྐོར་གསན་བསམ་མཛད། ཆུ་བྱི་སྤྱི་ལོ་༡༧༣༢ལོར་སི་ཏུ་པཎ་ཆེན་ཐོག་མར་མཇལ། དེའི་སྤྱི་ལོར་སི་ཏུ་པཎ་ཆེན་ལས་འཇམ་དབྱངས་རྗེས་གནང་དང་ཀར་ལུགས་བདེ་མཆོག་ལྷ་ལྔ་དང་ཕག་མོ་ལྷ་ལྔའི་རྗེས་གནང་ཞུས། ཤིང་སྟག་སྤྱི་ལོ་༡༧༣༩ལོར་ཟུར་མང་དགེ་ལྡན་དགོན་གྱི་ཁྲི་སྤྱུལ་བློ་བཟང་རྣམ་རྒྱལ་ལ་ཕར་སྒྲ་ཀ་ལ་པའི་ས་རིས་ཀྱི་རི་མོ་བསླབས། ཚུར་ལ་ཕྱག་ལུགས་པའི་སྐར་རྩིས་འགའ་རེ་གསན། སྤྱི་ལོ་༡༧༣༥ ལོར་དཔལ་སྤུངས་སུ་ཕེབས་ནས་རྗེ་དབོན་ཀརྨ་ངེས་ལེགས་དང་བསམ་གཏན་སྐུ་མཆེད་མཇལ། ལོ་དེར་མགོན་པོ་བེར་གྱི་བསྐང་གསོ་ཆེན་མོ་བློ་འཛིན་མཛད། ཀར་ལུགས་ཀྱི་འདོན་ཆོག་རྣམས་ལ་བྱང་ཆུབ་པར་མཛད། ས་རྟ་སྤྱི་ལོ་༡༧༣༨ གནམ་ལོ་གསར་ཆོས་ཀྱི་དབོ་ཟླ་བའི་ནང་སི་ཏུ་པཎ་ཆེན་གཙོས་དགེ་འདུན་གྲངས་ཚང་གི་དབུས་སུ་བསྙེན་པར་རྫོགས། སི་ཏུ་པཎ་ཆེན་གྱི་མདུན་ནས་ཟླུང་སེམས་གཉིས་མེད་ཀྱི་ཁྲིད་དང་། སྒྲོལ་དཀར་ཚེ་ཁྲིད། བདེ་ཆེན་ཞིང་སྦྱོང་གི་ཁྲིད། སྙན་ངག་མེ་ལོང་མའི་དོགས་གཅོད་ཐོར་བུ་སོགས་མདོ་སྔགས་རིགས་གནས་དང་བཅས་ཆོས་མང་པོ་ཞུས། སི་ཏུ་པཎ་ཆེན་གྱིས་རྩིས་སྐོར་གྱི་དྲི་བཤད་འགའ་རེ་གནང་། སི་ཏུ་པཎ་ཆེན་གྱི་དགོངས་རྫོགས་སུ་དུས་འཁོར་སྒྲུབ་ཆེན་གསར་དུ་བཙུགས། ས་ལུག སྤྱི་ལོ་༡༧༣༡ལོར་རྒྱལ་རོང་བསམ་གཏན་དགོན་དང་། ཁྲོ་ཆུ་ཤུ་རྡེ་དགོན་དུ་གྲྭ་བཙུན་རྣམས་ལ་རབ་བྱུང་གི་སྡོམ་པ་དང་དབང་ལུང་ཆོས་ཁྲིད་གནང་། སླར་དཔལ་སྤུངས་སུ་བསྟན་དོན་ཕོ་ནས་དུས་འདའ་བར་མཛད།

ཁོང་གི་གསུང་རྩོམ་ནི། སི་ཏུའི་རང་རྣམ་གྱི་རྩོམ་འཕྲོ་བསྐྱངས། སྒྲ་དང་རྩིས། ཀཾ་ཚང་ཆོས་འབྱུང་ཟླ་བ་ཆུ་ཤེལ་གྱི་ཁ་སྐོང་། ཀུན་རིག་དང་མི་འཁྲུགས་སོགས་ཚོ་གའི་རྣམ་བཤད་སྣ་ཚོགས། གྲུབ་མཐའི་བཞེད་ཚུལ་གྱི་རྣམ་གཞག པཎ་ཆེན་དཔལ་ལྡན་ཡེ་ཤེས་དང་གླེང་མོལ་བྱས་པའི་ཟིན་བྲིས་སོགས་ཐུན་མིན་ཁྱད་ཆོས་ཡོད་པའི་གསུང་རྩོམ་མང་།

སྤྱི་ལོ་༡༧༩༠པའི་ནང་ཞི་བར་གཤེགས་སོ།།

白洛·才旺更恰于藏历第十二绕迥土狗年（1718）十二月出生于康藏吉祥苏芒寺附近的白党妥岗地区，父亲为白仲贡，母亲为四郎曲珍。出生后不久，康珠昂旺更噶丹增为其取名噶玛多杰，他7岁时在苏芒噶玛丹增旺修处受居士戒，取法名噶玛更恰，从9岁至15岁期间师从多位大师，求闻旧译密乘诸法，他发奋念诵，认真修习，精通密法，对各种仪轨修持极为娴熟，同时还学习声明学及历算等大小五明。

藏历水鼠年（1732），白洛·才旺更恰首次谒见司徒班钦，第二年他在司徒班钦尊前敬聆文殊本尊之随许法，接受噶举派胜乐五本尊和五金刚亥母之随许仪轨法。藏历木虎年（1734），他为苏芒甘丹寺赤珠洛绒朗嘉讲授梵文声明学《嘎拉巴》语法，并在赤珠洛绒朗嘉尊前研习部分普氏历算法。1735年，他亲临八邦寺谒见杰温噶玛额勒和桑丹两兄弟，并在此年背诵了《黑护法酬补仪轨》，通晓噶举派的各种颂课和仪轨，能熟练使用各种法器乐器。藏历土马年（1738）藏历新年翼宿月里，他在司徒班钦为主的如量尊者座前接受比丘戒，并在司徒班钦尊前敬聆《风心无二讲义》《白度母长寿法讲义》《极乐世界观修讲义》及《诗镜释疑零散》等显密诸法。司徒班钦还为他解答了有关历算方面的一些疑难问题。司徒班钦逝世后，为纪念大师，他创建了时轮金刚修法会。藏历土羊年（1739），他在嘉绒桑丹寺、黑水喜崩寺为僧侣们传授讲解出家戒和灌顶传承教义。此后，他在八邦寺讲经传法，利益众生，毕生致力于消除众生苦难、赐予究竟安乐的神圣事业。

白洛·才旺更恰续写并完成了《司徒自传》《声明及历算学》，其他著作有《冈仓教派源流·月晶补遗》《大日如来》《不动如来》《论教派见解》《与班钦巴登益西交流之记录》等。

白洛·才旺更恰于1790年圆寂，享年72岁。

འབེ་ལོ་ཚེ་དབང་ཀུན་ཁྱབ་ཀྱི་གསུང་འབུམ།

白洛·才旺更恰医著

༄༅། །གསོ་བ་རིག་པའི་ཁོག་དབུབ་ཀུན་གྱི་བུ་ཡིག་སྙོ་བརྒྱ་འབྱེད་པའི་ལྡེ་མིག་ཅེས་བྱ་བ་བཞུགས་སོ། །

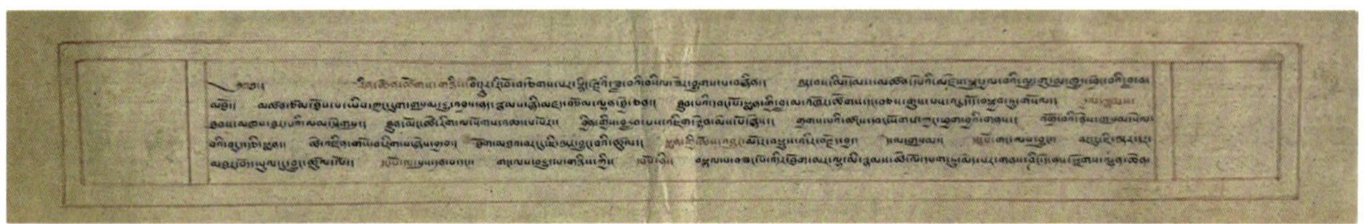

གསུང་རྩོམ་འདིའི་མ་ཡིག་ནི་པར་མ་ཡིན་ལ། ཡིག་གཟུགས་དབུ་མེད། ཤོག་ངོས་རེར་ཐིག་ཕྲེང་༥རེ། ཐིག་ཕྲེང་རེར་ཡི་གེ་༤༨བསྒྲོམས་པས་ཤོག་ངོས་༡༠༢ཡོད། ད་ལྟ་ཁྲིན་ཏུའུ་ཀྲུང་ལུགས་གསོ་རིག་སློབ་ཆེན་མི་རིགས་གསོ་རིག་སློབ་གླིང་གི་ཡིག་ཚགས་ཁང་དུ་ཉར་ཚགས་བྱས་ཡོད།

ནང་དོན་གནད་བསྡུས།

འདིའི་ནང་དུ་གཙོ་བོ་ཆེ་འཛིན་གསོ་བ་རིག་པ་ཞེས་བྱ་བ་འདི་ཐོག་མཐའ་བར་དུ་ཇི་ལྟར་བྱུང་བའི་ཚུལ་ཏེ། སྨན་གྱི་ཆོས་འབྱུང་མདོར་བསྡུས་ནས་བརྗོད་པ་ལ། དང་པོ་གང་ལས་བྱུང་བ་དང་། བར་དུ་ཇི་ལྟར་དར་བ། མཐར་བོད་ཡུལ་དུ་བྱུང་ཚུལ་གསུམ་ལས། དང་པོ་ལ་སུས་དྲན་པ་དང་། གང་ལས་བརྒྱུད་པ་གཉིས། གཉིས་པ་ལ་རྒྱ་གར་དུ་དར་ཚུལ་དང་རྒྱ་ནག་ཏུ་དར་ཚུལ་གཉིས། གསུམ་པ་བོད་ཡུལ་དུ་བྱུང་ཚུལ་ལ་བསྟན་པ་སྔ་དར་ཡན་ལ་བྱུང་བའི་ཚུལ་དང་བསྟན་པ་ཕྱི་དར་མན་ལ་བྱུང་བའི་ཚུལ། རྒྱུད་བཞི་ལ་བརྟེན་ནས་དར་ཞིང་རྒྱས་པའི་ཚུལ་གསུམ་བརྒྱུད་གསོ་རིག་བྱུང་འཕེལ་གྱི་ལོ་རྒྱུས་སོགས་བཀོད་ཡོད་ལ། ལྷག་དོན་འདིའི་ནང་དུ་བོད་སྨན་མཁས་པ་མི་དགུ་དང་གཡུ་ཐོག་གསར་རྙིང་དང་། བསྟན་པ་སྔ་དར་སྐབས་སུ་བྱུང་བའི་ཡོངས་ཁྱབ་ཀྱི་ལོ་རྒྱུས་མི་སྣ་དང་དེ་དག་གི་རྒྱུད་པ་སོགས་ཀྱི་བཤད་རྒྱུན་ཁུངས་བཙུན་ཡིན་མིན་སོགས་ཀྱི་དོགས་གཞི་མང་པོ་བཀོད་ཡོད་དོ།

ལོ་རྒྱུས་ཀྱི་རིན་ཐང་།

འདི་ནི་གསོ་བ་རིག་པ་ཞེས་བྱ་བ་འདི་ཐོག་མཐའ་བར་དུ་ཇི་ལྟར་བྱུང་བའི་ཚུལ་བཀོད་པའི་གསོ་རིག་ལོ་རྒྱུས་ཀྱི་དཔེ་དེབ་ཞིག་ཡིན་ལ། ལྷག་དོན་བོད་དུ་བྱུང་ཚུལ་བརྗོད་པ་ལས་བསྟན་པ་སྔ་དར་ཡན་གྱི་གསོ་རིག་གི་ལོ་རྒྱུས་མི་སྣ་དང་དེ་དག་གི་བརྩམས་ཆོས་དང་བརྒྱུད་པ་སོགས་དངོས་སུ་བྱུང་ཡོད་མེད་དེ། དཔེར་ན་བོད་སྨན་མཁས་པ་མི་དགུ་དང་གཡུ་ཐོག་སྙིང་མ་ཡོན་ཏན་མགོན་པོ་སོགས་ལོ་རྒྱུས་དངོས་སུ་བྱུང་ཡོད་མེད་ཀྱི་དོགས་གཞི་མང་པོ་བཀོད་ཡོད་པས། བོད་ཀྱི་གསོ་རིག་ལོ་རྒྱུས་ཞིབ་འཇུག་བྱེད་པའི་དཔྱད་གཞིའི་ཡིག་ཆ་གལ་ཆེན་ཞིག་ཡིན་ནོ།།

《医学总纲子卷百门钥匙》

本医著母本为木刻本，字体为乌梅体，每页5行，每行46字，共102页。此书现由成都中医药大学民族医药学院资料室收藏。

内容提要：

本医著记载了藏民族传统医学——索瓦日巴的起源及发展，是一部藏医史著作。全书共三章，第一章起源史、第二章发展史、第三章传播史。第一章又分由谁记录、从何传播两部分；第二章分印度发展史、中国发展史两部分；第三章分佛教前弘期、后弘期、依《四部医典》发展史三部分。此书特别对佛教前弘期出现的部分藏医学历史人物及著作、传承等历史提出了作者的疑问。

历史价值：

本医著是一本记载藏医药学的起源、发展的历史著作。与其他史料相比，它记载了一些作者不同的观点，特别是对佛教前弘期的藏医药传承发展史，比如藏医九智者、宇妥·云丹贡布等的身世传承提出了部分疑问，对研究藏医药起源发展历史具有重要参考价值。

༡༧ གླིང་སྨན་བཀྲ་ཤིས་འབུམ།

17 岭曼·扎西本

གླིང་སྨན་བཀྲ་ཤིས་འབུམ་གྱི་ངོ་སྤྲོད་མདོར་བསྡུས།

岭曼·扎西本简介

ཁོང་ནི་སྤྱི་ལོའི་དུས་རབས་བཅོ་བརྒྱད་པ་བོད་མེ་རྟ་（སྤྱི་ལོ་༡༧༢༦）ལོར་ཁམས་སྡེ་དགེའི་ཕྱོགས་སུ་སྐུ་འཁྲུངས། སྐུ་ཆུང་ངུའི་དུས་ནས་ཤེས་བྱ་རིག་པའི་གནས་ལ་མཁས་པར་བསླབས། ཁྱད་པར་དུ་དགུང་ལོ་བཅུ་གཉིས་ནས་དབུ་བཙམས་ཏེ། ཀུན་མཁྱེན་སི་ཏུ་ཆོས་ཀྱི་འབྱུང་གནས་ཀྱི་ཞབས་ལ་གཏུགས་ཏེ་གསོ་བ་རིག་པས་མཚོན་པའི་རིག་གནས་ཀུན་གྱི་གཞུང་གདམས་མན་ངག་ཐམས་ཅད་བུམ་པ་གང་བྱོའི་ཚུལ་དུ་གསན་བསམ་མཛད། རིག་པའི་གནས་སྤྱི་དང་ཁྱད་པར་གསོ་བ་རིག་པར་མཁས་པར་གྱུར། སྐུ་ཚེ་ཧྲིལ་པོར་གསོ་དཔྱད་ཀྱི་བྱ་བ་ཁོ་ནས་དུས་འདའ་ཞིང་། བསྟན་བཅོས་ཀྱང་མིག་སྟར་ཤེས་གསལ་ལྟར་ན་ཀུན་མཁྱེན་སི་ཏུ་ཆོས་ཀྱི་འབྱུང་གནས་ཀྱི་ཞལ་བཞེས་མན་ངག་གིས་ལེགས་པར་བརྒྱན་པའི་རྒྱུད་བཞི་གཞིའི་འགྲེལ་པ་སྟེ། རྩ་རྒྱུད་ཀྱི་འགྲེལ་པ་དཔག་བསམ་ལྗོན་པ། བཤད་རྒྱུད་ཀྱི་འགྲེལ་པ་ཉི་ཟླའི་འཁོར་ལོ། མན་ངག་རྒྱུད་ཀྱི་འགྲེལ་པ་ནོར་བུའི་དོ་ཤལ། ཕྱི་མ་རྒྱུད་ཀྱི་འགྲེལ་པ་ཤེལ་དཀར་མེ་ལོང་བཅས་ཤིན་ཏུ་ཁྱུངས་དག་པ་ཞིག་མཛད་པ་ནི། དུས་ད་ལྟའང་རང་ཅག་ཀུན་གྱི་མཐོང་སྤྱོད་དུ་གྱུར་པ་འདི་ལྟར་ལགས། རྒྱུད་འགྲེལ་དེ་ནི་སྤྱི་ལོ་༡༨༠༨ ལོར་གང་ཉིད་དགུང་ལོ་༨༣ ཐོག་དབུ་བཙམས་ཤིང་། ལོ་དེར་རྩ་བཤད་མན་གསུམ་སྟེ་རྒྱུད་སྔ་མ་གསུམ་གྱི་འགྲེལ་པ་བཙམས་གྲུབ་པ་དང་། སྤྱི་ལོ་༡༨༡༠ ལོར་གང་ཉིད་དགུང་ལོ་༨༥ ཡི་ཐོག་ཕྱི་རྒྱུད་དང་བཅས་རྒྱུད་བཞི་གཞིའི་འགྲེལ་པ་ཡོངས་སུ་རྫོགས་པར་གྲུབ་པ་ཡིན། དེ་དག་ནི་རྒྱུད་འགྲེལ་དེའི་མཛད་བྱང་ལས་ཤིན་ཏུ་ཞལ་གསལ་བར་བསྟན་ཡོད།།

岭曼·扎西本于藏历第十二绕迥火马年（1726）出生于今四川甘孜州德格地区，从小就开始学习藏文化基础知识。12岁起师从藏医药泰斗级人物司徒·曲吉迥乃，系统学习并掌握了藏医药学理论知识、临床诊疗、操作技能、实践秘诀等知识，精通了藏医药学相关知识。他一生中救死扶伤，利益众生。他83岁（1808）开始编撰并于当年完成了《司徒·曲吉迥乃秘诀四续注释》之《根本医典注释》《论说医典注释》《秘诀医典注释》，85岁（1810）完成了《后续医典注释》，以上书籍内容丰富且通俗易懂，深受读者的喜爱，现阶段仍广泛应用到藏医药学术和专业学习上，对传承和弘扬藏医药文化起到了关键作用。

གླིང་སྨན་བཀྲ་ཤིས་འབུམ་གྱི་གསུང་འབུམ།

岭曼·扎西本医著

༄༅། །གཅེས་པར་བསྡུས་པ་འཆི་མེད་བུམ་བཟང་ཞེས་བྱ་བ་བཞུགས་སོ། །

གསུང་འབུམ་འདིའི་མ་ཡིག་ནི་ལག་བྲིས་ཡིན་ཏེ། ཡིག་གཟུགས་དབུ་མེད། པོ་ཏི་གཅིག་བཞུགས། ཤོག་ངོས་རེར་ཐིག་ཕྲེང་༦དང་ཐིག་ཕྲེང་རེར་ཡིག་འབྲུ་༢༦བསྡོམས་པས་ལེའུ་༤༣ཡོད། ཡིག་འབྲུ་ཁྲི་དྲུག་དང་སྟོང་ཕྲག་ལྔ་ལྷག་ཡོད། ད་ལྟ་ཁྲིན་ཏུའུ་ཀྲུང་ལུགས་གསོ་རིག་སློབ་གྲྭ་ཆེན་མོའི་དཔེ་མཛོད་ཁང་དུ་ཉར་ཚགས་བྱས་ཡོད།

ནང་དོན་གནད་བསྡུས།

འདིར་མན་ངག་རྒྱུད་ཀྱི་ཉེས་གསུམ་སྐོར། གཙོང་ཆེན་སྤྱི་བཞིའི་བཅོས་ཐབས་ཁྱད་པར་ཅན། རྐང་འབམ་དང་དྲེག་གྲུམ་སོགས་ཀྱི་གསོ་བཅོས་ཐུན་མོང་མ་ཡིན་པ་དག་རྒྱས་པར་སྦྱོར་ཡོད།

གསོ་རིག་གི་རིན་ཐང་།

འདིའི་ནང་དུ་གཙོ་བོ་བརྒྱུད་པའི་བླ་མའི་ཁྱད་ཆོས་རིང་དུ་མ་དོར་བར་བོད་ལུགས་གསོ་རིག་ཞི་བྱེད་སྨན་གྱི་མདོ་ལས་ཐང་དང་ཕྱེ་མའི་སྦྱོར་ཚན། མན་རྒྱུད་ཀྱི་ཉེས་གསུམ་གསོ་བའི་སྐོར། གཙོང་ཆེན་སྣེ་བཞིའི་བཅོས་ཐབས་ཁྱད་པར་ཅན། རྐང་འབམ་དང་དྲེག་གྲུམ་སོགས་ཀྱི་གསོ་བཅོས་ཐུན་མོང་མ་ཡིན་པ་དག་རྒྱས་པར་སྤྲོས་ཡོད་པས་གསོ་རིག་གི་རིན་ཐང་དང་མཇུབ་སྟོན་གྱི་ཁྱད་ཆོས་ལྡན་ནོ།།

《药方选编・长寿宝瓶》

本医著母本为手抄本，字体为乌梅体，共1册，每页6行，每行26字，共有43个章节内容，6.5万余字。此书现由成都中医药大学图书馆收藏。

内容提要：

本医著重点介绍藏医典籍《四部医典・秘诀部》中三大基因学说，四种痼疾的特殊治疗方法，岗巴病、痛风病、风湿和类风湿性关节炎等顽固性疾病的特殊诊疗方法。

医学价值：

本医著首先介绍了藏药复方剂型中汤剂和散剂的制作工艺，总结性阐述了藏医10大热病和疼痛的治疗措施；其次结合藏医理论按性味效配伍的原理，对治疗隆、赤巴、培根、风湿与类风湿性关节炎、五官科疾病、肾脏疾病、妇科病、儿科病、皮肤病、肿瘤等病症的方剂配伍规律进行了一一介绍；随后介绍了膏药和药浴制作工艺、养生保健与补肾方药组成秘方等；最后介绍了藏医外科学中对骨折等外伤的固定、回位、康复等操作方法。本医著内容很丰富，具有较高的医学价值和学术指导价值。

༄༅། །ཞལ་ཤེས་འཆི་མེད་མཛེས་པའི་ཟེར་ཕྲེང་ཞེས་བྱ་བ་བཞུགས་སོ། །

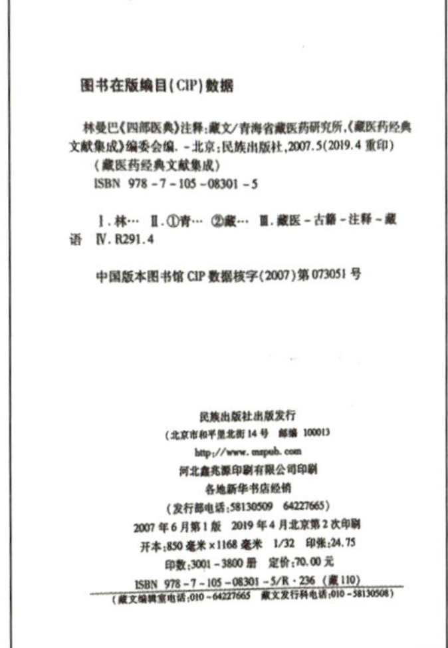
图书在版编目(CIP)数据

林曼巴《四部医典》注释:藏文/青海省藏医药研究所,《藏医药经典文献集成》编委会编. -北京:民族出版社,2007.5(2019.4 重印)
(藏医药经典文献集成)
ISBN 978-7-105-08301-5

Ⅰ.林… Ⅱ.①青… ②藏… Ⅲ.藏医-古籍-注释-藏语 Ⅳ.R291.4

中国版本图书馆 CIP 数据核字(2007)第 073051 号

民族出版社出版发行
(北京市和平里北街 14 号 邮编 100013
http://www.mzpub.com
河北鑫兆源印刷有限公司印刷
各地新华书店经销
(发行部电话:58130509 64227665)
2007 年 6 月第 1 版 2019 年 4 月北京第 2 次印刷
开本:850 毫米×1168 毫米 1/32 印张:24.75
印数:3001-3800 册 定价:70.00 元
ISBN 978-7-105-08301-5/R·236 (藏 110)
(藏文编辑室电话:010-64227665 藏文发行科电话:010-58130508)

གསུང་འབུམ་འདིའི་དེབ་གཅིག་བཞུགས། ཁྱོན་བསྡོམས་ཤོག་ངོས་༥༢བཞུགས། ༢༠༠༧ལོའི་ཟླ་༦པར་མི་རིགས་དཔེ་སྐྲུན་ཁང་གིས་པར་བསྐྲུན་བྱས།

ནང་དོན་གནད་བསྡུས།

འདིར་གཙོ་བོ་རྩ་རྒྱུ་དང་ཐང་ཕྱེ་རིལ་བུའི་ཞལ་ཤེས།རྒྱུ་ནད་དང་སྐྲན་གྱི་ཞལ་ཤེས་སོགས་མང་པོ་ཞིག་གི་ནད་ལ་གསོ་བཅོས་ཀྱི་ཐབས་དང་སྨན་རིགས་ཀྱི་གབ་མིང་།ལག་ལེན་གྱི་རིམ་པ་སོགས་དངོས་སུ་གསུངས་སོ།།

གསོ་རིག་གི་རིན་ཐང་།

དཔེ་ཆ་འདིའི་ནང་དུ་གཙོ་བོ་བོད་ཀྱི་གསོ་རིག་གི་ངོས་འཛིན་རྟགས་ཀྱི་སྐབས་ལས་འཕྲོས་པའི་ཕྱི་རྒྱུད་བརྟག་པ་རྩ་ཆུའི་མདོ་དང་། ཞི་བྱེད་སྨན་གྱི་མདོ་ལས་ཐང་ཕྱེ་རིལ་བུ་སོགས་ཀྱི་ཞལ་ཤེས། རིག་དུག་དང་མིག་ནད་སྲུང་ཐབས། སྨན་མར་དང་སྨན་ཆང་སོགས་ཀྱི་ལས་སྟོན། དེ་མིན་ནད་གཞི་མང་པོ་ཞིག་ལ་གསོ་བཅོས་ཀྱི་ཐབས་ལམ་དང་སྨན་རིགས་ཀྱི་གབ་མིང་། ལག་ལེན་གྱི་རིམ་པ་སོགས་ཁ་གསལ་པོ་བདེའི་ངང་བཀོད་ཡོད་པས། ནད་ཐོག་ལག་ལེན་ལ་ཞུགས་པའི་སྨན་པ་རྣམས་དང་། སྨན་སྦྱོར་གྱི་ཕྱུག་ལེན་གནང་མཁན་རྣམས་ལ་དཔྱད་གཞིའི་རིན་ཐང་ལྡན་ནོ།།

《医门亲训·长寿美光》

本医著共1本52页，由民族出版社于2007年6月出版。

内容提要：

本医著主要阐述藏医方剂学之汤剂、散剂、丸剂、药酒等剂型的制剂工艺原理。另外，介绍了黄水病和肿瘤疾病的发病机制、预防保健措施，以及诊治方法和治疗所用藏药材的别名、药材秘名、配伍规律等内容。

医学价值：

本医著针对藏医特色诊断法中脉诊和尿诊的理论，阐述其在临床应用中的操作技能和注意事项，藏药剂型的制剂工艺原理，以及梅毒和眼部疾病的病因、治则治法、预防保健等措施。并且对藏医药丸和药酒的制剂秘诀部分和众多疾病的治疗方法、藏药材的别名、药材秘名、配伍规律等做了详细介绍。本医著内容丰富，具有较高的医学价值和学术指导价值。

༄༅། །གསོ་བ་རིག་པའི་གཞུང་རྒྱུད་བཞིའི་དཀའ་འགྲེལ་ཞེས་བྱ་བ་བཞུགས་སོ། །

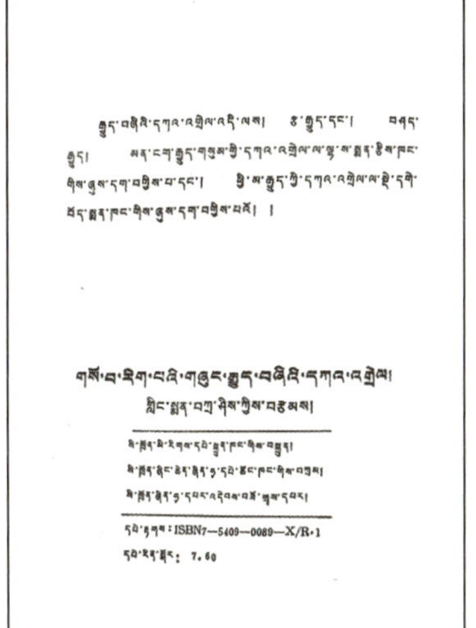

རྒྱུད་བཞིའི་དཀའ་འགྲེལ་འདི་ལས། རྩ་རྒྱུད་དང་། བཤད་རྒྱུད། མན་ངག་རྒྱུད་གསུམ་གྱི་དཀའ་འགྲེལ་ལ་ལྷ་ས་སྨན་རྩིས་ཁང་གིས་ཞུས་དག་བགྱིས་པ་དང་། ཕྱི་མ་རྒྱུད་ཀྱི་དཀའ་འགྲེལ་ལ་སྡེ་དགེ་བོད་སྨན་ཁང་གིས་ཞུས་དག་བགྱིས་པའོ། །

གསོ་བ་རིག་པའི་གཞུང་རྒྱུད་བཞིའི་དཀའ་འགྲེལ།
གླིང་སྨན་བཀྲ་ཤིས་ཀྱིས་བརྩམས།
སི་ཁྲོན་མི་རིགས་དཔེ་སྐྲུན་ཁང་གིས་བསྐྲུན།
སི་ཁྲོན་ཞིང་ཆེན་ཞིན་ཧྭ་དཔེ་ཚོང་ཁང་གིས་བཀྲམས།
སི་ཁྲོན་ཞིན་ཧྭ་དཔར་འདེབས་བཟོ་གྲྭས་དཔར།
དཔེ་རྟགས：ISBN7—5409—0089—X/R·1
དཔེ་རིན་སྒོར： 7.60

གསུང་འབུམ་འདིའི་ཁྱོན་བསྡོམས་ཤོག་གྲངས་༤༢༥བཞུགས། སྤྱི་ལོ་༡༩༨༨ལོའི་ཟླ་༥པར་སི་ཁྲོན་མི་རིགས་དཔེ་སྐྲུན་ཁང་གིས་པར་བསྐྲུན་བྱས།

ནང་དོན་གནད་བསྡུས།

འདིར་རྩ་རྒྱུད་དཀའ་འགྲེལ་དང་བཤད་རྒྱུད་དཀའ་འགྲེལ།མན་ངག་ཡོན་ཏན་རྒྱུད་ཀྱི་དཀའ་འགྲེལ། ཕྱི་མ་འཕྲིན་ལས་རྒྱུད་ཀྱི་དཀའ་འགྲེལ། དེ་ནས་ལེའུ་ཀུན་མདུག་བསྡུས་ཏེ་གསུངས་ཡོད།

གསོ་རིག་གི་རིན་ཐང་།

དཔེ་ཆ་འདིའི་ནང་དུ་གཙོ་བོ་རྩ་རྒྱུད་ལས་ངོས་འཛིན་རྟགས་ཀྱི་རྩ་བ་མི་འཁྲུལ་བ་བརྟག་པའི་ཐབས་དང་། གསོ་བར་བྱེད་པའི་ཐབས། དཔེ་དོན་རྣམ་གྲངས་ཀྱི་སྐོར་བཅས་གོ་སླ་བའི་ངང་ནས་རྒྱས་པར་འགྲེལ་བཤད་བྱས་ཡོད། དེ་མིན་བཤད་རྒྱུད་སྐོར་ལས་ལུས་ཀྱི་ཆགས་ཚུལ། འདྲ་དཔེ། གནས་ལུགས། འཇིག་ལྟས། མཚན་ཉིད་ནད་འཇུག་ཚུལ། ནད་ཀྱི་དབྱེ་བ། ནད་ཀྱི་མཚན་ཉིད་འཚོ་བ་ཟས། བྱ་བ་སྤྱོད་ལམ། སྦྱོར་བ་སྨན། ངོས་འཛིན་རྟགས་སོགས་ཀྱི་སྐོར་རྒྱས་འགྲེལ་ལེགས་པོ་བྱས་ཡོད། མན་ངག་རྒྱུད་ཀྱི་སྐབས་སུ་ཉེས་གསུམ་དང་། གཅོང་ནད། ཚ་བ། ཐོར་ནད། ལུས་སྟོད་། ཁོང་ནད། སོ་ནད། བྱིས་པ། གདོན་ནད། དུག་ནད། བྱང་ཁོག་གི་རྒྱ་གསོ་བ་སོགས་སྐབས་བཅོ་ལྔའི་ནང་དོན་རྣམས་གོ་བདེ་ཞིང་རྟོགས་སླ་བའི་ངང་ནས་གསུངས་ཡོད། ཕྱི་མ་རྒྱུད་ཀྱི་སྐབས་སུ་བརྟག་པ་རྩ་ཆུ་དང་། ཞི་བྱེད་སྨན་གྱི་སྡེ་ཚན་ལྔ། སྦྱོང་བྱེད་ལས་ཀྱི་སྡེ་ཚན་བདུན། འཇམ་རྩུབ་དཔྱད་ཀྱི་སྡེ་ཚན་དྲུག་བཅས་གསོ་ཐབས་ལག་ལེན་བཅོ་བརྒྱད་ཀྱི་ནང་དོན་སོགས་རྒྱས་འགྲེལ་བྱས་ཡོད་པས་དེང་དུས་བོད་ཀྱི་གསོ་རིག་འཛིན་སྐྱོང་སྤེལ་གསུམ་གྱི་ལས་ལ་འཇུག་མཁན་དགེ་རྒན་དང

སྨན་པ་གཙོ་བྱས་ནས་བདེ་ཐང་ཤེས་བྱའི་སྐོར་ལ་སློབ་སྦྱོང་བྱེད་མཁན་ཚོ་ལ་དཔྱད་གཞིའི་སྨན་གཞུང་སྟོན་མ་ཞིག་ཏུ་འགྱུར་བ་ནི་སྨོས་མ་དགོས་སོ།།

《藏医药典籍四续注释》

本医著共1册685页，由四川民族出版社于1989年5月出版。

内容提要：

本医著以独特的思想构架和研究方法，对藏医典籍《四部医典》全部内容进行了深入细致的研究，针对书籍中的难点和疑点，作者阐述了自己的独到见解和独特的医学观点。

医学价值：

从学科内容来看，本医著第一部中对诊断学和治疗学的内容加以对比，通过比喻的方法简单明了解释了相关内容；第二部中对藏医人体胚胎发育、人体比像、解剖和生理学、死亡征兆、病因病机、疾病的分类、疾病的本质特征、健康饮食、行为起居、药理药效及诊断方法等内容进行了详细介绍，并对其中重点和难点阐述了作者的观点；第三部中对三因学说、热病学、杂病学、五官科学、内科学、妇儿科学、神志病学、疗毒学、外科与外伤学等内容进行了深入细致的研究；第四部中对藏医脉诊、尿诊、方剂、泻治、外治等藏医药十八种操作技能进行了详细介绍。该医著在典籍《四部医典》的学习中扮演着十分重要的角色，许多内容的科学性让人惊叹，具有较高的文献学价值。

༡༨ ཀརྨ་རབ་འབྱོར།
18 噶玛让觉

ཀརྨ་རབ་འབྱོར་གྱི་ངོ་སྤྲོད་མདོར་བསྡུས།
噶玛让觉简介

ཀརྨ་རབ་འབྱོར་མཆོག་ནི་སི་ཏུ་ཆོས་ཀྱི་ཉི་མའི་ཐུགས་སྲས་སྙན་རང་འདྲའི་སློབ་ཆེན་བཞིའི་ཡ་གྱལ་ཞིག་ཡིན། འཁྲུངས་འདས་ཀྱི་ལོ་ཚིགས་དང་འགྲོ་དོན་བསྐྱངས་ཚུལ་སོགས་ཀྱི་རྣམ་ཐར་ཞིབ་ཏུ་མ་མཐོང་། གསུངས་རྩོམ་དུ་《མ་རིག་རྒྱུ་བྱས་དུག་གསུམ་རང་བཞིན་ལས་གྱུར་པའི་ནག་པོ་སྲུམ་སྒྲིལ་འཆི་བདག་ཞགས་པ་གཅོད་པའི་ཤེས་རབ་རིག་པའི་རལ་གྲི་ཕྱུང་རྒྱག་》ཅེས་བྱ་བ་བཞུགས་སོ།།

噶玛让觉是司徒·曲吉尼玛的四位真传弟子之一。噶玛让觉的生卒年月不详，其出师之路以及对藏医药事业的造诣等历史资料也不详。其著作有《无明为根因三毒引起的瘟疫病的诊治名鉴》。

ཀ་རྨ་རབ་འབྱོར་གྱི་གསུང་འབུམ།
噶玛让觉医著

༄༅། །མ་རིག་རྒྱུ་བྱས་དུག་གསུམ་རང་བཞིན་ལས་གྱུར་པའི་ནག་པོ་སུམ་སྒྲིལ་འཆི་བདག་ཞགས་པ་གཅོད་པའི་ཤེས་རབ་རིག་པའི་རལ་གྲི་ཕྱུང་རྒྱུག་ཅེས་བྱ་བ་བཞུགས་སོ། །

གསུང་འབུམ་འདིར་དེབ་གཅིག་ཡོད། བསྡོམས་པས་ཤོག་གྲངས་༡༨བཞུགས། སྤྱི་ལོ་༢༠༠༧ ལོའི་ཟླ་༦པར་མཚོ་སྔོན་ཞིང་ཆེན་བོད་ཀྱི་གསོ་རིག་ཞིབ་འཇུག་ཁང་གིས་དག་བསྒྲིགས་མཛད་དེ་མི་རིགས་དཔེ་སྐྲུན་ཁང་གིས་པར་བསྐྲུན་བྱས།

ནང་དོན་གནད་བསྡུས།

དེབ་འདིར་གཙོ་བོ་གཉན་ཚད་རླུང་གསུམ་བསྡོངས་པ་ལ་ནག་པོ་སུམ་སྒྲིལ་ཟེར་བ་དང་གསོ་བཅོས་བྱ་སྐབས་རླུང་བཅོས་སྔ་དགོས་པར་གསུངས་ལ་ནད་འདི་བབས་ས་གནས་དང་མི་འདྲ་བའི་དབང་གིས་སོ་སོར་མིང་གི་འདོགས་ཚུལ་དང་ནད་རྟགས། བཅོས་ཐབས་རེ་ཡོད་པ་དག་ཞིབ་ཏུ་བསྟན་པ་དང་། ལྷག་པར་དུ་ཁོང་སྨན་ཐང་ནག་མ་དང་དྲག་པོ་བཅུ་གསུམ། སྨན་དམར་སླེབ་ཚོག་ཉེར་ལྔ། གཟེར་བཤལ་གཉེན་པོ་ལྔ་སྦྱོར། གཡུ་ཐོག་གམ་དམར་སོགས་སྨན་སྣ་འདི་དག་ནད་རྟགས་དང་ནད་བབས་ལ་བསྟུན་ནས་བཀོལ་སྤྱོད་བྱ་ཚུལ་རྒྱས་པར་སྤྲོས་ཡོད་པས་དུས་བབས་དང་མཐུན་པའི་སྨན་ཡིག་ཆེས་འགངས་ཆེན་ཞིག་ཡིན་ཕྱིར་གསོ་རིག་བསྟན་སྐོར་ཞུགས་པའི་ལས་དང་པོ་བ་རྣམས་གཙོ་བྱས་ནས་ནད་ཐོག་ལག་ལེན་དང་། ཞིབ་

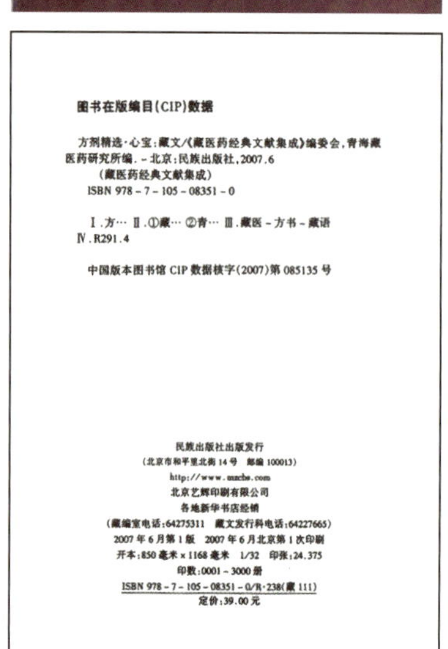
图书在版编目(CIP)数据

方剂精选·心宝:藏文/《藏医药经典文献集成》编委会,青海藏医药研究所编. - 北京:民族出版社,2007.6
(藏医药经典文献集成)
ISBN 978-7-105-08351-0

Ⅰ.方… Ⅱ.①藏… ②青… Ⅲ.藏医-方书-藏语
Ⅳ.R291.4

中国版本图书馆 CIP 数据核字(2007)第 085135 号

民族出版社出版发行
(北京市和平里北街 14 号 邮编 100013)
http://www.mzcbs.com
北京艺辉印刷有限公司
各地新华书店经销
(藏编室电话:64275311 藏文发行科电话:64227665)
2007 年 6 月第 1 版 2007 年 6 月北京第 1 次印刷
开本:850 毫米×1168 毫米 1/32 印张:24.375
印数:0001-3000 册
ISBN 978-7-105-08351-0/R·238(藏 111)
定价:39.00 元

འཇུག་བྱ་བའི་གོ་རིམ་ཁྲོད་དུ་རམ་འདེགས་དང་མཐུན་རྐྱེན་གང་ལེགས་བསྐྲུན་ཡོད་པས་གསོ་རིག་གི་རིན་ཐང་ཆེན་པོ་ལྡན་ནོ།

གསོ་རིག་གི་རིན་ཐང་།

འདིའི་ནང་སྙིགས་དུས་སེམས་ཅན་རྣམས་ནད་ངན་ནད་རིམས་བྱུང་དུས་སུ་སྣ་ཚོགས་ཀྱི་ནད་རྟགས་དང་རྩ་ཆུའི་ངོས་འཛིན། སྨན་བཅོས་བྱ་ཐབས་སོགས་གསལ་བར་བསྟན་ཡོད་ལ། དེ་ནས་གསང་སྨན་གྱི་སྐོར་ལ་ཡང་སྨན་སྦྱོར་ཡ་མཚན་ཅན་མང་པོ་ཞིག་རྒྱས་པར་གསུངས་ཡོད།།

《无明为根因三毒引起的瘟疫病的诊治名鉴》

本医著共1册18页。此书由青海省藏医药研究所编，由民族出版社于2007年6月出版。

内容提要：

本医著主要围绕由瘟疫、热病、隆三种合并的“纳布森珠”，提出本病的治疗原则，首先是要治疗隆病，基于病发部位的不同有着不同的医学名称、症状表现、治疗方法。尤其对口服药“唐纳玛”“扎布吉森”“漫么来却聂阿”“赛夏年宝阿觉”“玉妥甘么”等的用法、用量、功效进行针对性的描述。

医学价值：

本医著详细阐述了瘟疫多发时期患者的多样症状、脉诊和尿诊的方法以及治则治法，并且介绍了几种功效显著的特色药物。本医著对藏医药初学者在临床实践和研究等方面具有重要的学术指导价值。

༡༩ ཀརྨ་རིན་ཆེན་དབང་རྒྱལ།

19 噶玛仁钦旺杰

ཀརྨ་རིན་ཆེན་དབང་རྒྱལ་གྱི་ངོ་སྤྲོད་མདོར་བསྡུས།

噶玛仁钦旺杰简介

ཀརྨ་རིན་ཆེན་དབང་རྒྱལ་ཞེས་ཞུ་བའམ་སྟོང་ནག་བསྟན་འཛིན་རབ་རྒྱས་ནི་སྤྱི་ལོ་༡༧༤༨ ལོར་མདོ་སྟོད་ནང་ཆེན་གྱི་འབྲོང་པ་སྒྲ་ཆེན་དཔོན་ཚང་དུ་སྐུ་འཁྲུངས། འབྲོང་སྨན་ཟེར་དོན་ནི་ཁོང་གི་གདུང་རུས་འབྲོང་པ་ཡིན་པས་དེ་ལྟར་གྲགས། འབའ་རོམ་སྟོང་ནག་རས་པ་དཀར་པོའི་གདན་ས་སྟོང་ནག་བླ་ཆེན་དགོན་དུ་དམ་པའི་ལུང་གིས་ཟིན་ཏེ་ཆོས་ཁྲིད་འཁོར། ཀརྨ་བཅུ་གསུམ་པ་བདུད་འདུལ་རྡོ་རྗེ་དང་། མ་ཧཱ་པཎྜི་ཏ་སི་ཏུ་ཆོས་ཀྱི་འབྱུང་གནས་རྣམ་གཉིས་ཀྱི་ཞབས་ལ་གཏུགས་ཏེ་གསན་བསམ་མཛད་པའི་སློབ་མའི་ཐུ་བོར་གྱུར། རིག་པའི་གནས་ཀུན་ལ་མཁས་པས་སྟོང་ནག་པཎྜི་ཏ་ཞེས་པའི་གྲགས་སྙན་འབར། གསོ་རིག་གི་སློབ་མ་གཙོ་བོ་འབྲོང་གསར་བེ་ཙང་གོང་པ་ལྷ་མོ་སྐྱབས་སོགས་ནས་སྨན་གྱི་སློབ་བརྒྱུད་ད་ལྟའི་བར་ཟམ་མ་ཆད་པར་བྱུང་ཡང་། རིག་གནས་གཞན་དག་སྤེལ་ཡུལ་སློབ་མ་ཚད་ལྡན་མ་འགྱོར་བ་མངོན།།

噶玛仁钦旺杰，又名顿那丹增热杰，1748年生于多堆囊谦的仲巴扎青官僚家庭。在顿那喇钦寺时先后在第十三世噶玛巴德得多杰[①]和玛哈班智达司徒·曲吉迥乃等大师跟前求学。因精通大小五明，故被人们尊称为顿那班智达，名扬全藏。在探讨他的医学传承方面，我们可以清晰地看到一条非常明确的传承脉络。这一脉络主要起始于医方明的杰出代表人物仲萨唯江贡巴拉姆嘉，他的学说和技艺通过一代代弟子的继承和发扬，形成了一个有序的传承体系。然而，尽管在医

---

① 德得多杰（1733—1797）：十三世噶玛巴，也译作敦都多杰。

学领域取得了显著的成就，但在其他相关学科领域，如工巧明、声明、因明、内明以及小五明等知识体系中，却未能找到能够达到相应标准的弟子。这些学科领域同样重要，它们各自涵盖了不同的知识和技能，对于全面理解医学乃至更广泛的文化和哲学背景至关重要。因此，尽管医方明的传承令人钦佩，但在这些其他学科领域中，似乎需要更多的努力和关注，以确保这些宝贵的知识不会随着时间的流逝而逐渐消失。

ཀརྨ་རིན་ཆེན་དབང་རྒྱལ་གྱི་གསུང་འབུམ།

噶玛仁钦旺杰医著

༄༅། །འབྲོང་སྨན་སྙིང་ཐིག་ཅེས་བྱ་བ་བཞུགས་སོ། །

ARURA
༄༅།།འབྲོང་སྨན་སྙིང་ཐིག།
༄༅།།དགོས་འདོད་ཀུན་འབྱུང་།།
མི་རིགས་དཔེ་སྐྲུན་ཁང་།

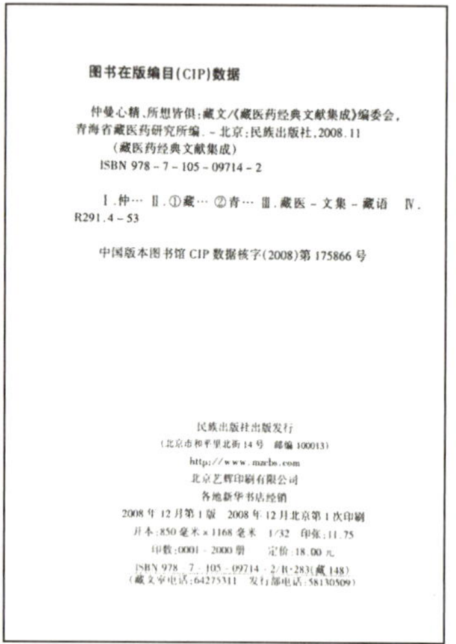
图书在版编目(CIP)数据

仲曼心精、所想皆俱：藏文/《藏医药经典文献集成》编委会，青海省藏医药研究所编. - 北京：民族出版社，2008.11
（藏医药经典文献集成）
ISBN 978 - 7 - 105 - 09714 - 2

Ⅰ.仲… Ⅱ.①藏… ②青… Ⅲ.藏医 - 文集 - 藏语 Ⅳ.R291.4 - 53

中国版本图书馆 CIP 数据核字(2008)第 175866 号

民族出版社出版发行
（北京市和平里北街 14 号 邮编 100013）
http://www.mzbs.com
北京艺辉印刷有限公司
各地新华书店经销
2008 年 12 月第 1 版 2008 年 12 月北京第 1 次印刷
开本：850 毫米 × 1168 毫米 1/32 印张：11.75
印数：0001 - 2000 册 定价：18.00 元
ISBN 978 - 7 - 105 - 09714 - 2/R·283(藏 148)
（藏文室电话：64275311 发行部电话：58130509）

གསུང་འབུམ་འདི་ལ་དེབ་གཅིག་ཡོད། ཁྱོན་བསྡོམས་ཤོག་གྲངས་༡༧༨བཞུགས། ༢༠༠༨ལོའི་ཟླ་༡༢པར་མི་རིགས་དཔེ་སྐྲུན་ཁང་གིས་དཔར་དུ་བསྐྲུན།

ནང་དོན་གནད་བསྡུས།

གསུང་རྩོམ་འདིའི་ནང་ཐོག་མར་ཉེས་གསུམ་དང་ཁོང་ནད་གཉན་རིམས་རྨ་སོགས་ལས་བྱུང་བའི་ནད་རྣམས་ཀྱི་མི་འགྱུར་བའི་རྟགས་དང་གསོ་ཚུལ། དེ་ལ་མཆོག་ཏུ་ཕན་པའི་ཐང་ཕྱེ་རིལ་བུའི་སྨན་སྦྱོར་དང་། དེ་དག་ཁྲིད་ཀྱི་གསང་སྨན་ངོས་འཛིན། གབ་མིང་བརྡ་སྤྲོད། སྨན་དུ་གཏོང་དུས་ཀྱི་ལག་ལེན། ག་བུར་ཟིལ་གནོན་ལྔ་བའི་སྦྱོར་སྡེ་འགའི་སྦྱར་ཐབས། སྤོ་སྨན་གྱི་རྒྱལ་པོ་བདུད་རྩི་ཐེངས་སོས་ཀྱི་བྱུང་ཁུངས་ངོས་འཛིན་གྱི་གནད། བཏུ་དུས་ཉར་ཚགས་བྱེད་ཐབས་སོགས་བསྟན་ཡོད།

ནད་ཐོག་ལག་ལེན་གྱི་རིན་ཐང་།

གསུང་རྩོམ་འདི་ནི་འབྲོང་སྨན་མཁས་པའི་ཉམས་ཡིག་གི་སྙོར་དང་། མན་ངག་ཤོག་དྲིལ་མ་བུ་བཅུ་གསུམ་སྟེ་སྡེ་ཚན་གཉིས་སུ་ཡོད་པ་ལས། གསང་སྨན་གཞན་ལ་མ་གྲགས་པའི་མན་ངག་ཁྱད་ཆོས་ལྡན་པ་ཞིག་ཡིན། འདིའི་སྨན་རྫས་ཀྱང་གཞན་གྱིས་བཀོལ་སྤྱོད་མ་སྤྱོང་བའི་སྤོ་སྨན་གྱི་རིགས་མང་པོ་ཡོད་པ་དང་། དེ་མིན་ལག་ལེན་དངོས་ཀྱི་ཐད་ནས་བོད་ཀྱི་གསོ་རིག་སྨན་པ་དང་སློབ་མ་རྣམས་ལ་ཕན་པའི་

གཞུང་དངོས་ཤིག་ཡིན་པ་མ་ཟད་ནད་ཐོག་སྨན་པ་རྣམས་ལ་རྟགས་དང་བཅོས་ཐབས་སོགས་དེ་མིན་ཁ་ཚར་གཏོང་ཚུལ་སོགས་ཀྱི་ཐད་ནས་ཁ་གསལ་ཞིང་གོ་བདེ་བ་མཛད་ཡོད།།

《仲曼心精》

本医著共1册164页，由民族出版社于2008年12月出版。

内容提要：

本医著首先记载了三邪病、内科病、疫病、创伤等疾病的典型症状和治法，以及针对这些疾病有殊胜功效的汤、散、丸等方剂；记载了这些方剂中秘药的鉴别辨认、隐词意思、服药时间、服用方法等；还记载了冰片降伏方的几种配伍法、草药王甘露“唐穗”（一剂药治愈）的产地、鉴别辨认的关键方法、采集时间和收藏方法等。

临床应用价值：

本医著的特点是记载了方剂中秘药鉴认、隐词等鲜为人知的方面，记载了其他药典上未收载的药草和方剂，为临床医生学习疾病治疗方法，选择对症治疗的药物咔嚓方等提供了重要的参考。

༧༧། །གསོ་བཅོས་ལག་ལེན་གྱི་ཡིག་ཚང་ཐོར་བུ་འགའ་ཞིག་བྱ་བ་བཞུགས་སོ། །

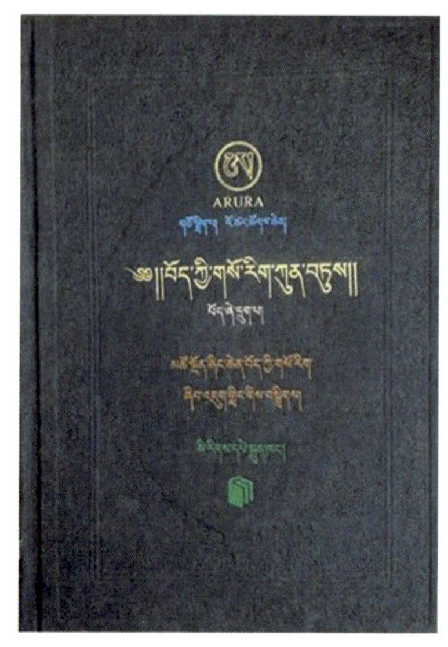

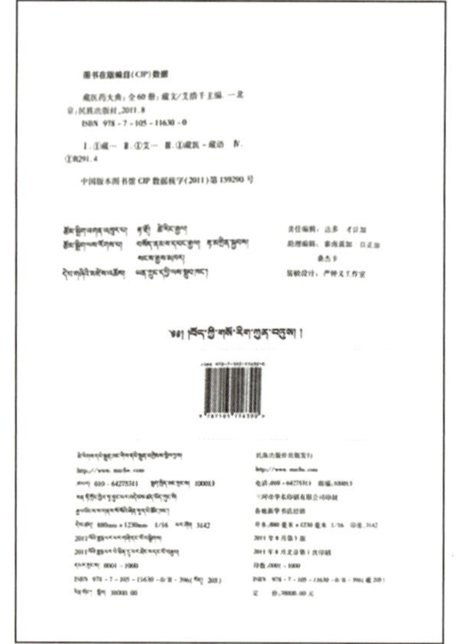
图书在版编目(CIP)数据

藏医药大典：全60卷：藏文/艾措千主编. —北京：民族出版社，2011.8
ISBN 978-7-105-11630-0

I.①藏… II.①艾… III.①藏医－藏语 IV.①R291.4

中国版本图书馆CIP数据核字(2011)第159290号

གསུང་རྩོམ་འདི་ཉིད་མི་རིགས་དཔེ་སྐྲུན་ཁང་གིས་༢༠༡༡ལོའི་ཟླ་༨པར་དཔེ་སྐྲུན་བྱས་པའི་《བོད་ཀྱི་གསོ་རིག་ཀུན་བཏུས།》ཞེས་པའི་པོད་ཞེ་དྲུག་ནང་ཤོག་ངོས་༥༣༨ནས་༥༥༩བར་གསལ། ཁྱོན་བསྡོམས་ཤོག་ངོས་༡༢བཞུགས།

ནང་དོན་གནད་བསྡུས།

གསུང་རྩོམ་འདིའི་ནང་གཙོ་བོ་ནད་རིགས་ཁག་གཅིག་གི་བཅོས་ཐབས་བསྟན་ཡོད་དེ། གཙོ་བོ་སླང་ཐབས་ལ་གཞུང་གཞན་དུ་མ་མཆིས་པའི་སྦྱོར་སྡེ་ཁྱད་མཚར་ཅན་སྨན་སྦྱོར་སྡུད་ཐང་དང་། ཐང་ཤ་བཅུ་བཞི། མན་ངག་ཕྱེ་མ་དམར་པོ་ལྔ་བུ་གསུངས་ཡོད་པ་དང་། གཞན་ཁོང་གིས་ཕྱག་ལེན་གནང་བའི་གདེང་ལྡན་སྨན་ནད་ཀྱི་རྒྱུ་རྐྱེན་བརྟག་ཐབས་དང་། རྡོ་སྨན་གྱི་ཁུངས་དང་ངོས་འཛིན་འཁྲུལ་མེད་གནང་སྲོལ། བྱིས་པའི་ཉེར་སྤྱོད་ཀྱི་སྐབས་མར་དཀར་ལ་ལྟགས་ཤིག་བཟླས་པས་བྱིས་པ་མྱུར་དུ་བཙའ་བར་འགྱུར་བ། ཞག་ནི་བཅུ་གཅིག་ནས་ལོ་བརྒྱད་ཚུན་དུ་ཙ་ཕྲ་བརྟག་པའི་ཐབས་སུ་ཕོ་མོ་གཉིས་མི་འདྲ་བ། རྩ་རེ་རེའི་རྣམ་འགྱུར་ལ་བརྟེན་ནས་ནད་གཞི་ངོས་འཛིན་ཚུལ། གདོན་ངོ་ངོས་འཛིན་བརྟག་ཐབས་སོགས་བརྗོད་ཡོད།

གསོ་རིག་གི་རིན་ཐང་།

གསུང་རྩོམ་འདིའི་ནང་སླང་ཐབས་སོགས་བཅོས་ཐབས་གཞུང་གཞན་ལ་བསྟན་མེད་པའི་བཅོས་ཐབས་བརྒྱུད་ནས། བོད་ཀྱི་གསོ་རིག་གི་ནད་གཞིའི་ངོས་འཛིན་སྟངས་དང་བརྟག་ཐབས་སོགས་བསྟན་ཡོད་པས། གསོ་བ་རིག་པའི་ཕྱག་ལེན་གནང་མཁན་གྱི་སྨན་པ་ཡོངས་དང་། བོད་སྨན་ཞིབ་འཇུག་གནང་མཁན་ཚོར་ཕན་འབྲས་ཤིན་ཏུ་ཆེན་པོར་འབྱུང་བར་གདོན་མི་ཟའོ།།

《一些零星治疗实践汇集小册》

本医著收载于《藏医药大典》，共19页（第46卷中第536页至554页）。此书由民族出版社于2011年8月出版。

内容提要：

本医著记载了作者临床上的一些零星治疗实践，主要介绍了其他医书中未曾记载的治疗“郎太”（急腹病）的奇妙方剂，如收敛汤、十四味“唐夏”散、秘诀红色散。另外记载了作者有把握治愈的肿瘤病的内外因、诊断法及所用的矿物药的来源和辨认法。在小儿护理章中介绍了食用诵过咒的白酥油可立即分娩的方法，出生11天至8岁以内小儿诊耳脉时因男女有别，要根据男女每一条耳脉的变化来诊病的诊断法，以及小儿鬼祟病判定何魔作祟的诊察法等。

医学价值：

从本医著记载的治疗“郎太”的奇妙方剂，以及肿瘤病的内外因、诊断法及所用的矿物药的来源和辨认法等方面，能了解到藏医传统医学独特治疗法，并能为临床医生和医学生提供完整的理论基础和治疗参考。

༢༠ སྡེ་དགེ་དྲུང་ཡིག་ཀུ་རུ་འཕེལ།
20 德格秘书格日培

སྡེ་དགེ་དྲུང་ཡིག་ཀུ་རུ་འཕེལ་གྱི་ངོ་སྤྲོད་མདོར་བསྡུས།
德格秘书格日培简介

སྡེ་དགེ་དྲུང་ཡིག་ཀུ་རུ་འཕེལ་ལམ་ཀུ་རུ་བཀྲ་ཤིས་ཀྱང་ཞུ་སྟེ། ཁོང་ནི་དུས་རབས་བཅོ་བརྒྱད་པའི་སྟོད་དུ་མདོ་སྟོད་སྡེ་དགེར་སྐུ་འཁྲུངས། སི་ཏུ་པཎ་ཆེན་ཆོས་ཀྱི་འབྱུང་གནས་ཀྱི་གསོ་རིག་སློབ་མའི་ཐུ་བོའི་གྲས་ཤིག་ཡིན། ཁོང་གིས་སི་ཏུ་ཆོས་འབྱུང་གིས་དངུལ་ཆུ་བཙོ་བཀྲུ་ཆེན་མོའི་ཕྱག་བཞེས་གནང་སྐབས་ཞབས་ཕྱི་ཕྱག་རོགས་ལེགས་པོར་ཞུས་ཐོག་དངུལ་ཆུ་བཙོ་བཀྲུ་ཆེན་མོའི་ཟིན་བྲིས་སྲིད་གསུམ་གཙུག་རྒྱན་སི་ཏུ་ཆོས་ཀྱི་འབྱུང་གནས་ཀྱི་ཞལ་ལུང་དངུལ་ཆུ་བཙོ་ཆེན་དང་རིན་ཆེན་རིལ་བུའི་སྦྱོར་སྡེ་ཟླ་བ་བདུད་རྩིའི་ཐིག་ལེ་ཞེས་བྱ་བ་རྩོམ་བསྒྲིགས་གནང་། གཞན་ཡང་རྗེ་བཙུན་བླ་མ་སི་ཏུ་ཆོས་ཀྱི་འབྱུང་གནས་ཀྱི་རྣམ་ཐར་དད་པའི་ས་བོན། སྨན་གྱི་བརྡ་བསྡུས་དང་གབ་མིང་འགའ་ཞིག་བཀྲོལ་བ་བློ་གསལ་མགྲིན་པའི་རྒྱན་ཞེས་བྱ་བ་སོགས་གསར་བརྩམས་གནང་བས་གསོ་རིག་བསྟན་པ་གོང་དུ་སྤེལ་བར་མཛད་རྗེས་ངེས་ཅན་འཇོག་གནང་ཡོད།།

德格秘书格日培，又名格日扎西，于18世纪中叶诞生于多堆德格。作为司徒·曲吉迥乃的杰出医学弟子之一，他有幸随师父学习水银洗炼炮制的全部过程，并将之编纂成书，即《三界庄严司徒·曲吉迥乃的教言水银大洗炼法及珍宝丸配方明月甘露精华》。此外，他的主要著作还包括《上师司徒·曲吉迥乃传记信仰种子》与《药物简名和喻名解说智者装饰》等。格日培是一位在藏医药学领域中具有卓越贡献的学者，他不仅对传统医学进行了深入的整理和传承，而且在医学知识的创新和拓展方面也取得了显著的成就。他的学术贡献不仅限于对古老医学文献的挖掘和保护，还包括了对现代医学理念的融合与创新，使得藏医药学得以在现代社会中继续发扬光大。

སྡེ་དགེ་དྲུང་ཡིག་ཀུ་ཏྲ་འཕེལ་གྱི་གསུང་འབུམ།

德格秘书格日培医著

༄༅། །དཔལ་རྒྱ་བཙོ་ཆེན་དང་རིན་ཆེན་རིལ་བུའི་སྦྱོར་སྡེ་ཟླ་བ་བདུད་རྩིའི་ཐིག་ལེ་ཞེས་བྱ་བ་བཞུགས་སོ། །

གསུང་རྩོམ་འདི་ཉིད་མི་རིགས་དཔེ་སྐྲུན་ཁང་གིས་༢༠༡༡ལོའི་ཟླ་༨པར་དཔེ་སྐྲུན་བྱས་པའི་《བོད་ཀྱི་གསོ་རིག་ཀུན་བཏུས།》ཞེས་པའི་པོད་ང་བརྒྱད་ནང་ཤོག་ངོས་༥༡༩ནས་༦༥༢བར་གསལ། ཁྱོན་བསྡོམས་ཤོག་ངོས་༥༡བཞུགས།

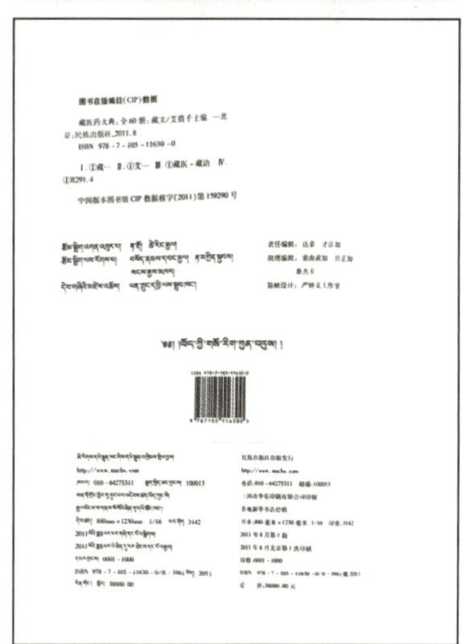
图书在版编目(CIP)数据

藏医药大典：全60册：藏文/艾措千主编 —北京：民族出版社，2011.8

ISBN 978-7-105-11630-0

中国版本图书馆CIP数据核字(2011)第159290号

责任编辑：达多 才旦加

装帧设计：严钟义工作室

༄། །བོད་ཀྱི་གསོ་རིག་ཀུན་བཏུས། །

民族出版社出版发行

2011年8月第1版

ནང་དོན་གནད་བསྡུས།

མདོ་སྟོད་སྡེ་དགེའི་རྒྱལ་ཁབ་ཛམ་ཐོག་ནོར་བུའི་ཕོ་བྲང་ཞེས་པ་ཏ་ས་ག་ཟླ་བའི་དུས་ཆེས་བཟང་པོར་སི་ཏུ་རིན་པོ་ཆེ་མཆོག་གིས་དཔལ་རྒྱ་བཙོ་བརྒྱ་ཆེན་མོའི་ཕྱག་ལེན་གྱི་བྱུང་ཚུལ་དང་། ངོ་བོ། ངེས་ཚིག སློབ་དཔོན་བརྒྱུད་པའི་རིམ་པ། ཕྱག་ལེན་བྱེད་ཚུལ་གྱི་སྔོན་འགྲོ། དངོས་གཞིའི་གོ་རིམ། གཡའ་ཕྱི་ཚུལ་དང་བཙྭ་བཙོ་བཤད་གསུམ། བདུད་རྩིར་བསྒྱུར་ཚུལ། དམ་ཚིག་གི་སྲུང་བྱ། ཟ་འཆིང་གི་འདུལ་ལུགས་སོགས་ཀྱི་ལག་ལེན་གསུངས་པ་རྣམས་རེ་རེ་བཞིན་གསལ་པོར་བཀོད་པར་མ་ཟད། རིན་ཆེན་རིལ་ནག་གི་བརྒྱུད་ཚུལ་དང་། དུག་འདོན་བྱེད་ཐབས། བསྲེ་འཐག་བྱེད་ཚུལ། རིལ་ཆགས་བྱ་སྟངས་བཅས་ཀྱི་ལག་ལེན་དང་། སྨན་སྦྱིན། རབ་གནས་བྱེད་ཚུལ། སྨོས་ཀྱི་ཕན་ཡོན་དང་སྨོན་ལམ་སོགས་ཀྱང་གསུངས་ཡོད།

གསོ་རིག་གི་རིན་ཐང་།

དེབ་འདིའི་ནང་སི་ཏུ་རིན་པོ་ཆེ་མཆོག་གི་དངུལ་ཆུ་བཙོ་བཀྲུ་ཆེན་མོའི་ཕྱག་ལེན་བྱུང་ཚུལ་དང་ངོ་བོ་ངེས་ཚིག བརྒྱུད་པ། ཕྱག་ལེན་ཆ་ཚང་བ་བཅས་དང་རིན་ཆེན་རིལ་ནག་གི་སྦྱུབ་ཐབས་ཕན་ཡོན་སོགས་ཁ་གསལ་ཞིང་གོ་རིམ་ལྡན་པའི་སྒོ་ནས་བཀོད་ཡོད་པས། བོད་སྨན་གྱི་ལྕགས་ཁམས་འདུལ་སྦྱོང་སྤྱི་དང་ཁྱད་པར་དུ་དངུལ་ཆུ་བཙོ་བཀྲུ་ཆེན་མོ་དང་རིན་ཆེན་རིལ་ནག་གི་འདུལ་སྦྱོང་ཐད་ལག་ལེན་མཇུབ་ཁྲིད་ཀྱི་རིན་ཐང་ལྡན་ཡོད།།

《水银大煮洗法和珍宝丸方剂》

本医著收载于《藏医药大典》，共59页（第58卷中第594页至652页）。此书由民族出版社于2011年8月出版。

内容提要：

本医著详尽记载了藏历四月吉日，在四川德格王赞托诺布宫内，司徒·曲吉迥乃传授水银大煮洗之起源，成功制备水银的性质与命名，导师传承序列、实践操作的预备与正行规程、除锈及洗涤、煮炼、消毒的操作方法，以及制备成甘露的操作工艺，严格遵守誓言以及八金八矿和的炮制方法等内容。本医著亦记录了珍宝黑丸的传承情况，解毒法操作，混合粉碎法，制丸法，诵经、开光仪轨，功效主治以及发愿等相关事宜。

医学价值：

本医著详尽记录了司徒·曲吉迥乃所著《欧曲坐珠钦莫》中关于水银洗炼法的完整工艺流程，以及珍宝黑丸的制备方法和其功效等信息。该著作对于掌握藏药特有的金属加工技术，特别值得注意的是，水银洗炼法以及珍宝黑丸的传承与制作过程，它们不仅在历史上占有重要地位，而且在现代依然具有极高的实用价值。这些方法的阐述和步骤说明，为水银洗炼法的研究者和实践者提供了具有实际指导意义的参考信息。

༢༡ ཀརྨ་ངེས་དོན་བསྟན་འཛིན་འཕྲིན་ལས་རབ་རྒྱས།

21 噶玛·额顿丹增赤列绕杰

ཀརྨ་ངེས་དོན་བསྟན་འཛིན་འཕྲིན་ལས་རབ་རྒྱས་ཀྱི་ངོ་སྤྲོད་མདོར་བསྡུས།

噶玛·额顿丹增赤列绕杰简介

ཀརྨ་ངེས་དོན་བསྟན་འཛིན་འཕྲིན་ལས་རབ་རྒྱས་སམ་མཚན་གཞན་ལ་ཀརྨ་རཏྣ་ཞེས་པ་ནི། རབ་བྱུང་བཅུ་གསུམ་པའི་ལྕགས་སྟག་སྤྱི་ལོ་༡༧༧༠ལོར་སྐྱ་འབྲུངས་ཤིང་། ཡབ་ཡུམ་དང་མཛོད་རྣམ་སྒོར་གྱི་ཡིག་ཆ་མ་མཇལ་ཡང་། འཚེ་མེད་ནོར་ཕྲེང་གི་མཇུག་བྱང་དུ་ལོ་རྒྱུས་རགས་ཙམ་བརྗོད་པ་ལ་གཞིགས་ན་འཇམ་མགོན་བསྟན་པའི་ཉིན་བྱེད་ཀྱི་བརྒྱུད་འཛིན་སློབ་མ་མང་དག་ཐོན་པ་ལས་རྗེ་འདི་ནི་ཞལ་སློབ་ཕུལ་དུ་བྱུང་བའི་གྲས་ཤིག་ཡིན་པ་རྟོགས་ཐུབ། རབ་བྱུང་བཅུ་གསུམ་པའི་ས་བྱ་སྤྱི་ལོ་༡༧༨༡ལོ་རྗེ་འདི་ཉིད་དགུང་ལོ་ཉེར་སོན་སྐབས་འཚེ་མེད་ནོར་བུའི་ཕྲེང་བ་ཞེས་པ་བྱུང་ཟུར་ཁམས་པའི་མཛོད་ཆེན་པོད་དང་པོད་ཆེན་ལྔོངས་ཀྱི་ཆེ་རྒྱ་ཡོངས་ཀྱི་དྲུང་འཚོ་བ་དག་གི་མན་ངག་ཉེར་མཁོ་གཅེས་སོ་འཚོལ་བསྡུས་ཤིང་བླ་མའི་མན་ངག་གིས་མཛེས་པར་བརྒྱན་པ་འདི་ཉིད་དཔལ་སྤུངས་ཐུབ་བསྟན་ཆོས་འཁོར་གླིང་གི་གཙུག་ལག་ཁང་དང་ཉེ་བའི་རང་གནས་དབེན་པ་ཟླ་རིས་སུ་རྩོམ་འབྲི་གནང་། དེ་རྗེས་གཅེས་བསྡུས་འཚེ་མེད་ནོར་ཕྲེང་གི་བུ་ཡིག་རྩལ་དུ་ལྷན་ཐབས་སྙིང་གི་ནོར་བུ་ཞེས་བྱ་བ་སྦྱི་ཚན་བཅོ་ལྔར་ཕྱེ་ནས་གསང་སྨན་སྦྱོར་ཚད་ཞལ་ཤེས་འཆུག་ལྷད་མེད་པར་ངོ་སྤྲོད་ཐོག ད་དུང་གཞུང་གི་ས་བཅད་དུ་མེད་པའི་ཉེར་མཁོ་འགའ་ཞིག་དང་། གཅེས་བསྡུས་འཚེ་མེད་ནོར་ཕྲེང་གི་ལྷན་ཐབས་སྙིང་ནོར་ཡང་ཟབ་གནད་ཐུན་ཞེས་པ་ཕྱི་རབས་དོན་གཉེར་ཅན་རྣམས་ཀྱི་ཆེད་དུ་ཕུལ་བཞག་མཛད།

རྗེ་འདིས་མཛད་པའི་འཚེ་མེད་ནོར་ཕྲེང་མ་བུ་གཉིས་ནི་འགྲོ་ཁྱབ་ཆེ་ལ་ཕན་ནུས་ཁྱད་དུ་འཕགས་པ་ཤ་སྟག་ཡིན་སྟབས་ཐར་ནས་བཟུང་དབུས་གཙང་དང་མདོ་ཁམས་སྟོད་སྨད་བཅས་སུ་སྨན་པ་རྣམས་ཀྱིས་བེད་སྤྱོད་བྱེད་པའི་ཁར། དེབ་འདི་ལ་མཁས་དབང་མཁྱེན་རབ་ནོར་བུ་སོགས་ཀྱིས་ཤིན་ཏུ་མཐོང་ཆེན་གནང་བ་ཡང་དེ་བཞིན་ནོ། ད

ལྟའང་བོད་ལྗོངས་བོད་སྨན་བཟོ་གྲྭའི་སྨན་སྦྱོར་རྣམས་གྲངས་སུམ་བརྒྱ་ལྔ་བཅུ་ལྷག་ཙམ་ནང་འཆི་མེད་ནོར་ཕྲེང་ནང་གི་སྨན་སྦྱོར་མི་ཉུང་བ་ཞིག་ཐོན་སྐྱེད་བྱེད་པ་ཡང་སྨན་སྦྱོར་འདི་དག་བཀོད་པ་སྟབས་བདེ་ཞིང་ནུས་པ་ཕུན་སུམ་ཚོགས་པ་ཡིན་པ་སྨོས་ཅི།།

噶玛·额顿丹增赤列绕杰（别名噶玛惹达），出生于藏历第十三绕迥铁虎年（1770），其父母及生平事迹方面的文献资料不详。从《藏药验方精选·长寿宝鬘》后记可得知，当时佛教和藏医趋向衰败。强贡丹巴尼吉（噶玛·额勒丹增）不仅为这一时期藏医学的重振作出了巨大贡献，而且培养了诸多传承弟子，为此他的名誉响彻四方。噶玛·额顿丹增赤列绕杰是其优秀弟子之一。

藏历第十三绕迥土鸡年（1789），噶玛·额顿丹增赤列绕杰年方二十，他吸纳强苏两派医学精华以及恩师的秘诀并进行汇集，在白邦土丹曲廓林中心大殿附近的幽静之处编著了《藏药验方精选·长寿宝鬘》。后来他又将其作为《藏药验方精选·长寿宝鬘》的子本编著了《长寿宝鬘补遗·秘诀心宝》。书中从十五个部分详细介绍秘方配药亲训，为后人留下了珍贵的参考资料。

《藏药验方精选·长寿宝鬘》中所收载的很多配方用途广泛、疗效显著。卫藏和多康地区的很多医生都应用此书中的方药。药王山利众院的大师钦绕诺布的《配方大全》中也收载了《藏药验方精选·长寿宝鬘》母子两本，可见该书的重要性。成立门孜康[①]后，钦绕诺布大师大力推广药王山利众院的五十四种药方和“奇药安心丸”等强苏两派都实践应用的配方，使其得以被后来的弟子和再传弟子们传承至今。现西藏自治区藏药厂的三百五十多种藏药配方很多都是《藏药验方精选·长寿宝鬘》中所记载的配方。

噶玛·额顿丹增赤列绕杰大师一生勤奋刻苦，治病救人，勤于著述，善于总结，不愧为一代杰出的藏医药学家。他留给后世的极其珍贵的文化遗产和严谨求实的作风，值得每一个从事藏医药事业的人学习和弘扬。

---

① 门孜康：藏文为སྨན་རྩིས་ཁང，即“藏医院”。

ཀ་རྨ་ངེས་དོན་བསྟན་འཛིན་འཕྲིན་ལས་རབ་རྒྱས་ཀྱི་སྨན་ཡིག།
噶玛·额顿丹增赤列绕杰医著

༄༅། །གསོ་རིག་ཡན་ལག་བརྒྱད་ལྡན་རྒྱ་གཉེར་ལས་གཅེས་བསྡུས་འཆི་མེད་ནོར་བུའི་ཕྲེང་བ་ཞེས་བྱ་བ་བཞུགས་སོ། །

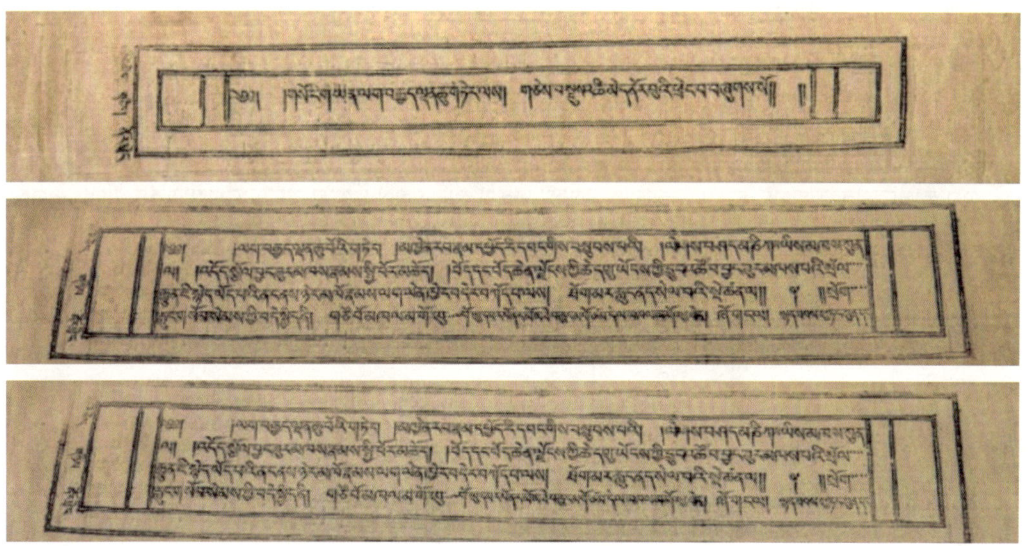

སྨན་ཡིག་འདིའི་མ་ཡིག་ནི་ཤིང་པར་ཡིན། པོ་ཏི་གཅིག་ཡོད། ཡིག་གཟུགས་དབུ་ཅན། ཤོག་ངོས་རེར་ཐིག་ཕྲེང་༥། ཐིག་ཕྲེང་རེར་ཡིག་འབྲུ་༢༧། ཁྱོན་བསྡོམས་ཤོག་ངོས་༡༥༢བཞུགས། ད་ལྟ་ཁྲིན་ཏུའུ་ཀྲུང་ལུགས་གསོ་རིག་སློབ་གྲྭ་ཆེན་མོའི་དགེ་རྒན་འཇམ་དབྱངས་བསོད་ནམས་ལགས་ཀྱིས་ཉར་ཚགས་བྱས་ཡོད།

ནང་དོན་གནད་བསྡུས།

སྨན་ཡིག་འདིའི་ནང་གཙོ་བོ་རླུང་ནད་སེལ་བའི་སྦྱོར་ཚན་དང་། མཁྲིས་ནད་སེལ་བའི་སྦྱོར་ཚན། བད་ཀན་འདུས་ནད་སེལ་བའི་སྦྱོར་ཚན། གཙོང་སྐྱེ་བཞི་སེལ་བའི་སྦྱོར་ཚན། འབྲུགས་རིམས་གཉན་ཚད་སེལ་བའི་སྦྱོར་ཚན། གཉན་ནད་སེལ་བའི་སྦྱོར་ཚན། བྱང་ཁོག་སྟོད་ནད་སེལ་བའི་སྦྱོར་ཚན། དོན་སྙོད་ཀྱི་ནད་སེལ་བའི་སྦྱོར་ཚན། སྲིན་ནད་སེལ་བའི་སྦྱོར་ཚན། འབམ་དྲེག་གྲུམ་སོགས་ཆུ་སེར་གྱི་ནད་སེལ་བའི་སྦྱོར་ཚན། མོ་ནད་སེལ་བའི་སྦྱོར་ཚན། མི་དང་རྟ་བོང་ཀུན་གྱི་

དུག་ནད་སེལ་བའི་སྦྱོར་ཚན། རྨ་ནད་སེལ་བའི་སྦྱོར་ཚན། བཤལ་ལུམས་བྱུག་པ་བཅས་ཀྱི་སྨན་སྦྱོར་དང་ལག་ལེན་གྱི་སྦྱོར་ཚན། མན་ངག་ཉེར་མཁོ་ཁ་གྲོར་གྱི་སྦྱོར་ཚན་བཅས་ལེའུ་བཅོ་ལྔ་ཕྱེ་ནས་རྒྱུན་མཐོང་གི་ནད་གཞི་ཁག་ཅིག་ལ་སྨན་བསྡུ་སྦྱོར་གྱི་མན་ངག་མང་པོ་བཀོད་ཡོད།

གསོ་རིག་གི་རིན་ཐང་།

སྨན་ཡིག་འདིའི་ནང་གཙོ་བོར་མན་ངག་རྒྱུད་ཀྱི་ནད་ཕལ་ཆེ་བ་ལེའུ་བཅོ་ལྔ་རུ་བསྡུས་ནས་དེ་དག་ལ་ཉེར་མཁོའི་ལག་ལེན་ཁྱེར་བདེ་བའི་སྨན་སྦྱོར་གྲངས་བརྒྱ་དང་གོ་དགུའི་སྦྱོར་བ་དང་། སྦྱོར་ཚད། སྦྱར་ཐབས་ལག་ལེན། ཕན་ནུས་བཅས་དྭང་སྟོང་སུ་ཕྱུད་འཛིན་དང་། ཨ་ཅ་ར། བྱང་ཟུར་མཁས་པ། གོང་སྨན་པ། རང་གི་བླ་མ་དམ་པ་སོགས་ཀྱི་ཚིག་རྒྱུད་ཀྱི་ཞལ་ལུང་ཀུན་བསྡུས་ཏེ་སྨན་ཡིག་འདིའི་ནང་འཀོད་ཡོད་ལ། སྨན་སྦྱོར་འདི་དག་ནི་འགྲོ་ཁྱབ་ཆེ་ཞིང་ཕན་ནུས་ཁྱད་དུ་འཕགས་པས་ཆེས་སྤྱི་མོ་ནས་མདོ་ཁམས་སྟོད་སྨད་དང་དབུས་གཙང་སོགས་ཕྱོགས་སོ་སོའི་བོད་ལུགས་སྨན་ཁང་དང་སྨན་པ་རྣམས་ཀྱིས་ལག་ལེན་བེད་སྤྱོད་བྱེད་བཞིན་ཡོད་པས་འགྲོ་དོན་ཏུ་ཅང་ཆེན་པོ་བྱུང་དང་འབྱུང་བཞིན་ཡོད་པར་མ་ཟད། ད་དུང་མ་འོངས་པར་དགེ་སློབ་རྣམས་ལ་སྨན་རྫས་སྦྱེལ་སྦྱོར་དང་ནད་ཐོག་ལག་ལེན་བྱ་རྒྱུའི་ཐད་ལ་དཔྱད་གཞིའི་རིན་ཐང་ཆེ་བ་ཞིག་ཏུ་འགྱུར་ངེས་སོ།།

《藏药验方精选 · 长寿宝鬘》

本医著母本为木刻本，字体为乌金体，每页4行，每行27字，共152页。此书现由成都中医药大学民族医药学院降拥四郎教授个人收藏。

内容提要：

本医著用15个章节分别对隆、赤巴、培根等常见疾病的方药秘诀及应用进行了叙述。每章的大致内容为：第一章治隆病方；第二章治赤巴病方；第三章治培根病方；第四章治痼疾方；第五章治疫症方；第六章治瘟毒方；第七章治上身器官疾病方；第八章治脏腑疾病方；第九章治痧症及各种虫病治疗方；第十章治痛风及泻湿痹方；第十一章治妇科、儿科及魔怔类疾患方；第十二章解救人及牲畜中毒方；第十三章外科创伤用方；第十四章催泻、浸浴及涂抹治疗应用法；第十五章各种秘诀及应用诀窍等内容。

医学价值：

本医著用15章的篇幅分别记载了藏医《四部医典·秘诀部》中大部分疾病的方药，这些方剂是作者全面收集整理历代杰出的藏医药学名医大家如章松·木曲曾、阿乍热、强巴、苏巴、贡曼巴等大师们的医书经验，充分掌握恩师的临床经验、诊病特点、用药秘诀等，详述了近200种藏成药的组方、剂量、配伍及其功能主治，为后世医者留下了珍贵的参考资料。《藏药验方精选·长寿宝鬘》中所收载的配方用途广泛、疗效显著，卫藏和多康地区的很多医生临床用药以此书为参考，该书对藏医药人员从事医疗工作具有较高的学术指导价值和临床应用价值。

༄༅། །གཅེས་བསྡུས་འཆི་མེད་ནོར་ཕྲེང་ལས་མན་ངག་སྙིང་གི་ནོར་བུ་ཞེས་བྱ་བ་བཞུགས་སོ། །

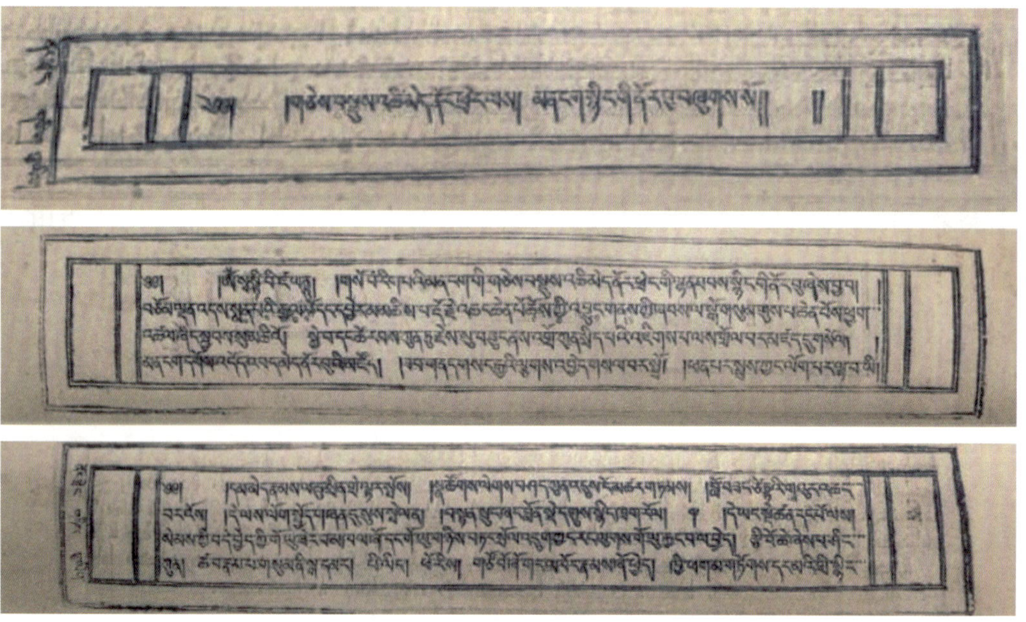

གསུང་འབུམ་འདིའི་མ་ཡིག་ནི་པར་མ་ཡིན་ལ། ཡིག་གཟུགས་དབུ་ཅན། ཤོག་ངོས་རེར་ཐིག་ཕྲེང་༤། ཐིག་ཕྲེང་རེར་ཡིག་འབྲུ་༢༨། ཁྱོན་བསྡོམས་ཤོག་ངོས་༡༡༥བཞུགས། ད་ལྟ་ཁྲིན་ཧྲུའུ་ཀྲུང་ལུགས་གསོ་རིག་སློབ་ཆེན་གྱི་དཔེ་མཛོད་ཁང་དུ་ཉར་ཚགས་བྱས་ཡོད།

ནང་དོན་གནད་བསྡུས།

སྨན་ཡིག་འདིའི་ནང་གཙོ་བོ་རླུང་གི་སྨན་སྦྱོར་བསྟན་པ་དང་། མཁྲིས་པའི་སྨན་སྦྱོར་བསྟན་པ། བད་ཀན་གྱི་སྨན་སྦྱོར་བསྟན་པ། གཙོང་སྐྱེ་བཞིའི་སྨན་སྦྱོར་བསྟན་པ། ཚ་བ་སེལ་བའི་སྨན་སྦྱོར་བསྟན་པ། གཉན་ནད་རིགས་ཀྱི་སྨན་སྦྱོར་བསྟན་པ། མིག་ནད་སོགས་ཀྱི་སྨན་སྦྱོར་བསྟན་པ། དོན་སྣོད་ནད་རིགས་ཀྱི་སྨན་སྦྱོར་བསྟན་པ། སྲིན་ནད་སེལ་བའི་སྨན་སྦྱོར་བསྟན་པ། དྲེག་དང་གྲུམ་བུའི་རིགས་ཀྱི་སྨན་སྦྱོར་བསྟན་པ། མོ་ནད་དང་གཟའ་གྲིབ་རིགས་ཀྱི་སྨན་སྦྱོར་བསྟན་པ། དུག་ནད་རིགས་སེལ་བའི་སྨན་སྦྱོར་བསྟན་པ། རྨ་ནད་སེལ་བའི་སྨན་སྦྱོར་བསྟན་པ། རིན་ཆེན་གཙུག་བཤལ་སོགས་ཀྱི་སྨན་སྦྱོར་དང་བཟོ་ལུགས་བསྟན་པ། མན་ངག་ཉེར་མཁོ་ཁ་ཐོར་གྱི་སྨན་སྦྱོར་བསྟན་པ། ཉེར་

མགོའི་ལག་ལེན་འགག་ཞིག་བསྟན་པ།སྨན་བྱིན་རླབས་པའི་ཕུད་མཆོད་ཤུང་བསྡུས་བསྟན་པ་བཅས་ལེའུ་བཅུ་བདུན་ཕྱེ་ནས་བསྟན་ཡོད།

གསོ་རིག་གི་རིན་ཐང་།

སྨན་ཡིག་འདིའི་ནི་གཅེས་བསྡུས་འཆི་མེད་ནོར་ཕྲེང་གི་བུ་ཡིག་ཚུལ་དུ་བསྟན་པ་ཞིག་སྟེ། སྐབས་ཐོབ་ཀྱི་སྨན་སྦྱོར་རེ་རེའི་གོ་དཀའ་བའི་གསང་སྨན་དང་། སྦྱོར་ཚད། ཚབ་སྨན། སྨན་སྦྱོར་ནུས་བསྐྱེད་ཀྱི་གཟུངས་སྔགས་ཁྱད་པར་ཅན། ཐང་ཕྱེའི་རིལ་བུའི་སྦྱོར་ཚུལ་གཅེས་བསྡུས་འཆི་མེད་ནོར་ཕྲེང་དུ་མེད་པའི་ཉེར་མཁོ་འགག་ཞིག་སོགས་བཀོད་ཡོད། རྗེ་འདིས་མཛད་པའི་འཆི་མེད་ནོར་ཕྲེང་མ་བུ་གཉིས་ནི་འགྲོ་ཁྱབ་ཆེ་ལ་ཕན་ནུས་ཁྱད་དུ་འཕགས་པ་ཤ་སྟག་ཡིན་སྟབས་ཐར་ནས་བཟུང་དབུས་གཙང་དང་མདོ་ཁམས་སྟོད་སྨད་བཅས་སུ་སྨན་པ་རྣམས་ཀྱིས་བེད་སྤྱོད་བྱེད་པའི་ཁར། དེབ་འདི་ལ་མཁས་དབང་མཁྱེན་རབ་ནོར་བུ་སོགས་ཀྱིས་ཤིན་ཏུ་མཐོང་ཆེན་གནང་བ་ཡང་དེ་བཞིན་ནོ། ད་ལྟའང་བོད་ལྗོངས་བོད་སྨན་བཟོ་གྲྭའི་སྨན་སྦྱོར་རྣམས་གྲངས་སུམ་བརྒྱ་ལྔ་བཅུ་ལྷག་ཙམ་ནང་འཆི་མེད་ནོར་ཕྲེང་ནང་གི་སྨན་སྦྱོར་མི་ཤུང་བ་ཞིག་ཐོན་སྐྱེད་བྱེད་པ་ཡང་སྨན་སྦྱོར་འདི་དག་བཀོད་པ་སྟབས་བདེ་ཞིང་ནུས་པ་ཕུན་སུམ་ཚོགས་པ་ཡིན་པ་སྨོས་ཅི། དེ་ཕྱིར་སྨན་ཡིག་འདིའི་བརྗོད་གཞི་ཁུངས་བཙུན་ཞིང་ལུང་རིགས་ཀྱིས་ཕྱུག་པ། མཐོང་བརྒྱུད་ཕྱག་ལེན་མན་ངག་རྣམས་གནད་དུ་འཁེལ་བ་བློ་མཆོག་དམན་ཀུན་གྱིས་རྟོགས་སླ་བ་སྤྱོད་བདེ་བ་སོགས་ཀྱི་དགེ་མཚན་ཁྱད་དུ་འཕགས་པ་ཅན་ཡོད་པས། རྗེས་འཇུག་སྐལ་ལྡན་གྱི་སྐྱེས་བུ་རྣམས་ལ་སྨན་རྫས་སྦྱིབ་སྦྱོར་དང་ནད་ཐོག་ལག་ལེན་ཐད་ལ་དཔྱད་གཞིའི་རིན་ཐང་ཆེ་བ་ཞིག་ཏུ་འཁྱུམས་སོ།།

《长寿宝鬘补遗·秘诀心宝》

本医著母本为木刻本，字体为乌金体，每页4行，每行29字，共115页。此书现由成都中医药大学民族医药学院资料室收藏。

内容提要：

本医著内容分为17个章节，为《藏药验方精选·长寿宝鬘》之子书，对母书所述的每一个方剂中难以理解的秘药、剂量、替代药、增强方剂功效的诵经等特殊佛事活动及汤、散、丸等剂型的配伍方法分别作了详细记载。还对《藏药验方精选·长寿宝鬘》中未谈及的一些常用方剂的制作等以补遗的形式进行了补充。

医学价值：

作者通过长期临床实践与方药应用，发现《藏药验方精选·长寿宝鬘》中存在不少缺失的地方。因此，他不断总结临床经验，对该部分进行了补充完善，编纂成《长寿宝鬘补遗·秘诀心宝》一书。比如治疗培根木布的方药二十一味寒水石丸等制剂的组成、剂量、制法，以及功能与主治，就在本医著中有详细的介绍。本方现广泛应用于临床，主要用于培根木布引起的胃酸、胃胀、胃痛等症状，具有显著的疗效。本医著记载的这类方剂很多，由此也可以看出该书的珍贵价值所在。药王山利众院的大师钦绕诺布所著的《配方大全》中也收载了《藏药验方精选·长寿宝鬘》母子两本的方药，大师还大力推广书中记载的药王山利众院的五十四种药方和“奇药安心丸”等强苏两派都实践应用的配方，使其得以被后来的弟子和再传弟子们传承至今。

༄༅། །བྱང་ཟུར་མཁས་པའི་མཛོད་འཆིང་གི་མན་ངག་གཅེས་དགུ་བསྡུས་ཤིང་བླ་མའི་གསུང་རྒྱུན་གྱིས་ཟུར་བརྒྱན་པ་འཆི་མེད་ནོར་ཕྲེང་གི་མ་བུ་གོ་བསྒྲིགས་ཞེས་བྱ་བ་བཞུགས་སོ།། །

སྨན་ཡིག་འདིའི་མ་ཡིག་ནི་ལག་བྲིས་ཡིན། ཡིག་གཟུགས་དབུ་མེད། ཤོག་ངོས་རེ་ཐིག་ཕྲེང་༡༣། ཐིག་ཕྲེང་རེར་ཡིག་འབྲུ་༡༦། ཁྱོན་བསྡོམས་ཤོག་ངོས་༤༣བཞུགས། སྨན་ཡིག་འདི་《བོད་ཀྱི་གསོ་རིག་ཀུན་བཏུས།》ལས། པོད་ང་བཞི་པའི་ནང་དུ་བཞུགས། ད་ལྟ་ཁྲིན་ཏུའུ་ཀྲུང་ལུགས་གསོ་རིག་སློབ་གྲྭ་ཆེན་མོའི་མི་རིགས་གསོ་རིག་སློབ་གླིང་གི་ཡིག་ཆ་ཁང་དུ་ཉར་ཚགས་བྱས་ཡོད།

ནང་དོན་གནད་བསྡུས།

གསུང་རྩོམ་འདིའི་ནང་གཙོ་བོ་༡༧༨༡ལོར་དཔལ་སྤུངས་དགོན་སྤྱིལ་ཀརྨ་བསྟན་འཛིན་ཕྲིན་ལས་རབ་རྒྱས་ཀྱིས་མཛད་པའི་སྨན་སྦྱོར་གྱི་མན་ངག་ལག་ལེན་གཅེས་བསྡུས་འཆི་མེད་ནོར་ཕྲེང་དང་། དེའི་ཟབ་གནད་རྣམས་ཀྱང་དུ་སྣས་པ་བུ་ཡིག་མན་ངག་སྙིང་གི་ནོར་བུ་གཉིས་ཀྱི་ནང་དོན་མན་ངག་གཅེས་བསྡུས་བཀོད་ཡོད།

གསོ་རིག་གི་རིན་ཐང་།

ཉེས་གསུམ་གྱིས་བསྐྱེད་པའི་ནད་རིགས་སྣ་ཚོགས་ལ་བྱང་ཟུར་ལུགས་གཉིས་ཀྱི་ལག་ལེན་ཇི་སྙེད་ཡོད་པའི་ནང་ནས་ཉེ་བར་མཁོ་བ་རྣམས་དང་། རང་གི་བླ་མའི་མན་ངག་གི་གསུངས་རྒྱུན་བཅས་ལྷར་ངེས་པ་ཅིག་ཚོད་ཀྱི་སྦྱོར་བ་ལྔ་བཅུ་ང་གཉིས་ལྷག་གི་སྦྱོར་ཐབས་དང་། གབ་ཚིག་གསང་སྨན། སྦྱོར་ཚད། ཕན་ནུས་བཅས་དང་། ཅོང་ཞི་འཕྲུལ་ཐལ་སོགས་ཀྱི་ལག་ལེན་བསྟན་ཡོད་གཙུག་ཆེན་གནང་བཞིན་མཆིས་སོ།།

《以强巴、苏喀巴名医医库中的精要秘诀结合上师口述编辑的〈长寿宝鬘母子合璧〉》

本医著母本为手写本，字体为乌梅体，每页13行，每行16字，共43页。收载于《藏医药大典》第五十四卷。此书现由成都中医药大学民族医药学院资料室收藏。

内容提要：

《长寿珠鬘母子合璧》成书于1798年，全书分为上下两个部分，即母卷和子卷两部分，母卷名为《藏药验方精选·长寿宝鬘》（གསོ་རིག་ཡན་ལག་བརྒྱད་ལྡན་ཆུ་གཏེར་ལས་གཅེས་བསྡུས་འཆི་མེད་ནོར་བུའི་ཕྲེང་བ།），子卷名为《长寿宝鬘补遗·秘诀心宝》（གཅེས་བསྡུས་འཆི་མེད་ནོར་ཕྲེང་ལས་མན་ངག་སྙིང་གི་ནོར་བུ་ཞེས་བྱ་བ་བཞུགས་སོ།།）。上部记有药物配方的药物名称及功效；下部是上部的补充部分，对每一种配方有争议的药物原材料进行了确切的辨认，并对每一种配方的药物用量作了具体的说明。书中记载了强巴、苏喀两医派治疗三邪引发各种疾病的常用方剂，以及作者本人上师口述的秘诀等疗效确切的52个方剂的组方、配伍、隐语、秘药、剂量、功能主治及寒水石神奇灰方等的制剂实践操作。

医学价值：

藏医学界常将《藏药验方精选·长寿宝鬘》称作“母本”，将《长寿宝鬘补遗·秘诀心宝》称作“子本”，将两书统称为《长生宝鬘母子合璧》。本医著为药物配方书籍，共分为15个章节，详细介绍了各类药物的配方，并且大量记载了藏医南北两派治疗各类疾病的秘方、偏方、药物配方量及方法等重要内容，除了按病种分类，还记载了蒸气疗法等临床常用治疗方法及常识秘诀章节。该书里的各类药物疗效显著，得到了广泛的使用和推广，在藏医界具有广泛的影响，深受藏医工作者的欢迎，在藏医药发展历程中发挥着重要作用。

༢༢ ཀརྨ་བསྟན་འཕེལ།
22 噶玛丹培

ཀརྨ་བསྟན་འཕེལ་གྱི་ངོ་སྤྲོད་མདོར་བསྡུས།
噶玛丹培简介

ཀརྨ་བསྟན་འཕེལ་ནི། མིང་གཞན་ཨུ་པ་བསྟན་འཕེལ་དང་ཀརྨ་འཇམ་དབྱངས་རྣམ་རྒྱལ་ཞེས་པ་ནི་འབྲོང་པའི་ཡུལ་ལྷ་ཏ་རྒྱལ་འཕེལ་བཟང་གི་ཞོལ་དུ་ཨུ་པ་བཀྲ་ཤིས་མགོན་དང་གདོང་ངེ་གཟའ་གཉིས་ཀྱི་སྲས་སུ་རབ་བྱུང་བཅུ་གསུམ་པའི་ཆུ་སྦྲུལ（སྤྱི་ལོ་༡༧༧༣）ལོར་སྐུ་འཁྲུངས། སྐུ་ཉིད་ཆུང་དུས་ནས་ཐུགས་རིག་ཏ་ཙང་རྣོ་བས་ཡིག་གི་འབྲི་ཀློག་རྣམས་ཚེགས་མེད་དུ་མཁྱེན། དགུང་ལོ་བདུན་ཙམ་ནས་རྣོ་དགོན་དུ་ཚོགས་ཞུགས་མཛད། དགུང་ལོ་བརྒྱད་ཀྱི་སྐབས་སུ་ཀུན་རིག་སོགས་ཆོས་སྤྱོད་བློ་འདོན་རྣམས་ཐུགས་སུ་ཆུད་པ་དང་། དེ་ནས་རིམ་བཞིན་ཞང་པོ་གདོང་ངེ་རང་གི་མདུན་ནས་རྩིས་དཀར་ནག་དང་གསོ་བ་རིག་པ《དཔལ་ལྡན་རྒྱུད་བཞི》ཆ་ལག་དང་བཅས་པ་ལ་གསན་སྦྱོང་གནང་།

འཇམ་མགོན་ཆོས་ཀྱི་འབྱུང་གནས་ཀྱི་བཤད་རྒྱུན་རྒྱུད་འཛིན་ཟིན་པས་མཁས་པ་ཙ་ཕྱུར། རྗེ་བཙུན་བསྟན་འཛིན་རྣམ་དག་གི་མདུན་ནས་གྲུབ་མཐའ་དང་ས་ལམ་གྱི་གོ་དོན་བསྐྱེད་རྫོགས་ཀྱི་ཁྲིད་སྐོར་རང་བྱུང་བའི་རྒྱུད་གསུམ་སོགས་རྒྱ་ཆེར་གསན། དགུང་ལོ་ཉི་ཤུའི་ལོར་འཇི་ཀར་རྡོ་གྲགས་ཀྱི་སྐུ་མདུན་ནས་དུས་འཁོར་སྦྱོར་དྲུག་གི་ཁྲིད་དང་རྫོགས་ཆེན་འཇའ་ལུས་རྡོ་རྗེ་ཆེན་པོའི་དམར་ཁྲིད་སོགས་གསན། དགུང་ལོ་ཉེར་གཅིག་གི་དུས་རབས་ཆུང་པའི་ཉེ་གནས་མཛད་ཅིང་ཞབས་འབྲིང་དུ་དབུས་གཙང་གི་གནས་མཇལ་དུ་ཕེབས་ཏེ་ཞྭ་དམར་བའི་སྐུ་མདུན་ནས་རབ་ཏུ་བྱུང་བ་དང་མཚན་ཀརྨ་རྣམ་རྒྱལ་ཞེས་གསོལ།

དེ་ནས་མཚུར་ཕུར་ཀརྨ་བདུད་འདུལ་རྡོ་རྗེའི་དྲུང་ནས་ཕྱག་ཆེན་དང་ཆོས་དྲུག་གི་གདམས་ངག་བྱང་སྡོམ་བཅས་གསན། སླར་རང་དགོན་དུ་ཕེབས་ནས་མདོ་སྔགས་ཀྱི་གཞུང་སྣ་ཚོགས་ཀྱི་བཤད་ཁྲིད་དང་། བྱུར་མང་ལུགས་ཀྱི་ཆོས་བཀའ་རྣམས་དང་། སྟག་ཤམ་མི་འགྱུར་རོལ་པའི་རྡོ་རྗེའི་གཏེར་ཆོས་བཅས་ཀྱི་སྨིན་གྲོལ་རྣམས་གསན་བཞེས་མཛད། བདུད་རྩི་དིལ་བླ་མ་ནོར་བུའི་མདུན་ནས་དགོངས་འདུས་ཀྱི་དབང་ལུང་གསན། ལྷག་པར་དུ་སྒྲ་ཀ་ཙན་དབྱངས་གསུམ་དང་རྩིས་དཀར་ནག སྙན་ངག གསོ་རིག་རྒྱུད་བཞི་ཆ་ལག་དང་བཅས་པ་འཆད་སྤེལ་ལན་གྲངས་མཛད། དགུང་ལོ་རེ་གཉིས་ཐོག་སི་ཏུ་པདྨ་ཉིན་བྱེད་ཀྱི་ཀརྨ་དགོན་དུ་བཀའ་བསྒྱུར་ཆོས་འཁོར་སྐབས་འཇམ་མགོན་ཀརྨ་འཇམ་དབྱངས་རྣམ་རྒྱལ་ཞེས་མཚན་གྱི་ཚོད་པན་གསོལ།

ཁོང་གི་སྨན་དཔྱད་བརྩམས་ཆོས་ཀྱི་སྐོར་ནི་གསོ་བ་རིག་པའི་གཞུང་ལུགས་ཀུན་གྱི་རྒྱལ་པོ་དཔལ་ལྡན་རྒྱུད་བཞིའི་དཀའ་གནད་ཕལ་ཆེར་མཆན་གནང་བ་རྣམས་ཕྱོགས་གཅིག་ཏུ་བསྡུས་ཏེ་བཀོད་པར་བྱས་པའི་《ལེགས་བཤད་རྒྱུད་དགོངས་གསལ་བར་བྱེད་པའི་ཉི་མ་ཆེན་མོ》་ཞེས་པ་དང་དུམ་བུ་གཉིས་པ་《བཤད་རྒྱུད་ཀྱི་འགྲེལ་བཤད།》《རྩ་བ་ཐུགས་ཀྱི་རྒྱུད་དགོངས་གསལ་བྱེད་ནོར་བུའི་སྒྲོན་མ། 》《རྩ་མདོའི་བསྡུས་བཤད་རྒྱུད་དགོངས་ཉ་གང》་ཞེས་པ་སོགས་བཞུགས། སློབ་མ་ནི་ཀརྨ་པ་བཅུ་བཞི་ཐེག་མཆོག་རྡོ་རྗེ། བྱ་བཏང་དང་རང་ཆུང་པའི་སྐུ་སྐྱེ་རྣམ་གཉིས། ལྷ་སྟེང་འཇའ་མོ་མཆོག་སྤྲུལ། སླ་རྗེ་རྗེ་དྲུང་། གར་དབང་དང་བསྟན་སྤྲུལ། ཁྲ་གཉན་གྱི་མཆོག་སྤྲུལ། མཛོ་རྩེ་རྗེ་དྲུང་། གོ་ཆེའི་རྟོགས་ལྡན་གཞན་དོན། ཀོང་སྤྲུལ་ཡོན་ཏན་རྒྱ་མཚོ་གཙོས་གྲངས་ཀྱིས་མི་ལང་བ་བྱོན། དགུང་གྲངས་དྲུག་ཅུ་རེ་སྐྱོད་བཞུགས་ཟེར་བ་ཙམ་ལས་རྣམ་ཐར་ལས་གསལ་ཁ་མ་བྱུང་། མཐར་ལྷ་ལུང་རི་ཁྲོད་དུ་སྐུ་ཡི་བཀོད་པ་བསྡུས།།

噶玛丹培，又称俄巴丹培或噶玛嘉木样南杰。于藏历第十三绕迥水蛇年（1773）诞生于仲巴地区拉达杰培桑。其父为俄巴扎西公，其母为懂俄萨。噶玛丹培从小智慧过人，聪明好学，7岁进入夺寺学习佛学，8岁精通《遍知》等必背经文，随后在其叔叔懂俄前学习天文历算和藏医经典《四部医典》等，成为文殊怙主法源之传承人；拜杰尊丹增南达为师，学习教派源流和地道之含义、生圆次第等；20岁得到孜城多扎亲自灌顶讲经，践行时轮六加行和大圆满虹身；21岁担任热穹巴随从赴卫藏朝拜，借机在夏玛巴前出家并被赐名为噶玛南杰。

噶玛丹培先后在楚普噶玛登顿多杰前聆听大印和六法窍门菩萨戒登，返回本寺后，开展佛学讲座，传授显密宗教经典，尤其是深入学习斯芒派教法和达勋孟久热贝多杰伏藏等。在邓孜德活佛诺布前接受聆听意集灌顶，尤其多次传授《积分论》《月八戒论》《妙音论》和《巴尼巴》等古梵文四大声明学著述和天文历算学、诗学、医学《四部医典》等。司徒白玛宁切在嘎玛寺举行大藏经灌顶时为其赐名为文殊怙主噶玛嘉木样南杰，噶玛丹培时年62岁。

其医学著作有《〈四部医典〉难点解析集》《医典释续注释》《医典要义论》《脉经概论》等。徒弟有十四世噶玛巴德确多杰①、恰党和让穹巴兄弟二人、拉顶嘉姆活佛、拉孜杰仲、噶旺、丹真、檫念活佛、左孜杰仲、郭曲多丹先顿、贡珠·云丹嘉措等先贤。根据传记记载，噶玛丹培60余岁在拉龙山圆寂，具体时间不详。

---

① 德确多杰（1798—1868）：十四世噶玛巴，也译作德丘多杰。

ཀརྨ་བསྟན་འཕེལ་གྱི་གསུང་འབུམ།
噶玛丹培医著

༄༅། །ཀརྨ་བསྟན་འཕེལ་གྱི་སྨན་ཡིག། །

གསུང་འབུམ་འདི་ལ་དེབ་གྲངས་གཅིག་ཡོད། ཁྱོན་བསྡོམས་ཤོག་གྲངས་༢༨༩བཞུགས།། སྤྱི་ལོ་༢༠༡༥ལོའི་ཟླ་༩པར་མི་རིགས་དཔེ་སྐྲུན་ཁང་གིས་པར་དུ་བསྐྲུན།

ནང་དོན་གནད་བསྡུས།

གསུང་རྩོམ་འདིའི་ནང་དཔལ་ལྡན་གསོ་རིག་རྒྱུད་བཞིའི་ལེའུ་སོ་སོ་ལས་བྱུང་བའི་དཀའ་བའི་གནད་ལ་རྩོམ་པ་པོ་རང་གི་ཞིབ་འཇུག་དང་སློབ་དཔོན་གྱི་ཐུགས་བརྩེ་ལས་ཐོབ་པའི་སྦྱོང་བ་དག་གོ་རིམ་མ་འཁྲུགས་པར་བལྟ་སློག་བདེ་བའི་སྒོ་ནས་འགྲེལ་བ་དོན་ཚན་ཆེན་པོ་ཁག་གསུམ་སྟེ། གསོ་བ་རིག་པའི་དཀའ་གནད་གསལ་བྱེད་ཉི་མ་ཆེན་མོ་དང་། བཤད་རྒྱུད་ཀྱི་འགྲེལ་བ། རྩ་མདོའི་བསྡུས་བཤད་རྒྱུད་དགོངས་ཉ་གང་བཅས་ཀྱི་སྒོ་ནས་བསྟན་ཡོད།

གསོ་རིག་གི་རིན་ཐང་།

གསུང་རྩོམ་འདིའི་ནང་ལེའུ་དང་པོ་《གསོ་བ་རིག་པའི་གཞུང་ལུགས་ཀུན་གྱིས་རྒྱལ་པོ་དཔལ་ལྡན་རྒྱུད་བཞིའི་དཀའ་གནད་ཕལ་ཆེར་མཆན་གནང་བ་རྣམས་ཕྱོགས་གཅིག་ཏུ་བསྡུས་ཏེ་བཀོད་པར་བྱས་པའི་ལེགས་བཤད་རྒྱུད་དགོངས་གསལ་བར་བྱེད་པའི་ཉི་མ་ཆེན་མོ་》ཅེས་པ་འདིའི་ནང་། རྩ་བ་ཐུགས་རྒྱུད་དང་བཤད་པ་སྐུའི་

图书在版编目(CIP)数据

噶玛丹培医著：藏文 / 青海省藏医药研究院，《藏医药经典文献集成》编委会编. -- 北京 ：民族出版社，2015.03
(藏医药经典文献集成)
ISBN 978-7-105-13798-5

Ⅰ.①噶… Ⅱ.①青… ②藏… Ⅲ.①藏医-文集-藏语 Ⅳ.①R291.4-53

中国版本图书馆 CIP 数据核字(2015)第073514号

民族出版社出版发行
(北京市和平里北街14号 邮编 100013)
http://www.mzpub.com
三河市华东印刷有限公司印刷
各地新华书店经销
2015年9月第1版 2015年9月北京第1次印刷
开本：850毫米×1168毫米 1/32 印张：9.25
印数：0001-2000册 定价：19元
ISBN 978-7-105-13798-5/R·469 (藏259)
(藏编室电话：010-58130072 藏文发行科电话：010-64227665)

རྒྱུད། མན་ངག་ཡོན་ཏན་རྒྱུད། ཕྱི་མ་འཕྲིན་ལས་རྒྱུད་བཅས་ཀྱི་ལེའུ་སོ་སོ་ལས་བྱུང་བའི་དཀའ་བའི་གནད་ལ་གོ་རིམ་མ་འཁྲུགས་པར་འགྲེལ་བ་མཛད་ཡོད།ལེའུ་གཉིས་པ་《བཤད་རྒྱུད་ཀྱི་འགྲེལ་བཤད་》ཅེས་པ་འདིའི་ནང་རྩོམ་པ་པོ་རང་གིས་ལོ་ངོ་དུ་མར་གསོ་བ་རིག་པར་ཞིབ་འཇུག་བྱས་པའི་རིག་པ་གསར་བ་དང་། རང་ཉིད་ཀྱི་ལྷ་ཚུལ། ཕྱི་རབས་པ་ལ་བསྟན་པའི་རེ་བ་སོགས་དང་འབྲེལ་ནས་བཤད་རྒྱུད་ཀྱི་འགྲེལ་བཤད་མཐར་ཆགས་སུ་གནང་ཡོད། ལེའུ་གསུམ་པ་《རྩ་མདོའི་བསྡུས་བཤད་རྒྱུད་དགོངས་ཉ་གང་》ཞེས་པའི་ནང་རྩོམ་པ་པོས་དངོས་སུ་ལག་ལེན་བྱས་པའི་ཉམས་མྱོང་རྩ་མདོའི་སྤྱི་དོན་བཅུ་གསུམ་གྱི་དོན་རྣམས་བརྗོད་ཡོད། དེ་དག་བཀོད་པ་ལས་སྨན་ཡིག་འདི་ནི་རྒྱུད་བཞིའི་ནང་དོན་དཀའ་གནད་དག་འདུས་པ་ཞིག་ཡིན་པ་ཤེས་ཐུབ་པ་མ་ཟད། རྒྱུད་བཞིའི་ཟུར་ལྟའི་ཡིག་ཆ་གལ་ཆེན་ཞིག་ཡིན་པའང་ཤེས་གསལ་ལྟར་རོ།།

《噶玛丹培医著》

本医著共1册269页。由民族出版社于2015年9月出版。

内容提要：

本医著是一本关于医学巨著《四部医典》中难点释义的医书，共分三个章节，第一章将《四部医典》中《总则部》《论述部》《秘诀部》《后续部》的难点汇总展开详述；第二章为《论述部》十一经内容的解释；第三章为《后续部》脉诊的解释。

医学价值：

作者将多年对《四部医典》的研究成果及个人经验加以总结，著成此书。为方便读者检索与查阅，书中内容依照《四部医典》的章节顺序编排，可作为解读《四部医典》中疑难问题的重要参考文献。

༢༣ ཀརྨ་ཚུལ་ཁྲིམས།

23 噶玛次成

ཀརྨ་ཚུལ་ཁྲིམས་ཀྱི་ངོ་སྤྲོད་མདོར་བསྡུས།

噶玛次成简介

ཀརྨ་ཚུལ་ཁྲིམས་ཞེས་པའི་མཁས་དབང་ཁོང་ནི་སྔ་དུས་བོད་མདོ་སྟོད་ནང་ཆེན་དེམ་ཆུ་ཉེར་ལྔའི་ནང་ཚན་ཟླེ་སྟོད་འབྲོང་པ་བར་མའི་མཆོད་གནས་ཀྱི་དགོན་སྲེ་སྙེའུ་རྣ་དགོན་གྱི་བསྟན་བདག གྲུབ་པའི་དབང་ཕྱུག་སྙེའུ་རྣའི་གཞོན་ནུ་འབྱུང་གནས་ཀྱི་སྐུ་ཕྲེང་དུ་བྱོན་པ་ཀརྨ་འཕྲིན་ལས་ཏེ་ཀརྨ་ཚུལ་ཁྲིམས་དང་། གཞན་དུ་ཀརྨ་རིམ་གྲོ་ཞེས་ཀྱང་འབོད་འདུག་པ་གང་ལྟར། ཁོང་ནི་ཁམས་ཕྱོགས་འཁྲུངས་ཤིང་མཚན་ལྡན་དགེ་བའི་བཤེས་གཉེན་དུ་མ་ལས་གསན་བསམ་རྒྱ་ཆེར་མཛད་པས་རིག་གནས་ཀུན་མཁྱེན་པ་རྒྱས་ཤིང་ཁྱད་པར་གསོ་རིག་ལ་ཕུལ་དུ་བྱུང་བར་མངོན། སྐུ་ཕྲེང་བཅུ་གཅིག་པ་ཞེས་གསར་བྲིས་འགར་འབོད་འདུག་ཀྱང་ངེས་བརྟན་དཔེན། ཡབ་ཡུམ་དང་འཁྲུངས་འདས་ལོ་ཚིགས་ཀྱང་གསལ་བར་མ་ངེས་ཀྱང་། དཔག་ན་སི་ཏུ་ཆོས་འབྱུང་གི་སློབ་མ་ཡིན་པའི་བཟོ་འདྲ་བས། དེ་ལྟ་ན་རབ་བྱུང་བཅུ་གསུམ་པའི་གཡས་གཡོན་དུ་བྱོན་ཡོད་པ་འདྲ་སྙམ། ཁོང་གིས་བརྩམས་གནང་བའི་གཅེས་བཏུས་མན་ངག་གསེར་སྦྲོམ་ནི། ཁམས་ཕྱོགས་ཀྱི་སྨན་པ་མཁས་ཆེན་དུ་མས་གཅེས་སུ་འཛིན་ཅིང་། ཕན་ནུས་ལག་བླངས་ངེས་རྙེད་ཀྱི་བྱིན་རླབས་དཔྱིད་དུ་ཆགས་པའི་སྨན་དཔེ་རྩ་ཆེན་ཞིག་ཡིན་འདུག ནམ་ཐར་རྒྱས་པ་དཔྱད་གཞི་མ་རྙེད་པས་ཞུ་བྲིས་དཔེན།

噶玛次成，其诞生于藏历第十三绕迥时期（1747—1806），出生地位于康巴地区。该地是众多智者与学者的摇篮。噶玛次成不仅是多堆囊谦下属的二十五邓区结堆中仲巴葛那寺的主持，亦是智必旺修葛那秀勒迥乃的转世。他拥有多个称号，如噶玛成勒、噶玛次成，以及在某些文献中所提及的噶玛日木卓。在童年时期，噶玛次成踏入了葛那寺的门槛，开始接受藏语文基础知识的教育。随着知识的积累，他不满足于现状，开始拜访多位大师，系统地学习了声律学、因明学、辞藻学、天文历算以及诗学等藏传大小五明学。此后，他在康巴地区获得了名家大师的藏医学真传，据说还在名医司徒·曲吉迥乃的悉心指导下，不懈地学习了《四部医典》《直贡医学集精》《千万舍利子》等众多藏医学经典著作。经过不懈努力，他最终获得了南派藏医经典著作的修习传承资格，成为一位真正的藏医学大师。其著作以《四部医典·秘诀部》为核心，广泛借鉴了《千万舍利子》《直贡医学集精》以及《甘露宝瓶》等藏医学经典文献，并结合个人及导师的临床实践，编纂了藏医学《医学秘诀荟萃·金箧》。

尽管目前尚无确切信息揭示其父母之名及生卒年月，现有资料亦未提供详尽的记载，但可以确信的是，其精神遗产及所取得的成就，将永远铭刻于藏医学悠久而深邃的历史长河之中，成为后人学习和敬仰的典范。

ཀརྨ་ཚུལ་ཁྲིམས་ཀྱི་གསུང་འབུམ།

噶玛次成医著

༄༅། །ཁདུད་རྩེ་སྙིང་པོ་ཡན་ལག་བརྒྱད་པའི་བཅུད་བསྡུས་གསང་བ་མན་ངག་རིན་ཆེན་གསེར་སྒྲོམ་ཞེས་བྱ་བ་བཞུགས་པའི་དབུ་ཕྱོགས་ལགས་སོ། །

གསུང་འབུམ་འདི་ལ་དེབ་གཅིག་ཡོད། ཤོག་བཟོས་ཤོག་ངོས་༢༧༤ཚམ་བཞུགས། ༢༠༠༧ལོའི་ཟླ་༦པར་མི་རིགས་དཔེ་སྐྲུན་ཁང་གིས་དཔར་དུ་བསྐྲུན།

ནང་དོན་གནད་བསྡུས།

གསུང་འབུམ་འདིའི་ནང་གཙོ་བོ་མཁས་དབང་ཀརྨ་ཚུལ་ཁྲིམས་ལགས་ཀྱིས་དཔལ་ལྡན་གསོ་རིག་རྒྱུད་བཞི་ལས་མན་ངག་ཡོན་ཏན་རྒྱུད་ཀྱི་དགོངས་པ་གཞིར་བཟུང་ཐོག་བྱེ་བ་རིང་བསྲེལ་དང་། འབྲི་གུང་གཅེས་བསྡུས། བདུད་རྩི་བུམ་པ་སོགས་བཀའ་གཏེར་གསོ་དཔྱད་ཁུངས་བཙུན་དག་གི་དོན་བསྡུས་ཤིང་། རང་གི་སློབ་དཔོན་གྱི་ཞལ་ནས་ཇི་ལྟར་གསུངས་པ་ལ་གཞི་བཅོལ་ཞིང་། རང་གི་སྦྱོང་བྱང་དག་གིས་ཟུར་བརྒྱན་ཏེ་ནད་ཀྱི་རྒྱུ་བསྟན་པ་ནས་ཏ་ཕྱུགས་ཀྱི་ནད་གསོ་བའི་བར་གཞུང་དངོས་ལེའུ་གོ་དྲུག་གི་སྒོ་ནས་བརྗོད་ནས་བཀོད་ཡོད།

ནད་ཐོག་གི་རིན་ཐང་།

གསུང་འབུམ་འདིའི་ནང་གཙོ་བོ་ཀརྨ་ཚུལ་ཁྲིམས་ལགས་ཀྱིས་རྒྱུད་ཆེན་ལས་མན་ངག་རྒྱུད་ཀྱི་དགོངས་དོན་གཞིར་བཟུང་ཐོག་བྱེ་བ་རིང་བསྲེལ་སོགས་གསོ་དཔྱད་གཞན་གྱི་སྙིང་བཅུད་རྣམས་བསྡུས་ཤིང་། རང་གི་སློབ་དཔོན་གྱི་ཞལ་གདམས་དང་རང་གི་སྦྱོང་བྱང་དག་གིས་ཟུར་བརྒྱན་ཏེ་བཀོད་ཡོད་པ་སྟེ། བཙན་དུག་གི་སྨན་མར་ལག་ལེན་གནང་ཚུལ་དང་། སློ་ཚད་བརྟག་བཅོས་སྐབས་ལུད་པའི་ཁ་དོག་དམར་སེར་སྐྱ་སོགས་དང་བསྟུན་ནས་གཉེན་པོའང་མི་འདྲ་བ་སྣ་ཚོགས་བསྟེན་དགོས་ཚུལ། གཞན་གསོ་དཀའི་གཉན་ནད་བརྟག་བཅོས་ཆ་ཚང་དང་བཅས་འཁྱེར་

བདེའི་ལག་ལེན་གནད་འབེབས་མང་པོ་རྒྱས་པར་གསུངས་ཡོད་པས་རིམ་བྱུང་མཁས་དབང་མང་པོས་གདེང་འཛོག་ཆེན་པོ་གནང་བར་མ་ཟད། ཁམས་ཕྱོགས་ཀྱི་སྨན་པ་མཁས་ཆེན་དུ་མས་གཙོགས་སུ་འཛིན་ཅིང་དུས་རྒྱུན་ནད་ཐོལ་དུ་ཕྱག་ལེན་གནང་བར་མཆིས་སོ།།

《医学秘诀荟萃·金箧》

本医著共1册279页。由民族出版社于2007年6月出版。

内容提要：

本医著的作者将《四部医典·秘诀部》作为核心内容，深入地研究和探讨了这部经典著作。在此基础上，作者还广泛地参考了其他重要的藏医学文献，例如《千万舍利子》《直贡医学集精》以及《甘露宝瓶》等，这些文献为本书提供了丰富的理论基础和实践指导。通过这种方式，作者不仅深入挖掘了藏医学的理论体系，还融入了自身及其导师在临床实践中的宝贵经验。这种理论与实践的结合，使得作者成功编纂了这部全面且深入的藏医学著作。

医学价值：

本医著不仅涵盖了藏医学的基础理论，而且详尽介绍了各类疾病的诊断技术、治疗手段以及预防策略。作者借助翔实的案例分析，例如在治疗肺炎时根据痰液颜色的不同采取不同的药物治疗方案，深入探讨了对顽固性瘟病的治疗策略。这些治疗方案不仅重视药物的运用，还特别强调了饮食调理与心理调整等多维度的综合治疗手段，彰显了藏医学整体治疗观的核心理念。这些诊疗理念在实际应用中不断得到验证和完善。其独到的诊疗理念与显著的疗效，在藏医学界引起了广泛的关注并获得了极高的评价。在康区，藏医学的执业者们在临床实践中成功地治疗了众多复杂病症，这使得噶玛次成大师在康区乃至整个涉藏地区的影响力不断扩大。本医著为后来的学者和医疗工作者提供了珍贵的参考资料。

༢༤ ཀརྨ་མཆན་དཔེ།
24 噶玛灿白

ཀརྨ་མཆན་དཔེའི་ངོ་སྤྲོད་མདོར་བསྡུས།
噶玛灿白简介

ཀརྨ་མཚན་དཔེའམ་ཀརྨ་རབ་འབྱོར་ནི་རབ་བྱུང་བཅུ་གསུམ་པའི་ནང་མདོ་སྨད་སྨོམ་སྨེ་འབྲོང་སར་ཟུར་སྨེའི་ནང་ཚན་ཕྲམ་རྒྱབ་ཟླ་ཕལ་ནང་ཞེས་པར་ཟླ་ཕལ་ཨ་སྐྱེ་ཚང་དུ་ཐུགས་འཆང་ནུས་ལྡན་གྱི་རིགས་སུ་ཡབ་ཨ་སྐྱེ་རྡོ་ཚེ་ཡི་སྲས་སུ་འཁྲུངས། ཐུ་ཕྱིར་བྱམས་མགོན་སི་ཏུ་པདྨ་ཉིན་བྱེད་དབང་པོ། འཇིགས་སྐར་གཏེར་ཆེན་རྡོ་རྗེ་དྲག་པོ་ཕྲིན་ལས་འདུས་པ་ལས་རབ་བདེ་རྩལ། གཏེར་སྟོན་རྣམ་རྒྱལ་རྡོར་རྗེ་སོགས་གཙུག་གི་བླ་མར་བསྟེན་ནས་སྨིན་གྲོལ་ཟབ་ཆོས་བདུད་རྩིའི་དགའ་སྟོན་ལ་རོལ་བའི་སྐལ་བཟང་ཅན་དུ་གྱུར། ཁྱད་པར་དུ་མཁས་གྲུབ་ཀརྨ་ཆགས་མེད་ཀྱི་སྤྲུལ་པའི་རྣམ་རོལ་གནས་མདོ་ཀརྨ་བདེ་ཆེན་སྙིང་པོ་ཟུང་མེད་རིགས་ཀྱི་བདག་པོར་མཉེས་པ་གསུམ་གྱིས་བསྟེན་ནས་གནས་མདོ་ལུགས་ཀྱི་ཆོས་བཀའ་ཡོངས་རྫོགས་ཀྱི་དབང་ལུང་ཉམས་ཁྲིད་དང་བཅས་མཐར་ཕྱིན་པར་མཛད་པས་ནང་ཐུགས་ཀྱི་སྲས་སུ་གྱུར་ལ། ཕྱོགས་མེད་སྨན་གྱི་འགྲོ་དོན་མཛད་པའི་ངག་རྒྱུན་ཡང་ཤིན་ཏུ་མང་། ཁྱད་པར་དུ་དུས་ངན་གཉན་རིམས་ཀྱི་བཅོས་ལ་ཁྱད་ཆོས་ཐོན་པ་ཡིན་པས་སྐབས་དེར་ནད་ཀྱི་བསྐལ་ངན་དར་བ་ལྷ་བུའི་གཉན་རིམ་ནག་པོ་སུམ་བརྒྱལ་གྱིས་ཟིན་པའི་ནད་པ་དུ་མར་དུས་མིན་འཆི་བ་ལས་སྐྱོབ་པའི་ཕྲིན་ལས་རྒྱ་ཆེར་སྤེལ་བ་སྟེ། རྗེ་གང་གིས་མཛད་པའི་དུས་ངན་གཉན་ནད་བཅོས་པད་འབྱུང་གསུང་ལྟར་བཀོད་པ་ཞེས་པ་ལས། ལྕགས་ཏ་ལོ་ཡི་རྒྱལ་ཟླ་ཉེ་ཤུའི་ཉིན།། ནད་ཡམས་བསྐལ་པའི་མེ་ཆེན་འབར་བའི་ཚེ།། བདག་གིས་སྨན་སྦྱོར་བདུད་རྩི་ཆར་ཆེན་ཕབས།། འགྲོ་བའི་དུག་ལྔའི་ཚ་གཟེར་རྩད་ནས་གཞོམས། ཞེས་གསལ་བ་ལྟར། ལྕགས་པོ་ཏ་ཡི་ལོ་སྟེ་རབ་བྱུང་བཅུ་བཞི་པའི་བགྲབ་བྱ་བཞི་བ་ལ་ནད་ཡམས་ཀྱི་བསྐལ་ངན་བཟློག་པ་དང་། ཡང་ཞལ་ནས། དགེ་སློང་ཀརྨ་མཚན་དཔེ་ཞེས་ནད་འདི་

ལ་གོམས་འདྲིས་ཤིན་ཏུ་ཆེ་བས་དཀའ་བ་དང་དུ་བླངས་ནས་རྩ་གསུམ་ཀུན་འདུས་པདྨ་འབྱུང་གནས་ལ་གསོལ་བ་བཏབ་ནས་བྲིས་ཞེས་སོགས་གསུང་དངོས་སུ་སྟོན་པ་བཅས་དུས་ངན་གཉན་ནད་ཀྱི་བཅོས་ལ་ནང་བྱན་ཆུད་པའི་སྦྱོངས་པ་རྙེད་ཅིང་ལག་ལེན་ལ་གདེང་ཐོབ་པ་ཡིན་པས། སྔར་ཡང་རབ་བྱུང་བཅུ་བཞི་པའི་ཤིང་མོ་བྱ་ཡི་ལོ་ལ་སི་ཏུ་པདྨ་ཉིན་བྱེད་དབང་པོས། སྙིགས་དུས་ནད་རིམས་ངན་པ་འདིས་བཅོས་ཐབས་ཡི་གེའི་རིས་སུ་བཀོད་དགོས། ཞེས་བཀའ་ཕེབས་པའི་ཚུལ་རལ་གྲི་ཕྱུང་བརྒྱུག་གཞུང་རང་དུ་གསལ་བ་བཅས་རྗེ་འདི་གཉན་བཅོས་ལ་ཁྱད་པར་དུ་འཕགས་པའི་ལག་ལེན་མངའ་བས་གསུངས་བསྐུལ་མཛད་པ་དང་། འཇམ་མགོན་ཀོང་སྤྲུལ་ཞལ་ནས་ཀྱང་། ཁྱད་པར་ཀརྨ་མཚན་དཔེའི་གསར་བསྒྲིགས་རྣམས་ཤིན་ཏུ་གལ་ཆེ་བ་ཡོད་ཅིང་ཞེས་སོགས་གསུངས་གནང་སྟེ་བྱམས་མགོན་ཡབ་སྲས་ནས་མཐོང་གཟིགས་ཆེ་བ་བཅས་དུས་ངན་གཉན་བཅོས་གསར་བསྒྲིགས་རྒྱས་བསྡུས་རྣམས་མདོ་ཁམས་ཀྱི་ཕྱོགས་འདིར་ཕྲིན་ལས་རྒྱས་ཙམ་བྱུང་བར་མངོན། དེ་ལྟར་ཕྱི་ཐུན་མོང་གསོ་དཔྱད་ཀྱིས་གདུལ་བྱས་རྗེས་སུ་འཛིན་པ་ཙམ་དུ་མ་ཟད། ནང་དུ་བསྟན་པའི་ཁུར་བཞེས་ཤིང་རྒྱལ་བ་གནས་མདོ་པའི་བསྟན་པ་ཕྱོགས་མཐར་སྤེལ་བའི་བྱེད་པོར་བཞུགས་པའི་ཚུལ་ཡང་། རྗེ་ཁོང་གི་ཐུན་མིན་བླ་མ་གནས་མདོ་ཀརྨ་བདེ་ཆེན་སྙིང་པོ་མཆོག་གི་བཀའ་ལུང་སྤྱི་བོར་བཅིངས་པའི་གཏེར་ཆེན་རྡོ་རྗེ་དྲག་པོས་ས་འདུལ་མཛད་དེ་གནས་མདོ་བཤད་སྒྲུབ་དར་རྒྱས་གླིང་འདི་ཕྱག་བཏབ་ནས་བསྟན་པ་རྒྱས་པར་མཛད་པས། ཕྱིས་བླ་མའི་མཚན་ལས་རྟེན་གཙུག་ལག་དང་བཅས་ལ་འང་རབ་འབྱོར་དགོན་ཞེས་མཚན་བླ་དྭགས་སུ་ཆགས། གདན་སར་རྗེ་གང་གི་སྤྲུལ་པའི་རྣམ་རོལ་རབ་འབྱོར་རིམ་བྱོན་གྱིས་འཛིན་ལས་ཀྱི་རྒྱུན་སྐྱོང་བ་མཛད་པའོ།།

噶玛灿白，又名为噶玛绕觉，藏历第十三绕迥（1747—1806）时期生于今青海省玉树州囊谦县的一个瑜伽僧世袭家庭，父亲名叫阿聂朵才。他先后师从司徒白玛宁切旺布，掘藏师南杰多吉、泽噶尔伏藏师多吉扎等著名大师，长期随乃多噶举派创始人噶玛恰美仁波切转世噶玛德钦宁波系统学习佛法，掌握乃多噶举派所有传承秘诀。他在各地行医事迹颇多，在瘟疫盛行时期（1810）功绩尤为卓越，对医学贡献巨大。他还著有《无明三毒本色之断除死魔绳索智慧宝剑》。1825年，受司徒白玛宁切旺布的嘱咐，他首次写出《乱时治瘟疫之莲花生教言如是小笔》一文，在防治瘟疫方面具有重大的实践意义。著名藏医名家贡珠·云丹嘉措也曾赞美道："唯独噶玛灿白瘟疫著作极其重要……"同时，他创建了乃多讲修达吉林（绕觉寺）并培养了诸多优秀的弟子。

ཀརྨ་མཚན་དཔེའི་གསུང་འབུམ།

噶玛灿白医著

༄༅། །མ་རིག་རྒྱུ་བྱས་དུག་གསུམ་རང་གཟུགས་འཆི་བདག་ཞགས་པ་གཅོད་པའི་ཤེས་རབ་རིག་པའི་རལ་གྲི་ཕྱུང་བརྒྱག་ཅེས་བྱ་བ་བཞུགས་སོ། །

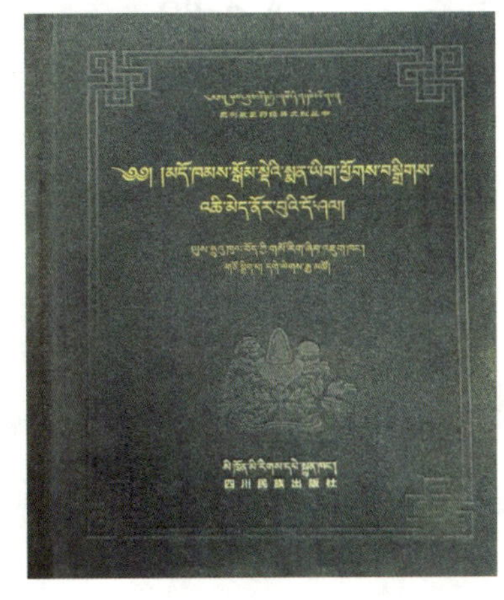

གསུང་རྩོམ་འདིའི་འདི་ཉིད་སི་ཁྲོན་མི་རིགས་དཔེ་སྐྲུན་ཁང་གིས་༢༠༢༡ལོའི་ཟླ་༨པའི་ནང་དཔེ་སྐྲུན་བྱས་པའི་《མདོ་ཁམས་སྨོས་སྡེའི་སྨན་ཡིག་ཕྱོགས་བསྒྲིགས་འཆི་མེད་ནོར་བུའི་དོ་ཤལ།》ཞེས་པའི་གསོ་རིག་སྐོར་དེབ་པོ་ཏི་གཅིག་ཡོད་པས། ཁྱོན་བསྡོམས་ཤོག་ངོས་༡༨བཞུགས།

ནང་དོན་གནད་བསྡུས།

སྨན་ཡིག་འདིར་《བདུད་རྩི་བུམ་ཆེན་ནོར་འབུམ་གཏེར་མ》དང་། 《ཏི་སྒྲོ་རིན་ཆེན་ཕུན་ཚོགས་གཏེར་མ་བདུད་རྩི་བུམ་ཆུང་།》《འཇའ་ཚོན་སྙིང་པོའི་ཕྱི་ནད་བཅོས་ཐབས།》《སྟག་ཤམ་གཏེར་མ་རལ་གྲི་ཕྱུང་རྒྱག》《གྲུ་མཛོད་གཏེར་མ་རྒྱུད་བཞི》་རྣམས་ལས་བཤད་པའི་ནད་རིམས་རྣམས་དུས་ཀྱི་དབང་གིས་འགྱུར་ཞིང་མི་འདྲ་ལ། ཟླ་ལྡག་བལ་ནད་དང་མཁྲིས་པ་རྩར་རྒྱུགས་ནད་ཀྱི་བཅོས་ཐབས་སྐོར་བྲིས་ཡོད་པ་མ་ཟད། ནག་པོ་སྲུམ་བསྒྲིལ་དང་བརྒྱལ་ནད་རྒྱུག་འགྱེད། སྨྱོ་འབོག་བརྒྱལ་ནད་སོགས་ནད་ཀྱི་མིང་གི་རྣམ་གྲངས་འབྲི་ལུགས་མི་འདྲ་བ་དང་། ན་ལུགས་འགོ་ལུགས། ན་ཡུལ་དང་བཟུང་ཡུལ། གབ་པའི་ཡུལ། འགྲོ་བའི་རྒྱུ་ལམ་སོགས་ཞིབ་པར་བྲིས་ཡོད།

གསོ་རིག་གི་རིན་ཐང་།

སྨན་ཡིག་འདིར་བོད་སྨན་སྦྱོར་སྦྱོར་རིག་པ་དང་སྨན་མིང་། ནད་རིགས་བརྟག་ཚུལ་དང་བཅོས་ཐབས། ནད་ཐོག་ལག་ལེན་སོགས་ཀྱི་ནང་དོན་བཀོད་ཡོད་དེ། སྨན་གཞུང་《བདུད་རྩི་བུམ་ཆེན་ནོར་འབུམ་

གཏེར་མ》་དང་། 《ཏི་སྒྲོ་རིན་ཆེན་ཕུན་ཚོགས་གཏེར་མ་བདུད་རྩི་བུམ་ཆུང་།》《འཇའ་ཚོན་སྙིང་པོའི་ཕྱི་ནད་བཅོས་ཐབས།》《སྟག་ཤམ་གཏེར་མ་རལ་གྲི་ཕྱུང་རྒྱག》《གྲྭ་མཛོད་གཏེར་མ་རྒྱུད་བཞི》སོགས་ལས་འཕྲུལ་མེད་དུ་ངོས་བཟུང་ཞིབ་རྒྱས་བཀོད་ཡོད་པས། དེང་དུས་བྱུང་དང་འབྱུང་བཞིན་པའི་ནད་ཡམས་འགོག་བཅོས་ཀྱི་ཕྱག་ལེན་གནང་མཁན་ཡོངས་དང་། ནད་ཡམས་ཞིབ་འཇུག་བགྱིད་མཁན་ལ་དཔྱད་གཞིའི་ཡིག་ཆ་སྟོན་མ་ཞིག་འགྱུར་བ་སྨོས་མ་དགོས་སོ།།

《无明三毒本色之断除死魔绳索智慧宝剑》

本医著收载于《玉树名医医著汇编》，共16页。此书由四川民族出版社于2021年6月出版。

内容摘要：

本医著着重记载了《伏藏大甘露》《伏藏小甘露》《外科治病彩虹精要》《虎皮伏藏断除宝剑》《四部医典》等重要医著中指出的疾病随着时空变化而不断变化的缘由，并对疾病随脉道扩散进行阻断的治疗方法作了阐述。特别是对三大黑旋（ནག་པོ་སུམ་བསྒྲིལ）、癫痫病（བརྒྱལ་ནད་རྒྱུག་འགྲེད།）、抑郁病（སྨྱོ་འབོག་བརྒྱལ་ནད）等多种疾病的名称书写形式、症状、传染路径、疼痛点、扩散部位与治疗手段等内容有详细的记载。

医学价值：

本医著涉及藏药方剂、药物、多种病症诊断、临床外治等内容。作者对《伏藏大甘露》《伏藏小甘露》《外科治病彩虹精要》《虎皮伏藏断除宝剑》《四部医典》等著作中的诊断方法作了详细阐述，在三大黑旋的疾病诊断和治疗方面具有很高的实际应用价值。为后期临床应用之便，作者用了韵文形式阐述疾病命名、症状、饮食取舍、药物治疗等内容。

༄༅། །དུས་ངན་གཉན་ནད་བཅོས་པ་པད་འབྱུང་གསུང་ལྟར་ཕྲན་བུ་བཀོད་པ་ཞེས་བྱ་བ་བཞུགས་སོ། །

གསུང་རྩོམ་འདི་ཉིད་《མདོ་ཁམས་སྨོམ་སྡེའི་སྨན་ཡིག་ཕྱོགས་བསྒྲིགས་འཆི་མེད་ནོར་བུའི་དོ་ཤལ།》ཞེས་པའི་གསོ་རིག་སྐོར་དེབ་པོ་ཏེ་གཅིག་ཡོད་པ་དེའི་ནང་བཞུགས།

ནང་དོན་གནད་བསྡུས།

སྨན་ཡིག་འདིར་དུས་ངན་གཉན་རིམས་ཡོང་བའི་རྟགས་སུ་ཞེ་སྡང་དོན་མེད་སྐྱེ་ཞིང་འཚིག་པ་ཟ་བ། ཁྲོ་འདོད་སོགས་ཡོང་ཞིང་། རྨི་ལམ་དུ་བན་དེ་མང་པོ་འཚོགས་པ་དང་། རྒྱ་བོད་མི་མང་པོའི་འཚོགས་འདུ་སོགས་རྨིས་ཤིང་། ནད་འདི་ན་ལུགས་ལ་མཆིལ་མེད་མཐུག་པ་འདྲ་བའམ་སྐེ་ལ་ཁྲག་འབུར་བུད་པ་འདྲ་བ། སྐེ་འགགས་ཤིང་མགོ་ཁང་ཚིགས་གཞི་རྒྱུ་མ་ན་ཞིང་འཁྲུ་བ། ལུས་རྗོ་བས་བརྡུངས་པ་འདྲ་བ། ལ་ལར་ཅི་ན་འདི་ན་མེད་ཅིང་འཐོམ་འཐོམ་དུ་ཐུངས་ཟེ་ཟད་དུ་འགྲོ་ཞིང་། ཟས་ལ་ཡི་ག་མེད་པ་བཀུག་དེ་འགྲོ་ནས་འཆི་བ། ལ་ལ་ནི་མིག་ལ་ལིང་ཐོག་པ་སོགས་ནད་རྟགས་ཤིན་ཏུ་མང་པོ་ཞིག་འབྱུང་ཚུལ་བརྗོད་ཡོད་པར་མ་ཟད། ལ་ལར་སྔར་ཡོད་ཀྱི་ནད་གཞི་གང་ཡོད་པ་དེ་ལྷར་དུ་ལྡངས་ནས། ད་ནངས་ན་ནས་དོ་དགོང་ཤི་བ་སོགས་སྨན་བཅོས་ལོང་མེད་པར་འཆི་ངེས་པ་སོགས་ན་ལུགས་མི་འདྲ་བ་མང་དུ་ཡོད་ཀྱང་། དོན་ལ་དེ་ནི་ནག་པོ་སུམ་བསྒྲིལ་ཅེས་པ་ཡིན་པས། དེའི་བཅོས་ཐབས་ཀྱི་ལག་ལེན་རྣམས་ཞིབ་པར་བྲིས་ཡོད།

གསོ་རིག་གི་རིན་ཐང་།

སྨན་ཡིག་འདིར་གཉན་ནད་ནག་པོ་སུམ་བསྒྲིལ་གྱི་ནད་རྟགས་ཤིན་ཏུ་མང་པོ་ཞིག་ཞིབ་རྒྱས་དང་བྲིས་ཡོད་པ་མ་ཟད། ནད་དེའི་འགོས་མཆེད་ཤིན་ཏུ་མགྱོགས་ཤིང་། འགྲོ་བའི་ཚེ་སྲོག་ལ་ཉེན་ཁ་ཆེ་བས་ཟས་སྤྱོད་དང་བཅོས་ཐབས་སོགས་དུས་ལྟར་བསྟེན་དགོས་པའི་ཚུལ་བསྟན་པ། གཉན་ནད་བཅོས་པའི་སྨན་གྱི་སྡེབ་སྦྱོར་རིགས་ལའང་ཐང་ནག་མ། དྲག་པོ་བཅུ་གསུམ། ཀླུ་དགུ་ཁྱུང་ནག ཐང་ཆེན་བརྒྱད་པ། སྨན་ནག་ཆེན་མོ་སོགས་བཀོད་ཡོད། བོད་སྨན་ནད་ཐོག་ལག་ལེན་ཐད་ཀྱི་ལག་དེབ་གལ་ཆེན་ཞིག་ཡིན་པ་དང་། གཉན་ནད་ནག་པོ་སུམ་བསྒྲིལ་གྱི་བཅོས་ཐབས་ལག་ལེན་ལ་ནུས་པ་གལ་ཆེན་ཐོན་ཡོད།།

《乱时治瘟疫之莲花生教言如是小笔》

本医著收载于《玉树名医医著汇编》。

内容摘要：

本医著着重记载了瘟疫三大黑旋，其主要症状表现为无故出现的愤怒、心悸、心焦、梦见诸多僧人或多人聚集等，此疾病的其他症状表现为咽喉部肿胀，伴阻塞感、四肢酸痛、腹痛、腹泻或无故消瘦、食欲不振而亡。部分患者出现云翳症等各种症状或久病复发。此病起病迅速，死亡率高，可晨起患病而夜间死亡。尤其对三大黑旋症状、传染路径、疼痛点、扩散部位与治疗手段等内容作了详细的记载。

医学价值：

本医著记载了瘟疫三大黑旋的症状之严重、扩散速度之快、病情之凶险和及时治疗的重要性。具有实际应用价值，有利于藏医药理论在瘟疫临床实践中发挥指导作用。主要药方有：汤那玛药（ཐང་ནག་མ།）、威猛十三味（དྲག་པོ་བཅུ་གསུམ།）、九味牛黄黑鹏（ཁྱི་དགུ་ཁྱུང་ནག）、八味大汤（ཐང་ཆེན་བརྒྱད་པ།）、曼那钦沐（སྨན་ནག་ཆེན་མོ།）等多种治疗瘟疫三大黑旋的复方和配伍。

༢༥ སྡེ་དགེ་ལྷ་སྨན་ཆོས་གྲགས་རྒྱ་མཚོ།

25 德格拉曼·曲扎嘉措

སྡེ་དགེ་ལྷ་སྨན་ཆོས་གྲགས་རྒྱ་མཚོའི་ངོ་སྤྲོད་མདོར་བསྡུས།

德格拉曼·曲扎嘉措简介

དམ་པ་འདིའི་འཁྲུངས་ཡུལ་དང་འཁྲུངས་དུས་སོགས་ཞིབ་པར་འཁོད་པའི་ལོ་རྒྱུས་ཀྱི་ཡིག་ཆ་མ་མཇལ་ཡང་། སི་ཏུའི་ཡང་སློབ་བམ་སྡེ་དགེ་རྒྱལ་པོའི་ལྷ་སྨན་པ་མགོན་བསམ་མམ་མགོན་པོ་བསོད་ནམས་ཞེས་པ་སོགས་སློབ་དཔོན་དུ་བསྟེན་ནས་སྐུ་ཆུང་ངུའི་དུས་ནས་གསོ་རིག་གིས་གཙོས་རིག་པའི་གནས་ལ་གསན་བསམ་མཛད། ངོར་ཆེན་ཀུན་དགའ་བཟང་པོའི་བཞེད་སྲོལ་འཛིན་མཁན་རྗེ་བཙུན་ཨེ་ཝཾ་པ་ཆེན་པོའི་ཆོས་སྐོར་ཞུགས། མཁྱེན་རབ་རྒྱས་ཏེ་སྡེ་དགེ་རྒྱལ་པོའི་ལྷ་སྨན་དུ་དབང་བསྐུར། ཁྱད་པར་འཇམ་དབྱངས་མཁྱེན་བརྩེ་དབང་པོའི་གསོ་དཔྱད་ཀྱི་ཡོངས་འཛིན་མཛད་པ་སྟེ། མཁྱེན་བརྩེ་རིན་པོ་ཆེའི་གསུང་ལས། ཁོ་བོའི་ཡོངས་འཛིན་ཆེན་མོ་ཧྲཱ་ཀིཧྲེ་ཞེས་དངོས་སུ་གསུངས་པར་གཞིགས་ན་དམ་པ་འདི་གསོ་དཔྱད་སོགས་རིག་པའི་གནས་ལ་མཁྱེན་པ་ཅི་ཙམ་ཡོད་པ་ཤུགས་ལས་རྟོགས་ཐུབ་པ་དང་། འཁྲུངས་པའི་དུས་ཀྱང་དུས་རབས་བཅོ་བརྒྱད་པའི་དུས་མཇུག་གམ་དུས་རབས་བཅུ་དགུ་པའི་དུས་འགོ་ཙམ་དུ་ཡིན་པ་ཤེས་ཐུབ། བསྟན་བཅོས་ཀྱང་ནད་སྨན་སྦྱོད་པའི་ཉམས་ཡིག་དང་། དངུལ་ཆུ་བཅོ་བརྒྱ་ཆེན་མོ་དང་། ལྷུགས་ཁམས་ཐལ་བཟློ། རིན་ཆེན་རིལ་ནག་ཆེན་མོ། ཚ་སྦྱོར་བཅས་ཀྱི་ལག་ལེན་ཟིན་བྲིས། བྲིས་བཅོས་ཀྱི་སྐོར། སྨན་ནུས་རིང་འཚོའི་ཟིལ་མངར་ཞེས་པ་སོགས་སྨན་གྱི་ཕྱག་བཞེས་སྐོར་གྱི་གསུང་རྩོམ་ཚད་མར་གྱུར་པ་དུ་མ་མཛད་ཡོད།།

德格拉曼·曲扎嘉措的诞生地、生辰等资料不详，但他拜司徒·曲吉迥乃徒孙德格土司的御医贡桑和贡布索朗等为师，从小就学习了以医方明为主的藏文化五大学科，参加了更嘎桑布等主持的大型藏医药典籍学术传承活动，后被任命为德格土司的御医。后来担任了降央钦孜旺布大师的藏医学和外治学的上师。据文献记载，降央钦孜旺布提到了“我的上师达玛格德”，因此不难断定德格拉曼·曲扎嘉措在藏医药学方面造诣极深，且他的出生时间大约是在18世纪末或19世纪初。他撰写了《对病施药的验方》《水银炮制法》《金属类炮制法》《珍宝热方制作》《热敷疗法》《儿科学》等医著，为弘扬藏医药作了巨大的贡献。

སྡེ་དགེ་ལྷ་སྨན་ཆོས་གྲགས་རྒྱ་མཚོའི་གསུང་འབུམ།

德格拉曼·曲扎嘉措医著

༄༅། །ནད་སྨན་སྤྱོད་པའི་ཉམས་ཡིག་ཅེས་བྱ་བ་བཞུགས་སོ།། །

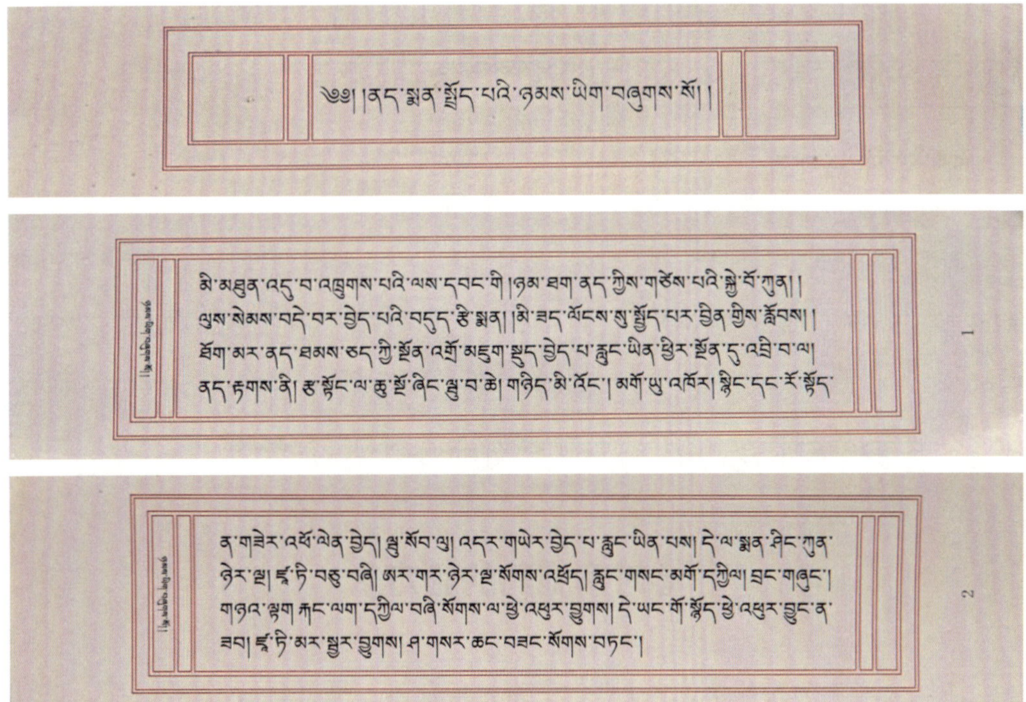

༄༅། །ནད་སྨན་སྤྱོད་པའི་ཉམས་ཡིག་བཞུགས་སོ།། །

མི་མཐུན་འདུ་བ་འཁྲུགས་པའི་ལས་དབང་གི །ཉམ་ཐག་ནད་ཀྱིས་གཙེས་པའི་སྐྱེ་བོ་ཀུན།། ལུས་སེམས་བདེ་བར་བྱེད་པའི་བདུད་རྩི་སྨན། །མི་ཟད་ལོངས་སུ་སྤྱོད་པར་བྱིན་གྱིས་རློབས།། ཐོག་མར་ནད་ཐམས་ཅད་ཀྱི་སྔོན་འགྲོ་མཐུག་སྐྱུད་བྱེད་པ་རླུང་ཡིན་ཕྱིར་སྔོན་དུ་འབྲི་བ་ལ། ནད་རྟགས་ནི། རྩ་སྟོང་ལ་རྒྱུ་སྤྲོ་ཞིང་ལྡུ་བ་ཆེ། གཉིད་མི་འོང་། མགོ་ཡུ་འཁོར། སྙིང་དང་རྩ་སྟོང་ 1

ན་གཟེར་འཕོ་ལེན་བྱེད། ལྡུ་སོབ་ལུ། འདར་གཡེར་བྱེད་པ་རླུང་ཡིན་པས། དེ་ལ་སྨན་ཤིང་ཀུན་ཉེར་ལྔ། ཛཱ་ཏི་བཅུ་བཞི། ཨར་གར་ཉེར་ལྔ་སོགས་འཐོད། རླུང་གསང་མགོ་དཀྱིལ། ཐང་གཞུང་། གཉའ་ལྷག་རྐང་ལག་དཀྱིལ་བཞི་སོགས་ལ་མེ་འཕུར་བྱུགས། དེ་ཡང་གོ་སྙོད་མེ་འཕུར་བྱུང་ན་ཟབ། ཛཱ་ཏི་མར་སྦྱར་བྱུགས། ཤ་གསར་ཆང་བཟང་སོགས་བཏང་། 2

གསུང་རྩོམ་འདིའི་མ་ཡིག་ནི་དཔར་མ་དང་། པོ་ཏི་གཅིག་ཡོད། ཡིག་གཟུགས་དབུ་ཅན། ཤོག་ངོས་རེར་ཐིག་ཐེང་༤ཡོད་པ་ཐིག་ཐེང་རེར་ཡིག་འབྲུ་༡༨བཞུགས། ཁྱོན་བསྡོམས་ཡིག་འབྲུ་སྟོང་ཕྲག་ལྔ་ལྷག་ཡོད། ད་ལྟ་ཁྲིན་ཏུའུ་གྲུང་ལུགས་གསོ་རིག་སློབ་གྲྭ་ཆེན་མོའི་དཔེ་མཛོད་ཁང་དུ་ཉར་ཚགས་བྱས་ཡོད།

ནང་དོན་གནད་བསྡུས།

འདིའི་ནང་དུ་ཐོག་མར་རླུང་གི་བཅོས་ཐབས་གསུངས་ཡོད་པ་སྟེ། དེ་ནས་ཁྲག་དང་ཆམ་པ་གདོན་གྲིབ་དང་

བསྲོངས་ན་ཅི་ལྟར་གསོ་དགོས་པའི་སྐོར་དང་། འབམ་དུ་གྱུར་དུས་ཀྱི་གསོ་ཚུལ། གྲུམ་བུའི་ནད་རྟགས་དང་།དེ་ཉིད་རྩ་དཀར་དང་དྲེག་དང་བསྲོངས་དུས་ཀྱི་རྟགས་མི་འདྲ་བ་དང་བཅོས་ཚུལ་སོགས་བརྗོད་ཡོད།གཞན་སྙིང་སྲོག་ལ་རླུང་ཞུགས་པ་དང་། མཁྲིས་པའི་ནད། གྲང་མཁྲིས། བད་ཀན་སྨུག་པོ། བད་ཀན་གྲེ་ཐོག་ཏུ་འགྲོ་བ། མ་ཞུ་བ། སྐྲན། སྐྱ་རབ་འོར། ཚ་བ་དང་རིམས། མགོ་ཚད། མགོ་གཟེར། སོ་སྲིན། མིག་ནད། མིག་རླུང་། རྣ་བའི་ནད། དོན་སྣོད་ཀྱི་ནད། སྐང་ཐབས། སྦྱོང་སྐྱུག ཁྲིས་པའི་ནད། སོ་ནད། ཡན་ལག་ཆག་པ། སྦྱར་དུག རྨས་པ་དང་ར་ཚ་གསོ་བ་སོགས་ཀྱི་ནད་རྟགས་དང་བཅོས་ཚུལ་སྐོར་གསོ་རིག་རྒྱ་ཆེན་གཞུང་ལས་རང་ལ་མྱོང་གོམས་ཐོབ་པའི་ཉམས་མྱོང་དག་ཕྱོགས་བསྡོམས་ཀྱི་ཚུལ་དུ་བཀོད་པའི་ཉེར་མཁོའི་ནད་སྨན་སྦྱོར་ཐབས་སྐོར་འཁོད་ཡོད།

གསོ་རིག་གི་རིན་ཐང་།

འདིར་ཉེས་གསུམ་དང་ཕོང་ནད། ཚ་བ་གཉན་རིམས་སོགས་ཀྱི་བཅོས་ཐབས་མཐོང་བརྒྱུད་ཕྱག་ལེན་མན་ངག་རྣམས་གནད་དུ་འཁེལ་བ་བློ་མཆོག་དམན་ཀུན་གྱིས་རྟོགས་སླ་བ་སྤྱོད་བདེ་བ་སོགས་ཀྱི་དགེ་མཚན་ཁྱད་དུ་འཕགས་པ་ཅན་ཡོད་པས། རྗེས་འཇུག་སྐལ་ལྡན་གྱི་སྐྱེས་བུ་རྣམས་ལ་བོད་ཀྱི་གསོ་བ་རིག་པའི་གཞུང་ལུགས་དང་ལག་ལེན་སློབ་སྦྱོང་དང་ཞིབ་འཇུག་གི་དཔྱད་གཞིའི་རིན་ཐང་ཆེ་བ་ཞིག་ཏུ་འཁྱུམས་སོ།།

《对病施药的验方》

本医著母本为排印本，共1册，字体为乌金体，每页4行，每行18字，共计5000余字。此书现由成都中医药大学图书馆收藏。

内容提要：

本医著介绍了隆病、血液病、感冒、精神类疾病、斑乃、真布病、白脉病、痛风、赤巴病、寒性赤巴病、木布病、食管癌、不消化症、肿瘤、各种水肿、热病和疫病、头热病、晕厥症、蛀牙、眼疾、耳病以及脏腑疾病的诊断和治疗方法。另外，本医著是集内科、外科、妇科、儿科、养生保健等内容为一体的综合性医学著作。

医学价值：

本医著主要阐述三因、内科学、热病疫病、脾病、肾病等的诊断和治疗方法。此外，本医著还包含了丰富的临床案例分析，为医学研究者和临床医生提供了宝贵的医学信息。因此，它不仅具有较高的医学学术价值，而且对于推动藏医学知识的传播和应用也具有重要意义。

༢༦ ཨེམ་ཆི་པད་མ་དབང་གྲགས།
26 恩秋·白玛旺扎

ཨེམ་ཆི་པད་མ་དབང་གྲགས་ཀྱི་ངོ་སྤྲོད་མདོར་བསྡུས།
恩秋·白玛旺扎简介

ཨེམ་ཆི་པད་མ་དབང་གྲགས་ཞེས་ཡུལ་སྡེ་གཞུང་གི་སྲིབ་རྒྱུད་དུ་གནས་ཆགས་པའི་དེམ་ཆུ་ཉེར་ལྔའི་དཔོན་མགོའི་ནང་ཚན་སུ་རུག་དཔོན་གྱི་མངའ་ཁོངས་ནས་འཁྲུངས་པ་དང་། ཁོང་གི་ཡབ་ཡུམ་སོགས་ནི་མི་གསལ་ཞིང་། ལོ་རྒྱུས་སྨྲ་བ་རྣམས་ཀྱིས་ཚོད་དཔག་དང་དཔྱད་པ་ལྟར་ན་དུས་རབས་བཅུ་དགུ་པའི་ནང་བྱོན་པ་ཡིན་པར་གསུངས་འདུག ཁོང་གི་མཚན་ལ་ཁོང་གིས་མཛད་པའི་གསོ་རིག་ལུང་རྒྱུན་ལས། "འཚོ་བྱེད་ཀྱི་གཟུགས་བརྙན་འཛིན་པ་བདག་པདྨ་དབང་གྲགས"ཞེས་དང་། སྤྲུལ་སྐུ་བསྟན་འཛིན་ཉི་མ་མཆོག་དང་རྣལ་འབྱོར་ཚུལ་ཁྲིམས་བརྒྱུད་ལག་སོན་བྱུང་བའི་པདྨ་དབང་གྲགས་ཀྱི་གསུང་ཆོས་ཚན་པ་གཉིས་ཀྱི་མཛད་བྱང་སུ་པདྨ་དབང་དྲག་ཅེས་འཁོད་པ་དང་། གསོ་བ་རིག་པའི་གཅེས་བཏུས་ལས། མན་ངག་ཡང་ཏིག་གསེར་གྱི་སྒྲོམ་བུ་བཞུགས་སོ།། ཞེས་པའི་མཛད་བྱང་དུ་འབྲི་གུང་གསོ་རིག་གཅེས་བཏུས་སུ་མཛད་བྱང་གི་མཚན་ལ་པདྨ་དབང་གྲགས་ཞེས་འཁོད་པ་དག་ལག་བྲིས་པར་གཞི་མའི་ནང་ན་འདི་ཨ་རྒོད་ཀྱིས་མཛད་ཅེས་གསལ་བས་ན་པདྨ་དབང་གྲགས་ཀྱི་མཚན་གཞན་ལ་ཨ་རྒོད་ཅེས་ཞུ་བ་འདྲ་འོ། ཁོང་གི་བརྩམས་ཆོས་ལ་རྒྱུད་ཀྱི་འགྱུར་བྱུང་དང་སློབ་རྒྱུན་སོར་བྲུའི་འཇལ་ཚད། བད་ཀན་གྱི་བཅོས་ཐབ་མོ་མན་ངག་ཆིག་རྒྱུད་ཐབ་སྐོར་རྣམས་བཞུགས་སོ།།

恩秋·白玛旺扎，诞生于定曲司揉宏地区，其确切出生日期及父母身份尚存争议。部分历史学者推测，他可能诞生于19世纪。在其著作中，医师自称为“以医者为身的白玛旺扎”。此外，在丹增尼玛大师与巴热次成大师合著的《大师医书》第二章后续部分，亦有“白玛旺扎”之署名。《藏医药大全》中记载，直贡医药丛书中亦有“白玛旺扎”之落款，而在手写版本中，则记为“阿呙”所著，因此，该医师亦有别名“阿呙”。其著作包括《医典及本学派传承和医典度量衡的认识》《培根病治疗单传奥秘秘诀集》等。

ཨེམ་ཆི་པད་མ་དབང་གྲགས་ཀྱི་གསུང་འབུམ།

恩秋·白玛旺扎医著

༄༅། །རྒྱུད་ཀྱི་འགྱུར་བྱང་དང་སློབ་རྒྱུན་སོར་བྲུའི་འདྲལ་ཆོད་ཅེས་བྱ་བ་བཞུགས་སོ། །

གསུང་རྩོམ་འདི་ཉིད་མི་རིགས་དཔེ་སྐྲུན་ཁང་གིས་༢༠༡༡ལོའི་ཟླ་༨པར་དཔེ་སྐྲུན་བྱས་པའི་《བོད་ཀྱི་གསོ་རིག་ཀུན་བཏུས།།》ནང་བསྡུ་བསྒྲིགས་བྱས་ཡོད་པ་དང་། ཁྱོན་བསྡོམས་ཤོག་གྲངས་༧༠བཞུགས།

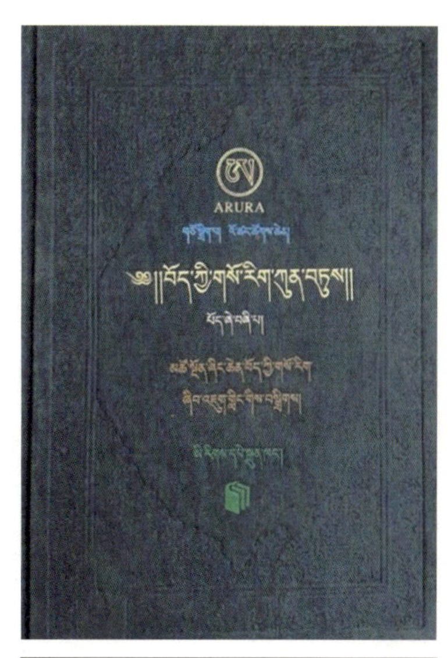

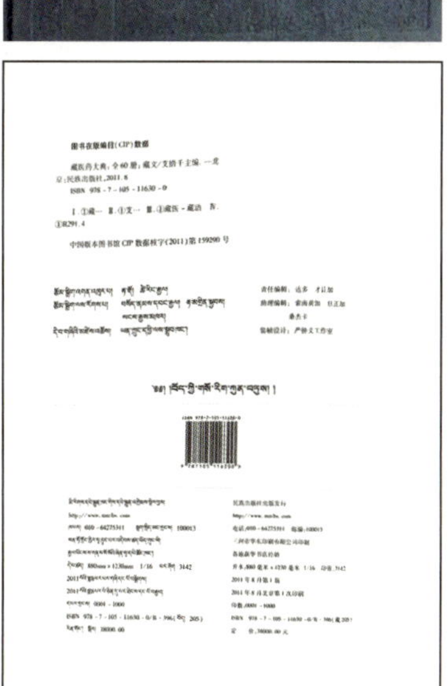
图书在版编目(CIP)数据

藏医药大典：全60册：藏文/艾措千主编. —北京：民族出版社，2011.8

ISBN 978-7-105-11630-0

中国版本图书馆CIP数据核字(2011)第159290号

༄༅། །བོད་ཀྱི་གསོ་རིག་ཀུན་བཏུས། །

ནང་དོན་གནད་བསྡུས།

ཐོག་མར་སྙིགས་མའི་དུས་ཀྱི་ཟུག་རྔུ་དྲག་པོ་དུས་མིན་དུ་རྣམ་པར་ལྡང་བའི་གཉེན་པོར་གྱུར་པས། སྐྱེ་དགུའི་ལུས་སེམས་ལ་སྨན་བདེའི་བཅུད་ལེན་སྟེར་བར་བྱེད་པའི་ཚིག་དོན་གྱི་ཆ་ཕུན་སུམ་ཚོགས་པའི་རྒྱུད་ཀྱི་འགྱུར་བྱང་བརྗོད་ཡོད་ལ། བར་དུ་དཔལ་ལྡན་རྒྱུད་བཞིའི་སློབ་རྒྱུན་དང་། ཁྱད་པར་དུ་འཚོ་བྱེད་ཀྱི་གཟུགས་བརྙན་པ་བདག་པདྨ་དབང་གྲགས་ལ་རྒྱུད་བཞིའི་ལུང་གི་བརྒྱུད་ཚུལ་ཞིབ་པར་བརྗོད་ཡོད། མཇུག་ཏུ་སོར་བྲུའི་འདྲལ་ཆོད་དེ། ཕུན་གང་སོར་ཕྱེད། སོར་བཞི་ནི་ཆག་གང་མཆོན་དོ། སོར་དྲུག་མཐེབ་གང་། མཐོ་དོ་ཁྲུ་གང་སོགས་ལེགས་པར་བརྗོད་ཡོད།

ཡིག་ཚང་གི་རིན་ཐང་།

རྩོམ་པ་པོས་སྔ་རབས་བོད་ཀྱི་གསོ་རིག་རྒྱུད་བཞིའི་འབྱུང་ཁུངས་བཞེད་ཚུལ་དང་གཞུང་འདིའི་འཆད་ཉན་གྱི་སྲོལ་ནུབ་པ་སླར་གསོ་བྱེད་མཁན་བརྗོད་ཡོད་པ་མ་ཟད། ལྷག་ཏུ་

རྒྱུད་ཀྱི་སོར་དང་ཆག མཛུབ་དང་མཐུད། ཁྲུ་དང་མཐོ་སོགས་ཀྱི་འཇལ་ཚད་སོགས་གོ་བདེ་བར་ཞིབ་འགྲེལ་བྱས་ཏེ་གསོ་བ་རིག་པའི་རྗེས་འཇུག་དག་གི་བློ་དོགས་ཡོངས་སུ་བསལ་བས། གསོ་རིག་གི་གལ་ཆེའི་ཟུར་ལྟའི་ཡིག་ཆ་ཡིན་པ་མ་ཟད་ཡང་དག་པའི་གལ་ཆེའི་སློ་ཁྲིད་ཀྱི་རིན་ཐང་ཡང་ཆེར་ལྡན་ནོ།།

《医典及本学派传承和医典度量衡的认识》

本医著收载于《藏医药大典》，共70页。此书由民族出版社于2011年8月出版。

内容提要：

本医著首先阐明了其致力于有效缓解未来多种疾病痛苦的宗旨，即为减轻人类病痛而编纂的《四部医典》的译文。文中详细记载了《四部医典》的传承历史，特别强调了达班玛王扎的师承关系。书中还记录了索尺等度量衡的使用。

文献价值：

本医著详细记载了《四部医典》的起源学说及其历史上的复苏与失传过程。同时，书中亦对《四部医典》中所涉及的度量衡单位，包括索、掐、奏、尺、托等的尺寸与长度进行了阐释。这本书不仅仅作为度量衡和《四部医典》起源学说的重要参考资料，而且它在理论教学方面发挥着指导性作用，为学习者提供了宝贵的理论基础和实践指导。

༧༩། །གསོ་བ་རིག་པའི་བརྒྱུད་བསྡུས་ལས་མན་ངག་ཡང་ཉིག་གསེར་གྱི་སྒྲོམ་བུ་ཞེས་བྱ་བ་བཞུགས་སོ། །

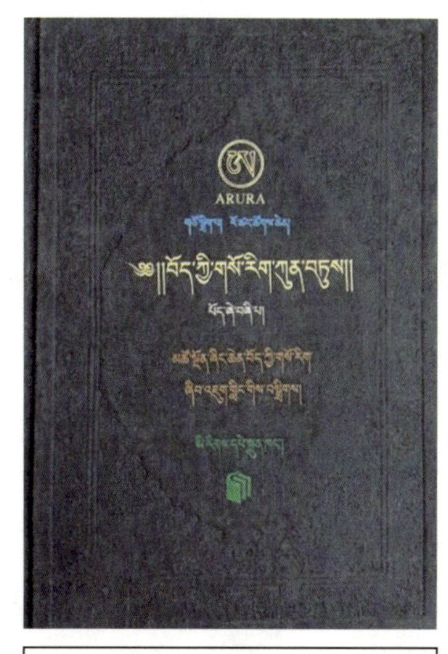

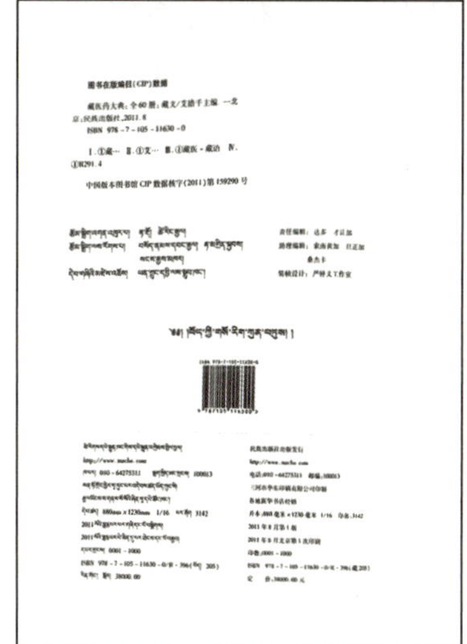

གསུང་རྩོམ་འདི་ཉིད་མི་རིགས་དཔེ་སྐྲུན་ཁང་གིས་༢༠༡༡ལོའི་ཟླ་༤པར་དཔེ་སྐྲུན་བྱས་པའི་《བོད་ཀྱི་གསོ་རིག་ཀུན་བཏུས།།》ཞེས་པའི་པོད་ཞེ་བཞི་ནང་ཤོག་ངོས་༢༧༣ནས་༣༡༨བར་གསལ། ཁྱོན་བསྡོམས་ཤོག་ངོས་༤༦བཞུགས།

ནང་དོན་གནད་བསྡུས།

རླུང་མཁྲིས་བད་ཀན་གྱི་ནད་དང་། ཚ་བ་གཉན་རིམས་ཀྱི་ནད། ལུས་སྟོད་དབང་པོའི་ནད། དོན་སྣོད་ནད་དང་ཐོར་བུའི་ནད། ལྷན་སྐྱེས་རྨ་དང་གློ་བུར་རྨ། བྱིས་པའི་ནད་དང་མོ་ནད། གདོན་གྱི་ནད་དང་དུག་ནད་བཅས་ཀྱི་འབྱུང་བའི་རྒྱུ་རྐྱེན་དང་། མཚན་ཉིད་རྟགས། དབྱེ་བ། གསོ་ཚུལ། ཐུགས་སོགས་ཀྱི་བཅོས་ཐབས་བཅས་གསུངས་ཡོད།

གསོ་རིག་གི་རིན་ཐང་།

ནད་ཀྱི་རྟགས་ལ་བརྟེན་ནས་དེ་བསྟུན་གྱི་བཅོས་ཐབས་དང་སྨན་སྦྱོར་བསྟན་ཡོད་པ་དང་། ཁྱད་པར་དུ་གཞུང་གཞན་དུ་མང་པོ་བསྟན་མེད་པའི་གདོན་ནད་དང་དུག་ནད་ཀྱི་རྒྱུ་རྐྱེན། མཚན་ཉིད་དང་དབྱེ་བ་གསོ་ཚུལ་བཅས་གསལ་པོ་བསྟན་ཡོད་པས་ནད་ཐོག་སྨན་པ་རྣམས་ལ་ཚོད་ལྡན་གྱི་གཞུང་ལུགས་རྨང་གཞི་བཏང་ཡོད་པ་དང་། ཁྱད་པར་དུ་བཛྲ་བྱ་ཕྱུན་སུམ་ཚོགས་ཤིང་རྫོད་བྱེད་ཚིག་ཁ་གསལ་བ་བཅས་ཀྱི་ཁྱད་ཆོས་ལྡན་པས་གསོ་རིག་གི་རིན་ཐང་ཆེས་ཆེར་ལྡན་ནོ།།

《秘诀再秘精华·金筐》

本医著收载于《藏医药大典》，共47页（第44卷中第273页至319页）。此书由民族出版社于2011年8月出版。

内容提要：

本医著阐述了隆、赤巴、培根、热病、疫病、五官疾病、脏腑疾病、杂病、疮疡、创伤、小儿疾病、妇科疾病、鬼祟病、中毒症等多种疾病的内外因素、性质、症状、分型、治疗原则、药物治疗以及咒语疗法等方面的知识。

医学价值：

本医著详细记载了隆、赤巴、培根、热病等疾病，特别是由外邪引起的疾病和中毒症。书中根据疾病的症状，提出了相应的治疗方案和药物配方，为临床医疗实践者提供了坚实的理论基础。同时，这部著作不仅阐释了众多医学典籍中的理论知识，还详细介绍了实践技能，为从事医疗工作的专业人士提供了丰富的参考资源，具有不可估量的实用价值。

༄༅། །བད་ཀན་གྱི་བཅོས་ཐབ་མོ་མན་ངག་ཆིག་རྒྱུད་ཐབ་སྐོར་རྣམས་ཞེས་བྱ་བ་བཞུགས་སོ། །

གསུང་རྩོམ་འདི་ཉིད་མི་རིགས་དཔེ་སྐྲུན་ཁང་གིས་༢༠༡༡ལོའི་ཟླ་༨པར་དཔེ་སྐྲུན་བྱས་པའི་《བོད་ཀྱི་གསོ་རིག་ཀུན་བཏུས།》ནང་བཙུ་བསྒྲིགས་བྱས་ཡོད་པ་དང་། ཁྱོན་བསྡོམས་ཤོག་གྲངས་༦བཞུགས།

ནང་དོན་གནད་བསྡུས།

བད་ཀན་མགུལ་འགགས་གསོ་བ་ལ་བེ་ཁྲག་ཉེར་ལྔ་དང་སྤང་རྒྱན་ཉེར་ལྔ། སྨིད་འཆུས་སྦྱི་འཛོམས་སོགས་ཞི་བྱེད་སྨན་དང་། ལྕ་འཕགས་པ་འཇམ་དཔལ་བསྐོམ་པ། སྔགས་ཨོམ་ཨག་སོད། ཨིག་སོད། ལམ་སོད། ལམ་སོད་ཅེས་པ་བཟླ་བ་བཅས་ཀྱི་ལག་ལེན་རིམ་པ་དང་། གདམས་པ་འདིའི་ལོ་རྒྱུས། གཞན་མགུལ་འགགས་ནད་ལ་ཕན་པའི་ཟ་ཡིག་དང་རྫས་སྔགས་ཀྱི་གདམས་པ་འགའ་དང་བཅས་བསྟན་ཡོད།

གསོ་རིག་གི་རིན་ཐང་།

གཙོ་བོ་བད་ཀན་བེ་སྣབས་འཕེལ་བ་དེ་བྲང་དང་སློ་བའི་ཡུལ་དང་། ཕོ་བའི་གནས་སུ་བསགས་ཏེ་ནད་རྟགས་སུ་དབུགས་ཀྱི་གཏོང་ལེན་དཀའ་བ། མིད་པ་འཆུས་ནས་ཟས་མི་ཐར་བ། འཇུ་དཀའ་བ། བསྒོངས་ཟླ་ཟླ་གཉན་གྱི་ནད་འབྱུང་བ་བཅས་ནད་གཞི་གདུག་པ་ཅན་དེ་དག་ལ་སྨན་སྔགས་གཉིས་ཀྱི་བཅོས་བསྟན་པ་དང་། ཁྱད་པར་དུ་ཀརྨ་པ་རང་བྱུང་རྡོ་རྗེའི་ལུགས་སུ་ཟ་ཡིག་བསྙེན་ལུགས་ཀྱི་དམིགས་བསལ་གྱི་ནད་བསལ་ཐབས་བཀོད་ཡོད་དེ། བད་ཀན་མགུལ་འགགས་ནད་ཀྱི་བཅོས་ཐབས་ཐབ་མོ་བསྟན་ཡོད་པས། གཅོང་ནད་གསོ་བཅོས་བྱེད་པའི་སྨན་པ་རྣམས་ལ་ནད་ཐོག་དང་། སྨན་སྦྱོར་གསར་བཟོ་སོགས་གང་ཐད་ནས་ བློ་སྐྱེད་ཐུབ་པའི་དགེ་མཚན་ལྡན།།

《培根病治疗单传奥秘秘诀集》

本医著收载于《藏医药大典》，共6页。此书由民族出版社于2011年8月出版。

内容提要：

本医著详细记载了治疗喉阻病（食道癌）的多种疗法，包括服用二十五味高山栎树脂散、二十五味龙胆花散以及普息（清）食道扭曲丸等平息方剂；并详述了定修天圣文殊禅、诵读“翁欧索，欧索，兰索，兰索”咒语等治疗程序。此外，书中还阐述了制作对喉阻病有益的口吞咒符和咒物的若干教诫。

医学价值：

本医著详细记录了藏医学中治疗一种特别棘手的疾病——培根革更病的综合疗法。这种疗法不仅包括了药物治疗，还融合了诵咒等非药物疗法，充分体现了藏医学理论与临床实践相结合的独特诊疗特色。在藏医学的传统观念中，由培根（一种体素）增盛所引起的革更病，长期以来都被认为是一种难以治愈的顽疾。西医从业者在临床实践中发现，该疾病在某些方面与食道癌存在相似性，因此，在进行临床诊断与治疗的过程中，藏医学常常将食道癌视为重要的参考指标。本著作所介绍的综合疗法，巧妙地融合了药物治疗与念诵咒语等非药物疗法，为临床治疗此类难以治愈的疾病以及一些复杂病症，提供了宝贵的参考和有益的启示。

༢༧ ཀརྨ་ཆོས་རྒྱལ།

27 噶玛却杰

ཀརྨ་ཆོས་རྒྱལ་གྱི་ངོ་སྤྲོད་མདོར་བསྡུས།

噶玛却杰简介

ཀརྨ་ཆོས་རྒྱལ་ལམ་མིང་གཞན་ཨ་དཀར་ཆོས་རྒྱལ་དང་ཀརྨ་ཆོས་རྒྱལ་ཡེ་ཤེས་འགྱུར་མེད་ཅེས་པ་ནི། འབྲོང་པའི་ཡུལ་རབ་ཤེས་གཞུང་དུ་ཡབ་གདུང་རིགས་མི་ཉག་དང་ཡུམ་གདོང་ངེ་གཟའ་གཉིས་ཀྱི་སྲས་སུ་རབ་བྱུང་བཅུ་བཞི་པའི་ལྕགས་རྟ་（སྤྱི་ལོ་༡༨༡༠）ལོར་སྐུ་འཁྲུངས། སྐུ་ན་ཆུང་ངུའི་དུས་ནས་ཀརྨ་བསྟན་འཕེལ་གྱི་དྲུང་དུ་བཞུགས་ཏེ་འབྲི་ཀློག་ནས་འགོ་བརྩམས་ཏེ་སྒྲ་ཀ་ཅན་དབྱངས་གསུམ་དང་སྙན་ངག་མེ་ལོང་མ། སྡེབ་སྦྱོར་རིན་འབྱུང་། གསོ་རིག་རྒྱུད་བཞི། སྡོམ་གསུམ་དང་འདུལ་བའི་གཞུང་སྐོར། རྒྱུད་བརྟག་པ་གཉིས་པ། མ་གཅིག་གི་གཅོད་སྐོར། ཁྱད་པར་དུ་ངེས་དོན་ཕྱག་རྒྱ་ཆེན་པོའི་གདམ་པའི་སྟོག་ཐམས་ཅད་སྦྱངས་པ་མཛད། སི་ཏུ་པད་མ་ཉིན་བྱེད་ཀྱི་མདུན་ནས་རབ་ཏུ་བྱུང་སྟེ་མཚན་ཀརྨ་ཆོས་རྒྱལ་གསོལ། བཀའ་འགྱུར་གྱི་ཀླག་ལུང་སོགས་སྨིན་གྲོལ་གང་མང་གསན། སྐུ་ན་གཞོན་པའི་དུས་ནས་རས་ཆུང་པའི་ཉེ་གནས་མཛད། སྨིན་གྲོལ་གྱི་སྡོམ་པ་རྒྱ་ཆེར་གསན། ཡིག་བྲིས་དང་། སྐར་གྱི་བྱང་འདྲེན། སྨན་གྱི་ཕྱག་ལེན་སོགས་ཀྱི་འགག་བཞེས། དཔེར་ན། སྨན་ངོ་གསལ་བྱེད་ལས། འཚོ་མཛད་དམ་པ་རྗེ་བཙུན་རས་ཆུང་པའི་ཞབས་འབྲིང་དུ་བོད་ཁམས་ཀྱི་ནད་པ་མང་པོའི་དོན་དུ་བླ་མ་མཆོག་ལ། ནད་པ་རྣམས་ཀྱི་ན་ཚུལ། རྩ་ཆུ་འདུག་ཚུལ། དེ་ལ་སྨན་དཔྱད་ཅི་དགོས་བཀའ་འདྲི་ཞུས་ཏེ་རིམ་བཞིན་སྨན་དཔྱད་ཀྱི་ལག་ལེན་ཐམས་ཅད་ཁོ་བོས་ལོ་མང་བྱས། རས་ཆུང་སྤྲུལ་སྐུ་དབུས་སྐོར་ཕྱོན་རྗེས་ཀྱི་དུས་འབྲལ་མེད་དུ་བྱོན་པ་དང་། ཐུ་ཕྱིར་རྫོ་དགོན་དང་ལྷ་ལུང་གི་རི་ཁྲོད་སོགས་སུ་སྒྲུབ་པ་ཡང་ཡང་མཛད། འཇམ་མགོན་ཀོང་སྤྲུལ་གྱི་དྲུང་ནས《ཤེས་བྱ་ཀུན་ཁྱབ》སོགས་དང་། མཁྱེན་བརྩེའི་མདུན་ནས《རྒྱུད་གསང་སྙིང》སོགས་རྫ་དཔལ་དགེའི་མདུན་ནས《སྤྱོད་འཇུག》སོགས་སློས་ཀྱིས་མི་ལང་བ་གསན།

རྒྱུད་འཛིན་གྱི་སློབ་མ་ལ་ཡང་ཀརྨའི་མཁན་ཆེན་དང་། འབྲུ་འཛམ་གྲགས། གཏེར་སྐུ་མཆེད། འཁེ་འདན་པ་དགེ་སློང་ཀརྨ་ཚུལ་ཁྲིམས། རས་སྤྲུལ་བརྒྱད་པ། ཐུགས་བརྩོན་ཉི་མ་བསྟན་འཛིན་སོགས་གྲངས་མང་བྱོན།

བརྩམས་ཆོས་ཀྱི་སྐོར་ལ་པོ་ཏི་བརྒྱད་ཙམ་བཞུགས་ཀྱང་རིག་གསར་འདྲི་ལག་གི་སྐབས་སུ་འགའ་ཞིག་འཛིག་

ཟིན། ད་ཡོད་ཀྱི་གསོ་རིག་སྐོར་གྱི་བརྩམས་ཆོས་ནི། 《གསོ་རིག་མན་ངག་རིན་ཆེན་གཏེར་མཛོད་ཀྱི་ཁ་བྱང་ལྡེ་མིག་ཀུན་གསལ་ཉི་མ》་ཞེས་པ་དང་《དཔྱད་ཀྱི་མཆོག་གྱུར་གཏར་གའི་རྣམ་གྲངས་གཏར་མིག་ཕན་ཡོན།》《རྩ་བ་ཐུགས་ཀྱི་རྒྱུད་དགོངས་གསལ་བྱེད་ནོར་བུའི་སྒྲོན་མེ།》《ནད་ཀྱི་བྱེ་བྲག་འགའ་ཞིག་གི་བཅོས་ཚུལ་ཟབ་མོ་ཐུན་མིན》་སོགས་འགའ་རེ་བཞུགས་ཡོད། མཐར་དགུང་གྲངས་དྲུག་ཅུ་རེ་གཅིག་ལྕགས་ཧྲ་ལོར་རྡོ་དགོན་ཡང་དབེན་དུ་སྐུ་གཤེགས།།

噶玛却杰，又称阿噶却杰或噶玛却杰耶希久美。于藏历第十四绕迥铁马年（1810）诞生于仲巴地区热徐谷，其父为顿日美尼，其母为顿俄萨。噶玛却杰自幼跟随噶玛丹培学习藏文读写，逐步学习《积分论》《月八戒论》《妙音论》和《巴尼巴》等古梵文四大家的声明学著述和《诗镜》《声律学宝生论》《四部医典》《三戒律》《律经》《喜金刚续》《麻吉拉准断行》《大印灌顶》等，在司徒白玛宁切前出家并赐名为噶玛却杰，聆听甘珠尔灌顶。幼年起担任热穹巴随从，广为接受灌顶讲经，前后担任文书、导员、私人医生。《医学鉴定》中记载噶玛却杰为了雪域高原众病人的健康，向上师热穹巴询问如何观察症状、如何吃药等问题，随后历时5年亲自担任医生。跟随热穹活佛赴藏朝拜，前后在多寺和拉龙山进行修行，在贡珠跟前学习《知识总汇》，在钦孜跟前学习《密宗精要》，在扎巴格跟前学习《入菩萨行论》。

其徒弟有噶玛大堪布、支嘉木扎、德兄弟、贝丹巴比丘噶玛次成、第八世热活佛、密宗僧人尼玛丹增等。

其著作共有8卷，现存的著作中关于医学的有《医学诀窍宝库密钥启明日光》《论剖刺治疗法种类》《本续要义智慧明灯》和《论部分疾病的特殊治疗方法》等。1876年在多寺圆寂。

ཀརྨ་ཆོས་རྒྱལ་གྱི་གསུང་འབུམ།

噶玛却杰医著

༄༅། །ཀརྨ་ཆོས་རྒྱལ་གྱི་སྨན་ཡིག། །

གསུང་འབུམ་འདི་ལ་དེབ་གཅིག་ཡོད། ཁྱོན་བསྡོམས་ཤོག་གྲངས་༣༡༨བཞུགས། ༢༠༡༨ལོའི་ཟླ་༡པར་མི་རིགས་དཔེ་སྐྲུན་ཁང་གིས་པར་བསྐྲུན་བྱས།

ནང་དོན་གནད་བསྡུས།

གཞུང་འདིར་སྤྱི་དོན་བཅུ་གསུམ་གྱི་ལམ་ནས་གསོ་རིག་དཔལ་ལྡན་རྒྱུད་བཞིའི་ནང་དོན་ཁག་ལ་འགྲེལ་བཤད་དང་། དྲི་མེད་ཤེལ་ཕྲེང་ལས་བསྟན་པའི་སྨན་སྣ་ཁག་ཅིག་ལ་མཆན་འགྲེལ་ཐུང་ཙམ་དང་། རྩ་མདོའི་བལྟ་གནས་སོགས་དཀའ་བའི་གནད་རྣམས་བཀྲོལ་བ། སྨན་སྦྱོར་དང་སྨན་སྣ་གབ་པར་སྦས་པའི་གནས་ལ་གསལ་འགྲེལ། དཔེ་ཆ་གཞན་དུ་ནོར་བ་བྱུང་བའི་བརྗོད་པ་འགའ་ལ་ཡང་རྩོམ་པ་པོས་རང་གི་ལྟ་བ་བརྗོད་ནས་བཀོད་ཡོད།

གསོ་རིག་གི་རིན་ཐང་།

གསུང་རྩོམ་འདིའི་ནང་གཙོ་བོ་ཐོག་མར་རྩ་རྒྱུད་ཀྱི་རྩ་བ་༣། སྡོང་པོ་༨། ཡལ་ག་༤༧སོགས་ཇེའུ་འགྲེམ་གྱི་བཀོད་རྣམས་གསལ་བར་བཀྲམ་ཡོད། བཤད་རྒྱུད་ལས་ཆགས་པར་རྩ་གསུམ་གཙོར་བྱས་པའི་རྩ་ཡི་རིགས་ཀྱི་ཆགས་ཚུལ་རྣམས་བརྗོད་ཡོད། ལྷ་ལུང་པ་འཇམ་དབྱངས་རྣམ་རྒྱལ་གྱིས་དྲི་མེད་ཤེལ་ཕྲེང་ཁྲིད་སྣང་བའི་ནོར་འཁྲུལ་འགའ་ཞིག་ལ་མཆན་གནང་ཡོད་པ་རྣམས་ཕྱོགས་གཅིག་བསྡེབས་ཏེ་རེ་རེ་བཞིན་གསལ་པོར་བཀོད་ཡོད། རྩོམ་པ་པོས་བོད་ཁམས་ནས་འཁྲུངས་པའི་རིན་པོ་ཆེ་དང་ས་རྫ་སོགས་སྨན་རིགས་བཅུ་ལ་དབྱེ་ནས་གཞུང་ལུགས་དང་ལག་ལེན་འབྲེལ་ཏེ་ངོས་འཛིན་ཐད་ཀྱི་བརྗོད་བྱ་རྣམས་བསྟན་ཡོད། དར་ཡ་ཀན་ཞེས་མིང་འདི་སྨན་༢༥ལ་འདུག་ཚུལ། ཞོར་དུ་སྨན་གྱི་མིང་དོན་དང་རྣམ་གྲངས་སོགས་འགའ་རེ་ཡང་བསྟན་ཡོད། སྨན་མར་གྱི་བཟོ་ལུགས་སྣ་ཚོགས་ཀྱི་ཕྱག་ལེན་དང་། གཏར་གའི་ཕན་

ཡོན་དང་གཏར་མིག མེ་བཙའི་ཕན་ཡོན་དང་གསང་དམིགས། དུགས་དང་ལུམས་ཀྱི་ཆོ་ག ནད་རིགས་བཅོ་བརྒྱད་ཀྱི་ནད་རིགས་བྱེ་བྲག་འགའ་ཞིག་གི་བཅོས་ཐབས་སོགས་ཀྱི་ཐོག་ནས་ཞིབ་ཕྲ་ཞིག་གསལ་བཤད་གནང་ཡོད་པ་རེད། ལག་ལེན་ཐོག་ལ་དགོས་མཁོ་ཆེ་བ་ཞིག་ཡིན།

ཞིག་གི་བཅོས་ཚུལ་ཟབ་མོའི་གནད་མས་པ་སོགས་གསལ་བར་ཡི་གེར་བཀོད་པ་དེས་ནད་ཐོག་ཏུ་སྨན་བཀོལ་བར་ནོར་བ་སྐྱང་པ་དང་སྨན་ནུས་བསྐྱེད་པའི་ནུས་པ་བརྟན་ཡོད་ལ། གཏར་ག་དང་མེ་བཙའ། ལུམས་སོགས་ཀྱི་ལག་ལེན་ཚད་ལྡན་བྱེད་པར་མཛུབ་སྟོན་གྱི་གལ་ཆེའི་ནུས་པ་བརྟན་ཏེ། གསོ་རིག་ནད་ཐོག་གི་ལག་ལེན་དང་སྨན་སྦྱོར་གྱི་ལག་ལེན་སོགས་ལ་རིན་ཐང་མི་དམན་པ་བཞག་ཡོད་དོ།།

《噶玛却杰医著》

本医著共1册319页。由民族出版社于2016年1月出版。

内容提要：

本医著内容共13个章节。首先，以石展的方式记载了《四部医典·总则部》三根五树四十七叶；对《四部医典·论述部》中第四章定脉（ཚགས་རྩ）等四种脉进行解释；将拉隆巴·将央南加对《晶珠本草》的几点注解详细记述。其次将出于青藏高原的珍宝类药、土类药、石类药等划分为10种，结合理论和实践进行详细论述；对被称为“达亚干”的35种药材一一进行了阐述；还记载了药酥的制作方法、放血部位及效用、火灸穴位及功效、敷法、药浴法，以及14种疾病的治疗等内容。

医学价值：

本医著对《四部医典》中的几个要点和《晶珠本草》中某些药物作了注解，对脉诊部位等易出现的谬误，以及组方、药物难点部分作了详述。对药物的详细记载可避免临床用药不规范的问题，且能提高疗效。放血和火灸等外治疗法的操作规程也可以避免临床操作的失误。本医著对藏医临床操作规范、药物的合理运用等起到了指导作用，在藏医学发展史上影响深远。

༢༨ ཀོང་སྤྲུལ་ཡོན་ཏན་རྒྱ་མཚོ།

28 贡珠·云丹嘉措

ཀོང་སྤྲུལ་ཡོན་ཏན་རྒྱ་མཚོའི་ངོ་སྤྲོད་མདོར་བསྡུས།

贡珠·云丹嘉措简介

ཀོང་སྤྲུལ་ཡོན་ཏན་རྒྱ་མཚོ་ནི། རབ་བྱུང་བཅུ་བཞི་པའི་ཆུ་བྱ（སྤྱི་ལོ་༡༨༡༣）ལོའི་ཟླ་ཟལ་མོ་སྒང་གི་གནས་མཆོག་པདྨ་ལྷ་རྩེའི་མདུན་རོལ་དུ་ཡབ་ཁྱུང་པོ་བླ་མ་གཡུང་དྲུང་བསྟན་འཛིན་དང་། ཡུམ་བཀྲ་ཤིས་མཚོ་བྱ་བའི་སྲས་སུ་སྐུ་འཁྲུངས། སྐུ་ན་ཆུང་ངུའི་སྐབས་ནས་ཐུགས་ཀྱི་བག་ཆགས་བཟང་ཞིང་། ཤེས་རབ་རྣམ་པར་བཀྲ་ལ། ཐུགས་རྒྱུད་ཞི་དུལ་ལ་གནས་པ་སོགས་སྐྱེ་བོ་མང་པོའི་ཐོས་འཛིན་དང་། འདྲེན་བྱེད་ཀྱི་ཡུལ་དུ་སྣང་ཞིང་མཛེས་པའི་གྲགས་པ་ལྷན་སྐྱེས་སུ་འཆར་བ་བྱུང་། སྐུ་ན་སོན་པའི་དུས་སུ་སྨན་གཞུང་རྒྱུད་བཞི་བློར་འཛིན་གནང་ཞིང་། གཙ་ཕུན་ཚོགས་ལས་སྨན་ལྷུམ་ངོ་སྤྲོད་མཛད། དེ་རྗེས་གཙ་ངེས་དོན་གྱིས་ཆེད་བསྐྱལ་གནང་བ་ལྟར་མདོ་རྒྱུད་དགོངས་འགྲེལ་མཐའ་ཡས་པར་མཁྱེན་པའི་ཡེ་ཤེས་མངོན་དུ་འགྱུར་ཕྱིར་ཞེ་ཆེན་པཎ་ཆེན་འགྱུར་མེད་མཐུ་སྟོབས་རྣམ་རྒྱལ་དང་། དཔལ་སྤུངས་སི་ཏུ་པདྨ་ཉིན་བྱེད་དབང་པོ། འཇམ་དབྱངས་མཁྱེན་བརྩེའི་དབང་པོ་སོགས་རིས་མེད་ཀྱི་སྐྱེས་ཆེན་དམ་པ་ལྔ་བཅུ་ཙམ་གྱི་ཞབས་ལ་གཏུགས་པ་དང་། སྨན་དཔྱད་སྐོར་གཙ་ཆེ་དབང་རབ་བརྟན་ལས་གསན་པ་བཅས་ཀྱིས་ཐ་སྙད་རིག་པའི་གནས་ཡན་ལག་དང་བཅས་པ་དང་། མདོ་རྒྱུད་བསྟན་བཅོས་མཐའ་དག་ལ་མཁྱེན་པའི་ཐུགས་ཀྱིས་དགོངས་པ་དང་། བརྩེ་བའི་སྤྱན་གྱིས་གཟིགས་ཏེ་ལུང་རིགས་དཔྱད་པ་གསུམ་གྱི་སྒོ་ནས་གསུང་རྩོམ་པོ་ཏི་དགུ་བཅུ་ཙམ་སྐལ་ལྡན་རྗེས་སུ་བཟུང་ཕྱིར་བཀའ་དྲིན་བསྐྱལ། དེའི་ནང་ནས་ཐུན་མོང་རིག་གནས་དགུ་དང་། ཐུན་མིན་ནང་རིག་པའི་གནད་རྣམས་ཚང་ལ་མ་ནོར་བ་སྟོན་པ་ཤེས་བྱ་མཛོད་ཅེས་པ་འདི་ཉིད་ཡིན་ཞིང་། སྐབས་དོན་གསོ་རིག་དང་འབྲེལ་ན། དེའི་ནང་ཚན་བཞི་པ་རིག་གནས་ཞར་བྱུང་དང་བཅས་པའི་བྱུང

པ་བརྗོད་པའི་ནང་གསོ་རིག་གི་ལོ་རྒྱུས་སྐོར་ལ། ཐོག་མར་སུ་ཞིག་གིས་དྲན་ཅིང་གང་ལས་བརྒྱུད་པ་དང་། བར་དུ་སྟོན་པས་ཇི་ལྟར་གསུངས་ཚུལ། ཐ་མར་རྒྱ་བོད་དུ་ཇི་ལྟར་དར་ཚུལ་གསུམ་ལ་བསྡུས་ནས་ཁོག་ཕུག་པར་མཛད། ལྷག་པར་གསོ་རིག་རྒྱུད་བཞིའི་བྱུང་ཚུལ་སྐོར་ལ། རྒྱན་སྤོལ་ཀུན་འདུས་གཡུ་ཐོག་སྨན་གྱི་བླར།། དཔལ་ལྡན་ཕྲེང་བས་གསང་མཛོད་དངོས་སུ་བསྐུལ།། ཡུལ་ཀུན་གདམས་པའི་བཅུད་བླངས་རྒྱུད་ཆེ་ཆུང་།། ཐུན་མོང་ཁྱད་པར་ཆོས་འཁོར་བསྐོར་བ་ལས།། ཞེས་པའི་འགྲེལ་པར་ཡན་ལག་བརྒྱད་པའི་བཤད་རྒྱན་གྱི་སྤོལ་ཀ་ཡོངས་སུ་རྫོགས་པ་གཡུ་ཐོག་པ་ཡོན་ཏན་མགོན་པོ་ལ་འདུས་ཤིང་བབས།། དེའང་ཕྱི་ལྟར་ན་རིག་པའི་གནས་ལྔ་ལ་མཁས་པའི་པཎྜི་ཏ་ཆེན་པོ། ནང་ལྟར་ན་འཕགས་པའི་ས་ལ་བཞུགས་པའི་རྡོ་རྗེ་འཛིན་པ་ཆེན་པོ། གསང་བ་ལྟར་ན་བོད་ཀྱི་གདུལ་བྱ་འདུལ་བའི་དོན་དུ་བཅོམ་ལྡན་འདས་སྨན་གྱི་བླ་མ་ཉིད་སྨན་པའི་གཟུགས་སུ་སྤྲུལ་པ་ཡིན་ལ། སྣང་ཚུལ་ཙམ་དུ་འཛམ་བུ་གླིང་ཀུན་དུ་རྫུ་འཕྲུལ་གྱིས་ཕེབས། ཁྱད་པར་འཕགས་ཡུལ་དུ་ལན་དྲུག་ཕེབས། ཨོ་རྒྱན་ནས་མཁའ་འགྲོའི་གཙོ་མོ་དཔལ་ལྡན་ཕྲེང་བས་ཡན་ལག་བརྒྱད་པ་དང་། ཀླུང་ལོ་ནག་པོའི་རྒྱུད་སོགས་གདམས་པའི་གསང་མཛོད་གཏད། གཞན་ཡང་ལྷ་དང་མིའི་དྲང་སྲོང་ཆེན་པོ་རྣམས་དངོས་སུ་མཇལ་ནས་གསོ་དཔྱད་ཀྱི་གདམས་པ་བསྐུལ། འཛམ་གླིང་དང་སེངྒ་ལ་སོགས་གླིང་ཕྲན་དང་བཅས་པའི་ཡུལ་ཀུན་གྱི་མན་ངག་དང་། མཁས་གྲུབ་རྣམས་ཀྱི་གདམས་པའི་བཅུད་བླངས་ནས་སྐུ་ཚེའི་སྟོད་ལ་ཡན་ལག་བརྒྱད་པའི་སྙིང་པོ་བསྡུས་པ་དང་། ལེའུ་དང་པོའི་འགྲེལ་པ་སོགས་མཛད། སྐུ་ཚེའི་སྨད་ལ་རྫུ་འཕྲུལ་གྱི་བཀོད་པ་བསམ་གྱིས་མི་ཁྱབ་པ་དང་བཅས་ཆོས་ཀྱི་འཁོར་ལོ་བསྐོར་བ་ལས། གཞུང་ཐམས་ཅད་ཀྱི་དོན་བསྡུས་བདུད་རྩི་སྙིང་པོ་ཡན་ལག་བརྒྱད་པ་གསང་བ་མན་ངག་གི་རྒྱུད་ཆེན་བཞི། རྒྱུད་ཆུང་བདུད་རྩི་སྙིང་པོ། ཆ་ལག་འགའ་ཞིག་བཅས་མཛད། ཐུན་མོང་གསོ་དཔྱད་དང་། ཁྱད་པར་སྐལ་པ་མཆོད་དང་ལྡན་པའི་སློབ་མ་སུམ་སྟོང་ཡེ་ཤེས་གཟུངས་ལ་གསང་བ་སྙིང་ཐིག་གི་ཆོས་འཁོར་བསྐོར་ཏེ་རྒྱུད་བཞི་སྙིང་ཐིག་དང་བཅས་པ་ལོ་བཅུ་གཉིས་སུ་བཀའ་རྒྱས་བཏབ་ནས་བསྐུལ། དེ་ལྟར་རྒྱུད་བཞི་ལ་བཀའ་དང་བསྟན་བཅོས་གང་རུང་ལ་འདོད་པ། གཉིས་གར་འདོད་པ། བསྟན་བཅོས་ལའང་འདོད་ལུགས་མི་གཅིག་པ་དུ་མ་བྱུང་ཡང་། ཕྱི་ལྟར་ན་རྒྱལ་བའི་བཀའ། ནང་ལྟར་ན་གཏེར་མའི་སྲོལ། གསང་བ་ལྟར་ན་གཡུ་ཐོག་པ་ཉིད་ཀྱི་གསུང་དུ་འདོད་པ་ཉིད་ལེགས་པའི་ཕྱོགས་སུ་རྗེ་བསྟན་པའི་ཉིན་བྱེད་ཡབ་སྲས་སོགས་ཀྱིས་བཞེད་པ་ཡིན་ཏེ། གང་ཟག་མཆོག་དམན་མེད་པར་ཕན་ཐོགས་ཤིང་རང་རྒྱ་ཐུབ་པའི་གཞུང་ལུགས་དཔལ་ལྡན་རྒྱུད་བཞི་དང་མཚུངས་པ་བོད་གངས་ཅན་གྱི་ལྗོངས་སུ་མ་བྱུང་བའི་ཕྱིར་དང་། བི་རོས་སྦས་པའི་གཏེར་སྟོན་གྲྭ་པ་མངོན་ཤེས་ཀྱིས་རྩ་བ་ཙམ་ཕྱུང་ནས་གཡུ་ཐོག་པ་ལ་གཏད་པའང་མི་འགལ་ཏེ་འབྲེལ་ཆགས་པའི་ཕྱིར་དང་། གསུམ་པ་ནི། སྙིང་ཐིག་གི་ལོ་རྒྱུས་ངེས་ཤེས་འདྲེན་བྱེད་ལས་དངོས་སུ་གསུང་པར་མ་ཟད། རྒྱུད་རང་ལ་བརྟགས་ན་དེ་ལྟར་འཐད་པར་གྲུབ་པའི་ཕྱིར་རོ།། ཞེས་བོད་ཀྱི་གསོ་རིག

རྒྱུད་བཞི་གཡུ་ཐོག་པ་རང་གིས་མཛད་པར་བཞེད། དེ་མིན་རིན་ཆེན་གཏེར་མཛོད་ཅེས་པ་གཏེར་སྟོན་སངས་རྒྱས་བླ་མ་གླིང་པ་ནས་གླིང་པ་བཅུ་གཉིས་གཙོ་བོར་གྱུར་པའི་གཏེར་ཆེན་གཏེར་རྒྱ་མཚོའི་ཡང་ཞུན་གཅིག་ཏུ་དྲིལ་བ་པོ་ཏི་དྲུག་ཅུ་ལྷག་ཙམ་ཡོད་པ་འདིའི་ནང་། གཞན་རིམས་སྨྲ་ཚོགས་སྟོན་འགོག་དང་། བཅོས་ཐབས་རྣམ་གྲངས་མང་ཞིང་ཕན་པ་ཆེ་འདྲས་དོན་དུ་འགྱུར་སྟམ་འབབ་པས་འགོད། ཅེས་པའི་ཞལ་གདམས་སྙིང་གི་ནོར་བུ་དང་འདྲ་བ་གསུངས་པ་ནས་བཟུང་ཀོང་སྤྲུལ་ཟིན་ཏིག་ཅེས་པ་འདི་ནི་ཁམས་ཕྱོགས་ཙམ་དུ་མ་ཟད། བོད་ལྗོངས་དང་། མཚོ་སྔོན། ཀན་སུའུ། ཡུན་ནན་བཅས་པའི་བོད་རིགས་སྨན་པ་རྣམས་ཀྱིས་གཙུག་ཏུ་འཛིན་པ་དང་། རང་ཅག་སྨན་པ་རྣམས་ལ་རྒྱས་བསྡུས་འཚམས་ཤིང་ལག་ལེན་བདེ་བའི་སྨན་དཔེ་ཡག་ཤོས་ཤིག་ཡིན་སྟབས་སྟོན་ཆད་སྡེ་དགེ་དང་། ལྷ་ས་སྨན་རྩིས་ཁང་གཉིས་ལ་ཤིང་པར་བརྐོས་ཡོད་པ་དང་། སྤྱི་ལོ་༡༩༧༥ ལོར་མཚོ་སྔོན་ས་ཁུལ་ནས་ལྕགས་པར་བརྒྱབ་དེ་འགྲོ་ཕན་ཏ་ཅང་ཆེ་བ་བྱུང་།

དེ་སྟོན་ཀོང་སྤྲུལ་ཡོན་ཏན་རྒྱ་མཚོ་དཔལ་སྤུངས་ཆོས་འཁོར་གླིང་དུ་བཤད་གྲྭའི་གཙོ་སྐྱོང་མཛད་སྐབས་དང་། དེ་མིན་ཟབ་རྒྱས་གསུང་གི་བདུད་རྩིའི་དཔལ་ལ་ལོངས་སྤྱོད་པའི་ཐུགས་སྲས་དུ་མའི་ནང་ནས་གཙོ་ཆེ་བ་ནི་ཀརྨ་པ་སྐུ་ཕྲེང་བཅུ་བཞི་པ་དང་། བཅོ་ལྔ་པ། འཇམ་དབྱངས་བློ་གཏེར་དབང་པོ། མི་ཕམ་རྣམ་རྒྱལ་རྒྱ་མཚོ། བྲག་ཡབ་གདོང་སྤྲུལ་ངག་དབང་དམ་ཆོས་རྒྱ་མཚོ། ངག་དབང་ཆོས་གྲགས་རྒྱ་མཚོ། ལྷག་བསམ་བསྟན་པའི་རྒྱལ་མཚན། བཀྲ་ཤིས་ཆོས་འཕེལ། སྨན་དཔྱད་འགྲོ་དོན་ཤིན་ཏུ་ཆེ་བའི་ཀུ་སེ་གསེར་ལྡོངས་ཞབས་དྲུང་སྤྲུལ་སྐུ་སོགས་ཀྱིས་གྲུབ་མཐའ་རིས་མེད་དང་། ལྷག་པར་གསོ་དཔྱད་ཀྱི་བསྟན་པ་འཛིན་སྐྱོང་སྤེལ་གསུམ་གྱི་སྒོ་ནས་དར་རྒྱས་སུ་མཛད་པ་བཅས་མཐར་ཀོང་སྤྲུལ་རིན་པོ་ཆེ་དགུང་གྲངས་བརྒྱད་ཅུ་གྱ་བདུན་ཐོན་ཞིང་འདིར་སྐུ་ཚེ་དེའི་གཞན་ཕན་གྱི་མཛད་པ་རེ་ཞིག་རྫོགས་ནས་སྐུའི་སྤྲོས་པ་བསྡུས་སོ།།

贡珠·云丹嘉措，藏历第十四绕迥水鸡年（1813）十月十日诞生在四川康区知达萨莫岗白玛拉泽，父亲名叫雍仲丹增，母亲名叫扎西措。他从小性情温和、为人诚实、聪明伶俐、勤奋好学，很小就能记诵《四部医典》，早年曾跟随噶玛彭措学习草药辨认，后又师从协钦班钦久美土多郎杰、白布司徒·白玛宁吉旺布、降央钦孜旺布等五十余名大师，系统学习了显密宗，还师从噶玛次旺绕丹学习藏医药学。他学识渊博，为世人留下了九十多卷著述。其中通用文化类九卷，非通用类内明方面最具盛名的是《知识总汇》，其第四章文化起源论中叙述了医学的起源与发展。对《四部医典》的来源，历来有佛说、论著说等各种观点和不同说法，贡珠·云丹嘉措引经据典，态度鲜明地坚持《四部医典》是由宇妥·云丹贡布所著。另外，《宝库藏》中收集了十二大伏藏师、后世伏藏大师白玛维色、朵阿灵巴、德庆灵巴等近两百位历代伏藏师的作品，共计六十多卷。其中记载有各种疫病的防治、水肿病的疗法、麻风病的治疗等许多独特的医疗方法。此书先后由德格寺和楚布寺刻成木刻，大量发行。

贡珠·云丹嘉措一生讲经说法，学医利众，80岁高龄时，还为弟子们编写了《医疗札记集要·甘露滴》（简称《贡珠札记》），是一部集前辈和作者本人医疗实践经验荟萃的珍世经典。他在传授《贡珠札记》的同时还留下了一句重要格言："知识只存书中难实践，不学无术者误病人，为杂务缠身的医者，特著此书望有助。"《贡珠札记》不仅在四川康区广泛流传，而且还在西藏、甘肃、青海、云南等地产生了巨大的影响。留存的版本有德格版和拉萨医学院刻版，1975年由青海民族出版社出版发行铅印版。贡珠·云丹嘉措的弟子遍及卫藏、多康等地区，其中著名的有第十四、十五世噶玛巴活佛，降央洛德旺布，居·迷旁降央郎杰嘉措，札雅东智阿旺丹曲嘉措，阿旺曲扎，拉桑单培坚参，扎西曲培，古斯塞蒋秀冲活佛等各教各派的重要弟子。贡珠·云丹嘉措大师于藏历第十五绕迥土猪年（1898）圆寂，享年87岁。

ཀོང་སྤྲུལ་ཡོན་ཏན་རྒྱ་མཚོའི་གསུང་འབུམ།

贡珠·云丹嘉措医著

༄༅། །འཚོ་བྱེད་ལས་དང་པོ་བ་ལ་ཉེ་བར་མཁོ་བའི་ཟིན་ཏིག་གཅེས་པར་བཏུས་པ་བདུད་རྩིའི་ཐིགས་པ་ཞེས་བྱ་བ་བཞུགས་སོ། །

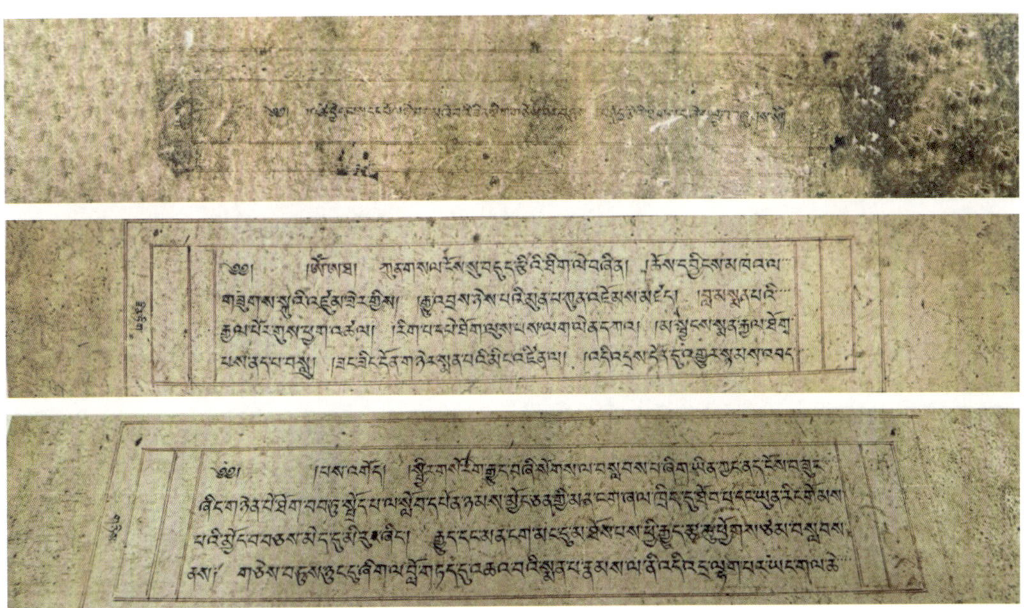

སྨན་གཞུང་འདིའི་མ་ཡིག་ནི་ཁམས་སྡེ་དགེ་རུ་ཤིང་པར་དུ་བརྐོས་ཡོད་ལ། ཡིག་གཟུགས་དབུ་ཅན། ཤོག་གྲངས་རེར་ཐིག་ཕྲེང་༥རེ། ཐིག་ཕྲེང་རེར་ཡི་གེ་༡༨། བསྡོམས་པས་ཤོག་གྲངས་༣༨༠ཡོད། ད་ལྟ་འདིའི་མ་ཡིག་ནི་དཀར་མཛོས་ཁྲུལ་བོད་སྨན་ཁང་གི་སྨན་པ་ཚེ་རིང་བསམ་འགྲུབ་ལགས་ཀྱིས་ཉར་ཚགས་བྱས་ཡོད།

ནང་དོན་གནད་བསྡུས།

གསུང་རྩོམ་འདིའི་ནང་གཙོ་བོ་རྒྱུན་མཐོང་ནད་རིགས་བརྒྱ་དང་བཅུ་ལྷག་གི་རྒྱུ་རྐྱེན་དང་། ནད་རྟགས། ཇི་ལྟར་གསོ་བའི་ཚུལ། དེ་མིན་ད་དུང་རིན་པོ་ཆེ་སོགས་ཀྱི་དུག་འདོན་ལག་ལེན་བྱེད་ཚུལ་སོགས་ལེའུ་༢༡བཀོས་ནས་ཞིབ་པར་གསུངས་ཡོད།

གསོ་རིག་གི་རིན་ཐང་།

སྤྱིར་གསོ་རིག་རྒྱུད་བཞི་སོགས་ལ་བསླབ་པ་སུ་ཞིག་ཡིན་ཀྱང་ནད་ངོས་བཟུང་ཞིང་གཉེན་པོ་ཐོག་བབ་ཏུ་སྦྱོད་པ་ལ་སློབ་དཔོན་ཉམས་མྱོང་ཅན་གྱི་མན་ངག་ཞལ་བྲིད་དུ་ཐོས་པ་དང་། ཡུན་རིང་གོམས་པའི་སྦྱོང་བ་བཅས་མེད་དུ་མི་རུང་ཞིང་། རྒྱུད་དང་མན་ངག་མང་དུ་མ་ཐོས་པར་ཕྱི་རྒྱུད་རྩ་ཆུ་ཕྱོགས་ཙམ་བསླབས་ནས་གཅེས་བཏུས་ཉུང་ངུ་ཞིག་ལ་བློ་གཏད་དུ་འཆའ་བའི་སྨན་པ་རྣམས་ལ་ནི་འདི་འདྲ་ལྟག་པར་གལ་ཆེ་བར་གཟིགས་ནས། ནད་སྨན་སྤྱོད་པའི་ཉམས་ཡིག་དང་། ལག་ལེན་གལ་ཆེ་བ་ཁ་ཤས་ཀྱི་ཟིན་བྲིས་སུ་བཀོད་པ་འདི་ཙ། ཀླུང་མཁྲིས་བད་ཀན་སོགས་ནད་རིགས་བརྒྱ་དང་བཅུ་ལྷག་གི་སློང་རྐྱེན་དང་། ན་ལུགས། བརྟག་ཐབས་རྣམས་རེ་རེ་བཞིན་མཚུབ་ཚུགས་སུ་བསྟན་ཡོད་ལ། ཁྱད་པར་དུ་ནད་གང་ཞིག་གྲོགས་གཞན་དང་བསྡོང་བ་ལས་སློས་ཀྱི་མན་ངག་ལག་ལེན་གྱི་བཅོས་ཐབས་མང་པོ་ཞིག་བཀོད་ཡོད་དེ། དཔེར་ན། སྟོད་འཚངས་གཉན་དང་བསྡོངས་པ་ལ་སྲོག་འཛིན་ནོར་བུ་གཏོང་བ་ལས་སྨན་གང་བྱུང་བཏང་མི་རུང་བ། ཨ་གར་བཅོ་ལྔས་དེ་ལའང་མི་གནོད་པས་ཐོག་མར་བཏང་ན་ངོས་འཛིན་ཅེས་པ་ལྟ་བུའི་ནད་སྨན་གཉིས་ཀྱི་ཕན་གནོད་ལ་དཔག་ནས་གཉེན་པོ་ཟས་སྤྱོད་སྨན་དཔྱད་བཞི་ཀ་བསྟེན་པའི་ཚུལ་སོགས་འཁོད་ཡོད། ཞར་བྱུང་རྟ་ཕྱུགས་ཀྱི་བཅོས་ཁ་ཤས་དང་མཁོ་གལ་ཆེ་བའི་ལག་ལེན་ཟིན་བྲིས་རིན་པོ་ཆེ་སོགས་སྨན་རྫས་ཀྱི་འདུལ་ཚུལ་དང་ནུས་འདོན་བྱེད་ཚུལ་སྐོར་གསུངས་ཡོད་པས། ནད་ཐོག་ལག་ལེན་གྱི་མན་ངག་ཟིན་ཏིག་ཡ་མ་བྲལ་བ་ཞིག་ཆགས་ཡོད།

རིག་གནས་ཀྱི་རིན་ཐང་།

གཞུང་འདི་མན་ངག་ཡོན་ཏན་རྒྱུད་ཀྱི་དགོངས་དོན་རྣལ་མས་གཞི་ཚུགས་པ་དང་། དམ་པ་ཕོང་གིས་སྐུ་ཚེ་གཅིག་རིང་ལ་སྨན་བཅོས་ཕྱག་ལེན་གནང་བའི་ཉམས་མྱོང་སྙིར་ཕྱོགས་བསྒྲོམས་གནང་སྟེ། ནད་རིགས་ཀུན་སྣ་འདྲིན་མཇུག་སྡུད་བྱེད་པའི་ཉེས་པ་རླུང་ནས་རྣམས་པ་རྩེ་ཙ་གསོ་བའི་བར་གྱི་ནད་རིགས་ཡོད་རྒྱུ་བཅོས་པའི་སྦྱོང་བྱུང་ངམ། མན་ངག་ཟབ་དོན་ཆ་ཚང་བུམ་པ་གང་བྱོའི་ཚུལ་དུ་ཡོངས་སུ་རྫོགས་པ་ཁ་གསལ་གནད་བསྡུས་སུ་གསུངས་ཡོད་པས། ལག་ལེན་བདེ་ཞིང་ནད་ལ་ཕན་ཁ་ཆེ་བ་བཅས་ཀྱི་ཁྱད་ཆོས་དུ་མ་ལྡན་པར་མ་ཟད། གསོ་རིག་སློབ་གཉེར་བ་ཀུན་ལ་མེད་ཐབས་མེད་པའི་ལག་ཆ་བཟང་པོ་ཞིག་ཏུའང་གྱུར་བར་བརྟེན། ཀུན་གྱིས་དཔྱལ་བའི་མིག་གམ་ཕོང་པའི་སྙིང་ལྟར་གནས་ཞེས་མགྲིན་གཅིག་ཏུ་ཡང་ཡང་བསྔགས་བརྗོད་བྱེད་བཞིན་ཡོད།།

《医疗札记集要·甘露滴》

本医著母本为德格木刻本，字体为乌金体，每页5行，每行16字，共360页。此书现由甘孜州藏医院泽仁桑珠医师个人收藏。

内容提要：

本医著详细介绍了110余种常见疾病的病因、症状、治疗方法，以及珍宝藏药的祛毒炮制工艺等内容，共21章。

医学价值：

医术的提升不仅依赖于系统学习《四部医典》的理论知识，而且临床诊断和准确治疗还需要长期跟师学习和常年的经验积累。作者特别针对不广泛阅读理论和秘诀，只学习尿诊等局部的诊断方法及零碎的治疗手段就去行医的医者，提供自身亲自验证的常见病诊治经验和一些主要实践技能操作方法。即对隆、赤巴、培根病等110余种疾病的引发原因、症状、诊断等一一作了记载。特别介绍了许多疾病并发症的特殊治疗秘诀，如隆血上壅症并发疫病应先服用十五味沉香散区分病性，再服用维命宝丸的特殊疗法。根据疗愈疾病的利与弊，用食、行、药、械四法进行对症治疗的许多经验。另外还记载了治疗马牛等牲畜疾病的一些必需的经验，及珍宝等矿物药的炮制法和发挥其功效方面的知识。

文化价值：

本医著以《秘诀部》的真谛为依据，总结了作者一生的临床经验，一一记载了从治疗隆病到养生保健的独特经验和深奥秘诀，其临床特点极为独特、简单易懂、方便高效，成为医学生不可或缺的专业书。

༄༅། །དཔལ་ལྡན་རྒྱུད་བཞིའི་འགྲེལ་པ་ཞལ་ལུང་ཆ་ཚང་གི་ནང་ལས་གསལ་བའི་ལག་ལེན་ཤེས་བྱ་ལ་ལྟ་བའི་རིང་ལུགས་ཐོན་ལྡན་ཞེས་བྱ་བ་ཞུགས་སོ། །

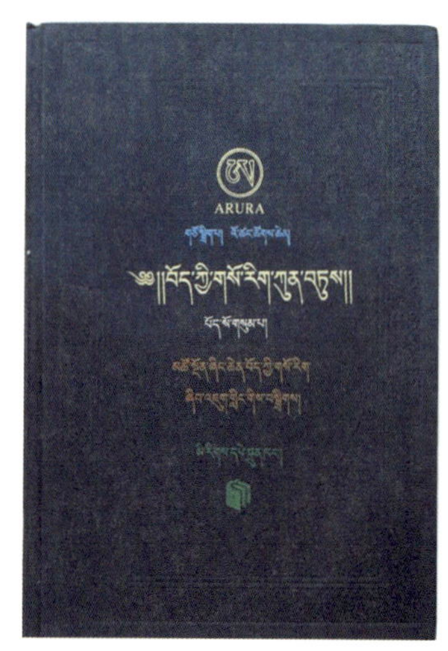

གསུང་རྩོམ་འདི་ཉིད་ནི་མི་རིགས་དཔེ་སྐྲུན་ཁང་གིས་༢༠༡༡ལོའི་ཟླ་༤པར་དཔེ་སྐྲུན་བྱས་པའི་《བོད་ཀྱི་གསོ་རིག་ཀུན་བཏུས།།》ཞེས་པའི་པོད་སོ་གསུམ་ནང་ཤོག་ངོས་༦༥༣ནས་༦༨༨བར་གསལ། ཁྱོན་བསྡོམས་ཤོག་ངོས་༩༧བཞུགས།

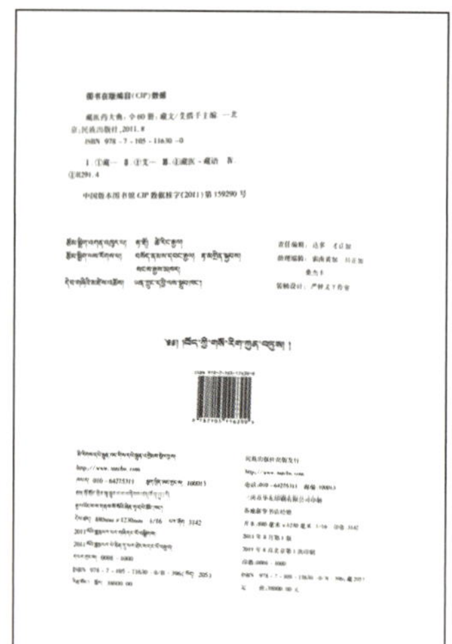
图书在版编目(CIP)数据
ISBN 978-7-105-11630-0
中国版本图书馆CIP数据核字(2011)第159290号
༄། །བོད་ཀྱི་གསོ་རིག་ཀུན་བཏུས། །

ནང་དོན་གནད་བསྡུས།

བདུད་རྩི་བཅུད་ཀྱི་རྒྱལ་པོའི་བཅུད་ལེན་ནི། ཚེ་རིང་པོར་འཚོ་བར་བྱེད་པའི་སྨན་ཐམས་ཅད་ཀྱི་མཆོག་དང་སྨན་སྦྱོར་ཐུན་མོང་གི་གཞི་ཡིན་པར་བརྟགས་ཤིང་། ཁྱད་པར་དུ་སྨན་གྱི་ནོར་བུ་རིན་ཆེན་རིལ་ནག་ཆེན་མོ་དང་། དུག་འཇོམས་རིན་ཆེན་ཡང་ཟབ། རྒྱུད་ཀྱི་མང་སྦྱོར་ཆེན་མོ་ལ་སོགས་ཀྱི་སྦྱོར་བའི་གཞིའམ་རྩ་བར་གྱུར་བ་ཞིག་ཡིན་ཕྱིར། གསོ་རིག་འཛིན་པ་རྣམས་ཀྱིས་དངུལ་ཆུ་བཙོ་བཀྲུ་ཆེན་མོའི་ལག་ལེན་བརྒྱུད་ཚུལ་གྱི་གོ་རིམ་དང་། བར་མ་ཆད་པའི་ཕྱག་ལེན་སོགས་ངེས་དགོས་པའི་བསླབ་བྱའི་རྟེང་སྐྱུལ་ཡང་ཡང་གནང་ནས། དམ་པ་གང་ཉིད་ཀྱིས་ལོ་མང་པོར་ལག་ལེན་བྱས་པའི་ཉམས་མྱོང་དང་། ཉིན་རེ་རེའི་ཕྱག་ལེན་གྱི་ཁྱད་ཆོས། ངེས་ཚིག་གི་ཐད་ལ་རྒྱ་གར་ནག་གི་མིང་དང་། མིང་གི་རྣམ་གྲངས་རེ་རེ་ཡོད་པ་སོགས་ཧ་ཅང་ཞིབ་ཚགས་ལྡན་པར་བསྟན་ཡོད།

གསོ་རིག་གི་རིན་ཐང་།

འདིའི་ནང་དུ་བདུད་རྩི་བཅུད་ཀྱི་རྒྱལ་པོའམ་དངུལ་ཆུ་བཙོ་བཀྲུ་ཆེན་མོའི་སྦྱོར་བས་བཅུད་ལེན་དུ་གྲུབ་པའི་ལག་ལེན་ཏེ། རིན་ཆེན་རིལ་བུ་སོགས་ཀྱི་སྦྱོར་བའི་གཞིར་གྱུར་བ་དང་། བོད་ཀྱི་གསོ་བ་རིག་པའི་འདུལ་སྦྱོང་ལག་ལེན་ཀུན་གྱི་ཡང་རྩེར་སོན་པའི་ལག་རྩལ་འདི་ཉིད་ཀྱི་འབྱུང་ཁུངས་དང་། ངོ་བོ། ངེས་ཚིག ལག་ལེན་གྱི་བརྒྱུད་རིམ། ལག་ལེན་

དངོས། བཅངས་ཚུལ། དམ་ཚིག ཕན་ཡོན་སོགས་བཀོད་ཡོད་ལ། ཁྱད་པར་དུ་ལག་ལེན་དངོས་ལ་ཡང་བཙོ་བཀྲུའི་དགོས་ཁྱད། ཉེར་མཁོའི་སྔ་གོན། བཙོ་བཀྲུ་དངོས་གསུམ་དང་། བཙོ་བཀྲུ་དངོས་ལ་གཡའ་སྦྱོང་བ་དང་། སྐྱེ་འབིགས་བཙོ་བཀྲུས་འདུལ་བ། དགྲ་དང་སྦྲད་ནས་རང་གཟུགས་སུ་བསྒྱུར་བ་སོགས་དམ་པ་གང་གི་བགྲང་བྱ་མང་པོའི་ཕྱག་ལེན་དངོས་ཀྱི་ཉམས་མྱོང་དང་སྦྲགས་ནས་ཞིབ་རྒྱས་སུ་བཀོད་ཡོད་པས། བོད་སྨན་འདུལ་སྦྱོང་ལག་ལེན་སྤྱི་དང་ཁྱད་པར་དུ་དངུལ་ཆུ་བཙོ་བཀྲུ་ཆེན་མོའི་ཕྱག་ལེན་འདི་ཉིད་བརྒྱུད་འཛིན་དར་སྤེལ་གཏོང་བར་གལ་ཆེའི་རིན་ཐང་ལྡན་ཡོད།།

《水银大煮洗成功成为滋补药》

本医著收载于《藏医药大典》，共47页（第33卷中第653页至699页）。此书由民族出版社于2011年8月出版。

内容提要：

本医著介绍了所有珍宝藏药的基础——藏药炮制工艺的顶级技术即甘露滋补王水银大煮洗成功成为滋补药的整体实践工艺。对它的来源、性质、定义、传承、操作程序、使用、注意事项、功效等方面进行了详细介绍。操作程序又分大煮洗必要性、前期准备、正式煮洗三部分；正式煮洗又分除锈、祛毒、炮制等三个步骤。

医学价值：

甘露滋补之王——水银经严格加工炮制后被誉为延年益寿药物之上品，是珍宝药物方剂共同的基础药，也是配制珍宝大黑丸方、芒觉钦莫等的基础药或根本药。因此作者再三提出必须掌握水银大煮洗法的实践操作程序并向后世表达了不断传承的愿望。书中详尽地记载了作者本人多年的水银炮制实践经验，还描述了水银在印度医学和中医中的名称及别名。结合作者本人多年实际操作经验进行了细致完整的介绍，对传承发展藏药金属炮制学，特别是水银大煮洗法具有重要意义。

༄༅། །སྨན་བླ་ཡོངས་སྐུ་གཙོ་འཁོར་ལྷའི་སྒྲུབ་ཐབས་ཞེས་བྱ་བ་བཞུགས་སོ། །

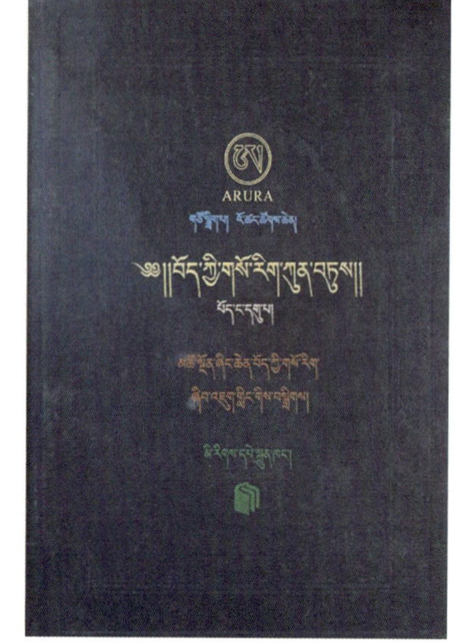

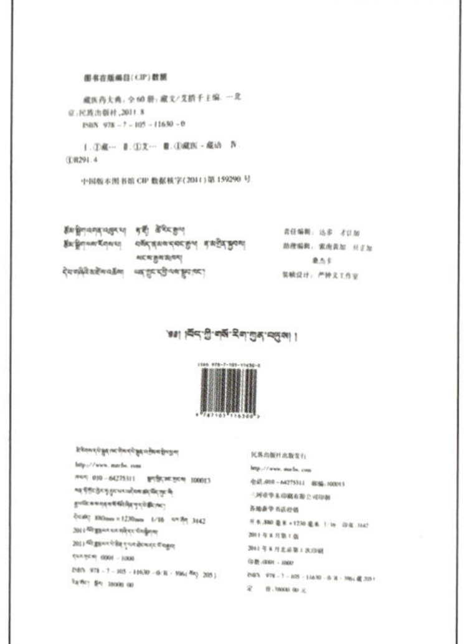

གསུང་རྩོམ་འདི་ཉིད་ནི་མི་རིགས་དཔེ་སྐྲུན་ཁང་གིས་༢༠༡༡ལོའི་ཟླ་༨པར་དཔེ་སྐྲུན་བྱས་པའི་《བོད་ཀྱི་གསོ་རིག་ཀུན་བཏུས།།》ཞེས་པའི་པོད་ང་དགུ་པའི་ནང་ཤོག་ངོས་༨༠༤ནས་༨༢༡བར་གསལ། ཁྱོན་བསྡོམས་ཤོག་ངོས་༡༨བཞུགས།

ནང་དོན་གནད་བསྡུས།

དེ་ཡང་སྐྱབས་འགྲོ་སེམས་བསྐྱེད་དང་ཚད་མེད་བཞི་སྔོན་དུ་སོང་ནས། དུས་གསུམ་གྱི་སངས་རྒྱས་ཐམས་ཅད་ཡོངས་སུ་འདུས་པའི་ངོ་བོའི་བདག་ཉིད་སངས་རྒྱས་སྨན་གྱི་བླ་བཻཌཱུརྻ་འོད་ཀྱི་རྒྱལ་པོ་སྐུ་མདོག་ནམ་མཁའ་གཡའ་དག་པ་ལྟ་བུའི་སྒྲུབ་ཐབས་དང་། ཁྱད་པར་དུ་བདག་དང་སེམས་ཅན་ཐམས་ཅད་གནས་སྐབས་སུ་རླུང་མཁྲིས་བད་ཀན་དང་འདུས་པའི་ནད་ཀྱི་ཚ་གྲང་ཟུག་རྔུ་ཐམས་ཅད་ལས་བསྒྲལ་བ་དང་། མཐར་ཐུག་གི་སངས་རྒྱས་ཀྱི་གོ་འཕང་རིན་པོ་ཆེ་ཐོབ་པའི་རྒྱུ་རུ་བསྔོ་ཚུལ་བཅས་གསུངས་ནས། མཐར་ཚོགས་པ་ཅི་དགར་ལོངས་སྤྱོད་པའི་དངོས་གྲུབ་ཀྱི་ཆར་འབེབས་ཚུལ་སོགས་བསྟན་ཡོད།

རིག་གནས་ཀྱི་རིན་ཐང་།

གསུང་རྩོམ་འདི་རིན་ཆེན་རིལ་ནག་ཆེ་འབྲིང་ཆུང་དུའི་ཆ་ལག་ཏུ་སྒྲུབ་ཐབས་འདི་བརྟེན་ན་ཤིན་ཏུ་ཟབ་པ་ལ། མཆོད་བཤམས་དང་ཚོ་གའི་རིམ་པ་གཉིས། ཚོ་གའི་རིམ་པ་ལ་ཡང་སྔོན་འགྲོ། དངོས་གཞི། རྗེས་གསུམ་གྱི་སྒྲུབ་ཐབས་རྣམས་གོ་རིམ་ཆ་ཚང་བར་བཀོད་ཡོད་པས། སྨན་བླ་ཡོངས་སྐུ་གཙོ་འཁོར་དང་བཅས་པའི་སྨན་སྒྲུབ་བྱ་ཐབས་ཁྱད་དུ་འཕགས་པ་ཞིག་ཡིན་ནོ།།

《药师佛报身五主仆之修法》

本医著收载于《藏医药大典》，共16页（第59卷中第806页至821页）。此书由民族出版社于2011年8月出版。

内容提要：

本医著首先介绍了先发皈依三宝慈悲之心和四无量之心，后作集三时一切佛祖于一身的蓝如天空的药师佛琉璃光王之修行法，特别记载了发愿自己和众生暂时脱离隆、赤巴、培根等一切寒热疾病的折磨，获得终极成佛正果，并获得充分享受资粮的降雨妙果。

文化价值：

本医著介绍了配制珍宝大黑丸、珍宝中黑丸、珍宝小黑丸时诵念具有殊胜功效的药师佛报身五主仆修法进行加持的方法。修法分供奉和修持仪轨两部分。修持仪轨又分前行、正式、后加三步骤。它是祈请药师佛五主仆解除众生病苦、增强药物功效的特殊修持方法，具有鲜明的藏文化特色。

༄༅། །གཡུ་ཐོག་པ་ཆེན་པོའི་ཐུགས་ཉིག་བླ་མ་སྒྲུབ་པའི་དོན་དབང་མདོར་བསྡུས་ཞེས་བྱ་བ་བཞུགས་སོ། །

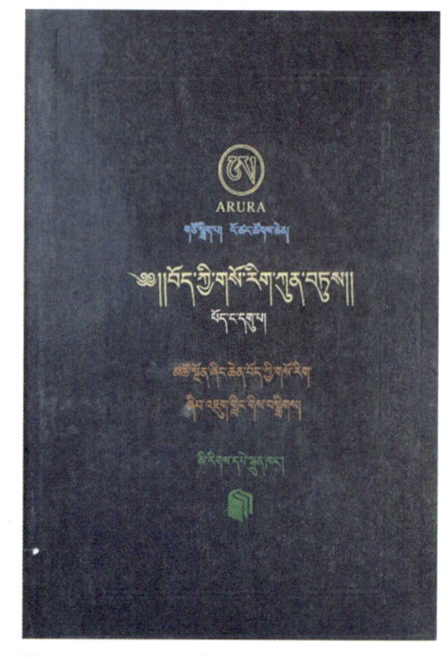

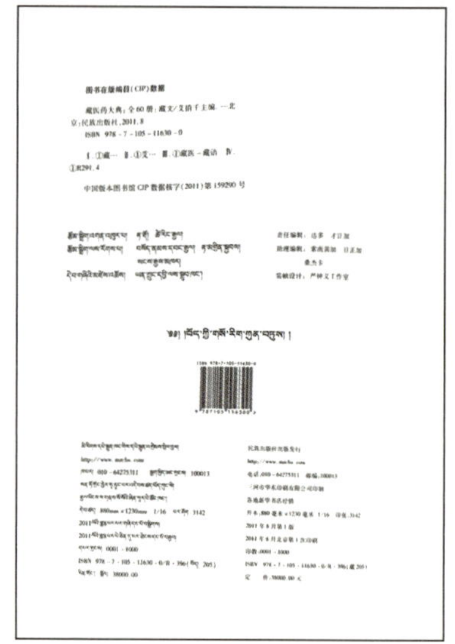

གསུང་རྩོམ་འདི་ཉིད་ནི་མི་རིགས་དཔེ་སྐྲུན་ཁང་གིས་༢༠༡༡ལོའི་ཟླ་༤པར་དཔེ་སྐྲུན་བྱས་པའི་《བོད་ཀྱི་གསོ་རིག་ཀུན་བཏུས།།》ཞེས་པའི་པོད་ང་དགུ་པའི་ནང་ཤོག་ངོས་༡༢༢ནས་༡༣༠བར་གསལ། ཁྱོན་བསྡོམས་ཤོག་ངོས་༩བཞུགས།

ནང་དོན་གནད་བསྡུས།

སྨན་བླ་ཡོངས་སྐུའི་སྒྲུབ་ཐབས་དང་འབྲེལ་ནས་ཛཿཔོ་ཡེ་ཤེས་པའི་དཀྱིལ་འཁོར་རྟེན་དང་བརྟེན་པ་ཡིན་པ་ལ་གཏོར་མའི་རྣམ་པས་བུམ་དབང་དང་། ཚིག་དབང་། གསང་དབང་། ཤེར་དབང་བཞིས་སྨན་བླ་ཡོངས་སྐུ་གཙོ་འཁོར་ལྔའི་སྐུ་སྒྲུབ་པ་དང་། ཐུགས་བཟླ་བ། ལས་ལ་སྐུལ་བ་དེ་དག་ལ་བརྟེན་ནས་གདུལ་བྱ་གཞན་རྗེས་སུ་འཛིན་པའི་དབང་ཆ་སོགས་སློབ་མ་སྨོད་ལྡན་ལ་སྐུར་ཚུལ་མདོར་བསྡུས་སུ་བརྗོད་ཡོད།

རིག་གནས་ཀྱི་རིན་ཐང་།

བཅོམ་ལྡན་འདས་སྨན་གྱི་བླ་མ་ཉིད་གངས་ལྗོངས་འདིར་འགྲོ་འདུལ་སྤྲུལ་བའི་གཟུགས་སུ་སྣང་བ་རྗེ་བཙུན་གཡུ་ཐོག་པ་ཆེན་པོའི་གཡུ་ཐོག་སྙིང་ཐིག་ཏུ་གྲགས་པའི་ཆོས་སྡེ་ལས། བླ་མ་སྒྲུབ་པའི་དོན་དབང་སྙིང་པོ་དྲིལ་བ་མདོར་བསྡུས་སུ་བཀོད་པ་འདི་ལ་སྦྱོར་བ། དངོས་གཞི། རྗེས་གསུམ་གྱི་སྒོ་ནས་བསྟན་ཡོད་ལ། དེ་ལྟར་སྒྲུབ་པས་སྨན་རྒྱལ་གྱི་བྱིན་རླབས་དངོས་གྲུབ་མཆོག་བསྩོལ་བའི་ཕན་ཡོན་བསམ་གྱིས་མི་ཁྱབ་པ་སོགས། མདོར་ན་བོད་ཀྱི་གསོ་བ་རིག་པ་ལས་སྨན་བླ་སྒྲུབ་ཚུལ་གྱི་ཚ་ག་ཁྱད་པར་པ་ཞིག་ཡིན་ནོ།།

《修习大宇妥心精上师的简要义灌顶》

本医著收载于《藏医药大典》，共9页（第59卷中第822页至830页）。此书由民族出版社于2011年8月出版。

内容提要：

本医著简要介绍了药师佛报身修法，通过向智慧坛城之所依和能依（寺庙和佛缘）敬奉“朵玛”的形式，用瓶灌顶、语灌顶、密灌顶、智灌顶等四灌顶来修炼药师佛报身五主仆之法、劝善。

文化价值：

本医著将解除众生病痛的药师佛化身宇妥·云丹贡布的《宇妥心精》中上师简要义灌顶修习法，分前行、正式、后加三个步骤进行了详细阐释，如此修习具有获得药师佛加持的殊胜功效。本医著是一部修习上师灌顶法的重要著作，体现了藏医药博大精深的文化内涵。

༄༅། །ཚེ་སྒྲུབ་འཆི་བདག་བདུད་འཛོམས་ཀྱི་ཕྲིན་ལས་ཞེས་བྱ་བ་བཞུགས་སོ། །

གསུང་རྩོམ་འདི་ཉིད་ནི་མི་རིགས་དཔེ་སྐྲུན་ཁང་གིས་༢༠༡༡ལོའི་ཟླ་༨པར་དཔེ་སྐྲུན་བྱས་པའི་《བོད་ཀྱི་གསོ་རིག་ཀུན་བཏུས།》ཞེས་པའི་པོད་དྲུག་ཅུའི་ནང་ཤོག་ངོས་༥ནས་༡༥བར་གསལ། ཁྱོན་བསྡོམས་ཤོག་ངོས་༡༡བཞུགས།

ནང་དོན་གནད་བསྡུས།

གསུང་རྩོམ་འདིའི་ནང་ཁོང་གིས་སྤྱིར་ནད་མེད་དང་བྱེ་བྲག་ནད་པ་དུས་མིན་དུ་འཆི་བར་མངོན་དུ་ཕྱོགས་པ་དག་ཚེ་ལྷ་དང་བླ་མའི་བྱིན་རླབས་དང་རྫས་ཀྱི་སྒོ་ནས་ཚེ་རིང་དུ་གཏོང་བའི་ཐབས་བརྗོད་ཡོད།

རིག་གནས་ཀྱི་རིན་ཐང་།

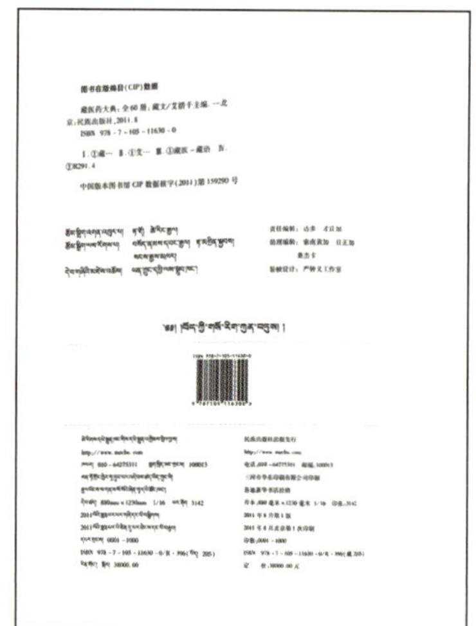
图书在版编目(CIP)数据

藏医药大典：全60册：藏文/艾措千主编. —北京：民族出版社，2011.8

ISBN 978-7-105-11630-0

中国版本图书馆CIP数据核字(2011)第159290号

༄༅། །བོད་ཀྱི་གསོ་རིག་ཀུན་བཏུས། །

གསུང་རྩོམ་འདིའི་ནང་ཀུན་ལ་མཁོ་བ་རིང་འཚོའི་ཚེ་ཡིན་ཀྱང་། སྒྲུབ་ཐབས་གདམས་ཟབ་འདི་འདྲ་ཤིན་ཏུ་དཀོན་པ་སྟེ། རྗེ་བཙུན་གཡུ་ཐོག་པ་ཆེན་པོའི་ཐུགས་ཐིག་སྙན་བརྒྱུད་ཟབ་གནད་ཐུགས་རྗེ་ཉི་འོད་ལ་བརྟེན་ནས་རྡོ་རྗེའི་ཚེ་སྒྲུབ་པ་ལས། ཕྱི་མ་ལྟར་སྦྱོར་བ་བཤམ་བཀོད། དངོས་གཞི་སྒྲུབ་ཕྲིན། རྗེས་ཚེ་དབང་བསྐུར་བ་གསུམ་གྱི་ལས་རིམ་ཚོ་ག་རྣམས་གསལ་བར་བཀོད་ཡོད་པས། བོད་ཀྱི་གསོ་བ་རིག་པའི་ཐུན་མོང་མ་ཡིན་པའི་ཚེ་སྒྲུབ་ཀྱི་བྱ་ཐབས་དང་ཁྱད་ཆོས་གསལ་བར་བྱས་ཡོད།།

《长寿仪轨·降服司命主之业》

本医著收载于《藏医药大典》，共11页（第六十卷中第5页至15页）。此书由民族出版社于2011年8月出版。

内容提要：

本医著介绍了健康人或者病人在弥留之际，可通过向天神和上师敬奉圣物来延长寿命的方法。

文化价值：

众生皆求长寿，长寿修持法如此殊胜宝贵，是第二药师佛所著《宇妥心精之慈悲光芒》中记载的金刚长寿修持法之一，本医著对它的前行供奉、正式仪轨、后灌顶等修持流程进行了阐述，体现了人类追求无病无灾、无忧无虑、延年益寿的健康生活的生命真谛。具有鲜明的藏医药文化特色。

༄༅། །གཡུ་ཐོག་སྙིང་གི་ཐིག་ལེའི་ཕྲིན་ལས་ཀྱི་བྱང་བུ་བསྡུས་མཆོག་ཏུ་བཀོད་པ་བདུད་རྩིའི་རྫིང་བུ་ཞེས་བྱ་བ་བཞུགས་སོ། །

གསུང་རྩོམ་འདི་《བོད་ཀྱི་གསོ་རིག་ཀུན་བཏུས།》པོད་དྲུག་ཅུ་པའི་དུམ་བུ་སོ་གཅིག་པ་སྟེ་ཤོག་ངོས་༣༩ནས་༥༧བར་གསལ། ཁྱོན་བསྡོམས་ཤོག་གྲངས་༡༩བཞུགས།

ནང་དོན་གནད་བསྡུས།

གཙོ་བོ་གཡུ་ཐོག་ཡོན་ཏན་མགོན་པོར་བརྟེན་ནས་སྨན་རྣམས་བདུད་རྩིའི་ངོ་བོར་བསྒྱུར་བའི་ཐབས་ཆ་ཚང་མདོར་བསྡུས་པའི་སྒོ་ནས་བསྟན་ཡོད།

རིག་གནས་ཀྱི་རིན་ཐང་།

གཞུང་འདིར་རྩོམ་པ་པོས་གཡུ་ཐོག་ཡོན་ཏན་མགོན་པོ་སོགས་ལ་བརྟེན་ནས་སྨན་གྱི་ངོ་བོ་བདུད་རྩིར་བསྒྱུར་བའི་ཐབས་ཆ་ཚང་བསྟན་ཡོད་ལ། དེ་ནི་བོད་རང་གི་རིག་གནས་ཀྱི་རྒྱབ་ལྗོངས་འོག་ནས་འབྱུང་བའི་དམིགས་གསལ་གྱི་སྨན་སྦྱོར་གྱི་ལག་ལེན་ཞིག་སྟེ། གཡུ་ཐོག་ཡོན་ཏན་མགོན་པོ་སོགས་སྨན་གྱི་རྒྱལ་པོ་སྒྲུབ་པ་ལ་བརྟེན་ནས་དེ་དག་གི་མཐུ་སྟོབས་ནུས་པ་ཐམས་ཅད་སྨན་ལ་ཐིམ་ནས་སྨན་གྱི་ངོ་བོ་བདུད་རྩིར་གྱུར་པའི་ཐུན་མིན་གྱི་བྱ་ཐབས་ཤིག་གོ།

《以观仪轨表述的宇妥心精事业之牌子·甘露池》

本医著收载于《藏医药大典》第六十卷第三十一部分中第39页至57页，共19页。

内容提要：

本医著简要介绍了礼拜宇妥·云丹贡布等医圣先贤，领悟“仁和精诚”“悬壶济世”的精神，实现所有药物皆变成甘露的整套方法。

文化价值：

本医著阐述了如何遵循宇妥·云丹贡布等历史上著名的医学大师的教诲，将所有药物转化为甘露的完整过程。它揭示了藏医药学中一个非常独特的概念，即将药物的内在本质转化为甘露，这一过程不仅展示了藏医药的神奇力量，还体现了加持修念在其中所起到的重要作用。这种转化方法是在藏传佛教深厚的文化和宗教背景下发展起来的，是一种特殊的增强药物功效的加持法。此法不仅依赖于药物本身的药性，更须借助修行者的精神力量与虔诚信仰，方能真正发挥其神奇效果。在藏医药的传统中，医师们常通过严格的修行与冥想，以增强自身内在的精神力量，从而能够在制药过程中，将这份力量传递给药物，使其功效倍增。这种加持法不仅体现了藏医药的独特魅力，也展现了藏传佛教修行者对于身心健康及自然界和谐共处的深刻理解和实践。

༄༅། །རྡོར་སེམས་ཐུགས་ཀྱི་ཐིག་ལེ་ལས་བཤད་རྩི་སྨན་གྱི་བྱིན་འབེབས་དངོས་གྲུབ་ཆུ་འཛིན་ཞེས་བྱ་བ་བཞུགས་སོ།། །

གསུང་རྩོམ་འདི་《བོད་ཀྱི་གསོ་རིག་ཀུན་བཏུས།།》པོད་དྲུག་ཅུ་པའི་དུམ་བུ་སོ་དགུ་པ་སྟེ་ཤོག་ངོས་༡༠༦ནས་༡༠༩བར་གསལ། ཁྱོན་བསྡོམས་ཤོག་གྲངས་༤བཞུགས།

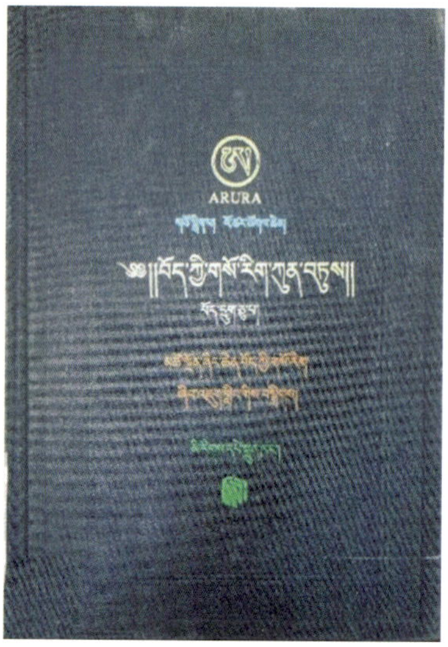

ནང་དོན་གནད་བསྡུས།

གཏེར་གསར་སྒྱུ་འཕྲུལ་གྱི་ཆ་ལག་ཏུ་དམིགས་ཏེ་བྲིས་པ་འདིའི་ནང་བླ་མ་སངས་རྒྱས་བྱང་སེམས་དཔའ་བོ་མཁའ་འགྲོ་ཆོས་སྐྱོང་རྣམས་ཀྱི་བྱིན་རླབས་ལ་བརྟེན་ནས་སྨན་རྣམས་བདུད་རྩི་རུ་འགྱུར་བ་གསོལ་བ་འདེབས་ཚུལ་གསུངས་ཡོད།

རིག་གནས་ཀྱི་རིན་ཐང་།

བདུད་རྩི་སྨན་གྱི་བྱིན་འབེབས་ཀྱི་གཞུང་འདིར་བླ་མ་དང་སངས་རྒྱས་སོགས་ལ་གསོལ་བ་བཏབ་ནས་དེ་དག་གི་མཐུ་སྟོབས་ཡོན་ཏན་སྨན་ལ་ཞུགས་ནས་སྨན་རྣམས་བྱིན་གྱིས་བརླབས་ཏེ་བདུད་རྩིར་འགྱུར་བར་སྨོན་པ་ཞིག་ཡིན་པས། དེ་ནི་བོད་སྨན་གྱི་དམིགས་བསལ་གྱི་སྦྱོར་བཟོའི་ལག་ལེན་དང་བོད་བརྒྱུད་ནང་བསྟན་ཟུང་འབྲེལ་བྱས་པའི་བོད་རང་གི་རིག་གནས་ཀྱི་ཁྱད་ཆོས་དང་ལྡན་པའི་འོག་ནས་བྱུང་བའི་རིག་གཞུང་གི་མ་ལག་ཆ་ཚང་བ་དང་ནང་དོན་ཕུན་སུམ་ཚོགས་པ་ཞིག་ཡིན།།

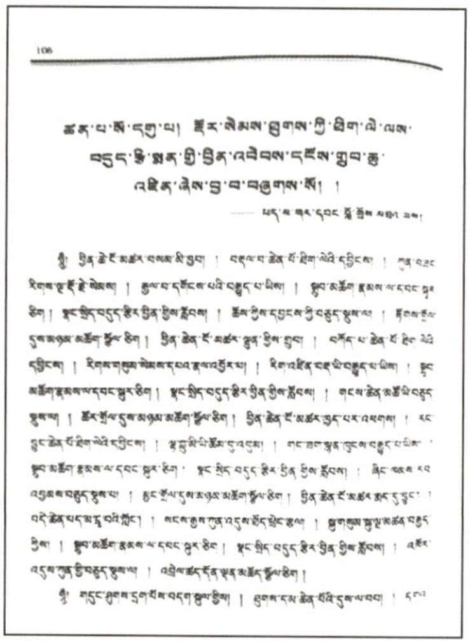

《金刚萨埵心所述甘露药的加持法·妙果之云》

本医著收载于《藏医药大典》第六十卷第三十九部分中第106页至109页，

共4页。

内容提要：

本医著为新伏藏之分支而写，书中记载了凭借上师、佛祖、菩萨、空行母、护法神们的加持，发愿药物皆变成甘露的祈祷方法。

文化价值：

本医著记载了凭借祈祷佛祖、上师等的加持使得药物本质经过加持仪式洗礼后变成甘露的发愿。本医著不仅体现了藏药的特殊操作法和藏医药与藏传佛教之间的紧密关联性，还体现了藏医药是在藏族特色文化的熏陶下衍生出来的一套完整理论体系。

༄༅། །དམ་རྫས་བདུད་རྩིའི་སྒྲུབ་ཐབས་གསང་ཆེན་མཆོག་གི་རྒྱུར་ལམ་སོགས་སྐྱི་ལ་ཉེ་བར་མཁོ་བའི་ཟིན་བྲིས་དགོས་དོན་རབ་གསལ་ཞེས་བྱ་བ་བཞུགས་སོ། །

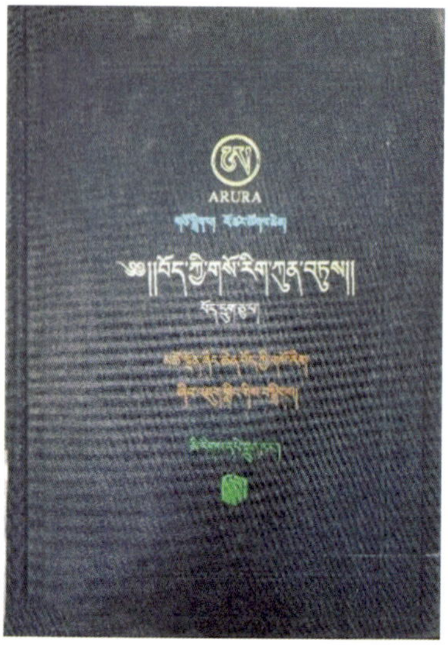

གསུང་རྩོམ་འདི་《བོད་ཀྱི་གསོ་རིག་ཀུན་བཏུས།།》བོད་དྲུག་ཅུ་པའི་དུམ་བུ་ཞེ་གཅིག་པ་སྟེ་ཤོག་ངོས་༡༢༤ནས་༡༩༧བར་གསལ། ཁྱོན་བསྡོམས་ཤོག་གྲངས་༢༡བཞུགས།

ནང་དོན་གནད་བསྡུས།

གསུང་རྩོམ་འདིའི་ནང་ཨོ་རྒྱན་གཏེར་བདག་གླིང་པས་མཛད་པའི་《གསང་ཆེན་སྒྱུར་ལེན་》སོགས་ཀྱི་ལྷན་ཐབས་སུ་མཛད་པ་འདིའི་ནང་རྩ་བ་བརྒྱད་དང་ཡན་ལག་སྟོང་ལས་གྲུབ་པའི་བདུད་རྩི་ཆོས་སྨན་སྒྲུབ་ཚུལ་གྱི་ལག་ལེན་དང་དེ་བདུད་རྩིའི་ངོ་བོ་བྱིན་གྱིས་བརླབས་ཚུལ་དང་བདུད་རྩི་ཞེས་པའི་ངོ་བོ་དང་ངེས་ཚིག་སོགས་གསལ་བར་བཤད་དོ།

གསོ་རིག་གི་རིན་ཐང་།

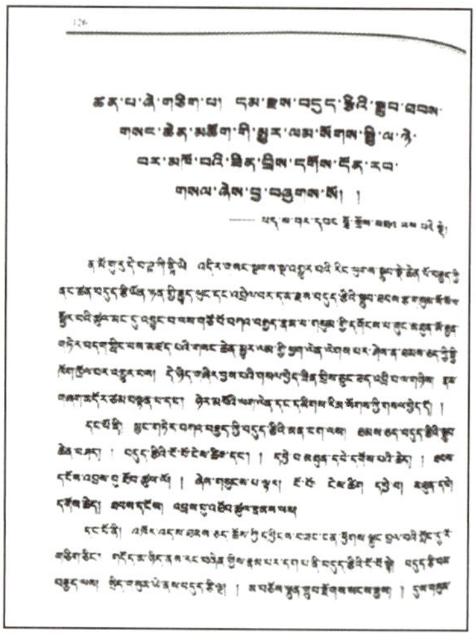

གཞུང་འདིར་རྩོམ་པ་པོས་བདུད་རྩིའི་ངོ་བ་དང་ངེས་ཚིག དབྱེ་བ་དང་མཐུན་དཔེ། དགོས་ཆེད་དང་ཐབས་དངོས། འབྲས་བུ་ཐོབ་ཚུལ་བཅས་རྣམ་པ་བདུན་གྱི་སྒོ་ནས་བརྗོད་ཡོད་པས། འཚོ་བྱེད་བགྲེས་གཞོན་རྣམས་ཀྱི་སྤྱན་ལམ་དུ་བདུད་རྩི་སྨན་གྱི་སྒྲུབ་པ་བྱེད་ཚུལ་གྱི་སྨན་རྫས་དང་ལག་ལེན་གྱི་གོ་རིམ་སོགས་ཞིབ་ཕྲའི་སྒོ་ནས་བརྗོད་ཡོད་པས། བློ་མཆོག་དམན་ཀུན་གྱིས་རྟོགས་སླ་ཞིང་སྤྱོད་བདེ་བ་སོགས་ཀྱི་དགེ་མཚན་ཁྱད་དུ་འཕགས་པ་ཅན་ཡོད་པའོ།།

《圣物甘露之修持法·大密殊胜速成之路等对大家实用的笔记内容明示》

本医著收载于《藏医药大典》第六十卷第四十一部分中第126页至147页，共22页。

内容提要：

本医著为乌仗那伏藏师郎巴所著的《大密速取》的补遗，该书明确记载了由八根本、一千分支组成的甘露药修持法的操作时间和此药物成为甘露的方法，以及甘露的实质内涵与甘露的定义等。

医学价值：

本医著通过甘露的定义、本质、分类、同例、缘故、方法、成果体现方式等七个方面诠释了甘露药的修持法，为藏医药学者提供了完整而又详细的甘露药修持法的操作过程。

༢༩ འཇམ་དབྱངས་མཁྱེན་བརྩེའི་དབང་པོ།
29 降央钦孜旺布

འཇམ་དབྱངས་མཁྱེན་བརྩེའི་དབང་པོའི་ངོ་སྤྲོད་མདོར་བསྡུས།
降央钦孜旺布简介

འཇམ་དབྱངས་མཁྱེན་བརྩེའི་དབང་པོ་ནི། མདོ་ཁམས་སྡེ་དགེའི་མངའ་ཁུལ་དགེ་བའི་གཏེར་ལྷུང་། དིལ་མགོ་ཞེས་པའི་ཁྱིམ་དུ་རབ་བྱུང་བཅུ་བཞི་པའི་ལྕགས་འབྲུག་ལོའི་ཟླ་བ་དྲུག་（སྤྱི་ལོ་༡༨༢༠）པར་སྐུ་འཁྲུངས། དགུང་ཕྱེད་བརྒྱད་ལ་ཕེབས་དུས་ཡོན་ཏན་ཀུན་གྱི་རྩ་བ་ཡི་གེ་འབྲི་ཀློག་གིས་མཚོན་པའི་ཤེས་བྱའི་གནས་མཐའ་དག་ལ་གསན་སྦྱོང་གི་མགོ་ཚུགས། ཞེ་ཆེན་མནྟྲ་པཎྜི་ཏ་མཐུ་སྟོབས་རྣམ་རྒྱལ་དང་། འཚོ་བྱེད་ཚེ་དབང་། སྡེ་དགེའི་བླ་སྨན་པ་ཆོས་གྲགས་རྒྱ་མཚོ་སོགས་ལས་ཐུན་མོང་དང་ཐུན་མོང་མ་ཡིན་པའི་རིག་པའི་གནས་མཆོག་རྣམས་དང་། ཡང་སློས་གསོ་རིག་རྒྱུད་བཞི་ཆ་ལག་དང་བཅས་པ་རྣམས་ཀྱི་གཙོས་བོད་གངས་ཅན་གྱི་ལྗོངས་སུ་གྲགས་ཆེ་བའི་སྨན་གཞུང་ཕལ་ཆེ་བའི་བཤད་པ་དང་། ལག་ལེན་མན་ངག་རིགས་རྣམས་ཞིབ་ཁྲིད་ཐོབ། དེ་ལ་བརྟེན་ནས་རིན་པོ་ཆེ་དང་། དངུལ་ཆུ་བཙོ་བཀྲུའི་སྦྱོར་བ་སོགས་སྦྱོང་བ་ཟབ་ཁྱད་ཅན་མང་པོ་ཁྱབ་སྤེལ་གནང་སྟེ་སྐྱེ་འགྲོ་ཀུན་ལ་ཕན་པ་དང་བདེ་བའི་དཔལ་ཡོན་འཛད་མེད་དུ་བསྩལ་བས་འཇམ་དབྱངས་མཁྱེན་བརྩེའི་དབང་པོ་ཞེས་པའི་སྙན་གྲགས་ཕྱོགས་ཀྱི་བུ་མོ་རྣ་ལུང་དུ་མཛེས་པ་འདི་བྱུང་། དམ་པ་འདིའི་གསུང་གི་སྐོར་ལ། མཁྱེན་བརྩེ་བཀའ་འབུམ་ཞེས་ངོ་མཚར་ཕུལ་དུ་བྱུང་བ་འདིའི་དཀར་ཆག་ཐ་པར་གསོ་རིག་སྐོར་གྱི་བཀའ་རྩོམ་གྲངས་ལས་འདས་པ་ཞིག་ཡོད་ཅིང་། དཔེར་ན་གསོ་རིག་རྒྱུད་བཞི་བསྡུས་དོན་སྙིང་པོ་དང་། སྨན་སྦྱོར་ཉེར་མཁོ་སྣ་ཚོགས། སྨན་གྱི་ངོས་འཛིན་ལས་འཕྲོས་པའི་དོགས་སེལ་ཕྲན་བུ། ཉམས་ཡིག་སྣ་ཚོགས། མན་ངག་ཉེར་མཁོ་སྣ་ཚོགས། གཞན་ཡང་སྲོག་རླུང་གི་བཅོས་ཐབས་བདེ་དོ་ཤལ་དང་། ཁྲག་རླུང་སྟོད་འཚངས་ཀྱི་བཅོས་ཚུལ་ངོ་མཚར་སྲོག་སྟེར། རྩ་དཀར་གྱི་བཅོས་

ཚུལ་སྙིང་པོར་དྲིལ་བ་ཕན་བདེའི་ཕྲེང་བ་སོགས་ཟིན་བྲིས་བརྗེད་བྱང་ལ་བཏབ་པ་དེ་རྣམས་ལེགས་བཤད་རྨད་དུ་བྱུང་བ་འབའ་ཞིག་ལ་བརྟེན་སྔར་ནས་བཟུང་རང་ཅག་འཚོ་བྱེད་ཀུན་གྱི་སྙིང་ནོར་དམ་པ་འགྱུར། རྗེས་སུ་འཇམ་དབྱངས་མཁྱེན་བརྩེ་དབང་པོས་སྡེ་དགེ་དང་། རྫོང་གསར་བཀྲ་ཤིས་ལྷུན་རྩེ་གཉིས་ལ་མདོ་སྔགས་རིག་གནས་སྤྱི་དང་། དེ་འབྲེལ་གསོ་རིག་འཆད་ཉན་གྱི་བཤད་གྲྭ་འཛུགས་པར་མཛད་ནས་བརྒྱུད་འཛིན་མཁས་པའི་དབང་པོ་ཟམ་མི་ཆད་པར་ཆུ་ཡི་གཉེར་མ་ལྟར་བྱུང་། དེའི་ནང་གྲགས་ཆེ་བ་གཙོ་བོ་ས་སྐྱའི་ཁྲི་ཆེན་གོང་མ་ཕྱོགས་སྣང་དང་། ཀོང་སྤྲུལ་ཡོན་ཏན་རྒྱ་མཚོ། འཇུ་མི་ཕམ་རྣམ་རྒྱལ་རྒྱ་མཚོ། འཇམ་དབྱངས་བློ་གཏེར་དབང་པོ་ཞེས་པ་སོགས་ཡིན། སྤྱིར་ན་ཁོང་རྣམ་པས་གྲུབ་མཐའ་རིས་མེད་ཀྱི་བསྟན་པའི་བྱ་བར་སྲི་ཞུ་རྣམ་དག་མཛད་པ་དང་ཆབས་ཅིག་བོད་ཀྱི་གསོ་རིག་མི་ཉམས་གོང་འཕེལ་གྱི་ཆེད་དང་། ནད་པ་མང་པོའི་ལུས་སེམས་ཟུག་རྔུའི་སྡུག་བསྔལ་སྣ་ཚོགས་ལས་སྐྱོབ་ཕྱིར་སློབ་དཔོན་གོང་མའི་རྣམ་ཐར་ཇི་ལྟ་བར་འགྲོ་དོན་འཕྲིན་ལས་བསམ་གྱིས་མི་ཁྱབ་པ་བྱུང་བའི་ཚུལ་ནི་ཞིབ་རྒྱས་བརྗོད་པའི་ཡུལ་ལས་འགོངས། དེ་ལྟར་འཇམ་དབྱངས་མཁྱེན་བརྩེའི་དབང་པོ་མཆོག་འགྲོ་འོང་བདུན་ཅུ་དོན་གསུམ་ལ་ཕེབས་པའི་རབ་བྱུང་བཅོ་ལྔ་པའི་ཆུ་འབྲུག་ཟླ་བ་ལྔ་པའི་ཚེ་བཅོ་ལྔ་ཉིན་འདིར་སྣང་གི་མཛད་པ་མཐར་ཕྱིན་ནས་གཟུགས་སྐུའི་བཀོད་པ་བསྡུས་པ་བཅས་སོ།།

藏历第十四绕迥铁龙年（1820），降央钦孜旺布出生于多康德格的德隆德果家族。他8岁开始学习，从夏钦玛哈班智达土多郎杰、措齐次旺、德格拉曼·曲扎嘉措等处学到了非同寻常的文化知识，尤其对闻名雪域的《四部医典》及其分支等为主的众多医典注释及实践诀窍等能够融会贯通，并将珍宝药和水银提炼配方等殊胜经验发扬光大，为众生的健康作出了不可磨灭的贡献。

他的著作有著名的《钦孜文集》，其目录“ཟ”中关于医学的论著有很多，如《〈四部医典〉精要》《常用多种药方》《认药解疑》《验方汇集》《秘诀荟萃》，另外还有《治疗索龙的璎珞》《高血压奇特疗法》《白脉病治法·利乐串》等。他所作的草稿备忘录作为珍贵的箴言，一直被后世医者视为珍宝。

降央钦孜旺布在德格和宗萨扎西拉孜建立了记载诸显密佛教及医学知识的讲坛，而且传承人源源不断，其中最为有名的为萨迦派的法王扎西仁青、贡珠·云丹嘉措、居·迷旁降央郎杰嘉措、降央洛德旺布等。为了发扬藏医药学，将广大患者从疾病中解救出来，他依据先师的传记做了众多利他事业。降央钦孜旺布于藏历第十五绕迥水龙年（1892）五月十五日圆寂，享年73岁。

འཇམ་དབྱངས་མཁྱེན་བརྩེའི་དབང་པོའི་གསུང་འབུམ།

降央钦孜旺布医著

༄༅། །བདུད་རྩི་སྨན་གྱི་སྒྲུབ་པ་མདོར་བསྡུས་སུ་བྱ་ཚུལ་འཆི་མེད་རྟག་པའི་བཅུད་ལེན་ཞེས་བྱ་བ་བཞུགས་སོ། །

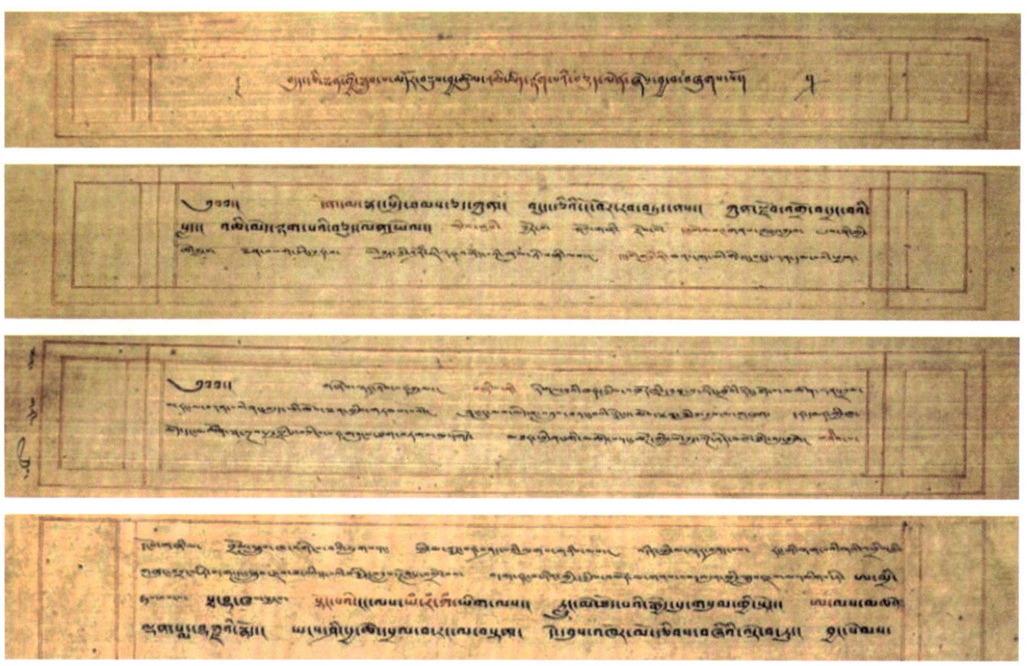

གསུང་རྩོམ་འདིའི་མ་ཡིག་ནི་དཔར་མ་ཡིན། ཡིག་གཟུགས་དབུ་མེད། ཤོག་ངོས་རེར་ཐིག་ཕྲེང་ཉནས་༤། ཐིག་ཕྲེང་རེར་ཡིག་འབྲུ་༢༧། ཁྱོན་བསྡོམས་ཤོག་ངོས་༤བཞུགས། ད་ལྟ་ཁྲིན་ཏུའུ་ཀྲུང་ལུགས་གསོ་རིག་སློབ་གྲྭ་ཆེན་མོའི་དཔེ་མཛོད་ཁང་དུ་ཉར་ཚགས་བྱས་ཡོད།

ནང་དོན་གནད་བསྡུས།

གཞུང་འདིར་དིལ་མགོ་མཁྱེན་བརྩེ་རིན་པོ་ཆེ་ཚང་གིས་བདུད་རྩི་ཆོས་སྨན་གྱི་སྒྲུབ་པ་བྱེད་ཚུལ་གྱི་ལག་ལེན་དང་དེ་བདུད་རྩིའི་ངོ་བོར་བྱིན་རླབས་ཚུལ་མདོར་བསྡུས་སུ་བསྟན་ཡོད།

དེ་ནི་ལྷའི་ནུས་མཐུ་དང་བྱིན་རླབས་ཐམས་ཅད་དཀྱིལ་འཁོར་དུ་བསྒོམས་ནས་མཐར་ལྷ་འོད་ཀྱི་རྣམ་པར་ཞུ་ནས་ལྷའི་མཐུ་སྟོབས་ནུས་པ་སྨན་ལ་ཐིམ་ནས་སྨན་གྱི་ནུས་པ་སྤུན་དང་བསྒྱུར་ན་གོང་འཕེལ་དུ་འགྲོ་བའི་ཐུན་མིན་གྱི་བྱ་ཐབས་ཤིག་བསྟན་པའོ།

གསོ་རིག་གི་རིན་ཐང་།

བདུད་རྩི་ཆོས་སྨན་གྱི་གཞུང་འདི་ནི་བོད་བརྒྱུད་ནང་བསྟན་དང་གནམ་རིག་སྐར་རྩིས། སེམས་ཁམས་རིག་པ་དང་ཡུལ་སྲོལ་གོམས་གཤིས་སོགས་བོད་རང་གི་རིག་གནས་ཀྱི་ཁྱད་ཆོས་ལྡན་པའི་འོག་ནས་བྱུང་བའི་རིག་གཞུང་གི་མ་ལག་ཆ་ཚང་བ་དང་ནང་དོན་ཕུན་སུམ་ཚོགས་པ་ཞིག་ཡིན་པས། སྨན་པའི་ཕྱག་ལེན་གནང་མཁན་ཡོངས་དང་། ནང་སེམས་ཁམས་ལ་ཞིབ་འཇུག་གནང་མཁན་ཚོ་ལ་ཕན་འབྲས་ཆེན་པོ་འབྱུང་བར་ངེས་སོ།།

《甘露药之修念仪轨简编·长寿滋补》

本医著母本为木刻本，字体为乌梅体，每页3至4行，每行27字，共4页。此书现由成都中医药大学图书馆收藏。

内容提要：

本医著记载了甘露法药的修念操作实践和此药成为甘露的加持法。经过加持仪式后的藏药药力和药效会“成倍增加”，可以达到增强药效的目的，令患者身心皆得到治疗。

医学价值：

因索瓦日巴[1]与藏传佛教、心理学、哲学、历算、民俗等方面关系密切，故藏医在治疗疾病时会受到本民族文化的影响。这种具有浓郁宗教色彩的诊疗方法，体现了藏医药学与藏族文化之间的血脉相连，同时其中也包含着心理疗法、暗示疗法等现代医学和心理学的内容，对治愈疾病有着积极意义。

---

① 索瓦日巴：藏文གསོ་བ་རིག་པ的音译，指大五明之一的医方明，即医药学。

༄༅། །གསོ་བ་རིག་པའི་དཔེ་ཐོ་བརྗེད་བྱང་ཟིན་བྲིས་ཞེས་བྱ་བ་བཞུགས་སོ། །

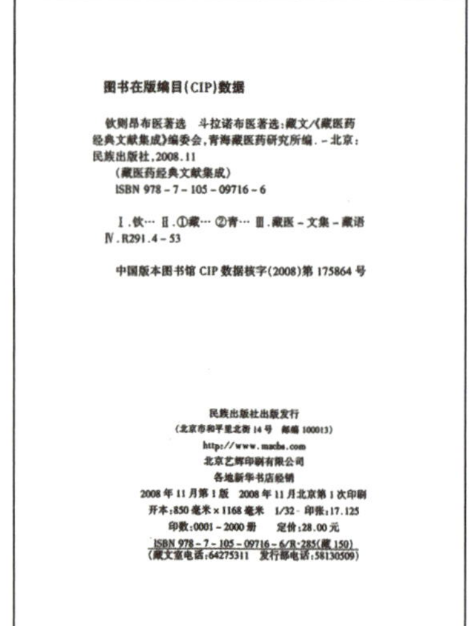
图书在版编目(CIP)数据

钦则昂布医著选　斗拉诺布医著选：藏文/《藏医药经典文献集成》编委会，青海藏医药研究所编．－北京：民族出版社，2008.11
（藏医药经典文献集成）
ISBN 978－7－105－09716－6

Ⅰ．钦…　Ⅱ．①藏…　②青…　Ⅲ．藏医－文集－藏语　Ⅳ．R291.4－53

中国版本图书馆 CIP 数据核字(2008)第 175864 号

民族出版社出版发行
（北京市和平里北街 14 号　邮编 100013）
http://www.mzbs.com
北京艺辉印刷有限公司
各地新华书店经销
2008 年 11 月第 1 版　2008 年 11 月北京第 1 次印刷
开本：850 毫米×1168 毫米　1/32　印张：17.125
印数：0001－2000 册　定价：28.00 元
ISBN 978－7－105－09716－6/R·285(藏 150)
（藏文室电话：64275311　发行部电话：58130509）

གསུང་འབུམ་འདི་ལ་དེབ་གཅིག་ཡོད། ཁྱོན་བསྡོམས་ཤོག་གྲངས་༢༤༥ཞུགས། སྤྱི་ལོ་༢༠༠༨ལོའི་ཟླ་༡༡པར་མི་རིགས་དཔེ་སྐྲུན་ཁང་གིས་དཔར་དུ་བསྐྲུན།

ནང་དོན་གནད་བསྡུས།

སྨན་ཡིག་གི་ལེའུ་འདིར་འཇམ་དབྱངས་མཁྱེན་བརྩེ་དབང་པོ་ཚང་གིས་གསོ་བ་རིག་པའི་དཔེ་ཐོ་བརྗེད་བྱང་ཟིན་བྲིས་ཞེས་རྩོམ་པར་མཛད་དེ། གསོ་རིག་དང་རྒྱུད་འགྲེལ། མན་ངག་ལག་ལེན་སོགས་ཀྱི་དཔེ་ཆ་དང་རྩོམ་པ་པོའི་མཚན་བྱང་མདོར་བསྡུས་སུ་བསྟན་ཡོད།

གསོ་རིག་གི་རིན་ཐང་།

གསོ་བ་རིག་པའི་དཔེ་ཐོ་བརྗེད་བྱང་ཟིན་བྲིས་ནང་དུ་རྩོམ་པ་པོས་རྒྱུད་འགྲེལ་དང་མན་ངག་ལག་ལེན་སྐོར་གྱི་དཔེ་ཆ་དང་དེས་རྩོམ་པ་པོ་མང་པོ་ཞིག་ངོ་སྤྲོད་བྱས་པ་བརྒྱུད་ནས་བོད་ཀྱི་གསོ་བ་རིག་པའི་གཞུང་ལུགས་ལ་སློབ་སྦྱོང་དང་ཞིབ་འཇུག་མཁན་གྱི་ཐུར་ལྟའི་ཡིག་ཆའི་ཐད་གལ་ཆེའི་རིན་ཐང་བཏོན་ཡོད།།

《医学书目备忘纪录本》

本医著共1册245页，由民族出版社于2008年11月出版。

内容提要：

本医著对索瓦日巴相关的理论著作及其实践秘诀进行了详细介绍。内容包括书目和作者信息。

医学价值：

本医著作者对索瓦日巴相关理论著作及其实践秘诀进行了详细介绍。它不仅为藏医学研究者和从业者提供了参考资料，还帮助他们更好地理解索瓦日巴的学术思想和应用方法。

༄༅། །ནད་རྒྱུང་བ་འགག་བཅོས་པའི་ཡིག་ཆུང་གཅེས་བསྒྲིགས་ཞེས་བྱ་བ་བཞུགས་སོ། །

གསུང་རྩོམ་འདི་《མཁྱེན་བརྩེ་དབང་པོའི་སྨན་ཡིག་》གི་དུམ་བུ་བཞི་ནས་བརྒྱད་དེའི་ཤོག་ངོས་༢༠ནས་༥༧བར་གསལ། ཁྱོན་བསྡོམས་ཤོག་གྲངས་៤༢བཞུགས།

ནང་དོན་གནད་བསྡུས།

གསུང་རྩོམ་འདིའི་ནང་སྲོག་རླུང་གི་བཅོས་ཚུལ་ཕན་བདེའི་དོ་ཤལ་དང་། ཁྲག་རླུང་སྟོད་འཚངས་ཀྱི་བཅོས་ཚུལ་ངོ་མཚར་སྲོག་སྙེར། རྩ་དཀར་གྱི་བཅོས་ཚུལ་ཕན་བདེའི་ཕྲེང་བ། འབྱུང་གདོན་གྱི་བཅོས་ཚུལ་རྡོ་རྗེ་ཐེགས་མ་སོགས་སྦྱོང་བཅོས་མན་ངག་རྣམས་དང་། བད་ཁྲག་འཁྲུགས་པ་སོགས་ཀྱིས་གྲེ་བ་འགག་པའི་བཅོས་ཐབས། གྲེ་ཐོག་མན་ངག སྐད་བཅོས་ཚངས་པའི་རྒྱུད་མངས། ཞྭ་བ་ཤ་ལྷག་གི་རིགས་རྩད་ནས་འདོན་པའི་གདམས་ངག སི་ཏུ་རིན་པོ་ཆེའི་འབྲུམ་བཅོས་ལེ་ཚན་གྱི་ཟུར་གསལ། རྐང་འབམ་བཅོས་ཚུལ་སྙིང་པོ་བསྡུས་པ། གསེར་གཟུངས་སྨན་བརྒྱུད་མའི་ལོ་རྒྱུས་གདམས་ངག རིན་ཆེན་རིལ་བུ་གཏོང་ཚུལ་ཏེ་ཡིག་ཚོགས་ཞུང་ལ་ཕྱུག་ལེན་ཟུར་མི་འདྲ་བའི་བརྩམས་ཆོས་བཅོ་ལྔ་རྩོམ་སྒྲིག་ཚོགས་པས་ཕྱོགས་གཅིག་བསྡུས་ནས་ཚན་པ་གཅིག་ཏུ་བཀོད་ཡོད།

གསོ་རིག་གི་རིན་ཐང་།

རྩོམ་པ་པོས་སྲོག་རླུང་ནད་དང་། ཁྲག་རླུང་སྟོད་འཚངས། རྩ་དཀར་ནད། འབྱུང་གདོན་སོགས་ནད་དུ་མའི་རྒྱུ་རྐྱེན་དང་དབྱེ་བ། བརྟག་ཐབས། སྨན་ཐུགས་ཟས་སྤྱོད་ཀྱི་བཅོས་ཐབས་སོགས་ཆེད་དུ་བརྗོད་ཡོད་ལ། ཁྱད་པར་དུ་རྐང་འབམ་ནད་ཀྱི་འཁྲུལ་སོ་བསལ་ཐབས། ཁྲག་རླུང་སྟོད་འཚངས་ཀྱི་འཕྲུལ་འཁོར་ཟབ་མོའི་མན་ངག རྩ་དཀར་ནད་ཀྱི་རིན་ཆེན་རྡོ་རྗེ་ཐུ་སྦྱོར་ཆེན་མོ་དང་ཟབ་མོ་ཐུགས་ཀྱི་བཅོས་པ། ཟས་གོས་ལ་སོགས་འགོ་གྲིབ་གྱི་རྟེན་འབྲེལ་རྫས་ཀྱི་སྒོ་ནས་གསོ་ཐབས་དང་སྲུང་བའི་གདམས་པ་རྫས་དང་ཟ་ཡིག རྐང་འབམ་ནད་ཀྱི་ཞི་བྱེད་སྨན་དཀར་གྱི་སྦྱོར་སྡེ་གཏོང་ཚུལ། སྐད་བཅོས་དང་ཁྲག་སྲིན་ཆུ་སེར་གྱི་ཐོར་བ། བད་ཁྲག་འཁྲུགས་པ་སོགས་ཀྱིས་གྲེ་འགགས་བཅས་གསུམ་གྱི་སྦྱོར་སྡེ། གྲེ་ཐོག་མན་ངག ཞྭ་བ་ཤ་ལྷག་གི་གཤགས་བཅོས་དང་བཅོམས་སྟངས། སི་ཏུ་རིན་པོ་ཆེའི་འབྲུམ་བཅོས་ནང་ཚན་བོད་བཅོས་བྱ་ཐབས། རྩ་དཀར་ནག་གི་གྱེས་ཚུལ། དོན་ལྔ་སྣོད་དྲུག་དང་འབྲེལ་བའི་རྩ་གནད་དང་དེའི་གདབ་ཐབས། རིན་ཆེན་རིལ་བུའི་གཏོང་ཚུལ་སོགས་ནང་དོན་དུ་མ་བརྗོད་ཡོད་ལ། དེ་དག་ནི་ལག་ལེན་གཙོར་བསྟན་པའི་གསོ་གཞུང་གལ་འགངས་ཆེ་བ་དག་ཡིན་པར་མ་ཟད། བོད་ལུགས་གསོ་རིག་གི་རིག་གཞུང་གི་

ཞེས་བྱ་དང་ལག་ལེན་དངོས་བསྟན་པའི་ནད་ཐོག་ཏུ་མཇུབ་སྟོན་གྱི་ནུས་པ་ལྡན་པའི་དཔེ་ཆ་ཞིག་ཡིན་པས། གཞུང་འདི་ལེགས་པོར་བརྩི་སྲུང་བྱས་ན་ནད་ཐོག་ལག་ལེན་དུ་བེད་སྤྱོད་ཀྱི་རིན་ཐང་ཡག་པོ་ལྡན་ལ། གཞན་ད་དུང་དུག་རིགས་ཐམས་ཅད་སྲུང་བའི་མན་ངག་ཁྱད་པར་ཅན་གསེར་གཟུངས་སྔགས་བརྒྱུད་མ་སྔེ་སྦྱར་དུག་གཙོ་བོར་གྱུར་བའི་བརྟན་གཡོའི་དུག་རིགས་ཐམས་ཅད་སྲུང་བ་ལ་མཆོག་ཏུ་བསྔགས་ལ། ཐུགས་འདི་ལ་དུག་ནད་སྲུང་བ་དང་གསོ་བའི་ནུས་པ་ལྡན་པས་ལྷག་ཏུ་དེང་སང་གི་དུས་འདིར་ཡིག་ཚང་ཁག་གི་སྨན་སྦྱོར་ཐོག་འདོན་དང་གསར་སྤེལ་ཞིབ་འཇུག་བྱ་རྒྱུ་ལ་རིན་ཐང་ལྡན་པའོ།

རིག་གནས་ཀྱི་རིན་ཐང་།

དེབ་འདིར་བོད་ཀྱི་རིག་གནས་སྒྱུ་རྩལ་གྱི་ཁྱད་ཆོས་ལྡན་པའི་བྱེད་ཐབས་སྒྲུབ་ནས་གསེར་གཟུངས་སྔགས་བརྒྱུད་མའི་བཅོས་ཐབས་བརྗོད་ཡོད་པ་སྟེ། ཇོམ་པ་པོས་ལྷ་སྲུང་བརྒྱུད་ནས་ཀློག་པ་པོར་ཐུགས་དེར་ལྡན་པའི་དུག་རྫས་འགོག་བཅོས་ཀྱི་སྟོབས་ཤུགས་ཆེན་པོ་ལྡན་པ་མངོན་པར་བྱས་པ་དེ་ནི། གསོ་རིག་དང་ཆོས་ལུགས་ཟུང་འབྲེལ་དམ་ཟབ་བྱས་པའི་མཚོན་རྟགས་ཤིག་ཡིན་པ་མ་ཟད། ནང་བསྟན་ཆོས་ལུགས་དེས་བོད་ཀྱི་གསོ་རིག་གི་ཁྱབ་ཁོངས་ནང་དུ་གྲུབ་འབྲས་མངོན་གསལ་དོད་པ་ཀྱང་མཆོན་ཡོད།།

《一些单一疾病治疗小册选编》

本医著为《降央钦孜旺布医著》第四至八部分中第20页至61页，共42页。

内容提要：

本医著由《命隆病治法・利乐项串》《血隆上壅病治法・神奇救命》《白脉病治法・利乐串》《五行魔病治法・金刚微粒》等的秘诀及《培血紊乱等导致喉管阻塞病的治法》《响声法・梵天之琵琶》《痿瘤瘀肉根治教诫》《司徒活佛痘疹治疗章节的旁注》《岗巴治疗荟萃》《金写陀罗尼咒经传承历史教言》《珍宝丸的服法》等15本医书汇编而成。

医学价值：

本医著详细描述了命隆病、血隆上壅、白脉病、五行魔病等的发病原因、分类、症状、治疗（食物、咒语、药物、行为）等的方案。具体记载了岗巴病的鉴别法及血隆上壅深幻轮秘诀、白脉病的珍宝矿植物方剂和甚深咒语秘修法、不洁的衣服和食物引起的“郭周”（འགོ་གྲིབ）的缘起疗法和服咒疗法、岗巴白丸方的服用法、响声和血虫黄水引起的痘痘及培血紊乱等导致喉管阻塞三种病的方剂成分、瘘瘤瘀肉的手术及缝合、司徒活佛痘疹治疗中的藏医疗法等，并且描述了黑白脉的走向及分支、与五脏六腑紧密联系的放血部位及放血方法、珍宝类的服用法。作为一本藏医理论知识和临床实践操作的指导书，其可以使藏医药理论在临床实践中有更好的运用，而且许多内容和观点至今仍是临床实践所必须遵守的原则。除此之外还记载了可解一切毒的金写耳传陀罗尼咒治法，主要是对人为配制的毒药进行防治。该咒语拥有防毒和治毒的作用，且此方法对防毒和治毒具有很好的效果，并且作者对陀罗尼咒的事宜均记载详细，若遵从文中的步骤实施，其操作简便易行，具有很高的应用性。

文化价值：

本医著运用独具藏族文化特色的手法描绘了有关金写耳传陀罗尼咒治法的内容，具有神秘的异域色彩，作者运用神话故事向读者展示该咒语所具有的防治毒物的强大力量。藏医药的发展离不开藏传佛教的传承发展，这是医学与宗教最紧密的结合，不仅突出了藏医学在医学领域的成就，还体现了其在文化艺术方面的独一无二。

༄༅། །སྨན་ནག་འཆི་མེད་བདུད་རྩིའི་འཕྲུལ་འཁོར་ཞེས་བྱ་བ་བཞུགས་སོ། །

གསུང་རྩོམ་འདི་《མཁྱེན་བརྩེ་དབང་པོའི་སྨན་ཡིག་》གི་དུམ་བུ་བཅུ་དྲུག་པ་སྟེ་ཤོག་ངོས་༨༨ནས་༨༩བར་གསལ། ཁྱོན་བསྡོམས་ཤོག་གྲངས་༢བཞུགས།

ནང་དོན་གནད་བསྡུས།

གཞུང་འདིར་སྨན་ནག་གི་སྦྱོར་བ་དང་སྦྱོར་ཚད། བསྲེགས་སྟངས་ཞིབ་པར་བྲིས་ཡོད་པ་འདི་ལྟ་སྟེ། ཕག་ནག་གི་བྲུན་ཕུལ་གང་། སྲད་དཀར་ཧོང་ལེན་དེ་བ་ཤིང་སྤོན་བཞི་སྲུར་བ་རེ། སྨན་ཆེན་དང་ཀྱུ་རྩ་གཉིས་མཐེབ་ཙམ་གྱི་ཚད་དང་། བསྲེགས་སྟངས་ནི་སྨན་དེ་དག་དུ་བ་མ་ཤོར་ཞིང་འཚིག་དྲགས་པ་དང་། མ་འཚིག་པའི་སྐྱོན་དང་བྲལ་བའི་སྒྲུབས་བསྲེགས་བྱེད་དགོས་ཚུལ། དེ་ནས་ནུས་བསྲེགས་བྱས་པའི་ཐལ་བ་དེ་དག་བ་དམར་ཟལ་གྱི་ཆུས་རིལ་བུ་འདམ་འཐག་བྱ་ལ་ག་ར་དང་སྦྲར་བ་བཅས་གོ་རིམ་ལེགས་པོར་བྲིས་ཡོད། གཞན་ད་དུང་སྨན་ནག་གི་ཁ་ཚར་རིགས་༡༨བརྗོད་ཡོད་དེ། ཁ་ཚར་དེ་དག་ནི་ཕོ་རིམས་གཙོ་བྱས་ནས་རྒྱ་མ། འབྲུམ་པ། ཆམ་པ། ཉ་ལོག ཕོ་བར་ཁྲག་མཁྲིས་ལྡང་བ། གཉན་སྲིན། བད་རླུང་ཤས་ཆེ་བ། གྲང་ཤས་ཆེ་བ། ཆུ་འགགས་ནད་སོགས་ནད་རིགས་བཅུ་གསུམ་སེལ་བའི་ནུས་པ་ལྡན་པ་ཞིབ་པར་བཀོད་པས་སྨན་ནག་གི་ལག་ལེན་སྟོང་བྱང་མའོ།

གསོ་རིག་གི་རིན་ཐང་།

དཀས་སྨན་ཆེན་པོའི་གསུངས་ཀྱི་བདུད་རྩི་ལས་བྱུང་བའི་སྨན་ནག་འཆི་མེད་བདུད་རྩིའི་སྦྱོར་བ་དང་སྦྱོར་ཚད། སྦྱོར་བ་འདིའི་མེད་ཐབས་མེད་པའི་གསང་སྨན་རྣམ་གཉིས། གྲོགས་བཞི་སོ་སོར་ནུས་ལྡན་བསྲེགས་དགོས་པ་དང་སྦྲར་ཐབས། རིམས་ནད་གཙོ་བྱས་པའི་ནད་རིགས་བཅུ་གསུམ་གྱི་ངོ་བོ་དང་བསྟུན་ནས་ཁ་འཛོན་གང་ཞིག་གཏོང་དགོས་ཚུལ། མདོར་ན་ཚ་གྲང་ནད་རིགས་གང་ལའང་བརྟག་མི་དགོས་པར་བཏང་ཆོག་པའི་ལག་ལེན་གྱི་སྟོང་བྱ་རྣམས་བཀོད་ཡོད་པས། བོད་སྨན་འདུལ་སྦྱོང་ལག་ལེན་སྐོར་ལ་དཔྱད་གཞིའི་རིན་ཐང་ཆེ་བར་མངོན་པའོ།།

《黑药长寿甘露丸制作神奇妙轮》

本医著为《降央钦孜旺布医著》第十六部分中第88页至89页，共2页。

内容提要：

本医著详细记载了黑药的组方、剂量、锻炭存性的炮制法，即野猪粪、白花黄芪、兔耳草、迪瓦、秦皮各一大把，铁棒锤、穗序大黄各拇指大小。在炮制过程中为防止烟泄漏，将该7种药分别在密闭的空间烧制成灰，然后将其灰和黄牛尿混合在一起，加入糖制成丸剂。除此之外还记载了黑药的14种咔嚓，这14种咔嚓分别治疗肠胃、感冒、痘痘等13种病。

医学价值：

本医著记载了达曼钦布的甘露教言中所述的黑药长寿甘露丸的组方、剂量，方中不能缺少的两秘药、四佐药要分别锻炭存性的炮制法及配伍法。另外对瘟病为主的13种疾病结合其性质进行加减药味的必要性，无论寒热疾病皆可服用此丸等的实践经验作了记载。至今临床上依旧在广泛使用黑药治疗各种寒热疾病，其疗效显著。此外，黑药的配方及炮制方法对于藏医药从业者具有重要的参考价值。

༄༅། །གསོ་བ་རིག་པའི་ལག་ལེན་གྱི་སྐོར་ཞེས་བྱ་བ་བཞུགས་སོ། །

གསུང་རྩོམ་འདི་《མཁྱེན་བརྩེ་དབང་པོའི་སྨན་ཡིག་》གི་དུམ་བུ་བཅུ་བདུན་པ་སྟེ་ཤོག་ངོས་༡༠ནས་༡༡བར་གསལ། ཁྱོན་བསྡོམས་ཤོག་གྲངས་༣༠བཞུགས།

ནང་དོན་གནད་བསྡུས།

གསོ་བཅོས་ཀྱི་ཤེས་བྱ་གང་མང་གཅིག་ཏུ་བསྡུས་པ་ལ་གཙོ་བོ་ཐོར་ནད་སྣ་ཚོགས་ཀྱི་བཅོས་ཐབས་དང་། རྡོ་སྨན་སྣ་ཚོགས་ཀྱི་དུག་འདོན་ཚུལ། སྦྱོར་བྱེད་ལས་ཀྱི་རྩ་སྒྲོའི་བཤལ་ལ་སོགས་པའི་ལག་ལེན་གྱི་རིམ་པ། སྨན་གྱི་སྦྱོར་ཐབས་དང་བསྟེན་ཚུལ། ནད་བབས་དང་བསྟུན་ནས་ཁ་འཛིན་སོགས་ཀྱི་ལག་ལེན་སི་ཏུ་རིན་པོ་ཆེ་ཡི་དགོངས་པ་གཙོ་ཆེར་བཟུང་སྟེ་བསྟན་ཡོད།

གསོ་རིག་གི་རིན་ཐང་།

གསོ་བ་རིག་པའི་ལག་ལེན་གྱི་སྐོར་ཞེས་པའི་གཞུང་འདིར། གཅིག་ནས་ནད་རིགས་སྣ་ཚོགས་ཐོ་འགོད་བྱས་ཡོད་ལ་དེ་དག་གི་སྐབས་བདེའི་བཅོས་ཐབས་མང་པོ་བསྟན་ཡོད། དཔེར་ན། སྤྲང་དུག་ལ་ཚྭ་ཆུ་བྱུག་ན་ཕན་པ། ཐོ་ནད་སྤྲི་ལ་ཕག་ཤུབ། སྙིང་རླུང་ལ་སེམས་བདེ། སྐྱོ་ཚད་ལ་ཁྲུང་ཐོན་དགུ་པ། གཅིན་སྙི་ཚ་ཤེས་ཆེ་ན་ཨ་རུ་བཅོ་བརྒྱད། གྲང་ཤེས་ཆེ་ན་ཀུན་ཕན་དང་ཉི་དཀྱིལ་གང་རིགས། རྒྱ་ནག་ཚད་འབྲུ་ལ་ར་རྒོད་ཀྱི་ཁྲག་ཐོན་མོ། དྲེག་ནད་ལ་སྤོས་ཁྲུང་དང་བྱུགས་སྨན་བྱ་ཁྲུང་ཐོན་མོ། ལྤགས་ནད་ཆུ་སེར་ཟ་འཕྲུག་ཅན་ལ་སྤོས་ཁྲུང་། རྩ་དཀར་ལ་བསམ་འཕེལ་ནོར་བུ་དང་དུ་ལི་བཅོ་བརྒྱད། བྱིས་ནད་སྤྲི་ལ་གཅིག་ཤེས་ཀུན་གྲོལ། སོ་སྲིན་ལ་ཁྲུང་ལྷ་སོ་བར་འཛིན་པ། ཤ་བའི་མིག་རྐྱག་བདུག་པས་གདོང་སྲིན་ལ་མཆོག་ཏུ་ཕན་པ་སོགས་མང་པོ་བསྟན་ཡོད། གོང་དུ་བཤད་པའི་ནད་རིགས་དེ་དག་ནི་རྒྱུན་དུ་མཐོང་མང་ལ་འབྱུང་མང་བ་མ་ཟད་དེས་བཅོས་ཐབས་ཀྱི་སྨན་སྦྱོར་དེ་དག་ནད་ཐོག་གསོ་བཅོས་སྐབས་བཀོལ་སྤྱོད་སྟབས་བདེ་ལ་ཕན་ནུས་ཆེར་མངོན་པ། རིན་ཆེན་སྨན་དང་བསྡུར་ན་ལག་ཏུ་འབྱོར་སླ་བ་སོགས་ཀྱི་ཁྱད་ཆོས་ལྡན་པས། ནད་ཐོག་ཏུ་བཀོལ་ན་ཕན་པ་ཆེན་པོ་ཐོན་ནུས་པས་རང་གཞན་གཉིས་ཀྱི་དོན་ལེགས་པར་འགྲུབ་འོས་པའི་སྨན་ཡིག་ཅིག་གོ གཉིས་ནས་གསོ་བཅོས་ཀྱི་ཐད་དུ་གཞུང་འདིར་ཕྱི་མ་འཁྲིན་ལས་རྒྱུད་ཀྱི་ནང་ཚན་ཆ་བྱད་དཔྱད་དང་ཞི་བྱེད་སྨན་སྦྱོར། སྦྱོར་བྱེད་ལས་ཀྱི་ནང་དོན་མདོར་བསྡུས་ངོ་སྤྲོད་བྱས་པ་འདི་ལྟ་སྟེ། ཆ་བྱད་དཔྱད་དུ་གཏར་གའི་ལག་ལེན་དང་མེ་བཙའི་དམིགས། མིག་གི་འཁྲིབ་རྩ་གཅད་ལུགས། རྣ་བ་འོན་པ་

ཕྱེ་བའི་ལག་ལེན། མགོ་ཆག་ཆིངས་ཀོང་པོ་ལྷ་རྗེ་མགོ་སྤོན་གྱི་ཕྱག་ལེན་སོགས་བརྗོད་ཡོད་ལ། ཞི་བྱེད་སྨན་སྦྱོར་དུ་ཟུར་མཁར་བའི་བཞེད་ཚུལ་ཞི་བྱེད་སྔེ་ཚན་ལྔ་དང་བརྒྱད་ཀྱི་དབྱེ་སྟངས་དང་ཞི་བྱེད་སྔེ་ཚན་སོ་སོའི་ངེས་ཚིག རིལ་བུའི་སྐབས་ཀྱི་ཟེ་ར་ལྔ་བ་བསྡེབ་ཚུལ་དང་རིལ་བུའི་ཆེ་ཆུང་སེར་རྡུས་ཀྱི་བཞེད་པ། སྨན་མར་སྐབས་བ་ཡི་རྣམས་ལྔའི་སྦྱར་ལུགས། ཐལ་སྨན་སྐབས་ཟ་འོག་གི་བཞེད་པ། རིན་ཆེན་སྦྱོར་བའི་སྐབས་མཚལ་དཀར་བསྣུན་པས་འབྲུམ་པ་སེལ་བའི་མན་ངག སྦྱོང་བྱེད་ལས་ཀྱི་ནང་ཚན་དུ། སྨུམ་འཆོས་ཀྱི་བཏང་བྱ་དང་། བཤལ་སྐབས་ཀྱི་ལྷུག་ཅེས་པའི་ངེས་ཚིག་དང་བཤལ་བཅད་པའི་ཐུགས། སྒྲུགས་སྐབས་རི་ཤིའི་ངོས་འཛིན་སོགས་བརྗོད་ཡོད། གོང་དུ་བརྗོད་པའི་བཅོས་ཐབས་དེ་དག་ད་ལྟའང་ཐར་བཞིན་ནད་ཐོག་ཉེར་སྤྱོད་ཀྱི་རིན་ཐང་གལ་ཆེན་ལྡན། གསུམ་ནས་གཟི་མ་ལྕགས་སྐྱོགས་སུ་ར་མགོ་ཏོག་ཙམ་བཟོ་བ་སོགས་འདུལ་སྦྱོང་གི་ལག་ལེན་དང་། ཟན་ཆང་དང་ཕུཥྤ་སྦྲང་ཆང་། བདུད་རྩི་ལྔ་ལུམས་གསུམ་གྱི་སྦྱོར་སྡེ་དང་བསྐལ་སྟངས། བོང་ཁྲག་ཉེར་ལྔའི་རྐོད་ཁྲག་ནི་འབྲོང་བུ་དར་མའི་སྙིང་ཁྲག་ཡིན་པ་ལྟ་བུ་འཁྲུལ་སོ་ཆེ་བའི་སྨན་གྱི་སྦྱོར་བ་མང་པོ་བརྗོད་ཡོད། མདོར་ན་སྨན་པ་ཅི་ལྟར་མཁས་ཀྱང་གལ་ཏེ་སྨན་ཚོད་ལྡན་ཞིག་མེད་ན་དཔའ་བོ་ལག་ལྷུམ་འདྲ་བས་སྨན་གྱི་འདུལ་སྦྱོངས་དང་སྨན་སྦྱོར་གྱི་ལག་ལེན་སོགས་ལ་གཟབ་དགོས། སྨན་ཡིག་འདིར་བརྗོད་པའི་གསོ་རིག་ནང་དོན་དང་ལྟ་བ་མང་པོ་ཞིག་ནི་ད་ལྟའང་ནད་ཐོག་ལག་ལེན་དང་སྨན་སྦྱོར་ལག་ལེན་ཐོག་ངེས་པར་དུ་མཁོ་བའི་སྨན་གཞུང་རྩ་ཆེན་ཞིག་ཡིན།།

《医学实践》

本医著为《降央钦孜旺布医著》第十七部分中第90页至119页，共30页。

内容提要：

本医著汇集了许多医疗知识，主要记载了各种杂病的治法、各种矿物药的去毒法、泻治学中的脉泻和腹泻法等的实践操作、药物配伍和服法，以及依据司徒活佛观点，根据疾病的具体情况要在固定方剂中加减药味的加味法等。书中的大部分治疗方法、药物炮制工艺、临床诊疗思维至今仍然被藏医药从业者广泛使用，且仍是临床实践和用药实践中必须遵循的原则，具有很高的参考价值。

医学价值：

本医著首先记载了多种疾病的简便治疗法，例如针对蜂毒可涂擦盐、胃病用帕周、宁隆用安心丸、肺炎用九味青鹏散、尿频用十八味诃子丸、寒性疾病用更盼或石榴日轮丸、汉地热泻用野山羊的热血、痛风用乳香大鹏丸和青鹏软膏、白脉病用如意珍宝丸和十八味杜鹃丸、牙痛含五鹏丸等。书中所载治疗方剂具有在临床治疗中使用方便、有效，药材易寻等特点。其次简要记载了《秘诀部》的外治、方剂、泻治学内容。如外治学的放血及火灸、眼部手术及耳聋手术、头骨碎裂绑法等实践操作内容。丸剂中的五味草籽用法及丸剂大小"斯洼如"的观点，五味奶牛酥油丸的做法，灰药部的丝绸用药法，珍宝部加入密陀僧可防止痘痘的秘诀，泻治学中油脂疗法，催吐药黄帚橐吾的分辨法，上述治疗方法至今仍具有重要的临床应用价值。最后还记载了蒺藜药酒、花酿药酒及五味甘露药浴的酿法，二十五味驴血丸中的血，取自壮年野牦牛的心脏内的血液等。

༄༅། །ཞལ་ཤེས་ཟིན་བྲིས་ཀྱི་སྐོར་ཞེས་བྱ་བ་བཞུགས་སོ། །

གསུང་རྩོམ་འདི་《མཁྱེན་བརྩེ་དབང་པོའི་སྨན་ཡིག་》གི་དུམ་བུ་བཅུ་དགུ་པ་སྟེ་ཤོག་ངོས་༡༢༤ནས་༡༣༡བར་གསལ། ཁྱོན་བསྡོམས་ཤོག་གྲངས་༨བཞུགས།

ནང་དོན་གནད་བསྡུས།

ཞལ་ཤེས་ཟིན་བྲིས་ཀྱི་གཞུང་དུ་ལིང་ཏོག་དང་གཞང་ལུག་པ། སྙིང་རླུང་དང་གྲི་བ་ཚ་ཞིང་སྐྱད་འགགས་ནད། གླང་ཐབས་དང་མོ་ནད་གྲང་བའི་རིགས་སོགས་ནད་དང་སྦྱར་ནས་སྨན་སྦྱོར་སུམ་ཅུ་ལྷག་གི་ཁ་ཚར་བྱ་ཚུལ་བརྗོད་ཡོད་ལ། འདུལ་སྦྱོང་གི་ཐད་དུ་ཉོ་དྲིག་དང་ཙོང་ཞི་སོགས་ཀྱི་འདུལ་ཐབས་བསྟན་པ་ན་འདི་ལྟ་སྟེ། ཉོ་དྲིག་སླ་རྩིའི་རྒྱས་བཙན་ཙམ་བྱས་ནས་སྣ་ངར་ཙུང་ཟད་བཙོ་བ། ཙོང་ཞི་ཁྲིབ་ཙམ་བརྡུངས་པ་གདུས་ནས་ཆུ་དྭན་གྱིས་བཤལ། དེ་རྗེས་ཆུ་གྲང་གིས་ལེགས་པར་བཤལ་དགོས་པ་སོགས་བརྗོད་ཡོད། ལག་ལེན་ཐད་དུ་ཙོང་ཞི་འཕྲུལ་ཐལ་གྱི་ལག་ལེན། ཁཎྜའི་ལག་ལེན། གཟའ་གདོན་ཡིན་མིན་བརྟག་པའི་ལག་ལེན་དང་བཅོས་ཐབས་སོགས་བརྗོད་ཡོད། གཞན་ད་དུང་ཤ་ལོས་མཛད་པའི་སྨན་མར་ལག་ལེན། ཁྲག་འཁྲུགས་ཀུན་སེལ། སྨུག་པོ་གཡུལ་རྒྱལ་ཞལ་ཤེས་སོགས་ནང་དོན་ཕུན་སུམ་ཚོགས་པ་བརྗོད་འདུག དེ་བས་གཞུང་འདིར་བཀོད་པའི་ནད་ཐོག་གསོ་བཅོས་ཀྱི་སྨན་སྦྱོར་སྡེབ་ག་དང་འདུལ་སྦྱོང་ལག་ལེན། ནད་ཀྱི་འཁྲུལ་སོ་བསལ་ཐབས་སོགས་བསྟན་ཡོད།།

གསོ་རིག་གི་རིན་ཐང་།

ནད་དང་སྦྱར་ནས་སྨན་སྦྱོར་སུམ་ཅུ་ལྷག་གི་ཁ་ཚར་བྱ་ཚུལ་དང་། སྨན་སྣ་ཕྲའི་འདུལ་སྦྱོངས་ལག་ལེན། རྟེན་འབྲེལ་མི་བཙའི་དགོས་ཆེད། དབྱུག་བཅོས་ཀྱི་ཕན་ནུས། ཁཎྜ། ཙོང་ཞི་འཕྲུལ་ཐལ་ལག་ལེན་སོགས་གསུངས་ཡོད་པས། ནད་ཐོག་བཀོལ་སྤྱོད་དང་སྨན་སྦྱོར་ལག་ལེན་ཐད་དཔྱད་གཞིའི་རིན་ཐང་ཆེའོ།།

《口授笔记》

本医著为《降央钦孜旺布医著》第十九部分中第124页至131页，共8页。

内容提要：

本医著中主要记载了朗杜克、脱肛、宁隆、咽炎及嗓子嘶哑、狼塔、寒性妇科病等30多种疾病的方剂咔嚓。在炮制方面主要记载了石花、寒水石、迥西赤塔的炮制过程及膏剂的制作方法。除此之外还记载了伽罗曼玛、赤刹更萨、木布溢价等各种临床制剂的丰富内容及萨东鉴别方法等。

医学价值：

本医著记载了针对30余种疾病的方剂及其加味药和5种药物的炮制工艺，以及缘起火灸疗法的必要性及其特点、软膏和寒水石神奇灰剂的制作工艺等，对临床应用和药物炮制规范有较高的价值。

༄༅། །མན་ངག་ཉེར་མཁོ་སྣ་ཚོགས་སྙོར་ཞེས་བྱ་བ་བཞུགས་སོ། །

གསུང་རྩོམ་འདི་《མཁྱེན་བརྩེ་དབང་པོའི་སྨན་ཡིག་》གི་དུམ་བུ་ཞི་ཤུ་པ་སྟེ་ཤོག་ངོས་༡༣༢ནས་༡༤༢ལ་གསལ། ཁྲོན་བསྒྲོམས་ཤོག་གྲངས་༡༡བཞུགས།

ནང་དོན་གནད་བསྡུས།

དུག་ནད་དང་འབྲས་ནད་འབམ་ནད་སོགས་ནད་རིགས་དྲུག་བཅུ་ལྷག་གསོ་བཅོས་བྱས་པའི་ལག་ལེན་སྦྱོང་བྱང་རྣམས་བསྟན་ཡོད་ལ། སྨན་རྫས་གང་ཞིག་གིས་ནད་གང་སེལ་བྱེད་ཀྱི་རྒྱུད་ནུས་དང་། མང་པོ་ལྷན་དུ་བསྡེབས་པའི་ནུས་པ། དཔྱད་བཅོས་སྣ་ཚོགས། མན་རྒྱུད་དུ་གསལ་བའི་ནད་རིགས་ཀྱི་རྣམ་གྲངས་སོགས་ཚོགས་བཅད་ཀྱི་ལམ་ནས་ལེའུ་བརྒྱ་དང་སུམ་ཅུ་རྩ་གསུམ་དུ་གྲངས་འདྲེན་བྱས་ཡོད།

གསོ་རིག་གི་རིན་ཐང་།

གཞུང་འདིར་ནད་རིགས་དྲུག་ཅུ་ལྷག་གི་སྨན་བཅོས་བྱེད་ཐབས་བཀོད་ཡོད་ལ། ཁྱད་པར་དུ་ཁྲི་དུག་དང་འབྲས་སོགས་ཀྱི་གསང་སྨན། ཕོ་ཐོག་དང་ལྟོག་པ། གླང་ཐབས། རྐང་ལག་གས་པ། མིག་ནད་དང་ཁ་ལྕེ་མི་བདེ་ཞིང་དིག་པ་སོགས་རྒྱུན་དུ་འབྱུང་མང་བའི་ནད་ཀྱི་བཅོས་ཐབས་སོགས་ལེགས་པོར་བཀོད་ཡོད། གཞན་ད་དུང་འབྲོང་མཁྲིས་ཀྱི་སྐྲ་ལོ་སྐྱེས་པ་དང་། ཚོང་ཞི་འོ་མ་དང་སྦྱར་བའམ། དབང་ལག་བ་འོ་དང་སྦྱར་བ་ཟླ་ཕྱེད་བསྟེན་པས་ཤ་མདངས་ཟླ་བ་ལྟར་འགྱུར་བ། སྒྲུ་ཏུ་ར་ཨ་རག་ནང་དུ་སྦངས་པའི་ཁུ་བ་བྱུགས་ན་སྐྲ་ཚན་ཆེ་བ་སོགས་མཛེས་བཟོའི་སྨན་བཅོས་ཀྱི་སྦྱོར་སྡེ་ཀྱང་བཀོད་ཡོད་པར་མ་ཟད། གཞན་ད་དུང་མིག་གི་གྲིབ་རྩ་ཕྱི་མ་གཅོད་ལུགས་དང་ནད་དང་མཐུན་པའི་མེ་བཙའི་སྲེག་གནས་བཅུ་གཉིས་ལྷག་བརྗོད་ཡོད། གཞུང་དེ་དངོས་སྤྱོད་ཀྱི་དཔྱད་གཞིའི་ཡིག་ཆ་ཞིག་ཡིན་པའི་ཐད་ནས་ནད་ཐོག་ལག་ལེན་ཐོག་སྨན་པས་དེ་དང་འདྲ་བའི་ནད་རིགས་ཀྱི་སྨན་བཅོས་བྱ་ཐབས་མགྱོགས་མྱུར་འཚོལ་ཐུབ་རྒྱུ་མ་ཟད། དེང་རབས་གསོ་རིག་གིས་བཅོས་ཐབས་མེད་པའི་ནད་རིགས་གི་སྨན་བཅོས་ཐད་རྩ་ཆེའི་ཞིབ་འཇུག་གི་རིན་ཐང་ལྡན་ཡོད་པ་རེད།།

《各种实用秘诀》

本医著为《降央钦孜旺布医著》第二十部分中第132页至142页，共11页。

内容提要：

本医著记载了中毒症、疖痈、岗巴等60多种疾病的临床治疗经验。以韵文形式记述了单位药物的功效、配伍及方剂的功效、各种外治法、《秘诀部》明述的各种疾病的品类等，篇幅有133章。

医学价值：

本医著记载了60多种疾病的治疗方法。还有狂犬病及癌症的治疗秘方及对擦那、胃癌、狼塔、手足皮肤皲裂、眼病及结巴等常见疾病的治疗药物的记载。除此之外还记载了野牛胆囊具有生发作用、寒水石混合牦牛奶或人参混合牛奶服用半月可以美白、余甘子泡酒可起到生发乌发的功效。还记载了眼部手术、人体12个火灸穴位。本医著作为一本实用参考书籍，能在临床上帮助医生快速查找到类似疾病的治疗方法以供参考，并且对于现代某些无法完全治愈的疾病治疗具有珍贵的研究价值。

༄༅། །གསོ་བ་རིག་པའི་མན་ངག་ཐོར་བུ་སྣ་ཚོགས་ཞེས་བྱ་བ་བཞུགས་སོ། །

གསུང་རྩོམ་འདི་《མཁྱེན་བརྩེ་དབང་པོའི་སྣན་ཡིག་》གི་དུམ་བུ་ཉེར་གཅིག་པ་སྟེ་ཤོག་ངོས་༡༤༣ནས་༡༤༧བར་གསལ། ཁྱོན་བསྡོམས་ཤོག་གྲངས་༥བཞུགས།

ནང་དོན་གནད་བསྡུས།

ཐོག་མར་སྙིང་རླུང་སྨྱོ་འགོག་གྲིབ་གདོན་གྱི་རིགས་དང་། གྲིབ་ཀྱིས་རྣ་བ་འོན་པ་སོགས་མི་གཙང་བའི་ནད་རིགས་ཀུན་སེལ་བའི་གཉེན་པོའི་སྣན་ཇི་སྙེད་ཅིག་བསྟན་ཡོད་པ་དང་། བར་དུ་སྒྲ་དཀར་དང་སྤྱི་ཐེར་གྱི་བཙོས། གདོང་པ་མཛེས་བྱེད། སོ་རྩ་བརྟན་བྱེད། གསོ་བརྒྱུད་སྙིང་དུ་ཁ་བསྒྱུར་སྣན་གང་རིགས་བསྟན་པས་ནད་རིགས་གང་ཞིག་སེལ་ཚུལ་སོགས། ཐ་མར་ཕོ་བའི་ནད་དང་། སྐྲན་ནད། མ་ཞུ་བ་ལས་བྱུང་བའི་འབྲས་ནད་སོགས་ལ་ཕན་པའི་སྣན་སྣ་བརྒྱ་དང་སོ་གཉིས་ཀྱི་སྦྱོར་ཚད་དང་བཅས་ཏེ་བསྟན་ཡོད།

གསོ་རིག་གི་རིན་ཐང་།

གཞུང་འདིར་སྨྱོ་འགོག གྲིབ་གདོན་སོགས་མི་གཙང་བའི་ནད་རིགས་དང་། སྒྲ་དཀར་དང་སྤྱི་ཐེར། གདོང་པ་མཛེས་བྱེད། སོ་རྩ་བརྟན་བྱེད་སོགས་མཛེས་བཟོ་ལག་ལེན། ཕོ་བའི་ནད་དང་། སྐྲན་ནད། མ་ཞུ་བ་ལས་བྱུང་བའི་འབྲས་ནད་སོགས་ལ་ཕན་པའི་སྣན་སྣ་བརྒྱ་དང་སོ་གཉིས་ཀྱི་བདག་ཉིད་ཅན་སོགས་སྣན་སྦྱོར་བཅུ་དགུའི་སྦྱོར་ཚད་དང་ལག་ལེན་བཅས་ཞིབ་ཏུ་བཀོད་ཡོད་ལ། ནད་རིགས་དེ་དག་ནི་དེང་སང་ཡང་ལྷག་པར་དུ་མཐོང་མང་ལ་འབྱུང་མང་བ་དག་ཡིན་པས། བོད་ཀྱི་ཚེ་རིག་འཛིན་པ་དག་དང་གསོ་བ་རིག་པའི་སྣན་སྦྱོར་ཞིབ་འཇུག་དང་གསར་གཏོད་གནང་མཁན་ལ་དཔྱད་གཞིའི་རིན་ཐང་མང་པོ་ཞིག་འདོན་སྤྲོད་ཐུབ་ཡོད།།

《医学各种零星秘诀》

本医著为《降央钦孜旺布医著》第二十一部分中第143页至147页，共5页。

内容提要：

本医著首先记载了狂病、扑厥、晦气作祟等污秽疾病。其次记载了白发和秃头的治法、美容法、固齿法，八主散上面加某种加味物可治何种疾病等内容。本医著还记载了由132种药物组成的用来治疗胃病、肿瘤、玛须哇等疾病的特殊方剂。

医学价值：

本医著记载了狂病、扑厥、晦气作祟等污秽疾病。其次记载了白发和秃头的治法、美容法、固齿法，还记载了由132种药物组成的用以治疗胃病、肿瘤、玛须哇等疾病的特殊方剂。针对许多常见易发的疾病，书中都有对症的治疗方法，故本医著可为医生和学习研究藏医药的学者提供一定的参考。

༄༅། །ཉམས་ཀྱི་ཡིག་ཆུང་སྣ་ཚོགས་ཞེས་བྱ་བ་བཞུགས་སོ། །

གསུང་རྩོམ་འདི་《མཁྱེན་བརྩེ་དབང་པོའི་སྨན་ཡིག་》གི་དུམ་བུ་ཉེར་གཉིས་པ་སྟེ་ཤོག་ངོས་༡༥༨ནས་༡༦༢བར་གསལ། ཁྱོན་བསྡོམས་ཤོག་གྲངས་༡༥བཞུགས།

ནང་དོན་གནད་བསྡུས།

དེབ་འདིའི་ནང་རྩོམ་པ་པོས་ནད་སྣ་སུམ་ཅུ་ལྷག་གི་བཅོས་ཐབས་སྐོར་བསྟན་ཡོད་དེ། ནད་རིགས་གང་ཡང་ཚ་གྲང་དང་གཉན་སོགས་ གླ་གཉན་གང་དང་བསྡོངས་པ་རྣམས་ཞིབ་པར་བརྟག་ནས་གང་ལ་གང་འཚམ་གྱིས་བཅོས་པའི་ཐབས་དང་། བད་ཀན་མགུལ་འགགས་ལྷ་བུ་ལ་གཉེན་པོ་མཆོག་གྱུར་སྨན། གཉན་ནད་ཚ་ཤས་མེད་རིགས་ལ་མི་བཙའ་བོ་ནས་བཅོས་ཚུལ། སྲང་ཡུལ་ནད་ཚང་བཞི་དང་། འབྲོས་འཕྲང་དགུ། ཕྱི་ཡི་འབྲོས་འཕྲང་རྣམས་ལ་མི་བཙའ་གདབ་ཞོར་དུ་ཐུགས་ཟབ་མོ་བརླ་བ་སོགས་སྨན་དཔྱད་ཟབ་སྒྲོད་གང་རིགས་ཀྱི་བཅོས་ཚུལ་ཟབ་མོ་རྣམས་ཕྱོགས་གཅིག་ཏུ་བཏུས་ཏེ་བསྟན་ཡོད།

གསོ་རིག་གི་རིན་ཐང་།

གཞུང་འདིར་ལྷ་རྗེ་མཆོག་གིས་ནད་རིགས་སྣ་ཚོགས་ཀྱི་རྟགས་དང་བཅོས་ཐབས་ཐོ་འགོད་བྱས་ཡོད་ལ། ལྷག་པར་དུ་འབམ་ནད་དང་བད་ཀན་མགུལ་འགགས། རིག་དུག་སོགས་ཀྱི་དབྱེ་བ་དང་སོ་སོའི་རྩ་ཆུའི་བརྟག་ཐབས་སོགས་ཞིབ་པར་བྲིས་ཡོད་པར་མ་ཟད། ད་དུང་དཔུང་རྐང་སོགས་ཀྱི་ཚོགས་བུད་པ་དང་གཞང་ལུག་པ་དང་རྒྱ་མ་ལུག་པ། མགོ་དང་ལག་པ། མཛུབ་མོ་སོགས་ཆག་པའི་སྦོམ་སྐྲངས་དང་དེའི་སྨན་སྦྱོར་སོགས་ཞིབ་པར་བྲིས་ཡོད། ལྷག་པར་དུ་མགོ་ཆག་མིན་གྱི་བརྟག་ཐབས་དང་ཀླུང་ཁྲག་པུས་མོར་བབས་པའི་ལྟེ་སྦྲུང་དང་གཉན་སྐྲངས་ཀྱི་འབྲུལ་སོ་བསལ་ཐབས་སོགས་སྟབས་བདེའི་ནད་ལ་ཞིབ་བཤེར་བྱེད་སྟངས་སོགས་ཁ་གསལ་པོའི་ངང་ནས་བཀོད་པའི་སྨན་དོན་གཉེར་བའི་འཚོ་བྱེད་ཀུན་ལ་ཡང་ནད་ཐོག་ལག་ལེན་གྱི་ཐད་ལ་གོ་བདེ་བ་དང་སྤྱོད་བདེ་བ་བཅས་ཀྱི་ཁྱད་ཆོས་ལྡན་པའོ།།

《各种临床经验小册》

本医著为《降央钦孜旺布医著》第二十二部分中第148页至162页，共15页。

内容提要：

本医著记载了30多种疾病的治法，如对一切疾病要诊断清楚寒热属性、有无并发瘟病等；对培根喉阻症（食道癌）要用特效药物治疗；对于无发烧症状的瘟病用火灸治疗；对忌灸处——四病窝、病邪逃逸九隘口和外部病邪逃逸隘口施灸时，可诵奥秘咒等。将药、械、食、行等有效治法汇集于一起进行了记载。

医学价值：

本医著详细记录了岗巴、食道癌、梅毒等的分类及脉诊、尿诊的临床表现，详细描述了肩关节及踝关节脱臼、脱肛、头骨和手指骨折等的固定方法和服用方剂。还对鉴别头骨碎裂程度、狼头样膝隆病和炎症引起的红肿等作了较详细的描述，为从医者临床实践提供了借鉴。

༄༅། །གདམས་ངག་སྣ་ཚོགས་ཞེས་བྱ་བ་བཞུགས་སོ། །

གསུང་རྩོམ་འདི་《མཁྱེན་བརྩེ་དབང་པོའི་སྨན་ཡིག་》གི་དུམ་བུ་ཉེར་གསུམ་པ་སྟེ་ཤོག་ངོས་༡༥༣ནས་༡༦༣བར་གསལ། ཁྱོན་བསྡོམས་ཤོག་གྲངས་༡༡བཞུགས།

ནང་དོན་གནད་བསྡུས།

གསུང་རྩོམ་འདིའི་ནང་གཙོ་བོ་ནད་རིགས་དགུ་བཅུ་ལྷག་གི་བཅོས་ཐབས་ཀྱི་སྐོར་ལ་སྔ་རབས་མཁས་པ་དག་དང་རང་གི་མྱོང་གྲུབ་ཟུང་དུ་འབྲེལ་ནས་ནད་རིགས་སོ་སོ་ལ་མཆོག་ཏུ་ཕན་པའི་རྒྱུད་སྨན་དང་སྦྱོར་བའི་སྨན། དཔྱད་ཀྱི་ལག་ལེན་རྣམས་བསྟན་ཡོད་དེ། དམུ་ཆུའི་ནད་རིགས་ལ་སྐྱུ་རུ་རའི་ཁཎྜ་ཕན་པ་དང་། ཏི་ཚའི་དུད་པ་ལག་ལེན་ལྟར་བླངས་ནས་ནུ་ཞོས་བྱུགས་པས་མིག་ནད་ལ་ཕན་ཚུལ། ཨཙྪལ་སེར་པོའི་ཕྱེ་མ་རི་ཤོའི་ཐང་གིས་ཕུལ་ན་བད་མཁྲིས་མགོ་ནད་སྐྱུགས་པར་བྱེད་པ་སོགས་ཀྱི་ལག་ལེན་ཞལ་རྒྱུན་ཚིག་བརྒྱུད་ཀྱི་གདམས་པ། གཏར་མེ་སོགས་དཔྱད་ཀྱི་རིགས་གང་ཐུང་བསྟེན་པས་འཕྲལ་དུ་བདེ་བ་སྟེར་བའི་ཕན་པ་མྱོང་གྲུབ་མའི་བཅོས་ཚུལ་སོགས་སྟབས་བདེར་བཀོད་ཡོད།

གསོ་རིག་གི་རིན་ཐང་།

གཞུང་འདིར་མཁྱེན་བརྩེའི་དབང་པོ་ཚང་གིས་དེང་སང་འབྱུང་མང་བའི་སྐྲན་ནད། ཕོ་ནད། ཕྱི་དུག བྱིས་པའི་གཞང་འབྲུག་དང་ཁ་ལང་སོགས་ནད་རིགས་སོ་སོ་ལ་མཆོག་ཏུ་ཕན་པའི་རྒྱུད་སྨན་བརྗོད་ཡོད་པར་མ་ཟད། བཀོལ་བདེ་བའི་ལག་ལེན་འགའ་བཀོད་ཡོད་དེ། དཔེར་ན། མེས་ཚིག་རྨ་རིགས་ལ་ཉ་ལྤེབས་བྱུགས་པས་འཕྲལ་དུ་བདེ་བ། སྣ་ཁྲག་མ་ཆོད་ན་དཔུང་མགོ་གཡས་གཡོན་ལ་མེ་བཙའ་གདབ་པ། མིག་ཁ་བས་ཕྱིད་པ་ལ་ཉ་རུས་ཀྱི་དུད་པས་ཕན་པ་དང་། བཙན་དུག་གི་ནད་ཚབས་ཆེན་ལ་རྟ་གསེབ་སྔོན་པོའི་སྤྲངས་སར་མ་ལྡུངས་པ་བཙོར་བའི་ཁུ་བས་ཕན་ལ། གཏར་ཁྲག་དྭངས་མོ་བླུད་ན་སྲོག་རྩ་སོགས་ལ་མི་བྱེར་བ་སོགས་འཕྲལ་དུ་བདེ་བ་སྟེར་བའི་ཕན་པ་མྱོང་གྲུབ་མའི་བཅོས་ཚུལ་སོགས་སྟབས་བདེར་བཀོད་ཡོད་པས། ནད་ཐོག་ལག་ལེན་དངོས་ལ་ཞུགས་པའི་སྨན་པ་ཡོངས་ཀྱིས་གསོ་རིག་མཁས་དབང་གི་ནད་ཐོག་མྱོང་གྲུབ་བཀོལ་སྤྱོད་བྱས་ན་འགྲོ་དོན་རྒྱ་ཆེན་འགྲུབ་པར་གདོན་མི་ཟའོ།།

《各种医疗教诫》

本医著为《降央钦孜旺布医著》第二十三部分中第163页至173页，共11页。

内容提要：

本医著结合历代名医和作者自己的临床经验，介绍了对90多种疾病具有疗效的单味药和方剂及外治法，如余甘子软膏对水鼓病有效、锌灰涂奶酪对眼病有效、用箭叶囊吾汤冲服黄花绿绒蒿粉引吐对培赤偏盛导致的头病有效等口授单传的秘诀。也记载了放血疗法、火灸等各种外治法。

医学价值：

本医著介绍了降央钦孜旺布对于肿瘤、胃病、狂犬病、儿童脱肛及鹅口疮等疾病的治疗方案。介绍了许多常见外伤的简便治疗方法，例如在烫伤表面涂上水绵、鼻出血时在双肩使用灸法、对于雪盲使用鱼骨烟熏疗法、铁棒锤中毒时用种马没掉到地上的马粪绞汁服用催吐等治疗方法，为医者临床实践提供了借鉴。

༄༅། །གསང་སྔགས་ཀྱི་རིགས་འགའ་ཞིག་ཅེས་བྱ་བ་བཞུགས་སོ། །

གསུང་རྩོམ་འདི་《མཁྱེན་བརྩེ་དབང་པོའི་སྨན་ཡིག་》གི་དུམ་བུ་ཉེར་བཞི་པ་སྟེ་ཤོག་ངོས་༡༧༤ནས་༡༧༧བར་གསལ། ཁྱོན་བསྡོམས་ཤོག་གྲངས་༤བཞུགས།

ནང་དོན་གནད་བསྡུས།

གསུང་རྩོམ་འདིའི་ནང་གཙོ་བོ་ནད་རང་རང་གི་གསོ་བཅོས་སྐབས་ཀྱི་གནད་འགག་དང་གསང་སྔགས་རྣམས་གཡུ་ཐོག་པ་དང་། ཟུར་ལུགས། བྲང་ཏི་སོགས་སྔ་རབས་མཁས་པ་དག་གི་བཞེད་པ་དང་བསྡུར་ནས་རེ་རེ་བཞིན་བཀོལ་ཡོད་པ་དང་། སྨན་གཏོང་ལུགས་ཀྱི་ལག་ལེན་རྣམས་ཇི་ལྟར་བྱེད་དགོས་ཚུལ། གཞན་བྱིས་པའི་ནད་རིགས་དང་། མོ་ནད། རྒྱ་ནད་ཚད་འབྲུ། རྒྱུ་གཟེར། སྦྱར་དུག་སོགས་ནད་རིགས་བཅུ་བདུན་ལྷག་གི་གསོ་བཅོས་ལག་ལེན་ཡང་ཞུང་བསྡུས་སུ་བསྟན་ཡོད།

གསོ་རིག་གི་རིན་ཐང་།

གཞུང་འདིར་མཁྱེན་བརྩེའི་དབང་པོ་ཚང་གིས་གཡུ་ཐོག་དང་། ཟུར་ལུགས། བྲང་ཏི་སོགས་སྔ་རབས་མཁས་པ་དག་གི་ནད་རང་རང་གི་གསོ་བཅོས་སྐབས་ཀྱི་གནད་འགག་དང་གསང་སྔགས་སོགས་ཀྱི་བཞེད་པ་བསྡུར་བའི་སྒོ་ནས་རེ་རེ་བཞིན་བཀོལ་ཡོད་པ་འདི་ལྟ་སྟེ། ཤ་དུག་གསང་སྔགས་ཕལ་ཆེ་བས་བྱིའུ་ལ་ཕུག བེ་ཛེས་ཀོན་པ་གབ་སྐྱེས། མོ་གོལ་གྱི་སྨན་པ་དག་གིས་འོམ་བུའི་ལོ་མ་ལ་བཞེད་པ་ལྟ་བུ། གཞན་ད་དུང་སྨན་གཏོང་ལུགས་ཀྱི་ལག་ལེན་རྣམས་ཇི་ལྟར་བྱེད་དགོས་ཚུལ་བརྗོད་ཡོད་པ་དང་། བྱིས་པའི་ནད་རིགས་དང་། མོ་ནད། རྒྱ་ནད་ཚད་འབྲུ། རྒྱུ་གཟེར། སྦྱར་དུག་སོགས་ནད་རིགས་བཅུ་བདུན་ལྷག་གི་གསོ་བཅོས་ལག་ལེན་ཡང་ཞུང་བསྡུས་སུ་བསྟན་ཡོད། དེ་དག་གིས་གསོ་བ་རིག་པའི་ལམ་ཁ་ལ་བསྐྱོད་པའི་སྨན་པ་དག་ལ་དཔྱད་གཞིའི་རྒྱུ་ཆ་ལེགས་པོ་ཞིག་བསྟན་ཡོད་པས། ནད་ཀྱིས་མནར་བའི་སྐྱེ་འགྲོ་ཀུན་ལ་ཕན་པ་མི་དམན་པ་བཞག་ཡོད།།

《一些秘药的种类》

本医著为《降央钦孜旺布医著》第二十四部分中第174页至177页，共4页。

内容提要：

本医著对照宇妥、苏喀巴、仲狄等前代名医们的教导，针对不同疾病在各自治疗时的关键方法和秘药分别作了阐释；对药物的服用方法及儿科疾病、妇科病、汉地热泻、痢疾、合成毒中毒等17种疾病的临床治疗也做了简要记载。

医学价值：

本医著介绍了降央钦孜旺布通过宇妥、苏喀巴、仲狄等历代名医们的教导，对治疗各种疾病的方法和秘药作了阐释，例如大多医生都认同使用蚓果芥作肉类食物中毒的秘药，而布吉萨衮巴认为是丽江风毛菊，蒙古族的医生认为是水柏枝叶。书中还简要记载了儿科病、妇科病、汉地热泻、痢疾、合成毒等17种疾病的临床治疗方法，在临床上为医生提供了重要参考。

༄༅། །ཞིར་མགོའི་སྨན་བཏུ་དགོས་རིགས་ཞེས་བྱ་བ་བཞུགས་སོ། །

གསུང་རྩོམ་འདི་《མཁྱེན་བརྩེ་དབང་པོའི་སྨན་ཡིག་》གི་དུམ་བུ་ཉེར་ལྔ་པ་སྟེ་ཤོག་ངོས་༡༧༨ནས་༡༨༠བར་གསལ། ཁྱོན་བསྡོམས་ཤོག་གྲངས་༣བཞུགས།

ནང་དོན་གནད་བསྡུས།

གཞུང་འདིར་ཞིར་བར་མགོ་བའི་བོད་སྐྱེས་ཤིང་རྩི་ཐང་སྨན་སོགས་བཏུ་བའི་དུས་དང་།བཙལ་དགོས་པའི་སྨན་དཔེར་ན་བོད་དུ་དཀོན་པའི་སྨན་རྫས་སམ་རྙེད་དཀའ་བའི་སྨན་སོགས་ཡོད་སའི་ས་གནས་བསྟན་ཡོད།

གསོ་རིག་གི་རིན་ཐང་།

སྨན་ཡིག་འདིར་ཞིར་བར་མགོ་བའི་བོད་སྐྱེས་ཤིང་རྩི་ཐང་སྨན་སོགས་བཏུ་བའི་དུས་དང་། བོད་དུ་དཀོན་པའི་སྨན་རྫས་སམ་རྙེད་དཀའ་བའི་སྨན་སོགས་ཡོད་པའི་གནས་བརྗོད་ཡོད། དཔེར་ན། ཟླ་བ་བཞི་པའི་ནང་དུ་འོམ་བུའི་ལོ་མ་དང་། ལྕ་བར་སུར་དཀར། དབྱུག་པར་མཚེ་ལྕུམ་སོགས་བཏུ་བའི་དུས་ཡིན་ལ། དེ་ནི་ཕྱི་རྒྱུད་ཞི་བྱེད་སྨན་སྦྱོར་གྱི་སྡེ་སྦྱོར་སྐབས་ཀྱི་གཅེས་པའི་ཡན་ལག་བདུན་གྱི་ནང་ཚན་སྐྱེས་སར་སྐྱེ་དང་དུས་སུ་བཏུ་ཞེས་པའི་ནང་དོན་དང་བསྟུན་པའི་གལ་ཆེའི་ཟུར་ལྷའི་ཡིག་ཆ་ཡིན་པར་མ་ཟད། ཆབ་མདོ་རུ་རྒྱུན་འབྲུམ་དང་བསེ་ཡབ། སྤོང་རོས་ཡོད་པ་སོགས་བཀོད་ཡོད་པས། གཞུང་དེ་ནི་སྨན་པ་རྣམས་ལ་སྨན་འཚོལ་བའི་ས་གནས་དང་བཏུ་བའི་དུས་ཡང་དག་པ་བརྗོད་པའི་ཟུར་ལྷའི་ཡིག་ཆ་གལ་ཆེན་ཞིག་གོ།།

《各种实用药的采药季节》

本医著为《降央钦孜旺布医著》第二十五部分中第178页至180页，共3页。

内容提要：

本医著详细记载了西藏出产的药物采摘时间及西藏较稀有药物的产地。

医学价值：

本医著记载了西藏出产的药材采摘时间及产地，例如四月采摘水柏枝、五月采摘小叶杜鹃、六月采摘藏麻黄等。既能作为《后续部》草药部的重要参考书，还能了解药材的产地，如昌都盛产葡萄、木瓜和雄黄。为藏药研究者及制药师提供了正确的药材产地和精确的采药时间。

༄༅། །སྨན་མིང་དང་ངོས་འཛིན་ཐོར་བུ་མཁས་པའི་ངག་གི་བདུད་རྩིའི་ཐིགས་མ་ཞེས་བྱ་བ་བཞུགས་སོ།། །

གསུང་རྩོམ་འདི་《མཁྱེན་བརྩེ་དབང་པོའི་སྨན་ཡིག་》གི་དུམ་བུ་ཉེར་དྲུག་པ་སྟེ་ཤོག་ངོས་༡༨༧ནས་༢༠༧བར་གསལ། ཁྲོན་བསྒོམས་ཤོག་གྲངས་༢༡བཞུགས།

ནང་དོན་གནད་བསྡུས།

གཞུང་འདི་རྒྱ་སྨན་དང་བོད་སྨན་གྱི་གསོ་དཔྱད་གཉིས་ལ་མཁས་པར་བསླབ་པའི་སྐྱེས་མཆོག་དམ་པ་འཇམ་དབྱངས་མཁྱེན་བརྩེ་དབང་པོའི་དགོངས་པ་དྲི་མ་མེད་པ་ལས་ཐོན་པའི་སྨན་སྣ་བརྒྱའི་ངོས་འཛིན་སྐོར་གྱི་མན་ངག་འབའ་ཞིག་གིས་གྲུབ་ལ། འདིའི་ནང་བོད་སྐྱེས་སྨན་རྫས་ཀྱི་ངོས་འཛིན་ཅུང་སླ་བ་དག་རགས་བཤད་བྱས་ནས། ངོས་འཛིན་ཅུང་དཀའ་བ་དང་བོད་དུ་དཀོན་པའི་སྨན་རྫས་རྣམས་ཅུང་རྒྱས་པར་བཤད་ཡོད་དེ། དཔེར་ན། ག་བུར་ནི་ཙན་དན་དཀར་པོ་དང་། ཤིང་ཀུནྡྷ། ཤིང་ཚོང་གེང་། ཤིང་ཧྲི་མ་བཅས་ལས་བྱུང་བ་རྒྱུ་མཚན་དང་བཅས་དགག་ནས། རྒྱ་དཀར་ནག་གི་ས་མཚམས་ནས་འབྱུང་ཞིང་གབ་མིང་དུ་སེང་གེ་འོ་མ་ཐེར་བ་ཡིན་ཚུལ་ལྟར་བཀོད་པ། གཞན་ལེགས་སྦྱར་སྐད་བྱུར་ཆག་པའི་ག་བུར་དང་རྒྱ་ནག་སྐད་བྱུར་ཆག་པའི་ཙུ་གང་ལྷ་བུའི་སྨན་མིང་དང་བསྒྱུར་བའི་དོན་སོགས་མང་པོ་བསྟན་ཡོད།

གསོ་རིག་གི་རིན་ཐང་།

སྨན་མིང་དང་ངོས་འཛིན་ཐོར་བུ་ཞེས་པ་འདིར་གཙོ་བོ་སྨན་སྣ་བརྒྱའི་ངོས་འཛིན་སྐོར་གྱི་མན་ངག་འབའ་ཞིག་གིས་གྲུབ་ལ། བོད་སྐྱེས་སྨན་རྫས་ཀྱི་ངོས་འཛིན་ཅུང་སླ་བ་དག་རགས་བཤད་དང་། ངོས་འཛིན་ཅུང་དཀའ་བ་དང་བོད་དུ་དཀོན་པའི་སྨན་རྫས་རྣམས་ཅུང་རྒྱས་པར་བཤད་པ། རྒྱས་བཤད་ཀྱི་ནང་དོན་ནི་སྨན་དེ་དག་གི་དབྱེ་བ་དང་ཕན་ནུས། བཟང་ངན། སྐྱེ་གནས་དང་འབྱུང་ཁུངས། རོ་ནུས། རྒྱ་གར་ནག་གི་བརྗོད་སྟངས། ལེགས་སྦྱར་སྐད་བྱུར་ཆག་པ་དང་རྒྱ་ནག་སྐད་བྱུར་ཆག་པའི་སྨན་མིང་དང་བསྒྱུར་བའི་དོན་སོགས་བརྗོད་ཡོད། དེས་བོད་ཀྱི་གསོ་རིག་ལ་སློབ་པ་དང་ཞིབ་འཇུག་བྱེད་མཁན་དག་ལ་ཉེར་ཉེན་ཆེ་བའི་སྨན་དག་གི་འཁྲུལ་སེལ་བས་བྱུར་ལྷའི་ཡིག་ཆའི་ཐད་གལ་ཆེའི་རིན་ཐང་བཏོན་ཡོད།།

《药名和认药零星知识·名医教言甘露滴》

本医著为《降央钦孜旺布医著》第二十六部分中第181页至201页，共21页。

内容提要：

本医著是降央钦孜旺布对100余种药物辨认方法的记录。该书简要地记载了常见药物的识别，尤其对容易混淆的药物及西藏罕见的药物做了详细介绍，例如对“嘎吾日”（冰片）是产自白檀香树、“嘎然乍”、青冈树、“布玛”树脂等的错误说法进行了批驳，认为其是出产自中印边界隐名叫作“桑格沃玛”（狮子奶）的一种树脂，梵文为“嘎吾日”。此外还记载了其汉语的转音“居刚”等药名的译义等。

医学价值：

本医著主要记载了100余种药物的基本知识，对较难识别和罕见的药物做了详细介绍，包括药物的分类、药性、药味、功效、产地等。还记载了梵文和汉语的转音等，为广大的藏药学者和藏药研究者提供了易混淆药物的辨别方法。

༧༧། །སྨན་གྱི་ངོས་འཛིན་སྐོར་ལས་འཁྲུལ་པའི་དོགས་སེལ་ཐྲན་བུ་ཞིས་བྱ་བ་བཞུགས་སོ། །

གསུང་རྩོམ་འདི་《མཁྱེན་བརྩེ་དབང་པོའི་སྨན་ཡིག་》གི་དུམ་བུ་ཉེར་བདུན་པ་སྟེ་ཤོག་ངོས་༢༠༢ནས་༢༠༨བར་གསལ། ཁྱོན་བསྡོམས་ཤོག་གྲངས་༧བཞུགས།

ནང་དོན་གནད་བསྡུས།

སྨན་རྫས་དྲུག་ཅུ་ཙམ་གྱི་ཐུན་མོང་མ་ཡིན་པའི་ངོས་འཛིན་བྱ་ཐབས་ཏེ་བོངས་དབྱིབས་དང་། ཁ་དོག སྐྱེས་ཡུལ། མེ་ལ་བསྲེག་པའི་དྲི། བཙིར་བའི་དྲི། བཅད་ཁའི་ཉམས། འོ་མ་འཛག་མིན། ཆུ་ལ་སྦང་བ། སྐོལ་བ། ཡུལ་སྐད་ཀྱི་མིང་། འདྲ་ཡིག་སོགས་བསྟན་ཡོད།

གསོ་རིག་གི་རིན་ཐང་།

གཞུང་འདིར་གཙོ་བོ་སྨན་སྔ་དྲུག་ཅུ་ལྷག་གི་སྨན་གྱི་སྐྱེ་གནས་དང་འདྲ་དཔེ། སྨན་ཚབ་སོགས་བརྗོད་ནས་སྨན་ངོས་འཁྲུལ་བ་མེད་པར་ངོས་འཛིན་གསལ་པོར་བྱེད་པ་ལ་གལ་ཆེའི་ནུས་པ་བཏོན་ཡོད་དོ།།

《有关药物辨认之解惑小册》

本医著为《降央钦孜旺布医著》第二十七部分中第202页至208页，共7页。

内容提要：

本医著介绍了60余种藏药材的识别方法，包括植物形态、颜色、产地、燃烧气味、榨汁之味、横截面结构、有无渗出乳汁物、水中浸泡和煮沸之色、药名的方言称谓及绘制的图谱等。

医学价值：

本医著主要通过对植物的形态、颜色、产地、图谱、代药、采药时间的详细介绍，为广大的藏药学者和藏药研究者提供了易混淆药物的辨别方法，对藏药学的鉴定研究具有很高的参考价值。

༄༅། །ཟླ་ཤེལ་འཆི་མེད་བདུད་རྩི་རིལ་བུའི་སྦྱོར་བ་འཆི་མེད་བཅུད་ལེན་ཞེས་བྱ་བ་བཞུགས་སོ། །

གསུང་རྩོམ་འདི་《མཁྱེན་བརྩེ་དབང་པོའི་སྨན་ཡིག་》གི་དུམ་བུ་ཉེར་བརྒྱད་པ་སྟེ་ཤོག་ངོས་༢༠༩ལ་གསལ། ཁྱོན་བསྡོམས་ཤོག་གྲངས་༡བཞུགས།

ནང་དོན་གནད་བསྡུས།

ཟླ་ཤེལ་འཆི་མེད་བདུད་རྩི་རིལ་བུའི་བསྡེབས་ཀ་རྒྱལ་པོ་བཙུན་མོ་བློན་པོ་འཁོར་བཅས་བཞི་རུ་ཕྱེ་ནས་དེ་དག་གི་སྦྱོར་ཚད་དང་། རིལ་བུ་སྒྲིལ་སྟངས། བྱིན་རླབས་བྱ་ཚུལ། ནད་སྟོབས་དང་སྦྱར་ནས་གཏོང་ཐབས། དེའི་སྤྱིའི་ཕན་ནུས་དང་ཁྱད་པར་གྱི་ཕན་ནུས་བཅས་བསྟན་ཡོད།

གསོ་རིག་གི་རིན་ཐང་།

ཟླ་ཤེལ་འཆི་མེད་བདུད་རྩི་རིལ་བུའི་སྦྱོར་བ་ཞེས་པ་འདིར་སྨན་སྦྱོར་གྱི་གྲུབ་ཆ་རྒྱལ་པོ་ཅོང་ཞི་དུལ་མ་དང་། བཙུན་མོ་བྲག་ཞུན་སླད་མེད་པ། བློན་པོ་ཨ་རུ་ར་སོགས་སྨན་སྣ་རིགས་བརྒྱད། འཁོར་འབངས་ཨ་གར་སོགས་སྨན་སྣ་རིགས་ཉེ་ཤུ་རྩ་ལྔ་དང་། དེ་དག་སོ་སོའི་སྦྱོར་ཚད་རིམ་པ་བཞིན་ཆ་བཞི། ཆ་གཉིས། ཆ་རེ། ཆ་ཕྱེད་ཅེས་བརྗོད། གཞན་རིལ་བུ་དེ་དག་ཞིབ་བཏགས་ལ་ཆེ་ཆུང་སྲན་མ་ཙམ་དུ་སྒྲིལ་བ་དང་ནད་སྟོབས་དང་སྦྱར་ནས་སྨན་གཏོང་དགོས་པ་སོགས་ཞིབ་ཕྲའི་སྒོ་ནས་བརྗོད་པས་ནད་ཐོག་སྨན་སྦྱོད་ཀྱི་རིན་ཐང་ཆེའོ།།

《月晶长寿甘露丸方 · 长寿滋补药》

本医著为《降央钦孜旺布医著》第二十八部分中第209页，共1页。

内容提要：

本医著将月晶大红丸的组方分为君、妃、臣、使四药。君药为寒水石、妃药为渣驯、臣药为诃子等8种、使药为沉香等25味。记载了组方中各药的剂量、做丸剂的9种方法、加持法、根据病情的服法、该丸总功效和具体功效主治等。

医学价值：

本医著主要记载了月晶大红丸的组方，还记载了上述“君妃臣使”的使用剂量、制作方法、丸剂大小、服用方式等。其制作方法详细、药材简便易找，具有很高的实用价值。

༧༢། །ཟླ་ཤེལ་ཆེན་མོའི་ཕྲུག་ལེན་གྱི་ཟིན་བྲིས་བདུད་རྩིའི་ཟླ་སྣང་ཞེས་བྱ་བ་བཞུགས་སོ། །

གསུང་རྩོམ་འདི་《མཁྱེན་བརྩེ་དབང་པོའི་སྨན་ཡིག་》གི་དུམ་བུ་ཉེར་དགུ་པ་སྟེ་ཤོག་ངོས་༢༧༠ནས་༢༧༣བར་གསལ། ཁྱོན་བསྡོམས་ཤོག་གྲངས་༤བཞུགས།

ནང་དོན་གནད་བསྡུས།

གསུང་རྩོམ་འདིའི་ནང་ཟླ་བ་ནོར་བུའི་རྒྱུ་ཤེལ་གྱི་སྦྱོར་བའི་ཕྲུག་ལེན་མཐོང་རྒྱུད་རྣམས་གསལ་བར་སྟོན་ཕྱིར་ཐོག་མར་སྨན་སྦྱོར་གྱི་སྡེབ་ཁ་དང་སྦྱོར་ཚད། བར་དུ་དེ་ལས་ཅོང་ཞི་དང་། ཀོ་ཁྱི་ལ། དངུལ་ཆུ། མུ་ཟི་བཅས་བཞིའི་འདུལ་སྦྱོང་གི་ལག་ལེན། མཇུག་ཏུ་དངོས་གཞིའི་སྨན་ཡོངས་ལ་ཕབས་རྟའི་རིགས་རིན་ཆེན་ཚ་སྦྱོར་དང་ཐུ་མས་བསྡུས་པའི་ཟླ་ཤེལ་རིལ་བུ་ཚད་ལྡན་ཅན་སོགས་བསྒྲུབ་ནས་རིལ་བུར་དྲིལ་དགོས་པ་ལྷ་བུའི་ཐུན་མོང་མ་ཡིན་པའི་སྦྱོར་ཐབས་དང་། སྨན་ཟླའི་གཟུངས་དང་རྟེན་འབྲེལ་སྙིང་པོ་ཤེས་པ་བརྗོད་ནས་ཞར་ཚགས་བྱ་ཚུལ་བཅས་བཀོད་ཡོད།

གསོ་རིག་གི་རིན་ཐང་།

གཞུང་འདིར་དང་པོ་ཟླ་ཤེལ་ཆེན་མོའི་སྡེབ་ཁ་སྨན་སྦྱོར་སུམ་ཅུ་ཞག་དང་དེས་སྦྱོར་ཚད་ཞིབ་པར་བརྗོད་ལ། བར་དུ་སྨན་སྦྱོར་སུམ་ཅུ་ཞག་གི་ནང་ཚན་ཅོང་ཞི་དང་། ཀོ་ཁྱི་ལ། དངུལ་ཆུ། མུ་ཟི་བཞིའི་འདུལ་སྦྱོང་བྱེད་སྟངས་ཞིབ་ཕྲས་བརྗོད། མཐར་སྨན་དེར་ཕབས་རྟའི་རིགས་རིན་ཆེན་ཚ་སྦྱོར། མང་སྦྱོར། གྲང་སྦྱོར་དང་ཐར་གྱི་ཟླ་ཤེལ་རིལ་བུ་ཚད་ལྡན་བསྒྲུབ་ནས་མར་དཀར་གྱིས་རིལ་བུ་སྲན་ཆེན་ཙམ་དུ་སྒྲིལ་སྟངས་བརྗོད་ཡོད། གཞན་ད་དུང་གསོ་རིག་གཞན་དང་མི་མཐུན་པའི་བོད་རང་གི་ཁྱད་ཆོས་དང་ལྡན་པའི་སྨན་ཟླའི་གཟུངས་དང་རྟེན་འབྲེལ་སྙིང་པོའི་ཤེས་པ་བརྗོད་དགོས་པ། དེ་ནས་རླུང་མི་འཚེར་བའི་སྣོད་དུ་ཉར་དགོས་པ་སོགས་ཟླ་ཤེལ་ཆེན་མོའི་ཕྲུག་ལེན་མཐོང་རྒྱུད་ཞིབ་མོར་བརྗོད་པས། བོད་གངས་ཅན་གྱི་གསོ་རིག་ལ་འབད་པའི་ཚེ་རིག་འཛིན་པ་རྣམས་ལ་ཟླ་ཤེལ་ཆེན་མོའི་ཕྲུག་ལེན་བྱེད་སྟངས་ཀྱི་ཆ་རྐྱེན་ངེས་ཅན་བསྐྲུན་ནོ།

རིག་གནས་ཀྱི་རིན་ཐང་།

གཞུང་འདིར་བརྗོད་པའི་བོད་རང་གི་ཁྱད་ཆོས་དང་ལྡན་པས་ཟླ་ཤེལ་ཆེན་མོ་སྒྲུབ་ཚར་རྗེས་སྨན་ཟླའི་གཟུངས་

དང་རྟེན་འབྲེལ་སྙིང་པོའི་ཤིས་པ་བརྗོད་པ་ནི། བོད་བརྒྱུད་ནང་བསྟན་དང་སེམས་ཁམས་རིག་པ་དང་ཡུལ་སྲོལ་གོམས་གཤིས་སོགས་བོད་རང་གི་རིག་གནས་ཀྱི་ཁྱད་ཆོས་དང་ལྡན་པའི་འོག་ནས་བྱུང་བའི་རིག་གཞུང་གི་མ་ལག་ཆ་ཚང་བ་དང་ནང་དོན་ཕུན་སུམ་ཚོགས་པ་ཞིག་ཡིན།།

《大月晶丸制作笔记·甘露月光》

本医著为《降央钦孜旺布医著》第二十九部分中第210页至213页，共4页。

内容提要：

本医著记录了月宝水晶丸（月晶丸）的制作实践经验。首先介绍该丸的组方、剂量；之后介绍寒水石、马钱子、水银、硫磺四味的炮制操作；最后介绍该丸组方中加入起发酵作用的珍宝热方丸和已收集好的标准月晶丸各味药的粉末，再制作成丸等配制法，以及诵药师佛陀罗尼经和说“典哲娘布”（缘起精华）吉祥言之后储存等事宜。

医学价值：

本医著首先介绍了月晶丸内30多种药物的组方和剂量，然后详细介绍了其中的寒水石、肉托果、水银、硫磺四味的炮制方法，最后在该丸组方中加入起发酵作用的珍宝热方丸和已收集好的标准月晶丸的粉末等，再用酥油做成豌豆大小的丸剂。制作完成后还须诵药师佛陀尼经和说“典哲娘布”吉祥言对药物进行加持，完成以上过程后将该药密封保存。本医著为藏医药学者介绍了制作月晶丸的方法与技术。

文化价值：

本医著记载了具有藏族特色的月晶丸的制作方法，其中以大月晶丸制成后须诵药师佛陀尼经和说“典哲娘布”吉祥言，体现了索瓦日巴是与藏传佛教密切相连的，对治愈疾病有着积极意义，也是中华传统文化的重要组成部分。

༄༅། །ཟླ་ཤེལ་ཆེན་མོ་ཞེས་བྱ་བ་བཞུགས་སོ། །

གསུང་རྩོམ་འདི་《མཁྱེན་བརྩེ་དབང་པོའི་སྣན་ཡིག་》གི་དུམ་བུ་སུམ་བཅུ་པ་སྟེ་ཤོག་ངོས་༢༡༤ནས་༢༡༥བར་གསལ། ཁྱོན་བསྡོམས་ཤོག་གྲངས་༢བཞུགས།

ནང་དོན་གནད་བསྡུས།

གསུང་རྩོམ་འདིའི་ནང་ཟླ་ཤེལ་ཆེན་མོའི་སྦྱོར་བའི་སྡེབ་ཁ་དང་། དེ་ལས་ཅོང་ཞི་འདམ་བཏགས་སྲང་བཅུ་དང་སྲང་ལྔ་གཉིས་ཀྱི་དབང་དུ་བྱས་ནས་སྨན་སྣ་གཞན་རྣམས་ཀྱི་སྲང་ཚད་རེ་རེ། དེ་མིན་ཟླ་ཤེལ་ཆེན་མོའི་སྡེབ་ཁ་ལ་ལུགས་མི་འདྲ་བ་མང་ཡང་གྲངས་ཀྱི་སྒོ་ནས་ཟླ་ཤེལ་སོ་བདུན་མ་ཟེར་བ་ལས་བུ་ཡིག་རྣམས་སུ་གུ་གུལ་བཤད་པས་སོ་བརྒྱད་དུ་འགྱུར་བ་སོགས་མིན་ཚུལ་གསུངས་ནས་བསྟན་ཡོད།

གསོ་རིག་གི་རིན་ཐང་།

གཞུང་འདིར་ཟླ་ཤེལ་ཆེན་མོའི་ཞིབ་ཕྲའི་བཟོ་རྩལ་དང་སྦྱུབ་ཆ་གསལ་བཤད་བྱས་ཡོད་པས། བོད་ཀྱི་སྨན་པ་རྣམས་ལ་ཟླ་ཤེལ་ཆེན་མོ་ལག་ལེན་བྱེད་པའི་དཔྱད་གཞི་ཡག་པོ་ཞིག་མགོ་འདོན་བྱས་ཡོད།།

《大月晶丸》（又名《三十七味月晶丸》）

本医著为《降央钦孜旺布医著》第三十部分中第214页至215页，共2页。

内容提要：

本医著主要介绍了大月晶丸的组方，其中寒水石调泥取十两和五两两种剂量，依次推算其他各味药物的剂量为各一两。此外介绍了大月晶丸的多种组方，按药味数而言有三十七味的月晶丸，但其子书中又有加安息香为三十八味等不同说法。

医学价值：

本医著大致介绍了大月晶丸的具体制作工艺及组方，为藏医药学者及研究者学习大月晶丸的制作提供了参考。

༧༢། །གྲུབ་ཆེན་ཐང་སྟོང་རྒྱལ་པོའི་ལུགས་ཀྱི་ནད་བརྒྱ་སྨན་གཅིག་རིལ་བུ་དཀར་དམར་ཀྱི་གཞུང་གསལ་བྱེད་བཅས་པ་ཞེས་བྱ་བ་བཞུགས་སོ། །

གསུང་རྩོམ་འདི་《མཁྱེན་བརྩེ་དབང་པོའི་སྨན་ཡིག》གི་དུམ་བུ་སོ་གཅིག་པ་སྟེ་ཤོག་ངོས་༢༡༨ནས་༢༡༩བར་གསལ། ཁྱོན་བསྡོམས་ཤོག་གྲངས་༢བཞུགས།

ནང་དོན་གནད་བསྡུས།

གསུང་རྩོམ་འདིའི་ནང་གྲུབ་ཆེན་ཐང་སྟོང་རྒྱལ་པོ་དཔལ་རི་བོ་ཆེ་ཡི་རྗེ་མོ་ཙུ་མི་རྟོག་ཏིང་འཛིན་སྒོམ་པའི་ཚེ། ཨོ་རྒྱན་མཁའ་འགྲོའི་ཡུལ་ནས་བྱོན་པའི་མཁའ་འགྲོ་གཙོ་མོ་ལྷ་ཡིས་འདུ་བ་གང་ལའང་མི་གནོད་ཅིང་། རླུང་མཁྲིས་བད་ཀན་ལ་སོགས་པ་བཞི་བརྒྱ་རྩ་བཞིའི་ནད་རྣམས་སེལ་བར་བྱེད་པའི་རིལ་བུ་དཀར་པོའམ་རིལ་དཀར་པད་སྔོང་གི་སྦྱོར་སྡེ་དང་། སྦྱར་ཚད། སྦྱར་ཐབས། ཐུགས་རྗེ་ཆེན་པོ་བསྒོམས་ནས་མཁའ་འགྲོའི་སྔགས་བཟླ་ཚུལ། སྤྱིའི་ཕན་ཡོན་དང་། བྱེ་བྲག་ཉེས་གསུམ་གྱི་ནད་དང་དོན་སྣོད་ནད་ཀྱི་ངོ་བོ་དང་བསྟུན་ནས་རིལ་བུ་དཀར་པོ་དེ་ལ་ཁ་བསྒྱུར་བྱེད་ཚུལ་སོགས་གསུངས་པ་ཐོག་མར་བཀོད་ནས། རྗེས་སུ་གྲུབ་ཐོབ་ཐང་སྟོང་རྒྱལ་པོ་འགྲོ་དོན་དུ་བསྟུད་པའི་ཚུལ་བསྟན་དུས་ཐུགས་རྗེ་ཆེན་པོ་འཕགས་པ་སྤྱན་རས་གཟིགས་ཀྱིས་སྨན་སྦྱོར་གྲུབ་ཐོབ་རིལ་དམར་གནང་བ་དེའི་སྡེབ་ཀ་དང་། སྦྱོར་ཚད། སྦྱར་ཐབས། སྤྱིའི་ཕན་ནུས་དང་། བྱེ་བྲག་གི་ཕན་ནུས། ཁྱད་པར་གྱི་ཕན་ནུས་བཅས་གསལ་བར་བསྟན་ཡོད།

གསོ་རིག་གི་རིན་ཐང་།

གཞུང་འདིར་འདུ་བ་སྤྱི་སྡོམས་སམ་ནད་བརྒྱ་སྨན་གཅིག་གྲུབ་ཐོབ་རིལ་དཀར་དང་ནག་པོ་སུམ་སྤྲིལ་ནད་ལ་བརྟགས་པའི་གྲུབ་ཐོབ་རིལ་དམར་གྱི་སྦྱོར་སྡེ་དང་། སྦྱར་ཚད། སྦྱར་ཐབས་སོགས་བརྗོད་ཡོད། ལྷག་ཏུ་ཉེས་པ་གསུམ་དང་གཉན་རིམས། དོན་ལྔ་སྣོད་དྲུག ཆུ་སེར་ནད་སོགས་ལ་དམིགས་སུ་བཀར་ནས་སོ་སོའི་ཁ་བསྒྱུར་སྨན་ལག་ལེན་བཅས་ཞིབ་པར་བཀོད་ཡོད། འདིར་བསྟན་པའི་སྨན་གྱི་སྦྱོར་སྡེ་དག་ནི་རྩོམ་པ་པོའི་ཉམས་མྱོང་དང་རྒྱུད་གཞུང་ལས་བསྟན་པ་དག་ཕྱོགས་སུ་བསྡུས་ཏེ་ཡི་གེར་བཀོད་པ་ཡིན་ལ་དེ་དག་སོ་སོའི་སྦྱོར་བཟོ་སྟབས་བདེ་བ། སྨན་སྣ་འཚོལ་སླ་བའི་ཁྱད་ཆོས་ལྡན་པས་ནད་ཐོག་སྨན་སྤྱོད་ཀྱི་རིན་ཐང་ཆེའོ།

རིག་གནས་ཀྱི་རིན་ཐང་།

སྲོལ་རྒྱུན་གསོ་རིག་ཆེ་གྲས་བཞིའི་ནང་ཚན་བོད་ཀྱི་གསོ་བ་རིག་པ་ནི། ཚན་རིག་རང་བཞིན་གྱི་རིག་ཚན་ཞིག་ཡིན་པ་ཕུད། ཆོས་ལུགས་དང་ཟུང་འབྲེལ་དམ་པོ་བྱས་ནས་ཡོད་པ་ནི་གསོ་རིག་གཞན་དང་བསྡུར་ན་དམིགས་བསལ་གྱི་ཁྱད་ཆོས་ཤིག་ཡིན། དཔེར་ན་རྩོམ་འདིའི་ནང་དུ་བཤད་པའི་སྨན་སྔགས་སོགས་ཀྱི་སྦྱོར་ཐབས་ནི་སྨན་རྫས་བཟོ་བའི་བརྒྱུད་རིམ་ཁྲོད་ཏུ་ཅང་གལ་ཆེ་བའི་གྲུབ་ཆ་ཞིག་ཡིན། དེ་ཕྱི་ཚུལ་ནས་བལྟས་ན་ཆོས་ལུགས་ཚོ་ག་སོགས་དང་འབྲེལ་བ་ཡོད་མོད། འོན་ཀྱང་ངོ་བོའི་ཐོག་ནས་བརྗོད་ན་དེ་ནི་སེམས་ཁམས་རིག་པ་དང་འབྲེལ་བ་དམ་ཟབ་ཡོད་པས། བོད་ཀྱི་གསོ་བ་རིག་པ་ནི་ལུས་སེམས་གཉིས་ཀར་ཕན་པའི་སྨན་གཞུང་ཁྱད་དུ་འཕགས་པ་ཞིག་ཡིན་པར་མངོན་ཡོད།།

《大成就者唐东杰布一派的百病一药可愈的白、红丸制作内容明示》

本医著为《降央钦孜旺布医著》第三十一部分中第216页至218页，共3页。

内容提要：

唐东杰布在华日布切山顶修行坐禅之时，从乌仗那空行地方来的五主要空行母传授给他无害于三因（隆、赤巴、培根），能治隆病、赤巴病、培根病等的404种疾病的“贝东”洁白丸。本医著首先介绍了“贝东”洁白丸的组方、剂量、配伍法，修大慈悲禅诵念空行母的咒治法，总体功效等，结合三邪疾病和脏腑疾病的性质对洁白丸药味的加持法。最后详细记载了大成就者唐东杰布为众生治病积劳成疾时，大慈悲圣主观世音传授他智托红丸的组方、剂量、配伍法、总体功效、具体功效及特殊功效等情况。

医学价值：

本医著介绍洁白丸与红丸的组方、剂量、配伍法、修大慈悲禅诵念空行母的咒治法。另外，在主方剂之上根据实际病情加几味药又有治疗其他疾病的效果，可谓“一方治百病”，是藏药方剂中小成本大收益的代表，具有很高的临床应用价值。

文化价值：

藏医学作为四大传统医学之一，在其发展过程中形成了自己完整的理论体系。藏医药学将医学与宗教结合，如药咒加持法，这是一项在药品制作过程中非常重要的环节，从表面上看该仪式有诵经文等相关宗教仪轨，但从实质上来说，这和心理学有着密切的关系，体现了藏医身心同治的治疗原则。

༄༅། །སྲིན་ནད་ཀུན་འཇོམས་མ་ཏྲུ་ཙེའི་སྦྱོར་བ་བརྒྱད་པ་ཞེས་བྱ་བ་བཞུགས་སོ། །

གསུང་རྩོམ་འདི་《མཁྱེན་བརྩེ་དབང་པོའི་སྨན་ཡིག་》གི་དུམ་བུ་སོ་གཉིས་པ་སྟེ་ཤོག་ངོས་༢༡༩ནས་༢༢༠བར་གསལ། ཁྱོན་བསྡོམས་ཤོག་གྲངས་༢བཞུགས།

ནང་དོན་གནད་བསྡུས།

གསུང་རྩོམ་འདིའི་ནང་སྲིན་ནད་ཀྱི་འཇུག་གནས་མི་འདྲ་བ་ལ་བརྟེན་ནས་གཉེན་པོ་སྨན་གྱི་སྦྱོར་བ་ལ་མགོ་སྲིན་སེལ་བའི་མ་ཏྲུ་ཙེ་གསུམ་སྦྱོར་དང་། མིག་སྲིན་སེལ་བའི་མ་ཏྲུ་ཙེ་གསུམ་སྦྱོར། རྣ་སྲིན་སེལ་བའི་མ་ཏྲུ་ཙེ་གསུམ་སྦྱོར། སྣ་སྲིན་སེལ་བའི་མ་ཏྲུ་ཙེ་གསུམ་སྦྱོར། སོ་སྲིན་སེལ་བའི་མ་ཏྲུ་ཙེ་གསུམ་སྦྱོར། ཕོང་སྲིན་སེལ་བའི་མ་ཏྲུ་ཙེ་གསུམ་སྦྱོར། པགས་སྲིན་སེལ་བའི་མ་ཏྲུ་ཙེ་གསུམ་སྦྱོར། གཞང་སྲིན་སེལ་བའི་མ་ཏྲུ་ཙེ་གསུམ་སྦྱོར་བཅས་བརྒྱད་དུ་བསྟན་ནས། དེ་དག་རེ་རེའི་སྡེབ་ཀ་དང་། བསྟེན་ཐབས། ཕན་ཡོན་བཅས་བཀོད་ཡོད།

གསོ་རིག་གི་རིན་ཐང་།

གཞུང་འདིར་སྲིན་ནད་ཞུགས་སའི་གནས་མི་འདྲ་བར་བརྟེན་ནས་མ་ཏྲུ་ཙེ་གསུམ་སྦྱོར་གྱིས་མགོ་སྲིན་དང་མིག་སྲིན། རྣ་སྲིན་དང་སྣ་སྲིན། སོ་སྲིན་དང་ཕོང་སྲིན། ལྤགས་སྲིན་དང་གཞང་སྲིན་སོགས་སེལ་བའི་སྨན་སྦྱོར་སྡེབ་ཀ་བརྒྱད་སོགས་བརྗོད་ཡོད། དེས་སྲིན་ནད་ཀྱི་ནད་ཐོག་གསོ་བཅོས་དང་ཞིབ་འཇུག་ལ་ནུས་པ་གལ་ཆེན་ཐོན་ཡོད།།

《摧毁一切虫病的八味紫矿子》

本医著为《降央钦孜旺布医著》第三十二部分中第219页至220页，共2页。

内容提要：

本医著指出针对疾病侵入的位置，制药方剂分为治头虫病的三味紫矿子方、治眼虫病的三味紫矿子方、治耳虫病的三味紫矿子方、治鼻虫病的紫矿子方、治牙虫病的紫矿子方、治腹虫病的紫矿子方、治皮肤虫病的紫矿子方、治肛门虫病的紫矿子方等8个。分别介绍了各个方剂的组方、服用法、功效等。

医学价值：

本医著介绍了针对虫病侵入的不同部位配伍不同的三味紫矿子方，可以分别针对头虫病、眼虫病、鼻虫病、耳虫病、牙虫病、腹虫病、皮肤虫病、肛门虫病等8种虫病进行治疗。因此，本医著对于虫病的临床治疗及研究具有显著的指导意义。对于虫病的临床治疗及研究有重要作用。

༄༅། །འདུ་བ་སྤྱི་སྨན་ཟླ་བའི་བདུད་རྩི་རིན་ཆེན་སྨན་གྱི་ཚོར་བུའི་སྦྱོར་སྡེ་ཞེས་བྱ་བ་བཞུགས་སོ། །

གསུང་རྩོམ་འདི་《མཁྱེན་བརྩེ་དབང་པོའི་སྨན་ཡིག་》གི་དུམ་བུ་སོ་གསུམ་པ་སྟེ་ཤོག་ངོས་༢༢༡ནས་༢༢༢བར་གསལ། ཁྱོན་བསྡོམས་ཤོག་གྲངས་༢བཞུགས།

ནང་དོན་གནད་བསྡུས།

ནད་ཀུན་སེལ་བའི་སྨན་མཆོག་ཨ་རུ་ར་དང་། ཕོང་ནད་ཀུན་སེལ་གྱི་སྨན་མཆོག་ཙོང་ཞེ། དོན་སྣོད་ཀུན་སེལ་གྱི་སྨན་མཆོག་ཐྲག་ཞུན་བཅས་སྨན་གསུམ་གཞི་བྱས་ནས་ཡན་ལག་སྨན་སྣ་སོ་བཞིའི་སྦྱོར་བ་ལས་གྲུབ་པའི་ཟླ་བའི་བདུད་རྩིའི་སྡེབ་ཁ་དང་། གསོ་སྨན་གྱི་བསྐལ་ཚུལ། རིལ་བུར་སྒྲུར་ཐབས། རིལ་བུའི་གཏོང་གྲངས། སྨན་རྟ། སྤྱི་དང་ཁྱད་པར་གྱི་ཕན་ཡོན་བཅས་བསྟན་ཡོད།

གསོ་རིག་གི་རིན་ཐང་།

གཞུང་འདིར་ཨ་རུ་ར་དང་། ཙོང་ཞེ། ཐྲག་ཞུན་བཅས་སྨན་གསུམ་ཞིབ་ཏུ་བཏགས་ལ་སེ་འབྲུ་ཁུ་བའི་སྐྱེལ་ནས་རིན་ཆེན་ལྷུགས་ཀྱི་སྣོད་བཟང་པོར་ཞག་གསུམ་དུ་སྔོད་དང་བཅས་ཏེ་བསྐོལ་བ་དང་། དེ་ནས་ཡན་ལག་སྨན་སྣ་སོ་བཞི་སྦྱར་ལ། དེ་དག་སྦྲུ་རུ་རའི་ཁུ་བའི་འདམ་བཏགས་བྱས་ལ་རིལ་བུ་སྲན་ རྐྱན་ཙམ་དུ་འདྲིལ་སྟངས། གཞན་རིལ་བུ་ནད་སྟོབས་དང་སྦྱར་ནས་གསུམ་ལྔ་བདུན་གྱི་གཏོང་ཚད་དང་། སྨན་དེས་སྤྱི་དང་ཁྱད་པར་གྱི་ཕན་ནུས་སོགས་མཁྱེན་བརྩེའི་དབང་པོ་ཚང་གིས་བཀོད་ཡོད་པས་ནད་ཐོག་ཏུ་བེད་སྤྱོད་བཏང་ཆེ་ཕན་ནུས་མངོན་གསལ་ཐོན་པའོ།།

《平衡和合的通方·月亮甘露》

本医著为《降央钦孜旺布医著》第三十三部分中第221页至222页，共2页。

内容提要：

本医著详细记载了调和“诸病之良药”诃子、祛除“内科疾病之良药”寒水石、消除“脏腑疾病之良药”岩精等三味药为基础的发酵法。还记载了月亮甘露的丸剂制法（豌豆大小），以及药引及功效等。

医学价值：

本医著介绍了三十四味药的月亮甘露方的组方药物、主要药物的发酵法、丸剂制法、服药方法、药引及总的功效和具体功能主治等。该药方凝聚了作者多年来的宝贵实践经验，它不仅是一份普通的药方，更是藏医临床应用中的一笔珍贵财富，对于藏医临床应用具有深远影响。

༧༧། །སྨན་སྦྱོར་ཉེར་མཁོ་སྣ་ཚོགས་ཞེས་བྱ་བ་བཞུགས་སོ། །

གསུང་རྩོམ་འདི་《མཁྱེན་བརྩེ་དབང་པོའི་སྨན་ཡིག་》གི་དུམ་བུ་སོ་བཞི་པ་སྟེ་ཤོག་ངོས་༢༢༣ནས་༢༣༠བར་གསལ། ཁྱོན་བསྡོམས་ཤོག་གྲངས་༨བཞུགས།

ནང་དོན་གནད་བསྡུས།

ཕྱི་ནང་ཕལ་ཆེར་གྱི་ནད་རིགས་ཀུན་འཇོམས་པར་ལ་མཆོག་ཏུ་ཤེས་པའི་སྨན་མཆོག་བདུད་རྩི་དོ་ཤལ་ཅན་དང་། ཁོང་ནད་ཀུན་སེལ་བའི་དམར་མོ་སྤྱི་འཇོམས། མིད་འཆུས་ནད་རིགས་ཀུན་ལ་ཕེངས་པས་ཚོག་པའི་སྨན་གྱི་སྦྱོར་བ། གཟའ་ཀླུའི་ནད་དང་ཆུ་དཀར་ནད་སོགས་དར་ཁྱབ་ཆེ་བའི་ནད་རིགས་འགའ་ལ་ཉེ་བར་མཁོ་བའི་སྨན་སྦྱོར་བཅུ་དྲུག་བསྟན་ཡོད།

གསོ་རིག་གི་རིན་ཐང་།

གཞུང་འདིར་ཕྱི་ནང་ནད་རིགས་ཕལ་ཆེར་འཇོམས་པའི་བདུད་རྩི་དོ་ཤལ་དང་། གྲང་བའི་ནད་རྣམས་འཇོམས་པའི་མེ་དཔུང་ལྷ་བུའི་སེ་འབྲུ་ཉེར་ལྔ། ཐུགས་པ་ཆུ་དཀར་ཀུན་སེལ། ཁོང་ནད་ཀུན་སེལ་དམར་མོ་སྤྱི་འཇོམས། གྲེ་འགགས་རིགས་ཀུན་སེལ་བའི་དཀར་པོ་དྲུག་སྦྱོར། ནད་གདོན་བགེགས་རིགས་སེལ་བའི་ནག་པོ་དགུ་སྦྱོར། སྲིན་ནད་ཀུན་སེལ་འཆི་མེད་བདུད་རྩི། མིད་འཆུས་སེལ་བའི་འཁྲོང་ཁྲག་བརྒྱད་པ། བད་ཀན་ཨོལ་འགགས་དང་པོ་ནད་ཀུན་སེལ་བའི་གོ་གྲེ་བཅུ་བདུན། མཁལ་འགྲམས་སོགས་སེལ་བའི་གསེར་མདོག་ཉེར་ལྔ། དམུ་ཆུ་སེལ་བའི་བདུད་རྩི་ཆུ་འབེབས། གཉན་ཚད་སེལ་བའི་ལོ་མ་དྲུག་པ་སོགས་དེང་སང་དར་ཁྱབ་ཆེ་བའི་ནད་རིགས་འགའ་ལ་ཉེ་བར་མཁོ་བའི་སྨན་སྦྱོར་བཅུ་དྲུག་བསྟན་ཡོད། སྨན་ཡིག་དེས་དེང་རབས་ཀྱི་ནད་རིགས་མང་པོར་སྨན་བཅོས་བྱེད་པར་དཔྱད་གཞིའི་ནུས་པ་གལ་ཆེན་འདོན་སྤྲོད་བྱས་ཡོད།།

《各种实用药方》

本医著为《降央钦孜旺布医著》第三十四部分中第223页至230页，共8页。

内容提要：

本医著介绍了对治疗身体内外大部分疾病有特效的甘露项串方，治疗寒病的二十五味石榴、白脉软膏，治疗内科疾病的普摧红方，治疗食道扭阻病方的加味白丸药，治疗星曜魔病的九味黑药，治疗虫病的长寿甘露，治疗食道痞瘤的八味野牛血散，治疗腰椎间盘突出的二十五味金色丸，治疗腹水的甘露水，治疗炎症的六片叶等实用药方，总共16种方剂。

医学价值：

本医著介绍了对治疗身体内外大部分疾病有特效的甘露项串方、治疗内科疾病的普摧红方、治疗食道扭阻病方、治疗星曜魔病和白脉病等疾病的实用药方等共计16种方剂。这些内容不仅为藏医学的临床诊疗提供了珍贵的参考资料，而且对于深入理解藏医学的理论体系和治疗方法具有重要意义。

༄༅། །རྒྱུན་དུ་ཉེར་མཁོའི་སྨན་སྦྱོར་ཞེས་བྱ་བ་བཞུགས་སོ། །

གསུང་རྩོམ་འདི་《མཁྱེན་བརྩེ་དབང་པོའི་སྨན་ཡིག་》གི་དུམ་བུ་སོ་ལྔ་པ་སྟེ་ཤོག་ངོས་༢༣༡ནས་༢༣༢བར་གསལ། ཁྱོན་བསྡོམས་ཤོག་གྲངས་༢བཞུགས།

ནང་དོན་གནད་བསྡུས།

སྨན་གཞུང་འདིའི་ནང་མཁྲིས་ཚད་སེལ་བའི་ཏིག་ཏ་བརྒྱད་པ་དང་། སྲོག་རྩར་རླུང་ཞུགས་པ་དང་སྨྱོ་སྐྱུགས་སོགས་སེལ་བའི་སེམས་བདེ། རིམས་ཚད་དང་གློ་ཚད་སེལ་བའི་ཏ་ཟི་དམར་པོ། གློ་ནད་གྱི་བར་བབས་པ་སེལ་བའི་སྤང་རྒྱན་བཅོ་ལྔའི་སྦྱོར་བ་སོགས་རྒྱུན་མཐོང་གི་ནད་ལ་ཉེ་བར་མཁོ་བའི་སྨན་སྦྱོར་འགའ་བཅས་ཁྱོན་བསྡོམས་སྨན་སྦྱོར་བརྒྱ་དང་ཉེར་ལྔ་བསྟན་ཡོད།

གསོ་རིག་གི་རིན་ཐང་།

སྨན་ཡིག་འདིར་ཏིག་ཏ་བརྒྱད་པ། ཐག་ཞུན་དགུ་པ། གཙོ་བརྒྱད། ད་ལིས་བཅུ་དྲུག སྨན་ནག ཏ་ཟི་དམར་པོ། འབྲུགས་གློ་ཀུན་སེལ། ཁྱུང་སྔོན་དགུ་པ། ག་བུར་ཉེར་ལྔ། སེ་འབྲུ་དྲུག་པ། སྤོས་དཀར་བཅུ་པ། གླུ་བདུད་བཅོ་བརྒྱད། ཁྱུང་ལྔ་སོགས་རྒྱུན་བཀོལ་གྱི་སྦྱོར་སྡེ་༡༢༥བཀོད་ཡོད་ལ། འདིར་བསྟན་པའི་སྨན་གྱི་སྦྱོར་སྡེ་དག་ནི་རྩོམ་པ་པོའི་ཉམས་མྱོང་དང་རྒྱུད་གཞུང་ལས་བསྟན་པ་དག་ཕྱོགས་སུ་བསྡུས་ཏེ་ཡི་གེར་བཀོད་པ་ཡིན་ལ་དེ་དག་སོ་སོ་ནི་རྒྱུན་མཐོང་ནད་ཀྱི་ཉེར་མཁོའི་སྨན་ཡིན་པས་ནད་ཐོག་བེད་སྤྱོད་ཀྱི་རིན་ཐང་ཆེའོ།།

《各种常用药方》

本医著为《降央钦孜旺布医著》第三十五部分中第231页至232页，共2页。

内容提要：

本医著介绍了具有消炎清热功效的八味獐牙菜，养心安神的安神丸，清热解毒、消炎杀疠的达斯玛保丸及清热理气、化痰止咳的十五味龙胆花丸等125种常见病的常用药。

医学价值：

本医著记载了八味獐牙菜、九味渣驯丸、八味主药散、十八味杜鹃丸、达斯玛保丸、清肺止咳丸、九味青鹏散、二十五味冰片散、六味石榴散、十八味党参丸、五鹏丸等125种复方制剂。这些复方制剂在治疗常见疾病方面展现了显著的临床应用价值。

༄༅། །རིན་ཆེན་ཚ་སྦྱོར་གྱི་ཟིན་བྲིས་མཁས་པའི་ངག་རྒྱུན་ཞེས་བྱ་བ་བཞུགས་སོ། །

གསུང་རྩོམ་འདི་《མཁྱེན་བརྩེ་དབང་པོའི་སྨན་ཡིག་》གི་དུམ་བུ་སོ་དྲུག་པ་སྟེ་ཤོག་ངོས་༢༣༣ནས་༢༣༤བར་གསལ། ཁྱོན་བསྡོམས་ཤོག་གྲངས་༢བཞུགས།

ནང་དོན་གནད་བསྡུས།

འདི་ནི་ཀོང་རོང་སྨན་བླ་དོན་གྲུབ་ཀྱིས་ཕྱི་རྒྱུད་ཀྱི་ལྷན་ཐབས་ལྷར་སྦྱར་བའི་རིན་ཆེན་ཚ་སྦྱོར་གྱི་ཐོག་མའི་ཟིན་བྲིས་ཤིག་ཡིན། ནང་དོན་ལ་རིན་ཆེན་ཚ་སྦྱོར་གྱི་སྡེབ་ཀ་ལས་གསེར་དངུལ་ཟངས་ལྕགས་བཞིའི་ཐུན་མོང་གི་ཐལ་བཟོ་དང་སྦྱར་ཐབས་ལག་ལེན་སྤྱི་ཙམ་ཞིག་དང་། དེ་ནས་དངོས་གཞིའི་སྨན་གྱི་སྦྱོར་བ་དང་། སྦྱོར་ཚད། བསྲེ་འདུལ་དང་འདམ་བཏགས་རིལ་ཆགས་སོགས་སྦྱར་ཐབས་ཀྱི་གནས་སྐབས་རེ་རེའི་ཉེན་གྲངས་གཙོ་བོས་པའི་ལག་ལེན། ཕུལ་བྱེད་ཆང་གི་སྨན་ཏ་བྱས་ན་ཕྱིའི་ཕན་ནུས་རྒྱུད་ལས་གསུངས་པ་ལྟར་དང་། ཁྱད་པར་གྱི་ཕན་ནུས་གྲང་རྣག་ཆུ་སེར་ཆུ་ལྷག་སོགས་སྐྲན་པ་ལ་ཆེས་ཆེར་བསྔགས་པ་བཅས་གསུངས།

གསོ་རིག་གི་རིན་ཐང་།

འདིར་གསེར་དངུལ་ཟངས་ལྕགས་བཞིའི་ཐལ་བཟོ་དང་སྦྱར་བཟོའི་ལག་ལེན། དངོས་གཞི་སྨན་གྱི་སྦྱོར་བ་དང་སྦྱོར་ཚད། བསྲེ་འདུལ་དང་འདམ་བཏགས་རིལ་ཆགས་སོགས་ཀྱི་ལག་ལེན་ཅུང་བརྗོད་ཡོད་ལ། གྲང་རྣག་ཆུ་སེར་སོགས་སྐྲན་པ་ལ་ཆེས་ཆེར་བསྔགས་པ་སོགས་ཁྱད་པར་གྱི་ཕན་ནུས་ཀྱང་བརྗོད་ཡོད། དེས་ང་ཚོར་རིན་ཆེན་ཚ་སྦྱོར་གྱི་སྦྱོར་བཟོའི་ལག་ལེན་འདུལ་སྦྱོང་ལ་དཔྱད་གཞིའི་ཡིག་ཆ་ཚད་ལྡན་ཞིག་བཞག་ཡོད་པའོ།།

《珍宝热方制作笔记·名医口传》

本医著为《降央钦孜旺布医著》第三十六部分中第233页至234页，共2页。

内容提要：

本医著是根据工荣曼拉东珠著的《后补续补遗》中所述珍宝热方的配制而做的原始笔记。首先介绍了珍宝热方中的金、银、铜、铁四金属常用的煅炭和配伍实践操作。之后介绍了制丸过程中，组方、剂量及药物掺和、调拌等每天要做的制剂工序；用酒冲服则可达到《四部医典》所述的总功效，以及对积脓、黄水等体液过多症的效果最佳等具体功能主治。

医学价值：

本医著首先介绍了珍宝热方中的金、银、铜、铁四种金属常用的煅炭和配伍实践操作，之后又介绍了组方、剂量及药物加减工序，最后还记载了对燥干寒性积脓、黄水等体液过多疾病的具体功能主治。此笔记详细讲解了珍宝热方的配伍和炮制方面知识，对药物制作及炮制有极大的提升和帮助。

༧༢། །གྲུབ་ཐོབ་རིལ་དཀར་གྱི་བསྒྲིམས་ལུང་དང་ཕྲུག་ཡིན་འབོགས་ཚུལ་ཐང་སྟོང་དགོངས་རྒྱན་ཞེས་བྱ་བ་བཞུགས་སོ། །

གསུང་རྩོམ་འདི་《མཁྱེན་བརྩེ་དབང་པོའི་སྨན་ཡིག་》གི་དུམ་བུ་སོ་བདུན་པ་སྟེ་ཤོག་ངོས་２３５ནས་２༩２བར་གསལ། ཁྲོན་བསྒོམས་ཤོག་གྲངས་༢བཞུགས།

ནང་དོན་གནད་བསྡུས།

གྲུབ་ཐོབ་ཡོངས་ཀྱི་གཙུག་རྒྱན་དམ་པ་ལྷུགས་ཟམ་པ་ཐང་སྟོང་རྒྱལ་པོ་ལ་ཡེ་ཤེས་ཀྱི་མཁའ་འགྲོ་སྡེ་ལྔས་འགྲོ་བ་སེམས་ཅན་ཐམས་ཅད་ཀྱི་ལུས་སེམས་ཀྱི་སྡུག་བསྔལ་རྣམས་ཞི་བར་མཛད་པ་ལ་དགོངས་ནས་ཚོགས་ཆུང་ཞིང་དོན་ཆེ་བའི་གྲུབ་ཐོབ་རིལ་དཀར་གྱི་སྦྱོར་བ་དང་། སྦྱར་ཐབས། བྱིན་གྱིས་རླབས་ཚུལ། ནད་སྟོབས་དང་ནད་ཀྱི་ངོ་བོར་སྦྱར་ནས་སྨན་གཏོང་ཚུལ། སྨན་ཐུགས་གཉིས་ཚོགས་ཀྱི་སྤྱིའི་ཕན་ཡོན་དང་ཁྱད་པར་གྱི་ཕན་ཡོན། སེ་བའི་མེ་ཏོག་བུངས་ཆེར་བསྟན་པའི་རིལ་དཀར་པད་སྡོང་མ་ལྟར་ཁ་བསྒྱུར་བྱས་ཚིག་པ་བཅས་གསུངས་ནས་མཇུག་ཏུ་ས་སྐྱ་ནད་གྲོལ་མའི་སྨོན་ལམ་བཀོད་ཡོད།

གསོ་རིག་གི་རིན་ཐང་།

གཞུང་འདིར་ཚོགས་ཆུང་ཞིང་དོན་ཆེ་བའི་གྲུབ་ཐོབ་རིལ་དཀར་གྱི་སྦྱོར་བ་དང་སྦྱར་ཐབས། གཏོང་ཚུལ། ཕན་ནུས་སོགས་བསྟན་ཡོད་ལ། གྲུབ་ཐོབ་རིལ་དཀར་གྱི་སྨན་འདི་དེང་སང་གི་ལྷ་བརྒྱ་དུས་ཀྱི་མཐའ་མ་འདིར་ཤིན་དུ་མཁོ་གལ་ཆེའོ།

རིག་གནས་ཀྱི་རིན་ཐང་།

འདིར་ནད་བརྒྱ་སྨན་གཅིག་ཏུ་གྲགས་པའི་གྲུབ་ཐོབ་རིལ་དཀར་གྱི་བསྒྲིམ་ལུང་སོགས་བརྗོད་ཡོད་ལ། དེས་རིག་གནས་ཆེ་བ་ལྔའི་ཡ་གྱལ་གསོ་བ་རིག་པ་ནི་བོད་རང་གི་ཡུལ་སྲོལ་གོམས་གཤིས་དང་བོད་བརྒྱུད་ནང་བསྟན་ལ་འབྲེལ་བ་དམ་ཟབ་ཡོད་པ་མངོན་ཐུབ་པར་མ་ཟད། གཞན་ས་སྐྱ་ནད་གྲོལ་བའི་སྨོན་ལམ་སོགས་ལ་ཚོགས་བཅད་ཀྱི་འབྲི་སྟངས་བཀོལ་བས། བོད་རང་གི་རིག་གནས་ཀྱི་ཁྱད་ཆོས་དང་ལྡན་པའི་འོག་ནས་བྱུང་བའི་རིག་གཞུང་གི་མ་ལག་ཆ་ཚང་བ་དང་ནང་དོན་ཕུན་སུམ་ཚོགས་པ་ཞིག་ཡིན།།

《智托洁白丸的修念、教言和操作效力·唐东学术思想庄严》

本医著为《降央钦孜旺布医著》第三十七部分中第235页至242页，共8页。

内容提要：

想起智慧空行母五部向所有修成正果大师的顶饰、修筑铁桥之王唐东杰布大师讲的平息一切众生心身痛苦的教诫，唐东大师创制出工艺简单、药效超群的智托洁白丸。本医著介绍了洁白丸的组方、配伍法、加持法、对症服药法、药咒并举治疗的总功效和具体功效，像增大蔷薇花剂量制成“贝东”洁白丸那样加减药味的制作规程。最后记录有萨迦除病天女的发愿。

医学价值：

本医著详细介绍了唐东大师创制的工艺简单、药效超群的智托洁白丸的组方、配伍法、对症服药法、功效等。洁白丸是符合当今时代的一种藏药，至今仍广泛应用于临床疾病的治疗。

文化价值：

本医著记载了智托洁白丸的组方、配伍法和加持法。其加持法体现出藏医学与宗教的巧妙结合。本医著以节律诗的形式记录有萨迦除病天女的发愿，包含了藏文化中修辞学的内容，提示藏医学是一门融合了藏族各个学科文化所形成的一门学科。

༄༅། །དབང་རིལ་ཉེར་ལྔའི་ཕྲུག་ལེན་ཞེས་བྱ་བ་བཞུགས་སོ། །

གསུང་རྩོམ་འདི་《མཁྱེན་བརྩེ་དབང་པོའི་སྨན་ཡིག་》གི་དུམ་བུ་སོ་བརྒྱད་པ་སྟེ་ཤོག་ངོས་༢༤༣ནས་༢༤༤བར་གསལ། ཁྱོན་བསྡོམས་ཤོག་གྲངས་༢བཞུགས།

ནང་དོན་གནད་བསྡུས།

རྩོམ་པ་པོའི་ཕྲུག་ལེན་ཟབ་ཁྱད་ཀྱིས་ཕྲུག་པ་དབང་རིལ་ཉེར་ལྔའི་སྦྱོར་བ་དང་། སྦྱོར་ཚད། སྤྱིའི་ཕན་ཡོན་དང་ཁྱད་པར་གྱི་ཕན་ཡོན། དེ་མིན་དབང་རིལ་གྱི་དུག་འདོན་དང་ངར་འདོགས་ཚུལ། ཇོ་མ་ཡིན་པའི་རིན་པོ་ཆེ་ལས་ཁྱུང་སྐྱུགས་ཀྱི་དུག་འདོན་དང་ཉར་ཚགས་བྱ་ཐབས་བཅས་བསྟན་ཡོད།

གསོ་རིག་གི་རིན་ཐང་།

གཞུང་འདིར་རྩོམ་པ་པོས་དབང་རིལ་ཉེར་ལྔའི་སྦྱོར་བ་དང་། སྦྱོར་ཚད། དུག་འདོན་དང་ངར་འདོགས་ཚུལ། ཁྱུང་སྐྱུགས་ཀྱི་དུག་འདོན་དང་ཉར་ཚགས་བྱ་ཐབས་བཅས་ཞིབ་པར་བསྟན་ནས། ཚད་པ་སྙིང་བ་དང་སྦྱར་དུག་གྱུར་དུག་སོགས་ཀྱི་གཙོས་པོང་ནད་རིགས་སྤྱི་དང་། ཁྱད་པར་སྨུག་པོའི་དུག་ཐབས་ལ་ཡུན་བསྲིངས་ཏེ་བསྟེན་ན་ཤིན་དུ་ཕན་པ་སོགས་བརྗོད་ཡོད།

རིག་གནས་ཀྱི་རིན་ཐང་།

གཞུང་འདིར་བསྟན་པའི་ངར་འདོགས་ཚུལ་ནི། གདན་གཙང་མའི་ཁར་དཀར་ཡོལ་གས་ཆག་མེད་པའི་ནང་བྱིས་པ་ཕ་མ་འཛོམས་ཤིང་མིང་བཀྲ་ལེགས་པས་ཆུ་མིག་ཁ་ཤར་བསྟན་ནས་སྐྱོགས་ཁ་ཐུར་དུ་གཙུས་ཏེ་བླུགས་པའི་ཆུར་དབང་རིལ་ཕྱེ་མ་དང་ཁ་ཆེ་ཀུར་གུམ་ལ་སོགས་པའི་སྨན་བསྲེ་བ་སོགས་ཞེས་བརྗོད་པས། བོད་ཀྱི་གསོ་བ་རིག་པ་ནི་བོད་རང་གི་རིག་གནས་ཀྱི་མ་ལག་དང་འབྲེལ་བ་དམ་ཟབ་ཡོད་པ་ཤེས་ཐུབ།།

《二十五味动物宝丸制作实践》

本医著为《降央钦孜旺布医著》第三十八部分中第243页至244页，共2页。

内容提要：

本医著介绍了蕴含作者宝贵实践经验的二十五味动物宝丸的组方、剂量、总体功效和具体功效，以及动物宝丸的去毒法、提效法和非石类珠宝药“琼久”（碧凤石）的去毒和保存法等。

医学价值：

本医著详细介绍了二十五味动物宝丸的组方、剂量、去毒、提效法和碧凤石的去毒法以及保存法。此外还记载了长时间服用二十五味动物宝丸具有治疗陈旧热“木布毒太”和解内科疾病毒的强大功效，对临床治疗疾病有指导意义。

文化价值：

本医著记载了二十五味动物宝丸提效法的内容，即在干净的位置放置白色无破损的碗，然后让父母健在的小孩舀一勺水将动物宝丸和藏红花等5种药粉混合。该方法体现了索瓦日巴与藏族文化具有紧密的联系。

༣༠ ཨོ་རྒྱན་ཐེག་མཆོག།
30 奥尖塔乔

ཨོ་རྒྱན་ཐེག་མཆོག་གི་ངོ་སྤྲོད་མདོར་བསྡུས།
奥尖塔乔简介

ཨོ་རྒྱན་ཐེག་མཆོག་གི་ཡབ་ཡུམ་དང་འཁྲུངས་འདས་ཀྱི་ལོ་རྒྱུས་གསལ་པོ་མ་རྙེད་ཀྱང་། འདི་ཟླ་ཟལ་མོ་སྒང་གི་ཉེ་ཞོལ་དུ་རབ་བྱུང་བཅུ་བཞི་པའི་ནང་འཁྲུངས་པའི་བཀའ་བརྒྱུད་པའི་མཁས་པ་ཆེན་པོ་ཞིག་ཡིན་པར་མ་ཟད། དཀྱུང་ལོ་མཐོན་པོར་བཞུགས་ནས་འགྲོ་བ་ནད་པ་མང་པོར་འཆི་མེད་སྨོག་སྐྱོབ་ཀྱི་སྦྱིན་པ་གནང་བ་ཞིག་ཡིན་པ་གོར་མ་ཆག་གོ།

奥尖塔乔于藏历第十四绕迥（1807—1866）诞生于朵甘思六岗之一的金沙江与雅砻江交汇的色莫岗地区。其父母以及确切的出生和逝世日期，历史记录中并没有详细的记载。尽管如此，奥尖塔乔在藏医药学领域却取得了显著的成就，成为一位备受尊敬的藏医药学家。同时，他在宗教领域也颇有建树，是一位在噶举派中具有重要地位的大学者。奥尖塔乔的一生，致力于将藏医药学与宗教修行相结合，他的研究和实践不仅推动了藏医药学的发展，也为噶举派的修行体系增添了新的内涵。他的医术精湛，治愈了无数病患，深受人们的敬仰和爱戴。奥尖塔乔的一生，是藏医药学与宗教修行相互融合、相互促进的典范。他的成就和贡献，不仅为后人树立了榜样，也为藏医药学和噶举派的发展注入了新的活力和动力。

ཨོ་རྒྱན་ཐེག་མཆོག་གི་གསུང་འབུམ།

奥尖塔乔医著

༡༢། །ཐེན་ཏིག་མཛེས་རྒྱན་བཏུད་རྩིའི་སྨན་མཛོད་ཅེས་བྱ་བ་བཞུགས་སོ། །

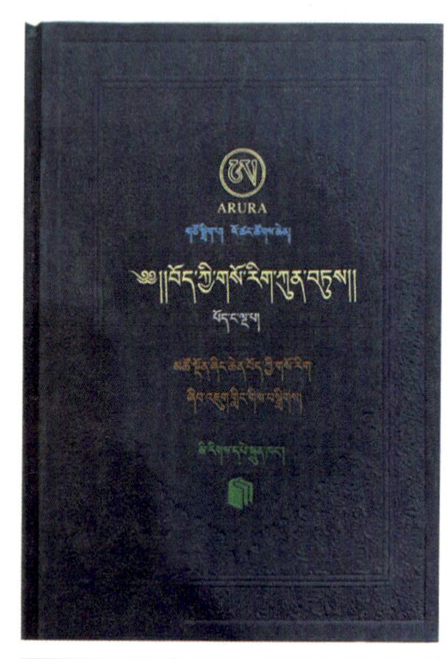

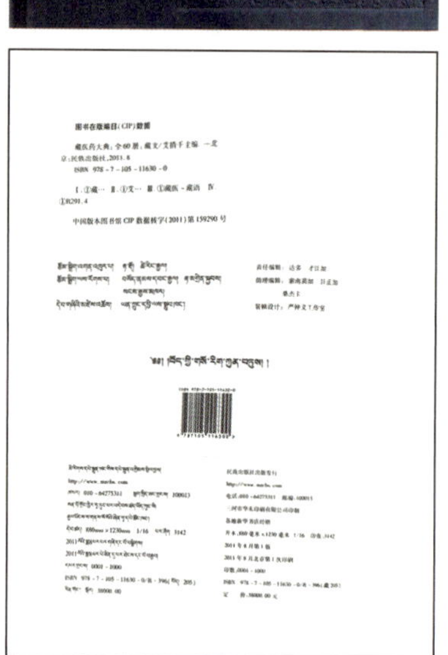
图书在版编目(CIP)数据

藏医药大典：全60册：藏文/艾措千主编．—北京：民族出版社，2011.8

ISBN 978-7-105-11630-0

中国版本图书馆CIP数据核字(2011)第159290号

བོད་ཀྱི་གསོ་རིག་ཀུན་བཏུས།

གསུང་རྩོམ་འདི་ཉིད་མི་རིགས་དཔེ་སྐྲུན་ཁང་གིས་༢༠༡༡ལོའི་ཟླ་༨པར་དཔེ་སྐྲུན་བྱས་པའི་《བོད་ཀྱི་གསོ་རིག་ཀུན་བཏུས།》ཞེས་པའི་པོད་ང་ལྔའི་ནང་ཤོག་ངོས་༤༧༠ནས་༥༩༡བར་གསལ། ཁྱོན་བསྡོམས་ཤོག་ངོས་༡༢༢བཞུགས།

ནང་དོན་གནད་བསྡུས།

དཔེ་ཆ་འདིའི་ནང་ཐེན་ཏིག་ནང་བཀོད་པའི་ནད་རིགས་དེ་དག་ལ་ཕན་པའི་སྨན་སྦྱོར་བརྒྱ་ཕྲག་ལྷག་གི་སྦྱོར་བ། སྦྱོར་ཚད་སོགས་དཔེ་མཚུད་གཟབ་སྲས་མེད་པར་གསལ་པོར་བཀོད་པ་དང་། འབྲི་གུང་དང་བྱང་ཐུར་གྱི་ལུགས་སོགས་མདོར་ན་གངས་རིའི་ཁྲོད་འདིར་སྔ་ཕྱིར་བྱུང་བའི་གསོ་དཔྱད་ཀྱི་གཞུང་གདམས་མན་ངག་རྒྱ་གཏེར་ལས་སྨན་གྱི་སྦྱོར་སྡེ་མང་པོ་བྲངས་ཏེ་རྒྱུན་མཐོང་ནད་རིགས་རྣམས་ལ་གསོ་ཐབས་ཆ་ཚང་ཞིང་། ཁ་གསལ་ལ་དོན་གོ་སླ་བ་ཞིག་མཛད་ཡོད།

གསོ་རིག་གི་རིན་ཐང་།

དཔེ་དེབ་འདིའི་ནང་དུ་ཐེན་ཏིག་ནང་བཀོད་པའི་ནད་རིགས་ཉེས་གསུམ་ རླུང་ནས་བརྩམ་པའི་རྣམ་པ་རེ་རེ་གསོ་བའི་བར་གྱི་ནད་རིགས་བརྒྱ་དང་བཅུ་ཕྲག་ལྷག་ལ་ཕན་པར་ཕན་པའི་སྨན་སྦྱོར་དང་སྦྱོར་ཚད་རེ་རེ་བཞིན་གསལ་བར་བཀོད་ཅིང་། འགོ་མཇུག་ཚང་ཞིང་བསླབ་བདེ་བ། འཚོ་བྱེད་ལས་དང་པོ་བ་རྣམས་ལ་ཉེ་བར་མཁོ་བའི་སྨན་གྱི་སྦྱོར་སྡེ་རྣམས་

ཕྱོགས་གཅིག་ཏུ་བསྒྲིགས་ལ། མདོར་ན་གངས་རིའི་ཁྲོད་འདིར་སྔ་ཕྱིར་བྱུང་བའི་གསོ་དཔྱད་ཀྱི་གཞུང་གདམས་མན་ངག་རྒྱ་གཏེར་ལས་སྨན་གྱི་སྦྱོར་སྡེ་མང་པོ་བྲངས་ཏེ་རྒྱུན་མཐོང་ནད་རིགས་རྣམས་ལ་གསོ་ཐབས་ཆ་ཚང་ཞིང་། ཁ་གསལ་ལ་དོན་གོ་སླ་བ་ཞིག་མཛད་ཡོད། གཞུང་གདམས་མན་ངག་ཀུན་གྱི་སྙིང་པོ། གསོ་བྱེད་ཀུན་གྱི་སྙིང་བཅུད་བདུད་རྩི་ལྟ་བུ་རྣམས་ཕྱོགས་གཅིག་ཏུ་བསྡུས་ལ། ནད་ཐོག་བཀོལ་སྤྱོད་ལ་ཉེ་བར་མཁོ་ཞིང་བསླབ་བདེ་བའི་རིན་ཐང་སྔ་ན་མེད་པ་ལྡན་ཡོད།།

《札记宝饰甘露宝库》

本医著收载于《藏医药大典》，共122页（第55卷中第470页至591页）。此书由民族出版社于2011年8月出版。

内容提要：

本医著详尽记载了对《临床札记》中提及的百余种疾病的有效治疗配方、剂量等关键内容。并且深入挖掘汇总了众多源自西藏医方秘诀宝库中的珍贵药物制剂，为完善多种常见疾病的治疗手段、规范用药做了独特的贡献。

医学价值：

本医著详细记录了《临床札记》中从三因到延年养生章节的110多种疾病的药物配方、剂量等内容，并从海量古籍中挖掘整理，汇集了大量医学初学者必须掌握的药物配方，对藏医治疗常见病具有重要参考价值。

༣༡ ཀརྨ་རྒྱལ་མཚན།

31 噶玛坚村

ཀརྨ་རྒྱལ་མཚན་གྱི་ངོ་སྤྲོད་མདོར་བསྡུས།

噶玛坚村简介

མཁས་པའི་དབང་པོ་ཀརྨ་རྒྱལ་མཚན་མཆོག་གི་འཁྲུངས་འདས་ཀྱི་ལོ་ཚིགས་སོགས་ལོ་རྒྱུས་གསལ་པོ་མ་རྙེད་ཅུང་ཡང་རིག་སྨན་སྒྱུར་འཆི་མེད་བདུད་རྩིའི་བཅུད་ལེན་གྱི་མཇུག་བྱང་དུ་འཇམ་མགོན་རྗེ་རྗེ་འཆང་པདྨ་གར་གྱི་དབང་ཕྱུག་ཡབ་སྲས་བརྒྱུད་པར་བཅས་པའི་ཞབས་རྡུལ་གྱི་ཆ་ཤས་ཙམ་སྤྱི་བོར་བསྟེན་པའི་སྐལ་བཟང་ཐོབ་པ་བན་སྡོམ་ཀརྨ་ཧྲ་ཛ་ཞེས་དང་། བན་ཆེན་ཕུན་ཚོགས་དར་རྒྱས་གླིང་གི་ཆོས་གྲྭ་ཆེན་པོའི་བསམ་གཏན་ཁང་བུར་འཆི་མེད་ཚེ་ཡི་སྒྲུབ་པར་བགྱིས། ཞེས་པ་བཅས་པར་གཞིགས་ན་དམ་པ་འདི་ནི་གནས་ལྔ་རིག་པའི་པཎྜི་ཏ་ཆེན་པོ་འཇམ་མགོན་བློ་གྲོས་མཐའ་ཡས་ཀྱི་སློབ་བརྒྱུད་ཡིན་པ་དང་། མདོ་ཁམས་སྐྱེ་དགུ་མདོ་རུ་གནས་པའི་ཀམ་ཚང་བཀའ་བརྒྱུད་ཀྱི་གདན་ས་ཆེན་མོ་ཁྲ་བན་གཉིས་ཞེས་ཡོངས་སུ་གྲགས་པའི་ཡ་གྱལ་བན་ཆེན་དགོན་པའི་མཁས་དབང་ཞིག་ཡིན་པ་གསལ་པོར་མཐོང་ཐུབ། འདིས་འཇམ་མགོན་རིན་པོ་ཆེའི་ཟིན་ཏིག་གཅེས་བསྡུས་ཀྱི་ཁ་སྐོང་ཡང་ཏིག་སྨན་སྒྱུར་འཆི་མེད་བདུད་རྩིའི་བཅུད་ལེན་ཞེས་ས་བཅད་བཅོ་བརྒྱད་ཡོད་པ་ཞིག་རྩོམ་སྒྲིག་གནང་ཡོད་པས་འགྲོ་ཕན་ཆེ།།

噶玛坚村，生卒年月不详。他是精通五明学的大师蒋贡洛珠塔叶的传承弟子，还是多康结多（地名，位于今青海省玉树州）的甘苍噶举派大寺庙“查与班”中班钦寺的优秀学者之一。他编撰的《蒋贡仁波切临床札记补充方剂·长寿甘露滋补》用18个章节分别介绍了对症施治的414个方剂的组方、剂量、功效、主治等内容，至今仍然是重要的临床指导依据。

ཀརྨ་རྒྱལ་མཚན་གྱི་གསུང་འབུམ།

噶玛坚村医著

༄༅། །ཡང་ཏིག་སྨན་གྱི་སྦྱོར་སྡེ་འཆི་མེད་བདུད་རྩིའི་བཅུད་ལེན་ཞེས་བྱ་བ་བཞུགས་སོ། །

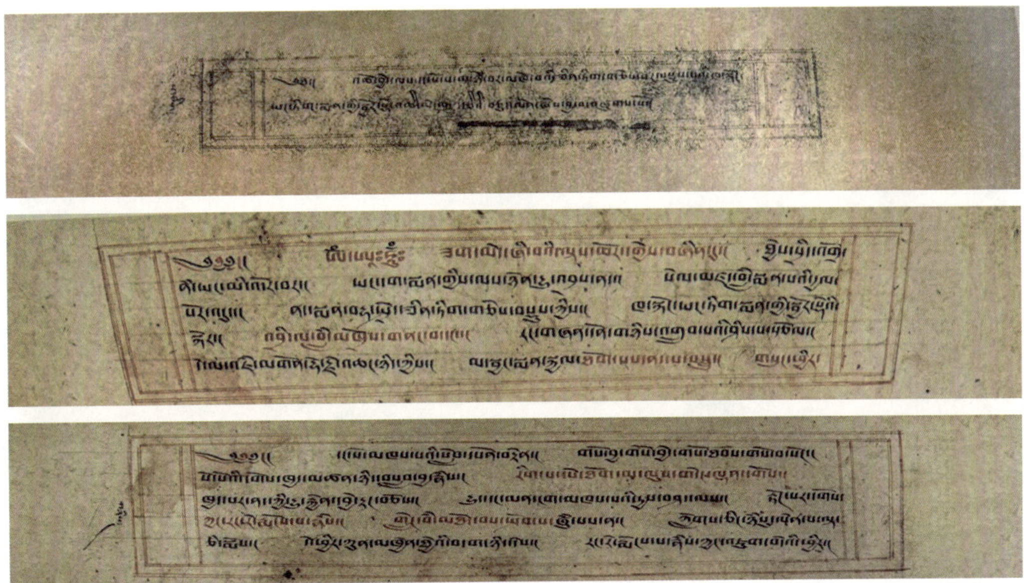

གསུང་རྩོམ་འདིའི་མ་ཡིག་ནི་པར་མ་ཡིན་ལ། ཡིག་གཟུགས་དབུ་མེད། ཤོག་ངོས་རེར་ཐིག་ཕྲེང་༥། ཐིག་ཕྲེང་རེར་ཡིག་འབྲུ་༢༣། ཁྱོན་ལེའུ་༡༠ལ་ཤོག་གྲངས་༡༧༥ཙམ་ཡོད། ད་ལྟ་ཁམས་ཕྱོགས་སྡེ་དགེ་དང་། མཚུར་ཕུ་དགོན་དུ་ཤིང་པར་བརྐོས་མར་ཡོད།

ནང་དོན་གནད་བསྡུས།

ཉེས་གསུམ་རྒྱུད་དང་ལྡན་འདུས། ཚད་རིམས་གཉན་ནད་དབང་པོ་དོན་སྣོད་གསོ་བ། ཐོར་ནད་སྐོར་དང་ཕྲན་བུའི་ནད་གསོ་ཐབས། ལྷན་སྐྱེས་རྨ་དང་བྱིས་པ་མོ་ནད་གདོན། མཚོན་རྨ་དུག་དང་བཅུད་ལེན་སྤོབས་བསྐྱེད་སྐོར། རྐང་བཞི་ཕྱུགས་ནད་གསོ་བའི་གདམས་པ་བཅས་ས་བཅད་བཅོ་བརྒྱད་ཀྱི་སྒོ་ནས་གོང་སྤྲུལ་ཟིན་ཏིག་གི་ཁ་སྐོང་ཡང་ཏིག་ཚུལ་དུ་ནད་རིགས་བཞི་བརྒྱ་རྩ་བཞི་གསོ་བར་གལ་འགངས་ཤིན་ཏུ་ཆེ་བའི་སྨན་སྦྱོར་ཟབ་མོ་དག་གི་སྦྱོར་ཐབས་དང་ཕན་ཡོན། སྨན་སྦྱོར་རེ་ཟུང་གི་སྦྱོར་ཚད། ལུགས་མི་འདྲ་བའི་སྨན་སྦྱོར། ཁ་འཛིན་གྱི་སྨན་སྣ་བཅས་ཟིན་ཏིག་ནང་དངོས་སུ་བསྟན་པའི་སྨན་སྦྱོར་དག་གི་ལག་ལེན་མདོ་ཙམ་བསྟན་ཡོད། ཞར་བྱུང་ལུམས་ཀྱི་ལྷན་ཐབས་

ནང་དུ་བདུད་རྩི་ལྔའི་ལུམས་ཀྱི་སྦྱོར་ཐབས་དང་སྤྱི་བྱེ་བྲག་གི་ཕན་ཡོན་བཅས་ཞིབ་ཕྲར་གསུངས་ཡོད། འདིར་གསོ་བོ་ཟིན་ཏིག་ནང་གི་སྨན་སྦྱོར་རྣམས་གསལ་བར་གསུངས་ཡོད་པས་ན་གོང་སྨྱུལ་ཟིན་ཏིག་གི་དགོངས་པ་རྟོལ་མ་རྟོགས་པར་མེད་དུ་མི་རུང་བའི་སྤྱད་པོད་ཞིག་ཏུ་འགྱུར་སོ།

གསོ་རིག་གི་རིན་ཐང་།

དཔེ་ཆ་འདི་ནི་ཟིན་ཏིག་གི་སྨན་གྱི་སྦྱོར་སྡེའི་སྐོར་ལ་ཁ་སྐོང་དུ་བྲིས་པ་སྟེ། ནད་ཀྱི་རྒྱུ་རྐྱེན་དང་ནད་སྨན་སྤྱོད་པའི་ཚུལ་རགས་པར་ས་བཅད་༡༨་དུ་དབྱེ་ཏེ་བསྟན་པ་དང་། ཕན་ནུས་ཁྱད་དུ་འཕགས་པའི་སྨན་གྱི་སྦྱོར་སྡེ་སུམ་བརྒྱ་དྲུག་ཅུ་ཙམ་བཀོད་ཡོད་པས། འདི་རྣམས་ནི་རང་ཅག་སྨན་པ་རྣམས་ལ་རྒྱུས་བསྡུས་འཚམ་ཞིང་ལག་ལེན་བདེ་བའི་སྨན་དཔེ་སྙིང་ནོར་ལྟ་བུ་ཞིག་ཡིན།།

《札记精粹》

本医著母本为康区德格、楚布寺木刻版，字体为乌梅体，每页5行，每行23字，共19章165页。

内容提要：

本医著详尽记录了治疗三因、单症、结合症、热症、疫病、五官、脏腑、散症、微症、疮伤、儿科、妇科、外邪、外伤、毒病、滋补、养生等404种疾病的药物配方及秘诀。以及外治法中五味甘露药浴的配制方法、功效等内容。本医著是一部解读《临床札记》不可或缺的著作。

医学价值：

本医著是对《临床札记》的补充性记录。依据病因及用药概览，细分为18个章节。总计收录了360种特效药物制剂，这些药物制剂涵盖了广泛的治疗范围，从常见疾病到疑难杂症，均有详尽的记载和独特的用药方案。每一种药物制剂都经过精心筛选和临床验证，确保其疗效显著，安全性高。他的这一贡献，不仅丰富了藏医药学的宝库，也为后世医者提供了宝贵的临床用药参考。通过这些特效药物制剂的应用，无数病患得以康复，重新获得健康与希望。

༄༅། །ཡང་ཏིག་སྨན་གྱི་སྦྱོར་སྡེ་འཆི་མེད་བདུད་རྩིའི་བཅུད་ལེན་ལས་ཞར་བྱུང་ཕྲུམས་ཀྱི་ལྷན་ཐབས་ཞེས་བྱ་བ་བཞུགས་སོ།།

གསུང་རྩོམ་འདི་ཉིད་མི་རིགས་དཔེ་སྐྲུན་ཁང་གིས་༢༠༡༡ལོའི་ཟླ་༨པར་དཔེ་སྐྲུན་བྱས་པའི་《བོད་ཀྱི་གསོ་རིག་ཀུན་བཏུས།།》ཞེས་པའི་པོད་སོ་གསུམ་ནང་ཤོག་ངོས་༤༢༧ནས་༤༣༣༢བར་གསལ། ཁྱོན་བསྡོམས་ཤོག་ངོས་༦བཞུགས།

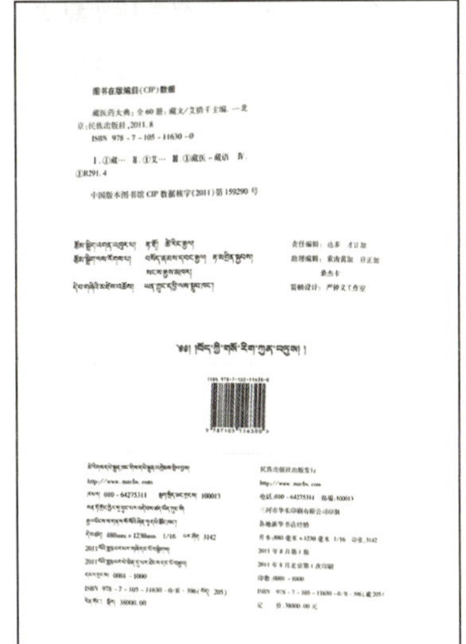
中国版本图书馆 CIP 数据核字(2011)第159290号

༄། །བོད་ཀྱི་གསོ་རིག་ཀུན་བཏུས། །

ནང་དོན་གནད་བསྡུས།

ཁྱི་མ་རྒྱུད་ཀྱི་དཔྱད་ལྟ་ལས་ལུམས་ཀྱི་སྡེ་ཚན་ལ་གཞུང་གཞན་དང་རང་གི་སྦྱོང་བ་ལས་བྱུང་བའི་ལག་ལེན་རྣམས་ཀྱིས་ཁ་སྐོང་བྱས་ཡོད་དེ། བདུད་རྩི་ལྔའི་སྟེང་གླ་རིལ་ཁྱུར་དོ་བསྣན་པས་རྩ་དཀར་ནད་དང་འོམ་བུ་གཙོར་བསྐྱེད་པས་རྙིངས་ཚད་སེལ་བ་སོགས་ནད་བྱེ་བྲག་ལ་གནོད་པའི་ལག་ལེན་དང་།གཞན་ལུམས་རིགས་བཅོ་ལྔ་ལྷག་གི་སོ་སོའི་ཕན་ཡོན་དང་ལུམས་སྤྱིའི་ཕན་ཡོན་སོགས་བསྟན་ཡོད།

གསོ་རིག་གི་རིན་ཐང་།

སྨན་དེབ་འདི་ནི་སྨན་གྱི་སྦྱོར་སྡེ་ལས་ལུམས་ཀྱི་སྦྱོར་སྡེ་བྱེ་བྲག་ཏུ་གསུངས་པའི་ལྷན་ཐབས་ཤིག་སྟེ། ལྷག་པར་དུ་སྐབས་བབ་ཀྱི་འཚོ་བའི་ཁྲོད་ཚབ་ཆེ་བའི་གློ་ཚད་ནད་དང་གཅོང་ནད། མཁལ་འགྲམས་ཀྱི་ནད། དུག་ཚད་ཀྱི་ནད་སོགས་ལ་ལུམས་ཀྱི་སྦྱོར་སྡེ་རྣམ་པ་མི་འདྲ་བ་མང་པོ་གསུངས་ཤིང་། ད་སྐབས་ཀྱི་ས་ཆ་ཁ་ཤས་སུ་ལུམས་ཀྱི་ལག་ལེན་ཉམས་དང་ཉམས་བཞིན་པའི་གནས་བབ་ལ་ཤིན་ཏུ་ཕན་ཐོགས་ཆེ་བ་སོགས་རིན་ཐང་གལ་ཆེན་པོ་འདུག་སྙམ།།

《再秘札记方剂中的药浴方剂之补遗》

本医著收载于《藏医药大典》，共6页（第33卷中第427页至432页）。此书由民族出版社于2011年8月出版。

内容提要：

本医著介绍了《后续部》的五味甘露药浴方剂，并补充了他人和作者自己在临床实践中总结出的经验方剂。如五味甘露方剂中加两捧麝粪治白脉病（神经系统疾病），加水柏枝治疗陈旧热等具体疾病加减药物的实践经验。另外对药浴总功效及15种药浴方剂各自的功效等也作了介绍。

医学价值：

藏医药浴法具有悠久的历史，是藏医传统外治法之一；是藏族人民以土、水、火、风、空"五源"生命观和隆、赤巴、培根"三因"健康观为指导，通过沐浴天然温泉或药物煮熬的水汁或蒸汽，调节身心平衡，实现身体健康和疾病防治的传统方法。药浴药方一般使用"五味甘露药浴"，即以刺柏、黄花杜鹃、水柏枝、大籽蒿、藏麻黄等五种药用植物为主，再根据病患体质、病情等，加入二三十种其他藏药，煎煮成汤，药方数量可达上百种。以42℃药液水洗，治疗风湿、类风湿性关节炎及痛风、强直性脊柱炎等病种。该书对《四部医典》记载的药浴方进行了补充，对藏医药浴临床实践及学术研究具有重要意义。

༣༢ ལྷ་མཆོག་ཚེ་དབང་དཔལ་འབྱོར།
32 拉却泽旺班觉

ལྷ་མཆོག་ཚེ་དབང་དཔལ་འབྱོར་གྱི་ངོ་སྤྲོད་མདོར་བསྡུས།
拉却泽旺班觉简介

བྱམས་མི་ལྷ་མཆོག་སྤྲུལ་སྐུ་ཚེ་དབང་དཔལ་འབྱོར་རམ་ངག་དབང་ཆོས་དཔལ་རྒྱ་མཚོ་ནི། རབ་བྱུང་བཅུ་བཞི་པའི་མཛེས་བྱེད་ཅེས་ཆུ་མོ་ཡོས་（སྤྱི་ལོ་༡༨༥༣）ཀྱི་ལོར་ཡབ་མདོ་སྟོད་དགེ་རྒྱལ་ནག་ཚང་དཔོན་ཚེ་དབང་རྣམ་རྒྱལ་དང་། ཡུམ་ནི་ནང་ཆེན་རྒྱལ་རབས་ཞེར་ལྡེ་པ་མི་རྗེ་བསོད་ནམས་ཆོས་འཕེལ་དང་གྲུབ་བུ་ཆེན་བཟའ་ལྷ་མོ་དཔལ་འཛོམས་གཉིས་ཀྱི་སྲས་མོ་མི་དབང་དཀོན་མཆོག་ལྷ་རྒྱལ་གྱི་ལྕམ་སྲིང་སྟེ་ནང་ཆེན་བཟའ་ཚེ་རིང་དཔལ་མཚོ་གཉིས་ཀྱི་སྲས་སུ་སྐུ་འཁྲུངས། སིཏུ་ཡིན་པས་བྱམས་མི་བླ་རྣན་ཀུན་བཟང་ཕྲིན་ལས་ཀྱིས་ཆུང་མིང་ལུ་གུ་དགའ་སྐྱིད་ཚེ་རིང་ཞེས་གསོལ། ཤིང་སྤྲུལ་ཏེ་དགུང་ལོ་གསུམ་གྱི་ཐོག་ནང་ཆེན་རྒྱལ་པོའི་ཁབ་ཏུ་བྱོན། དགུང་ལོ་ལྔ་ཡི་ཐོག་དགེ་རྒན་ཀརྨ་བློ་གྲོས་ནས་ཀློག་བསླབ་པ་དང་། བརྒྱད་ཀྱི་ཐོག་ཡོངས་འཛིན་བླ་མ་བསྟན་འཛིན་ཆོས་དབང་ལས་སེམས་ཁྲིད་གསན་པས་བདེ་གསལ་མི་རྟོག་པའི་ཉམས་སྐྱེས་པ་སོགས་ཁྱད་པར་འཕགས་པའི་ཡོན་ཏན་མངའ་བ་སྟེ། སྐུ་ན་ཆུང་ངུའི་དུས་ནས་གསང་སྔགས་གསར་རྙིང་རིས་སུ་མ་ཆད་པའི་ཟབ་ཆོས་སྨིན་གྲོལ་གདམས་པ་རྒྱ་མཚོར་ལོངས་སུ་སྤྱོད་པའི་སྐལ་བཟང་ཅན་དུ་ཕེབས་པས།ཁོང་གི་ཞལ་ནས། ང་རང་ནི་ཞང་པོ་ཚང་གི་བཀའ་དྲིན་གྱིས། སྐྱེས་མ་ཐག་ནས་ཆོས་དང་འཕྲད་པར་ཤོག།། གསུངས་པ་ལྟར་བྱུང་བ་ཡིན་ཚུལ་སོགས་ཆོས་རྒྱལ་འདི་ཚང་བཀའ་དྲིན་ཤིན་དུ་ཆེ་བའི་གསུང་ཡང་བྱོན། སྐུ་ཞང་ཨ་ཧྲེཨུ་རིན་པོ་ཆེ་དཔལ་ལྡན་འགྱུར་མེད་ཚེ་དབང་ཕྲིན་ལས་ནས་ཉིད་ཀྱི་མཚན་ལས་གྲས་པའི་ཚེ་དབང་དཔལ་འབྱོར་ཞེས་པའི་མཚན་གསོལ། ལྷགས་ཕག་སྟེ་དགུང་ལོ་དགུའི་ཐོག་དཔལ་ལྡན་འབྲུག་པའི་བྱམས་མི་ལྷ་མཆོག་ལྡེ་པའི་སྤྲུལ་སྐུར་ཁྲི་འཛིན་མངལ་གསོལ་མཛད། སྐབས་ཡང་ཨ་ཧྲེཨུ་རིན་པོ་ཆེ་ལས་སྐྱབས་སྡོམ་དང་དགེ

བསྙེན་གྱི་སྡོམ་པ་བཅས་ངག་དབང་ཆོས་དཔལ་རྒྱ་མཚོ་ཕྲིན་ལས་རབ་རྒྱས་དཔལ་བཟང་པོའི་སྡེ་ཞེས་མཚན་གྱི་ཚོད་པཎ་བཞེས། དེ་ནས་ཤིང་སྟག་སྟེ་དགུང་ལོ་བཅུ་གཉིས་པ་ལ་དོན་བརྒྱུད་དཔལ་ལྡན་འབྲུག་པའི་བསྟན་པའི་སྒྲོན་མེ་ཁམས་སྤྲུལ་རིན་པོ་ཆེ་ལས་རབ་ཏུ་བྱུང་བའི་ངག་དབང་བསྟན་འཛིན་བློ་གྲོས་ཞེས་མཚན་དུ་གསོལ། ཁྱད་པར་དུ་དགུང་ལོ་བཅུ་དྲུག་པ་ནས་དུས་གསུམ་རྒྱལ་བའི་སྤྱི་གཟུགས་ཚོགས་དགའ་རྡོ་རྗེ་འཆང་ཐུབ་མིན་རིགས་ཀྱི་བདག་པོར་བསྙེན་ཏེ། དྲིལ་ལུགས་སྡོམ་པ་ལྷན་སྐྱེས་དང་སྟན་རྒྱུད་ལྷན་ཅིག་སྐྱེས་མའི་དབང་གིས་སྨིན་ཅིང་དཔལ་ནཱ་རོ་ཆོས་དྲུག་བསྡུས་པའི་ཟིན་བྲིས་པདྨ་དཀར་པོའི་ཡིག་ཆ་དང་། འཇམ་དཔལ་དཔའ་བོས་མཛད་པའི་ཁྲིད་ཡིག་ཟུང་འཇུག་མཆོག་གི་ངེས་གནད་གཉིས་ཀྱི་སྙིང་ནས་རྩ་རླུང་ཆ་ལག་བཅས་ཟབ་ཁྲིད་ཞིབ་རྒྱས་སོགས་ཕྱི་ཕྱིར་གསང་ཐུགས་གསར་རྙིང་གི་བཀའ་གཏེར་སྨིན་གྲོལ་གྱི་གདམས་བཅུད་བཞེས་ཤིང་ཐུགས་ཉམས་སུ་བསྟར། དགུང་ལོ་ཉེར་གཉིས་པར་རྒྱལ་བའི་དབང་པོ་ཀརྨ་པ་ཐེག་མཆོག་རྡོ་རྗེའི་ཞལ་སྔ་ནས་དགེ་སློང་གི་དངོས་པོར་སྒྲུབ་པ་སོགས། དཔའ་བོ་གཙུག་ལག་ཉིན་བྱེད། འབྲུག་པ་རིན་པོ་ཆེ་ངེས་དོན་ཆོས་ཀྱི་རྒྱ་མཚོ། ཁམས་སྤྲུལ་རིན་པོ་ཆེ་གཙོས་ཀར་འབྲུག་ཡབ་སྲས་རྣམས་དང་མཁྱེན་ཀོང་མི་ཕམ་དང་མཆོག་གླིང་ཡབ་སྲས། འབྲི་གུང་བསྟན་འཛིན་ཞི་བའི་བློ་གྲོས། སྟོ་ཆགས་མེད་མཆོག་སྤྲུལ། མགར་སྤྲུལ་རིན་པོ་ཆེ། མཁས་གྲུབ་ནག་པོ་རྟོགས་ལྡན་བསྟན་འཛིན་བཟང་པོ། ས་སྐྱའི་རྗེ་བཙུན་བསྟན་འཛིན་དབང་མོ། ངོར་དཔོན་སློབ་བློ་གཏེར་དབང་པོ། ཧོར་ཤག་བྲག་དགེ་བཤེས་ངག་དབང་རྣམ་རྒྱལ། དགེ་བཤེས་མཁྱེན་རབ་བློ་གསལ་སོགས་ས་དགེ་བཀའ་རྙིང་རིས་སུ་མ་བཅད་པའི་ཡོངས་འཛིན་བརྒྱ་ཕྲག་ཏུ་བརྟེན་པ་ལས་བརྡ་སྤྲོད་སྨན་རྩིས་ནས་མདོ་རྒྱུད་བསྟན་བཅོས་དང་བཅས་པ་ལ་གསན་བསམ་མཐའ་ཡས་པར་སྣང་བ་དང་། ཐོས་དོན་ལ་བསམ་པས་སྒྲོ་འདོགས་བཅད་ཅིང་བསྒོམ་པས་ཉམས་སུ་བླངས་པ་སོགས་ཐོས་བསམ་སྒོམ་གསུམ་འཆད་རྩོད་རྩོམ་གསུམ་བཤད་སྒྲུབ་ལས་གསུམ་སྟེ།དམ་པའི་ཚུལ་དགུའི་དཔལ་གྱིས་མངོན་པར་ཕྱུག་པའི་འཁོར་ལོ་གསུམ་གྱི་མཛད་བཟང་གི་སྐུ་ཚེ་མཐར་ཕྱིན་པར་མཛད། གསོ་རིག་གི་སྐོར་ལ་དཔའ་བོ་གཙུག་ལག་ཉིན་བྱེད་ལ་བདུད་རྩི་སྙིང་པོ་རྩ་བཤད་ཕྱི་གསུམ་གྱི་ལུང་དང་། ཆོས་རྒྱལ་ཆེན་པོ་དཀོན་མཆོག་ལྷ་རྒྱལ་ལ་བདེ་སྲིད་ལྷན་ཐབས། འབྲི་གུང་པའི་གཅེས་བཏུས་དང་སྨན་གྱི་ལག་ལེན་ཐར་མོ་ཆེ་བཅས་འབྲི་འབྲུག་གནས་མདོ་བའི་ཆོས་སྐོར་མང་པོ་དང་། དགེ་སློང་ཀླུ་རྒྱལ་ལ་བདུད་རྩི་སྙིང་པོའི་རྒྱུད་བཞིའི་བཀླག་ལུང་། བོན་པོ་དགེ་སློང་བློ་གསལ་རྒྱ་མཚོ་ལ་དར་མོ་བཀའ་རྒྱ་མ་དང་། གླིང་བསྟན་འཕེལ་དགོན་དགེ་བའི་བཤེས་གཉེན་ཀུན་བཟང་ཟླ་འོད་ལ་དེའུ་དམར་པའི་ཤེལ་གོང་དང་ཤེལ་ཕྲེང་གསན་པ་སོགས་དཔྱད་གཞུང་གདམས་མན་ངག་གིས་མཚོན་གཞན་པན་ཚེ་ཡི་རིག་བྱེད་ལའང་མཁྱེན་རབ་མཆོག་ཏུ་རྒྱས། ཕྱི་ཕྱིར་བླ་སྤྲུལ་དགེ་བའི་བཤེས་གཉེན་རྣམས་ནས་བླ་མེད་མཐོང་གཟིགས་ཀྱིས་རྗེ་འདི་ལས་གསོལ་སྨན་བཞེས་པ་ཤིན་ཏུ་མང་པོ་བྱུང་ཞིང་། སྐབས་ཤིག་སྨར་སྟོད་བླ་གྲྭ་མང་པོ་ལ་རིམས་ནད་གཉན་སྲིན་གྱིས་མནར་

པ་རྗེ་འདི་ཉིད་ལ་ཐུགས་གཏད་སྐྱབས་འཇུག་ཞུས་པས། ཁོང་ནས་སྨན་སྦྱོར་འཕྲོད་བསྟེན་གནང་བར་བཅོས་ཕྱི་བ་འགའ་ཙམ་ལས་ཕལ་ཆེར་བསྣུང་གཞི་ལས་གྲོལ་བ་བྱུང་བ་སོགས་སྨན་བཅོས་ཀྱི་ཕྲིན་ལས་སྤེལ་བ་དང་། ཐར་ཕྱིར་རྒྱལ་སྲས་ས་སྐྱོད་དབང་པོ་གོང་འོག་དང་ཨ་ལྡེའུ་མཆོག་སྤྲུལ་གཙོས་འཚོ་བྱེད་ཀྱི་འཁོར་རྣམས་ལ་རྒྱལ་ཁན་རིན་པོ་ཆེ་ནས་ཇི་ལྟར་ཐོབ་པའི་སྨན་གྱི་ལག་ལེན་རྣམས་དང་། རྩ་བཤད་ཕྱི་གསུམ། སྡེ་སྲིད་ལྷན་ཐབས། འབྲི་གུང་གཅེས་བཏུས། རྒྱལ་ཁན་གཅེས་བཏུས། སྨན་གྱི་ངོ་སྤྲོད་གསར་དུ་མཛད་པ་སོགས་གསོ་རིག་གི་བསྟན་པ་ཡང་འཛིན་སྐྱོང་སྤེལ་གསུམ་གནང་བའོ།། རྗོམ་པས་བསྟན་རྒྱུན་དུ་བཞག་པ་ལ་རང་རྣམ་དང་གསང་བ་ནང་གི་རྣམ་ཐར། དབུས་གཙང་ལམ་ཡིག སྐུ་ཞབས་རྣམ་ཐར། སྲུང་མའི་བཀའ་གཏད་བོད་གཅིག་དང་གཞན་ཡང་ནང་ཆེན་རྒྱལ་རབས་གཅིག་ཡོད་པར་ཐོས་པ་སོགས་ཀྱིས་མཚོན་གསུམ་འབུམ་པོད་བཅུ་གཉིས་སུ་བཞུགས་པར་གྲགས་ལས། འདིར་གསོ་རིག་སྐོར་ལས་རྒྱལ་ཁན་གཅེས་བསྡུས་དང་ཁ་རྒྱན་ཟུར་རྒྱན་གཟའ་བཅོས་མ་བུ་སོགས་དང་སྨན་གྱི་ངོས་འཛིན་དྲངས་ཤེལ་མེ་ལོང་བཅས་བཞུགས་སོ།།

向麦拉却泽旺班觉（又称阿旺曲培嘉措大师）于藏历第十四绕迥水兔年（1843）诞生于玉树囊谦。父亲为多堆·格吉那仓崩才旺郎杰，母亲是第二十五代囊谦王索南群培与扎吾钦萨·拉姆边宗之女、米旺贡觉拉杰之妹囊谦萨·次仁巴措。年幼时，向麦老喇嘛根桑赤列为其取小名为罗格噶吉才让。3岁时，他来到囊谦王国生活。5岁时，他就跟随嘎玛洛追老师读书习字。8岁时，他在旦增曲旺拉前聆听心性秘诀，广闻显秘经纶，领悟通达。他从小就来到传授新旧密乘经典法门之地，学习显秘一切经论。他说：“我是依靠舅舅家的恩情，一出生就遇见了佛法。”因此他对这位法王也是感激不尽。他的舅舅阿德仁波切巴登久美次旺赤烈，尊称他为泽旺班觉。9岁那年，他被认定为巴丹珠巴的第五世向麦拉却珠泽旺班觉大师的转世灵童而进行了坐床仪式。又在阿德仁波切尊前受皈依戒和居士戒，重新取名为阿旺曲培嘉措赤烈绕杰巴桑布德。12岁时，他在巴登珠巴教派明灯康珠仁波切尊前出家取名阿旺旦增洛追。16岁开始，他就念修金刚持，认真学习纳若六法笔记白莲花、嘉白巴握所写的双运讲义要点，先后吸取了新旧密宗的精华，并付诸实施。22岁那年，他在噶玛巴塔确多杰尊前受沙弥戒，尤其是先后跟随巴握珠拉里协、珠巴仁波切曲吉嘉措、康珠仁波切、乾泽仁波切、贡珠仁波切、迷旁仁波切、确郎父子、直贡旦真、落卡麦、噶智仁波切、丹真桑波、萨迦达准旺姆、落德汪波、霍纳扎格西·阿旺郎杰、格西庆绕罗色等百余贤者学习，掌握了藏文语法、天文历算、医学、声明、诗学等众多知识，敬聆显秘诸多经论之甚深教导。尤其是藏医药学方面，他在大师巴握珠拉里协尊前敬聆传承《甘露精髓·本续论续后续》，贡确拉嘉大师尊前敬聆传承《帝司·补遗》《直贡医药精髓》等，格龙乐嘉尊前敬聆传承《四部医典》，苯波格龙罗萨嘉措尊前敬聆传承《达莫门让巴·医学深奥诀窍》，丹培寺格西根桑达威尊前敬聆传承《帝玛尔·晶珠本草》等医学典籍，后来撰写了《嘉甘·医学集要》《医学选编之明示·伏藏瓶口饰菩提树》《天魔星曜病治疗小册·装满奥秘精华的水晶良瓶》《星曜病治疗子书》等十几本著作，同时也广招弟子，传播医理医技，治病救人，为藏医药的传承和发展作出了卓越的贡献。

ལྷ་མཆོག་ཚེ་དབང་དཔལ་འབྱོར་གྱི་གསུང་འབུམ།

拉却泽旺班觉医著

༄༅། །གསོ་རིག་གཅེས་བཏུས་ཀྱི་གསལ་བྱེད་གཏེར་བུམ་ཁ་རྒྱན་དཔག་བསམ་ལྗོན་ཤིང་ཞེས་བྱ་བ་བཞུགས་སོ། །

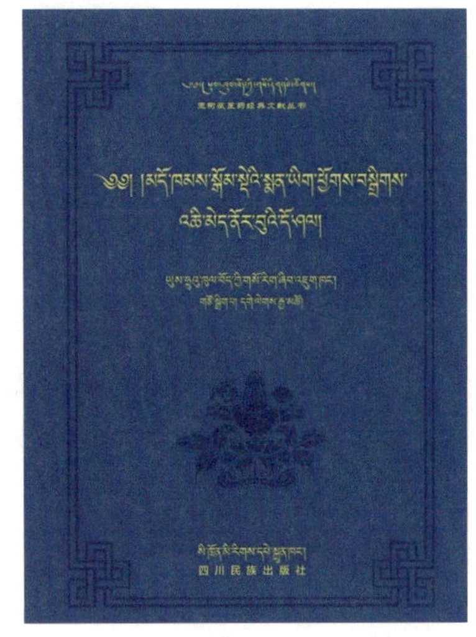

གསུང་རྩོམ་འདི་ཉིད་སི་ཁྲོན་མི་རིགས་དཔེ་སྐྲུན་ཁང་གིས་༢༠༢༡ལོའི་ཟླ་༤པའི་ནང་དཔེ་སྐྲུན་བྱས་པའི་《མདོ་ཁམས་སྨན་སྤྱིའི་སྨན་ཡིག་ཕྱོགས་བསྒྲིགས་འཆི་མེད་ནོར་བུའི་དོ་ཤལ།》ཞེས་པའི་གསོ་རིག་སྐོར་དེབ་པོ་ཏི་གཅིག་ཡོད་པས། ཤོག་གྲངས་ ༧༨ཙམ་བཞུགས།

ནང་དོན་གནད་བསྡུས།

གསུང་རྩོམ་འདིའི་ནང་གཙོ་བོ་མཁས་དབང་ལྷ་མཆོག་ཚེ་དབང་དཔལ་འབྱོར་ལགས་ཀྱིས་རང་གི་སློབ་དཔོན་གྱི་ཞལ་ནས་ཇི་ལྟར་གསུངས་པ་ལ་གཞི་བཅོལ་ཞིང་། རང་གི་སྦྱོང་བྱང་དག་གིས་ཟུར་བརྒྱན་ཏེ་བཛོད་བྱ་ཡན་ལག་བརྒྱད་ཀྱི་བརྗོད་དོན་རླུང་ནད་གསོ་བ་ནས་རོ་ཙ་གསོ་བའི་བར་གཞུང་དངོས་རྣམ་གྲངས་བཅུ་གསུམ་གྱི་སྒོ་ནས་བརྗོད་ནས་བཀོད་ཡོད།

གསོ་རིག་གི་རིན་ཐང་།

གསུང་རྩོམ་འདིར་རླུང་ནད་གསོ་བ་ནས་རོ་ཙ་གསོ་བའི་བར་གྱི་ནད་གཞི་སོ་སོར་གང་ལ་གང་འཕྲོད་ཀྱི་གཉེན་པོ་སྨན་གྱི་བསྟེན་ཚུལ་ཆ་ཚང་བརྗོད་ཡོད་དེ་དཔེར་ན་རླུང་ནད་གསོ་བ་ལ་ཐོག་མར་ཀུས་བཅུད་སུམ་ཐང་གི་གཉེན་པོ་བསྟེན་ན་ཕན་ཚུལ་དང་། རོ་ཙ་གསོ་བའི་ནད་ལ་དབང་པོ་ལག་པའི་ཕྱེ་མ་འོ་མར་བཏབ་སྟེ་བཏང་བས་ཕན་པ་ཆེ་བའི་སྐོར། དེ་མིན་ད་དུང་ཁོང་ནད་གསོ་བ་དང་། ཚད་པ་གསོ་བ། དབང་པོའི་ནད་གསོ་བ། དོན་སྣོད་ཀྱི་ནད་

གསོ་བ། ཐོར་ནད་གསོ་བ། བྱིས་པའི་ནད་གསོ་བ། མོ་ནད་གསོ་བ། གདོན་ནད་གསོ་བ། མཚོན་རྨ་གསོ་བ། དུག་ནད་གསོ་བ། བཅུད་ལེན་སོགས་རང་གིས་ནད་སྨན་སྤྱོད་ཚུལ་སྐོར་གྱི་སྦྱོང་ཚོར་ཟབ་མོ་རྣམས་ཕྱོགས་གཅིག་ཏུ་བསྡུས་ཏེ་ཁྱོན་ལེ་ཚན་བཅུ་གསུམ་ཙམ་ཕྱེ་ནས་བསྟན་ཡོད། གསུང་རྩོམ་འདིའི་ཁྱད་ཆོས་ནི་ཁོང་གི་མཐོང་བརྒྱུད་ཕྱག་ལེན་མན་ངག་རྣམས་གནད་དུ་འཁེལ་ལ་བློ་མཆོག་དམན་ཀུན་གྱིས་རྟོགས་སླ་ཞིང་སྤྱོད་བདེ་བ་སོགས་ཀྱི་དགེ་མཚན་ཁྱད་དུ་འཕགས་པ་ཅན་ཡོད་པའོ།།

《医学选编之明示·伏藏瓶口饰菩提树》

本医著收载于《玉树名医医著汇编》，共18页。由四川民族出版社于2021年6月出版。

内容提要：

本医著以导师口授秘诀为依据，结合作者本人多年的临床经验，详细记载了隆、赤巴、培根等13种病症的治疗方法。

医学价值：

拉却泽旺通过本医著总结了其导师的医学经验，详细介绍了隆、赤巴、培根等多种病症，尤其对隆病、热病、脏腑病、瘟疫等病症的治疗方法作了专题研究。在治法方面，除了记载散剂和丸剂药物治疗，还记载了汤剂、膏剂、药浴等疗法，内容系统明确，理法方药完备，为藏医临床各科提供了辨证和治疗的一般规律。许多内容和观点至今仍是临床实践所必须遵循的原则，具有重要的临床应用价值。

༄༅། །སྟིང་གདོན་གཟའ་ནད་བཅོས་པའི་ཡིག་ཆུང་ཟབ་དཀྱིའི་བཅུད་ཀྱིས་གཏམས་པའི་རིན་ཆེན་ཤེལ་གྱི་བུམ་བཟང་ཞེས་བྱ་བ་བཞུགས་སོ། །

གསུང་རྩོམ་འདི་ཉིད་སི་ཁྲོན་མི་རིགས་དཔེ་སྐྲུན་ཁང་གིས་༢༠༢༡ལོའི་ཟླ་༦པའི་ནང་དཔེ་སྐྲུན་བྱས་པའི་《མདོ་ཁམས་སྨོམ་སྡེའི་སྨན་ཡིག་ཕྱོགས་བསྒྲིགས་འཆི་མེད་ནོར་བུའི་དོ་ཤལ།》ཞེས་པའི་གསོ་རིག་སྐོར་དེབ་པོ་ཏི་གཅིག་ཡོད་པས། དེའི་ནང་དུ་བཀོད་ཡོད། ཤོག་བསྡོམས་ཤོག་ངོས་༧ཙམ་བཞུགས།

ནང་དོན་གནད་བསྡུས།

གསུང་རྩོམ་འདིའི་ནང་གཙོ་བོ་གཟའ་ཡིས་འཛིན་དུས་དང་། གཟའ་ནད་ཀྱི་དབྱེ་བ། རྟགས། སྲུང་བ། བཅོས་ཐབས། ལོག་གནོན་བཅས་རྣམ་པ་དྲུག་གི་སྒོ་ནས་བསྟན་ཡོད།

གསོ་རིག་གི་རིན་ཐང་།

ཚན་པ་འདིར་གཙོ་བོ་གཟའ་ནད་སྐོར་གྱི་བརྟག་ཐབས་དང་འཛིན་དུས་དབྱེ་བ་བཅས་གསལ་པོར་བཀོད་ཅིང་། ཁྱད་པར་ནད་ཐོག་ལག་ལེན་ཁྲོད་དུ་བཅོས་ཐབས་ཐད་གཟའ་ནད་དེ་ནད་གཞན་དང་ངོས་འཛིན་མི་འཁྲུལ་བའི་ཕྱིར་ནད་པའི་དྲི་རྩུར་བརྟག་ནས་གཟའ་གང་ཐོག་བརྟག་པ་དང་། གཟའ་གདོན་སྲུང་ཐབས་ཀྱི་ལག་ལེན་ཁྱད་པར་ཅན། ལྷག་པར་དུ་གཟའ་གདོན་འཇོམས་པའི་སྨན་རིན་ཆེན་ཁོལ་མ་དང་། ཁྲག་སྦྱོར་ཉེར་ལྔ་སོགས་སྨན་སྦྱོར་ཟབ་མོ་འགའི་སྦྱོར་ཚད་དང་ཕན་ནུས་ཀྱང་གསལ་བར་བཀོད་ཡོད་པས་སྨན་པ་རྣམས་ལ་ནད་ཐོག་གི་རིན་ཐང་ཆེ་བར་མ་ཟད་གོ་སླ་ཞིང་འཛིན་བདེ་བའི་ཁྱད་ཆོས་ལྷག་ཏུ་ཆེ་བར་མངོན་པའོ།།

《天魔星曜病治疗小册·装满奥秘精华的水晶良瓶》

本医著收载于《玉树名医医著汇编》，共7页。由四川民族出版社于2021年6月出版。

内容提要：

本医著阐述了拉却泽旺班觉大师对凶煞症的辨证论治经验，介绍了被星曜所擒的时间，以及疾病分类、症状、防护法、治疗法、镇逆法等6个章节的内容。

医学价值：

本医著源流清楚，条理清晰，内容丰富，充分地展示了拉却泽旺班觉大师对凶煞症的临床经验。书中对凶煞症的病因、诊断方法、预防治疗等进行了详细的介绍，大师对凶煞症的患者采用身上佩戴防魔咒符、吞咽咒符、藏药烟熏等方法辅以“仁青颗姆”“察雪列昂”等药物口服治疗，取得良好的效果，为后世诊治凶煞症奠定了基础，并有指导临床实践之意义。

༄༅། །གཟའ་བཅོས་ཀྱི་བུ་ཡིག་ཅེས་བྱ་བ་བཞུགས་སོ། །

གསུང་རྩོམ་འདི་ཉིད་སི་ཁྲོན་མི་རིགས་དཔེ་སྐྲུན་ཁང་གིས་༢༠༢༡ལོའི་ཟླ་༦པའི་ནང་དཔེ་སྐྲུན་བྱས་པའི་《མདོ་ཁམས་སྒོམ་སྡེའི་སྨན་ཡིག་ཕྱོགས་བསྒྲིགས་འཆི་མེད་ནོར་བུའི་དོ་ཤལ།》ཞེས་པའི་གསོ་རིག་སྐོར་དེབ་པོ་ཏི་གཅིག་ཡོད་པས། དེའི་ནང་དུ་བཀོད་ཡོད། ཁྱོན་བསྡོམས་ཤོག་ངོས་༣ཙམ་བཞུགས།

ནང་དོན་གནད་བསྡུས།

གསུང་རྩོམ་འདིའི་ནང་དུ་གཙོ་བོ་གོང་གི་སྙིང་གདོན་ གཟའ་ནད་བཅོས་པ་ཞེས་པའི་གཞུང་གི་བུ་ཡིག་གི་ཚུལ་དུ་བཀོད་པ་སྟེ། སྐབས་དོན་སོ་སོའི་གོ་དཀའ་བའི་མིང་དང་། གསང་སྨན་བཅས་ཀྱི་དཀའ་གནད་མདུད་པ་རྣམས་ལེགས་པར་བཀྲོལ་བའི་ལྡེ་མིག་ཅིག་གོ།

གསོ་རིག་གི་རིན་ཐང་།

གསུང་རྩོམ་འདི་ནི་དུས་རབས་བཅུ་དགུ་པའི་ནང་མཁས་དབང་ལྷ་མཆོག་ཚེ་དབང་དཔལ་འབྱོར་གྱིས་མཛད་ཅིང་། འདིའི་ནང་གོང་གི་སྙིང་གདོན་གཟའ་ནད་བཅོས་པའི་ཡིག་ཆུང་ཟབ་དགུའི་བཅུད་ཀྱིས་གཏམས་པའི་རིན་ཆེན་ཤེལ་གྱི་བུམ་བཟང་ཞེས་བྱ་བའི་གསུང་རྩོམ་ནང་གི་མིང་ཚིག་དོན་གྱི་དཀའ་གནད་རྣམས་དང་། གསང་སྨན་གབ་སྦས་ཟབ་གསང་རྣམས་སྐབས་འདིར་གོ་བདེར་བཀྲོལ་གནང་མཛད་ཡོད་པས་གསོ་རིག་ལ་འཇུག་པའི་སློབ་མ་དང་སྨན་པ་རྣམས་ཀྱིས་སློབ་སྦྱོང་ཞིབ་འཇུག་དང་ནད་ཐོག་ལག་ལེན་སོགས་བགྱིས་ན་ཕན་ཐོགས་ཆེན་པོ་ཡོད་པའི་དགེ་མཚན་ལྡན་པའོ།།

《星曜病治疗子书》

本医著收载于《玉树名医医著汇编》，共3页。由四川民族出版社于2021年6月出版。

内容提要：

本医著是作为《天魔星曜病治疗小册·装满奥秘精华的水晶良瓶》的子书而

撰写，被喻为进一步解开该书当中出现的难懂的术语、隐词、秘诀疑难等问题的钥匙。

医学价值：

本医著中，拉却泽旺班觉大师对《天魔星曜病治疗小册·装满奥秘精华的水晶良瓶》这部著作中出现的深奥难懂的词义及疑难秘方作了详细解释，对后世星曜症的学习研究和临床治疗都有很好的参考价值。

༣༣ འཇུ་མི་ཕམ་འཇམ་དབྱངས་རྣམ་རྒྱལ་རྒྱ་མཚོ།

33 居·迷旁降央郎杰嘉措

འཇུ་མི་ཕམ་འཇམ་དབྱངས་རྣམ་རྒྱལ་རྒྱ་མཚོའི་ངོ་སྤྲོད་མདོར་བསྡུས།།

居·迷旁降央郎杰嘉措简介

འཇུ་མི་ཕམ་འཇམ་དབྱངས་རྣམ་རྒྱལ་རྒྱ་མཚོའམ་འཇམ་དཔལ་དགྱེས་པའི་རྡོ་རྗེ་ཞེས་པ་ནི་རབ་བྱུང་བཅུ་བཞི་པའི་མེ་རྟ（སྤྱི་ལོ་༡༨༤༦）ལོར་མདོ་ཁམས་སྡེ་དགེའི་མངའ་ཁུལ་ཆུ་བཞིར་གྲགས་པའི་ནང་ཚན་ཟླ་ཟླུངས་དལ་གྱིས་འབབ་པའི་འགྲམ། ཡ་ཆུའི་དིང་ཆུང་ཞེས་པ་ཡབ་མེས་ཀྱི་སྐབས་ནས་སྨན་རྒྱུན་མ་ཆད་པའི་རིགས་རུས་ཚོ་འབྲང་བཟང་པོའི་ཁྱིམ་དུ་འཁྲུངས་ཤིང་། དགུང་ལོ་བདུན་བརྒྱད་ཙམ་ནས་འབྲི་ཀློག་སློབ་སྦྱོང་དང་། གཞུང་ལུགས་བློ་འཛིན་སོགས་ལ་མཁྱེན་རབ་ཤིན་ཏུ་ཆེ། དེ་ནས་སྐུ་ན་སོན་པའི་སྐབས་སུ་ཞེ་བ་ལྷ་གཉིས་པ་རྫ་དཔལ་སྤྲུལ་དང་། འཇམས་དབྱང་མཁྱེན་བརྩེའི་དབང་པོ། མཁན་པོ་པདྨ་བཛྲ། སྐྱབས་མགོན་དབང་ཆེན་དགྱེས་རབ་རྡོ་རྗེ་སོགས་མཚན་ལྡན་དགེ་བའི་བཤེས་གཉེན་བཅུ་ཕྲག་འགའ་ཤས་ཀྱི་ཞབས་ལ་གཏུགས་ནས་མང་དུ་ཐོས་པ་རྒྱ་མཚོའི་ཕ་རོལ་ཏུ་སོན་པ་དང་། ཡོན་ཏན་གྱི་ཚོགས་རིན་པོ་ཆེའི་བང་མཛོད་ལ་དབང་འབྱོར་བས་མདོ་དབུས་གཙང་གསུམ་དུ་སྙན་གྲགས་ཤིན་ཏུ་ཆེ་བ་བྱུང་། ལྷག་པར་སྐུ་ཚེ་འདིར་འཇམ་དབྱངས་མཁྱེན་བརྩེའི་དབང་པོར་མཉེས་པ་གསུམ་གྱིས་ཞབས་ཏོག་ལེགས་པར་ཞུས་པས་ཐུགས་སྲས་དམ་པར་དགོངས་ནས་གདམས་པ་མཐའ་དག་བུམ་པ་གང་བྱོའི་ཚུལ་དུ་བསྐུལ་བར་བརྟེན་བསྟན་བཅོས་རྩོམ་པ་དང་། སློབ་མ་བསྐྱངས་པ་སོགས་དམ་པའི་སྤྱོད་ཚུལ་ཁོ་ན་དུས་འདའ་ཞིང་། གསོ་རིག་བསྟན་པའི་བྱ་བ་རྨད་དུ་བྱུང་བའི་འཕྲིན་ལས་རིག་གནས་སྤྱི་ཁྱེ་བྲག་གི་དགོངས་འགྲེལ་བསྟན་བཅོས་པོ་ཏི་སུམ་ཅུ་སོ་ལྔ་ལྷག་རྒྱུད་བཞིའི་དཀའ་མཆན་གཅེས་པར་བཏུས་པ་འདོད་འབྱུང་ནོར་བུའི་མེ་ལོང་ཞེས་པ་དང་། གཅེས་བསྡུས་ཕན་བདེའི་བང་མཛོད།ཐོ་སྦྱོར་བདུད་རྩིའི་ཐིག་ལེ། ཉེར་ལྡའི་སྦྱོར་བ་འགའ་ཞིག་གི་ལག་

ལེན་སྐོར། ཕྱི་རྒྱུད་རྩ་རྒྱུའི་འགྲེལ་པ། ལུས་ལ་ཉེར་མཁོ་སྐབས་བརྒྱད་པ། རྩ་རྒྱུད་ཏེལ་བཞག་གི་འགྲེལ་པ། བྱང་ཁོག་ཡུལ་ཐིག་གསལ་བྱེད་བཻཌཱུརྻའི་མེ་ལོང་སོགས་དང་། གཞན་ཡང་མན་ངག་ཉེར་མཁོའི་སྐོར་ལ། ཀླུ་སྒྲུབ་ལུགས་ཀྱི་སྐད་བཅོས་དང་། སྐད་སྨན་ཚངས་དབྱངས་རིལ་བུའི་སྦྱོར་ཐབས། བྱིས་པའི་ན་བྲ་དང་བཅོས་སྐོར། ཀོ་ཁྲ་གཏོང་བའི་མན་ངག མིག་བཅོས་ལག་ལེན་དང་འབྲེལ་བར་བསྟན་པའི་སྨན། ནད་སྐྲན་སྒེར་བཅོས།ཟླ་ཤེལ་བཟླུ་ཐབས་དཔའ་བོ་གཏུམ་པ་ལ་བརྟེན་པའི་སྨན་ཟབ། གཞན་ལས་ཐོས་པ་སྨན་གྱི་མན་ངག་རྒྱ་ནག་ཆུ་བཅོས། རྒྱ་ནག་སྦྲ་ཐ། ཁྲི་སྦྱོ་བཅོས་ཐབས། དེ་མིན་ཕྱུགས་ནད་བཅོས་ཐབས་སོགས་ཧ་ཅང་མང་ཞིང་། སྨན་དཔྱད་ཕུད་པ་ད་དུང་རིག་གནས་སྐོར་ལ་སྟན་འགྲེལ་དང་། ལུགས་ཀྱི་བསྟན་བཅོས། འདོད་པའི་བསྟན་བཅོས་སོགས་ཚིག་ཉུང་དོན་བཟང་གི་བཀའ་རྩོམ་ཡང་མི་ཉུང་བ་ཞིག་མཆིས། བརྒྱུད་འཛིན་སློབ་མ་མཁས་པ་ཞི་ཆེན་རྒྱལ་ཚབ་དང་། དགེ་མང་ཨུ་རྒྱན་བསྟན་འཛིན། ཀཿཐོག་སི་ཏུ་ཆོས་ཀྱི་རྒྱ་མཚོ། མཁན་ཆེན་ཀུན་དགའ་དཔལ་སོགས་བྱུང་ནས་འཕྲིན་ལས་ཀྱི་རྒྱུན་བསྐྱངས་པ་དང། ལྷག་པར་མི་ཕམ་རང་ནས་ཀཿཐོག་རྡོ་རྗེ་གདན་དུ་རིག་པའི་གནས་ལྔ་ཡན་ལག་དག་བཅས་པའི་བཤད་གྲྭའི་གསོ་སྐྱོང་རྒྱུན་རིང་མཛད་པར་གྲགས། གོང་གསལ་སི་ཏུ་ཆོས་ཀྱི་རྒྱ་མཚོ་ཞེས་པས་རྗེ་འདིའི་སྲོལ་རྒྱུན་བསྐྱངས་ཤིང་། བཤད་གྲྭ་འཕེལ་རྒྱས་དང་འབྲེལ་གསོ་རིག་གི་ཡིག་ཆ་འགའ་ཞིག་བརྩམས་པ་དང་། དེའི་ཞལ་སློབ་དགེ་རྩེ་འགྱུར་མེད་བསྟན་པ་རྣམ་རྒྱལ་གྱིས་ཀྱང་སྔར་སྲོལ་བརྒྱུད་འཛིན་གནང་ནས་སྨན་གྱི་འགྲོ་དོན་རྒྱ་ཆེར་སྤེལ་བ་དང་། རྒྱུད་བཞིའི་སྤྱི་དོན་པདྨ་ཀ་རའི་ལྡེ་མིག་ཅེས་པ་བརྩམས་ནས་བཤད་གྲྭ་འཕེལ་རྒྱས་བྱུང་ནས་བཟུང་ད་བར་དུ་སློབ་དཔོན་གོང་མའི་ཕྱག་བཞེས་མ་ཉམས་པར་གནས་པའི་དབང་གི་རྗེས་འཇུག་ཚོ་རིག་འཛིན་པ་མང་པོ་ཞིག་ཐོན་པ་རྣམས་ནས་སྔར་ཡང་གསོ་དཔྱད་རྒྱུན་བཟང་སྤེལ་བ་སོགས་མདོར་ན། མི་ཕམ་རྣམ་རྒྱལ་རྒྱ་མཚོ་མཆོག་གི་སྨན་དཔྱད་ཐོག་ནས་བཤད་ན། སྐྱེ་རྒུ་ཡོངས་ལ་ཕན་དང་བདེ་བའི་དཔལ་ཡོན་འབུམ་ཕྲག་ཅིག་ཅར་དུ་སྟེར་བ་སྟོན་བྱུང་འཕགས་ཡུལ་གྱི་སྨན་པ་མཁས་པ་འཚོ་བྱེད་གཞོན་ནུ་གསོས་ཀྱི་རྣམ་ཐར་ལ་ཚོ་འདྲ་བ་ལྟ་བུར་བྱུང་བ་ཡིན་ནོ།།

居・迷旁降央郎杰嘉措又名嘉华吉比多杰，于藏历第十四绕迥火马年（1846）出生于多康德格阿巴领地四水六岗区域内达龙河畔的牙曲厅穹之地，即今四川省甘孜州石渠县境内。父亲曲扎桑布是医学名家后裔。居・迷旁降央郎杰嘉措七八岁时就在读写、背诵等方面显现出极高的天赋。

随着居・迷旁降央郎杰嘉措年岁渐长，他先后师从西瓦拉尼巴杂拜知、降央钦孜旺布、贡珠・云丹嘉措、尊师白马帕杂、夹棍王钦吉日多吉等十多位上师，学得诸多知识，使其达到知识海洋的彼岸，他的名声响彻整个青藏高原。特别是拜上师降央钦孜旺布为师期间，他能够从身、口、意三门为上师给予服侍和遵从，故得上师无比信任，且得到了上师更多知识的传授，成为首要弟子。此后他依照上师的言行著书立说，培养弟子，一生为藏医学事业作出了重要贡献。他有关于不同知识的注解论著约35部，其中医学方面的著作包括《〈四部医典〉注解集·珍宝镜》《藏医秘诀精选及临床实践集·利乐宝库》《方剂甘露精粹》《几种二十五味药的实践》《后补续部之脉经尿经注释》《人体实用防病法八种》《〈根本续〉的石展注释·菩提树》《体腔划线定位等的详述·琉璃宝鉴》等，其他著作有《龙树嗓音治疗理论》《嗓音美妙丸的配方》《小孩疾病以耳后望诊及治疗》《俱舍诀窍》《眼疾治疗实践及其药物》《肿瘤和痞块等疾病治疗内容》《依于吉祥威严神而炼制的良药月晶丸》。还有其他医药学的知识论著，如《汉地治疗水肿》《汉地鼻烟》《狂犬病治疗》《畜牧疾病治疗》等。还有关于其他知识的言简意赅的诸多论著，如《诗歌注释》《王行论》《欲经》等。他的传承弟子有智者西钦嘉擦、给芒欧尖丹增、噶妥·斯度曲吉嘉措、大智者贡嘎白等，居·迷旁降央郎杰嘉措还亲自在噶塔金刚寺讲经院主持传授五明知识多年。

噶妥·斯度曲吉嘉措传承居·迷旁降央郎杰嘉措正统知识，扩展讲经院并著有多部医学著作，斯度曲吉嘉措的弟子格紫·局迷丹巴朗杰继续传承和发扬以往医学事业并著有《〈四部医典〉总则·红宝石钥匙》，同时培养了诸多医学事业的传承弟子，使讲经院和上师的事业得以不断传承和发展。居·迷旁降央郎杰嘉措一生为众生的利益和健康作出了巨大的贡献。

འཇུ་མི་ཕམ་འཇམ་དབྱངས་རྣམ་རྒྱལ་རྒྱ་མཚོའི་གསུང་འབུམ།

居・迷旁降央郎杰嘉措医著

༄༅། །སྨན་ཡིག་ཕྱོགས་བསྒྲིགས། །

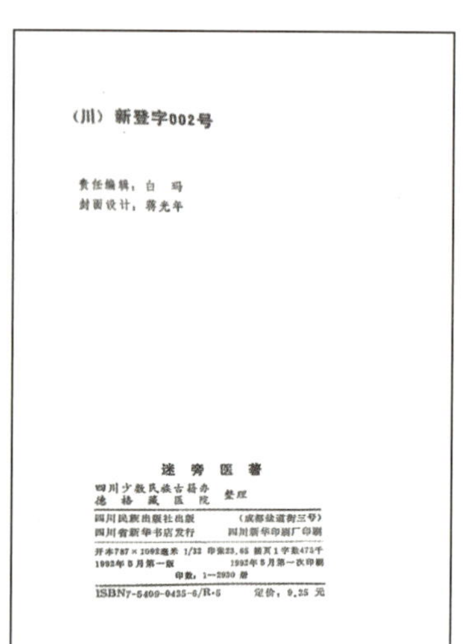

（川）新登字002号

责任编辑：白 玛
封面设计：蒋光年

迷 旁 医 著
四川少数民族古籍办 德格藏医院 整理
四川民族出版社出版 （成都盐道街三号）
四川省新华书店发行 四川新华印刷厂印刷
开本787×1092毫米 1/32 印张23.65 插页1 字数475千
1992年5月第一版 1992年5月第一次印刷
印数：1—2930册
ISBN7-5409-0435-6/R·5 定价：9.25元

གསུང་རྩོམ་འདི་ལ་དེབ་གྲངས་གཅིག་ཡོད། ཁྱོན་བསྡོམས་ཤོག་གྲངས་༦༩༩ཙམ་བཞུགས། སྤྱི་ལོ་༡༩༩༢ལོའི་ཟླ་༥པར་སི་ཁྲོན་མི་རིགས་དཔེ་སྐྲུན་ཁང་གིས་དཔར་དུ་བསྐྲུན།།

《迷旁医著》

本医著共1册699页，由四川民族出版社于1992年5月出版。

༄༅། །རྩ་རྒྱུད་རྡེའུ་འགྲེམ་ཟླ་ངན་མེད་པའི་ལྗོན་པ་ཞེས་བྱ་བ་བཞུགས་སོ། །

གསུང་རྩོམ་འདི་མི་ཕམ་《སྨན་ཡིག་ཕྱོགས་བསྒྲིགས།》ཀྱི་དུམ་བུ་དང་པོ་སྟེ་ཤོག་ངོས་༡ནས༢༠བར་གསལ། ཁྱོན་བསྡོམས་ཤོག་གྲངས་༢༠བཞུགས།

ནང་དོན་གནད་བསྡུས།

སྨན་ཡིག་འདིར་རྒྱུད་བཞིའི་རྩ་བ་ཐུགས་རྒྱུད་ཀྱི་བརྗོད་བྱ་དཔེ་ཟླ་ངན་མེད་པའི་ལྗོན་ཤིང་གི་ཚུལ་དུ་རྡེའུ་འགྲེམ་པ་ལ་གནས་ལུགས་ནད་གཞིའི་རྩ་བ་དང་། ངོས་འཛིན་རྟགས་ཀྱི་རྩ་བ་དང་། གསོ་བྱེད་ཐབས་ཀྱི་རྩ་བ་སྟེ་སྡོང་པོ་གསུམ་ལས་གྱེས་པའི་རྣམ་པར་མ་གྱུར་བའི་ལུས་ཀྱི་གནས་སྐབས་དང་།རྣམ་པར་གྱུར་པའི་ནད་ཀྱི་རྒྱུ་རྐྱེན་འཇུག་སྒོ་སོགས་དང་། ངོས་བཟུང་བརྟག་ཐབས་ཀྱི་བལྟ་རེག་དྲི་བ་གསུམ། གསོ་བྱེད་ཐབས་ཀྱི་ཟས་སྤྱོད་སྨན་དཔྱད་བཞི་བཅས་སྡོང་པོ་དགུ་དང་། གྱེས་པའི་ཡལ་ག་ཞེ་བདུན། ལོ་འདབ་ཉིས་བརྒྱ་རྩ་བཞི་ཡོད་པ་རྡེའུ་འགྲེམ་ཀྱི་ཚུལ་དུ་བཀོད་པ་དཔེ་རིས་དང་བཅས་ཏེ་རེ་རེ་ནས་རྒྱས་པར་གསུངས་ཡོད།

གསོ་རིག་གི་རིན་ཐང་།

སྤྱིར་རྩ་བ་ཐུགས་ཀྱི་རྒྱུད་འདིར་བོད་གཞུང་གསོ་རིག་དཔལ་ལྡན་རྒྱུད་བཞིའི་སྤྱི་དོན་མ་ལུས་པར་ཕྱོགས་སུ་བསྡུས་ནས་བསྟན་ཡོད་དེ། རྩོམ་པ་པོས་རྩ་རྒྱུད་ཀྱི་རྒྱུད་ཚིག་ལ་ཞིབ་འགྲེལ་ཆ་ཚང་བ་དང་། རྡེའུ་དཀར་སེར་སྔོ་གསུམ་སྤྱད་ནས་རྒྱུད་ཚིག་གསལ་འགྲེལ་གྱི་དཔེ་རིས་ཁ་སྟོན་བྱས་ཡོད་པས་གཞུང་དོན་གོ་སླ་ལ་བློར་ངེས་བདེ་བར་བྱས་ཡོད། མ་ཟད་གསོ་རིག་དཔལ་ལྡན་རྒྱུད་བཞིར་ཐོག་མར་འཇུག་པར་རྟེན་གཞི་གལ་ཆེན་འཛུགས་པའི་ནུས་པ་ཡང་བཏོན་ཡོད་དོ།།

《〈根本续〉的石展注释 · 菩提树》

本医著收载于《迷旁医著》第一部分中第1页至20页，共20页。

内容提要：

本医著对《四部医典·根本续》中的生理病理、诊断要点、治疗方法三个章节用石子摆出菩提树的形象，即用三根、九干、四十七枝、二百二十四片树叶详细阐述了藏医的整体脉络。

医学价值：

《根本续》作为《四部医典》的根本部分，囊括了医典的全部内容，是藏医药初学者入门之钥匙，而《〈根本续〉的石展注释·菩提树》一书作为《四部医典·根本续》的注释本，通过新颖的石展（用白、黄、青三色石子摆出菩提树形象）推导方法对病因病理、诊断方法、治疗总则三大重要理论作了阐述，为了解藏医药理论提供了别样的教学内容，尤其对初次学习《四部医典》的学者来说，本医著为医典中的基本理论认识奠定了重要的基础。

༄༅། །བཏུད་རྩི་སྙིང་པོའི་རྒྱུད་ཀྱི་འགྲེལ་པ་དྲང་སྲོང་ཞལ་ལུང་ལས་དུམ་བུ་བཞི་པ་ཕྱི་མ་རྒྱུད་ཀྱི་རྩ་མདོ་རྒྱ་མདོའི་ཊཱི་ཀཱ་ཞེས་བྱ་བ་བཞུགས་སོ། །

གསུང་རྩོམ་འདི་ནི་ཕམ་《སྨན་ཡིག་ཕྱོགས་བསྒྲིགས།》ཀྱི་དུམ་བུ་གཉིས་པ་སྟེ་ཤོག་ངོས་༢༧ནས་༨༢བར་གསལ། ཁྱོན་བསྡོམས་ཤོག་གྲངས་༦༧བཞུགས།

ནང་དོན་གནད་བསྡུས།

དེབ་འདིར་རྩོམ་པ་པོ་རང་གི་ལག་ལེན་ཉམས་མྱོང་དང་འབྲེལ་ནས་ཕྱི་མ་རྒྱུད་ཀྱི་བརྡ་སྦྱོར་འཕྲིན་པ་རྩ་ཡི་བརྟག་ཚུལ་གྱི་སྤྱི་དོན་བཅུ་གསུམ་དང་། མཐོང་བ་མེ་ལོང་ཆུ་ཡི་བརྟག་ཚུལ་གྱི་སྤྱི་དོན་བརྒྱད། ད་དུང་གལ་འགག་བཞིའི་འཁྲུལ་སོ་བསལ་ཚུལ། ནད་དང་གཉེན་པོ་ཇི་ལྟར་འཚམས་པར་སྦྱོད་པ་བཅས་ཀྱི་ཕྱོགས་ནས་རྒྱས་པར་སྤྲོས་ཏེ་བཀོད་ཡོད།

གསོ་རིག་གི་རིན་ཐང་།

རྩོམ་པ་པོས་ལྷ་རབས་བོད་ཀྱི་གསོ་རིག་མཁས་པ་དག་གི་རིག་གཞུང་དང་རང་གི་ལག་ལེན་གྱི་མྱོང་བ་བརྒྱུད་ནས་ཕྱི་མ་རྒྱུད་ཀྱི་བརྟག་པ་རྩ་ཆུའི་མདོ་དོན་ལ་རྒྱས་འགྲེལ་གསལ་པོ་བྱས་པ་སྟེ། ལྷག་ཏུ་རྒྱུད་དུ་རྩོད་གཞི་དང་གོ་བ་ལོན་དཀའ་བའི་ནང་དོན་འགའ་ལ་ལུང་དང་རིགས་པས་གསལ་འགྲེལ་ཞིབ་མོ་བྱས་ཡོད། དཔེར་ན་རྩ་མདོའི་སྐབས་ཀྱི་རྩ་ཡི་བལྟ་གནས་ལ་ལུང་དུ་བྲང་ལུགས་མཁས་པ་གྲགས་ཅན་སི་ཏུ་པཎ་ཆེན་ཆོས་ཀྱི་འབྱུང་གནས་ཀྱིས་གསར་འགྱུར་གྱི་དགོངས་དོན་དྲངས་པ་ལྟ་བུ། རྩའི་བརྟག་ཚུལ་སྐབས་ཕོ་ལ་གཡོན་དང་མོ་ལ་གཡས་རྩ་བརྟག་དགོས་པའི་རྒྱུ་མཚན། ངོ་མཚར་རྩ་བདུན་གྱི་བརྟག་ཚུལ། འཕར་རྩའི་ནོར་འཕྲང་དྲུག་སོགས་དང་། གཞན་མཐོང་བ་ཆུ་མདོའི་སྐབས་དྲི་ཆུའི་ལྟར་སྣང་འཁྲུལ་སོ་ཀུ་ཡ་ཡི་བརྟག་ཚུལ། གདོན་ཆུའི་བརྟག་ཚུལ་སོགས་རྒྱུད་ཚིག་གི་ནང་དོན་གོ་བདེ་བར་ཞིབ་འགྲེལ་བྱས་ཏེ་གསོ་བ་རིག་པའི་རྗེས་འཇུག་གི་དོགས་པ་བསལ་བས། ཕྱི་རྒྱུད་རྩ་ཆུའི་མདོ་ཡི་གལ་ཆེའི་བྲུར་ལྟའི་ཡིག་ཆ་ཡིན་པ་མ་ཟད་རྩོམ་པ་པོ་རང་གི་ལག་ལེན་ཉམས་མྱོང་དང་འབྲེལ་ནས་རྒྱས་པར་སྤྲོས་པས་རྩ་ཆུའི་བརྟག་ཐབས་ཀྱི་དགོངས་དོན་འཁྲུལ་བ་མེད་པར་ལེན་ཐུབ་པའི་དགེ་མཚན་མངོན་པའོ།།

《后补续部之脉经尿经注释》

本医著为《迷旁医著》第二部分中第21页至92页，共72页。

内容提要：

本医著是以《四部医典·后续部》中脉诊的13个小节、尿诊的8个小节内容为主，从作者自身临床经验出发对医籍理论提出了独到的见解，尤其对医典原文中的难点进行了详细阐释。

医学价值：

《四部医典》作为藏医药最为全面、系统的一部理论著作，是许多藏医药研究人员和临床藏医传承学者必读的经典。该书问世至今已出现多部注释本。本部是作者通过总结前人经验和自身所学，对医典中《后续部》的脉诊、尿依进行注释，尤以难点部分为主，比如藏医脉诊法的操作部位、方法等。通过引用和阐释南派藏医药学家司徒·曲吉迥乃的观点，消除疑难点。阐释了左右把脉分男女先后的原因。是一部既能作为《后续部》脉诊、尿诊理论解析的参考书，又能对临床诊断起到重要借鉴作用的经典著作。

༄༅། །གསོ་བ་རིག་པའི་མན་ངག་གཅེས་བཏུས་དང་ལག་ལེན་དམར་ཁྲིད་ཀྱི་སྐོར་པན་བདེའི་བང་མཛོད་ཅེས་བྱ་བ་བཞུགས་སོ། །

གསུང་རྩོམ་འདི་མི་ཕམ་《སྨན་ཡིག་ཕྱོགས་བསྒྲིགས།》ཀྱི་དུམ་བུ་གསུམ་པ་སྟེ་ཤོག་གྲངས་༼ཛིན་ཨང་༤༧༽ཁར་གསལ། ཁྱོན་བསྡོམས་ཤོག་གྲངས་༡༨༧བཞུགས།

ནང་དོན་གནད་བསྡུས།

སྨན་ཡིག་འདིའི་ནང་འཇམ་མགོན་འཇུ་མི་ཕམ་རྣམ་རྒྱལ་རྒྱ་མཚོ་མཆོག་གིས་ཐོག་མར་བླ་མའི་ཞལ་རྒྱུན་དང་རྒྱུད་བཞིར་བསྟན་པའི་སྨན་སྦྱོར། མི་ཕམ་རང་གིས་ནད་ཐོག་ཉེ་བར་བསགས་པའི་སྨན་སྦྱོར་གྱི་སྦྱོར་སྡེ་དང་ཕན་ཡོན། གསང་སྨན་ཀོ་ཁ་བཏང་བའི་མན་ངག་སྙིང་པོ། འཆི་མེད་ཨ་ཛི་ཏ་ས་སུ་དྲུས་བཀོད་པའི་སྨན་སྦྱོར་གྱི་སྐོར། ཁྲུང་ལྔ་མདོག་བཞི་དང་བཅོ་ཐལ་སྐབས་ཁ་ཚར་གྱི་ལག་ལེན། ཅོང་ཞི་འབྱུལ་ཐལ། གཏེར་སྨན་འདུལ་ལུགས། དེ་མིན་རྡོ་སྨན་སྤྱིའི་དུག་འདོན་གཙང་སེལ་སོགས་ཀྱི་ལག་ལེན། ཧོར་མེ་དང་སྦྲ་མེ། རྟབ་ར། མེ་བུམ། བདུད་རྩི་ལྔ་ལུམས་དང་དེའི་ཁ་བསྒྱུར། རྫོད་ལུམས་སོགས་དཔྱད་ཀྱི་ལག་ལེན། བཙའ་བའི་དུས་དང་བཙས་རྗེས་ཀྱི་སྤྱོད་ལམ། གློ་བུར་རྐྱེན་ངན་དང་ཐད་དུས་སྐྱུར་བཅོས་ཀྱི་ཐབས། མཁྲིས་པ་ཀླུ་ཡའི་ཁྱད་པར་གྱི་བཅོས། བད་ཀན་མིད་འགག་གི་བཅོས། སྐྱད་འགག་ནད་སེལ་ཐབས། བསེ་མོག་ནད་ཀྱི་གསོ་ཐབས། དབང་པོ་ལྔའི་ནད། ཐུན་བུའི་ནད། བྱིས་ནད། ཁྱི་སྨྱོན་གྱི་ནད། ཕྱུགས་རིགས་ནད་སོགས་ཀྱི་བཅོས་ཐབས། གསོ་བྱེད་གཉེན་པོ་སྨན་གྱི་སྦྱོར་བ་དང་ཕན་ནུས། དཔྱད་ཀྱི་ལག་ལེན། ནད་སྨན་ཇི་ལྟར་སྤྱོད་པའི་ཐབས་ཚུལ། གསང་བ་ཚིག་བརྒྱུད་ཀྱི་མན་ངག་ཟབ་མོ་སོགས་མཁོ་གལ་དང་དགེ་ཕན་ཆེ་བ་མང་པོ་བསྟན་ཡོད་དོ།

གསོ་རིག་གི་རིན་ཐང་།

སྨན་གཞུང་འདིའི་ཁྱད་ཆོས་ནི་ཐོག་མའི་ས་བཅད་གསུམ་དུ་སྨན་སྦྱོར་ཁྱོན་བསྡོམས་བརྒྱ་དང་བདུན་ཅུ་ལྷག་གི་སྦྱོར་བ་གཡུ་འབྲུག་སུམ་འགྱོལ། གཡུ་ཐོག་ལྷུམ་བཞི། ཟུར་མཁར་ཆོས་རྗེ་ལུགས་ཀྱི་ཧྲོ་ཡི་ཁྲུང་ལྔའི་སྦྱོར་བ་སོགས་གཞན་དང་མི་འདྲ་བའི་སྨན་སྦྱོར་སྣ་ཚོགས་ཀྱི་སྦྱོར་སྡེ་ཁག་དང་། དེ་ནས་གསང་སྨན་ཀོ་ཁ་བཏང་བའི་མན་ངག་གི་སྙིང་པོ། སྨན་ཐུགས་ཁ་འཐོར་གཞུང་དུ་ཕྱོགས་གཅིག་མ་ཐེབས་པའི་སྐོར། ཁྲུང་ལྔ་སྒྲུབ་བསྡུས་ཀྱི་སྐོར། ཐབས་ཀྱི་ཆོ་ག་གང་གིས་ནད་གསོ་བའི་མན་ངག གཏེར་དང་མེ་བཙའ་སོགས་དཔྱད་ཀྱི་ལག་ལེན། ཐུན་བུའི་ནད་བཅོས་ཀྱི་ཁ་སྐོང་། དབང་

པོ་ལྷའི་ནད་དང་། ཁྲི་སྨྱོན་གྱི་ནད། བྱིས་པའི་ནད། སྐྱུགས་ནད་སོགས་ཀྱི་བཅོས་ཐབས་སྐོར་དང་། ཟུག་རྔུ་འདོན་ཐབས་སོགས་ནང་དོན་དུ་མའི་ཕྱོགས་ནས་རྒྱས་པར་སྤྲོས་ཡོད་པ་སྟེ། ནད་ཐོག་ལག་ལེན་གཙོར་བསྟན་པའི་གསོ་གཞུང་གལ་འགངས་ཆེ་བ་ཞིག་གོ།

ལོ་རྒྱུས་ཀྱི་རིན་ཐང་།

རྩོམ་པ་པོས་སྔོན་བྱོན་འཚོ་བྱེད་མཁས་དབང་དག་གི་གསོ་བ་རིག་པའི་གཞུང་གི་ལག་ལེན་སྙིང་བཅུད་རྣམས་གནད་དུ་དྲིལ་ཏེ་བསྟན་ལ། རང་གི་སྦྱོང་བ་དང་ཡབ་མེས་གོང་མ་ཚོས་རང་ལ་ཆིག་བརྒྱུད་དུ་གདམས་པའི་ནད་སྨན་སྦྱོད་ཚུལ་སྐོར་གྱི་མན་ངག་ཟབ་མོ་རྣམས་ཕྱོགས་སུ་བསྡུས་ཏེ་བཀོད་པས། སྔོན་གྱི་མཁས་པ་རིམ་བྱོན་གྱི་གསོ་རིག་ཡང་སྙིང་རྗེས་འཛིན་དང་། བོད་ཀྱི་གསོ་བ་རིག་པའི་གཞུང་ལུགས། དཔྱད་བཅོས་ལག་ལེན་གྱི་ནང་དོན་བཅས་ཐུར་ལས་ཕུན་སུམ་ཇེ་ཚོགས་སུ་བཏང་བ་མ་ཟད། ལྷག་ཏུ་ཟུར་ལུགས་ཀྱི་འཕེལ་རྒྱས་དང་རྒྱུད་འཛིན་ཐད་དུ་ཕན་ཡོན་གཞལ་དུ་མེད་པ་བརྟོན་ནོ།།

《藏医秘诀精选及临床实践集·利乐宝库》

本医著为《迷旁医著》第三部分中第93页至479页，共387页。

内容提要：

本医著共38小节，现根据医书中的小节顺序简要叙述。书中首先记载了历代藏医学家临床经典方剂和《四部医典》中部分方剂的组方、功效，以及作者自身的临床经验，对各方剂给予“咔嚓”加减药等内容；然后记载了秘药“果查”（锐果鸢尾）入药的精华秘诀；“措协阿兹米扎”的部分方剂的临床应用；藏药五鹏丸、佐太的“咔嚓”应用，寒水石、矿物药的炮制，植物药类的炮制去污等方法；还有外治疗法霍尔美（一种热敷法）、火灸、吸角（早期使用牛角抽吸脓疮和黄水等）、火罐、五味甘露（及其加药）、热敷等内容记载；另外有妇女分娩和产后护理，以及溺水、噎食、关节脱位等的急救方法；“赤巴恰亚”和食道癌等疾病的特殊治疗方法；梅毒、五官疾病、杂病、儿科疾病、狂犬病、牲畜病等多种疾病的治疗方法。本医著还记载了其他论著中方剂的详解和功效、炮制方法，以及个人临床用药经验等。

医学价值：

本医著涉及藏药方剂、药物、多种病症治疗、临床外治等的内容。前三节收录170余个方剂及药味、“玉同松卓”方、宇妥四草药方、苏喀却杰所配制的藏药五鹏方等许多与众不同的方剂。此外记载有如秘药“果查”（锐果鸢尾）入药的精华秘诀；放血、艾灸、涂擦等外治法的操作实践；杂病治疗补充及五官疾病、狂犬病、小儿病、肺脓肿、呕吐等症的治疗方法；体内异物遗留拔除法、熏治法、仪轨法等。有利于藏医药理论在临床实践中更好的运用，可作为临床实践操作的指导书。

历史价值：

本医著是作者以个人经验和历代藏医药学家的医理精华、先祖医学秘诀三者结合所著。书写了藏医药史从几千年前的萌芽到19世纪之间的发展历程，记录了藏医药发展史上出现的许多理论巨著。作者作为南派藏医著名医学家，继承了前人的智慧结晶，补充和整理并总结自己的临床经验，丰富了藏医药学科内容，在重要的历史阶段起到了承上启下的作用。

༄༅། །གསོ་བ་རིག་པའི་མན་ངག་གཅེས་བཏུས་དང་ལག་ལེན་དམར་ཁྲིད་ཀྱི་སྐོར་ཕན་བདེའི་བང་མཛོད་ལས་གསེར་གཟུངས་སྙན་བརྒྱུད་མ་ཞེས་བྱ་བ་བཞུགས་སོ། །

གསུང་རྩོམ་འདི་མི་ཕམ་《སྨན་ཡིག་ཕྱོགས་བསྒྲིགས།》ཀྱི་དུམ་བུ་གསུམ་པ་སྟེ་ཤོག་ངོས་༣༦༩ནས་༣༧༤བར་གསལ། ཁྱོན་བསྡོམས་ཤོག་གྲངས་༦བཞུགས།

ནང་དོན་གནད་བསྡུས།

རྩོམ་འདིའི་ནང་གཙོ་བོ་གསང་བ་མན་ངག་གི་གདམས་པ་སྟེ། དུག་ནད་གསོ་བ་དང་སྲུང་བར་བྱེད་པའི་ཐུགས་གཟེར་གཟུངས་སྙན་བརྒྱུད་མ་ཡི་བྱུང་བའི་ལོ་རྒྱུས་དང་། གསེར་གཟུངས་ཀྱི་ཐུགས་ཡིག་གེར་བཀོད་དེ་ཉེར་བ་ལས་དུག་བསྲུང་བའི་ཐབས། སྨན་རྫས་སམ་ཆུ་ལ་ཐུགས་བཟླས་ཏེ་ཁོང་དུ་བསྟེན་པ་ལས་དུག་གསོ་བའི་ཐབས། དུག་ནད་ཤིན་ཏུ་ཚབས་ཆེ་བ་ལ་ཅི་ལྟར་བསྟེན་པའི་ཚུལ་སོགས་ཐུགས་ཡིག་ལ་བརྟེན་དུག་ནད་བསྲུང་བ། ཁོང་སྨན་དང་ཟུང་འབྲེལ་སྒོས་དུག་ནད་གསོ་བ་བཅས་ཀྱི་ཐུན་མིན་གྱི་གསོ་ཐབས་བསྟན་པ་ཞིག

གསོ་རིག་གི་རིན་ཐང་།

གསེར་གཟུངས་སྙན་བརྒྱུད་མ་ཞེས་པ་གཙོ་བོ་མིས་བཟོས་སྦྱར་དུག་གི་སྔོན་འགོག་དང་གསོ་བཅོས་བྱ་ཐབས་ཞིག་ཡིན་ལ། དེ་ཡང་སྨན་ཡིག་ཏུ་བསྟན་པ་ལྟར། འདི་ནི་ཚིག་ཐུབ་རྒྱལ་པོ་བླ་མེད་དེ། ས་སྟེང་འདི་ན་དུག་གསོ་བ་དང་སྲུང་བ་ལ་ཟབ་པ་ཞེས་བརྗོད་པ་ལྟར་དུ། ཐབས་འདི་དུག་ནད་སྔོན་འགོག་དང་གསོ་བའི་ནུས་པ་ལྡན་པས་ལྷག་ཏུ་དུས་ཀྱི་སྙིགས་མའི་དུས་འདིར་མཁོ་གལ་ཆེ་བ་དང་ནད་ཐོག་ལག་ལེན་གྱི་རིན་ཐང་ཤིན་ཏུ་ཆེའོ།།

《〈藏医秘诀精选及临床实践集·利乐宝库〉所述金写耳传陀罗尼咒治法》

本医著为《迷旁医著》第三部分中第369页至374页，共6页。

内容提要：

本医著详述了可治毒防毒的金写耳传陀罗尼咒治法的来源和陀罗尼咒预防

中毒、治疗中毒的方法。防毒以诵读陀罗尼咒和按文中要求将写好的咒语进行佩戴；治疗则结合内服药物。还详细记载了严重中毒者的治疗方法。

医学价值：

金写耳传陀罗尼咒治法主要是对人为配制的毒药进行防治，且用于防毒和治毒具有很好的效果，并且作者对陀罗尼咒的事宜均记载详细，若遵从文中的内容步骤实施，操作简便易行，具有宝贵的防毒治毒临床应用价值。

༧༢། །གསོ་བ་རིག་པའི་མན་ངག་གཅེས་བཏུས་དང་ལག་ལེན་དམར་ཁྲིད་ཀྱི་སྐོར་པན་བདེའི་བང་མཛོད་ལས་ཁྱུང་ལྔ་སྦྱབ་བསྟུས་ཀྱི་སྐོར་ཞེས་བྱ་བ་བཞུགས་སོ། །

གསུང་རྩོམ་འདི་མི་ཕམ་《སྨན་ཡིག་ཕྱོགས་བསྒྲིགས།》ཀྱི་དུམ་བུ་གསུམ་པ་སྟེ་ཤོག་ངོས་༣༨༨ནས་༣༩༧བར་གསལ། ཁྱོན་བསྡོམས་ཤོག་གྲངས་༤བཞུགས།

ནང་དོན་གནད་བསྡུས།

སྨན་ཡིག་འདིར་འཇུ་མི་ཕམ་ཚང་གིས་བྱ་ཁྱུང་ལྔ་པའི་སྨན་གྱི་རིལ་བུའི་སྦྱབ་ཐབས་བསྟན་པ་སྟེ། བསྒོམ་སྦྱབ་ཐུགས་ཀྱི་ལམ་ནས་སྨན་མཐུ་བསྐྱེད་པར་ཐོག་མཐའི་བྱ་གཞག་གི་བསྒྲུབ་ཐབས་གསལ་པོར་གསུངས་ཡོད།

གསོ་རིག་གི་རིན་ཐང་།

རིན་ཆེན་སྔོད་དུ་ཁྱུང་ལྔའི་སྨན་སྣ་ལྔ་སྟེ། ཨ་རུ་ར་དང་། ཙ་ཧྭ། བོང་ང་ནག་པོ། ཤུ་དག སླ་རྩི་བཅས་བཤམས་ནས་ཐུགས་དང་བཅས་པའི་སྒོམ་བསྒྲུབ་བྱ་ཐབས། རིལ་བུ་དྲིལ་ནས་ཐོད་བཟང་དུ་བླུག་སྟེ་ཐུགས་དང་བཅས་པའི་སྒོམ་སྦྱབ་བྱ་ཐབས། གཏང་དུས་ཀྱི་ཁྱུང་ལྔའི་གསལ་སྣང་རྩ་ཐུགས་སྨན་ལ་འདེབས་ཐབས། རིལ་བུ་བདུག་ནས་གདོན་གྲོལ་བྱ་ཐབས། སྨན་ནུས་བསྐྱེད་ཚུལ་གྱི་སྒོམ་སྦྱབ་ཐུགས་དང་བཅས་པ། ཁྱུང་ལྔ་བསྟེན་རྗེས་སྤྱོ་སྒོག་ཕྱང་ནས་ཤ་ཆང་དཀར་མངར་གང་ཡང་སྲུང་མི་དགོས་པ་སོགས་ཕྱང་བླང་གི་ཚ་ག་བཅས་ཁྱུང་ལྔའི་སྨན་ནུས་ཆེར་བསྐྱེད་པར་སྒོམ་སྦྱབ་ཐུགས་དང་ཟུང་འབྲེལ་བྱ་བའི་ཐབས་དང་། སྦྱབ་དུས་ཀྱི་སྲུང་བྱ་བཅས་གསལ་པོར་མི་ཕམ་ཚང་གིས་བཀོད་པས་ཁྱུང་ལྔ་སྦྱབ་པའི་ལག་ལེན་སྟོང་བྱང་མའོ།

རིག་གནས་ཀྱི་རིན་ཐང་།

དེ་ཡང་བོད་ཀྱི་རིག་གནས་བཅུའི་ཡ་གྱལ་དུ་གྱུར་པ་གསོ་བ་རིག་པ་ཞེས་རིག་གནས་གཞན་དག་དང་དམ་པོར་འབྲེལ་བ་མ་ཟད། ཐོག་མཐའ་བར་གསུམ་གྱི་སྤྱི་དོན་ཡོངས་ལ་རང་མི་རིགས་ཀྱི་ཐུན་མིན་གྱི་ཁྱད་ཆོས་མངོན་པར་གསལ་ཏེ། འདིར་རིལ་བུའི་སྨན་མཆོག་ཁྱུང་ལྔའི་སྦྱོར་བཟོའི་སྐབས་ཡང་སྨན་གྱི་ནུས་པ་ཆེར་བསྐྱེད་པ་དང་ཞོར་སྐྱོན་མི་འབྱུང་བའི་ཆེད་དུ་ཐུགས་དང་སྒོམ་གྱི་བསྒྲུབ་ཐབས། རྟེན་འབྲེལ་གྱི་ལས་བྱ་བའི་ཐབས། དེ་མིན་ཁྱུང་ལྔའི་དུ་བ་བདུགས་པ་ལ་བརྟེན་གདོན་ནད་བསྒྲོད་པ་སོགས་གསལ་བའོ།།

《〈藏医秘诀精选及临床实践集·利乐宝库〉所述五鹏丸修行法》

本医著为《迷旁医著》第三部分中第388页至391页，共4页。

内容提要：

本医著内容是对提高五鹏丸疗效所做的有关事宜的补充，即通过诵咒、定禅、仪轨来完成对五鹏丸的加持，使其在临床上起到更好的疗效。

医学价值：

将五鹏丸的五味药物（诃子、藏木香、榜那、藏菖蒲、麝香）供奉于珍宝器皿中，诵念咒经、修定坐禅，随后将成丸放入特殊器具中，又进行诵咒、修禅。服用时向五鹏丸诵念五鹏明光根本咒，点燃五鹏丸，用其烟净化，做增加药效的仪轨，服药后忌食蒜葱，但不忌酒、肉、奶制品等甘味食物。将五鹏丸的制作和仪轨、诵咒等方式结合进行加持，以期在临床上起到最佳疗效，是作者实践经验的总结。

文化价值：

医方明作为藏文化十明学之一，其内容既保留了本民族独有的风俗特色，又为提高和保障临床疗效而不断增添了新的治疗理念。如本医著为确保藏药五鹏丸的疗效而选择特定的器皿，为加持增效而行仪轨、诵咒等，又通过鼻熏藏药五鹏丸而达到净化的效果，具有浓郁的藏文化特色，体现了在藏族文化的熏陶下发展起来的医方明的独特之处。但是文化的特殊性在保障健康方面的作用机制尚不清楚，因而具有一定的神秘色彩。

༄༅། །གསོ་བ་རིག་པའི་གཅེས་བསྡུས་དང་ལག་ལེན་དམར་ཁྲིད་ཀྱི་སྙོར་ཕན་བདེའི་བང་མཛོད་ལས་རིན་ཆེན་ཚ་སྦྱོར་ཞེས་བྱ་བ་བཞུགས་སོ། །

གསུང་རྩོམ་འདི་མི་ཕམ་《སྨན་ཡིག་ཕྱོགས་བསྒྲིགས།》ཀྱི་དུམ་བུ་གསུམ་པ་སྟེ་ཤོག་ངོས་༡༨༢ནས་༡༨༥བར་གསལ། ཁྱོན་བསྡོམས་ཤོག་གྲངས་༤བཞུགས།

ནང་དོན་གནད་བསྡུས།

འདིར་རིན་ཆེན་ཚ་སྦྱོར་གྱི་ལག་ལེན་སྦྱོང་བྱང་བཀོད་པ་ཐོག་མར་བདུད་རྩི་མར་ཁུའི་ལག་ལེན་གྱི་བརྒྱུད་རིམ་དང་། ཚད་དགོས་པའི་རྫས་རིགས་ཀྱི་གྲ་སྒྲིག རྗེས་སུ་དངོས་གཞིའི་སྨན་སྦྱོར་གྱི་གོ་རིམ་དང་། སྟ་གོན། ཚ་ག རྩ་གསུམ་གཞི་བདག་ལ་གཏོར་མ་ཕུལ་ནས་འཕྲིན་ལས་བཅོལ་ཚུལ། ཐུང་དགོས་པའི་བྱ་གཞག་བཅས་རིན་ཆེན་ཚ་སྦྱོར་གྱི་ལག་ལེན་རྣམས་དམར་ཁྲིད་ཀྱི་ཚུལ་དུ་བཀོད་ཡོད་དོ།།

གསོ་རིག་གི་རིན་ཐང་།

སྨན་ཡིག་འདིར་རིན་ཆེན་ཚ་སྦྱོར་གྱི་སྦྱོར་བཟོའི་ལག་ལེན་ཏེ། ཐོག་མར་ཐབས་ཀྱི་རྫས་དང་ཤེས་རབ་ཀྱི་རྫས་སོགས་ཚད་དགོས་པའི་རྫས་རིགས་ཀྱི་སྟ་གོན། སྨན་ནུས་བསྐྱེད་ཕྱིར་ཐུགས་ཀྱི་བསྒྲུབ་ཐབས། དངོས་སུ་ལག་ལེན་དུ་ཞུགས་པའི་བྱ་གཞག རྗེས་སུ་བསྲུང་བའི་ཐབས་བཅས་རིན་ཆེན་ཚ་སྦྱོར་གྱི་ལག་ལེན་བཀོད་པ་དང་། དེ་ཡི་ཕན་ནུས་ཡང་སྨན་ཡིག་འདིར་བསྟན་པ་ལྟར། དྲེག གྲུམ། སུ་ཏྲ། འབྲས་དང་མཛེ་ནད། རྩ་ནད། ཚ་སྐྲན་དམུ། འོར། གྲང་རྣག་སྐེམ་པ་བཅས་ཀྱི་ནད་གཞི་ལ་ཕན་པས་ནད་ཐོག་བཀོལ་ཆེ་བ་མ་ཟད་ཁ་བསྒྱུར་གྱིས་ཀྱང་ནུས་པ་ཤས་ཆེར་ལྡན་པ་བསྟན་འདུག དེས་བོད་ཀྱི་གསོ་བ་རིག་པའི་སྨན་གཞུང་གི་རིན་ཆེན་སྨན་རིགས་ཀྱི་སྦྱོར་བཟོའི་ཁྱད་ཆོས་མངོན་ཡོད་པས། སྨན་སྦྱོར་ཕྱག་ལེན་གནང་མཁན་གྱི་སྨན་པ་རྣམས་དང་། ནད་ཐོག་ལག་ལེན་དངོས་ལ་ཞུགས་པའི་སྨན་པ་རྣམས་ལ་བློ་སྐྱེད་དང་ཕན་འབྲས་ཆེན་པོ་འབྱུང་བར་ངེས་སོ།

རིག་གནས་ཀྱི་རིན་ཐང་།

རིན་ཆེན་སྨན་གྱི་སྦྱོར་བཟོའི་ཐོག་མཐའ་བར་གསུམ་གྱི་ལག་ལེན་དང་ཐུང་བླང་དངོས་བསྟན་ཕལ་མོ་ཆེར་སྤེལ་རྒྱུན་རིག་གནས་ཀྱི་ཤན་ཤུགས་ཐེབས་པ་གདའ་སྟེ། འདིར་རིན་ཆེན་ཚ་སྦྱོར་སྐབས་ཡང་གོང་དུ་བསྟན་པ་ལྟར་

གཏོར་མ་ཕུལ་བ་དང་། མི་དགེ་བའི་ལས་བསྲུང་བ་བཅས་བསྟན་འདུག ཐབས་དེ་དག་གིས་གཙོ་བོ་སྨན་ནུས་ཆེར་བསྐྱེད་པའི་དམིགས་འདུན་བཟུང་བ་མ་ཟད་གསོ་བྱ་ལུས་ལ་གདོན་གྱིས་མི་འཚེ་བའི་ནུས་པ་ཡང་འདོན་ནུས་པར་སེམས།།

《〈藏医秘诀精选及临床实践集·利乐宝库〉所述仁青嚓觉》

本医著为《迷旁医著》第三部分中第392页至395页，共4页。

内容提要：

本医著首先介绍了准备珍宝热方所需的材料——“五物”：甘露酥油汁的制作过程。然后指导性地记载了正式制作流程，如配伍的操作过程、仪轨活动及向“三根本地神”供“朵玛”等行为。最后强调制作者制作期间要闭门谢客、禁止噪声、心无杂念、不讲恶言，尤其要忌凶器等注意事项。

医学价值：

藏药珍宝方药的制作极为严谨和耗时，除经典医书的理论指导以外还需跟师实践，作者在这一领域颇有造诣。本医著内容对珍宝热方制作的前期准备、正行、后期事宜、加持等内容进行记载，体现出藏药珍宝药物配制的独特技术和严谨的操作过程。同时记载珍宝热方具有治疗痛风、关节炎、“苏亚”、麻风病、热性肿瘤、木曲病等功效，其在临床应用中具有显著的疗效，对临床医生而言，该药方具有重要的应用和参考价值。

文化价值：

传统藏药炮制加工的传承历史悠久，与藏族人民的生产生活联系紧密，甚至早已融合成藏文化的一部分，带有浓厚的民族文化气息。如上述珍宝热方的仪轨和忌不祥事物等措施，其最终目的是提高药效及避免精神类疾病的发生，由此体现出藏医药与藏民族传统文化的相辅相成。

༄༅། །གསོ་བ་རིག་པའི་མན་ངག་གཅེས་བཏུས་དང་ལག་ལེན་དམར་ཁྲིད་ཀྱི་སྐོར་ཕན་བདེའི་བང་མཛོད་ལས་རིན་ཆེན་གྲང་སྦྱོར་ཞེས་བྱ་བ་བཞུགས་སོ། །

གསུང་རྩོམ་འདི་མི་ཕམ་《སྨན་ཡིག་ཕྱོགས་བསྒྲིགས།》ཀྱི་དུམ་བུ་གསུམ་པ་སྟེ་ཤོག་ངོས་༣༨༥ནས་༣༨༧བར་གསལ། ཁྱོན་བསྡོམས་ཤོག་གྲངས་༢བཞུགས།

ནང་དོན་གནད་བསྡུས།

གསུང་རྩོམ་འདིའི་ནང་སྐྱེས་བུ་མི་ལྷའི་ལུགས་ལྟར་རིན་ཆེན་གྲང་སྦྱོར་རམ་རིན་ཆེན་རིལ་བུ་ཏྲ་རི་མའི་སྨན་སྣ་ཞེ་གཅིག་གི་སྦྱོར་ཚད་དང་། སྦྱོར་ཐབས་ཀྱི་ལག་ལེན། རིལ་བུ་ཆེ་ཆུང་གི་ཚད། རིལ་བུ་སྦྱོར་སྐབས་དུས་བཟང་འཚོལ་ཞིང་བགེགས་བསྐྲད་སྲུང་འཁོར་སོགས་བྱ་དགོས་པ། དེ་མིན་རིན་ཆེན་གྲང་སྦྱོར་གྱི་སྦྱོར་བ་དེ་དུག་རིགས་ཀུན་ལ་ཕན་པར་མ་ཟད་ཁྱད་པར་སྦྱར་དུག་ལ་ཕན་ཚུལ། ལྷག་སྡོད་སོགས་ཀྱི་སྒོ་ནས་གཏོང་བའི་ཐབས་དང་བཅས་བཀོད་ཡོད།

གསོ་རིག་གི་རིན་ཐང་།

དེ་ཡང་འཇུ་མི་ཕམ་ཚང་གིས་འཇམ་དབྱངས་མཁྱེན་བརྩེ་དབང་པོ་གཙོར་བྱས་པའི་ཟུར་ལུགས་ཀྱི་མཁས་པ་གྲགས་ཅན་དག་དགེ་རྒན་ཆེན་མོར་བསྟེན་ཏེ། དེ་དག་གི་དྲུང་ནས་རིན་པོ་ཆེ་དང་དངུལ་ཆུ་འདུལ་སྦྱོང་སོགས་ཀྱི་སྦྱོང་བྱང་གཅེས་སུ་བླངས་ཏེ་འདིར་བཀོད་པར་མཛད་པས་བོད་གསོའི་སྨན་རྫས་འདུལ་སྦྱོང་དང་སྦྱོར་བཟོའི་སྐོར་ལ་བྱས་རྗེས་མི་དམན་བཞག་པར་མ་ཟད། ལྷག་ཏུ་ཟུར་ལུགས་གསོ་རིག་གི་རིན་ཆེན་སྨན་གྱི་འདུལ་བཟོའི་ལག་ལེན་རྒྱས་པར་སྤེལ་བར་གལ་ཆེའི་ཕན་ཡོན་ཡང་བརྟན། སྨན་ཡིག་དུ་བསྟན་པ་ལྟར། རིན་ཆེན་གྲང་སྦྱོར་གྱི་སྦྱོར་བཟོ་བྱ་ཐབས་ཚུལ་དང་ལྡན་པར་བྱས་ཏེ་ལྷག་སྡོད་སྨན་གྱི་གཉེན་པོ་བཅས་བཏང་ན་ཕན་ནུས་རྒྱ་ཆེ་བ་སྟེ་ལྷག་ཏུ་དུག་རིགས་ཀུན་དང་ཁྱད་པར་སྦྱར་དུག་གི་གཉེན་པོ་མཆོག་ཡིན་པ་གསུངས་ཏེ་དུག་རིགས་ཀྱི་སྨན་མཆོག་ཅིག་གོ།

《〈藏医秘诀精选及临床实践集·利乐宝库〉所述仁青常觉》

本医著为《迷旁医著》第三部分中第395页至397页，共3页。

内容提要：

本医著介绍了按照古医家吉吾美拉的记录制作珍宝常觉丸的方法（又称“仁青达日玛”[①]）。该药丸由41味药物组成，文中记录了药物剂量、配伍、丸粒大小标准、选良辰吉日来制作护身符。并介绍了珍宝常觉丸对各种中毒症的治疗效果，特别是对合成毒有明显的功效。还有其与珍宝热方丸交替服用的服药方法与功效。

医学价值：

南派藏医大师降央钦孜旺布在珍宝及水银洗炼方面造诣颇深。居·迷旁降央郎杰嘉措师从降央钦孜旺布等南派藏医学家，深入学习了珍宝药物的炮制和洗炼，将其实践经验详细记载于书中，促进了藏医药炮制技术的进步和传承，尤其对南派藏药珍宝药物炮制洗炼的发展和传承起到了促进作用。文中记载珍宝常觉丸对中毒尤其是合成毒有佳效。对其41种药物的配伍、炮制方法和剂量均详细论述。文中还提到了藏药石榴健胃散和珍宝常觉交替服用对疗毒有更好的效果。

① “达日玛”：意为“一粒值一匹马”。

༄༅། །སོག་དྲིལ་སྐོར་གསུམ་ལས་ངོས་འཛིན་མན་ངག་གསེར་གྱི་ལྡེའུ་མིག་ཅེས་བྱ་བ་བཞུགས་སོ། །

གསུང་རྩོམ་འདི་མི་ཕམ་《སྨན་ཡིག་ཕྱོགས་བསྒྲིགས།》ཀྱི་དུམ་བུ་གསུམ་པ་སྟེ་ཤོག་ངོས་༤༡༠ནས་༤༣༩བར་གསལ། ཁྱོན་བསྡོམས་ཤོག་གྲངས་༣༠བཞུགས།

ནང་དོན་གནད་བསྡུས།

འདིར་རྗེ་གཡུ་ཐོག་ཡོན་ཏན་མགོན་པོས་མཛད་པའི་ངོས་འཛིན་མན་ངག་གསེར་གྱི་ལྡེའུ་མིག་གི་ནང་དོན་མདོར་བསྡུས་ནས་བསྟན་པ་སྟེ། སོག་དྲིལ་དེར་གསུངས་པའི་རླུང་ནད་དང་མཁྲིས་ནད། བད་ཀན་གྱི་ནད། ཡ་མ་གཉན་རིམས་ཀྱི་ནད། སྲིན་དང་ཆུ་སེར་གྱི་ནད། སྐྲན་དང་དམུ་ཆུ་སོགས་ནད་གཞི་ཉེར་གཅིག་གི་རྩ་ཆུ་ཕྱི་ཡུལ་ཀྱི་རྟགས་གཙོར་བསྟན་ཏེ་ཟས་སྤྱོད་ཀྱི་སྔང་བླང་། སྨན་གྱི་བཅོས་ཐབས་སོགས་ལ་འཇུག་བདེ་བའི་ཕྱིར་སྙིང་པོ་དྲིལ་ནས་ཚིགས་བཅད་ཀྱི་ལམ་ནས་བརྗོད་ཡོད།

ནད་ཐོག་གི་རིན་ཐང་།

གསུང་རྩོམ་འདིའི་ནང་བརྟག་ཐབས་ངོས་འཛིན་ཀྱི་སྨན་ཡིག་ཅིག་སྟེ། ཉེས་པ་རླུང་མཁྲིས་བད་ཀན་གྱི་ནད་དང་། གཉན་རིམས་ནད། སྲིན་དང་ཆུ་སེར་ཀྱི་ནད། སྐྲན་དང་དམུ་ཆུ། གཟའ་ཡི་ནད། མཆེ་ཅན་དུག་གིས་ཟིན་པའི་ནད། མོ་ནད་བཅས་ཀྱི་ནང་གསེས་ནད་ཀྱི་དབྱེ་བའི་ངོས་འཛིན་ཚུལ། མཁྲིག་མའི་འཕར་རྩ་དང་མཐོང་བ་མེ་ལོང་ཆུ་ཡི་བརྟག་ཚུལ། ཕྱི་ཡི་བརྟག་ཚུལ། མི་ནོར་བའི་རྟགས། གཞན་རྩ་ཆུ་ཕྱི་ཡུལ་བཅས་ཀྱི་འཆི་ལྟས་བཅས་ངོས་འཛིན་རྟགས་ཀྱི་མེ་ལོང་ཞེས་གཡུ་ཐོག་ཡོན་ཏན་མགོན་པོས་མཛད་པ་དེ་ལས་ཕལ་ཆེར་ཚིག་སྔ་བསྡུས་ཞིང་གཞུང་ཇི་བཞིན་དུ་མི་ཕམ་པས་བརྗོད་པས་དགོའོ།།

《〈医学三卷〉中的诊断秘诀·金钥匙》

本医著为《迷旁医著》第三部分中第410页至439页，共30页。

内容提要：

本医著简述了藏医学家宇妥·云丹贡布所著《医学三卷》中诊断秘诀的内容，犹如开启该医书的一把金钥匙。为了便于后续临床应用，作者用韵文形式介绍了疾病脉象、尿象，以及症状、饮食的取舍、药物治疗等内容。

临床价值：

本医著作为宇妥·云丹贡布所著《医学三卷》中诊断秘诀的简要版，是一部以记录诊断方法为主的医学书籍。记载了隆病、赤巴病、培根病、虫病、黄水病、痞瘤、“木曲”病等21种疾病的脉诊、尿诊、体征症状的诊断方法，为了便于后人理解和应用，作者将上述内容以简便凝练的韵文形式记录。这是一部内容翔实、结构严谨的医学著作，它不仅有助于临床医生进行准确的诊断，而且能够有效降低误诊率，从而提高治疗效果。

༧༧། །གསོ་བ་རིག་པའི་མན་ངག་གཅེས་བཏུས་དང་ལག་ལེན་དམར་ཁྲིད་ཀྱི་སྐོར་ལས་བདེའི་བང་མཛོད་ལས་གདར་རྩ་དོན་བདུན་ཞེས་བྱ་བ་བཞུགས་སོ། །

གསུང་རྩོམ་འདི་མི་ཕམ་《སྨན་ཡིག་ཕྱོགས་བསྒྲིགས།》ཀྱི་དུམ་བུ་གསུམ་པ་སྡེ་ཤོག་ངོས་༤༧༥ནས་༤༧༥ཁར་གསལ། ཁྱོན་བསྡོམས་ཤོག་གྲངས་༥བཞུགས།

ནང་དོན་གནད་བསྡུས།

བྱང་ཁོག་ཡན་ལག་གི་གདར་རྩ་བདུན་རུ་དོན་བདུན་ཏེ། མགོ་ལ་ན་རྩ་དང་།སྨུར་གོང་འཕར་རྩ། དཔྲལ་མིག་གི་རྩ། ལྟག་རལ་སོགས་བཅོ་བརྒྱད། ལག་པ་ལ་ཕྲན་རྩེའི་བར་རྩ་དང་སྒྲོ་རྩ་སོགས་སོ་བདུན། རྐང་པ་ལ་རྩ་བཅོ་བརྒྱད། སྤྲུབས་ལ་རྩ་བཞི་བཅས་སོ་སོར་གསལ་པོར་བགྲངས་ནས་བཀོད་ཡོད།

གསོ་རིག་གི་རིན་ཐང་།

སྨན་ཡིག་འདིར་བསྟན་པའི་གདར་རྩ་དོན་བདུན་གྱི་གྲངས་འདྲེན་ལུགས་ནི་མན་ངག་བྱེ་བ་རང་བཞིན་དུ་གསུངས་པ་དང་དེའུ་དམར་བསྟན་འཛིན་ཕུན་ཚོགས་ཀྱི་གསུངས་པ་སོགས་དང་མི་འདྲ་བར་མགོ་སྐེ་ཡི་གདར་རྩ་མཆོག་གསང་དང་། སྣ་རྩ། ཐོང་རྩ། དཔྲལ་རྩ། མིག་རྩ། སོ་འགྲམ་འཕར་རྩ། ན་བའི་ནང་ཟློན། སྨུར་གོང་འཕར་རྩ། ལྟག་རལ། ལྟག་རྩ། ལྐེ་རྩ། རྩེའུ་ཆུང་། ཡན་ལག་གི་གདར་རྩ་དཔུང་རྩ་དང་དྲུག་འགོ སྙང་རྩ། སྟོད་ཀ ཙ་ཐུང་། སྐྱོར་གོང་། དྲུག་འདུས། ཐུན་རྩེ་བར་རྩ། གཤའ་རིངས་བཞི་ཡི་རྩ། རྩ་ཆེན། སྙབ་རྩ། ཧ་མཐུར། བྱིན་གཞུག བྱིན་ཀྱག གདོང་རྩ། ལོང་རྩ། ཡོབ་གོང་། རྒྱུ་རྩ། གཞན་སྤྲུབས་རྩ་བཞི་བཅས་སྤྱི་བསྡོམས་གདར་རྩ་བདུན་རུ་དོན་བདུན་གྱི་བརྗེ་ཚུལ་བཀོད་པས་གདར་དམིགས་ཀྱི་གྲངས་གསལ་པོར་བརྗོད་ཡོད་པས། བློ་གསལ་དོན་གཉེར་ཅན་གྱི་སློབ་མ་དང་། འཆད་ཁྲིད་གནང་མཁན་གྱི་དགེ་རྒན་རྣམས་ལ་དཔྱད་གཞིའི་ཡི་ཆ་སྟོན་མ་ཞིག་ཏུ་འགྱུར་བར་མཛོན་པའོ།།

《〈藏医秘诀精选及临床实践集·利乐宝库〉所述七十七条放血脉》

本医著为《迷旁医著》第三部分中第475页至479页，共5页。

内容提要：

本医著记载了头部耳脉、颞颥动脉、额眼脉等18条放血脉，上肢的“占则”中脉及肺脉等37条，下肢脉18条，躯干部脉4条等，共计77条放血脉的分布情况。

医学价值：

本医著中提及放血脉有77条，与《千万舍利子》和帝玛尔·丹增彭措的相关著作等说法不同。书中记载了头颈放血部位：囟会、鼻尖、颈脉、额脉、眼脉、牙脉、内耳脉、颞脉、后鬓穴、阴穴、舌脉、小端穴等；四肢放血部位：臂脉、六首穴、露顶穴、腑脉穴、短角脉、桡上穴、六合脉、“占则”中脉、“夏让四脉”、大脉、腘脉、笼头脉、胫尾穴、“兴诀”、颜面穴、踝脉、马镫脉、小肠脉等；躯干部4脉等，总共记载有77条放血脉的分布情况，对藏医五大疗法之一的外治疗法中的放血疗法的具体操作有临床指导意义。

༄༅། །བྱང་ཁོག་ཡུལ་ཐིག་སོགས་ཞིབ་ཏུ་གསལ་བར་བཀོད་པ་བཻ་ཌཱུར་ཡའི་མེ་ལོང་ཞེས་བྱ་བ་དགྱེས་པར་ཞེས་བྱ་བ་བཞུགས་སོ། །

གསུང་རྩོམ་འདི་མི་ཕམ་《སྨན་ཡིག་ཕྱོགས་བསྒྲིགས།》ཀྱི་དུམ་བུ་བཞི་པ་སྟེ་ཤོག་གྲངས་༤༧༩ནས་༤༨༦བར་གསལ། ཁྱོན་བསྡོམས་ཤོག་གྲངས་༨བཞུགས།

ནང་དོན་གནད་བསྡུས།

གསུང་རྩོམ་འདིའི་ནང་གཙོ་བོ་བྱང་ཁོག་ཡུལ་ཐིག་གི་ནང་དོན་བསྟན་པ་སྟེ། ཐོག་མར་ལུས་ཀྱི་འདུག་སྟངས་དང་གནམ་ཐིག་གཞུང་ཐིག་གི་གདབ་སྟངས། འཇལ་བྱེད་ཚད་ཀྱི་རིམ་པ་ཚོན་གང་། སུན་གང་། ཆག་གང་། མཛུབ་གང་། མཐོ་གང་། ཁྲུ་གང་བཅས་ཀྱི་ཚད་ཐིག དོན་ལྔ་སྣོད་དྲུག་སོ་སོའི་གནས་ལུགས་གསང་མིག་བཅས་ཚིག་ཉུང་ལ་དོན་དྲིལ་བའི་སྒོ་ནས་བསྟན་ཡོད།

གསོ་རིག་གི་རིན་ཐང་།

བོད་ཀྱི་གསོ་བ་རིག་པ་ནི་ལོ་རྒྱུས་ཀྱི་རྒྱུ་རྒྱུན་རིང་མོའི་ཁྲོད་དུ་གཞུང་ལུགས་ཀྱི་མ་ལག་ཆ་ཚང་བ་དང་དཔྱད་བཅོས་ཀྱི་ལག་ལེན་ཚད་ལྡན་ཡོད་པའི་སྲོལ་རྒྱུན་གསོ་རིག་ཅིག་ཡིན། རྩོམ་པ་པོའི་དེ་ལས་ནང་གསེས་གྲུབ་པ་ལུས་ལས་བསྟན་པའི་བྱང་ཁོག་ཏུ་ཡུལ་ཐིག་གདབ་པའི་ལམ་ནས་དོན་སྣོད་ཀྱི་རྒྱལ་པོ་ལྷ་བུ་སྙིང་དང་། གློ་བ་བུ་ལྔ། གློ་བ་མ་ལྔ། མཆིན། མཆེར་པ། མཁྲིས་པ། རྒྱུ་སྟོད་རྒྱུ་སྨད། ཁྲག་ལོང་། རྩམ་ལོང་། སྲིན་ལོང་། མཁལ་མ། གཉེ་མ་བཅས་ཀྱི་གནས་ཡུལ་ལུས་ངོས་རི་མོ་གཞལ་བའི་བྱ་ཐབས་ཀྱི་གནས་གཏན་འཁེལ་བྱས་པས་ནང་དོན་སྣོད་ཀྱི་ཡུལ་གནས་གནད་ལ་འཁེལ་བ་དང་། གསང་མིག་འཁྲུལ་མེད་གཏན་འབེབ་བྱས་པ་མ་ཟད། མེས་པོ་རིམ་བྱོན་རྣམས་ཀྱི་ལུས་ཀྱི་གྲུབ་ཚུལ་ཆགས་གཞིའི་ཐད་ཀྱི་འཚོལ་ཞིབ་ལ་ཡང་ཤུགས་མི་ཉུང་བ་བཏོན་པ་རྟོགས་ཐུབ་བོ།།

《体腔划线定位等的详述 · 琉璃宝鉴》

本医著为《迷旁医著》第四部分中第479页至486页，共8页。

内容提要：

本医著介绍了藏医人体脏腑划线定位时的坐姿、天线和纵线的划法、取位时衡量的方法，如一寸[①]、一分[②]、四指[③]、一指[④]、一卡[⑤]、一肘[⑥]等的取量法。然后又言简意赅地介绍了五脏六腑各器官的位置、穴位的寻找方法等。

医学价值：

藏医学作为一门传统医学，有着悠久深厚的历史渊源，在其发展过程中形成了完整的理论体系和独具特色的外治疗法。作者将其中人体学章节的体腔脏腑：心、肺、肝、脾、肾、小肠、大肠、直肠等的位置进行划线，介绍了它们各自确切定位的方法，这对体表取穴、疾病诊断、后期治疗都有很大的帮助。同时也说明，在没有出现先进检查设备的时代，藏族祖先仍然可以对复杂的人体构造有较高的掌握和认识，体现了历代藏医学家对医学严谨认真与不懈钻研的学习态度。

---

① 一寸：拇指中节纹至指甲外缘甲肉相连间的长度。

② 一分：半指宽。

③ 四指：除拇指外，并排平列四指的宽度。

④ 一指：又称“小卡”，六指宽或张开食指和拇指两尖端间的长度。

⑤ 一卡：拇指尖至中指尖伸开的长度，相当于十二指宽。

⑥ 一肘：肘的长度。自肘尖至小指根节间的长度，相当于二十指宽，名“曲肘”；自肘尖至中指尖间的长度，相当于二十四指宽，名“伸肘”。

༄༅། །སྨན་སྦྱོར་བདུད་རྩིའི་ཐིག་ལེ་ཞེས་བྱ་བ་བཞུགས་སོ། །

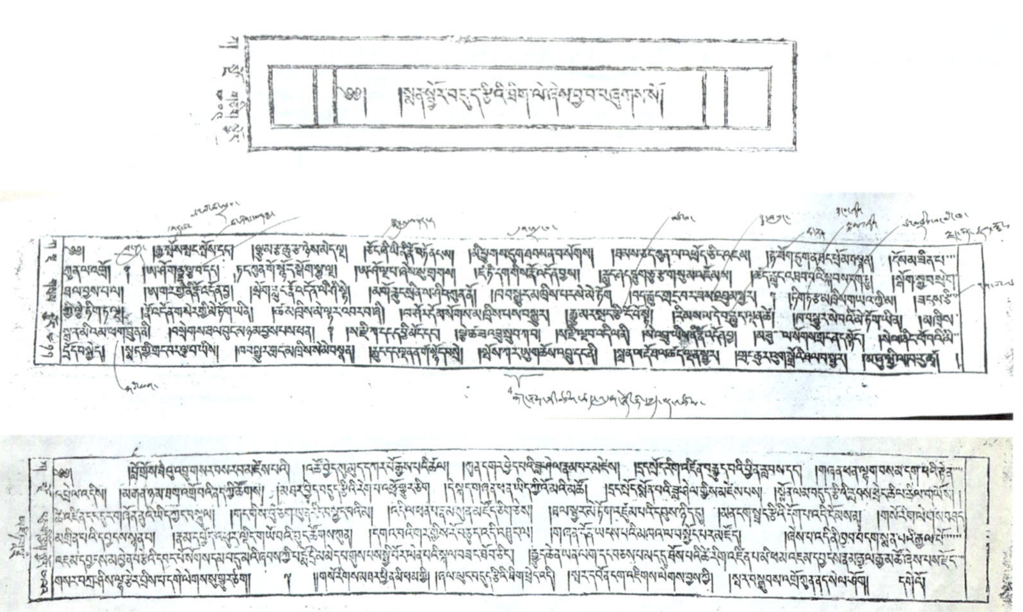

གསུམ་ཚོམ་འདིའི་མ་ཡིག་ནི་དཔར་མ་ཡིན། པོ་ཏི་གཅིག་ཡོད། ཡིག་གཟུགས་དབུ་ཅན། ཤོག་ངོས་རེར་ཐིག་ཕྲེང་༦། ཐིག་ཕྲེང་རེར་ཡིག་འབྲུ་༡༦༥ཙམ། ཁྱོན་བསྡོམས་ཤོག་ངོས་༢༦བཞུགས། ད་ལྟ་ཁྲིན་ཏུའུ་ཀྲུང་ལུགས་གསོ་རིག་སློབ་ཆེན་གྱི་འཛམ་དབྱངས་བསོད་ནམས་ལགས་ཀྱིས་ཉར་ཚགས་བྱས་ཡོད།

ནང་དོན་གནད་བསྡུས།

གསུང་ཚོམ་འདིའི་ནང་འདུ་མི་ཕམ་རྣམ་རྒྱལ་རྒྱ་མཚོས་ཟུར་སྨན་གྱི་སྦྱོར་སྡེ་བརྒྱ་ཕྲང་ལྷག་བཀོད་ཡོད་ལ། གཙོ་བོར་རང་གི་དགེ་བའི་བཤེས་གཉེན་འཛམ་དབྱངས་མཁྱེན་བརྩེ་དབང་པོ་དང་། རྒྱུད་ཆེན་ཡན་ལག་དག་ལས་བསྟན་པའི་སྨན་སྦྱོར་དག་ཡུལ་མཐའ་འཁོབ་དབུལ་པོའི་གནས་དང་། གློ་བུར་ཐུག་ཕྲད་ཀྱི་ནད་པ་རྣམས་ལ་ཕན་གདགས་ཕྱིར་ནུས་པ་ཆེ་སྒྲུབ་ཅན་གྱི་སྨན་སྦྱོར་དང་། དེ་དག་སོ་སོའི་ཁ་བསྒྱུར་དུ་འོས་པའི་སྨན་སྨའི་ཕན་ཡོན་སོགས། རྒྱུད་ལས་བསྟན་པ་དང་མན་ངག་ཉམས་མྱོང་རང་གཞན་དོན་ཀུན་འགྲུབ་པའི་ཆེད་དུ་གསལ་པོར་བསྟན་ཡོད།

གསོ་རིག་གི་རིན་ཐང་།

འདིར་ཟུར་སྨན་གྱི་སྦྱོར་སྡེ་བརྒྱ་ཕྲང་ལྷག་བཀོད་ཡོད་ལ། ལྷག་ཏུ་སྦྱོར་སྡེ་རྒྱལ་བ་ལྔ་པ་དང་། ཉིས་མེད་ལྔ་

པ། ས་རྡེ་ལྡེ་པ། ཏིག་ཏ་ལྡེ་བ་སོགས་སློ་བུར་ཐུག་ཐྲད་ནད་ཀྱི་དོན་དུ་དམིགས་སུ་བཀར་ནས་སོ་སོའི་ཁ་བསྐྱར་སྨན་དང་རྗེ་འདོན་སྨན་གྱི་ལག་ལེན་བཅས་ཞིབ་པར་བཀོད་ཡོད། སྨན་གྱི་སྦྱོར་སྡེ་དག་ནི་རྩོམ་པ་པོའི་ཉམས་མྱོང་དང་རྒྱུད་གཞུང་ལས་བསྟན་པ་དག་ཕྱོགས་སུ་བསྡུས་ཏེ་ཡི་གེར་བཀོད་པ་ཡིན་ལ་དེ་དག་སོ་སོའི་སྦྱོར་བཟོ་སྟབས་བདེ་བ། སྨན་རྫ་འཚོལ་སླ་བའི་ཁྱད་ཆོས་ཡང་ལྡན། སྨན་སྦྱོར་དག་གིས་ཚད་པ་གསར་རྙིང་དང་གཉན་རིམས་སོགས་ཀྱི་ནད་དང་། སྐོམ་དང་། བཤལ་སྐྱུགས་སོགས་ཐར་ཐོར་ནད། གློ་སྙིང་རྒྱུ་ལོང་སོགས་དོན་སྣོད་ཀྱི་ནད། དབུང་མོ་ནད་དང་བྱིས་ནད། སྐྲན་ནད། ཆུ་སེར་སོགས་སེལ་བའི་ཕན་ནུས་ལྡན་པར་མ་ཟད། གཙོ་སྨན་གྱི་སྦྱོར་སྡེ་ལ་ཁ་བསྐྱར་སྨན་གང་འཚམ་བསྣན་ན་《ནད་བརྒྱ་སྨན་གཅིག》གི་བྱེད་ནུས་ཁྱད་མཚར་ཐོན་ཐུབ་ཅེས་མི་ཕམ་པའི་བཞེད་པ་དང་། ནད་ཐོག་ཏུ་བཀོལ་ནའང་མ་རྩ་ཆུང་ལ་ཕན་པ་ཆེན་པོ་ཐོན་ནུས་པས་རང་གཞན་གཉིས་ཀྱི་དོན་ལེགས་པར་འགྲུབ་འོས་པའི་སྨན་ཡིག་རྩ་ཆེན་ཞིག་ཡིན།

《方剂甘露精粹》

本医著母本为木刻本，字体为乌金体，每页6行，每行36字，共26页。此书现由成都中医药大学民族医药学院降拥四郎教授个人收藏。

内容提要：

作者从恩师降央钦孜旺布的教诲以及《迷旁医著》等藏医典籍中汲取知识，总结并记录了一系列药物组方。为应对患者经济困难无法购买名贵药品，以及面对某些急性病症缺乏时间制药的难题，作者精心整理了一百多个奇效迅速、制备简便的方剂。这些方剂涵盖了药味的增减变化以及提升药方疗效的方法，旨在为患者提供实用且有效的治疗选择。

医学价值：

本医著记载了一百多种草药方剂的组方，特别介绍了像五味君方、五味无邪方、五味黑穗方、五味獐牙菜方等可以治疗突发疾病的草药方剂及其加药以提升药方疗效的应用方法。文中所提到的草药方剂均为作者总结实际临床经验所得，有制作方法简便、药材易找等特点。文中所列药物可治疗的疾病有：新旧热病、瘟病等赤巴紊乱引起的疾病；消渴、吐泻等杂病；心肺、大小肠等脏腑疾病；妇科、儿科疾病和黄水病等诸多病症。另外，主方剂上再根据实际病情加药又会有治疗其他疾病的神奇疗效，可谓“一方治百病”，是藏药方剂中小成本大收益的良好方剂书，具有很高的应用价值。

༄༅། །གཡུ་ཐོག་ཤོག་དྲིལ་སྐོར་གསུམ་གྱི་མ་བུ་དོན་བསྡེབ་ཏུ་བཀོལ་བ་ཞེས་བྱ་བ་བཞུགས་སོ། །

གསུང་རྩོམ་འདི་ནི་ཕམ་《སྨན་ཡིག་ཕྱོགས་བསྒྲིགས།》ཀྱི་དུམ་བུ་བདུན་པ་སྟེ་ཤོག་ངོས་༥༩༧ནས་༦༦༨བར་གསལ། ཁྱོན་བསྡོམས་ཤོག་གྲངས་༧༢བཞུགས།

ནང་དོན་གནད་བསྡུས།

རྩོམ་པ་པོས་གཡུ་ཐོག་རིན་ཆེན་ཤོག་དྲིལ་དང་བུ་ཡིག་གསེར་གྱི་ལྡེ་མིག་གཉིས་ཀྱི་ནང་དོན་དཀའ་གནད་ཁག་དང་། སྨན་སྦྱོར་གྱི་གབ་མིང་། ཕན་ནུས། སྦྱོར་ཚད། བཏུང་དུས། ཕྱི་དཔྱད་ཀྱི་ཕན་གནོད་བཅས་གསོ་བཅོས་ཀྱི་ནང་དོན་ཕལ་མོ་ཆེ་དང་། ནད་གཞིའི་མངོན་རྟགས་རྩ་ཆུ་ཕྱི་ཡུལ་གསུམ་ལ་ངེས་པར་འཆར་བའི་རྟགས། ནད་གཞི་ཕན་ཚུན་བར་གྱི་འབྲེལ་སོ་བསལ་ཐབས། མི་ནོར་བའི་གཟེར་སོགས་ངོས་འཛིན་བྱེད་ཐབས་བཅས་ལྷན་དུ་གསལ་འགྲེལ་བྱས་ནས་བཀོད་ཡོད།

གསོ་རིག་གི་རིན་ཐང་།

སྨན་ཡིག་འདི་ནི་རིན་ཆེན་ཤོག་དྲིལ་དང་བུ་ཡིག་གསེར་གྱི་ལྡེའུ་མིག་གཉིས་ཀྱི་དཀའ་གནད་ཁག་ལྷན་ཅིག་ཏུ་བསྡེབས་པ་ཞིག་སྟེ། གཙོ་བོ་གོང་གི་བུ་ཡིག་གསེར་གྱི་ལྡེའུ་མིག་གི་རྩ་བའི་གོ་དོན་བཀྲལ་ནས་ཚད་པ་གསར་སྙིང་དང་། དོན་སྙོད་ཀྱི་ནད། གག་ལྷོག་ནད། དུག་ནད། འབྲས་ནད། སུར་ཡ། ཐན་ཚོགས་ནད། སྐྲན་དང་དམུ་ཆུའི་ནད། ཆུ་འགགས་ནད་སོགས་ཀྱི་བཅོས་ཐབས། ཕྱི་བཅོས་གཏར་ག་དང་མེ་བཙའ། སྦྱོང་སྡེ་འཇམ་རྩི་དང་བཤལ་སྙུགས། རྩ་སྦྱོང་སོགས་ཀྱི་སྔོན་འགྲོ། དངོས་གཞི། ཕན་ཡོན་དང་ཉེས་དམིགས། སྨན་སྦྱོར་དང་ཚིག་རྐྱང་གི་ཕན་ཡོན་དང་སྦྱོར་ཚད། མཚོན་རྨ་གསོ་བ་བཅས་ཀྱི་ནང་དོན་གསལ་པོར་འཁོད་ཡོད། གཞན་སྨན་པ་གཞོན་ནུའི་ལྟན་འདུས་ནད་ཀྱི་གནད་བྱང་བཀྲོལ་ཐབས་བཅས་གསང་བ་མེད་པར་ལྷུག་པར་བཀྲོལ་བས་ནད་ཐོག་ཉེ་བར་སྦྱོད་པའི་རིན་ཐང་ཆེན་པོར་ལྡན་ནོ།།

《〈医学三卷〉的母子书合璧》

本医著为《迷旁医著》第七部分中第571页至668页，共98页。

内容提要：

作者将宇妥·萨玛云丹贡布所著医学三卷中的《珍宝医卷》和《金钥匙》两部进行了难点和要点的整合，如方剂的具体组方、饮用剂量、外治疗法的操作规程和利弊以及脉诊、尿诊、体外症状、鉴别诊断等内容。

医学价值：

本医著将《珍宝医卷》和子书《金钥匙》中所有的难点要点汇集于一起进行了介绍。主要是将子书《金钥匙》的基本内容，如新旧热病、脏腑疾病、白喉病、痼疾病、创伤疮疡及杂病等的治疗方剂、饮用剂量及泻下引吐、灌肠、放血、火灸等疗法的操作规程，从脉、尿、体征三诊作了详细阐述，并说明了误诊造成的危害。不论是在疾病诊断还是治疗方面都具有很高的临床应用价值。

༧༢། ལུས་ལ་ཉེར་མཁོ་སྐབས་བརྒྱད་པ་ཞེས་བྱ་བ་བཞུགས་སོ། །

གསུང་རྩོམ་འདི་མི་ཕམ་《སྨན་ཡིག་ཕྱོགས་བསྒྲིགས།》ཀྱི་དུམ་བུ་བརྒྱད་པ་སྟེ་ཤོག་ངོས་༦༧༡ནས་༧༠༥བར་གསལ། ཁྱོན་བསྡོམས་ཤོག་གྲངས་༣༥བཞུགས།

ནང་དོན་གནད་བསྡུས།

རྩོམ་པ་པོས་ལུས་བརྟན་པ་སོགས་ནད་མེད་ཚེ་བསྲིང་གི་ལུས་ལ་ཉེ་བར་མཁོ་བ་རྣམ་པ་བརྒྱད་བསྟན་པ་སྟེ། ལུས་བརྟན་ཅིང་བདེ་བར་གནས་པ་དང་། པགས་མདངས་བཟང་བ། རྟུལ་ནག་སྲུང་བ། དྲི་ང་བ་བསལ་བ། སྐྲ་བཅོས་པ། ནད་ཐུན་ཚོགས་ཞི་བ། སྐད་བཅོས་པ། སོ་དང་མིག་སོགས་ལ་ཕན་པ་བསྐྱུབ་པ་བཅས་ནང་དོན་ཕྱོགས་ཚན་བརྒྱད་དག་ལ་ཟས་སྤྱོད་ཀྱི་ཚོ་གའི་གསོ་བ་དང་། སྲུང་བའི་ཐབས་ལམ་སོགས་རྒྱུད་ཀྱི་དགོངས་དོན་དང་སྨན་བརྒྱུད་ཀྱི་གདམས་པ། མཁས་གཞུང་ལས་བསྟན་པ་བཅས་ཕྱོགས་སུ་དྲིལ་ནས་བསྟན་ཡོད།

གསོ་རིག་གི་རིན་ཐང་།

གཙོ་བོ་ཚེ་མདངས་འཕེལ་བ་དང་། རྒས་དང་རོ་ཙ་གསོ་བ། པགས་མདངས་བཟང་བར་བྱེད་པ། རྟུལ་ནག་བསྲུང་བ། དྲི་ང་བསལ་བ། སྐྲ་བཅུད་གསོ་བ་དང་སྐྲ་སོགས་སྐྱེ་བྱེའི་ཐབས་ལམ། རླུང་མཁྲིས་བད་ཀན་ཁྲག་དང་ཆུ་སེར་སོགས་ནད་ཐུན་ཚོགས་ཞི་བ། སྐད་བཅོས་པ། སོ་དང་དབང་པོ་མིག་རྣ་སོགས་གསལ་བར་བྱེད་པ་ལ་གསོ་བའི་ཐབས་སུ་ཟས་དང་ཟས་སྨན་བཅས་ཀྱི་ལམ་ནས་བཀོད་པས། གསོ་བ་རིག་པའི་ནད་མེད་ཚེ་བསྲིང་གི་ནང་དོན་རྒྱ་ཆེ་བར་མངོན་པ་མ་ཟད། དུས་རབས་༢༡པའི་དུས་འདིར་མི་མང་པོའི་ནད་མེད་ཚེ་བསྲིང་ལ་བརྟེན་པ་དང་དེ་ཡི་མཁོ་བ་ཉིན་རེ་བཞིན་ཇེ་མཐོར་མངོན་འདུག་པས། གཞུང་དུ་གསལ་བའི་གསོ་ཐབས་དག་ལག་ཏུ་ལེན་བདེ་བ་དང་འགྲོ་སྐྱོན་ཆུང་བའི་ཁྱད་ཆོས་ཡང་ལྡན་པས་དགེ་མཚན་ཆེའོ།།

《人体实用防病法八种》

本医著为《迷旁医著》第八部分中第671页至705页，共35页。

内容提要：

本医著共记载八种有关保健强体、防病治病的方法，分别为强壮身体、润滑皮肤、防大汗、清除臭味、生长毛发、平息细小疾病、保护牙齿、防眼疾等八部分。

医学价值：

本医著是藏医养生学代表性专著。书中建议人们从强壮身体、润滑皮肤、防大汗、清除臭味、生长毛发、平息细小疾病、保护牙齿、防眼疾等八个方面进行养生保健，并详细阐述了食物和药物的饮（服）用方法、保健仪轨等具体的操作方法。作者将有关藏医药预防保健、强身健体的方法技巧从八个要点进行归纳整合，提出“一种问题有多种解决方法”的思路，这与21世纪多数人看重“未病先防”的预防理念相契合，更是丰富了藏医药领域治未病的内容。

༄༅། །ནད་ཀྱི་མཐུད་དཔྱད་སྨན་ཚོགས་ཕྱོགས་གཅིག་བཀོད་པ་རྒྱུག་རྫ་ཀུན་སེལ་ཞེས་བྱ་བ་བཞུགས་སོ། །

གསུང་རྩོམ་འདི་ཉིད་《ནད་སྨན་ཚོགས་ཞི་བའི་ཐུགས་བདུད་རྩིའི་ཆར་པ་བཞུགས་སོ།།》ཞེས་པའི་ནང་དུ་བཀོད་ཡོད། ཤྲོན་བསྡོམས་ཤོག་གྲངས་སུམ་ཅུ་རྩ་གསུམ་བཞུགས། སྤྱི་ལོ་༢༠༠༧ ལོའི་ཟླ་༨པར་མི་རིགས་དཔེ་སྐྲུན་ཁང་གིས་དཔར་དུ་བསྐྲུན།

ནང་དོན་གནད་བསྡུས།

འདིར་ཤིན་ཏུ་ཟབ་པའི་མཐུད་དཔྱད་ཀྱི་སྐོར་དང་། རྟེན་འབྲེལ་གྱི་བཅོས་ཐབས་མན་ངག གཟའ་གདོན་བཟློག་པ་དང་ལུས་སྲོག་བསྲུང་བར་བྱེད་པའི་འཁོར་ལོ་སྨ་ཚོགས་ཀྱི་མན་ངག ཞྭ་བ་བཅོས་ཐབས་དང་རྐང་ལག་གི་ཆག་པ་སྦྱོར་བའི་མན་ངག་ཟབ་མོ་སོགས་བཀོད་ཡོད།

གསོ་རིག་གི་རིན་ཐང་།

རྩོམ་པ་པོས་འཆི་བ་སླུར་དུ་བསླུ་བའི་མཐུད་དཔྱད་དང་། ཞྭ་བ་ནད་གདོན་དང་ལུས་སྲོག་བསྲུང་བར་བྱེད་པའི་འཁོར་ལོ་སྨ་ཚོགས་ཀྱི་མན་ངག ཕྱི་ནང་དོན་སྟོད་ནད་དང་། ཐོར་ནད། ལུས་སྟོད་ཀྱི་ནད། གཉན་རིམས་སོགས་ནད་དུ་མའི་བཅོས་ཐབས་དང་སྔོན་འགོག་བྱེད་ཐབས་བཅས་ཀྱི་རྟེན་འབྲེལ་མན་ངག ཞྭ་བ་ལ་ཨོལ་མདུད་ཚོགས་ཚད་ཀྱི་བཅོས་ཚུལ། རྐང་ལག་གི་ཆག་པ་སྦྱོར་བའི་མན་ངག་ཟབ་མོ། གཟའ་ཀླུ་གཉིས་སུ་བསྡུས་ཏེ་བཀོད་པ་བཅས་ནང་དོན་དུ་མ་འདུས་པ་ལ་བཅོས་ཐབས་རང་མི་རིགས་ཀྱི་ཐུན་མིན་གྱི་གསོ་ཐབས་རིམ་གྲོ་དང་། རྟེན་འབྲེལ་ཐུགས་ཀྱི་བཅོས་ཐབས་སོགས་བརྟེན་ཏེ་ནད་གཞི་གསོ་ཐབས་དང་སྔོན་འགོག་གི་རིག་པ་གསར་པ་འདོན་སྤྲོད་བྱས་འདུག

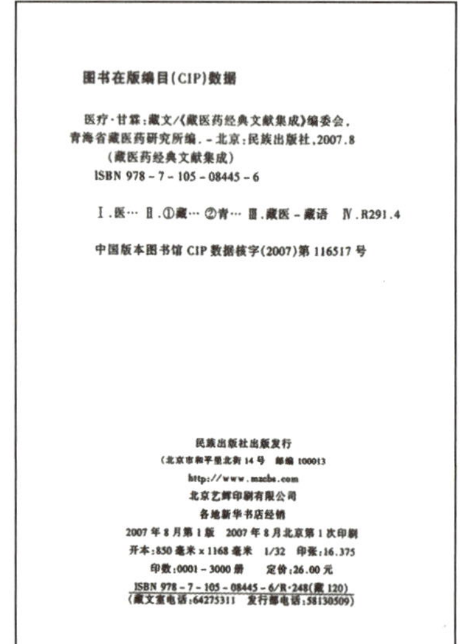
图书在版编目(CIP)数据

医疗·甘霖:藏文/《藏医药经典文献集成》编委会,
青海省藏医药研究所编. - 北京:民族出版社,2007.8
(藏医药经典文献集成)
ISBN 978 - 7 - 105 - 08445 - 6

Ⅰ.医… Ⅱ.①藏… ②青… Ⅲ.藏医 - 藏语 Ⅳ.R291.4

中国版本图书馆 CIP 数据核字(2007)第 116517 号

民族出版社出版发行
(北京市和平里北街 14 号 邮编 100013
http://www.mzcbs.com
北京艺辉印刷有限公司
各地新华书店经销
2007 年 8 月第 1 版 2007 年 8 月北京第 1 次印刷
开本:850 毫米 x 1168 毫米 1/32 印张:16.375
印数:0001 - 3000 册 定价:26.00 元
ISBN 978 - 7 - 105 - 08445 - 6/R·248(藏 120)
(藏文室电话:64275311 发行部电话:58130509)

《疾病之各种绝密疗法汇集·疼痛皆消》

本医著收载于《医疗·甘霖》，共33页。由民族出版社于2007年8月出版。

内容提要：

本医著概括记载了绝密咒治法、吉祥秘诀治法、防中风和瘟魔及延年益寿的各种护身符制作秘诀、瘿瘤治疗和四肢骨折愈合等咒治秘诀法。

医学价值：

本医著分别记载了迅速赎命咒秘书、治瘿瘤的吉祥秘诀、凭借治咒秘术的神力对各种疾病的一些特殊治法、用各种喉管来治瘿瘤的方法、四肢骨折愈合的咒治秘诀、防护中风和瘟魔及延年益寿的各种秘诀，收集了治疗内外科、杂病、五官病症、瘟疫病等的预防及疗法的秘方，因其结合了民族风俗和宗教文化，既可以预防疾病又能起到身心治疗的作用，在临床上可以多加运用和探索，体现出藏医药独特的治疗理念。

༧༧། །གསོ་བ་རིག་པའི་མན་ངག་གཅེས་བཏུས་དང་ལག་ལེན་དམར་ཁྲིད་ཀྱི་སྐོར་ལྔན་བདེའི་བང་མཛོད་ལས་སྨན་རྫས་འདུལ་སྦྱོང་གི་སྐོར་ཞེས་བྱ་བ་བཞུགས་སོ། །

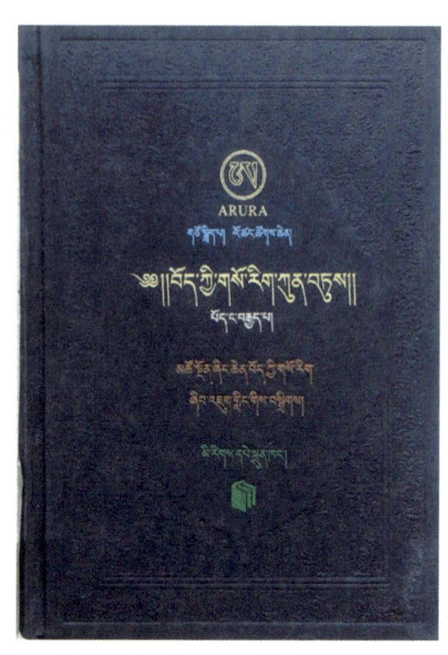

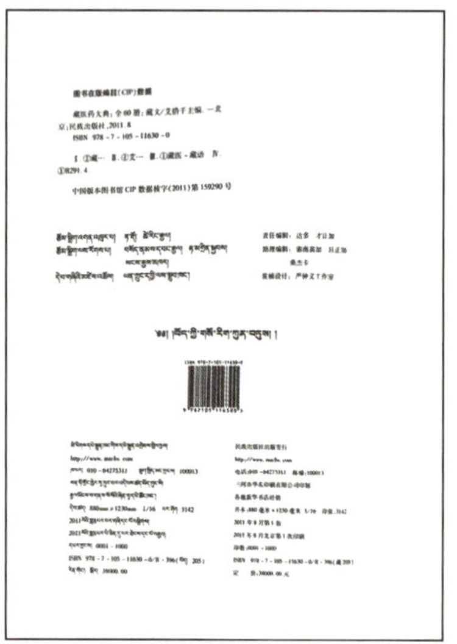

གསུང་རྩོམ་འདི་ཉིད་《བོད་ཀྱི་གསོ་རིག་ཀུན་བཏུས།།》ཞེས་པའི་པོད་ང་བརྒྱད་ནང་ཤོག་ངོས་༡༣༨ནས་༡༥༡བར་གསལ། ཁྱོན་བསྡོམས་ཤོག་གྲངས་༢༥བཞུགས། སྤྱི་ལོ་༢༠༡༡ལོའི་ཟླ་༨པར་མི་རིགས་དཔེ་སྐྲུན་ཁང་གིས་དཔར་དུ་བསྐྲུན།

ནང་དོན་གནད་བསྡུས།

སྨན་ཡིག་འདིར་ཉེ་བར་མཁོ་བའི་སྨན་རྫས་འདུལ་ཐབས་ཀྱི་ལག་ལེན་བཀོད་པ་སྟེ། དཔེར་ན་ཁྲུང་ལྷ་མདོག་བཞི་སྦྱོར་བའི་ལག་ལེན་གྱི་རིམ་པ་དང་། དངུལ་ཆུ་འདུལ་སྐོར་ཀྱི་ཡོ་བྱད་དང་གཏན་བཟང་ངན་གྱི་ཁྱད་པར། འདུལ་ཚུལ་ལ་གྲང་འདུལ། དྲག་འདུལ། མགྱོགས་འདུལ་སོགས་ཡོད་པ་སོ་སོའི་ལག་ལེན། བཙོ་བསྲེག་སྐབས་ཀྱི་མེ་ཚད་འཛིན་པའི་དུས་ཚོད་ཀྱི་མན་ངག མི་བཞུ་བའི་རིན་པོ་ཆེ་འགའ་ཡི་དུག་འདོན། སྦྱོང་བྱེད་སྨན་འགའི་དུག་འདོན་ལག་ལེན། རོ་ཚའི་སྐབས་ཀྱི་སྨན་གྱི་དུག་འདོན་ལག་ལེན། སྐྱོག་པའི་ཁཊྭ་བཟོ་ཐབས་ཀྱི་ལག་ལེན་སོགས་བསྟན་ཡོད།

སྨན་སྦྱོར་གྱི་རིན་ཐང་།

སྨན་རྫས་འདུལ་སྦྱོང་ཞེས་བོད་ཀྱི་གསོ་བ་རིག་པའི་སྲོལ་རྒྱུན་འདུལ་སྦྱོང་གཞུང་ལུགས་ཀྱི་མཛུབ་ཁྲིད་དང་སྔོན་ཐོན་གསོ་རིག་མཁས་དབང་དག་གིས་ལག་ལེན་གྱི་སྦྱོང་བ་རྒྱུད་འཛིན་དར་སྤེལ་བྱུང་བ་ཞིག་སྟེ། རིན་ཆེན་སྨན་དང་རྩི་སྨན། སྲོག་ཆགས་སྨན་སོགས་ལས་གསོ་བྱ་ཡུལ་ལ་གནོད་པའི་དུག་གི་རང་བཞིན་ཐྲལ་བ་དང་། ནད་གསོའི་ནུས་པ་ཆེར་བསྐྱེད་པའི་བྱ་ཐབས་དུ་མ་བསྟན་པ་ཞིག་ཡིན། འདིར་ཡང་འཇུ་མི་ཕམ་གྱིས་སྨན་རྫས་འདུལ་ཐབས་ཀྱི་ལག་ལེན་སྦྱོང་བྱང་འགའ་ཞིབ་རྒྱས་སུ་བཀོད་པ་དེས་བོད་སྨན་གྱི་

སྤྲུས་ཇེ་དག་དང་ནད་ཐོག་ཕན་ནུས་མངོན་གསལ་ཡོང་བར་ཤུགས་གལ་ཆེན་བསྐྱལ་ཡོད་དོ།།

འཇུ་མི་ཕམ་གྱིས་དངུལ་ཆུ་བཙོ་བཀྲུ་ཆེན་མོའི་ལག་ལེན་ཟླ་ཕྱི་ལན་གཉིས་ལ་གནས་དཔལ་ཡུལ་དང་དཔལ་སྤུངས་ནས་མཛད་པ་དང་འདིར་བཙོ་ཐབ་སྐབས་ཀྱི་གསེར་དངུལ་ཟངས་ལྕགས། འཁར་བ། ར་གན། ཞ་ཉེ། གཤའ་དཀར་བཅས་འཆིང་བྱེད་ལྕགས་བརྒྱད་ཀྱི་ཐབ་བཟོའི་ལག་ལེན་གྱི་གདམས་པ་སྦྱོང་བྱང་བཀོད་པ། སྨན་རྫས་འདུལ་སྦྱོང་གི་བསྲེག་སྦྱོད་དང་མེ་ཡི་ཆེ་ཆུང་། ཚོས་ཚད། ཐལ་དྲགས་ཚོག་དུས་ཀྱི་བྱ་ཐབས། མེར་བསྲེག་དུས་ཀྱི་སྲུང་ བླང་བཅས་ཞིབ་རྒྱས་སུ་གསལ། དེ་མིན་དངུལ་ཆུའི་འདུལ་ལུགས་ལས་མགྱོགས་འདུལ་དང་དྲག་འདུལ། ཚ་འདུལ་གྱི་ལག་ལེན། བཙུད་ལེན་དངུལ་ཆུའི་ལག་ལེན་དང་དེའི་ཕན་ནུས། གཡུ་བྱུར་མུ་ཏིག་སོགས་མི་བཞུ་བའི་རིན་པོ་ཆེའི་འགའ་ཡི་དུག་འདོན་བྱ་ཐབས། ཐར་ནུའི་འདུལ་ཐབས་བདུན་དང་སོ་སོའི་ཕན་ནུས། དུར་བྱེད་དང་བྱང་ཁྲ། ལྕུམ་རྩ་སོགས་སྦྱོང་བྱེད་སྨན་འགའི་དུག་འདོན་ལག་ལེན། གཞན་ཚན་དམར། ལྕ་བ། ར་མཉེ། ཉེ་ཤིང་། བ་སྨྲུ་སོགས་སྦྱོ་སྨན་འགའི་དུག་འདོན་དང་ཕན་ནུས་བསྐྱེད་ཐབས་ཀྱི་ལག་ལེན། རོ་ཙའི་སྐབས་ཀྱི་སྨན་གྱི་དུག་འདོན་གྱི་ལག་ལེན་སོགས་ཞིབ་རྒྱས་སུ་བཀོད་ཡོད་པས། ཞི་བྱེད་སྨན་སྦྱོར་གྱི་ཕྱག་ལེན་གནད་མཁན་ཡོངས་ལ་དཔྱད་གཞིའི་སྨན་ཡིག་རྩ་ཆེན་ཞིག་ཏུ་འགྱུར་བར་གདོན་མི་ཟའོ།།

《〈藏医秘诀精选及临床实践集·利乐宝库〉所述药物炮制法》

本医著收载于《藏医药大典》，共25页（第134页至第158页）。此书由民族出版社于2011年8月出版。

内容提要：

本医著介绍了实用藏药的炮制方法，如四色五鹏丸的炮制实践，水银炮制器具、皮囊和捣臼的优劣区别，炮制法中的冷制法、猛制法、速制法等，及其他各种炮制的实践。还有煮、煅炮制时火候的控制秘诀、不熔性珍宝药物的炮制法以及部分催泻药物和“若杂”（壮阳）药物的炮制方法、大蒜软膏的制作方法等内容。

医药价值：

藏医药物炮制法是在藏医药理论指导下形成的一种富有传统特色的技术，由藏医药传承者在不断实践探索中发展而来，是对珍宝类药、植物药、动物药等药物进行适当的炮制加工，从而达成减毒增效的目的。本医著记载了有关药物炮制的方法，以及增加药效和注意事项等的内容。这对于提高藏药的临床疗效和药物质量有很大的帮助，也对藏药严谨的炮制加工技能的传承影响甚大。

作者先后两次在白玉和八邦地区进行水银洗炼（又叫 “佐塔”）操作，该文记载了“佐塔”中 “能持八铁”即金、银、红铜、黄铜、铁、铅、锡等各制成灰的方法。此外，还记录了药物炮制时的器皿选择、火候控制，以及在炮制不当时的应对措施等，还有水银制法中速制法、猛制法等制法；不熔性珍宝药物的炮制祛毒方法；大果戟的七种制法和功效作用；白狼毒和斑蝥、大黄等泻下药物的炮制；红景天、西藏凹乳芹、 黄精、天门冬、喜马拉雅紫茉莉等植物药的炮制增效方法；“若杂”时几种动物药的炮制祛毒内容。为日趋规范化的藏药炮制技术在不违背传统理论基础上的可持续发展提供了基础指导。

༄༅། །རྒྱུད་བཞིའི་དཀའ་མཆན་གཅེས་པར་བཏུས་པ་འདོད་འབྱུང་ནོར་བུའི་མེ་ལོང་ཞེས་བྱ་བ་བཞུགས་སོ། །

གསུང་རྩོམ་འདི་ཉིད་《ནད་སྣ་ཚོགས་ཞི་བའི་ཐབས་བདུད་རྩིའི་ཆར་པ་བཞུགས་སོ།།》ཞེས་པའི་ནང་དུ་བཀོད་ཡོད། ཁྱོན་བསྡོམས་ཤོག་གྲངས་དྲུག་ཅུ་རྩ་དགུ་བཞུགས། སྤྱི་ལོ་༢༠༠༧ ལོའི་ཟླ་༨པར་མི་རིགས་དཔེ་སྐྲུན་ཁང་གིས་དཔར་དུ་བསྐྲུན།

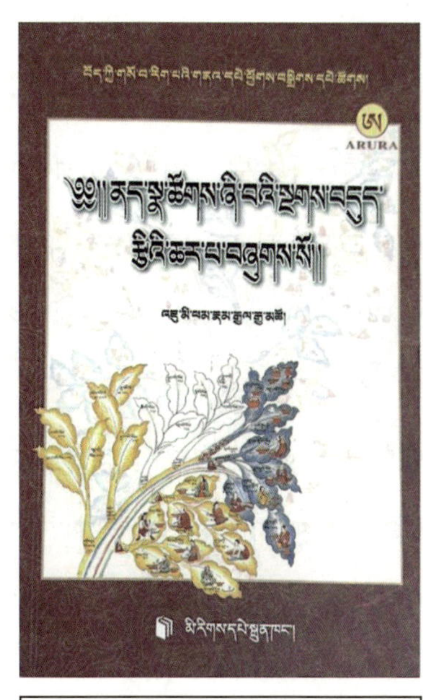

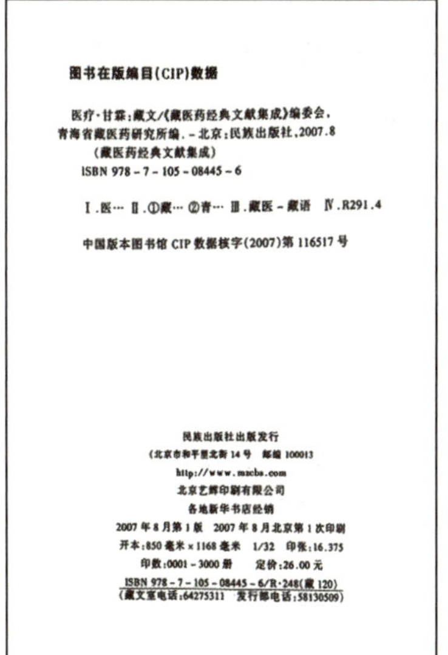
图书在版编目(CIP)数据

医疗·甘霖:藏文/《藏医药经典文献集成》编委会,
青海省藏医药研究所编. -北京:民族出版社,2007.8
(藏医药经典文献集成)
ISBN 978-7-105-08445-6

Ⅰ.医… Ⅱ.①藏… ②青… Ⅲ.藏医-藏语 Ⅳ.R291.4

中国版本图书馆 CIP 数据核字(2007)第 116517 号

民族出版社出版发行
(北京市和平里北街 14 号 邮编 100013
http://www.mzcbs.com
北京艺辉印刷有限公司
各地新华书店经销
2007 年 8 月第 1 版 2007 年 8 月北京第 1 次印刷
开本:850 毫米×1168 毫米 1/32 印张:16.375
印数:0001-3000 册 定价:26.00 元
ISBN 978-7-105-08445-6/R·248(藏 120)
(藏文室电话:64275311 发行部电话:58130509)

ནང་དོན་གནད་བསྡུས།

འདིར་འཇུ་མི་ཕམ་གྱིས་གསོ་རིག་དཔལ་ལྡན་རྒྱུད་བཞིར་བསྟན་པའི་གསང་བ་ཤུགས་བསྟན་དང་གནད་ཀྱི་རྒྱུད་ཚིག་འགའ་ལ་མཆན་འགྲེལ་བཀོད་པ་སྟེ། དུམ་བུ་དང་པོ་རྩ་རྒྱུད་ཀྱི་དཀའ་མཆན། དུམ་བུ་གཉིས་པ་བཤད་རྒྱུད་ཀྱི་དཀའ་མཆན། དུམ་བུ་གསུམ་པ་མན་ངག་རྒྱུད་ཀྱི་དཀའ་མཆན། དུམ་བུ་བཞི་པ་ཕྱི་མའི་ལེའུ་ཡི་དཀའ་མཆན་ཕྱི་རྒྱུད་རྩ་མདོ་ཆུ་མདོའི་དཀའ་མཆན་གཞན་དུ་གསལ་བཅས་སྤྱི་དོན་བཞིའི་སྒོ་ནས་བསྟན།

ཡིག་ཚང་གི་རིན་ཐང་།

བོད་ཀྱི་གསོ་གཞུང་ཀུན་གྱི་ཡང་སྙིང་དུ་གྱུར་པའི་དཔལ་ལྡན་རྒྱུད་བཞི་ཐོན་པ་ནས་ད་བར་ལོ་ངོ་སྟོང་ཕྲག་གཅིག་ལྷག་འགོར་ཟིན། དེ་ཡང་ལོ་རྒྱུས་ཀྱི་ཡུན་རིང་བ་དང་རྩོམ་ལུས་ཕལ་ཆེར་ཚིགས་བཅད་ལམ་ལས་བརྗོད་པ་སོགས་ཀྱི་དབང་གིས་རྒྱུད་དོན་ལ་ལར་གབ་ཐབས་སུ་སྣང་བས་གོ་དཀའ་བའི་གནས་སུ་གྱུར་འདུག ལྷག་དུ་བློ་དམན་སྐྱེས་བུ་དག་གིས་གཞུང་དོན་ལོག་པར་ལེན་པའི་ཉེན་ཁ་ཆེ་བས་སྔ་ཕྱི་ལོ་མང་པོར་སྔོན་ཁྱོན་མཁས་དབང་དག་གིས་གཞུང་དོན་གྱི་མཐའ་དཔྱོད་དང་འབྲུ་འགྲེལ་སོགས་དཔེ་གཞུང་མི་ཉུང་བ་བརྩམས་གནང་མཛད་ཡོད། འདིར་འཇུ་མི་ཕམ་རིན་པོ་ཆེས་རྒྱུད་བཞིའི་དཀའ་མཆན་གཅེས་

པར་བཏུས་པ་འདོད་འབྱུང་ནོར་བུའི་མེ་ལོང་།། ཞེས་རྒྱུད་ཚིགས་བརྒྱ་རྩ་གྲངས་ལ་མཆན་འགྲེལ་བཀོད་པ་སྟེ། ཉིད་ཀྱིས་དཀའ་བའི་ཚིགས་ལ་མ་འཛེམ་པར་རྒྱུད་བཞིའི་ནང་དོན་ཟབ་མོར་མཆན་འགྲེལ་བཀོད་འདུག་པས་རིག་གཞུང་སློབ་ཁྲིད་དང་ནད་ཐོག་མཇུབ་སྟོན་གྱི་གལ་ཆེའི་ནུས་པ་བཏོན་ཡོད་དོ།

གསོ་རིག་གི་རིན་ཐང་།

དང་པོ་རྩ་བ་ཐུགས་རྒྱུད་ཀྱི་སྙིང་གཞི་དང་སྙིང་སྟོང་གི་ལེའུ་གཉིས་ཀྱི་མཆན་འགྲེལ་རགས་བསྡུས། གཉིས་པ་ཁྱུ་ཁྲག་སེམས་གསུམ་དང་འབྱུང་ལྔས་མངལ་གནས་བུ་ཡི་ཆགས་ཚུལ། འདུ་དཔེ་ཕུང་པོའི་གནས་ལུགས། རྩ་ཡི་གནས་ལུགས། གཉན་པ་གནད་ཀྱི་གནས་ལུགས། ཉེས་པའི་མཚན་ཉིད་ཉི་ཤུ། ནད་ཀྱི་འཕེལ་འགྲིབ་དང་དབྱེ་བ། སྨན་གྱི་སྦྱོར་སྡེབ། ཞོ་ཤ་གསུམ་དང་ཨ་རུ་ར་རིགས་ལྔ། དར་ཡ་ཀན་དང་སྤྱང་ཚེར། རྡོ་དྲེག གསེར་གྱི་ཕུད་བུ་སོགས་ཀྱི་རྒྱས་འགྲེལ། དེ་མིན་ཆ་བྱད་དང་སྤང་སྣང་སུ་བཞི། གཉེན་པོ་སྤྱད་ཚུལ། གསོ་བ་པོ་སྨན་པ་སོགས་བཤད་རྒྱུད་གནས་བཅུ་གཅིག་སྐབས་ཀྱི་ནང་གསེས་རྒྱུད་ཚིག་བཞི་བཅུ་རྩ་ལ་ཞིབ་མོའི་དོན་གྱིས་གསལ་འགྲེལ་བྱས་ཡོད། གསུམ་པ་མན་རྒྱུད་སྐབས་བཅོ་ལྔའི་སྐབས་གུད་དུ་སྲིད་པའི་རྒྱུད་ཚིག་གོ་དཀའ་བའི་དོན་འགྲེལ་ཏེ། ཞལ་ཤེས་ཅན་དན་ཟེར་བ་དཀར་དམར་དངོས་བསྟན་མེད་པ་རྒྱུད་འདི་གང་ཡོད་དཀར་པོ་དང་། ཟེ་རའང་དཀར་པོ། ཕོང་ངའང་དཀར་པོ། བྱེ་བྲག་ཨ་རུ་ར་ལྷ་བུའང་སྐབས་ཐོབ་ནུས་པར་གཞིགས་ཏེ་གཉེན་པོ་བསྟེན་པ། ཡང་གཏར་བཅོས་སྐབས། གང་བབས་རྩ་གཏར།། ཞེས་དོན་ལྔ་སྟོད་དྲུག་སོ་སོའི་རྩ་གང་གཏར་དགོས་པ་དངོས་བསྟན། བ་ད་ར་ཞེས་ཕལ་ཆེར་རྒྱ་ཤུག་གི་འབྲུ་ལ་ངོས་བཟུང་བ་དེ་དང་དངོས་ཕྱུམ་ཕལ་གྱི་རིགས་ཞིག་ཡིན་པ། ཨ་བ་སེ་ཞེས་པ་ལ་ལས་ཨ་བ་རྩ་དང་། འོལ་མོ་སེ། ལ་ལས་ཡུང་བར་ངོས་འཛིན་ཀྱང་དོན་གྱིས་སེ་རྒོད་ཡིན་པ་གསུངས་པ། གཞན་གཉེན་པོ་སྨན་གྱི་རྣམ་གྲངས་གསལ་འདྲེན་དང་། ཉེས་པ་ནད་ཀྱི་རྒྱུད་ཚིག་མཆན་བཀོད་བཅས་རྒྱུད་ཚིག་བརྒྱ་རྩ་གྲངས་དོན་འགྲེལ་བྱས་ཡོད། བཞི་པ་ཕྱི་མའི་རྒྱུད་ཚིག་དགུའི་གྲངས་མཆན་འགྲེལ་སོགས་རྒྱུད་བཞིའི་ཁྲིད་ཤུགས་སུ་བསྟན་པ་མངོན་པར་བཀྲོལ་ཏེ་རྟོགས་དཀའ་བ་སླ་བར་བྱས་ནས་གཏན་ལ་ཕབ་པས་ཤིན་ཏུ་དགེའོ།།

《〈四部医典〉注解集·珍宝镜》

本医著收载于《医疗·甘霖》，共69页（第1页至第69页）。此书由民族出版社于2007年8月出版。

内容提要：

为便于藏医学传承者更好地理解医典内容，本医著作者对《四部医典》中的《论述部》和《秘诀部》，以及《后续部》中以脉诊、尿诊为主的四部分内容作了注解。

文献价值：

《四部医典》流传历史悠久，加之其文体以诗歌为主要体裁，部分内容晦涩难解，因此历代诸多著名藏医学家对医典作了大量的注解、阐释工作。现行医典详解大作有《蓝琉璃》《祖先口述》等重要书籍。作者在《〈四部医典〉注解集·珍宝镜》中对医典中部分内容提出自己的独到见解并进行注释，这对于藏医学理论的教学、临床指导起到了一定的推动作用。

医学价值：

本书对《四部医典》中《总则部》记录的药王城中的五种珍宝、五种寒水石、五种药水、五种温泉及八分支等内容作了概述。对《论述部》所记载的父母精血宿业、五源形成身体的演变过程，脉系理论、机体要害部位、“隆、赤巴、培根”的二十个特性、药物配法、“秀下”三果、五种诃子、“达亚干”、刺参、拟石黄衣、丝瓜子等内容作了注解；还对外治器械、取舍四边诊断、给药法、医德医风、论说“十一篇”中的四十多句进行了阐释。对《秘诀部》中“十五篇”中较隐晦难懂的内容进行阐释，如檀香、榜阿类药未写明具体哪一种的均为白檀香、白榜阿（榜嘎）；诃子入药时根据病情给予相应种类的诃子；五脏六腑在体表的具体放血部位；医典记载的“阿瓦司”药物实际为钝叶蔷薇等；注解了《秘诀部》中一百多句医典内容。最后是对后记中九句的注解。本医著对于《四部医典》的研究和应用具有较高指导价值。

༣༤ བྱང་ཆུབ་རྡོ་རྗེ།
34 相曲多杰

བྱང་ཆུབ་རྡོ་རྗེའི་ངོ་སྤྲོད་མདོར་བསྡུས།
相曲多杰简介

བྱང་ཆུབ་རྡོ་རྗེ་ནི་མདོ་སྨད་ཤོད་ཆེན་བཅོ་བརྒྱད་དུ་གྲགས་པའི་ཉག་ཤོད་ཡ་བརྒྱད་བེ་རུང་དགོན་ནམ་བེ་རུ་ཞེས་སུ་གྲགས་པ་རུ་བོད་རབ་བྱུང་བཅུ་བཞི་པའི་རབ་ལོ་བརྒྱད་བརྒྱ་སུམ་ཅུ་ཙ་དྲུག་པ་ཆུ་མོ་ཕག་གི་ལོ་（སྤྱི་ལོ་༡༨༥༣）སྐར་རྩིས་པའི་སྟོན་ར་བ་གྲོ་བཞིན་ཟླ་༧པའི་ཡར་ངོའི་ཚེས་བཅུ་ལ་ཡབ་ལྕགས་སྟག་བཀྲ་ཤིས་དང་ཡུམ་སྡེ་དགེ་ཧོར་པོ་རྫོང་སྒོ་ཚང་གི་བུ་མོ་བོ་ཆུང་ཞེས་བཙུན་མ་སྐྱ་སར་ཕྱུང་ནས་སྦྲུམ་མར་གྱུར་པས་ཉག་རོང་དུ་འཁྲུམས། དེར་བུ་མོ་ཞིག་སྐྱེས་པའི་མིང་ལ་བོ་ཕྲུག་ཞེས་པ་གཉིས་ཀྱི་སྲས་སུ་སྐུ་འཁྲུངས། མིང་གཞན་ལ་རིག་འཛིན་བྱང་ཆུབ་རྡོ་རྗེ་དང་། ཨ་སྐལ་སོགས་ཟེར། ལོ་དྲུག་ཙམ་ནས་གྲོང་དེའི་བ་གླང་གི་རྫི་བོ་བྱས་པས་མ་བུ་གཉིས་ཀྱི་འཚོ་གོས་ཙུང་ཟད་ལོངས་སྤྱོད་དུ་ཡོད་པ་བྱུང་། མི་སེམས་བཟང་པོ་སོགས་ཀྱི་དྲུང་ནས་ཡི་གེ་ཀློག་རྒྱུ་རང་སྦྱོང་བྱས། དགུང་ལོ་བརྒྱད་དུས་སུ་བ་གླང་གི་རྫི་བོར་འགྲོ་སྐབས་ཉིན་ཞིག་དྲང་སྲོང་རིག་པའི་ཡེ་ཤེས་དངོས་སུ་ཕེབས་ནས། ངས་ཁྱོད་ལ་སྨན་བསླབ་པས་སྦྱོང་གསུང་། ངས་ཀྱང་དེ་བཞིན་ཞུས་པས་ཉིན་ལྷའི་རིང་ལ་རྒྱུན་ཆགས་སུ་རི་སུལ་དེར་རྒྱུད་བཞི་སོགས་རྒྱུད་གཞུང་དང་། མན་ངག་ལག་ལེན་བྱེད་ཚུལ་བཅས་བསླབ་པས་ཇི་བཞིན་ཡིད་ལ་ངེས་པ་བྱུང་། གཞན་ཡང་སྔ་ཕྱི་རྣམས་སུ་ཨོ་རྒྱན་སྨན་གྱི་བླ་མ་དང་། གཡུ་ཐོག་པ། བྱང་ཟུར་རྣམས་གཉིས། སྐུ་རེངས་ཉི་མ་སེང་གེ དེའུ་དམར་དགེ་བཤེས་སོགས་འཕགས་བོད་ཀྱི་གསོ་རིག་འཛིན་པ་མང་པོ་ཞལ་གཟིགས་ཤིང་རྒྱུད་ལུང་མན་ངག་རྣམས་བུམ་པ་གང་བྱོའི་ཚུལ་དུ་སྙན་བརྒྱུད་ཀྱི་གདམས་པ་བརྗོད་ཀྱིས་མི་ལང་བ་ཐོབ། དེ་དག་སྐྱེ་ཕྲེང་ནང་གསལ་སྐུ་སྐྱེས་སྔ་མའི་བག་ཆགས་ཀྱང་དེ་ཉིད་དུ་སད་པར་གྱུར་ཏེ་འཇིག་རྟེན་མི་ལ་བསྟེན་པའི་སྨན་སྦྱོང་བར་མཛད། དཔལ་ཀཿཐོག་པའི་ཆོས་གྲྭར་ཞུགས་ཏེ་ཐུབ་བསྟན་ཆོས་ཀྱི་འབྱུང་གནས་མདུན་ནས་གཏེར་མའི་ཆོས་བཀའ་དང་། གཡུ་ཐོག་སྙིང་ཐིག་གི་དབང་ལུང་། རྒྱུད་བཞིའི་ལུང་རྒྱུན་རྣམས་གསན། དེ་ནས་བླ་མ་རང་རིག་མདུན་ན་བཞུགས། ཟབ་མོ་གདམས་པ་སོགས་ཞུས་ཏེ་སྒོམ་སྒྲུབ་ཉམས་ལེན་ལ་བརྩོན། དགུང་ལོ་བཅུ་དྲུག་དུས་རྒྱ་ནག་རི་བོ་རྩེ་ལྔ་གནས་སྐོར་དུ་ཕྱིན་སྐབས། གླིང་ཆེན་འཁྱིང་རིའི་རྩེ་ནས་འཕགས་པ་འཇམ་དབྱངས་རིག་ལྔའི་ཞལ་གཟིགས་ཤིང་

བསྟན་མང་པོ་ཐོབ་ཅིང་འཇམ་དཔལ་ཞི་དྲག་གི་གཏེར་གྱི་བརྡ་གྲོལ། དེ་བཞིན་དུ་ལྷོ་ཡི་རི་བོ་བྱ་རྐང་དང་། ཡར་ལམ་གྲུ་གུ་གསོལ་སྡེ། རྒྱ་གར། བལ་ཡུལ། ཁྲ་འབྲུག གནམ་རྫོང་སོགས་ཀྱི་སྒྲུབ་གནས་དང་ལྷ་ཚོགས་ཐམས་ཅད་རེ་རེ་བཞིན་མ་འདྲེས་པར་མཇལ། དཔལ་རྩ་གསུམ་བཀའ་འདུས་ཆོས་ཀྱི་རྒྱ་མཚོའི་དམ་རྫས་སྨན་སྒྲུབ་དང་། རིན་ཆེན་བཙོ་བཀྲུ། རིགས་ཆེན་ལྔ་ཡི་དབང་རིལ། རྒྱལ་ཆེན་ཨིནྡྲ་ཧྲོ་ཧྲིའི་རིན་ཆེན་རིལ་ནག་ཆེན་པོ་སོགས་སྨན་རྒྱུན་གྱི་སྐལ་བ་ཐོབ། རྗེས་སུ་དགོན་ས་ཆག་བཏབ་ནས་འགྲོ་ལ་ཕན་པའི་སྨན་གྱི་བཅུད་སྦྱོར་གཞི་རྒྱ་ཆེན་པོ་མཛད་པས། གོ་འཇོ་སྡེ་དགེ་བག་གཡབ་སྨར་ཁམས་ལྷ་ཐོག་ཆབ་མདོ་སོགས་ཕྱོགས་གི་ཆུ་ཁར་སྨན་ལུང་དང་། ནད་བཅོས་སོགས་ཤིན་ཏུ་མང་། རིན་ཆེན་རིལ་ནག་ཆེན་པོ་སྤྲ་ཕྱི་ལམ་ནས་བསྡུ་སྒྲུབ་མཛད། སྤྲ་ཕྱི་རྣམས་ལ་ལྷ་ཀླུ་ལྷ་མི་མ་ཡིན་གྱིས་མངོན་དང་མི་མངོན་པར་རིན་ཆེན་གྱི་རིགས་སོགས་སྨན་ཕུལ་བའི་ལོ་རྒྱུས་མང་པོ་ཡོད། ལྷག་པར་དུ་སྐྱ་དངོས་ཀྱི་ནད་པ་ཞ་གྲུམ་ཅན་དག་སྐབས་རེར་འཕྱུར་འཐེན་བྱེད་པ་ཙམ་གྱིས་གྲོལ་བ་དང་། སོ་གཟེར་བ་ལ་འཁྲུམ་ལྕགས་བརྒྱབ་ཏེ་གྲོལ་བ། ཕོ་ཐོག་སོགས་མེད་པའི་ནད་ལ་གསང་ཆབ་དེ་གྲོལ་བ། རིམས་ཆམ་དྲག་པོ་མནར་བ་ལ་གོང་གི་སྨུག་སྤྲུ་ནག་ཆེན་པོ་ཨ་རག་གི་རྟ་ལ་བསྐྱོན་ནས་རིམ་ཆམས་ཚར་བཅད་པ་སོགས་མངོར་ན་ཨོ་རྒྱན་སྨན་བླ་དངོས་དང་མི་གཉིས་པའི་བསྟན་འགྲོ་ཡོངས་ཀྱི་མགོན་དུ་བཞུགས་པའི། ཕྱོགས་ཕན་གྱི་སྨན་པ་རྣམས་ནས། སྤར་བོད་ན་གཡུ་ཐོག་པས་དེ་དང་དེ་འདྲ་བའི་མཛད་སྤྱོད་མ་གཏོགས་གཞན་སུས་ཀྱང་མི་ནུས་ཞེས་སྔོ་གསུམ་སྨན་མའི་ཕྱོགས་ལ་བཏུད་པ་སོགས་བྱུང་། དགུང་ལོ་དོན་བརྒྱད་ཆུ་འབྲུག་ལོར་དཔལ་རྩ་གསུམ་བཀའ་འདུས་ཆོས་ཀྱི་རྒྱ་མཚོའི་བཀའ་ཡི་རྒྱ་གྲོལ་ཏེ་རྩ་བའི་ཆོས་བདག་ཟུར་མང་འབྲུག་སྨྱོན་ཆོས་ཀྱི་ཉི་མ་དང་། འཇིགས་མེད་པད་མ་དབང་གྲགས། བསོད་ནམས་དོན་འགྲུབ། མགོ་ཚ་སྐུ་ཆུང་སོགས་ཆོས་བདག་སྐྱེས་ཆེན་སྐལ་ལྡན་ཞུང་དུ་ཞིག་ལ་སྨན་བླ་མའི་གཟིམ་ཆུང་ན་སྨིན་གྲོལ་གྱི་སྒོ་ཐོག་མར་དབྱེས་ནས། སྤྲ་གཞུག་ཏུ་སྐྱེས་བུ་དམ་པ་སྨན་གླིང་ཁྲི་ཆེན་འགྱུར་མེད་ཀུན་བཟང་དབང་རྒྱལ་དང་། འབྲུག་སྨྱོན་ཆོས་ཀྱི་ཉི་མ། མཁན་ཆེན་མཁྱེན་བརྩེ་ནོར་བུ། ཁམས་སྨྱོན་དོན་རྒྱུད་ཉི་མ། པདྨ་སྐལ་ལྡན་རྣམས་ལ་ཟབ་གཏེར་རིན་པོ་ཆེའི་དབང་ལུང་སོགས་བུམ་པ་གང་བྱོའི་ཚུལ་དུ་བསྐྱལ་ནས། བརྩམས་ཆོས་ལ་སྨན་བླ་འགྲོ་བའི་སྒྲོག་འཛིན་བདུད་རྩིའི་ཆར་རྒྱུན་དང་། བདུད་རྩི་སྨན་བླ། གཡུ་ཐོག་བླ་སྒྲུབ་སོགས་སྨན་ཆོས་གསུང་རབ་པོ་ཏི་བཅུ་ཕྲག་གསུམ་ལྷག་ཙམ་བརྩམས། བོད་ལྕགས་སྣང་གི་ལོའི་ཧོར་ཟླ་བཅུ་གཉིས་པའི་དམར་ཕྱོགས་མཁའ་འགྲོ་འདུ་བའི་དུས་ཆེན་ཉེར་ལྔ་ཉིན་གྱི་སྲོབ་འཁོར་ཕྱི་ཆ་དགོངས་པ་ཆོས་དབྱིངས་སུ་ཐིམ།།

相曲多杰，于藏历第十四绕迥水猪年（1863）出生于多麦肖钦尼肖阿厥卫让寺（也称卫如），父亲为加达扎西，母亲为吾赤。相曲多杰从小家境贫寒，6岁时在村里当牧童。他在心善之人的帮助下得到了学习的机会。8岁那年放牧时，他遇见了明智仙人，并学习了《四部医典》及医学秘诀等知识。他先后得到了俄坚药师、宇妥巴、南北派药师、坚让尼玛桑格、帝玛尔等著名藏医学者的秘诀传授。

据传相曲多杰16岁游历五台山时，途经峨眉山，遇文殊菩萨显灵，得到了许多的授记，随后他在鸡足山、严兰智格索地、印度、尼泊尔、不丹、囊宗等多地参拜修行。后得到了奂赞桑甘丁曲吉嘉措授予佐塔、仁青安尹王热、加清恩扎波登仁青仁纳青布的加持。相曲多杰建立寺庙大力发展藏药制作工艺，并在察雅县、来托县、贡觉、德格、芒康、昌都等地进行藏医学的教育传承及诊疗活动，他的治疗方法独特，疗效显著。相曲多杰在藏医学界声名斐然，有着举足轻重的地位。相曲多杰得道之后又一年的水龙年，开始宣讲奂赞桑甘丁曲吉嘉措的传授，得到了周志曲吉尼玛、知贡白玛王张、四郎顿珠、古采根琼等许多信徒的追随。他将部分有机缘的信徒带至自己的内室，给予首次的灌顶传授。前后为曼朗呈青菊美更让汪甲、周志曲吉尼玛、曲泽诺吴大师、康珠顿吉尼玛白玛嘎登等人传授了深奥伏藏仁波切的灌顶。著作有《终身维命甘露流》《甘露药师》《宇妥·师承仪轨》等十三卷书。于藏历铁牛年（1961）十二月二十五日圆寂。

བྱང་ཆུབ་རྡོ་རྗེའི་གསུང་འབུམ།

相曲多杰医著

༄༅། །འགྲོ་བའི་སྲོག་འཛིན་བདུད་རྩིའི་ཆར་རྒྱུན་ཞེས་བྱ་བ་བཞུགས་སོ། །

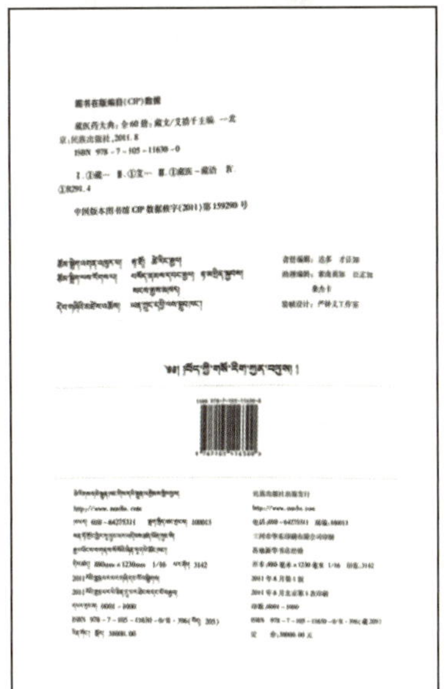
图书在版编目(CIP)数据

藏医药大典：全60册：藏文/艾措千主编 —北京：民族出版社，2011.8

ISBN 978-7-105-11630-0

中国版本图书馆CIP数据核字(2011)第159290号

༄༅། །བོད་ཀྱི་གསོ་རིག་ཀུན་བཏུས། །

གསུང་རྩོམ་འདི་ཉིད་མི་རིགས་དཔེ་སྐྲུན་ཁང་གིས་༢༠༡༥ལོའི་ཟླ་༢པར་དཔེ་སྐྲུན་བྱས་པའི་《བོད་ཀྱི་གསོ་རིག་ཀུན་བཏུས།།》ཞེས་པའི་པོད་ཞེ་བརྒྱད་པའི་ནང་ཤོག་ངོས་༤༦༡ནས་༥༨༣བར་གསལ། ཁྱོན་བསྡོམས་ཤོག་ངོས་༡༢༣བཞུགས།

ནང་དོན་གནད་བསྡུས།

དུས་མཐར་དར་ཁྱབ་ཆེ་བའི་ཆམ་རིམས་ནད་གཙོ་བོ་བྱས་པའི་ནད་རིགས་ཉི་ཤུ་ལྷག་གི་བཅོས་ཐབས་བསྟན་པ་ལ། སྨན་ཐུགས་འབྲེལ་མའི་བཅོས་ཐབས་ཁག་བཅུ་གཅིག་དང་། སྨན་སྦྱོར་ཕོ་ནའི་བཅོས་ཐབས་ཁག་བཅུ་བཞི་ཙམ་བསྟན་ཡོད། དེ་ལས་ནད་ཁ་ཤས་ལ་རྒྱུ་རྐྱེན་དང་། བཅོས་ཀའི་སྦྱོར་བ་ཁ་ཤས་ལ་སྦྱོར་ཚད་དང་བཅས་པའི་ལག་ལེན་སྐོར་ཡོད་དེ། རྫས་སྣ་མང་པོ་ལས་གྲུབ་པའི་གཉེན་པོ་སྨན་དཔེར་ན་མོ་ནད་སེལ་བའི་རྒྱ་ཙ་ང་གསུམ་ལྟ་བུ་གཙོ་སྨན་བྱས་ཏེ་དེ་ལ་བུའམ་འཕོར་སྨན་གང་དག་བསྡེབས་ན་ནད་མི་འདྲ་བ་གང་སེལ་བ་དང་། གཞན་ཡང་རླུང་སེལ་བའི་སླ་མཛུག་ལྔ་བཅུ་དང་། ཕྲ་བའི་ནད་ལ་ལུག་རྨེན་བཞི་བཅུ་རྩ་དགུ་ལྟ་བུ་སྨན་ཁྱད་མཚར་ཅན་མང་པོ་ཞིབ་རྒྱས་སུ་བཀོད་ཡོད།

གསོ་རིག་གི་རིན་ཐང་།

སྨན་དེབ་འདིར་སྤྱི་ཚོགས་སུ་དར་ཁྱབ་ཤིན་ཏུ་ཆེ་བའི་གཉན་ནད་དང་རིམས་ནད་སོགས་ནད་རིགས་ཉི་ཤུ་ལྷག་གི་བཅོས་ཐབས་བསྟན་ཞིང་། ནད་རིགས་དེ་དག་སྔགས་ཀྱི་སྒོ་ནས་བཅོས་ཚུལ་དང་སྨན་གྱི་སྒོ་ནས་བཅོས་ཚུལ་སོགས་བཅོས་ཐབས་གལ་ཆེ་བའི་རིགས་བཅུ་ཕྲག་ལྷག་གི་སྦྱོར་ཐབས་དང་ལག་ལེན་སོགས་ཞིབ་པར་གསུངས་པས་གཉན་རིམས་ཀྱི་ནད་སོགས་རྒྱུ་དང་རྒྱུ་བཞིན་པའི་སྐབས་འདིར་སྨན་དེབ་འདིའི་ནང་གི་གཉན་རིམས་ཀྱི་བརྟག་ཐབས་དང་སྨན་གྱི་སྦྱོར་ཐབས་སོགས་ཀྱི་ལག་ལེན་ཤིན་ཏུ་གལ་ཆེ་བ་སྣང་བས་ནད་ཐོག་རིན་ཐང་ཆེན་པོ་འདུག

《终身维命甘露流》

本医著收载于《藏医药大典》，共123页（第48卷中第461页至583页）。此书由民族出版社于2015年2月出版。

内容提要:

本医著介绍了以瘟疫为主的20余种疾病的治法，包括药咒结合的治法11个，仅用药方治疗的治法14个。对疾病发生的内外因，治疗的方剂及其剂量、制作步骤等具有独道见解，比如治疗妇科病的五十三味羚牛角散，君药加子药或佐药等可治疗不同疾病的方剂。另外还详细介绍了治直肠隆病的五十味麝尾骨散、治瘿瘤病的四十九味羊肉核（淋巴结）散等许多独特大方。

医学价值:

本医著详细介绍了20余种疾病的治疗方法，包括药咒结合的治疗法，对于临床诊断和治疗具有重要参考价值。

༣༥ སྡེ་དགེ་ལྷ་སྨན་རིན་ཆེན་འོད་ཟེར།

35 德格拉曼·仁青威色

སྡེ་དགེ་ལྷ་སྨན་རིན་ཆེན་འོད་ཟེར་གྱི་ངོ་སྤྲོད་མདོར་བསྡུས།

德格拉曼·仁青威色简介

སྡེ་དགེ་ལྷ་སྨན་རིན་ཆེན་འོད་ཟེར་རམ་མིང་གཞན་ལ་སྡེ་དགེ་ལྷ་སྨན་ཞལ་ཆེན་ལྷ་རྫེའམ་རཏྣ་ར་ཤྨིར་ནི་དུས་རབས་བཅུ་དགུ་བའི་ནང་སྡེ་དགེ་དགེ་བཅུའི་མདོན་པར་ས་ཡི་དཔྱད་ལེགས་ཉམས་དགའ་བ་འོག་བཀྲ་ཤིས་རྟགས་བརྒྱད་ཀྱིས་བསྐོར་བའི་དབུས་སུ་འཁྲུངས་པའི་མཁས་ཆེན་ཞིག་ལགས། ཁོང་ཉིད་ཡབ་ཡུམ་གཉིས་ཀྱིས་གཅེས་པར་བསྐྱངས་ནས་དགུང་ལོ་དྲུག་ཕེབས་པར་ཀློག་སྦྱོང་གི་འགོ་བཙུགས། བོད་ཡིག་གི་ཕྱི་མོ་ནས་བཟུང་ཆོས་སྤྱོད་སྐོར་གྱི་སློར་འཛིན་དགོས་པ་རྣམས་ཐུགས་སུ་ཆུད། དགུང་ལོ་བཅུ་གསུམ་ཕེབས་དུས་གསོ་རིག་གི་སློབ་དཔོན་དུ་འཇམ་དབྱང་མཁྱེན་བརྩེ་དབང་པོ་དང་། ཀོང་སྤྲུལ་ཡོན་ཏན་རྒྱ་མཚོ་སོགས་བསྟེན་ནས་གཞན་རྗེས་འཛིན་གྱི་རིག་པ་འདི་ཉིད་ལ་ནང་བྱན་ཆུད་པར་གྱུར་ཏེ། སྡེ་དགེ་རྒྱལ་པོའི་ལྷ་སྨན་དུ་དབང་བསྐུར། ཁོང་གིས་ཐུ་རྗེས་སུ་གསུང་ཆོས་རིན་ཐང་ཅན་ཏེ། བདུད་རྩི་སྙིང་པོ་ཡན་ལག་བརྒྱད་པ་གསང་བ་མན་ངག་གི་རྒྱུད་ལས་རྩ་བའི་རྒྱུད་ཀྱི་འགྲེལ་བ་རབ་དྭངས་ཆུ་ཤེལ་མེ་ལོང་དང་། གསོ་རིག་རྒྱུད་བཞིའི་བསྡུས་དོན་བརྗེད་ངས་སྨན་འཕྲོག་ཅེས་བྱ་བ་དུམ་བུ་གཉིས་པ་བཤད་པའི་རྒྱུད་ཀྱི་བསྡུས་དོན། བདུད་རྩི་སྙིང་པོ་ཡན་ལག་བརྒྱད་པ་གསང་བ་མན་ངག་རྒྱུད་ལས་བཤད་པའི་རྒྱུད་ཀྱི་འགྲེལ་བ་དོན་གསལ་རབ་ཏུ་སྣང་བའི་ཉིན་བྱེད། སྨན་སྦྱོར་གཅེས་བསྡུས་གཏེར་མཛོད་དམ་མན་ངག་བདུད་རྩིའི་རོལ་མཚོ་སོགས་བརྩམས་གནང་མཛད་དེ་གསོ་རིག་གི་ལས་དོན་འཕེལ་རྒྱས་འགྲོ་བར་ནུས་པ་ངེས་ཅན་ཞིག་བཏོན། སློབ་མའི་གཙོ་བོ་ཀེ་ཕྲིབ་བླ་མ་ཨ་སངས་ལགས་དང་། གནས་ར་བླ་མ་ཀུན་དགའ་སེང་གེ་སོགས་མཁས་ཤིང་བཙུན་པའི་སློབ་བུ་མང་དུ་སྤེལ། མཐར་བོད་རབ་བྱུང་བཅུ་དྲུག་པའི་ལྕགས་སྤྲུལ་ལོར་དགུང་ལོ་དྲུག་ཅུ་རེ་བརྒྱད་ལ་ཕེབས་པ་ན་སྐུ་གཤེགས་སོ།།

德格拉曼·仁青威色，别名夏青拉杰，1873年出生于今四川省德格县龚垭乡境内，父母抚育至6岁后，他开始读书习字。从藏文字母开始学习，到后来能够对法行类经文如数家珍，倒背如流。他年满13岁时，开始正式学习藏医药理论，师从降央钦孜旺布、贡珠·云丹嘉措等多位医学大师。闻习显密经论及各类藏医学经典，遂成著名学者。由于其医术精湛、医德高尚，后被封为德格土司的专用御医。其著作有《〈四部医典·根本续〉的注解水晶明镜》《论述医续注解明理阳光》《后续注解实践指点》《药物配方甘露神湖》等。其教导出的学徒有后来的格斯阿松、勒让根噶生格等名医。他于藏历第十六绕迥铁蛇年（1941）逝世，享年68岁。

སྡེ་དགེ་ལྷ་སྨན་རིན་ཆེན་འོད་ཟེར་གྱི་གསུང་འབུམ།
德格拉曼·仁青威色医著

༄༅། །བཅུད་ཀྱི་སྙིང་པོ་གསང་བ་མན་ངག་གི་རྒྱུད་ལས་དུམ་བུ་དང་པོ་རྩ་བའི་རྒྱུད་དོན་རྣམ་པར་འགྲེལ་བ་རབ་དྭངས་ཆུ་ཤེལ་མེ་ལོང་ཞེས་བྱ་བ་བཞུགས་སོ། །

གསུང་རྩོམ་འདི་ཉིད་མི་རིགས་དཔེ་སྐྲུན་ཁང་གིས་༢༠༡༥ལོའི་ཟླ་༢པར་དཔེ་སྐྲུན་བྱས་པའི་《བོད་ཀྱི་གསོ་རིག་ཀུན་བཏུས།》ཞེས་པའི་པོད་ཉེར་གཉིས་ནང་ཤོག་ངོས་༧༥༩ནས་༧༩༠དང་།པོད་ཉེར་གསུམ་ནང་ཤོག་ངོས་༥ནས་༣༨བར་གསལ། ཁྱོན་བསྡོམས་ཤོག་ངོས་༤༨བཞུགས།

ནང་དོན་གནད་བསྡུས།

རྩ་བའི་རྒྱུད་ཀྱི་གཞུང་དོན་འགྲེལ་བ་ལ་ཐོག་མར་དགོས་པ་སོགས་ཆོས་བཞི་བསྟན། དེ་ནས་སྐད་གཉིས་ཤན་སྦྱར་གྱི་མཚན་བྱང་གི་འགྱུར་དོན་དང་། བཅོམ་ལྡན་འདས་སོགས་ཀྱི་ཚིག་གི་གོ་དོན། དེ་ལ་ཕྱག་བགྱི་བའི་དགོས་པ། ཕུན་སུམ་ཚོགས་པ་ལྔ་ལྡན་དང་གྲོང་ཁྱེར་ལྟ་ན་སྡུག་གི་ངོས་འཛིན་ཐད་འདྲ་མིན་སྣ་ཚོགས་སུ་སྣང་ཡང་དེ་ལ་རང་གི་སྣང་ངོར་གང་དུ་ངོས་བཟུང་ཡང་འགལ་མེད་ཡིན་ཚུལ། བསྟན་པར་བགྱི་དགོས་པ་དག་གི་རྐང་གྲངས། གཞི་རྟགས་གསོ་གསུམ་ལས་གྱེས་པའི་ཡན་ལག་གི་འདྲེན་ཚུལ། རྗེས་ལེའུའི་རགས་པའི་རྣམས་གྲངས་བཅས་བཀོད་ཡོད།

གསོ་རིག་གི་རིན་ཐང་།

གསུང་རྩོམ་འདི་ནི་སྡེ་དགེ་ལྷ་སྨན་རིན་ཆེན་འོད་ཟེར་གྱིས་དུས་རབས་བཅུ་དགུ་པའི་ནང་གསོ་རིག་གི་སློབ་དཔོན་ཆེན་མོ་འཇམ་དབྱང་མཁྱེན་བརྩེ་དབང་པོ་དང་། ཀོང་སྤྲུལ་ཡོན་ཏན་རྒྱ་མཚོ་སོགས་བསྟེན་ནས་དཔལ་ལྡན་གསོ་རིག་རྒྱུད་བཞིའི་ཡ་གྲུལ་རྩ་བ་ཐུགས་ཀྱི་རྒྱུད་ཀྱི་དགོངས་དོན་དེའི་མིང་དང་། ཚིག་ དོན་གྱི་ཆ་ཡོངས་ལ་ཐུན་མོང་མ་ཡིན་པའི་འགྲེལ་བཤད་ཟབ་མོ་མཛད་ཡོད་པས་རྗེས་འཇུག་སྐལ་ལྡན་གྱི་སྐྱེས་བུ་རྣམས་ཀྱིས་གོ་སླ་ཞིང་འཛིན་བདེ་བའི་ཁྱད་ཆོས་ལྷག་ཏུ་ཆེ་ལ། བོད་ཀྱི་གསོ་བ་རིག་པའི་གཞུང་ལུགས་སློབ་སྦྱོང་གི་དཔྱད་གཞིའི་རིན་ཐང་ཆེ་བ་ཞིག་ཏུ་འགྱུར་བས་སོ།།

《〈四部医典·根本续〉的注解水晶明镜》

本医著收载于《藏医药大典》，共66页（第22卷中第759页至790页和第23卷中第5页至38页）。由民族出版社于2011年8月出版。

内容提要：

《四部医典》由《总则部》（又译作《根本续》）《论述部》《秘诀部》《后续部》等四部组成。本医著强调了学习《四部医典》的必要性，以及用梵藏两种文字对译的《四部医典》的书名的含义。重点介绍了《总则部》的内容，包括缘起、纲目、生理、病理、诊断、树喻6章。

医学价值：

本医著主要对宇妥·云丹贡布所著的《四部医典·总则部》从词义到内容进行了阐述。其内容通俗易懂，富有哲理，且具有独到的学术见解与认知，为后世医者学习和研究藏医学留下了宝贵的参考资料。

༄༅། །སྡེ་དགེ་ལྷ་སྨན་གྱི་སྨན་ཡིག་གཅེས་བཏུས། །

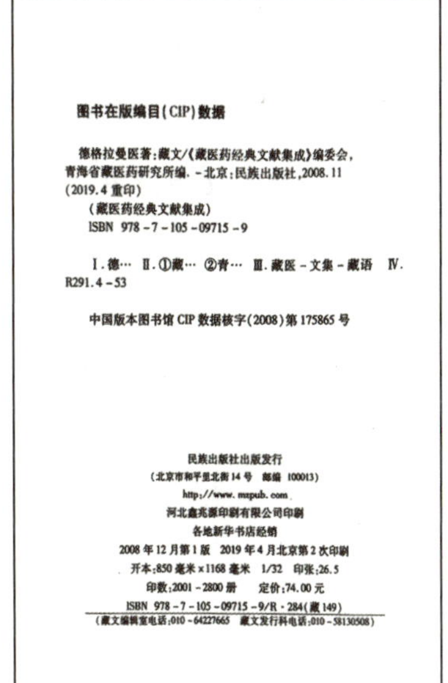
图书在版编目(CIP)数据

德格拉曼医著:藏文/《藏医药经典文献集成》编委会,青海省藏医药研究所编. -北京:民族出版社,2008.11(2019.4重印)
(藏医药经典文献集成)
ISBN 978-7-105-09715-9

Ⅰ.德… Ⅱ.①藏… ②青… Ⅲ.藏医-文集-藏语 Ⅳ.R291.4-53

中国版本图书馆CIP数据核字(2008)第175865号

民族出版社出版发行
(北京市和平里北街14号 邮编 100013)
http://www.mzpub.com
河北鑫兆源印刷有限公司印刷
各地新华书店经销
2008年12月第1版 2019年4月北京第2次印刷
开本:850毫米×1168毫米 1/32 印张:26.5
印数:2001-2800册 定价:74.00元
ISBN 978-7-105-09715-9/R·284(藏149)
(藏文编辑室电话:010-64227665 藏文发行科电话:010-58130508)

གསུང་འབུམ་འདི་ལ་དེབ་གཅིག་ཡོད། ཁྱོན་བསྡོམས་ཤོག་གྲངས་༤༡༨བཞུགས། ༢༠༠༨ལོའི་ཟླ་༡༢པར་མི་རིགས་དཔེ་སྐྲུན་ཁང་གིས་དཔར་དུ་བསྐྲུན།

ནང་དོན་གནད་བསྡུས།

དཔེ་ཆ་འདིའི་ཁག་དང་པོ་གསོ་རིག་རྒྱུད་བཞིའི་བསྡུས་དོན་བརྗོད་ངས་ཟུན་འགྲོག་ཅེས་བྱ་བ་དུམ་བུ་གཉིས་པར་བཤད་པའི་རྒྱུད་ཀྱི་བསྡུས་དོན་ཞེས་པར་ས་བཅད་༡༡ཡོད། ཁག་གཉིས་པ་བདུད་རྩི་སྙིང་པོ་ཡན་ལག་བརྒྱད་པ་གསང་བ་མན་ངག་གི་རྒྱུད་ལས་དུམ་བུ་གཉིས་པ་བཤད་པའི་རྒྱུད་ཀྱི་འབྲུ་འགྲེལ་དོན་གསལ་རབ་ཏུ་སྣང་བའི་ཉིན་བྱེད་ཅེས་པར་ས་བཅད་༡༡ཡོད། ཁག་གསུམ་པ་གསོ་བ་རིག་པའི་གཅེས་བསྡུས་ཕན་བདེའི་སྙིང་པོ་དང་འཆི་མེད་ནོར་ཕྲེང་གི་ཞལ་སྐོང་མན་ངག་བདུད་རྩི་རོལ་མཚོ་ཞེས་པར་ས་བཅད་༡༧ཡོད།

ལོ་རྒྱུས་ཀྱི་རིན་ཐང་།

རྩོམ་པ་པོས་སློབ་དཔོན་ཆེན་མོ་འཇམ་དབྱང་མཁྱེན་བརྩེ་དབང་པོ་སོགས་ཟུར་ལུགས་ཀྱི་བླ་ཆེན་མང་པོའི་དྲུང་དུ་སློབ་གཉེར་མཛད་པ་དང་། རྒྱུད་བཞིའི་བཤད་རྒྱུད་ཀྱི་འབྲུ་འགྲེལ་གཞན་དང་མི་འདྲ་བའི་ཁྱད་ཆོས་ལྡན་པའི་འགྲེལ་གཞུང་འདིར་སྔོན་བྱོན་མཁས་དབང་དག་གི་དཀའ་གནད་སྐོར་ལ་རྒྱས་འགྲེལ་དང་ཁ་བསྐོངས་མཛད་འདུག་པས། བོད་ལུགས་གསོ་རིག་ལོ་རྒྱུས་ལས་ཟུར་ལུགས་ཀྱི་འཕེལ་རྒྱས་ཕྱོགས་ལ་ཞིབ་འཇུག་བྱེད་པའི་རིན་ཐང་ཆེན་པོ་ལྡན་ནོ།།

གསོ་རིག་གི་རིན་ཐང་།

གཞུང་འདི་ཙ་བཤད་རྒྱུད་ཀྱི་བསྡུས་དོན་མདོར་བསྟན་པའི་ཚུལ་གྱིས་འབྲུ་འགྲེལ་དོན་གསལ་རབ་ཏུ་སྣང་བའི་ཉིན་བྱེད་ཀྱི་བརྗོད་བྱའི་དོན་ཀུན་བསྡུས་ནས་བསྟན་པ་དང་། འབྲུ་འགྲེལ་དུ་བཤད་པ་སྐུའི་རྒྱུད་ཀྱི་ལེའུ་སོ་གཅིག་པོའི་དཀའ་གནད་རྣམས་སྔ་རབས་ཀྱི་འགྲེལ་བ་མེས་ཞལ་དང་། བི་སྟོན། ཛ་སྨན་བཀྲ་ཤིས་འབུམ་སོགས་ཀྱི་ལུང་ལ་གཞི་བཅོལ་ནས་འགྲེལ་ཡོད་ལ། ལྷག་པར་དུ་སྨན་གྱི་འབྱུང་ཁུངས་དང་། བཟང་ངན་དབྱེ་བ། བསིལ་དྲོད་སྐྱེ་གནས། ཐོངས་དབྱིབས་ཁ་དོག རོ་དང་ཞུ་རྗེས་སོགས་དང་། ཁྱད་པར་དུ་ཀུན་ལ་གྲགས་ཆེ་བའི་འབྲི་གུང་ཚེ་དབང་བརྟན་པའི་གཅེས་བསྡུས་ཕན་བདེའི་སྙིང་པོ་དང་། དཔལ་སྤུངས་དགོན་ཀརྨ་ངེས་ལེགས་བསྟན་འཛིན་འཕྲིན་ལས་རབ་རྒྱས་ཀྱི་འཆི་མེད་ནོར་ཕྲེང་གཉིས་ལག་པོད་ཀྱི་སྙིང་པོར་བཟུང་ནས་དེའི་དཀའ་གནད་སྐོར་ལ་རྒྱས་འགྲེལ་དང་ཁ་བསྐངས་བྱས་ཡོད་པས། གསོ་རིག་སྦྱོང་མཁན་གྱི་སློབ་མ་དང་། འཆད་ཁྲིད་གནང་མཁན་གྱི་དགེ་རྒན་རྣམས་ལ་དཔྱད་གཞིའི་སྨན་ཡིག་སྟོན་མ་ཞིག་ཏུ་འགྱུར་བར་མངོན་ལ་དགེ་མཚན་ཆེའོ།།

《德格拉曼医著》

本医著共1册818页，由民族出版社于2008年12月出版。

内容提要：

本医著共分三部。第一部《德格拉曼对〈四部医典·论述部〉的概要永记光亮》有11个章节，第二部《德格拉曼对〈四部医典·论述部〉的注释明理之光》有11个章节，第三部《医学精要和长生甘露之海》有17个章节。

历史价值：

作者拜降央钦孜旺布和直贡派的才旺丹巴为师，学习了藏医学理论体系和南派藏医的药物知识、特殊疗法等医药学知识，对整个《四部医典》的章节进行了整理与注释。内容涉及人体的胚胎发育、病机学、保健学、药理学、外治学、诊断学、医学伦理学等各个方面。通过本医著，可深入了解南派藏医在康巴核心区域德格发展的历史情况，对研究南派藏医有珍贵的史料价值。

医学价值：

本医著以《祖先口述》《蓝琉璃》以及扎曼扎西本的医著为参考，特别在第二部中对藏药的基原、分类、味、性、效，寒热药物的生境等有详细的记载。尤其是对南派藏医的一些特殊疗法和临床经验进行了深入总结，并对直贡派才旺丹巴和八帮寺噶玛·额顿丹增赤烈绕杰的医著做了补充完善。对现代研究藏医学发展有重要参考意义。

༣༦ རྡོ་རྗེ་བདེ་ཆེན་གླིང་པ།

36 多吉·德庆郎巴

རྡོ་རྗེ་བདེ་ཆེན་གླིང་པའི་ངོ་སྤྲོད་མདོར་བསྡུས།

多吉·德庆郎巴简介

རྡོ་རྗེ་བདེ་ཆེན་གླིང་པ་མཆོག་ནི། བོད་རབ་བྱུང་བཅོ་ལྔ་པའི་ཤིང་ཕག་གི་ལོར་（སྤྱི་ལོ་༡༨༧༥）ཐ་སྐར་ཟླ་བའི་ཚེས་ཉེར་ལྔ་སྟེ་དམར་ཕྱོགས་མཁའ་འགྲོ་འདུ་བའི་དུས་བཟང་ལ། ཧོར་བྲག་འགོ་རྫོང་གི་མངའ་ཁོངས་མདོ་སྨད་ཟལ་མོ་སྒང་གི་ཉེ་འདབས་ཏྲེ་ཧོར་ཞེས་པའི་སར་སྨུག་པོ་ལྗོང་གི་རྒྱུད་ལས་མཆེད་པའི་ཡབ་ནམ་མཁའ་འཇིགས་མེད་དང་། ཡུམ་རིན་ཆེན་མཚོ་གཉིས་ཀྱིས་སྲས་སུ་ངོ་མཚར་བའི་ལྟས་དུ་མ་དང་བཅས་ཏེ་སྐུ་བལྟམས། དགུང་གྲངས་བཞིའི་ཐོག་རྗེ་འཇམ་དབྱངས་མཁྱེན་བརྩེ་དབང་པོ་དང་། ས་སྐྱའི་རྗེ་བཙུན་མ་སྐལ་བཟང་ཆོས་ཀྱི་དབང་མོ་སོགས་སྐྱེས་ཆེན་དུ་མས་མགྲིན་གཅིག་ཏུ་འབྲས་ལྗོངས་ལྷ་བཙུན་ཆེན་པོའི་སྐུ་ཕྲེང་དུ་ངོས་འཛིན་གནང་བ་ལྟར་མདོ་མང་དགོན་གྱི་གསེར་ཁྲིར་མངའ་གསོལ། དགུང་གྲངས་ལྔའི་སྟེང་འབྲི་ཀློག་བསླབས་པ་དང་། ཐ་རྗེས་སུ་བོད་བརྒྱུད་ནང་བསྟན་ཆོས་ལུགས་དང་བོད་ཀྱི་གསོ་བ་རིག་པའི་བླ་མ་དགེ་བཤེས་མང་པོའི་ཞབས་ལ་གཏུགས་ཏེ་བོད་ཀྱི་རིག་གནས་ལ་སྦྱང་བརྩོན་བྱས་པས་རིམ་གྱིས་མཚན་གྱི་སྙན་པ་ཕྱོགས་སུ་གྲགས། གསོ་རིག་སྨན་གྱི་དགེ་བའི་བཤེས་གཉེན་གཙོ་བོ་འཇམ་དབྱངས་མཁྱེན་བརྩེ་དབང་པོ་དང་། ཀོང་སྤྲུལ་ཡོན་ཏན་རྒྱ་མཚོ་སོགས་སྐབས་དེར་གནམ་འོག་ཀུན་ཏུ་སྐད་གྲགས་ཁྱབ་ཡོད་པ་དག་ཡིན། ཁོང་ནི་ཆེ་གང་པོར་སློབ་ལ་བརྩོན་པས་ནང་དོན་རིག་པ་དང་གསོ་བ་རིག་པ་ལ་མཁས་པའི་མཐར་ཕྱིན་པར་མ་ཟད། ད་དུང་གསང་སྔགས་དང་། ཆོས་དོན། སེམས་ཁམས་རིག་པ་སོགས་སྦྱོང་ནས་གདོན་ནད་སྐྲོད་པ་ལའང་འཛོན་པོ་ཡོད། ཁོང་གིས་ལོ་དུ་མའི་རིང་ལ་སློབ་གཉེར་དང་། ནད་ཐོག་གསོ་བཅོས། འཆད་རྩོམ་གྱི་བྱ་གཞག་ལ་འབད་དེ་ཚེ་སྨད་དུ་ངལ་གྱི་གདུང་བའི་ཟིན་པས་རབ་བྱུང་བཅུ་དྲུག་པའི་ས་འབྲུག（སྤྱི་ལོ་༡༩༢༨）

ལོའི་ཁྲིམས་ཟླའི་ཚེས་བཅུའི་ཉི་ཤར་ལ་ས་སྐྱའི་ཉེ་ཆར་ཞིག་ཏུ་དགོངས་པ་ཆོས་དབྱིངས་སུ་རྫོགས།

རྡོ་རྗེ་བདེ་ཆེན་གླིང་པས་སྐུ་ཚེ་གང་པོར་ཕྱི་རབས་པ་ལ་བོད་ཀྱི་རིག་གཞུང་གི་གསུང་རྩོམ་དུ་མ་བརྩམས་བཞག་གནང་ཡོད།།

多吉·德庆郎巴，作为19世纪末至20世纪初最杰出的佛学及藏医药学专家之一，诞生于藏历第十五绕迥木猪年（1875），其出生地为朵梅色莫岗霍尔章谷哲霍尔（现甘孜州炉霍县）。其父为南卡久美，其母为仁青措。在其4岁之际，他被降央钦孜旺布与萨迦尊者格桑曲吉旺姆两位杰出的高僧大德确认为锡金拉尊钦布转世序列的活佛。此一确认具有深远的宗教意义及历史价值。随后，这位被确认的转世活佛在炉霍县的多芒寺举行了隆重的坐床仪式，象征其正式成为该转世序列的继承者。此一确认在当时引起了广泛的关注。多吉·德庆郎巴自幼便显露出非凡的智慧与灵性，自5岁起，他在多芒寺接受了严格的宗教教育与训练。在此过程中，他不仅深入研习了佛教经典与教义，还逐渐显露出对藏医药学的深厚兴趣与非凡天赋。他先后拜多位藏传佛教高僧大德及藏医药大师为师，学习并传承藏族文化，其中在藏医药学方面的知识，主要得益于降央钦孜旺布、贡珠·云丹嘉措等著名医者的传授。他的聪颖与才华使他从同龄人中脱颖而出，成为众人瞩目的焦点。降央钦孜旺布不仅是一位卓越的宗教领袖，还是藏医药学界的泰斗，他将自己毕生所学无私地传授给了多吉·德庆郎巴。而贡珠·云丹嘉措作为藏医药学领域的另一位巨匠，同样对多吉·德庆郎巴寄予厚望，将自己多年的医学心得与实践经验倾囊相授。在两位大师的悉心教导下，多吉·德庆郎巴系统地学习了藏医药学的理论知识与实践技能，对药物的采集、炮制、配伍及临床应用等方面有了深刻的理解与独到的见解。他的医术日渐精湛，名声也随之远扬，成为当地民众心中的神医。他的才华与成就不仅赢得了同行的尊敬与赞誉，更为藏医药学的发展作出了重要贡献。

他一生致力于学习，不仅对佛学和藏医药学有着深厚的造诣，还精通于运用佛教密咒、法事以及心理学知识来治疗各种精神上的疾病。他经历了长期而艰苦的求学之路、行医实践以及撰写学术著作的过程，这些辛勤的努力最终导致他积劳成疾。在藏历第十六绕迥土龙年（1928），他不幸逝世，享年53岁。多吉·德庆郎巴先生为后世留下了丰富的藏学遗产，特别是关于藏医药学的宝贵知识，这些都详尽地收录在他的著作《医学甘露滴》及其系列书籍中。

他的学识渊博，不仅体现在对佛学与藏医药学的深入研究上，更在于他能够将不同领域的知识融会贯通，用于治疗患者的身心疾病。他深知，许多疾病不仅仅是身体上的不适，往往还伴随着精神上的困扰。因此，他巧妙地运用佛教密咒与法事，结合心理学原理，为患者提供全面的治疗方案。这种独特的治疗方法，不仅在当时取得了显著的疗效，也为后来的医学研究提供了宝贵的思路。

在求学与行医的过程中，多吉·德庆郎巴先生付出了巨大的努力。他遍访名山大川，搜集珍稀药材，不断实践与创新，最终形成了自己独特的医学体系。然而，长期的劳累与奔波也严重损害了他的健康。尽管如此，他依然坚持为患者诊治，直到生命的最后一刻。他的逝世，无疑是藏医药学界的一大损失，但他的精神与成就却永远地留在了人们的心中。

他所著的《医学甘露滴》及其系列书籍，不仅系统地总结了藏医药学的理论知识与实践经验，还融入了他个人的见解与创新。这些著作成为后世学者研究藏医药学的重要参考资料，也为藏医药学的传承与发展奠定了坚实的基础。多吉·德庆郎巴的一生，是对知识的不懈追求，是对患者的无私奉献，更是对藏医药学发展的巨大推动。

རྡོ་རྗེ་བདེ་ཆེན་གླིང་པའི་གསུང་འབུམ།
多吉·德庆郎巴医著

༄༅། །གསོ་བ་རིག་པའི་མན་ངག་བདུད་རྩི་བཅུད་ཐིག་ཅེས་བྱ་བ་བཞུགས་སོ། །

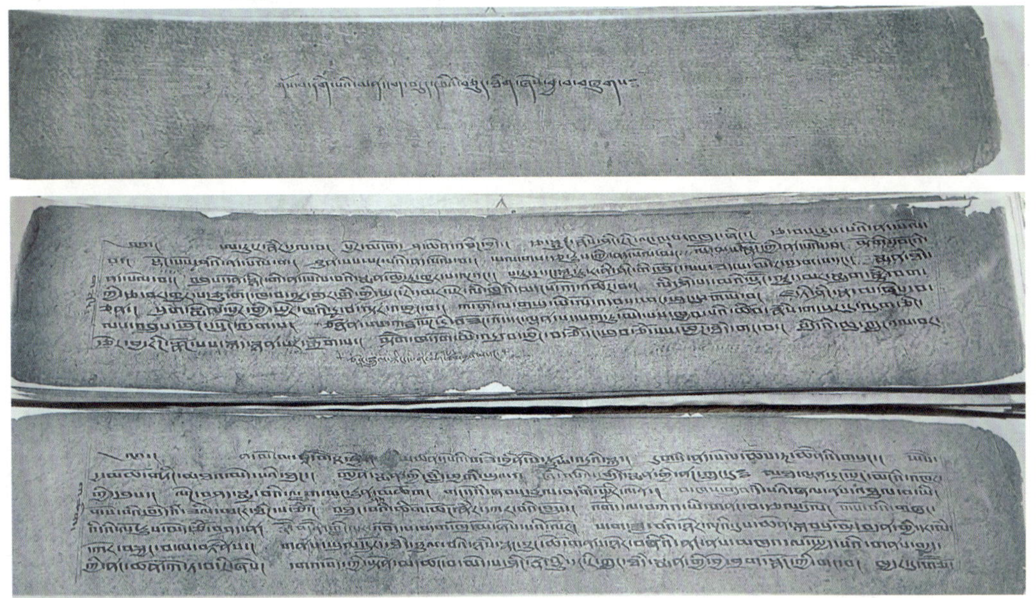

གསུང་རྩོམ་འདིའི་མ་ཡིག་ནི་ལག་བྲིས་ཡིན། པོ་ཏི་གཅིག་ཡོད། ཡིག་གཟུགས་དབུ་མེད། ཤོག་ངོས་རེར་ཐིག་ཕྲེང་༧། ཐིག་ཕྲེང་རེར་ཡིག་འབྲུ་༢༨ཙམ། ཁྱོན་བསྡོམས་ཤོག་ངོས་༡༥བཞུགས། ད་ལྟ་ཧོར་བྲག་འགོའི་དགོན་པའི་ནང་དུ་ཉར་ཚགས་བྱས་ཡོད།

ནང་དོན་གནད་བསྡུས།

《གསོ་རིག་བདུད་རྩི་བཅུད་ཐིགས》ཞེས་པ་འདི་ནི་གཞུང་ལུགས་ཀྱི་རྨང་གཞི་ཚད་ལྡན་ཡོད་པ་དང་། སྨན་ཡིག་ཏུ་བསྟན་པའི་ལེའུ་དང་པོར་གསོ་བོར་ནད་ཀྱི་རྣམ་གཞག་དང་ངོས་འཛིན་བརྟག་ཐབས། ཞི་བྱེད་སྨན་སྦྱོར། འཇམ་རྩུབ་དཔྱད། གསོ་བྱེད་ཐབས། གསོ་བ་པོ་སྨན་པའི་བསླབ་བྱ་བཅས་ས་བཅད་ནང་དོན་བཅོ་ལྔའི་ལམ་ནས་བསྟན། ལེའུ་གཉིས་པར་སྨན་བཙོ་བསྒྲུབ་དང་། མེ་བཙའི་བཅོས་ཐབས། སྨན་རྫས་བཏུ་རྒྱུ་དང་འབྲེལ་གྱི་

བཅོས་སོགས་ཞལ་ཤེས་སྐོར་ས་བཅད་བཅུ་ཡི་སྒོ་ནས་བསྟན། ལེའུ་གསུམ་པར་རྩེ་བརྩུད་ཅན་གྱི་ཟས་སྐོམ་སྟེ་ཆུ་དང་འོ་མ། ཆང་། ར་མོ་ཤག་ཆེན་ཤུག་པ། ཙོང་ཞི། སྒུ་ཟེ། ཤུ་དག དབང་ལག་སོགས་ཡང་དག་པའི་བསྟེན་ཐབས་ལ་བརྒྱུད་རྣམས་སྨ་ཚེ་རིང་དང་། ལུས་ཟུངས་གསོ་བའི་ཕན་ནུས་འདོན་པ་བཅས་ས་བཅད་བཅོ་བརྒྱད་ཀྱི་ལམ་ནས་གསུངས། ལེའུ་བཞི་པར་སྨན་སྣའི་ཚ་ག་དང་དབང་སྣ་ཚོགས་ས་བཅད་དྲུག་གི་ལམ་ནས་བསྟན། ལེའུ་ལྔ་པར་དྲི་བདུག་གི་ཐབས་ལམ་བསྟེན་པའི་ས་བཅད་གཅིག་བསྟན། གོང་གི་ནང་དོན་དུ་མ་ཕྱོགས་སྒྲིག་མཛད་པ་དེས་གསོ་བ་རིག་པའི་གཞུང་ལུགས་ཇེ་རྒྱས་སུ་བཏང་བར་མ་ཟད་གཞུང་དུ་བསྟན་པའི་དཔྱད་བཅོས་སོགས་ཀྱིས་ནད་ཐོག་ལག་ལེན་གྱི་གསོ་བཅོས་ལ་སྐུལ་འདེད་ཀྱི་ནུས་པ་ཡང་ཐོན་ཐུབ་པོ།

གསོ་རིག་གི་རིན་ཐང་།

གསུང་འབུམ་འདིར་ཁམས་ཕྱོགས་ཟུར་ལུགས་གསོ་རིག་གི་གཞུང་ལུགས་མ་ལག་ཕལ་ཆེ་བ་རྒྱུད་འཛིན་བྱས་ཡོད་པ་དང་། ལྷག་པར་དུ་ཟུར་ལུགས་སྨན་པ་གྲགས་ཅན་འཇམ་དབྱངས་མཁྱེན་བརྩེ་དབང་པོ་དང་ཀོང་སྤྲུལ་ཡོན་ཏན་རྒྱ་མཚོ་སོགས་ཀྱི་རིག་གཞུང་གི་བསམ་བློ་རྒྱུད་འཛིན་བྱས་འདུག ཡིན་ཡང་ནད་ངོས་འཛིན་དང་དབྱེ་བ། བརྟག་ཐབས་ཕྱོགས་ལ་རྩོམ་པ་པོ་རང་གི་ཐུན་མོང་མ་ཡིན་པའི་ལྟ་བ་བརྗོད་ཡོད་དེ། དཔེར་ན་ནད་ཀྱི་རྒྱུ་རྐྱེན་གཙོ་བོ་ལ་ཁོང་གིས་ཕྱི་གདོན་ནང་དུ་ཞུགས་པ་ལས་ནད་བསླང་བ་ཡིན་པའི་ལྟ་བ་བཏོན་པ་དང་། ནད་ཀྱི་དབྱེ་བ་ལ་བཞི་བརྒྱ་རྩ་བཞི་ལྟར་མ་དབྱེ་བར་གནས་ལུགས་དང་ཁུངས་ལུང་ལྡན་པའི་སྒོས་ནད་གྲངས་བདུན་ཅུ་ལ་དབྱེ་བ་དང་། རྩ་རྒྱུའི་བརྟག་ཐབས་ཕྱོགས་ནས་ཡང་སྔོ་གཞུང་ལས་བཏོན་པ་དང་མི་མཐུན་པ་སོགས་བཏོན་ཡོད། ད་དུང་དབྱུག་བཅོས་ཀྱི་ལག་ལེན་སྦྱོང་བྱང་ཡི་གེར་བཀོད་པ་སོགས་བོད་ཀྱི་གསོ་བ་རིག་པའི་ནང་དོན་མང་པོ་ཁ་གསལ་བྱས་པས་གཞུང་ལུགས་ཞིབ་འཇུག་གི་རིན་ཐང་གལ་ཆེན་མཛོན།།

《医学秘诀·甘露精要》

本医著母本为手抄本，共一册，字体为乌梅体，每页7行，每行29字，共9页。此书现由炉霍县寿灵寺收藏。

内容提要：

本医著共有5章，分别为《主篇》《面授篇》《保健篇》《药师佛仪轨篇》和《除秽篇》。其中《主篇》共15节，内容涉及藏医疾病学、诊断学、方剂学、外治学、医学伦理学等各种学科知识。《面授篇》共10节，内容涉及药物配制、灸疗、服药法、药材采集、心理治疗等需要口授的各种实用方法。《保健篇》共18节，内容为通过正确方法饮用水、酒、牛奶和食用天麻、柏枝、寒水石、硫磺、藏菖蒲、佛手参等药物精华，从而达到延年益寿、强身健体等保健作用的方法。《药师佛仪轨篇》共6节。《除秽篇》共1节，内容为熏香药物的煨熏方法。本医著内容丰富，其中有很多实用性的篇章，可以积极推进在临床中的实践应用。全书共以5个重要章节进行论述。包含理论基础、疾病诊断、疾病治疗、独特的外治疗法、医德伦理等内容。

医学价值：

本医著传承了康巴地区的南派藏医药理论体系，特别是承袭了降央钦孜旺布、贡珠·云丹嘉措等历代康巴名医的学术思想，对疾病的认识、分类和诊治方面提出作者自己独特的见解。如对病因的认识，其认为邪气侵扰身体是主要因素。对疾病的分类也不似主流经典分404种，而是有理有据地分为 70 种。在脉诊和尿诊部分也有与众不同的认识，还就藏医棍疗法的运用阐述了自己的经验，丰富了藏医学的内容。

༣༧ མགོ་ལོག་སྨན་པ་སྟག་བླ་ནོར་བུ།

37 果洛曼巴·达拉罗布

མགོ་ལོག་སྨན་པ་སྟག་བླ་ནོར་བུའི་ངོ་སྤྲོད་མདོར་བསྡུས།

果洛曼巴·达拉罗布简介

མགོ་ལོག་སྨན་པ་སྟག་བླ་ནོར་བུ་ཞེས་པ་ནི། རབ་བྱུང་བཅོ་ལྔ་པའི་ས་གླང（སྤྱི་ལོ༡༨༨༩）ལོར་མགོ་ལོག་སྟག་ཞིབ་དཔོན་གྱི་རྒྱུད་དུ་སྐུ་འཁྲུངས། ཁོང་རབ་ཏུ་བྱུང་བའི་མཚན་ལ་འཇིགས་མེད་ཐུབ་བསྟན་རྒྱ་མཚོ་ཞེས་གསོལ། སྐུ་ན་ཆུང་ངུའི་དུས་ནས་འཇུ་མི་ཕམ་རྣམ་རྒྱལ་རྒྱ་མཚོའི་ཞབས་པད་བསྟེན་ཞིང་གཞུང་ལུགས་རབ་འབྱམས་ལ་སྦྱངས་ཤིང་། ཁྱད་པར་གསོ་རིག་སྨན་གྱི་གནས་ལ་སྦྱངས་པ་ཕུལ་དུ་བྱུང་བར་མཛད་པར་འཇུ་མི་ཕམ་མཆོག་གིས་བསྔགས་བརྗོད་ཅི་ཆེ་ཐོབ། སྟག་བླ་ནོར་བུའི་གསུང་རྩོམ་དུ་མ་ཡོད་པ་ལས། སྨན་གྱི་ཕྱོགས་སུ་བརྩམས་པ་གནང་བ་ནི། གཡུ་རྩེའི་རྫོང་དུ་བཞུགས་དུས་སྨན་གྱི་གཞུང་ལུགས་དུ་མ་བརྩམས་ཡོད་ཀྱང་ད་ལྟ་དཔེ་རྒྱུན་མང་པོ་ཆད། ད་དུང་ཡོད་པ་ནི་ཨུཏྤལ་བརྒྱད་ཅུ་པ་དང་། ག་པུར་བརྒྱ་རྩ། མན་ངག་བདུད་རྩིའི་ཡང་ཞུན། ཐུགས་རྗེ་བསིལ་བའི་བདུད་རྩིའི་ཆུ་རྒྱུན་སོགས་བཞུགས། ཁོང་གི་ཐུན་མོང་མ་ཡིན་པའི་སྨན་གྱི་ལག་ལེན་ཐམས་ཅད་འཕྲུལ་དུ་ཕན་པ་མངོན་གསལ་ཅན་ཤ་སྟག་ཡིན་ཞིང་། སྐར་རྩིས་ཀྱི་ཕྱོགས་སུའང་གསུང་རྩོམ་མང་པོ་ཡོད་སྐད། དེ་ལས་གཞན་ལེགས་བཤད་ཀྱི་ཕྱོགས་སུ་ཀླུན་གཏམ་དང་། ཁྲིམས་གཏམ་ལྟ་བུ་གསུང་རྩོམ་མང་པོ་བཞུགས།། ཁོང་གི་སྨན་བཅོས་ལག་ལེན་ཕྱོགས་སུའང་འགྲན་ཟླ་དང་བྲལ་བ་ཞིག་སྟེ། རབ་བྱུང་བཅོ་ལྔ་པའི་མཇུག་ཙམ་ལ། གཙང་སྐོར་དུ་བུད་མེད་ཅིག་ལ་བྱིས་པ་བཙའ་བའི་ཐོག་སྐྱེ་ནུག་བྱུང་ནས་སྐྱེ་མ་ཐུབ་པར་ཨ་མཆོད་སང་དུ་སྟག་བླ་ནོར་བུ་བཞུགས་པའི་གནས་སུ་མི་མངགས། དེ་སོང་ཤུལ་གྱི་ཕྱི་དྲོ་སྐྱེས་མ་དེ་ཤི་བ་ལྟར་གྱུར་ནས། གཙང་སྐོར་གྱི་བླ་མ་ཞིག་ཡོད་པ་ཤི་ཆོག་ལ་གདན་འདྲེན་ཞུས། ནམ་ལངས་

ཁར་རོ་དུར་སར་འཁྱེར། ཐ་ཉིན་སྨན་པ་བསྐུས་ནས་ཡོང་བའི་སྨན་པ་ཡོང་ལམ་དང་། དུར་སར་འཁྱེར་ལམ་གཉིས་གཅིག་ཡིན་པས་ལམ་ནས་རོ་འཁྱེར་བ་དང་འཕྲད། སྨན་པ་སྟག་བླས་པོ་རྒྱུས་ཞིབ་པར་དྲིས་པ་དང་། མངལ་ཁྲག་ཕྱི་རོལ་དུ་འགོས་པ་ལ་བརྟག་དཔྱད་བྱས་ནས། འདི་ནི་ཤི་ཁྲག་མ་ཡིན་པར་འདི་ནི་གསོན་ཁྲག་ཡིན་པས་དུར་ས་ནས་ཞིབ་དཔྱོད་བྱེད་དགོས་ཞེས་གསུངས་ནས་དུར་སར་རོ་བཞག་པ་དང་བརྟག་པ་གནང་། ཁོང་གིས་ཤེས་རྟོགས་བྱུང་བ་ནི། མངལ་གནས་བྱིས་པའི་ལག་པས་མའི་མཁལ་རྩར་དམ་དུ་འཇུས་པས་ཨ་མ་ཤི་བ་ལྟར་སོང་བ་ཤེས་ནས། མེ་བཙའ་བྱིས་པའི་ལག་ཐོག་རེད་སྐམ་པའི་སྟེང་དུ་བཞག་པས། བྱིས་པའི་ལག་པས་རྩ་འཇུས་པ་བཏང་པས་ཤ་འགུལ་བྱུང་། དེ་མ་ཐག་ཐང་དང་ཕྱེ་མ་བཏང་ཐབས་བྱས་ཏེ་དབུགས་སོས་པ་དང་། བྱིས་པའང་བདེ་བླག་ཏུ་བཙས་ཏེ་མ་བུ་གཉིས་དུར་ས་ནས་ཚེ་སྲོག་སྐྱབས་པས། བླ་མ་ལས་ཀྱང་ལྷག་པའི་སྟག་སྐོར་སྨན་པ་བླ་མ་ཞེས་མིང་ཐོགས་པ་རེད། ཁོང་སྟག་བླ་ནོར་བུ་ནི་དེ་ཙམ་དུ་མ་ཟད་མི་ཤི་བ་གསོས་པའི་རྣམ་ཐར་དང་། ནད་གསོ་མི་ཐུབ་པ་གསོས་པའི་རྣམ་ཐར་ཤིན་ཏུ་མང་། ཁོང་གི་སྨན་བརྒྱུད་མཁན་པོ་ཐུབ་ནོར་ཚང་དང་། ངང་པ་དཔལ་མགོན་སོགས་སྨན་པ་གྲགས་ཅན་མང་དུ་ཐོན། མགོ་ལོག་ཕྱོགས་སུ་གཏར་བསྲེག་གི་ལག་ལེན་ད་ཅང་དར། ད་ལྟའང་རྒྱལ་བསམ་འགྲུབ་དང་། ཁམས་སེང་སྨན་པ། སྨན་པ་ཀས་པོ་སོགས་ངེས་པ་དོན་གྱི་གསོ་རིག་ལག་ལེན་མཁས་པ་དུ་མ་བྱུང་ངོ་།།

果洛曼巴·达拉罗布，出身于果洛达勒官吏世家，诞生于藏历第十五绕迥土牛年（1889）。他的法号为晋美土丹嘉措，自幼便在居·迷旁降央郎杰嘉措的指导下学习，广泛涉猎了包括医学、哲学、文学在内的众多学术领域。在这些领域中，他尤其在医学理论方面展现出了非凡的才华和深刻的理解力，因此获得了居·迷旁大师的高度评价和认可。他不仅精通医学典籍，还善于将理论知识应用于实践，解决了许多牧民的健康难题。他的医术高超，治愈了许多疑难杂症，深受当地民众的敬仰和爱戴。达拉罗布在其一生中撰写了众多关于历算、医学、格言等方面的著作。特别是在玉孜宗时期，他创作了大量医学领域的作品，遗憾的是，这些作品大多已经散佚。目前，我们仅能保存和传承《邬波罗八十》《龙脑百方》《秘诀甘露之精》以及《慈悲关怀甘露水流》等少数几部著作。此外，他所遗留的医疗实践方法具有鲜明的个性，疗效显著，关于他治疗病人、挽救生命的传说广为流传。他关于格言的著作包括《愚言》与《童言》等。这些作品深藏着他对人生、道德和修行的独到见解，以及其深刻的人生智慧和哲学思考。其语言简练且充满启发性，充分展现了达拉罗布的思考精髓。在《愚言》中，他以幽默而犀利的笔触，揭示了人性的弱点和社会现象，引人深思。而《童言》则通过孩子们纯真无邪的视角，传递出对美好世界的向往和对真善美的追求，让人感受到温暖和希望。这些格言作品不仅在当时受到了广泛的关注和赞誉，也对后世产生了深远的影响，成为人们汲取智慧和力量的重要源泉。其门下弟子包括著名医师堪布妥诺、昂巴白贡等人。在达拉罗布的精心指导下，这些弟子们不仅习得了精湛的医术，还继承了他以慈悲为怀、救死扶伤的精神。他们将藏医的外治技术，包括放血疗法和火灸疗法等，传播至果洛地区的每一个角落，显著提升了当地民众的健康水平。同时，这些弟子们也致力于传播达拉罗布的医学理念和人格魅力，让更多的人受益于他的智慧与慈悲。得益于他们的不懈努力，藏医文化在果洛地区得到了更广泛的传承与发展，为当地民众的健康福祉作出了重要贡献。时至今日，仍有多位继承其医学实践的杰出医师，如嘉荣桑珠、康桑医生、盖布医生等。他们不仅在藏医学领域取得了卓越的成就，还积极将达拉罗布的医学精神传承下去。嘉荣桑珠以其精湛的医术和对患者的深切关怀，成为果洛地区备受尊敬的医师。他时常深入偏远乡村，为那里的民众提供免费的医疗服务，用实际行动践行了达拉罗布以慈悲为怀的医学理念。康桑医生则致力于藏医外治技术的研究与创新，他在放血疗法和火灸疗法等方面有着独到的见解和丰富的实践经验，为众多患者解除了病痛。盖布医生则更加注重医学教育与传承，他创办了藏医学培训班，培养了一批又一批的年轻医师，为藏医文化的传承与发展注入了新的活力。这些杰出的医师们，用自己的行动诠释着达拉罗布医学精神的内涵，让藏医文化在果洛地区乃至更广阔的天地里绽放出更加璀璨的光芒。

མགོ་ལོག་སྨན་པ་སྟག་ཟླ་ནོར་བུའི་གསུང་འབུམ།

果洛曼巴·达拉罗布医著

༄༅། །གསོ་དཔྱད་མན་ངག་གཅེས་བསྒྲིགས་གཞན་ཕན་ཟླ་ཤེལ་ནོར་བུའི་སྒྲོན་མེ་ཞེས་བྱ་བ་བཞུགས་སོ།།

责任编辑：扎卓
封面设计：阿曲
藏医学窍决选集·利他明灯
作者：达拉罗布
校对：多杰仁青
*
西藏人民出版社出版发行
西藏新华印刷厂印刷
开本：850×1168 1/32 印张：10.125 字数：19万
1996年5月第1版 1996年5月拉萨第1次印刷
印数1－3500
统一书号：MISBN7－223－00897－0/R.31
定价 12.50元

གསུང་འབུམ་འདི་དེབ་གྲངས་གཅིག་ཡོད། ཤོག་བསྡོམས་ཤོག་གྲངས་༣༡༢་བཞུགས། ༡༩༩༦ལོའི་ཟླ་༥པར་བོད་ལྗོངས་མི་དམངས་དཔེ་སྐྲུན་ཁང་གིས་དཔར་དུ་བསྐྲུན།།

《藏医学窍诀选集·利他明灯》

本医著共1册312页，由西藏人民出版社于1996年5月出版。

༄༅། །སྨན་པའི་བསླབ་བྱ་དང་སྦྲང་རྩིའི་སྙིང་པོ་ཞེས་བྱ་བ་བཞུགས་སོ། །

གསུང་རྩོམ་འདི་ཉིད་《གསོ་དཔྱད་མན་ངག་གཅེས་བསྒྲིགས་གཞན་ཕན་ཟླ་ཤེལ་ནོར་བུའི་སྒྲོན་མེ།》ཞེས་པའི་ནང་དུ་བཀོད་ཡོད། དེབ་དེའི་ཤོག་ངོས་༧༥ནས་༥༨བར་གསལ། ཁྱོན་བསྡོམས་ཤོག་གྲངས་༤༢བཞུགས།

ནང་དོན་གནད་བསྡུས།

གསུང་རྩོམ་འདིའི་ནང་གཙོ་བོ་བྱ་བྱེད་སྨན་པའི་སྐབས་ཀྱི་སྨན་པའི་རྒྱུ་དང་ངོ་བོ། ངེས་ཚིག དབྱེ་བ། ལས་བཅས་གང་དང་ཅི་ཡིན་གྱི་སྐོར་ལུང་རིགས་གཉིས་ཀྱི་སྒོ་ནས་གསལ་པོར་བསྟན་ཡོད། གསོ་བ་པོ་སྨན་པའི་རྒྱུ་དྲུག་གི་གོ་དོན་ལ་སྐྱེ་བོ་གསོ་ཐབ་དང་སྲུམ་ཅུ་བ། སྐྱེས་རབས་སོགས་ཀྱི་ཉིང་བཅུད་རང་གསོས་སུ་བཀུག་ནས་རྒྱ་ཆེར་བསྟན་པ་དང་འབྲེལ་སྨན་པའི་རྒྱུ་དྲུག་གི་གོ་རིམ་དེ་ལྟར་འཛོག་པའི་རྒྱུ་མཚན། སྨན་པའི་དབྱེ་བ་ལས་ཕལ་བའི་སྨན་པ་ནི་ཅི་ལྟ་བུ་ཞིག་ཡིན་པ། བོད་དུ་བསྟན་པ་སྔ་དར་དང་ཕྱི་དར་ལ་སྐྱེས་བུ་གང་དང་སུ་བྱོན་ཞིང་དེ་དག་གིས་བསྟན་བཅོས་གང་ཅི་མཛད་པ་དང་། སྨན་པའི་ལས་ནི་ལུས་ངག་ཡིད་གསུམ་ལས་གྲུབ་ཞིང་དེ་སོ་སོ་བྱ་བ་གང་དང་གང་ལ་འཇུག་དགོས་པ་སོགས་བྱ་བྱེད་སྨན་པའི་སྐོར་གྱི་ཤེས་བྱ་ཐམས་ཅད་མ་ཚང་བ་མེད་པར་ཞིབ་རྒྱས་སུ་བསྟན་ཡོད་དོ།

གསོ་རིག་གི་རིན་ཐང་།

རྩོམ་པ་པོས་འདིར་གསོ་བ་རིག་པའི་ནང་དུ་བསྟན་པའི་སྨན་པ་ལ་ཚང་དགོས་པའི་རྒྱུ་དྲུག་དང་། སྨན་པའི་ངོ་བོ་དང་ངེས་ཚིག དབྱེ་བ། བྱ་བའི་ལས། འབྲས་བུ་བཅས་རྣམ་པ་དྲུག་གི་སྒོ་ནས་ཞིབ་ཅིང་རྒྱས་པར་སྤྲོས་ཡོད་དེ། གསོ་བ་པོ་སྨན་པ་བྱ་བའི་གནས་ལ་འཇུག་དུས་ཀྱི་ལུས་ངག་ཡིད་གསུམ་དྲང་པོར་སྲོང་བ་དང་། ནད་གསོ་བར་མཁས་ལ་ནད་པ་ཡོངས་ལ་བརྩེ་བ་བཅས་ཀྱི་དགོས་པ་ལུང་དང་རིགས་པའི་སྒོས་ལྷུག་པར་བཀྲོལ་བས་གསོ་བ་པོ་སྨན་པའི་ལས་ལ་ཐོག་མར་འཇུག་དུས་ཀུན་སློང་བཟང་པོ་གཞན་ཕན་གྱི་བསམ་པ་འཆང་བར་ངེས་ཤེས་ཡག་པོ་བསྐྱེད་པ་དང་། ནད་སྨན་གཉེན་པོ་སྦྱོད་པ་ལ་ཡང་ཐོགས་པ་མེད་པའི་གལ་ཆེའི་ཆ་རྐྱེན་བསྐྲུན། དེ་མིན་གོང་གི་ནང་དོན་དེ་དག་གིས་བོད་ཀྱི་གསོ་བ་རིག་པའི་བྱ་བྱེད་སྨན་པའི་རིག་གཞུང་གི་རྒྱ་ཆེའི་ནང་དོན་རྒྱུད་འཛིན་དང་དར་སྤེལ་གཏོང་བར་ནུས་ཤུགས་བཏོན་པར་མ་ཟད། སྨན་པའི་ཀུན་སྤྱོད་ཚད་ལྡན་བཟོ་རྒྱུར་ཡང་སྐུལ་ལྕག་བཏོན་ཡོད་དོ།།

《对医生的教诲·蜜精》

本医著收载于《藏医学窍诀选集·利他明灯》中第15页至56页，共42页。

内容提要：

达拉罗布从经教和道理两方面明确阐释了医生的本质、定义、分类、职责等，其中在医生应具备的六种素质的理解方面，他提出要汲取《养生篇》《三十颂》《本生经》等的精华来充实自己；并解释了六种医德前后排序的原因。在医生的分类方面，他阐述了医生的定义，记录了藏地佛教前弘期和后弘期出现的名医名著，以及医生之业由身、语、意三方面组成。对怎样做医生、如何守医德等方面的内容阐释得十分齐全。

医学价值：

作者以藏医学中对医者的本质、定义、分类、职责、因果等核心内容为中心论点，强调医者应遵守医德、协调医患关系，对患者要持慈悲同情之心，以高尚情操，行仁爱之术，同时体现出藏医医德医风的伦理学思想，传承和发扬传统藏医伦理学精华。对现今医患关系的处理能起到参考指导作用。

༄༅། །ཚེ་ཡི་རིག་བྱེད་ཡན་ལག་བརྒྱད་པ་ནད་འཇོམས་རྡོ་རྗེ་ཕ་ལམ་ཞེས་བྱ་བ་བཞུགས་སོ། །

གསུང་རྩོམ་འདི་ཉིད་《གསོ་དཔྱད་མན་ངག་གཅེས་བསྒྲིགས་གཞན་ཕན་ཟླ་ཤེལ་ནོར་བུའི་སྒྲོན་མེ།》ཞེས་པའི་ནང་དུ་བཀོད་ཡོད། དེབ་དེའི་ཤོག་ངོས་༦༡ནས་༡༠༢བར་གསལ། ཁྱོན་བསྡོམས་ཤོག་གྲངས་༤༢བཞུགས།

ནང་དོན་གནད་བསྡུས།

གསུང་རྩོམ་འདིའི་ནང་གཙོ་བོ་ལུས་དང་བྱིས་པ་མོ་ནད་དང་། གདོན་ནད། མཚོན་རྨ་དང་དུག་ནད། རྒས་དང་རོ་ཙ་བཅས་ཡན་ལག་བརྒྱད་ལས་བྱུང་བའི་ནད་གཞི་དག་གི་རྩ་རྒྱུ་ཕྱི་ཡུལ་གསུམ་གྱི་སྒོ་ནས་ནད་བརྟག་པའི་ཐབས་དང་། གསོ་དཀའ་སླའི་གནད། ནད་གཞིའི་གཉེན་པོ་ཐང་ཕྱེ་རིལ་བུའི་ཞི་བྱེད་ཀྱི་སྦྱོར་སྡེ་སོ་སོར་བསྟན་ཡོད།

གསོ་རིག་གི་རིན་ཐང་།

བརྗོད་བྱ་ཡན་ལག་བརྒྱད་ཀྱི་ནད་ཐོག་བརྟག་བཅོས་ཀྱི་སྨན་དེབ་ཅིག་སྟེ། ལུས་སྤྱིའི་ནད་གཞི་སོ་སོའི་སྤྱི་སྨན་དང་། བྱིས་པའི་ན་བྲ་ཞོ་བྲ་བརྟག་ཚུལ། མོ་ནད་རྩ་རྒྱུའི་བརྟག་ཐབས། དུག་ཐོག་མིན་གྱི་བརྟག་ཐབས་སོགས་ནད་ལ་དངོས་འཛིན་བརྟག་པའི་ཐབས་དང་། དེ་དག་ལ་ཕན་པའི་སྨན་སྦྱོར་ཟབ་མོ་འགའ་ཤོང་གིས་སྨན་དེབ་འདིར་གསུངས་བ་དང་། ཡན་ལག་བརྒྱད་ཀྱི་ནད་གཞི་སོ་སོའི་སྦྱོར་སྡེའི་གཉེན་པོ་སྟེ། ལུས་སྤྱིའི་ནད་ལ་༡༠༡། བྱིས་པ་ཆུང་བཅོས་སྐོར་ལ་༩༩ མོ་ནད་ལ་༤༠ གདོན་ནད་གསོ་བ་ལ་༥༠ རྨ་གསོ་བ་ལ་༤༤ ཤ་དུག་སེལ་བ་ལ་༣༤ རྒས་གསོ་བཅུད་ལེན་གྱི་གཉེན་པོ་ལ་༣༢ རོ་ཙ་གསོ་བ་ལ་༣༢་བཅས་ཁྱོན་སྦྱོར་སྡེའི་གཉེན་པོ་༣༧༧ཀྱི་ཕན་ནུས་དང་དེ་ལ་ཁ་བསྐུར་ཐང་སྦྱོར་སོགས་ཀྱི་དབྱེ་བ་བཞི་བརྒྱ་ལྷག་དང་ཐུགས་ཀྱི་བཅོས་ཉམས་ཕྱོགས་བསྡུས་སུ་བཀོད་ཡོད་པས་ནད་སྨན་གཉེན་པོ་སྤྱོད་པར་སྦྱོར་སྡེ་ནུས་མྱུར་སྟབས་བདེ་དུ་མ་མཁོ་འདོན་བྱས་ཡོད།།

《除疾病·金刚石》

本医著收载于《藏医学窍诀选集·利他明灯》中第61页至102页，共42页。

内容提要：

本医著介绍了八支疾病的脉、尿、体征三诊断法，易治难治的关键，对这些疾病有益的药物。尤其对总体、小儿、妇科疾病、邪魔病、外伤、中毒、滋补养老、“若杂”等八支各论汤、散、丸的平息药物治疗等内容进行了详细阐述。

医学价值：

本医著记载了临床八支疾病的诊治内容：总病如三邪、内科疾病、五官疾病、热病、零星疾病等的组方给药，小儿“耳脉诊病法”和“乳诊法”，妇科疾病的脉、尿诊法，中毒的诊断法等另七支的诊断内容以及相应的对治疗法等。论述八支的各支治疗药物：治总病的有101种，治小儿疾病的有44种，治妇科病的有16种，治邪魔病的有50种，治创伤的有66种，治中毒（食物中毒为主）的有36种，滋补养老的有32种，“若杂”的有32种，共377种。本医著将这些药物的功效及其加味汤剂等共400余种方剂、咒符治法汇集在一起进行了介绍，不仅有助于后人学习和传承达拉罗布的治疗思想和理念，也为临床诊治疾病提供了简便有效的组方方剂。

༄༅། །ཆད་སྨན་སྦྱོར་བའི་ཉམས་ཡིག་བདུད་རྩིའི་ཐིགས་པ་ཞེས་བྱ་བ་བཞུགས་སོ། །

གསུང་རྩོམ་འདི་ཉིད་《གསོ་དཔྱད་མན་ངག་གཅེས་བསྒྲིགས་གཞན་ཕན་ཟླ་ཤེལ་ནོར་བུའི་སྒྲོན་མེ།》ཞེས་པའི་ནང་དུ་བཀོད་ཡོད། དེབ་དེའི་ཤོག་ངོས་༡༣༡ནས་༡༤༠བར་གསལ། ཁྱོན་བསྡོམས་ཤོག་གྲངས་༡༠ཞུགས།

ནང་དོན་གནད་བསྡུས།

སྨན་ཡིག་འདི་ནི་མཁས་དབང་ཉིད་ཀྱིས་ནད་སྨན་སྦྱོར་བའི་ནད་ཐོག་གི་ལག་ལེན་སྦྱོང་བ་རྣམས་བཀོད་པ་ཞིག་སྟེ། གཡུ་ཐོག་ཡོན་ཏན་མགོན་པོའི་དཔལ་ལྡན་རྒྱུད་བཞི་དང་། སྡེ་སྲིད་སངས་རྒྱས་རྒྱ་མཚོའི་མན་ངག་ལྷན་ཐབས། དེ་མིན་སྔོན་བྱོན་གསོ་རིག་མཁས་དབང་དག་གི་ནད་ཐོག་གསོ་བཅོས་ཀྱི་སྙིང་དོན་བསྡུ་ལེན་དང་། རང་གི་ནད་ཐོག་སྨན་བཅོས་ཀྱི་ཕན་པ་སྦྱོང་གྲུབ་ཕྱོགས་སུ་བསྡུས་ཏེ། ཉེས་གསུམ་རྐྱང་པ་ལྡན་འདུས་ནས་རྣམ་གསོ་བཅུད་ལེན་བར་གཉེན་པོ་སྤྱད་ཚུལ་སོགས་གསུངས་ཡོད།

གསོ་རིག་གི་རིན་ཐང་།

ནད་གང་གི་སྤྱི་སྨན་གང་དང་ལྡན་འདུས་ནད་བྱུང་ཚེ་སྨན་ཇི་ལྟར་གཏོང་བ་བཅས་དཔེར་ན། ནད་ཀུན་གྱི་སྣ་འདྲེན་དང་མཇུག་སྡུད་རླུང་སྟེ་རླུང་ནད་སྤྱི་ལ་སྨན་ཨ་གར་སོ་ལྔ། དཀར་པོ་ཆིག་ཐུབ་སོགས་གཏོང་བ་དང་། རྣ་བར་རླུང་ཞུགས་ན་སྔོག་སྐྱ་དང་སྨན་ཆེན་གྱི་ཁུ་བ་གཏིག་ན་ཕན་པ། གཉན་ནད་བཅོ་བརྒྱད་ཀྱི་སྤྱི་སྨན་ལ་ཀཙྪ་མཚན་དཔེའི་སྨན་ནག་དང་། མཁྲིས་པ་རྩར་རྒྱུག་ལ་སྨན་ནག་བརྒྱད་པ་དང་མཁའ་འགྲོ་གཏད་རྒྱའི་ཐེ་གའི་སྨན་གཏོང་དགོས་པ་སོགས་ནད་ལ་གཉེན་པོ་སྦྱོད་པའི་ཐབས་རྒྱ་ཆེར་གསུངས་ཡོད་པས་ནད་གང་ལ་སྨན་གང་གཏོང་དགོས་པའི་རིག་པའི་སྒོ་མོ་འབྱེད་པ་དང་། གསོ་བྱེད་མཁས་དབང་སྟག་བླ་ནོར་བུའི་ནད་ཐོག་གསོ་བཅོས་ཀྱི་སྦྱོང་བའི་གདམས་པ་ཟབ་མོ་བཀོད་ཡོད་པས། ནད་ཐོག་ཕྱག་ལེན་གནང་མཁན་གྱི་སྨན་པ་རྣམས་ལ་ནད་ཐོག་བཀོལ་སྤྱོད་དང་དཔྱད་གཞིའི་རིན་ཐང་ལྡན་པའོ།།

《治病验方·甘露滴》

本医著收载于《藏医学窍诀选集·利他明灯》中第131页至149页，共19页。

内容提要：

作者主要汲取了宇妥·云丹贡布所著《四部医典》与第司·桑杰嘉措所著《秘诀补遗》中治疗章的内容，总结和传承历代藏医学家临床治病经验，再结合自身多年行医经验而著成此医书，书中详细介绍了隆病至养老滋补等疾病的治疗，以及出现二合病、聚合病时的对治药物及服法。

医学价值：

本医著主要记载疾病对应的治疗药物，出现二合病、聚合病应服用何药等。比如，治疗隆病须服用三十五味沉香散、“嘎布求土”；隆侵入人耳朵用白蒜和铁棒槌挤汁滴耳有益；治疗十八种疫病要用“噶玛参回”的黑丸；治疗赤巴窜脉症要服八味黑丸和空行母传授的印度“卫嘎”药丸等对症治疗的方法。本医著记载的药方给药明确，内容通俗易懂，是达拉罗布根据自己临床行医经验所写，具有较高的临床应用和参考价值。

༄༅། །གཉན་འཇོམས་རྡོ་རྗེ་ཐོག་མདའ་ཞེས་བྱ་བ་བཞུགས་སོ། །

གསུང་རྩོམ་འདི་ཉིད་《གསོ་དཔྱད་མན་ངག་གཅེས་བསྒྲིགས་གཞན་ཕན་ཟླ་ཤེལ་ནོར་བུའི་སྒྲོན་མེ།》ཞེས་པའི་ནང་དུ་བཀོད་ཡོད། དེབ་དེའི་ཤོག་ངོས་༡༨༠ནས་༡༨༧་བར་གསལ། ཁྱོན་བསྡོམས་ཤོག་གྲངས་༨བཞུགས།

ནང་དོན་གནད་བསྡུས།

གསུང་རྩོམ་འདིའི་ནང་གཙོ་བོ་གཉན་དང་བསྐོངས་པའི་སྲིན་རིགས་ཀྱི་ནད་དེ་འབྱུང་བའི་རྒྱུ་རྐྱེན་དང་། གཉན་ནད་མཁའ་ལ་རྒྱུ་བ་ལུས་སེམས་ལ་ཞུགས་པའི་ཚུལ། གཉན་སྲིན་ནག་པོ་རྩར་རྒྱུག་གི་ནད་རྟགས་མངོན་ཚུལ། དེ་དག་ངོས་བཟུང་ནས་གསོ་བཅོས་བྱ་བའི་ཐབས། གཞན་རྗེས་གཙོད་སྤང་བླང་བཅས་བསྟན་ཡོད།

གསོ་རིག་གི་རིན་ཐང་།

དུས་ངན་སྙིགས་དུས་སུ་གཉན་སྲིན་ནད་ཀྱི་རིགས་འབྱུང་མང་བ་དང་། ནད་འདི་གདུག་པ་ཆེ་ལ་ནད་པའི་ལུས་སྲོག་འཚེ་སླ་བས་འདིར་གཉན་དང་བསྐོངས་པའི་སྲིན་རིགས་ཀྱི་གསོ་བཅོས་ལ་ཐོག་མར་སྔགས་རྫས་སྲུང་འཁོར་གསུམ་གྱིས་བསྲུང་བ་དང་། བར་དུ་རིམ་གྲོ་སྔགས་སྨན་གྱིས་གསོ་བ། ཐ་མ་སྦྱོངས་དང་ལག་ཐབས་བཅས་གཉན་ནད་བཟློག་པའི་ཐབས། སྔོན་འགོག་དང་ཟིན་རྗེས་གསོ་བཅོས་བྱེད་ཚུལ་ཁོང་གིས་ཕན་པ་མྱོང་གྲུབ་མ་བཀོད་པར་མཛད་པས་ནད་ཐོག་ལག་ལེན་གྱི་དོན་སྙིང་ཆེ་བའོ།།

《除疫·金刚霹雳》

本医著收载于《藏医学窍诀选集·利他明灯》中第180页至187页，共8页。

内容提要：

本医著比较详细地介绍了恶劫时产生疫病的内外因、疫病窜行于空气侵入人身心的传染方式、“黑疫虫病”症状以及对治疗法等内容。

医学价值：

因“恶时”疫病容易盛行，并且此类疾病常危及患者健康，故本医著中提出其治法首先要用咒、灵物、护身符进行防护，之后再行佛事仪轨与内服药物结合治疗，后用排泄和阻拦的方法进行辨证施治，对后期的禁忌等内容进行了详细记载，为达拉罗布医生治疗疫病的经验总结，具有一定的临床实践意义。

༄༅། །གཉན་འཛོམས་རྡོ་རྗེ་ཐོག་མདའི་ལྷན་ཐབས་ཤུང་བསྡུས་ཞེས་བྱ་བ་བཞུགས་སོ། །

གསུང་རྩོམ་འདི་《གསོ་དཔྱད་མན་ངག་གཅེས་བསྒྲིགས་གཞན་ཕན་ཟླ་ཤེལ་ནོར་བུའི་སྒྲོན་མེ།》ཞེས་པའི་ནང་དུ་བཀོད་ཡོད། དེབ་དེའི་ཤོག་ངོས་༡༨༧ནས་༡༩༢བར་གསལ། ཁྱོན་བསྡོམས་ཤོག་གྲངས་༦བཞུགས།

ནང་དོན་གནད་བསྡུས།

འདིར་བསྟན་པའི་ནང་དོན་གཉིས་ཏེ། དང་པོ། བབས་སའི་གནས་དང་ནད་ཀྱི་རྟགས་ལ་བརྟེན་ནས་བརྟགས་པའི་གཉན་ནད་རིགས་བཅོ་བརྒྱད་ཀྱི་དབྱེ་གྲངས་དང་། གཉན་སྲིན་ནག་པོ་རྩར་རྒྱུག གཉན་མཐིང་ནག་བཅས་དབྱེ་བ་ཉི་ཤུ་དང་དེ་དག་སོ་སོའི་ཉེས་གསུམ་གང་ཤས་ཆེ་བའི་བཅོས་ཐབས་བསྟན་ཡོད། ཁྱད་པར་དུ་གཉན་སྲིན་ནག་པོ་རྩར་རྒྱུག་དང་གཉན་མཐིང་ནག་གཉིས་ཀྱི་གསོ་ཚུལ་དང་གསོ་བཅོས་ཀྱི་ཐབས་སོགས་བསྟན། གཉིས་པ། གཉན་འཛོམས་རྡོ་རྗེ་ཐོག་མདའི་སྐབས་སུ་གསུང་བའི་གསང་སྔགས་ཀྱི་ཚིག་དོན་རྣམས་གསལ་འགྲེལ་བྱས་ནས་གོ་བདེ་བར་བྱས་ཡོད།

གསོ་རིག་གི་རིན་ཐང་།

གཉན་རིགས་དབྱེ་བ་བཅོ་བརྒྱད་དང་གཉན་སྲིན་ནག་པོ། མན་ངག་བྱེ་བ་རིང་བསྲེལ་ནས་བཤད་པའི་གཉན་མཐིང་ནག་བཅས་གཉན་ནད་གདུག་པ་ཅན་གྱི་སྨན་དཔྱད་ཟབ་མོ་ཕྱོགས་སུ་བཀོད་པས་གཉན་བཅོས་ཀྱི་སྨན་དེབ་ཟབ་མོ་ཞིག་སྟེ། གཉད་ནད་ལ་མིང་བཟུང་དུ་མི་ལང་བ་དུ་མ་ཡོད་ཀྱང་གཙོ་བོ་གཉན་རིགས་བརྒྱད་ཅུ་སྟེ། གཉན་ཡ་མ་ཀླད་གཟེར་ནས་ངམ་ཏུ་བར་གྱི་བཅོ་བརྒྱད་དང་། དེའི་སྟེང་གཉན་སྲིན་ནག་པོ། བྱེ་བ་རིང་བསྲེལ་ལས་གསུང་བའི་གཉན་མཐིང་ནག་བཅས་ཉི་ཤུ་པོ་རེ་རེ་ལའང་རླུང་ཤས་ཆེ་བ་ཉི་ཤུ་དང་། མཁྲིས་ཤས་ཆེ་བ་ཉི་ཤུ བད་ཀན་ཤས་ཆེ་བ་ཉི་ཤུ་བཅས་རིགས་བརྒྱད་ཅུ་ཡོད་པ་ལས་ཉེས་པའི་ཤས་གང་ཆེ་ལ་སྨན་གང་གཏོང་དགོས་པའི་སྐོར་དང་། གཉན་སྲིན་ནག་པོ་ལ་གཉན་གྱི་ཞག་གེགས་རྫོགས་མ་རྫོགས་དང་ཟུངས་ཟད་མིན་ལ་བལྟ་དགོས་ཚུལ། གཞན་གཉན་ནད་འཛོམས་པའི་རྡོ་རྗེའི་ཐོག་མདའི་ཁྲིད་གསུངས་པའི་གསང་སྔགས་ཀྱི་ཚིག་དོན་རྣམས་ལྷུག་པར་བཀྲོལ་ཡོད་པས། ནད་ཐོག་ཕྱུག་ལེན་གནང་མཁན་གྱི་ལྷ་རྗེ་རྣམས་ལ་གཉན་ནད་བརྟག་བཅོས་ཐད་ལ་དཔྱད་གཞིའི་སྨན་ཡིག་སྟོན་མ་ཞིག་ཏུ་འགྱུར་བར་མངོན་ནོ།།

《除疫·金刚霹雳的简要补遗》

本医著收载于《藏医学窍诀选集·利他明灯》中第187页至192页，共6页。

内容提要：

本医著主要分两部分。第一部分将疫病按发病部位和症状划分为18种，外加“黑疫虫病”“深蓝色疫病”2种，共介绍了20种疫病的治疗法。第二部分对前文所述的《除疫·金刚霹雳》中的部分秘药隐语做了详尽记载和解释。

医学价值：

本医著记载了18种疫病和“黑疫虫病”“深蓝色疾病”，在疫病的分类、症状及治疗方面比藏医典籍《四部医典》更为详细，并补充了诊治疫病的思路，在现今疫病多发的环境下具有参考借鉴价值。

༄༅། །ཡོངས་གྲུབ་ཚེ་ཡི་ནད་རིགས་ཐམས་ཅད་ཞེས་པའི་དབྱེ་བ་བརྒྱ་རྩ་གཅིག་ཏུ་བསྟུས་པའི་རྟགས་དང་ལག་ལེན་མདོར་བསྡུས་ནད་ཀྱི་དགྲ་དཔུང་འཇོམས་པའི་ཐོ་ཡིག་ཞེས་བྱ་བ་བཞུགས་སོ། །

གསུང་རྩོམ་འདི་ནི་《གསོ་དཔྱད་མན་ངག་གཅེས་བསྒྲིགས་གཞན་ཕན་ཟླ་ཤེལ་ནོར་བུའི་སྒྲོན་མེ།》ཞེས་པའི་ནང་དུ་བཀོད་ཡོད། དེབ་དེའི་ཤོག་ངོས་༡༠༢ནས་༡༣༠བར་གསལ། ཁྱོན་བསྡོམས་ཤོག་གྲངས་༢༨བཞུགས།

ནང་དོན་གནད་བསྡུས།

སྨན་ཡིག་འདིར་ཉེས་པ་རླུང་མཁྲིས་བད་ཀན་གསུམ་གྱི་ནད་ཀྱི་ནང་གསེས་དབྱེ་བ་དང་། གཉན་ནད། གག་ཧོག རྒྱུ་གཟེར། གཉན་ནད་ཁ་མེད་སོགས་གཉན་རིགས་དབྱེ་བ་བཅོ་བརྒྱད་སོ་སོའི་ནད་རྟགས་དང་གསོ་བཅོས་ཀྱི་ལག་ལེན་བཅས་གསུངས་ཡོད།

གསོ་རིག་གི་རིན་ཐང་།

སྨན་ཡིག་འདིར་གཙོ་བོ་ཡོངས་གྲུབ་ཚེ་ཡི་ནད་བརྒྱ་དང་རྩ་གཅིག་དང་། གཉན་རིགས་དབྱེ་བ་བཅོ་བརྒྱད་བཅས་ཀྱི་བརྟག་བཅོས་ཀྱི་ལག་ལེན་བརྗོད་པ་སྟེ། སོ་སོའི་བཅོས་ཐབས་ལ་ཟས་སྤྱོད་སྨན་དཔྱད་བཞི་ཡི་གཉེན་པོ་སྤྱོད་ཚུལ་ཁོང་གིས་ལག་ལེན་སྦྱོང་བྱང་དང་། རྒྱུད་གཞུང་ལས་བསྟན་པ་རྣམས་བསྡུས་དོན་དྲིལ་ནས་གསུངས་ཡོད་པས་ནད་ཐོག་གསོ་བཅོས་ཀྱི་སྨན་དེབ་འཛིན་བདེ་ལ་ནད་སྨན་སྤྱོད་པར་འཁྲུལ་བ་མེད་པར་བསྟན། དེ་ལ་ཡང་ནད་རྣམས་ཀུན་གྱི་རྒྱུ་ཉེས་པ་རླུང་མཁྲིས་བད་ཀན་གསུམ་སྟེ། རླུང་ནད་ལ་ཨ་ཕ་ཏ་སོགས་དབྱེ་བ་༤༢མཁྲིས་པའི་ནད་ལ་ཐང་ལྷག་སོགས་དབྱེ་བ་༢༥བད་ཀན་གྱི་ནད་ལ་ལྐེན་སོགས་དབྱེ་བ་༣༣དེ་མིན་དུས་ངན་སྙིགས་མའི་ཐ་མར་གདུག་པ་ཅན་གྱི་ནད་སྲོག་ལ་འཚེ་བ་དང་གཉེན་པོ་ཡི་ངོ་ལེན་དཀའ་བའི་གཉན་ནད་ཡ་མ་གླང་གཟེར་སོགས་༡༨བཅས་ཀྱི་སྤྱི་དང་བྱེ་བྲག་གི་རྟགས་དང་། ཟས་སྤྱོད་སྨན་དཔྱད་བཞིའི་བཅོས་ཐབས་ཀྱི་ལག་ལེན་ཟབ་མོ་རྣམས་ཅུང་བསྡུས་པར་བསྟན་ལ། མདུག་ཏུ་ནད་རིགས་དཔག་ཏུ་མེད་པ་འབྱུང་བ་དེ་དག་སེལ་བའི་ཐབས་སུ་རྒྱལ་སྲས་ཀྱི་སྤྱོད་པ་ཉིད་ལ་བརྩོན་པར་བྱས་ཏེ་ནད་ཀྱི་སྡུག་བསྔལ་ལས་སྐྱོབ་པའི་མཐུ་ཤུགས་བསྐྱེད་པར་བྱེད་ཚུལ་བཅས་གསུངས་ཡོད།།

《圆满寿数一百零一种疾病的症状和治疗实践简述·摧毁疾病敌军的铁锤》

本医著收载于《藏医学窍诀选集·利他明灯》中第102页至130页，共29页。

内容提要：

本医著记载了隆、赤巴、培根三邪分化的101种疾病的症状以及饮食、起居、药物、外治4种综合疗法；共记载了18种疫病如“亚玛”脑病、白喉、炭疽、痢疾等疾病的症状和对治疗法。

医学价值：

本医著是藏医学家达拉罗布给后世的临床医者撰写的临床实用医书，对圆满寿数101种疾病和18种疫病的症状和治疗实践方法进行简述，汇集了医典内容以及其多年行医经验。介绍了三邪引发的101种疾病的症状和治法，如隆病分阿哇达等42种，赤巴病分赤巴过甚病等26种，培根病分剑突症等33种，疫病分“亚玛”脑病等18种。对各类病的通病和个病的症状及食行药械四对治法实践进行了较详细的记载。最后告诫医者在疾病的治疗方面要注重践行佛子的起居，以增强解除疾病痛苦的功效等。

༄༅། །རྡོ་ཐོ་ལེ་ཀོར་གྱི་སྨན་མོའི་སྒྲུབ་ཐབས་དངོས་གྲུབ་ཆར་འབེབས་ཞེས་བྱ་བ་བཞུགས་སོ། །

གསུང་རྩོམ་འདི་ཉིད་《གསོ་དཔྱད་མན་ངག་གཅེས་བསྒྲིགས་གཞན་ཕན་ཟླ་ཤེལ་ནོར་བུའི་སྒྲོན་མེ།》ཞེས་པའི་ནང་དུ་བཀོད་ཡོད། དེབ་དེའི་ཤོག་ངོས་༡༩༦ནས་༢༠༣བར་གསལ། ཁྱོན་བསྡོམས་ཤོག་གྲངས་༨བཞུགས།

ནང་དོན་གནད་བསྡུས།

དེབ་འདིར་རྡོ་སྨན་དྲུག་ཅུའི་ནང་ཚན་རྡོ་ཐོ་ལེ་ཀོར་གྱི་རྫས་འདི་ལ་བརྟེན་ནས་རང་ཉིད་འཕགས་མཆོག་ཐུགས་རྗེ་ཆེན་པོ་དང་མདུན་གྱི་ནམ་མཁར་སྨན་རྒྱལ་གཡུ་ཐོག་པ་གཙོ་འཁོར་ཐམས་ཅད་གསོལ་བཏབ་ཅིང་། བཟླས་པ་དང་སྨན་གྱི་ཡོ་བྱད་བྱིན་གྱིས་བརླབས་ཏེ་ལྷ་སྨན་བསྒྲུབས་ནས་འགྲོ་བའི་དོན་བྱེད་ཚུལ་བསྟན་ཡོད།

གསོ་རིག་གི་རིན་ཐང་།

འདིར་གཙོ་བོ་རྡོ་ཐོ་ལེ་ཀོར་གྱི་སྨན་མོ་སྒྲུབ་པའི་ཐབས་དང་། སྨན་གྱི་ཡོ་བྱད་བྱིན་གྱིས་བརླབས་པའི་ཚུལ་ལ་སྦྱོར་དངོས་རྗེས་གསུམ་སོགས་ཞིབ་པར་གསུངས་པས། མི་རིགས་རང་གི་ཁྱད་ཆོས་ལྡན་ཞིང་སྨན་སྦྱོར་སྤེལ་ཐད་རིག་པའི་གོ་ཆ་གལ་ཆེན་མཐོ་འདོན་བྱས་ཡོད་པས་གསོ་རིག་གི་རིན་ཐང་ངེས་ཅན་ཞིག་ལྡན་ནོ།།

《石药滑石之海女修法·正果雨降》

本医著收载于《藏医学窍诀选集·利他明灯》中第196页至203页，共8页。

内容提要：

本医著主要介绍了60种石药中之滑石药物，以及记载医者本人向大慈悲观世音和前方天空之宇妥巴主仆祈祷、诵经，药物器械加持，修成神医，从事有益于拯救众生疾苦的医学事业。

医学价值：

详细介绍了石药滑石之海女修法，以及药器加持仪式。本医著明确提出了医者不仅要救死扶伤，还要时刻规范自身言行举止，以成为一名具有高尚医德医风的良医为追求目标，是极具鼓励性的一本医著，故可为医者的必读之书。

༄༅། །རྡོ་ཟྭོ་ལི་ཀོར་གྱི་སྨན་མོའི་ལེ་ཚན་གསུམ་པ་མན་ངག་གནད་ཀྱི་ལག་ལེན་ཞེས་བྱ་བ་བཞུགས་སོ། །

གསུང་རྩོམ་འདི་ཉིད་《གསོ་དཔྱད་མན་ངག་གཅེས་བསྒྲིགས་གཞན་ཕན་ཟླ་ཤེལ་ནོར་བུའི་སྒྲོན་མེ།》ཞེས་པའི་ནང་དུ་བཀོད་ཡོད། དེབ་དེའི་ཤོག་ངོས་༢༤༡ནས་༢༨༢བར་གསལ། ཁྱོན་བསྡོམས་ཤོག་གྲངས་༤༢བཞུགས།

ནང་དོན་གནད་བསྡུས།

དེབ་འདིར་གཙོ་བོ་སྨན་པ་རྣམས་ཀྱིས་ལུས་ངག་ཡིད་གསུམ་གྱི་སྒོ་ནས་ནད་པར་བྱ་གཞག་སྒྲུབ་རྒྱུ་དང་ལས་རྒྱུ་འབྲས་ལ་ཡིད་ཆེས་པའི་སྒོ་ནས་འདོད་ཆགས་དང་ཉོན་མོངས་ཀྱིས་རྒྱུ་བྱས་ཏེ། རླུང་མཁྲིས་བད་ཀན་སོགས་འཕེལ་ཟད་འཁྲུགས་གསུམ་དུ་གྱུར་ནས་བསྐྱེད་པའི་སྤྱི་བོའི་གཙུག་ནས་རྐང་མཐིལ་བར་གྱི་ནད་རིགས་མཐའ་དག་སྔོན་གྱི་ལས་ངན་བསགས་པ་ཤ་སྟག་ལས་བྱུང་བར་མདོ་སྔགས་ཀྱི་རྒྱུད་སྡེ་མང་པོར་ཁུངས་གཏུགས་ནས་ཙུང་ཟད་རྒྱས་པར་གསུངས་ཡོད།

གསོ་རིག་གི་རིན་ཐང་།

དེབ་འདིར་གཙོ་བོ་རྩོམ་པ་པོ་རང་གིས་དགེ་བའི་བཤེས་གཉེན་དམ་པ་དག་གི་གསུངས་རྩོམ་ལུང་དུ་དྲངས་ནས་སྨན་པ་དག་གིས་ལུས་ངག་ཡིད་གསུམ་གྱི་སྒོ་ནས་ནད་པར་བྱ་གཞག་སྒྲུབ་རྒྱུ་དང་། ཉེས་གསུམ་གཙོར་བཞག་གི་ནད་རིགས་འབྱུང་བའི་རྒྱུ་རྐྱེན་སོགས་ཞིབ་པར་བརྗོད་ཡོད་པས་ནད་ཐོག་ཏུ་ནད་ངོས་འཛིན་ཚུལ་དང་ནད་རིགས་གསོ་བཅོས་བྱ་ཐབས་སོགས་ལ་རིག་ལམ་གསལ་པོ་ཞིག་བསྟན་ཡོད།།

《石药滑石之海女修法三章·秘诀要点操作实践》

本医著收载于《藏医学窍诀选集·利他明灯》中第241页至282页，共42页。

内容提要：

本医著介绍了藏医需要具备的医德医风，对待患者要注意的细节。另外，作者引用经藏显密，认为宿命和烦恼之因可以引起隆、赤巴、培根等三邪，三邪一旦发生增、损、紊乱变化便可导致各种疾病产生，比如隆病、赤巴病、培根病、消化不良及各种热病等，还引用经藏显密的许多经典著作，将全身所有疾病的发生归结为前世报应。

医学价值：

作者引用了诸多藏医前辈的著作，认为三邪会引发各种疾病，将隆病、赤巴病、培根病、消化不良及各种热病等全身所有疾病的发生归结为前世报应。因此，本医著对医务人员理解该方面相关的藏医理论有很大的帮助。

༄༅། །འཕགས་པ་འཇིག་རྟེན་དབང་ཕྱུག་ལ་བརྟེན་པའི་པྲ་སྒྲུབ་ཀུན་གཟིགས་ཤེལ་གྱི་མེ་ལོང་ཞེས་བྱ་བ་བཞུགས་སོ། །

གསུང་རྩོམ་འདི་ཉིད་《གསོ་དཔྱད་མན་ངག་གཅེས་བསྡུས་གཞན་ཕན་ཟླ་ཤེལ་ནོར་བུའི་སྒྲོན་མེ།》ཞེས་པའི་ནང་དུ་བཀོད་ཡོད། དེབ་དེའི་ཤོག་ངོས་༢༨༣ནས་༢༩༤བར་གསལ། ཁྱོན་བསྡོམས་ཤོག་གྲངས་༡༢བཞུགས།

ནང་དོན་གནད་བསྡུས།

གསུམ་རྩོམ་འདིར་གཙོ་བོ་འཕགས་མཆོག་ཐུགས་རྗེ་ཆེན་པོ་ལ་བརྟེན་ནས་པྲ་སྒྲུབ་ཀྱི་ཆོ་ག་ཚུལ་བཞིན་ཉམས་སུ་བླངས་ཏེ་དངོས་གྲུབ་ཐོབ་རྗེས་འགྲོ་བ་ནད་པ་ལ་སོགས་པའི་ལེགས་ཉེས་ཀྱི་དབྱེ་བ་འབྱེད་པར་དོན་ཕྱྭ་ཐམས་ཅད་མེ་ལོང་སོགས་སུ་གཟུགས་བརྙན་བཞིན་འཆར་བའི་ཚུལ་གསལ་བར་བསྟན་ཡོད།

གསོ་རིག་གི་རིན་ཐང་།

གསུམ་རྩོམ་འདིར་གཙོ་བོ་པྲ་སྒྲུབ་ཀྱི་ཆོ་ག་ཚུལ་བཞིན་ཉམས་སུ་བླངས་ཏེ་དངོས་གྲུབ་ཐོབ་རྗེས་འགྲོ་བ་ནད་པ་ལ་སོགས་པའི་ལེགས་ཉེས་ཀྱི་དབྱེ་བ་འབྱེད་པར་དོན་ཕྱྭ་ཐམས་ཅད་མེ་ལོང་སོགས་སུ་གཟུགས་བརྙན་བཞིན་འཆར་བའི་ཚུལ་གསལ་བར་བསྟན་ཡོད་པས། གསོ་རིག་གི་གཞུང་ལ་ནད་ངོས་འཛིན་གྱི་ཐབས་ལམ་གསལ་བ་ཞིག་གི་ཁ་སྐོང་བྱས་འདུག འདི་ལ་གཞན་དང་མི་འདྲ་བའི་གསོ་རིག་གི་རིན་ཐང་གཞལ་དུ་མེད་པ་ཞིག་ལྡན་ནོ།།

《依赖神圣世界大自在天之镜光占卜修持·普见晶鉴》

本医著收载于《藏医学窍诀选集·利他明灯》中第283页至294页，共12页。

内容提要：

本医著明确记载了依靠圣神大自在天之威力，按镜光占卜仪轨验证获得妙果，为众生患者明断吉凶，使此吉凶显现于镜子之中的情况。

医学价值：

本医著为藏医诊断疾病的方法提供了一种前所未有的秘方。对从医者和研究此事的人员有着一定的借鉴意义。

༄༅། །སྨན་བྱིན་གྱིས་བརླབས་པ་བཀྲ་ཤིས་བདེ་འབྱུང་ཞེས་བྱ་བ་བཞུགས་སོ། །

གསུང་རྩོམ་འདི་ཉིད་《གསོ་དཔྱད་མན་ངག་གཅེས་བསྒྲིགས་གཞན་ཕན་ཟླ་ཤེལ་ནོར་བུའི་སྒྲོན་མེ།》ཞེས་པའི་ནང་དུ་བཀོད་ཡོད། དེབ་དེའི་ཤོག་ངོས་༢༩༥ནས་༢༩༧བར་གསལ། ཁྱོན་བསྡོམས་ཤོག་གྲངས་༣བཞུགས།

ནང་དོན་གནད་བསྡུས།

དེབ་འདིར་གཙོ་བོ་འཕགས་པ་འཇིག་རྟེན་མགོན་པོ་དང་རྩ་བའི་བླ་མ་དབྱེར་མི་ཕྱེད་པའི་སྒོ་ནས་སྐྱབས་སེམས་ཐོན་དུ་སོང་སྟེ། བསང་སྦྱངས་སོགས་རྒྱུད་སྡེ་སྤྱི་འགྲོས་ལྟར་བྱས་རྗེས་འཕགས་པ་སྤྱན་རས་གཟིགས་ཀྱི་སྙིང་པོ་ཅི་མང་བཟླས་ཏེ། སྨན་བྱིན་གྱིས་བརླབས་ནས་མི་ནད་དང་ཕྱུགས་ནད་ཁ་ཤས་ལ་དམིགས་རྣམ་མི་འདྲ་རེ་རེའི་སྒོ་ནས་སྨན་ལྡུད་ཚུལ་མདོར་བསྡུས་སུ་བཀོད་ཡོད།

གསོ་རིག་གི་རིན་ཐང་།

གཙོ་བོ་བསང་སྦྱངས་སོགས་རྒྱུད་སྡེ་སྤྱི་འགྲོས་ལྟར་བྱས་རྗེས་འཕགས་པ་སྤྱན་རས་གཟིགས་ཀྱི་སྙིང་པོ་ཅི་མང་བཟླས་ཏེ། སྨན་བྱིན་གྱིས་བརླབས་ནས་མི་ནད་ཕྱུགས་ནད་ཁ་ཤས་ལ་དམིགས་རྣམ་མི་འདྲ་རེ་རེའི་སྒོ་ནས་སྨན་ལྡུད་ཚུལ་སོགས་ནང་པ་སངས་རྒྱས་ཀྱི་ཆོས་དང་འབྲེལ་ཏེ་བརྗོད་བྱའི་གནད་དོན་གསལ་ཞིང་ཞིབ་ཚགས་ཆེ་བ་དང་། རྗོད་བྱེད་ཀྱི་ཚིག་སྦྱོར་ཁ་གསལ་ལ་གོ་བདེ་བ། ཕུག་ལེན་སྟབས་བདེ་བ་ཕན་ནུས་མྱུར་བ་སོགས་ཀྱི་ཁྱད་ཆོས་འཕུར་དུ་ཐོན་པའི་གསུང་རྩོམ་ཞིག་གོ།།

《药物加持法·吉祥平安》

本医著收载于《藏医学窍诀选集·利他明灯》中第295页至297页，共3页。

内容提要：

本医著阐述了虔心地向观世音菩萨和根本上师作皈依发心之后，按经藏通法消除自身罪孽，尽量多诵观世音心咒语将所需的药物进行加持后，针对人畜的一些特定疾病采取不同的给药法。

医学历史价值：

本医著简要介绍了向观世音菩萨顶礼皈依之后，诵经加持药物，能够增强药物功效，内容结合佛教理论精准叙述了其重点难点，突出了操作简便、疗效显著的特色。

༄༅། །བདུད་རྩི་སྨན་གྱི་བྱིན་རླབས་ཚེ་འདྲེན་སྲོག་སྐྱོབས་ཞེས་བྱ་བ་བཞུགས་སོ། །

གསུང་རྩོམ་འདི་ཉིད་《གསོ་དཔྱད་མན་ངག་གཅེས་བསྒྲིགས་གཞན་ཕན་ཟླ་ཤེལ་ནོར་བུའི་སྒྲོན་མེ།》ཞེས་པའི་ནང་དུ་བཀོད་ཡོད། དེབ་དེའི་ཤོག་ངོས་༢༩༧ནས་༣༠༤བར་གསལ། ཁྱོན་བསྡོམས་ཤོག་གྲངས་༨བཞུགས།

ནང་དོན་གནད་བསྡུས།

གསུང་རྩོམ་འདིའི་ནང་གཙོ་བོ་སྙིགས་དུས་ཀྱི་འགྲོ་བ་ལ་ལྷག་པར་སྙིང་བརྩེ་བ་ཆེན་པོས་ག་བུར་བརྒྱ་རྩ་དང་། ཁ་བསྒྱུར་བརྒྱ་རྩ་སོགས་སྨན་རྣམས་ལེགས་པར་སྦྱར་ལ་སྲུང་བཟེད་ལྷ་བུའི་ནང་དུ་བླུགས། རས་དཀར་གྱི་ཁ་བཀབ་ནས་རང་ཉིད་སྨན་གྱི་བླ་མའི་སྐུ་བཞེངས་ནས་མཆོད་པ་རྣམ་ལྔ་སོགས་ཀྱིས་མཆོད་དེ།ཚད་ལྡན་སྦྱར་བའི་སྨན་དེ་ཉིད་ནད་པ་མང་པོ་ཕན་ཐོགས་པའི་ཆེད་དུ་བདུད་རྩིའི་ངོ་བོ་བྱིན་རླབས་ཀྱིས་བརླབས་ནས་བླ་མ་ཡི་དམ་སངས་རྒྱས་སོགས་ལ་མཆོད་པ་དང་རང་གཞན་ཀུན་གྱི་ཁར་སྦྱངས་ཏེ་ནད་གདོན་ཞི་བར་བྱེད་པའི་ཐབས་ཀྱི་སྐོར་རྩུང་བསྡུས་ནས་བསྟན་ཡོད།

རིག་གཞུང་དང་རིག་གནས་ཀྱི་རིན་ཐང་།

རྩོམ་པ་པོས་སེམས་ཅན་ཐམས་ཅད་ཀྱི་དོན་དུ་སྒྲུར་བར་རྫོགས་པའི་སངས་རྒྱས་ཀྱི་གོ་འཕང་ཐོབ་པར་བྱ། དེའི་ཆེད་དུ་ཟག་བཅས་ཀྱི་དགེ་བ་ལ་ཆེས་ཁྱད་པར་དུ་འཕགས་པ་ནད་པའི་དོན་བྱ་བ་འདི་ཡིན་པས་སྨན་གྱི་བྱ་བ་ལ་སྐད་ཅིག་ཀྱང་མི་གཡེང་བར་འཇུག་པར་བྱ་བ་དང་དགེ་སེམས་ཁྱད་པར་ཅན་གྱིས་ཀུན་ནས་བསླངས་སྟེ་བསོད་ནམས་ཁྱད་པར་ཅན་གྱི་དགེ་རྩ་སྒྲུབ་པ་སྟོན་པར་བྱས་ཡོད།།

《甘露药之加持法·益寿救命》

本医著收载于《藏医学窍诀选集·利他明灯》中第297页至304页，共8页。

内容提要：

本医著比较简洁地记载了作者为众多患者祈求福祉，加持按标准配制好的药物使之成为甘露，之后将甘露供奉于上师、本尊、佛祖等的宝座前，并分给自己和其他一切人尝之，用以消除疾病。

学术文化价值：

本医著认为，医学是神圣的事业，医生是高尚的职业。要求医生必须具备对医学事业高度执着的献身精神，对科学勤奋不倦的追求精神，对病人高度负责的敬业精神，一生济世，功德无量。

༣༨ རྟ་དཀར་སྨན་པ་ཆོས་དབྱིངས་འོད་ལྡན།

38 达盖曼巴·却央奥旦

རྟ་དཀར་སྨན་པ་ཆོས་དབྱིངས་འོད་ལྡན་གྱི་ངོ་སྤྲོད་མདོར་བསྡུས།

达盖曼巴·却央奥旦简介

རྟ་དཀར་སྨན་པ་ཆོས་དབྱིངས་འོད་ལྡན། སྤྱི་ལོ་༡༨༩༧ལོར་མདོ་སྨད་མགོ་ལོག་ཏུ་སྐུ་འཁྲུངས། སྤྱི་ལོ་༡༩༥༨ལོར་གཤེགས།།

达盖曼巴·却央奥旦，1897年生于多堆果洛，卒于1958年。

其父母，出生地及求学过程均无详细记载。

རྟ་དཀར་སྨན་པ་ཆོས་དབྱིངས་འོད་ལྡན་གྱི་གསུང་འབུམ།

达盖曼巴·却央奥旦医著

༄༅། །ཨཱ་ཙ་རྱ་ཁབ་པོ་བྲང་ཕྱོགས་ལས་རྣམ་རྒྱལ་དུ་དཔལ་ཆུ་བཙོ་བཀྲུ་ཆེན་མོ་བསྒྲུབ་པའི་སྐབས་ཀྱི་ལོ་རྒྱུས་དང་ཕན་ཡོན་བརྗོད་པ་བདུད་རྩིའི་ཐིགས་པ་ཞེས་བྱ་བ་བཞུགས་སོ། །

གསུང་རྩོམ་འདི་ཉིད་པེ་ཅིན་མི་རིགས་དཔེ་སྐྲུན་ཁང་གིས་༢༠༡༥ལོའི་ཟླ་༢པར་དཔེ་སྐྲུན་བྱས་པའི་《བོད་ཀྱི་གསོ་རིག་ཀུན་བཏུས།།》ཞེས་པའི་པོད་ང་བརྒྱད་པའི་ནང་ཤོག་ངོས་༦༨༩ནས་༧༠༡བར་གསལ། ཁྱོན་བསྡོམས་ཤོག་ངོས་༡༣བཞུགས།

ནང་དོན་གནད་བསྡུས།

ཐོག་མར་བཀྲུད་པའི་ལོ་རྒྱུས་བཤད་པ་དང་། བར་དུ་གང་དུ་བསྒྲུབ་པའི་གནས་དུས་དང་། སྦྱིན་བདག་རིན་པོ་ཆེ་དང་སྨན་གྱི་གྲངས་ཇི་ལྟར་བསྒྲུབས་པའི་ཚུལ། ཐ་མར་དངུལ་ཆུ་བཙུད་ཀྱི་རྒྱལ་པོ་གྲུབ་ནས་རབ་གནས་བྱ་ཚུལ་སོགས་བསྟན། དཔེར་ན་བཀྲུད་པའི་ལོ་རྒྱུས་སྐོར་ལ། འཕགས་ཡུལ་དུ་སློབ་དཔོན་རྡུད་ལི་པ་ནས་ཟླ་བ་མངོན་དགའ་སོགས་ལ་རིམ་པར་བརྒྱུད་ནས་བོད་ཡུལ་དུ་ཡང་ཀརྨ་པཀྴིའི་ཐུགས་སྲས་མཁས་གྲུབ་ཨོ་རྒྱན་པས་རྗེས་སུ་བཟུང་བའི་ཕྱག་བཞེས་མཐའ་དག་ཀརྨ་སྐུ་ཕྲེང་གསུམ་པ་རང་བྱུང་རྡོ་རྗེ་ལ་གནང་། དེ་ནས་རིམ་པར་བརྒྱུད་དེ་གོང་ས་ལྷ་བ་མཆོག་གི་བླ་སྨན་ནས་རིག་བྱེད་འགྲོ་ཕན་གླིང་གི་སྨན་རྩིས་མཁས་དབང་མཁྱེན་རབ་ནོར་བུ་ལ་ཐུག་གི་བར་གྱི་ལོ་རྒྱུས་བརྒྱུད་རིམ་སོགས་གསལ་པོར་བཀོད་ཡོད།

ཆན་པ་ཧི་ཤུ་པ། ཨཱ་ཙ་རྱ་ཁབ་པོ་བྲང་ཕྱོགས་ལས་རྣམ་རྒྱལ་དུ་དཔལ་ཆུ་བཙོ་བཀྲུ་ཆེན་མོ་བསྒྲུབ་པའི་སྐབས་ཀྱི་ལོ་རྒྱུས་དང་ཕན་ཡོན་བརྗོད་པ་བདུད་རྩིའི་ཐིགས་པ་ཞེས་བྱ་བ་བཞུགས་སོ། །

—— རྟ་དཀར་ཆོས་དབྱིངས་འོད་ལྡན།

གསོ་རིག་གི་རིན་ཐང་།

སྨན་དེབ་འདི་ནི་དངུལ་ཆུ་བཙོ་བཀྲུ་ཆེན་མོའི་ལག་ལེན་སོགས་བརྒྱུད་པའི་ལོ་རྒྱུས་དང་བསྒྲུབ་པའི་སྐབས་པའི་ཐབས་ལམ་དང་སྦྱོར་སྡེ། བསྒྲུབས་རྗེས་ནད་ཐོག་གི་ཕན་ཡོན་སོགས་གསལ་ཐག་ཆོད་པ་གསུངས་ཤིང་། ཁྱད་པར་དུ་སྒྲུབ་པའི་སྐབས་ཀྱི་གཟའ་སྐར་བརྩིག་ཐབས་དང་རིམ་གྲོ་བྱ་ཚུལ། བར་དུ་ནད་ཐོག་ཏུ་བསྟེན་པའི་ཚུལ། ཐ་མར་བསྟེན་པའི་ཕན་ཡོན་སོགས་ལེགས་པར་གསུངས་པས་གསོ་རིག་གི་རྗེས་འཇུག་པ་ཞིག་ལ་མཚོན་ན་རིན་ཐང་ཤིན་ཏུ་ཆེན་པོ་འདུག

《水银大煮洗成功时的历史及功效》

本医著收载于《藏医药大典》，共13页（第58卷中第689页至701页）。此书由民族出版社于2011年8月出版。

内容提要：

本医著首先介绍了水银炮制的传承历史，中间记载了水银炮制的地点、时间、施主活佛及其所用药物数量如何筹备齐全的情况。最后明确记载了水银滋补之王炮制后的开光仪轨等。在讲水银炮制法的传承历史时，记载了圣地天竺从巴利瓦大师至达瓦宛嘎之间的传承，在藏地从噶玛巴西的亲传弟子名医得道者奥坚巴，至噶玛巴三世让迥多杰，又至五世达赖喇嘛的保健医，再至拉萨医学利众院著名医算家钦绕诺布之间的传承次第。

医学价值：

本医著详细介绍了水银炮制的传承历史，水银加工的实践方法、配方和临床疗效等，尤其是对水银炮制时的历算、仪式操作、临床使用方法以及疗效等进行了详细记载，对于医务工作者以及医学生有着重要的参考价值。

༣༩ ཁམས་གཙང་འབྲུག་རྒྱལ།
39 康苍周嘉

ཁམས་གཙང་འབྲུག་རྒྱལ་གྱི་ངོ་སྤྲོད་མདོར་བསྡུས།
康苍周嘉简介

ཁོང་ནི་མདོ་དབུས་ཁམས་གསུམ་དུ་གྲགས་པའི་ནང་ཚན་མདོ་ཁམས་སྨད་ཤོད་གཡང་གི་ར་བ་མགོ་ལོག་དབང་ཆེན་འབུམ་སྨད་མའི་ཧོར་སྐོར་སྡེ་བ་ཞེས་པའི་ནང་དུ། རིགས་རྒྱུད་ལ་ཁམས་གཙང་ཚང་ཞེས་པར་ཡབ་ཁམས་གཙང་དོན་འགྲུབ་དང་ཡུམ་སོག་བཟའ་བསོད་སྐྱིད་ཅེས་པར་རབ་བྱུང་བཅོ་ལྔ་བ་ཕུར་བུ་ཞེས་པ་ས་ཕོ་སྤྲེལ་གྱི（སྤྱི་ལོ༡༦༠༨）ལོར་འཁྲུངས། དགུང་གྲངས་བདུན་བཞེས་པ་ནས་ཀློག་བསླབས་པས་ཐོགས་མེད་དུ་མཁྱེན། དགུང་ལོ་བཅུ་དྲུག་སྟེང་གསོ་རིག་སྦྱངས་བརྩོན་ལ་མངོན་པར་ཕྱོགས་ནས་དཔལ་སྤྲུངས་སྨན་པ་ཆོས་འཁོར་རྒྱ་མཚོའི་དངོས་སློབ་སྨན་པ་ལྷ་མཆོག་གི་དྲུང་ནས་གསོ་རིག་སྤྱི་དོན་དང་རྩ་རྒྱུད་སོགས་སྦྱངས་བརྩོན་བྱེད་པའི་དབུ་ཚུགས། ཁྱུ་བོ་ཁམས་སྨད་བསོད་བཟང་གི་དྲུང་ནས་བྱང་ཐུར་གྱི་སྨན་གཞུང་ཇི་སྙེད་གསན་པ་དང་། ཡང་ན་བྲོས་སྨན་དགེ་འདུན་དང་སྟག་ལྷ་ནོར་བུ་སོགས་དམ་པ་དུ་མ་བསྟེན། དགུང་ལོ་ཉེར་གསུམ་ཐོག་ཁམས་སྡེ་དགེའི་ཕྱོགས་སུ་ཕེབས་ནས་དཔལ་སྤྲུངས་ཐུབ་བསྟན་ཆོས་འཁོར་གླིང་གི་སྨན་གྲྭ་སྡེ་སི་ཏུ་གཙུག་ལག་ཆོས་ཀྱི་སྣང་བ་རུ། རྒྱུད་བཞི་ཆ་ལག་དང་བཅས་པ་ཀརྨ་སི་ཏུའི་ཨེ་ཕྱམ། མེས་པོའི་ཞལ་ལུང་། གླིང་སྨན་བཀྲ་ཤིས་འབུམ་གྱི་དཀའ་འགྲེལ་དང་དངུལ་ཆུ་བཅོ་བརྒྱ་ཆེན་མོའི་ལག་ལེན་གཙོ་བོར་གྱུར་པའི་གསོ་ཐབས་ལག་ལེན་གྱི་རྣམ་གྲངས་ཀུན་མཐོང་བ་བརྒྱུད་པའི་ཕྱག་བཞེས་བཅས་ཐུགས་ཉམས་སུ་བསྟར་བ་སོགས་གསོ་བ་རིག་པའི་སྤྱི་དོན་བརྗོད་ཀྱིས་མི་ལངས་པ་དུ་མ་མཛད་དེ་མཐར་རབ་བྱུང་བཅུ་དྲུག་པའི་མེ་དམར་ཞེས་པ་ཤིང་ཕོ་བྱི་བའི་ལོ（སྤྱི་ལོ ༡༦༨༩）དགོངས་པ་ཆོས་དབྱིངས་སུ་ཐིམ་པའོ།།

在涉藏地区声名远扬的班玛却央若贝多杰，又名康苍周嘉，藏历第十五绕迥土猴年（1908）出生于今青海省果洛州久治县昂钦本下部落的索呼日麻村，族姓为“康藏苍”，父亲为康藏东珠，母亲为蒙萨索吉巴，又名“索吉”。康苍周嘉7岁就开始藏文诵读并掌握了基础知识；从16岁开始攻读医学，拜群觉嘉措大师真传弟子拉却为师，系统学习了藏医药学概论部分和根本医典等；后随其叔父康麦索桑学习了南北派藏医药的众多医学经典，师从智曼格登和达拉罗布等名医。23岁时抵达康巴地区德格佛教寺院曼巴扎仓“斯德泽拉曲吉囊瓦”，系统学习了《四部医典》、噶玛斯蒂的《艾和旺》、苏喀·洛珠杰布的《祖先口述》、岭曼·扎西本的《难点解析》以及《水银加工之实践经验》等医学经典。为藏医药传承和发展作了很多贡献。卒于藏历第十六绕迥木鼠年（1984）。

ཁམས་གཙང་འབྲུག་རྒྱལ་གྱི་གསུང་འབུམ།

康苍周嘉医著

༄༅། །གསོ་རིག་མན་ངག་སྦྱོང་བྱང་ཕྱོགས་བསྒྲིགས་པན་བདེའི་ཚོར་བུའི་སྙེ་མ་ཞེས་བྱ་བ་བཞུགས་སོ། །

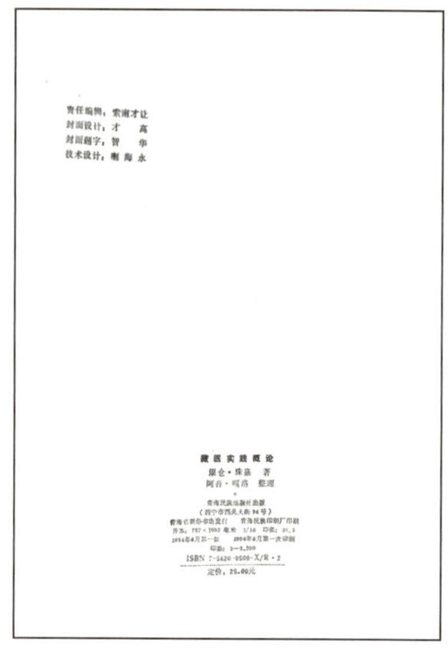
责任编辑：索南才让
封面设计：才　高
封面题字：智　华

藏医实践概论

ISBN 7-5420-0500-X/R·2
定价：25.00元

གསུང་འབུམ་འདི་ལ་དེབ་གཅིག་ཡོད། ཁྱོན་བསྡོམས་ཤོག་གྲངས་༥༥༥བཞུགས། སྤྱི་ལོ་༡༩༩༤ལོའི་ཟླ་༦པར་མཚོ་སྔོན་མི་རིགས་དཔེ་བསྐྲུན་ཁང་གིས་པར་བསྐྲུན་བྱས།

ནང་དོན་གནད་བསྡུས།

གསུང་འབུམ་འདིའི་བམ་པོ་དང་པོའི་ནང་དུ་རྩ་རྒྱུད་དང་ཉེས་གསུམ། ཁོང་ནད། ཐོར་ནད་སོགས་ཀྱི་རྒྱུ་དང་རྐྱེན། རྟགས། བཅོས་ཐབས་སོ་སོར་བསྟན་པ་དང་། བམ་པོ་གཉིས་པའི་ནང་དུ་ཡན་ལག་བརྒྱད་པའི་མན་ངག་བདུད་རྩི་སྙིང་པོའི་བཅུད་བསྡུས་སོགས་བཀོད་དེ་གསོ་བཅོས་ལག་ལེན་སྐོར་གྱི་གདམས་ངག་མང་པོ་ཞིག་བརྗོད་ཡོད།

གསོ་རིག་གི་རིན་ཐང་།

གསུང་འབུམ་འདི་ནི་གསར་གཏོད་ཀྱི་ཁྱད་ཆོས་ལྡན་སུམ་ཚོགས་པའི་ལེགས་བཤད་རྣམ་དུ་བྱུང་བ་ཞིག་ཡིན་ལ། སྤྱིར་བཏང་ནད་རིགས་གང་ལའང་གསོ་བཅོས་ཀྱི་སྦྱོང་བྱང་ཕྱུལ་དུ་ཕྱིན་པ་དང་། ཁྱད་པར་དེང་དུས་ཀྱི་མཆེད་དར་ཆེ་ཞིང་རྒྱུ་རྐྱེན་མི་གསལ་བའི་གཉན་རིམས་ནད་གསར་རྣམས་ལ་མཁས་ཁྱད་མཆོག་ཏུ་ཆེ་

པས། རྒྱུད་དང་དགོངས་འགྲེལ་རྣམས་ཀྱི་སྨས་དོན་དང་གཉེར་སྨན་སོགས་ལ་ཞིབ་འཇུག་དང་སྦྱར་མ་གྲགས་པའི་ནད་རིགས་སུམ་ཅུ་རྩ་བཞིའི་རྒྱུ་རྐྱེན་དང་། དབྱེ་བ། རྟགས་དང་གསོ་བཅོས། འགོག་སྲུང་བཅས་ཀྱི་ཐད་ལ་གསར་གཏོད་ཀྱི་ཁྱད་ཆོས་ལྡན་ལ། ནད་ཡམས་འགོག་བཅོས་ཐད་ལ་དཔྱད་གཞིའི་རིན་ཐང་གལ་ཆེན་ལྡན་ནོ།།

《藏医实践概论》

本医著共1册555页，由青海民族出版社于1994年6月出版。

内容提要：

本医著有两卷，第一卷重点介绍了藏医典籍《四部医典・总则部》的树喻、三因学说、内科学、杂病学等的病因、发机、疾病途径、发病部位、疾病的分类等内容。第二卷重点介绍了《八支秘诀甘露著萃》《火灸秘诀》等书籍内容。

医学价值：

本医著是一部具有创新理论思维的典籍，对疾病的防治措施具有创新性指导作用，尤其在突如其来的各种瘟疫疾病的防治方面有自己的独到见解和完整的理论依据。另外，对藏医药典籍《四部医典》等很多经典古籍文献的秘诀部分、矿物药、疾病的病因病机、疾病的分类、临床症状及防治措施有科学的分析和指导性总结。本医著对瘟疫疾病的防治具有较高的学术价值。

༄༅། །མན་ངག་སྙིང་པོ་སྐོར་ལྔའི་ནང་ཚན་ལས་གསོ་རིག་ཡན་ལག་བརྒྱད་པའི་མན་ངག་བདུད་རྩི་སྙིང་པོའི་བཅུད་བསྡུས་རིན་ཆེན་དཔལ་གྱི་བུམ་བཟང་ཞེས་བྱ་བ་བཞུགས་སོ། །

གསུང་རྩོམ་འདི་《གསོ་རིག་མན་ངག་སྦྱོང་བྱང་ཕྱོགས་བསྒྲིགས་ཕན་བདེ་ནོར་བུའི་སྒྲོ་མ།།》ཞེས་པའི་བམ་པོ་གཉིས་པའི་སྙིང་གི་ཤོག་གྲངས་༣༠༤ནས་༣༧༤བར་གསལ། ཁྱོན་བསྡོམས་ཤོག་གྲངས་༧༡་བཞུགས།

ནང་དོན་གནད་བསྡུས།

འདིར་གཙོ་བོ་ནད་ཐོག་སྐོར་གྱི་ནང་དོན་མང་པོ་ཞིག་ལ་འགྲེལ་བཤད་དང་ནད་རིགས་མང་པོ་ཞིག་གི་བཅོས་ཚུལ་ཁྱད་པར་ཅན་ངོ་སྤྲོད་བྱས་ཡོད།

གསོ་རིག་གི་རིན་ཐང་།

འདིའི་ནང་དུ་གཙོ་བོ་སྙིགས་མ་ལྔ་བརྒྱའི་དུས་ལ་བབས་པའི་ཚེ་འགྲོ་རྣམས་མི་དགེའི་ལོག་སྤྱོད་འཐབ་རྩོད་འཁྲུགས་པ་སོགས་ཀྱི་དབང་གིས་ནད་ཀྱི་རང་བཞིན་རྐྱེན་ཅིང་དུས་ངེས་མེད་དུ་ལྡང་བ། ནད་ངོ་ཟིན་དཀའ་བ་མང་དུ་འབྱུང་བར་རྟོགས་ཏེ་སྐབས་བབས་ཀྱི་མན་ངག་འདི་ཉེ་བར་གདམས་པའོ། དེ་ལའང་ཐོག་མར་ནད་གཞི་ཀུན་གྱི་རྩ་འཛིན་མདུག་སྐྱུད་རླུང་གི་ནད་དང་། དེ་ནས་རིམ་གྱིས་གཙོང་ནད་སྡེ་དྲུག་དང་། གནས་སྐབས་ཀྱི་ཚ་བ་དྲུག་དང་རིགས་ཀྱི་ཚ་བ་བཞི། ལུས་སྟོད་དབང་པོ་ལྔ་དང་དོན་སྣོད་ཀྱི་ནད། གཉན་ནད་སོགས་ཀྱི་རྩ་རྒྱུ་ཕྱི་ཡུལ་གསུམ་གྱི་སྤྱི་བྱེ་བྲག་གི་རྟགས་ཐུན་མོང་མ་ཡིན་པའི་སྨན་གྱི་བཅོས་བསྒྲུང་དག་ཁ་གསལ་དོན་འདུས་སྙོམས་གསུངས་ཡོད་པས་ནད་ཐོག་དང་འཆད་ཁྲིད། ཞིབ་འཇུག་ཕྱོགས་ལ་གསོ་རིག་གི་རིན་ཐང་དང་ལྡན་ནོ།།

秘诀精华五之《医学八支秘诀甘露苍萃·珍宝良瓶》

本医著收载于《藏医实践概论》第二部分中第304页至374页，共71页。

内容提要：

本医著主要对临床常见疾病的治疗方法做了详细的阐述。

医学价值：

本医著重点阐述当五浊恶世之时，由于众生不行善业导致争斗混战，引起疾病性质恶变、不时发作、诊断困难等问题的应对秘诀。如一切疾病的诱导和收尾者“隆”病、6组瘤疾、6种临时热证、4种分类热证、五官疾病、脏腑疾病、瘟病等各种疾病的脉、尿、体征三诊的表现症状，以及对以上疾病的药物治疗和防护措施等均有详细的阐述。因此，本医著具有重要的临床应用价值。

༧༢། །ཨོཾ་རྒྱན་སྨན་བླའི་སྒྲུབ་ཐབས་རྒྱུན་ཁྱེར་བྱིན་རླབས་གཏེར་མཛོད་ཅེས་བྱ་བ་བཞུགས་སོ། །

གསུང་རྩོམ་འདི་《གསོ་རིག་མན་ངག་སྒྲོན་བྱང་ཕྱོགས་བསྒྲིགས་ཕན་བདེ་ནོར་བུའི་སྙེ་མ།།》ཞེས་པའི་པམ་པོ་གཉིས་པའི་སྟེང་གི་ཤོག་གྲངས་༥༠༥ནས་༥༠༡བར་གསལ། ཁྱོན་བསྡོམས་ཤོག་གྲངས་༤བཞུགས།

ནང་དོན་གནད་བསྡུས།

འདིར་གཙོ་བོ་ནད་རིགས་ཀུན་ངོ་བོ་ཚ་གྲང་གཉིས་ལ་འདུ་བ་དང་ལག་ལེན་སྐབས་སུའང་བསིལ་དྲོད་རྣམ་པ་གཉིས་སུ་དྲིལ་ཏེ་བཅོས་པར་བྱ་བ་དང་དེ་ནས་ཚ་གྲང་གི་ནད་དང་ཚ་གྲང་འཐབ་པའི་ནད་སོ་སོ་ཇི་ལྟར་གསོ་བཅོས་བྱ་དགོས་ཚུལ་བསྟན་ཡོད།

གསོ་རིག་གི་རིན་ཐང་།

གནའ་བོའི་དུས་ནས་བཟུང་བོད་རིགས་མེས་པོ་ཚོས་ནད་རིགས་དང་འཐབ་རྩོད་བྱས་པའི་གོ་རིམ་ཁྲོད་ཐུན་མོང་མ་ཡིན་པའི་བསམ་བློའི་གོ་རྟོགས་དང་ཞིབ་འཇུག་ཐབས་ལམ་གྱིས་མིའི་སེམས་ཁམས་རིག་པར་ཡང་ཞིབ་ཕྲའི་ཞིབ་འཇུག་དང་བརྟག་རྟོག་བྱས་ཡོད་པ་དང་། དེ་དང་གང་འོས་ཀྱི་གསོ་བཅོས་ཐབས་ལམ་མི་འདྲ་བ་ཞིག་གསར་གཏོད་བྱས་ཡོད། དེ་མ་ཟད་ཚན་རིག་དང་མཐུན་པའི་རང་བཞིན་ལྡན་པས་འཛམ་གླིང་མི་དམངས་ཏ་ལས་པའི་གནས་སུ་གྱུར་ཡོད། ལྷག་པར་དུ་ད་ལྟའི་དུས་རབས་ཀྱི་ཐ་མལ་ནད་མེད་ཀྱི་རིག་པ་དང་མཐུན་པ་རེད།།དེ་མིན་སྐྱབས་སེམས་ཀྱི་སེམས་བསྐྱེད་ཅིང་ལུས་ཀྱི་ཕྱག་རྒྱ་སོགས་ལ་གོམས་པར་བྱེད་པ་དང་དབང་བསྐུར་གྱི་ཚོ་ག་མ་ལུས་པ་སྒོམ་པ་ནི་བྱིན་རླབས་སྒྱུར་འཇུག་གི་གདམས་པ་གལ་ཆེན་དུ་བལྟ་བའི་སྐོར་དང་། དེར་མཐུད་སངས་རྒྱས་སྨན་བླའི་སྐུ་མདོག་དང་ཕྱག་འཕྱང་སོགས་གསལ་པོར་བརྗོད་དེ་འགྲོ་བ་མཐའ་དག་སྡུག་བསྔལ་ལས་གྲོལ་བའི་སྨོན་ཚིག དེ་ནས་ནད་ཀུན་ཚ་གྲང་གཉིས་ཀྱི་ནང་དུ་འདུ་ཚུལ་དང་ཚ་གྲང་གི་ནད་རྣམས་སོ་སོ་འཛོམས་པའི་སྨན་སྦྱོ། ཁྱད་པར་དུ་ཚ་ནད་འཛོམས་པའི་གཉེན་པོ། སྟོངས་ཚད་ཀུན་སེལ་གྱི་སྨན་མཆོག གྲང་བ་སྤྱི་འཛོམས་ཀྱི་སྨན། བར་དུ་ཚ་གྲང་འཐབ་པའི་ནད། དེང་དུས་རིམས་ཚད་སོགས་སྤྱི་ལ་འཇུག་པའི་སྨན་རིལ་བུ་དང་། སོ་སོའི་ཁ་བསྒྱུར་གྱི་སྨན་སོགས་གསལ་པོར་བསྟན་ཡོད་པས། གཞུང་འདི་ལ་གསོ་རིག་གི་རིན་ཐང་ཆེས་ཆེར་ལྡན་པ་དང་སྔེ་ཁྲིད་མཛུབ་སྟོན་གྱི་ནུས་པ་ལྡན་ནོ།།

《常用乌仗那药师佛修法·加持伏藏库》

本医著收载于《藏医实践概论》第二部分中第505页至509页，共4页。

内容提要：

本医著介绍了一切疾病可分为热证和寒证，因此治疗法则也分为热性和寒性，且介绍了所有寒热证疾病的治疗方法等。

医学价值：

远古时代，藏族先辈们在长期与疾病做斗争的过程中，以独特的思想理念和研究方法，对人的心理素质进行了深入细致的研究，创立了独树一帜的治疗方法，其内容的科学性让世人惊叹，许多内容同现代养生学的观点契合。本医著记载了一切疾病可分为热证和寒证，且介绍了所有治疗寒热证疾病的药物和方剂，特别阐述寒性疾病和热性疾病及疫热病的治疗方剂的咔嚓药的使用和添加方法等，不仅在临床实践中显示出其显著的应用价值，而且在藏医学术领域也具有重要的指导意义。

༄༅། །དགོངས་གཏེར་སྙན་བརྒྱུད་ཀྱི་ཆོས་སྐོར་ཀུ་རུ་ཡང་ཁྲིས་ཀྱི་ལས་ཚོགས་འདོད་འབྱུང་གཏེར་བུམ་ལས་རིམས་སྲུང་རྒྱུན་ཁྱེར་ཟབ་མོ་ཞེས་བྱ་བ་བཞུགས་སོ། །

གསུང་རྩོམ་འདི་《གསོ་རིག་མན་ངག་སྦྱོང་བྱང་ཕྱོགས་བསྒྲིགས་ཕན་བདེ་ནོར་བུའི་སྙེ་མ།།》ཞེས་པའི་བམ་པོ་གཉིས་པའི་སྟེང་གི་ཤོག་གྲངས་༤༨༢ནས་༤༨༤བར་གསལ། ཁྱོན་བསྡོམས་ཤོག་གྲངས་༢བཞུགས།

ནང་དོན་གནད་བསྡུས།

འདིར་གཙོ་བོ་རང་གི་ཡིད་སེམས་བསྒོམ་ཚུལ་དང་སྔགས་ཀྱི་བཅོས་ཐབས་ཐུན་མོང་མ་ཡིན་པ་འགའ་བསྟན་ཡོད།

གསོ་རིག་གི་རིན་ཐང་།

འདིའི་ནང་དུ་གཙོ་བོ་དཀོན་མཆོག་གསུམ་ལ་ཡིད་སེམས་དག་པའི་སྒོ་ནས་སྐྱབས་སུ་འགྲོ་བའི་ཚུལ་དང་། ཀུ་རུ་ཁྲིས་མཐོང་ནག་འབར་བ་གཙོ་བྱས་པའི་བསྒོམ་ཐབས། ནད་རིམས་ཀུན་འཇོམས་དང་གདོན་ཀུན་ཚར་གཅོད་པའི་གསང་སྔགས་གི་གདམས་པ་ཟབ་མོ་རྣམས་ཉིན་རེ་བཞིན་བརྒྱ་རྩ་རེ་ཆག་མེད་བཟླ་དགོས་ཚུལ། གསང་སྔགས་འདི་ལ་ནུས་པ་བསམ་གྱིས་མི་ཁྱབ་པའི་ཡོན་ཏན་ལྡན་ཚུལ་བཅས་ཇོ་རྗེའི་ཟབ་གསང་མཁའ་འགྲོའི་སྙིང་ཐིག་གི་གདམས་པ་མང་པོ་ཞིག་བཀོད་ཡོད་པས་ནད་ཐོག་ཏུ་དགོས་གལ་ཆེ་བ་དང་གསོ་རིག་གཞུང་ལུགས་གཞན་ན་གསུངས་མེད་པའི་མན་ངག་ཞིག་གོ།།

《耳传格日央绰中的常用防瘟密咒》

本医著收载于《藏医实践概论》第二部分中第482页至484页，共2页。

内容提要：

本医著主要阐述除使用药物治病以外，还可以通过修心和摧毁一切瘟病、消除所有鬼魔的密咒等方法消除疾病。

医学价值：

本医著记载了向三宝真诚祈求护佑及以“格日热绰唐那布日巴”为主的修持法，每天不间断地诵念摧毁一切瘟病和消除所有鬼魔的密咒一百遍的必要性及此密咒的优越功力和特殊效果，不管是身体还是心灵都能得到治愈，然后再配合医药一起来调理身体，可祛除病痛。因此，这些内容在藏医界得到了广泛的认可和高度的评价。

༄༅། །གཏར་གནས་རྒྱ་བྲ་ཁྲུང་ཁྲུར་དྲིལ་བ་ཞེས་བྱ་བ་བཞུགས་སོ། །

གསུང་རྩོམ་འདི་《གསོ་རིག་མན་ངག་སྒྲོང་བྱང་ཕྱོགས་བསྒྲིགས་ཕན་བདེ་ནོར་བུའི་སྙེ་མ།》ཞེས་པའི་བམ་པོ་གཉིས་པའི་སྙིང་གི་ཤོག་གྲངས་༥༠༩ནས་༥༡༢བར་གསལ།ཁྱོན་བསྡོམས་ཤོག་གྲངས་༣བཞུགས།

ནང་དོན་གནད་བསྡུས།

འདིར་གཙོ་བོ་གཏར་གའི་ངོ་བོ་དང་ཕན་ཡོན། གཏར་ཐུང་མིན། གཏར་རྩ་བདུན་བཅུ་དོན་བདུན་གྱི་གདབ་དམིགས་དང་གཏར་ཚུལ་སོགས་ཞིབ་པར་ངོ་སྤྲོད་བྱས་ཡོད།

གསོ་རིག་གི་རིན་ཐང་།

བོད་ལུགས་གཏར་དཔྱད་རིག་པ་ནི་སྨན་པས་གཙགས་བུ་ལག་ཏུ་བཟུང་ནས་ལུས་ཀྱི་ཁྲག་རྩ་གཙོ་བྱས་འཕར་རྩ་ཁག་ཅིག་ལ་གཏར་ག་བྱས་ཏེ་ངན་ཁྲག་དང་ཁྲག་གི་རླངས་པ་ཕྱིར་དབྱུང་བའི་ཐབས་ལ་བརྟེན་ནས་ནད་གཞི་གསོ་བཅོས་བྱེད་པའི་དཔྱད་ཅིག་ཡིན་ལ། ལག་ལེན་དུ་ལུས་བྱིངས་ལ་གཏར་དམིགས་བདུན་ཅུ་དོན་བདུན་ཡོད་པ་དང་། དེ་དག་སོ་སོའི་གསང་གཞལ་ཚུལ། རྩ་བསླལ་ཐབས། ཕན་ཡོན་དང་ལོག་གནོན་སོགས་གསལ་པོར་བསྟན་ཡོད་པས་དེབ་འདི་ནི་བོད་ལུགས་གསོ་རིག་ལག་ལེན་ལམ་སྟོན་གྱི་སྒྲོན་མེ་ལྟ་བུར་གྱུར་ཡོད་པས་ནད་ཐོག་བཀོལ་སྤྱོད་ཀྱི་རིན་ཐང་ཆེས་ཆེར་ལྡན་ནོ།།

《放血血象简述》

本医著收载于《藏医实践概论》第二部分中第509页至512页，共3页。

内容提要：

本医著主要阐述了放血的性质和功能、治法治则、77处穴位及放血脉的走向分布、割刺的穴位及凶险要害等。

医学价值：

藏医放血疗法是在既定的静脉和少数动脉部位用特制的刀具割刺，放出病血及与之同行的毒气，以达到防治疾病目的的一种外治法。本医著记载了人体的77个穴位，以及穴位的厘定、鼓脉方法、治法治则、作用禁忌和注意事项等。书本内容具有鲜明的藏医药特色和临床实用价值，值得进一步研究、整理，使之更好地应用于临床。

༄༅། །མེ་བཙའི་སྐོར་གྱི་མན་ངག་ཅེས་བྱ་བ་བཞུགས་སོ། །

གསུང་རྩོམ་འདི་《གསོ་རིག་མན་ངག་སྦྱོང་བྱང་ཕྱོགས་བསྒྲིགས་ཕན་བདེ་ནོར་བུའི་སྙེ་མ།།》ཞེས་པའི་པམ་པོ་གཉིས་པའི་སྟེང་གི་ཤོག་གྲངས་༥༡༥ནས་༥༡༧བར་གསལ།དེབ་འདིར་ཁྱོན་བསྡོམས་ཤོག་གྲངས་༣ཡོད།

ནང་དོན་གནད་བསྡུས།

འདིར་གཙོ་བོ་མེ་བཙའ་འཛོག་སྐབས་ཀྱི་མན་ངག་ཕྱུལ་དུ་བྱུང་བ་དག་དམར་རྗེན་དུ་བཏོན་ནས་བཀོད་ཡོད།

གསོ་རིག་གི་རིན་ཐང་།

གཙོ་བོ་ཀྲུང་ལུགས་གསོ་རིག་ཆུའི་མེ་བཙའ་དང་། ཧོར་གྱི་མེ་བཙའ། རྟེན་འབྲེལ་གྱི་མེ་བཙའ་བཅས་སོ་སོའི་ངོ་བོ་དང་ལག་ལེན་གྱི་རིམ་པ། ཕན་ཡོན། སྤྲ་བ་མེ་སྦར་སྐབས་ཀྱི་སྨྲུབས་འགྲོ་བྱ་ཚུལ། མེ་གསང་གི་གབ་མིང་སོགས་ཆ་ཚང་བར་ངོ་སྤྲོད་བྱས་ཡོད་པས་རྗེས་རབས་འཚོ་བྱེད་སྨན་པས་བསླབ་ན་གོ་བདེ་ཞིང་རྟོགས་སླ་བ། ནད་ཐོག་ལག་ལེན་སྐབས་སུ་སྟབས་བདེ་བཟོས་ཡོད།།

《火灸秘诀》

本医著收载于《藏医实践概论》第二部分中第515页至517页，共3页。

内容提要：

本医著主要对火灸疗法的秘诀部分做了详细的阐述。

医学价值：

本医著详细阐释了汉医学中的水灸疗法，藏医学中的霍尔麦灸与缘起灸等不同灸法的特性和实际操作顺序、功效以及艾柱点火时的祈祷法、穴位的隐名等。因此在临床实践中具有极高的参考价值。。

༄༅། །ཁྲི་ཤུལ་བརྟག་ཐབས་ཅུང་གསལ་ཞེས་བྱ་བ་བཞུགས་སོ། །

གསུང་རྩོམ་འདི་《གསོ་རིག་མན་ངག་སྦྱོང་བྱང་ཕྱོགས་བསྒྲིགས་ཕན་བདེ་ནོར་བུའི་སྒྲོམ།།》ཞེས་པའི་བམ་པོ་གཉིས་པའི་སྙིང་གི་ཤོག་གྲངས་༥༣༣ནས་༥༣༨བར་གསལ། ཁྱོན་བསྡོམས་ཤོག་གྲངས་༢བཞུགས།

ནང་དོན་གནད་བསྡུས།

འདིར་ལུས་སྟོད་ཀྱི་ནད་རིགས་སྐོར་ཞིག་དང་དོན་ལྔ་སྣོད་དྲུག་གི་ནད་རིགས་སྐོར་ཞིག དེ་མིན་རྒྱུན་མཐོང་གི་ནད་རིགས་ཏེ་དཔེར་ན་ཕོ་བའི་ཚད་པ། དང་གཞང་འབྲུམ། ཁྲག་མཐོའི་ནད་ལྟ་བུའི་ནད་རིགས་མི་ཉུང་བ་ཞིག་གི་ཐོག་མའི་བརྟག་ཚུལ་ཞིབ་པར་གསུངས་ཡོད།

གསོ་རིག་གི་རིན་ཐང་།

དེབ་འདིའི་ནང་དུ་མིག་དང་གདོང་། སྣ། ལྕེ། ལུད་པ། བཤང་བ། རྐྱགས་པ་སོགས་ལས་ནད་གཞི་གང་ཡོད་བརྟག་པའི་ཐབས་ཤིག་སྟེ། མིག་གི་བལྟ་སྟངས་དང་། མིག་སྤྲིན། མིག་ལྤིབས། རྒྱལ་མོ་ལས་རླུང་དང་། གླད་སྐྱོན། ཁྲག་མཁྲིས། ཟུངས་ཟད། སིབ་བུ། གླད་ཚད། ཁྲག་མཐོའི་ནད། དུག་ནད། མཁལ་མའི་ནད་སོགས་ཡོད་མེད་ལ་བརྟག་པ་དང་། གདོང་མདོག་ལས་རླུང་ནད་དང་། བད་ཀན་སྐྱ་པོ། སྐྱ་རབ། མཆེར་བའི་ནད་སོགས་ཡོད་མེད་ལ་བརྟག་པ། སྣ་སྒོ་ལས་གློ་གཅོང་ནད་ཡོད་མེད་ལ་བརྟག་པ། ལྕེ་མདོག་དང་ལྕེ་སྟེང་གི་དྲིག་པ། ལྕེ་མཐའ། ལྕེ་རྩེ། ལྕེ་གཞུང་སོགས་ལས་རླུང་མཁྲིས་བད་ཀན་གྱི་ནད་དང་། ཐུན་འདུས་ཀྱི་ནད། སྙིང་ནད། མཁལ་ནད་སོགས་ནད་ཡོད་མེད་ལ་བརྟག་པ། ལུད་པར་ཚྭ་བྲོ་བ་དང་། ཁྲག་འདྲེས་པ། ལྦུ་སོབ་ཅན། ཤེ་རུལ་ཅན། རྣག་ཅན་སོགས་ལས་གཙོ་བོ་གློ་ནད་གང་ཞིག་ཡོད་མེད་ལ་བརྟག་པ། བཤང་བའི་མདོག་ལས་སྨུག་པོའི་ནད་དང་། གྲང་མཁྲིས་ནད། མ་ཞུ་བ། མཆིན་ཚད། རྒྱུ་རིམས། རྒྱུ་ཚད། གཞང་འབྲུམ་སོགས་ཡོད་མེད་ལ་བརྟག་པ། རྐྱགས་མདོག་ལས་སྨུག་པོ་འཐབ་པ་དང་། དུག་ཐབས། ཕོ་ཚད། མཁྲིས་ནད་སོགས་ཡོད་མེད་ལ་བརྟག་པའི་ཐབས་ཤེས་ཅུང་བསྡུས་ཤིག་བཀོད་ཡོད་པས་དཔེ་དེབ་གཞན་གྱི་བརྟག་ཐབས་དང་མི་འདྲ་བས་ཁྱད་དུ་འཕགས་པའི་བརྟག་ཐབས་དཔེ་མེད་ཅིག་བཀོད་ཡོད།།

《简明体征诊察法》

本医著收载于《藏医实践概论》第二部分中第533页至534页，共2页。

内容提要：

本医著介绍了五官科学中的一些疾病和脏腑疾病诊治方法以及阐述了胃炎、痔疮、高血压等一些常见病的特殊诊断方法。

医学价值：

本医著介绍了藏医临床望诊中通过观察眼、面、鼻、舌、痰、便、呕吐物等来诊断疾病的方法。首先记载了望目，包括望视物姿势、白睛、眼睑、神瞳等，用以诊断是否有隆病、脑病、血热赤巴病、体质衰损、麻疹、脑炎、高血压、中毒症、肾病等；望面，察面色诊断有无隆病、灰色培根病、灰色浮肿、脾病等；望鼻孔诊断有无肺痼疾；望舌，包括观察舌色、舌苔、舌边、舌尖、舌面等来诊断隆、赤巴、培根病和二合病、聚合病、心脏病、肾病等；察痰，闻到痰有盐味、痰中带血、泡沫质虚、有腐肉、有脓液等可主诊为肺有病；察大便颜色，可诊知有无木布病、寒性赤巴病、消化不良、肝热、小肠瘟病（菌痢）、肠炎、痔疮等；察呕吐物，从呕吐物颜色可诊知有无木布对抗症或类中毒症、胃炎、胆囊病等。对临床诊疗和疾病相关研究具有较大的价值。

༄༅། །གསོ་རིག་མན་ངག་གཅེས་བསྒྲིགས་ཕན་བདེའི་འོད་སྣང་གསར་བ་ཞེས་བྱ་བ་བཞུགས་སོ། །

གསུང་རྩོམ་འདི་《གསོ་རིག་མན་ངག་སྦྱོང་བྱང་ཕྱོགས་བསྒྲིགས་ཕན་བདེ་ནོར་བུའི་སྙེ་མ།།》ཞེས་པའི་བམ་པོ་དང་པའི་ཤོག་གྲངས་༦༠ནས་༣༠༣བར་གསལ། ཁྱོན་བསྡོམས་ཤོག་ངོས་༢༤༣བཞུགས།

ནང་དོན་གནད་བསྡུས།

འདིར་གཙོ་བོ་རྩ་རྒྱུད་ཀྱི་སྟོང་འགྲེམས་ཐོག་མར་གསུངས་ལ་རྗེས་སུ་ཉེས་གསུམ་དང་འཕེལ་འགྲིབ་ནད། སྦྱོར་བ་སྨན་བཅས་ཀྱི་ནང་དོན་རྒྱས་པར་གསུངས་ཡོད་ལ། དེ་ནས་ཕོང་ནད་འགའ་དང་གནས་སྐབས་ཀྱི་ཚ་བ་རིགས་དྲུག རིགས་ཀྱི་ཚ་བ་བཞི། དེ་ནས་ཐོར་ནད་དང་གཉན་རིམས་ནད་སོགས་མང་པོ་ཞིག་གི་རྒྱུ་རྐྱེན་དང་རྟགས། གསོ་ཐབས་སོགས་ཞིབ་པར་གསུངས་ཡོད།

གསོ་རིག་གི་རིན་ཐང་།

དེབ་འདིར་ཐོག་མར་རྩ་རྒྱུད་ཀྱི་སྟོང་འགྲེམས་ཀྱི་སྐོར་དང་རྒྱུད་ཀྱི་དཀའ་གནད་འགའི་འགྲེལ་བ། ཉེས་པ་གསུམ་དང་གཉེན་པོ་སྨན་གྱི་རྣམ་བཞག ནད་མིང་དང་ནད་ཀྱི་དབྱེ་བ། རྒྱུ་རྐྱེན། གསོག་ལྡང་ཞི་གསུམ། འཇུག་ཚུལ་དང་འཇུག་སྒོ་དང་གནས་བཅས་གསུངས་ཡོད་པ་དང་སྨན་གྱི་རོ་ནུས་ཞི་རྗེས་ཡང་རྒྱས་པར་བསྟན་ཡོད། ལྷག་པར་དུ་གཉན་རིམས་སྤྱི་དང་གཉན་ནད་རིགས་སུམ་བཅུ་སོ་བཞིའི་རྒྱུ་རྐྱེན་དང་ནད་རྟགས་བཅོས་ཐབས་གཙོར་བྱས་ནས་གསུངས་ཡོད་པ་དང་། ལུས་སྤྱིའི་ནད་རིགས་བཞི་བཅུའི་རྒྱུ་རྐྱེན་དང་དབྱེ་བ། ནད་རྟགས་དང་གསོ་བཅོས་ལག་ལེན་བཅས་སྤྱི་བསྡོམས་ནད་རིགས་བདུན་བཅུ་དོན་བཞི་རྒྱས་པར་བསྟན་ཡོད། ད་དུང་ཉེར་མཁོ་རྫས་རིགས་རྡུའི་སྦྱོང་བ་བཅས་གསུངས་ཡོད་པས་བརྗོད་བྱ་ཆ་ཚང་ཞིང་ནང་དོན་གཏིང་ཟབ་པས་གསོ་རིག་གི་ཐད་ནས་རིན་ཐང་ཆེན་པོ་ལྡན་ཡོད།།

《医学秘诀选编·利乐之新光》

本医著收载于《藏医实践概论》第一部分中第60页至303页，共243页。

内容提要：

本医著首先阐述了藏医树喻教学。其次详细记载了三因学、病机学、药理学。再次介绍内科疾病和六种临时热病，四种热病的病因、症状、治疗等内容。最后对藏医杂病和瘟疫疾病进行阐述。

医学价值：

本医著首先对《根本医典》所述的树喻教学内容和整个《四部医典》中的难点和要点进行了详细解释，为理解应用《四部医典》的防病治病理论提供了指导。还介绍了病理和对治药物的理论，全身74种疾病的病因、分类、症状、临床治疗原则等内容。

༄༅། །དུགས་ཀྱི་སྐོར་ཞེས་བྱ་བ་བཞུགས་སོ། །

གསུང་རྩོམ་འདི་《གསོ་རིག་མན་ངག་སྒྲོན་བྱང་ཕྱོགས་བསྒྲིགས་ཕན་བདེ་ནོར་བུའི་སྒྲེ་མ།།》ཞེས་པའི་བམ་པོ་གཉིས་པའི་ཤོག་གྲངས་༥༡༧ནས་༥༡༨བར་གསལ། ཁྱོན་བསྡོམས་ཤོག་ངོས་༢ཡོད།

ནང་དོན་གནད་བསྡུས།

གསུང་རྩོམ་འདིའི་ནང་གཙོ་བོ་དཔྱད་ལྔའི་ནང་ཚན་དུགས་ཀྱི་སྐོར་གསལ་པོར་བརྗོད་ནས་བཀོད་ཡོད།

གསོ་རིག་གི་རིན་ཐང་།

སྨན་ཡིག་འདིའི་ནང་དུ་ཕྱི་མ་རྒྱུད་ཀྱི་ལག་ལེན་བཅོ་བརྒྱད་ལས་འཕྲོས་པའི་དུགས་ཀྱི་དབྱེ་བ་སུམ་ཅུ་སྟེ། སྐར་ཆུ་སོགས་བསིལ་དུགས་བཅུ་གཅིག་དང་། སོ་ཕག་སོགས་དྲོད་དུགས་དབྱེ་བ་བཅུ་དགུ་སོགས་ཀྱི་ལས་སྟོན་དང་། སྦྱོར་ཐབས། ནད་དམིགས། ཕན་ཡོན། རྗེས་གཅོད་རྣམས་ཚིག་ཉུང་ལ་དོན་འདུས་པའི་སྒོ་ནས་བཀོད་ཡོད་དེ། ནང་དོན་ཚང་བ་དང་། ཁ་གསལ་ལ་གོ་བདེ་བ་གནད་ལ་འཁེལ་བ་ཞིག་བྲིས་ནས་བཀོད་ཡོད་པས། དཔྱད་བཅོས་ཀྱི་སྐོར་ལ་དཔྱད་གཞིའི་རིན་ཐང་ཆེའོ།།

《关于罨敷疗法》

本医著收载于《藏医实践概论》第二部分中第517页至518页，共2页。

内容简介：

本医著主要阐述了五种外治法之一的罨敷疗法。

医学价值：

本医著主要阐述了藏医药典籍《四部医典·后续部》中藏医18种操作技能之热敷和冷敷法，对11种冷敷和19种热敷的制作工艺、操作规程、对治部位、功效、善后处置等进行了详细说明，具有临床指导作用。

༄༅། །རང་བྱུང་ཆུ་ཚན་གྱི་ཕན་ནུས་མདོ་ཙམ་ཞེས་བྱ་བ་བཞུགས་སོ། །

གསུང་རྩོམ་འདི་《གསོ་རིག་མན་ངག་སྙིང་བྱང་ཕྱོགས་བསྒྲིགས་ཕན་བདེ་ནོར་བུའི་སྙེ་མ།》ཞེས་པའི་བམ་པོ་གཉིས་པའི་ཤོག་གྲངས་༥༡༩ནས་༥༢༠བར་གསལ། ཁྱོན་བསྡོམས་ཤོག་ངོས་༢བཞུགས།

ནང་དོན་གནད་བསྡུས།

གསུང་རྩོམ་འདིའི་ནང་གཙོ་བོ་རང་བྱུང་ཆུ་ཚན་གྱི་ཕན་ནུས་དང་ནད་ཐོག་ཏུ་ཇི་ལྟར་བཀོལ་སྤྱོད་བྱེད་ཚུལ་སོགས་ངོ་སྤྲོད་བྱས་ཡོད།

གསོ་རིག་གི་རིན་ཐང་།

སྨན་ཡིག་འདིའི་ནང་དུ་གཙོ་བོ་རྒྱ་རྗེ་སོལ་ལས་བྱུང་བའི་རང་བྱུང་གི་ཆུ་ཚན་རྣམ་པ་ལྔའི་ངོ་བོ་དང་། འབྱུང་གནས། རོ་དང་ཁ་དོག བསྟེན་པའི་དུས། དུས་ངེས་མེད་པ་ཅན་ཡིན་དགོས་པའི་རྒྱུ་མཚན། བསྟེན་ཐབས།བསྟེན་སྐབས་ཀྱི་ཟས་སྤྱོད་སྤང་བླང་། སྐེམ་པོ་རྒྱས་པ་དང་སྦོམ་པོ་འབྲི་བར་བྱེད་པའི་ལག་ལེན་གྱི་ཆོ་ག་འགའ་བཅས་བཀོད་ཡོད་པས་སློབ་གཉེར་བ་དག་ལ་ལག་ལེན་ཁྲོད་དུ་གཞུང་ལུགས་ཀྱི་རྒྱབ་རྟེན་བཟང་པོ་དང་སྐབས་བདེ་བསྐྲུན་ཡོད་པར་མ་ཟད། སྐྱེ་བོ་ཕོ་མོ་རྒན་གཞོན་ཡོངས་ལ་རང་བྱུང་ཆུ་ཚན་བསྟེན་ཚུལ་གྱི་ཤེས་བྱ་ངོ་སྤྲོད་བྱས་ཡོད།

《天然温泉浴功效简述》

本医著收载于《藏医实践概论》第二部分中第519页至520页，共2页。

内容提要：

本医著主要介绍了天然温泉浴的功效及临床应用。

医学价值：

本医著主要介绍了五种天然温泉的性质、发源地、味和颜色、洗浴时间、洗浴方法、洗浴时的饮食起居宜忌、用来减肥和壮体等的一些操作规程。为学医者提供了丰富的实践经验和理论支持，使他们能够更深入地理解天然温泉在医疗领域的应用。同时，本医著为广大民众提供了健康的指南，引导人们合理利用自然资源，维护身心健康。

༄༅། །གསོ་བ་རིག་པའི་གཞུང་བཟང་ལས་ནད་ཀྱི་ངོས་འཛིན་མདོར་བསྡུས་མཁས་པའི་ཞལ་ལུང་བདུད་རྩིའི་ཐིགས་པ་ཞེས་བྱ་བ་བཞུགས་སོ། །

གསུང་རྩོམ་འདི་《གསོ་རིག་མན་ངག་སྦྱོང་བྱང་ཕྱོགས་བསྒྲིགས་ཕན་བདེ་ནོར་བུའི་སྙེ་མ།།》ཞེས་པའི་བམ་པོ་གཉིས་པའི་ཤོག་གྲངས་༥༢༠ནས་༥༣༣བར་གསལ། ཁྱོན་བསྡོམས་ཤོག་ངོས་༡༤ཡོད།

ནང་དོན་གནད་བསྡུས།

གསུང་རྩོམ་འདིའི་ནང་གཙོ་བོ་བརྟག་རིག་དྲི་གསུམ་གྱི་སྒོ་ནས་ནད་རིགས་ཇི་ལྟར་ངོས་འཛིན་ཚུལ་ཞིབ་པར་གསུངས་ཡོད།

གསོ་རིག་གི་རིན་ཐང་།

གསུང་རྩོམ་འདིའི་ནང་དུ་རྗེ་གཡུ་ཐོག་པ་དང་འཇུ་མི་ཕམ་སོགས་སྔ་རབས་མཁས་པའི་གསུང་རྒྱུན་གཞི་བྱས་ནས་རྩ་ཆུ་ཕྱི་ཡུལ་གསུམ་གྱི་སྒོ་ནས་རླུང་དང་། མཁྲིས་པ། བད་ཀན་སྨུག་པོ། རིམས། ཚད་པ། མགོ་ནྲིན། གག་པ། གཉན། ས་ཞུ་བ། འོར་དང་སྐྱ་རབ། དྲེག་དང་གྲུམ་བུ། གློ་ནད་དང་སུར་ཡ། སྐྲན་དང་དམུ་ཆུ། ཁང་འབམ། སོ་ནད་བཅས་ཀྱི་ནད་ངོ་ངོས་འཛིན་བྱ་ཐབས་དང་། མི་ནོར་བའི་རྟགས། ནད་ངོ་འཁྲུལ་མེད་དུ་ཟིན་ནས་གསོ་བཅོས་བྱ་བའི་ཐབས། འཆི་དུས་ཀྱི་རྩ་ཆུ་ཕྱི་ཡུལ་གསུམ་གྱི་རྟགས། སྔོས་སུ་མི་ནོར་རྩ་ལ་བརྟག་ནས་ནད་ཡོད་མེད་དང་ཡང་ན་ཉེ་དུ་ནམས་ཀྱི་བྱ་བའི་ལེགས་ཉེས་བརྟག་ཐབས། ནད་ཅན་ལ་རྩ་གང་མེད་ན་འཆི་བའི་རྟགས་ཡིན་པ་སོགས་བསྟན་ཡོད་པས་གསོ་རིག་གཞུང་ལུགས་གཞན་དང་བསྡུར་ན་ཐུན་མོང་མ་ཡིན་པའི་ཁྱད་ཆོས་ལྡན་ལ། ཁྱད་པར་དུ་ནད་གཞི་བརྟག་ཐབས་རིག་པར་དཔྱད་གཞིའི་སྨན་གཞུང་སྟོན་མ་ཞིག་ཏུ་འགྱུར་བར་གདོན་མི་ཟའོ།།

《从优秀医书中汇集的简要疾病诊断法·名医口授甘露滴》

本医著收载于《藏医实践概论》第二部分中第520页至533页，共14页。

内容提要：

本医著介绍了通过望、触、问三诊在临床上诊断疾病的方法及技巧。

医学价值：

本医著以宇妥和居·迷旁等名医的著作为依据，介绍了脉、尿、体征三法诊断隆病、赤巴病、培根病、木布病、疫病、热病、头虫病、白喉、瘟病、不消化、下落水肿、灰色浮肿、痛风、痹证、肺病、肺日形脓肿、痞瘤、水鼓、岗巴、妇科病等疾病的临床症状及诊断方法；介绍了死亡之时脉象、尿象、体外表现症状。特别记载了通过正确无误的脉象来了解有无疾病，或者按亲属们的行为的吉与凶来诊病的诊断法，患者某种脉象不显便为死兆等情况。因此有着特殊的价值。

༄༅། །སྔོ་སྦྱོར་མན་ངག་བདུད་རྩིའི་ཐིག་ལེ་ཞེས་བྱ་བ་བཞུགས་སོ། །

གསུང་རྩོམ་འདི་《གསོ་རིག་མན་ངག་སྙིང་བྱང་ཕྱོགས་བསྒྲིགས་ཕན་བདེ་ནོར་བུའི་སྙེ་མ།།》ཞེས་པའི་བམ་པོ་གཉིས་པའི་ཤོག་གྲངས་༤༥༣ནས་༤༥༨བར་གསལ། ཁྱོན་བསྡོམས་ཤོག་ངོས་༦བཞུགས།

ནང་དོན་གནད་བསྡུས།

གསུང་རྩོམ་འདིའི་ནང་གཙོ་བོ་ཤིན་ཏུ་རྣོ་ལ་སྦྱར་བའི་སྔོ་སྨན་གྱི་སྦྱོར་ཐབས་འགའ་རྒྱས་པར་གསུངས་ཡོད།

གསོ་རིག་གི་རིན་ཐང་།

གསུང་རྩོམ་འདིའི་ནང་ཐོག་མར་རླུང་སྨན་བདེ་བྱེད་སྟོབས་ལྡན་དང་མཁྲིས་པའི་སྨན་ལ་ཚ་སེལ་གྲང་སེལ་ཡོད་པ་ལས་ཚ་བ་སེལ་བའི་བདུད་རྩི་རབ་བསིལ་ཞེས་བྱ་བ་དང་གྲང་བ་སེལ་བའི་པུཥྐ་རི་ཀའི་སྦྱོར་བ། དེ་ནས་མ་ཞུ་གཅོང་ནད་ཀུན་སེལ་བའི་ཅོང་ཞི་ཀོད་འདུལ་ཆང་གིས་ངར་བསད་དེ་སྦྱར་བའི་སྨན་དང་བད་ཀན་སེལ་བའི་བཻཌཱུཪྻ་མདོག་ལྡན། གྲོ་ཐོག་ནད་སེལ་བདུད་རྩིའི་ཐིགས་མ། བད་སྨུག་སེལ་བའི་ལྷ་དབང་ཐིག་ལེ། སྐྲན་ནད་ཀུན་འཇོམས་རྡོ་རྗེའི་མཚོན་ཆ། ཆུ་ནད་ཀུན་སེལ་བདེ་བའི་འཁོར་ལོ། རིམས་སོགས་ཚ་གྲང་ནད་ཀུན་སྨིན་པའི་ཐང་། ཚད་པ་ཀུན་སེལ་བདུད་རྩི་བསིལ་ཆབ། ཁྲག་ནད་སེལ་བའི་དཔའ་བོ་ཁྲག་འཐུང་སོགས་སྨན་སྦྱོར་སོ་གཉིས་ཀྱི་སྦྱོར་བ་ཆ་ཚང་དང་ཕན་ནུས་གསལ་པོར་བསྟན་ཡོད་པས་དེང་དུས་བོད་ཀྱི་གསོ་རིག་འཛིན་སྐྱོང་སྤེལ་གསུམ་གྱི་ལས་དང་པོར་འཇུག་མཁན་དག་གིས་སྔོ་སྦྱོར་མན་ངག་བདུད་རྩིའི་ཐིག་ལེའི་གཞུང་ལ་སློབ་སྦྱོང་དང་ཞིབ་འཇུག་བྱས་ན་འགྲོ་དོན་འགྲུབ་པ་དང་། སྔོ་སྒོ་འབྱེད་པའི་ལྡེ་མིག་ཏུ་འགྱུར་བར་ངེས་སོ།།

《草本植物药甘露精要》

本医著收载于《藏医实践概论》第二部分中第453页至458页，共6页。

内容提要：

本医著阐述了锐性草本植物药材的配伍规律。

医学价值：

本医著详细记录了治疗隆病方剂能安均宁散、热性赤巴病方剂堆孜热赛、寒性赤巴病方剂班智热呷、不消痼疾方剂丙智雅朵丹、白喉方剂堆孜色玛、培根木布病方剂拉皇滕磊、痞瘤病的多吉丛恰、黄水病和湿疹方剂堆贝阔罗、瘟疫及寒热病症方剂门汤、热性疾病的方剂堆孜色恰、血病方剂罢沃查同等32种方剂的组成及功效。这对藏医药治疗复杂性疾病的科学研究、临床研究、方剂开发等具有重要的意义。

༄༅། །གསོ་རིག་དགོངས་བཅུད་ཡང་ཟབ་མན་ངག་སྙིང་པོ་བརྒྱད་ལྡན་ཞེས་བྱ་བ་བཞུགས་སོ། །

གསུང་རྩོམ་འདི་《གསོ་རིག་མན་ངག་སྒྲོམ་བྱང་ཕྱོགས་བསྒྲིགས་ཕན་བདེ་ནོར་བུའི་སྒྲོ་མ།》ཞེས་པའི་བམ་པོ་གཉིས་པའི་ཤོག་གྲངས་༤༥༨ནས་༤༦༣བར་གསལ། ཁྱོན་བསྡོམས་ཤོག་ངོས་༥བཞུགས།

ནང་དོན་གནད་བསྡུས།

གསུང་རྩོམ་འདིའི་ནང་དུ་རླུང་མཁྲིས་བད་ཀན་གཙོ་བྱས་པའི་ནད་རིགས་འགའ་ཞིག་གི་སྤྱི་སྨན་རྒྱས་པར་གསུངས་ཡོད།

གསོ་རིག་གི་རིན་ཐང་།

གསུང་རྩོམ་འདིར་གཙོ་བོ་རླུང་ཁྲག་དང་བད་ཀན། གཉན་ཚད། བྱིས་པའི་ནད་རིགས། མོ་ནད་ལས་རྩ་ནད་བཅུ་དྲུག དྲེག་གྲུམ་གྱི་ནད། ཆུ་སེར་ཤས་ཆེ་བའི་ནད་རིགས་ཀྱི་སྤྱི་སྨན་དང་། དེའི་སྦྱོར་བ་ཚད་ལྡན་དང་ནུས་པ་བཅས་རྒྱས་པར་བསྟན་ཡོད་པ་དང་། དེ་ནས་སྨིན་སྡུད་གསོད་གསུམ་ཀུན་ཚང་བའི་ཐང་སྦྱོར་ནི་རིམས་འཁྲུགས་ཀུན་སེལ་འདུ་བ་སྤྱི་སློམས་ཐང་ཡིན་ཏེ། འབྲས་བུ་གསུམ་ལ་སླེ་ཏྲེས་དང་མ་ནུ་བོང་དཀར་ཏིག་ཏ་བ་ཤ་ཀ་སོགས་སྨན་སྣ་ཞེ་གཉིས་སྦྱར་བའི་ཐང་གིས་མ་སྨིན་སྨིན་པ་དང་། སྨིན་ཟིན་གསོད་ཅིང་བྱེར་བ་བསྡུ་བར་བྱེད་པ། གབ་པའི་ཚད་པ་མགོ་ཕྱུར་བཤུ་ཞིང་རྙོགས་ཚད་སེལ་བ། འགྲམས་ཚད་ལུས་ཟུངས་སོར་གཞུག་དང་འཁྲུགས་ཚད་དབྱུང་བར་བྱེད་པ། སྟོངས་པའི་ཚ་བ་རླུང་འབུད་ལ་ཚད་གཞུག་འདོན་པ། རིམས་ཚད་སྨིན་བསྡུས་གཉན་བསད་ཚད་པ་གཞིལ་པ། དུག་ཚད་བད་སྨུག་ཁྲག་ནད་རྒྱས་བྱེར་སོགས་མ་ལུས་པར་ཀུན་འཇོམས་པ་དང་འདུ་བ་སློམས་པར་བྱེད་པས་གསོ་རིག་ལག་ལེན་ཁྲོད་དུ་རྟོགས་སླ་ཞིང་བཀོད་སྤྱོད་བདེ་བའི་མན་ངག་ཟླ་ན་མེད་པ་འདི་སྦ་གསང་མེད་པར་ལྷུག་པར་བཀྲོལ་ཡོད་པས་རྩོམ་པ་པོ་རང་གཞན་ཕན་གྱི་བརྩེ་བས་ཕྱུག་ཡོད་ལ་འགྲོ་བའི་རྒྱུ་འབྲས་ནད་ཀུན་ཞི་བར་གསོ་རིག་གི་རྨང་གཞི་བརྟན་པོ་ཞིག་ཀྱང་བཞག་ཡོད།།

《藏医学智慧秘精大全》

本医著收载于《藏医实践概论》第二部分中第459页至463页，共5页。

内容提要：

本医著重点阐述治疗隆病、赤巴病、培根病等一些疾病的方剂。

医学价值：

本医著阐述了隆、赤巴、培根、疫热、儿科疾病、十六种妇科疾病、痹症、黄水病通用复方的配伍剂量及功效，以及治疗扩散病症的通用复方草本植物药材的配伍情况；复方三果汤散中添加宽筋藤、木香、唐古特乌头、獐芽菜、鸭嘴花等四十二种方剂针对各种热症如未成熟热、隐藏热、紊乱热、瘟热、疫热、毒热等的治疗方法等内容。对藏医临床诊疗有一定的指导作用，也对藏医药治疗复杂性疾病的科学研究、临床研究、方剂开发等具有重要的启发。

༄༅། །གུ་རུའི་མན་ངག་སྦྱོར་སྡེ་བཅུ་གསུམ་པ་ཞེས་བྱ་བ་བཞུགས་སོ། །

གསུང་རྩོམ་འདི་《གསོ་རིག་མན་ངག་སྦྱོང་བྱང་ཕྱོགས་བསྒྲིགས་ཕན་བདེ་ནོར་བུའི་སྒྲོ་མ།།》ཞེས་པའི་བམ་པོ་གཉིས་པའི་ཤོག་གྲངས་༤༦༤ནས་༤༦༦བར་གསལ། ཁྱོན་བསྡོམས་ཤོག་ངོས་༣བཞུགས།

ནང་དོན་གནད་བསྡུས།

གསུང་རྩོམ་འདིའི་ནང་གཙོ་བོ་གུ་རུའི་མན་ངག་སྦྱོར་སྡེ་བཅུ་གསུམ་གསལ་པོར་བརྗོད་ཡོད།

གསོ་རིག་གི་རིན་ཐང་།

གསུང་རྩོམ་འདིའི་ནང་གཙོ་བོ་རླུང་དང་མཁྲིས་པའི་ནད། བད་སྨུག གཅོང་ནད། བྱིས་པའི་ནད། མོ་ནད། ཆུ་སེར། དྲེག་སྲུམ་དང་རྩ་དཀར། གཉན་དང་སྐྲངས་པ། རིམས་ནད། གདོང་སྲིན། སྣ་འགག་སོགས་ནད་རིགས་མང་པོ་ཞིག་ལ་སྦྱོར་སྡེ་བཅུ་གསུམ་ཅན་གྱིས་གྲུབ་པའི་ཕོང་སྨན་གྱིས་སོ་སོའི་ནད་ལ་ཕན་པའི་སྨན་མཆོག་ཧྲི་ཏི་བཅུ་གསུམ་དང་བདུད་རྩི་བཅུ་གསུམ། སྤྱད་ཐང་བཅུ་གསུམ་ལྷ་བུ་སོགས་ཀྱིས་གསོ་ནུས་པར་བསྟན་ཡོད་པས་འཚོ་བྱེད་གཞོན་ནུ་དག་གིས་གོ་བདེ་ལ་ལག་ལེན་ཚུལ་བཞིན་བྱས་ན་ནད་ཀྱི་སྡུག་བསྔལ་ལས་མྱུར་དུ་གྲོལ་བར་མཐུན་རྐྱེན་བཟང་པོ་བསྐྲུན་པ་དང་། གསོ་རིག་རིན་ཆེན་མཛོད་ན་ཁྱད་དུ་འཕགས་པས་གསོ་རིག་གི་རིན་ཐང་མངོན་གསལ་ལྡན།།

《谷如秘诀·十三味方剂集》

本医著收载于《藏医实践概论》第二部分中第464页至466页，共3页。

内容提要：

本医著主要介绍了谷如秘诀方药十三集。

医学价值：

本医著阐述了治疗隆病、赤巴病、培根木布病、痼疾、儿科疾病、妇科疾病、黄水病、痛风、痹症、白脉病、疫病、痞瘤、瘟疫、鼻窦炎、鼻塞等多种疾病的十三味方药。重点介绍了十三味豆蔻丸、堆孜居松、十三味收敛汤等通用方剂。对结合以上十三味方药组成的方剂对症的病因、病机以及预防和保健措施进行了详细介绍，具有较大的医学价值。

༧༢། །བོད་སྨན་ལུགས་ཀྱི་སྨན་སྦྱོར་བྱེད་ཐབས་ཉམས་མྱོང་ལས་གྲོན་པའི་སྦྱོར་སྡེ་ཁ་ཤས་ཞེས་བྱ་བ་བཞུགས་སོ། །

གསུང་རྩོམ་འདི་《གསོ་རིག་མན་ངག་མྱོང་བྱང་ཕྱོགས་བསྒྲིགས་ཕན་བདེ་ནོར་བུའི་སྒྲོ་མ།》ཞེས་པའི་བམ་པོ་གཉིས་པའི་ཤོག་གྲངས་༡༨༨ནས་༡༩༡བར་གསལ། ཁྱོན་བསྡོམས་ཤོག་ངོས་༤བཞུགས།

ནང་དོན་གནད་བསྡུས།

གསུང་རྩོམ་འདིའི་ནང་གཙོ་བོ་རྩོམ་པ་པོ་རང་ཉིད་ཀྱིས་བོད་སྨན་ལུགས་ཀྱི་སྨན་སྦྱོར་བྱེད་ཐབས་ཉམས་མྱོང་ལས་གྲོན་པའི་སྦྱོར་སྡེ་ཁ་ཤས་ངོ་སྤྲོད་བྱས་ཡོད།

གསོ་རིག་གི་རིན་ཐང་།

གསུང་རྩོམ་འདིའི་ནང་གཙོ་བོ་ཁོང་གི་ཉམས་མྱོང་ལས་གྲོན་པའི་སྦྱོར་སྡེ་འགའ་བརྗོད་ཡོད་པ་སྟེ་སྙིང་ནད་སེལ་བའི་ཧྭ་ཧི་ཞེར་ལྔ། གློ་ནད་སེལ་བའི་ཙུ་གང་ཞེར་བརྒྱད། འབྲུགས་གློ་སེལ་བའི་ཨ་གྲོང་བཅོ་བརྒྱད། བད་རླུང་གློ་སེལ་ད་ལིས་ཞེར་ལྔ། གློ་ཚུ་སེལ་བའི་ཟངས་ཐལ་ཞེར་བརྒྱད། བད་སྨུག་འཇོམས་པའི་ཅོང་ཞི་ཞེར་གཅིག མ་ཞུ་བད་རླུང་སེལ་བའི་སེ་འབྲུ་ཞེར་གཅིག མཁལ་ནད་སེལ་བའི་སུག་སྨེལ་བཅུ་བཞི། མཁྲིས་ཚད་སེལ་བའི་ཏིག་ཏ་བཅོ་བརྒྱད། རྒྱུ་ཚད་སེལ་བའི་དུག་ཞུང་བཅོ་ལྔ། ཚ་གྲང་སེལ་བའི་ཅིག་ཐུབ་བཅོ་བརྒྱད་སོགས་སྨན་སྣ་སུམ་བཅུ་སོ་གཉིས་ཀྱི་སྦྱར་ཚད་དང་དེས་ནད་རིགས་གང་དང་གང་ལ་ཕན་ཐོགས་འབྱུང་བཞིན་ཡོད་པ་དག་རྒྱས་པར་གསུངས་ཡོད་པས། རྗེས་སྐྱོང་སློབ་བུ་རྣམས་ལ་ལག་ལེན་ཁྲིར་བདེ་བ་དང་དེ་མིན་སྙིང་ནོར་སྦས་གསང་མེད་པར་མངོན་ཕྱུང་བྱས་པ་མཆོན་ཐུབ་ལ། འདིས་འགྲོ་ཀུན་རྒྱུ་འབྲས་ཟུག་རྔུ་དྲག་པོ་ལས་སངས་དྲག་ཏུ་གཏོང་བ་ལ་ཐེ་ཚོམ་མེད་པས་གསོ་རིག་བསླབ་མཁན་དག་ལ་སློབ་ཁྲིད་ཐད་ནས་མ་རྟོགས་གསེད་འགྲོལ་དང་ནད་ཐོག་ལག་ལེན་དུ་གདེང་ཚོད་ཆེན་པོས་བཀོལ་སྤྱོད་བྱེད་པར་སྐྱུལ་ཤུགས་བསྐྱལ་ཡོད་ལ། མ་འོངས་ཞིབ་འཇུག་ཐད་ལ་ཡང་བསམ་བློ་གསར་བ་ཕུལ་བ་བཅས་གསོ་རིག་ཐད་ནས་རིན་ཐང་གལ་ཆེན་ལྡན།།

《藏医方剂配伍之部分经方》

本医著收载于《藏医实践概论》第二部分中第466页至474页，共9页。

内容提要：

本医著主要介绍了作者藏医方剂配伍之部分经方。

医学价值：

本医著重点阐述作者多年临床经验方，如治疗心脏疾病的复方二十五味肉豆蔻丸、治疗肺病的复方二十八味竺黄丸、清肺热止咳用的复方十八味雪灵芝丸、治培隆且具有清肺功效的复方二十五味杜鹃丸、治疗肺水肿的方剂二十八味铜灰丸、治疗培根木布病的方剂二十一味寒水石丸、治疗不消化症和培隆病的方剂二十一味石榴丸、治疗肾病的复方十四味豆蔻丸、治疗胆热症的复方十八味獐牙菜丸、治疗肠炎的复方十五味止血木子丸、治疗寒热症的方剂十八味人参丸等32种方剂的配伍、剂量、功效、主治等。内容通俗易懂，对今后研究以上方剂的临床用药、临床诊治、科学研究等具有较大的医学价值。

༄༅། །སྨན་སྦྱོར་བདུད་རྩིའི་བཅུད་ཟིན་ཅེས་བྱ་བ་བཞུགས་སོ། །

གསུང་རྩོམ་འདི་《གསོ་རིག་མན་ངག་སྦྱོང་བྱང་ཕྱོགས་བསྒྲིགས་ཕན་བདེ་ནོར་བུའི་སྒྲེ་མ།།》ཞེས་པའི་བམ་པོ་གཉིས་པའི་ཤོག་གྲངས་༤༧༤ནས་༤༧༧བར་གསལ། ཁྱོན་བསྡོམས་ཤོག་ངོས་༤བཞུགས།

ནང་དོན་གནད་བསྡུས།

གསུང་རྩོམ་འདིའི་ནང་རླུང་མཁྲིས་བད་ཀན་གྱི་ནད་གཙོ་བོར་བྱས་ནས་ནད་རིགས་གང་མང་ཞིག་ལ་ཕན་པའི་སྨན་སྦྱོར་བཅུ་དྲུག་གི་སྦྱོར་ཚད་དང་ནུས་པ་ལེགས་པར་གསུངས་ཡོད།

གསོ་རིག་གི་རིན་ཐང་།

སྨན་ཡིག་འདིར་གཙོ་བོ་རླུང་སྨན་དང་མཁྲིས་སྨན། བད་ཀན་གྱི་སྨན། བད་རླུང་སེལ་བའི་སྨན། གློ་ནད་དང་འབྲུགས་གློ་སེལ་བའི་སྨན། གློ་རྒྱུ་སེལ་བའི་སྨན། མཆིན་ཚད་དང་རིམས་ནད། གཉན་ཚད། ཁྲག་ཚབས་དང་རླུང་ཚབས། བྱིས་པའི་ནད། གསང་སྨན། མོ་ནད་སོགས་ལ་ཕན་པའི་སྨན་སྦྱོར་བཅུ་དྲུག་གི་སྦྱོར་ཚད་དང་ཕན་ནུས་ལེགས་པར་གསུངས་ཡོད་པས་ནད་རིགས་གང་ཞིག་གསོ་བཅོས་བྱེད་པར་སྟབས་བདེ་གང་ལེགས་བསྟུན་ཡོད་པ་དང་། སྨན་སྣ་འདི་དག་ལ་ནུས་པའང་ཧ་ཅང་མང་ལ་ནད་རིགས་ཀུང་རྒྱུན་མཐོང་གི་རིགས་ཡིན་པས་གསོ་རིག་ལ་སློབ་གཉེར་བྱེད་མཁན་དང་འཚོ་བྱེད་སྨན་པ་གང་ཞིག་ཡིན་ཡང་ཡིད་འཛིན་བདེ་ལ་བཀོལ་སྤྱོད་བྱེད་བདེ་བས་གསོ་རིག་གི་རིན་ཐང་ཆེན་པོ་ཡོད།།

《方剂甘露精华》

本医著收载于《藏医实践概论》第二部分中第474页至477页，共4页。

内容提要：

本医著主要介绍了治疗隆、赤巴、培根病等一些疾病的16种方剂和主治功效。

医学价值：

本医著详述治疗隆、赤巴、培根、培隆病、肺病、肺肿、肝炎、瘟疫、妇科病、儿科疾病的方剂，以及秘方和妇科通用复方等16种方剂的方药组成、剂量、主治、功效等。上述方剂在治疗疾病方面具有广泛的适用范围，并且对于临床常见病症的疗效十分显著。因此，这些方剂对于未来在临床用药和科学研究方面具有重要的医学价值。

༄༅། །ཉེས་གསུམ་སྤྱི་སྨན་ཀུན་ཏུ་ཕྱུང་བ་ཞེས་བྱ་བ་བཞུགས་སོ། །

གསུང་རྩོམ་འདི་《གསོ་རིག་མན་ངག་སྒྲོང་བྱང་ཕྱོགས་བསྒྲིགས་ཕན་བདེ་ནོར་བུའི་སྙེ་མ།།》ཞེས་པའི་བམ་པོ་གཉིས་པའི་ཤོག་གྲངས་༤༨༡ནས་༤༨༢བར་གསལ། ཁྱོན་བསྡོམས་ཤོག་ངོས་༢བཞུགས།

ནང་དོན་གནད་བསྡུས།

གསུང་རྩོམ་འདིའི་ནང་གཙོ་བོ་ཉེས་གསུམ་གྱི་ནད་དང་འདུས་ནད་ཀྱི་སྤྱི་སྨན་དག་མ་གསང་བར་ཞིབ་པར་གསུངས་ཡོད།

གསོ་རིག་གི་རིན་ཐང་།

དེབ་འདིར་རླུང་མཁྲིས་བད་ཀན་དང་འདུས་པའི་ནད་བཅས་ལ་ཕན་པའི་སྨན་སྦྱོར་གཙོ་བོ་བཞི་ཡི་སྦྱོར་བ་ཚད་ལྡན་དང་ཕན་ནུས་གསལ་བར་བསྟན་ཡོད་པ་དང་།གོ་བདེའི་དགོངས་པ་རྒྱ་ཆེར་ལྡན་པ། ལག་ལེན་ཉམས་སྒྲོང་ཕུན་སུམ་ཚོགས་པའི་རང་བཞིན་ལྡན་པས་གསོ་རིག་གི་རིན་ཐང་ལྡན།

ལོ་རྒྱུས་ཀྱི་རིན་ཐང་།

སྨན་ཡིག་འདིར་གཙོ་བོ་ཉེས་པ་རླུང་མཁྲིས་བད་ཀན་གསུམ་གྱི་ནད་ལ་ཕན་པའི་སྨན་སྣ་རིམ་བཞིན་དུ་སེམས་གསལ་བདེ་བའི་འཁོར་ལོ་དང་། རབ་བསིལ་བདུད་རྩིའི་ཐིག་ལེ། འཕགས་མཆོག་སྤྱན་ཆབ་བཅས་ཀྱི་སྦྱོར་བ་ཚད་ལྡན་དང་། དེ་ནས་འདུས་ནད་སྨན་མཆོག་བདུད་རྩི་བཅུད་རྒྱལ་གྱི་སྦྱོར་བ་དང་ནུས་པ་ཞིབ་པར་གསུངས་ཡོད་པ་དང་། ལྷག་ཏུ་བོད་ཀྱི་དངོས་སློབ་དམ་པ་པདྨ་འཕྲིན་ལས་དང་བཀྲ་ཤིས་ཕུན་ཚོགས་བྱང་གིས་བསྐྱལ་བ་མི་ཐོག་པ་ཙམ་དུ་ཁྲིས་པ་ཞིག་ཡིན་པས་ཡིག་ཚང་གི་རིན་ཐང་གལ་ཆེན་ལྡན།།

《三邪通用秘方》

本医著收载于《藏医实践概论》第二部分中第481页至482页，共2页。

内容提要：

本医著介绍了治疗隆、赤巴、培根、聚合型等病症的主要复方的配伍标准和功能主治。

医学价值：

本医著详述了治疗隆、赤巴、培根、聚合型等病症的四种主要复方的配伍标准、功能主治等内容。通俗易懂、具有较大的推广价值。对今后研究以上方剂的临床用药、科学研究等具有较大的医学价值。

历史价值：

本医著阐述了用于治疗藏医三因之隆、赤巴、培根的方剂依次为清心舒轮丸、凉药甘露精、普乔尖恰，以及治疗聚合型病症方剂堆孜具杰的方药组成、功能主治。特别是作者为了不负白玛赤列、扎西平措等真传弟子的期许，详述了以上复方。对后人研究和临床诊治有重要的历史价值。

༧༢། །བདུད་རྩི་སྦོ་སྦྱོར་ཀ་མ་ལ་ཡི་དོ་ཤལ་དྭང་སྲོང་འཇུམ་པའི་ཟླ་ཟེར་ཞེས་བྱ་བ་བཞུགས་སོ། །

གསུང་རྩོམ་འདི་《གསོ་རིག་མན་ངག་སྤྱོད་བྱང་ཕྱོགས་བསྒྲིགས་ཕན་བདེ་ནོར་བུའི་སྙེ་མ།》ཞེས་པའི་པམ་པོ་གཉིས་པའི་ཤོག་གྲངས་༤༧༨ནས་༤༨༡བར་གསལ། ཁྱོན་བསྡོམས་ཤོག་ངོས་༤བཞུགས།

ནང་དོན་གནད་བསྡུས།

གསུང་རྩོམ་འདིར་བདུད་རྩི་སྦོ་སྦྱོར་ཀ་མ་ལ་ཡི་དོ་ཤལ་ཏེ་ཐང་ཆེན་ཉེར་གཅིག་གི་སྦྱོར་བ་དང་ཚད་པ་སེལ་བའི་སྦྱོར་བ། མཁྲིས་སྨན། གློ་སྨན། གྲང་འཇོམས་སྨན། ཁྲག་ཀླུང་གི་སྨན། ཁྲག་གཅོད་ཀྱི་སྨན། བཅད་འགྲོར་གྱི་སྨན། འབྲུ་བ་གཅོད་པའི་སྨན་བཅས་གཙོ་བོར་གསུངས་པའི་ཐོག་ཏུ་ནད་རིགས་གཞན་མང་པོ་ཞིག་ལ་ནུས་པ་ལྷག་ཏུ་ཆེ་བ་ར་སྦྱོད་གསལ་པོ་བྱས་ཡོད།

གསོ་རིག་གི་རིན་ཐང་།

སྨན་ཡིག་འདིར་གཙོ་བོ་བདུད་རྩི་སྦོ་སྦྱོར་ཀ་མ་ལ་དོ་ཤལ་ཕྱོགས་ལྷུང་འདམ་གྱིས་རྣམ་པར་མ་གོས་པ་དང་། མཐོང་ན་དགའ་བའི་པད་ཕྲེང་འདི་ན་མཛེས་པའི་དང་པོ་དམར་སེར་ཀ་མ་ལའི་སྦྱོར་བ་ལའང་ཐང་དང་ཏྲིས་སམ་གཉིས་ཡོད་པ་དང་། དེ་ལས་དང་པོ་ཐང་ཆེན་ཉེར་གཅིག་གི་སྦྱོར་བ་དང་ནུས་པ། གཉིས་པ་ཏྲིས་སམ་སྦྱོར་བའི་ཀ་མ་ལ་ལའང་སྔོ་དམར་དམར་སེར་དམར་སྨུག་རྣམ་པ་གསུམ་ཡོད་པ་དང་། དེ་ལས་ཚད་སེལ་མེ་ཏོག་སྔོ་དམར་ཏྲིས་སམ་དང་མཁྲིས་སྨན་མེ་ཏོག་དམར་སེར་ཏྲིས་སམ། གློ་སྨན་མེ་ཏོག་དམར་སྨུག་ཏྲིས་སམ། གྲང་འཇོམས་མེ་ཏོག་དཀར་སྨུག་ཏྲིས་སམ། ཁྲག་ཀླུང་སེལ་བའི་མེ་ཏོག་སྔོ་དམར་ཏྲིས་སམ་བཅས་ཀྱི་སྦྱོར་བ་དང་ཕན་ནུས་གསལ་བར་བསྟན་ཡོད། དེ་མིན་སྣ་ཚོགས་ཀ་མ་ལ་ཡི་སྦྱོར་སྡེ་ནི་ཁྲག་གཅོད་རྩ་སྨན་འབྲུ་གཅོད་རྣམ་པ་གསུམ་ཡོད་དེ་དང་པོ་ཁྲག་གཅོད་དྭང་སྲོང་མཆེད་ལྔའི་གྲངས་དང་། གཉིས་པ་རྩ་སྨན། གསུམ་པ་འབྲུ་བ་གཅོད་པའི་སྨན་སྦྱོར་བཅས་ཞིབ་པར་གསུངས་ཡོད་པ་དང་ནུས་པའང་ཞིབ་པར་བརྗོད་ཡོད་པས་ནད་རིགས་མང་པོ་ཞིག་གསོ་བཅོས་བྱེད་ཐུབ་ལ་ཡིག་ཆ་འདིའང་ཤོང་གི་སློབ་བུ་ཡར་འཕེལ་གྱིས་བསྐྱལ་ངོ་མ་ཐོག་པར་རང་ཡུལ་གྱི་སྦོ་ལྷུམ་ལག་ཏུ་ཚོགས་ཚད་ཕྱོགས་གཅིག་ཏུ་སྦྲར་ཚོག་པའི་སྨན་སྦྱོར་འདི་ཉིད་གསོ་རིག་གི་གཞུང་བཟང་རྣམས་ནས་བཏུས་པ་ཞིག་ཡིན་པས་འགྲོ་ཀུན་ནད་ལས་གྲོལ་བའི་རྒྱུ་རུ་གྱུར་ཡོད་པས་རིན་ཐང་ཏ་ཅང་ལྡན།།

གསུང་རྩོམ་འདིས་གཞུང་གི་ཁུངས་བཙན་ལ་ནད་ཐོག་གསོ་བཅོས་ཐད་ལ་བྱུས་རྗེས་ཆེན་པོ་ཡོད་པ་དང་། རྗེས་རབས་སློབ་བུ་རྣམས་ཀྱིས་རྩོ་སྨན་དག་ངོས་འཛིན་བདེ་བ་དང་ཕན་ནུས་རྟོགས་སླ་བ། ནད་པ་དབུལ་ཕྱུག་སུས་ཀྱང་སྤྱོད་ཐུབ་པ། རང་ཡུལ་སྔོ་འགྲམ་གྱི་སྨན་རྣ་རང་ཡིན་པས་སྒྱུར་སྐྱོབ་ཕྱོགས་ལའང་སྟབས་བདེ་གང་ལེགས་བསྐྲུན་ཡོད་ཕྱིར་གསོ་རིག་ཐད་ཀྱི་རིན་ཐང་ཆེས་ཆེར་ལྡན་ནོ།།

《甘露草药方·迦摩罗项串圣人开颜月光》

本医著收载于《藏医实践概论》第二部分中第478页至481页，共4页。

内容提要：

本医著详述草本植物方剂二十一味大汤散，治疗热病、赤巴病、肺病、寒症、查隆病的方剂，以及止血药、化瘀药、止泻药等临床常用方剂。

医学价值：

本医著重点阐述草本植物药甘露八瓣青莲花之最，无受泥沙损容且号称是色彩艳丽八瓣青莲的汤药和散剂，其中第一个是复方二十一味大汤散汤剂的方药组成和主治功效，第二个复方是迦摩罗花散，分为红色、粉红、紫色三种，治疗赤巴病散剂、治疗肺病散剂、治疗寒症散剂、治疗查隆病散剂等的方药组成和剂量以及主治功效。另外，为了不辜负其真传弟子严培，作者在本医著中还记载了用于止血、化瘀、止泻复方依次为止血方、化瘀药、止泻散剂等方剂的功能主治。以上方剂的配制建立在从经典古籍文献中汲取经验的基础上，对后人研究和临床诊治有重要的参考价值。

本医著中介绍的方剂简便易查、价格较低，正因为这样，以上方剂在临床上使用率较高，具有较大的医学价值。

༄༅། །སྨན་བརྒྱུད་ཟབ་མོ་བཀའ་རྒྱ་ཅན་གྱི་སྐོར། མན་ངག་གསང་བ་ཆིག་བརྒྱུད་ཀྱི་སྨན་སྦྱོར་མཁའ་འགྲོའི་ཞལ་ལུང་ཞེས་བྱ་བ་བཞུགས་སོ། །

གསུང་རྩོམ་འདི་《གསོ་རིག་མན་ངག་སྙིང་བྱང་ཕྱོགས་བསྒྲིགས་ཕན་བདེ་ནོར་བུའི་སྒྲོ་མ།》ཞེས་པའི་པམ་པོ་གཉིས་པའི་ཤོག་གྲངས་༤༩༥ནས་༥༠༥བར་གསལ། ཁྱོན་བསྡོམས་ཤོག་ངོས་༡༡བཞུགས།

ནང་དོན་གནད་བསྡུས།

གསུང་རྩོམ་འདིར་གཙོ་བོ་ཁྲག་མཁྲིས་ལས་གྱུར་པའི་མགོ་ནད་དང་། གཉན་རིམས། ཆུ་སེར་གཉན་སྲིན་དང་བསྡོངས་པའི་ནད། གྲེ་ཐོག མཁལ་ནད། གཉན་ཚོད་རིམས་ནད་པར་པ་ཏ་ཡི་རིགས། སྨྱོ་ལྷུགས་དང་བརྒྱལ་འཐོག་སོགས་ནད་རིགས་མང་པོ་ཞིག་ལ་གསོ་བཅོས་བྱེད་པའི་སྨན་སྦྱོར་དང་དེ་དག་གི་ཕན་ནུས་རྒྱས་པར་གསུངས་ཡོད།

གསོ་རིག་གི་རིན་ཐང་།

སྨན་ཡིག་འདིར་ཁྲག་མཁྲིས་ལས་གྱུར་པའི་མགོ་ནད་དང་། གཉན་རིམས། ཆུ་སེར་གཉན་སྲིན་དང་བསྡོངས་པའི་ནད། གྲེ་ཐོག མཁལ་ནད། གཉན་ཚོད་རིམས་ནད་པར་པ་ཏ་ཡི་རིགས། སྨྱོ་ལྷུགས་དང་བརྒྱལ་འཐོག སློ་ཆམ་དང་སློ་ཚད། སྙིངས་ཚད་དང་འབྲུགས་ཚད། སྟོད་གཟེར་གྱི་རིགས། མཆིན་ནད་བཅོ་བརྒྱད། སློ་རིམས། ཆམ་པ། སློ་བརྒྱ། ཏུས་ཆག་གི་ནད། ཏུས་ཚད་སོགས་དང་དེ་ནས་ཤ་བགྲ། གླང་ཤུ། ཟ་རྐོང་སོགས་པགས་ནད་ཀྱི་རིགས། ཁྲག་ནད་ཀྱི་རིགས། བྱིས་པའི་སློ་ཚད། མགོ་སྲིན་སོགས་སྲིན་གྱི་ནད། བད་ཀན་གྲེ་ཐོག་ནད། སིབ་བུའི་ནད། སྣ་ཁྲག་འཛག་པ་དང་། མངལ་ཁྲག་འཛག་པ། འབམ་ནད། དྲེག་ནད། དུས་ཀྱི་གཉན་རིམས་ནག་པོ་རྒྱུག་འགྲེལ། མཁྲིས་པ་རྩ་རྒྱུག་གི་ནད། གཉན་ནད་མེ་དཔལ་སོགས་ཀྱི་སྨན་གྱི་བཅོས་ཐབས་ཀྱི་སྦྱོར་བ་རེ་རེ་དང་ཕན་ནུས་སོགས་ཞིབ་ཅིང་རྒྱས་པར་བཀོད་ཡོད་ལ། མཇུག་ཏུ་ཐུགས་ཀྱི་བསྲུང་ཐབས་སོགས་སྨན་བརྒྱུད་ཟབ་མོ་བཀའ་རྒྱ་ཅན་གྱི་སྐོར་དང་། མན་ངག་གསང་བ་ཆིག་བརྒྱུད་ཀྱི་སྨན་སྦྱོར་དང་བཅས་གསལ་བར་བསྟན་ཡོད་པས། ནད་ཐོག་ཕྱག་ལེན་གནང་མཁན་གྱི་ལྷ་རྗེ་རྣམས་ལ་དཔྱད་གཞིའི་སྨན་ཡིག་རྩ་ཆེན་ཞིག་ཏུ་འགྱུར་བར་མངོན།།

《祖传百令之康卓精传秘方集》

本医著收载于《藏医实践概论》第二部分中第495页至505页，共11页。

内容提要：

本医著记载了血和赤巴病引起的头痛症、瘟疫病、黄水瘟牲混合症、白喉、肾脏疾病、重症瘟疫疾病“巴尔巴达”、癫狂及中风后遗症等复杂性疾病的诊断和治疗方法。

医学价值：

本医著记载了血和赤巴病引起的头痛症、瘟疫病、黄水瘟牲混合症、白喉、肾脏疾病、重症瘟疫疾病“巴尔巴达”、癫狂及中风后遗症、癫痫、肺源性感冒、感冒、百咳、骨折、骨热症，以及白癜风、牛皮癣等皮肤病，此外还有血液疾病、小儿肺热、果牲乃、食管癌、麻疹、流鼻血、经血过多、斑乃、痛风、黑色时瘟、黄疸、带状疱疹等治疗药物的方剂组成和功能主治。最后还介绍了治疗以上疾病用的咒语防治措施，为临床治疗提供了宝贵的医学指导。

༄༅། །ཤིན་ཏུ་གསང་བའི་མན་ངག་རིལ་སྦྱོར་སྡེ་གསུམ་ཞེས་བྱ་བ་བཞུགས་སོ། །

གསུང་རྩོམ་འདི་《གསོ་རིག་མན་ངག་སྦྱོང་བྱང་ཕྱོགས་བསྒྲིགས་ཕན་བདེ་ནོར་བུའི་སྙེ་མ།།》ཞེས་པའི་བམ་པོ་གཉིས་པའི་ཤོག་གྲངས་༤༩༣ནས་༤༩༥བར་གསལ། ཁྱོན་བསྡོམས་ཤོག་ངོས་༣བཞུགས།

ནང་དོན་གནད་བསྡུས།

གསུང་རྩོམ་འདིའི་ནང་དུ་གཉན་ནད་ཕལ་མོ་ཆེ་གསོ་བར་ནུས་པའི་གསང་བ་མན་ངག་གི་སྦྱོར་སྡེ་གསུམ་ངོ་སྤྲོད་བྱས་ཡོད།

གསོ་རིག་གི་རིན་ཐང་།

གསུང་རྩོམ་འདིར་དུས་རིམས་གཉན་ནད་ཕལ་མོ་ཆེ་གསོ་བར་ནུས་པའི་གཉན་འཇོམས་རྡོ་རྗེའི་རི་བོ་དང་བདུད་རྩི་དཔའ་བོ་སླེབ་ཆོག སྨན་མཆོག་ཕན་པ་ཀུན་ལྡན་གསུམ་གྱི་སྦྱོར་སྡེ་དང་། ཕན་ནུས། བསྟེན་ཚུལ་བཅས་གསལ་བར་བསྟན་ཡོད་པས་རྩོམ་པ་པོས་གཉན་རིམས་ཀྱིས་འགྲོ་རྣམས་མནར་བ་ལ་ཐུགས་རྗེའི་སྤྱན་གྱིས་གཟིགས་པའི་ནང་དོན་མདོར་བསྡུས་དང་། ནད་ཐོག་ཉམས་སྦྱོང་ཕུན་སུམ་ཚོགས་པ་འདི་སྡུག་བསྔལ་གདུང་བ་སེལ་བའི་ཆེད་དུ་ཕུལ་བ་ཡིན་ལ། འདིས་གསོ་རིག་རྗེས་རབས་པ་རྣམས་ལ་གཉན་རིམས་སོགས་ནད་ཀྱི་གསོ་ཚུལ་སྐབས་ཀྱི་བློ་སྟོབས་དང་གདེང་ཚོད་ཆེན་པོ་སྐྱེད་ཡོད་པར་མ་ཟད། ཞིབ་འཇུག་གི་ཁ་ཕྱོགས་གསར་པ་ཡང་སྟོན་ཡོད་པས་གསོ་རིག་གི་རིན་ཐང་མི་དམན་པ་མཆིས་སོ།།

《绝密灵丹三药丸》

本医著收载于《藏医实践概论》第二部分中第493页至495页，共3页。

内容提要：

本医著主要介绍了治疗多数瘟疫疾病的绝密灵丹三药丸。

医学价值：

本医著首先介绍了瘟疫疾病的病因病机，之后对防治瘟疫疾病的“年君多杰日沃”“堆孜华沃赖乔”“曼乔潘巴更丹”三种灵丹丸剂的复方配伍规律、方剂功效、使用方法等内容进行介绍。另外，作者呼吁医务人员在治疗瘟疫疾病时，对患者应该怀着仁慈、理解、宽容之心进行治疗。作者将自己毕生的丰富临床经验总结成此作，这极大地增强了后人对治疗此病的医治信心，也为后续的研究方向提供了新的思路，具有一定的医学临床价值。

༧༧། །ཐབ་གསང་མཁའ་འགྲོའི་སྙིང་ཐིག་ལས། འཕགས་མ་ཉེར་གཅིག་ལས་ཚོགས་པཎ་བདེའི་བང་མཛོད་ལས་སྨན་སྦྱོར་བདུད་རྩིའི་ཐིགས་པ་ཞེས་བྱ་བ་བཞུགས་སོ། །

གསུང་རྩོམ་འདི་《གསོ་རིག་མན་ངག་སྟོང་ཕྲང་ཕྱོགས་བསྒྲིགས་ཕན་བདེ་ནོར་བུའི་སྙེ་མ།》ཞེས་པའི་པམ་པོ་གཉིས་པའི་ཤོག་གྲངས་༤༤༩ནས་༤༥༣བར་གསལ། ཁྱོན་བསྡོམས་ཤོག་ངོས་༥བཞུགས།

ནང་དོན་གནད་བསྡུས།

གསུང་རྩོམ་འདིའི་ནང་གཙོ་བོ་རླུང་ནད་དང་མཁྲིས་ནད། གྲེ་འགགས། འབམ་ནད། རིམས་ནད་སོགས་ནད་རིགས་མང་པོ་ཞིག་ལ་ཕན་པའི་སྨན་སྦྱོར་ཉེར་གཅིག་རྒྱས་པར་གསུངས་ཡོད།

གསོ་རིག་གི་རིན་ཐང་།

སྨན་ཡིག་འདིར་ཁམས་གཙང་འབྲུག་རྒྱལ་མཆོག་གིས་འགྲོ་བ་མིའི་རིགས་མི་འདོད་ནད་ལས་སྐྱོབ་པའི་ཕྱིར་དུ་སྨན་གྱི་སྦྱོར་ཐེ་བསྟན་པ་སྟེ། རླུང་ནད་སེལ་བའི་བདེ་བྱེད་བཅུ་བ། རླུང་ཚད་ལྡན་པའི་སྙིན་ནད་འཇོམས་པའི་སྨན་སྦྱོར། མཁྲིས་ནད་སེལ་བའི་སྨན་སྦྱོར། གྲེ་འགགས་ནད་ཀྱི་སྨན་སྦྱོར། འབམ་ནད་ཀྱི་སྨན་སྦྱོར། གཉན་རིགས་ཀུན་ལ་ཕན་པའི་སྨན་སྦྱོར། གདོན་ནད་དང་བཙོས་བརྟུགས་ནད་ལ་ཕན་པའི་སྨན་སྦྱོར། རྩ་ལམ་འབྱེད་པའི་སྨན་སྦྱོར། ཆུ་རིགས་ནད་ཀུན་འཇོམས་པའི་སྨན་སྦྱོར། རིམས་ནད་རྒྱས་ཚད་གཉན་ཚད་སེལ་བའི་སྨན་སྦྱོར། མ་ཞུ་དུག་དང་མཁལ་གཙོང་། གླང་ཐབས། སྐྲན་སོགས་ཀུན་སེལ་བའི་སྨན་སྦྱོར། རྩ་དཀར་དང་སྲོག་རླུང་། སྨྱོ་ཀླུགས་སོགས་འཇོམས་པའི་སྨན་སྦྱོར། ཁྲག་ཚབས་དང་ཁྲག་སྐྲན་བཤིག་པར་བྱེད་པའི་སྨན་སྦྱོར། རླུང་ཚབས་མ་ལུས་སེལ་བའི་སྨན་སྦྱོར་སོགས་སྨན་སྦྱོར་ཉེར་གཅིག་རྒྱས་པར་གསུངས་ཡོད་པས་རྒྱུན་མཐོང་གི་ནད་རིགས་མང་པོ་ཞིག་ལ་ཕན་ནུས་ཐོན་ཐུབ་པ་དང་། རྩོམ་པ་པོས་ཆེད་དུ་འགྲོ་བ་སེམས་ཅན་ཐམས་ཅད་ནད་ཀྱི་སྡུག་བསྔལ་ལས་མྱུར་བར་གྲོལ་ཕྱིར་ལྷག་བསམ་རྣམ་པར་དག་པོའི་སྨོན་འདུན་དང་བཅས་ལག་ལེན་གྱི་ཉམས་མྱོང་རྣམས་དོན་བསྡུས་ཤིང་གོ་སླ་བའི་ངང་ནས་ལྷུག་པར་གསུངས་ཡོད་པས་འདི་ལ་གཞུང་ལུགས་གཞན་དང་མི་འདྲ་བའི་ཁྱད་ཆོས་འབུར་དུ་ཐོན་ཡོད་པས་གསོ་རིག་གི་རིན་ཐང་ཆེས་ཆེར་ལྡན་ནོ།།

《康卓心宝之二十一度母众利方药甘露宝库》

本医著收载于《藏医实践概论》第二部分中第449页至453页，共5页。

内容提要：

本医著主要介绍了治疗隆病、赤巴病、食道癌、斑乃、各种瘟疫病等疾病的21种方剂。

医学价值：

康苍周嘉本人为了解除众生疾苦，在本医著中记载了21种方剂，如治疗隆病的方剂“堆西居巴”，治疗热隆性虫病的方剂，治疗赤巴病方剂，治疗食道癌的方剂，治疗斑乃的方剂，治疗各种瘟疫病方剂，治疗精神病及危重病的方剂，通脉方剂，治疗黄水病的方剂，治疗瘟疫、盛热、温热疾病的方剂，治疗不消化症的方剂，治疗中毒症的方剂，治疗肾结核的方剂，治疗绞痛症的方剂，治疗痞瘤的方剂，治疗白脉病的方剂，治疗维命隆病的方剂，治疗癫狂病的方剂，治疗妇科病的方剂，治疗隆擦乃的方剂等，对于治疗多种常见疾病具有很大疗效。该书内容具有通俗易懂、突出临床经验、编著风格独特等特点。对今后复杂性疾病的临床研究和治疗参考等具有一定的医学价值。

༄༅། །གསོ་རིག་བརྒྱུད་བསྡུས་བདུད་རྩིའི་ཐིགས་པ་ཕན་བདེའི་དཔེ་ཚུམ་ཞེས་བྱ་བ་བཞུགས་སོ། །

གསུང་རྩོམ་འདི་《གསོ་རིག་མན་ངག་སྒྲོན་བྱང་ཕྱོགས་བསྒྲིགས་ཕན་བདེ་ནོར་བུའི་སྙེ་མ།》ཞེས་པའི་བམ་པོ་གཉིས་པའི་ཤོག་གྲངས་༣༨༣ནས་༤༣༧བར་གསལ། ཁྱོན་བསྡོམས་ཤོག་ངོས་༥༥བཞུགས།

ནང་དོན་གནད་བསྡུས།

གསུང་རྩོམ་འདིའི་ནང་དུ་རླུང་མཁྲིས་བད་ཀན་གཙོ་བྱས་ནད་རིགས་མང་པོ་ཞིག་གི་བཅོས་ཐབས་དང་། སྨན་གྱི་སྦྱོར་སྡེ་ཉུང་བསྡུས་མན་ངག་སྣ་ཚོགས་ཀྱིས་བརྒྱན་པའི་སྦྱོར་སྡེ་ཉུང་གསལ་བདུད་རྩིའི་ཐིགས་པ་ཞེས་བྱ་བ་རྩོམ་པ་པོ་རང་གི་ཉམས་མྱོང་དོན་ཐོག་ཏུ་འཁེལ་བ་རྣམས་ཕྱོགས་བསྡུས་སུ་བཀོད་ཡོད།

གསོ་རིག་གི་རིན་ཐང་།

སྨན་ཡིག་འདིར་ཐོག་མར་ནད་ཀུན་གྱི་སྤྱི་རྒྱུ་དང་། ཁྱད་པར་གྱི་རྒྱུ། ཉེ་རྒྱུ་བཅས་གསོ་བ་རིག་པའི་རྗེས་འཇུག་མཁན་ཚོས་ངེས་པར་ཤེས་དགོས་པ་དང་རྒྱུད་བཞི་པོ་ཧ་ཅང་གལ་ཆེན་ཡིན་པ་གསུངས་ཡོད་དེ། ནད་རིགས་རླུང་མཁྲིས་བད་ཀན་གཙོ་བྱས་ནས་བད་སྨུག་དུས་ཀྱི་དབྱེ་བ་གསུམ་པོ་དང་གྲེ་ཐོགས། མ་ཞུ་བའི་ནད། ཕོ་གཙོང་། ཟས་སྐྲན་དང་ཁྲག་སྐྲན་སོགས་སྐྲན་ནད་ཀྱི་སྐོར། དམུ་ཆུ། ཚད་པའི་ནད་རིགས་དྲུག བྱིས་པ་དང་བུད་མེད་བཙས་རྗེས་ཀྱི་ཚད་པའི་ནད། དེ་ནས་ཆམ་པའི་སྐོར། གཉན་རིམས་ནད་ཀྱི་སྐོར། གདོན་ནད་ཀྱི་སྐོར། པགས་ནད། སྲིན་རིགས་ནད། དོན་ལྔ་སྣོད་དྲུག་གི་ནད། གླང་ཐབས་དང་རྩ་དཀར་ནད། དྲེག་གྲུམ། འབམ་ནད། སོ་ནད། དུག་ནད་སྐོར། བཅུད་ལེན་བཅས་ཀྱི་བཅོས་ཐབས་དང་སྨན་གྱི་སྦྱོར་སྡེ་ཆ་ཚང་ཞིག་གསུངས་ཡོད་པས་ཚེ་རིག་འཛིན་པ་དག་གིས་སློབ་སྦྱོང་བྱེད་པར་སྟབས་བདེ་གང་ལེགས་བསྒྲུན་པ་དང་ཁོང་ཚང་གི་ཉམས་མྱོང་གསེར་གྱི་ཐིགས་པ་འདི་རྗེས་རབས་པ་རྣམས་ཀྱི་སྤྱན་ངར་དྲངས་པས་འགྲོ་བའི་ལུས་སེམས་ཀུན་གྱི་ཟུག་རྔུའི་གདུང་བ་སེལ་བར་རམ་འདེགས་གང་ལེགས་བྱས་ཡོད། གསོ་བ་རིག་པའི་གཞུང་ལ་མོས་པ་བརྟན་པོ་ཡོད་པའི་འཚོ་བྱེད་སྨན་པ་དག་ལ་མ་འོངས་པར་ནད་བརྟག་གསོ་བཅོས་དང་གསོ་རིག་འཛིན་སྐྱོང་སྤེལ་གསུམ་གྱི་ཐད་ལ་ཕན་ཐོགས་ཨེ་འབྱུང་བསམ་ནས་སྤེལ་བ་ཞིག་ཡིན་ལ། འདི་ནི་མཁས་པའི་དབང་པོ་ཁམས་གཙང་འབྲུག་རྒྱལ་མཆོག་གིས་འགྲོ་ཀུན་ནད་ལས་གྲོལ་བའི་རྒྱུར་གྱུར་པ་དང་འཚེ་བྲལ་ཆོས་ནོར་བདེ་བའི་དཔལ་ཐོབ་པར་སྨོན་ལམ་བརྒྱབ་ཡོད་པས་རིན་ཐང་གལ་ཆེན་ལྡན་ནོ།།

《医学精华汇集·甘露滴利康宝瓶》

本医著收载于《藏医实践概论》第二部分中第383页至437页，共55页。

内容提要：

本医著首先重点介绍隆、赤巴、培根、木布病等病症的治疗方法，所使用的方剂都是经典名方，如甘露滴，而且是临床常见方药和临床特效药，是作者本人多年积累的临床经验的总结。

医学价值：

首先，介绍一切疾病共因、特因、近因等相关基础理论，以便后人学习《四部医典》等经典古籍和为藏医药研究提供便利。其次，记载了隆、赤巴、培根以及培根木布病的三种分类方法，食道癌、不消化症、胃肠结核、食瘤、血管瘤等肿瘤疾病，腹水，未熟热、盛热、虚热、覆盖热、陈旧热、浊热、扩散热、紊乱热、瘟热、毒热等热症，儿科疾病，妇女产后热，感冒，瘟疫病，精神病，皮肤病，牲乃，脏腑疾病，绞痛，白脉病，痛风，风湿性关节病，斑乃等疾病的治疗方法，以及养生保健等内容。本医著是作者本人多年积累的临床经验的总结，对今后研究疾病的病因病机、临床诊疗、新药研发以及临床诊疗等具有一定的医学指导价值。

༧༧། །སྨན་བྱིན་རླབས་བྱེད་པའི་ཚོ་ག་རིག་གྲོལ་བདུད་རྩིའི་རྒྱ་རྒྱན་ཞེས་བྱ་བ་བཞུགས་སོ། །

གསུང་རྩོམ་འདི་《གསོ་རིག་མན་ངག་སྔོང་བྱང་ཕྱོགས་བསྒྲིགས་ཕན་བདེ་ནོར་བུའི་སྒོ་མ།།》ཞེས་པའི་བམ་པོ་གཉིས་པའི་ཤོག་གྲངས་557ནས་555བར་གསལ། ཁྱོན་བསྡོམས་ཤོག་ངོས་5བཞུགས།

ནང་དོན་གནད་བསྡུས།

གསུང་རྩོམ་འདིའི་ནང་གཙོ་བོ་ཁོང་གིས་སྨན་པ་ཞིག་ལ་ངེས་པར་དུ་ལྡན་དགོས་པའི་ཆ་རྐྱེན་ཏེ་ལུས་ངག་ཡིད་གསུམ་གྱི་བྱམས་བརྩེའི་སྤྱོད་ལམ་གཙང་མ་དང་དེ་ལྡན་པར་གྱུར་ན་ནད་ལས་མྱུར་དུ་གྲོལ་བར་ཕན་ཐོགས་ཆེན་པོ་ཡོད་པར་གསུངས་ཡོད།

གསོ་རིག་གི་རིན་ཐང་།

གསུང་རྩོམ་འདིའི་ནང་སྨན་ལ་བྱིན་རླབས་བྱེད་པའི་ཚོ་ག་བསྟན་པ་སྟེ། དང་པོར་ཁམས་གསུམ་སྡུག་བསྔལ་གྱིས་མནར་བའི་ཕ་མ་སེམས་ཅན་ཐམས་ཅད་ལ་ཕན་འདོགས་ཀྱི་བློ་དེ་རྒྱུན་ཆགས་སུ་འགྲོ་བ་དང་། དཀོན་མཆོག་གསུམ་པོ་ལ་མི་བསླུ་བའི་སྐྱབས་ཀྱི་དད་པ་དང་སྡུག་བསྔལ་གྱིས་མནར་བའི་འགྲོ་བ་གང་ལའང་སྙོམས་པའི་སྙོ་ནས་སྙིང་རྗེ་སྐྱེས་དགོས་པ་དང་། གང་དག་སྡུག་བསྔལ་དང་བྲལ་བ་ལ་དགའ་བ་དང་ཉེ་རིང་ཆགས་སྡང་དང་བྲལ་བའི་བཏང་སྙོམས་ལ་གནས་པར་བྱ་ཞིང་། ནད་གང་དག་གི་གཉེན་པོ་རྒྱུད་དང་མན་ངག་གི་གཞུང་ལས་ཇི་སྐད་བཤད་པ་བཞིན་ལེགས་པར་སྦྱར་ཏེ་ཐོག་མར་སྐྱབས་སུ་འགྲོ་བ་དང་དེ་ནས་སེམས་བསྐྱེད་པར་བྱ་བ། གཉིས་པར་སྨན་བླ་དང་སྨན་གྱི་སྣོད་ནི་ལྷུང་བཟེད་བདུད་རྩིར་བསམ་པ་དང་སྨན་བླ་དྲང་སྲོང་རྣམས་ཀྱི་ཤེས་པ་བརྗོད་པ་དང་སྨན་རྣམས་བདུད་རྩིར་བསྒྱུར་ཞིང་ནད་གདོན་བསལ་བ་ལ་སྔོན་ལམ་ཡག་པོ་རྒྱག་པ་དང་། ཕྱག་འཚལ་ཏེ་ལུས་དང་ཚེ་སྲོག་ལ་བར་དུ་གཅོད་པར་བྱེད་པའི་ནད་གདོན་སྡུག་བསྔལ་རྒྱུ་འབྲས་ཐམས་ཅད་ལས་ཡོངས་སུ་གྲོལ་བར་བརྩོན་པ། རྗེས་སུ་སྨན་པའི་དམ་ཚིག་དྲུག་ལ་བློ་བཞག་པ་སྟེ་རང་ལ་གདམས་ངག་སྟོན་པའི་སློབ་དཔོན་ལ་སངས་རྒྱས་ཀྱི་བློ་བཞག་པ་དང་། གསུངས་ལ་དྲང་སྲོང་གི་གསུང་དུ་བློ་བཞག་པ། གསོ་དཔྱད་ལ་དམ་པའི་ཆོས་སུ་བློ་བཞག་པ། མཆེད་གྲོགས་ལ་སྤྲུན་གྱི་བློ་བཞག་པ། ནད་པ་ལ་བུ་ཚའི་བློ་བཞག་པ། རྣག་ཁྲག་ལ་ཁྱི་ཕག་གི་བློ་བཞག་དགོས་པ་དེ་དང་དེ་ནས་བཟུང་བྱ་གཉིས་དང་ཤེས་བྱ་གསུམ་སོ་སོར་ངོ་སྤྲོད་བྱས་ཏེ་གསུངས་ཡོད་པས། བརྗོད་བྱ་རེ་རེའི་ནང་དོན་ཁ་གསལ་

ཞིང་གསོ་རིག་ལ་མོས་པ་ཡོད་པ་དག་གིས་བལྟགས་ན་གོ་བདེ་ཞིང་སྨན་པ་བཟང་པོ་ཞིག་བྱེད་ན་རང་རྒྱུད་ནས་སློབ་དཔོན་དང་སྨན། གཞུང་དཔྱད་སོགས་ལ་ལྟ་སྟངས་གང་འདྲ་ཞིག་བཟུང་ཏེ་རྗེས་སུ་འཛིན་དགོས་པ་སོགས་ཞིབ་ཅིང་ཕྲ་བའི་སྒོ་ནས་བསྟན་ཡོད་པས་གསོ་རིག་གི་རིན་ཐང་གལ་ཆེན་ལྡན་ཡོད།།

《药物加持法·解脱甘露水流》

本医著收载于《藏医实践概论》第二部分中第551页至555页，共5页。

内容提要：

本医著认为，医者一定要从自己的内心、行为、言语方式三方面去救死扶伤、挽救生命、解除痛苦，要将患者视为自己的亲人一样去关心。要具备高尚医德和崇高的素养，这样能帮助患者早日康复。

医学价值：

医生乃是白衣天使，既然是白衣天使，就应该要践行治病救人、救死扶伤的特殊使命。另外，通过药师佛手持诃子钵盂等特征及其象征意义，要求医务人员要严格要求自己，不管是在生活中，还是在工作中，都不能忘记自己是个医务人员，自己践行的是治病救人、救死扶伤的医者职责。医务人员传授医技医术时一定严格把关好人品，必须要遵守医生的六个守则，让医生的守则在药物采集、炮制加工、方剂配伍、诊疗操作、言传身教、救死扶伤等实际行动中得以彰显。总之，本医著对于藏医传承人提出了较高的要求，为继承藏医优良的医德医风，为藏医药能更好地为患者服务进行指导，具有很好的医学伦理道德学的指导价值。

༄༅། །མན་ངག་སྙིང་པོ་སྐོར་ལྔའི་ནང་ཚན་གསོ་རིག་སྙིང་བཅུད་རིན་ཆེན་དཔལ་གྱི་བུམ་བཟང་ལས་གསང་སྔགས་ཞལ་ལེས་བཀའ་རྒྱ་འགྲོལ་བའི་ལྡེ་མིག་དྲི་བྲལ་ནོར་བུའི་དོ་ཤལ་ཞེས་བྱ་བ་བཞུགས་སོ། །༼གསང་བའི་ལྡེ་མིག༽

གསུང་རྩོམ་འདི་《གསོ་རིག་མན་ངག་སྦྱོང་བྱང་ཕྱོགས་བསྒྲིགས་ཕན་བདེ་ནོར་བུའི་སྙེ་མ།》ཞེས་པའི་བམ་པོ་གཉིས་པའི་ཤོག་གྲངས་༣༧༥ནས་༣༨༢བར་གསལ། ཁྱོན་བསྡོམས་ཤོག་ངོས་༨བཞུགས།

ནང་དོན་གནད་བསྡུས།

གསུང་རྩོམ་འདིའི་ནང་ཐོག་མར་རླུང་གི་ནད་དང་། གཉན་ནད། ཚད་ནད། དབང་པོའི་ནད། དོན་སྣོད་ནད། གཞན་ནད་སོགས་ཀྱི་བཅོས་བསྲུང་བསྟན་ཡོད།

གསོ་རིག་གི་རིན་ཐང་།

དམ་པ་འདི་ཉིད་ཀྱི་མདུན་ཡིག་རྙིང་པ་གསལ་བྱེད་ཀྱི་མཆན་བུ་འདི་རང་ཅག་གི་ལག་ཏུ་སོན་པ་དང་ཁོང་གི་ཞལ་རྒྱུན་གྱི་ཟིན་བྲིས་སོགས་གང་ཡོད་རྣམས་ཕྱོགས་གཅིག་ཏུ་བསྒྲིགས་པ་འདིས་འགྲོ་བ་ཀུན་རྒྱུ་འབྲས་ནད་ཀྱི་ཟུག་རྔུ་ལས་གྲོལ་བར་རམ་འདེགས་བྱས་ཡོད་པ་དང་གསོ་རིག་རྗེས་འཛིན་པ་སློབ་མ་དང་སྨན་པ། དགེ་རྒན་གཙོ་བྱས་ནས་སྤྱི་ཚོགས་སྟེང་གི་དཔེ་ཀློག་པ་ཡོངས་ལ་མཛུབ་སྟོན་གྱི་རི་མོ་ལྟ་བུར་གྱུར་ཡོད་པས་གསོ་རིག་གི་རིན་ཐང་ཆེན་པོ་ཡོད།།

《医学精华珍宝瓶之解开秘方钥匙宝链（密钥）》

本医著收载于《藏医实践概论》第二部分中第375页至382页，共8页。

内容提要：

本医著重点阐述了隆病、瘟疾、热病、五官疾病、五脏六腑疾病的诊治预防方法。

医学价值：

本医著整理了作者使用过的医学书籍经典内容和笔记资料，并详细阐述了隆病等疾病的病因、病机、发病机制、治疗复方，尤其介绍了有特色的秘方的配伍规律和方药组成。对特殊药材采用别名和代号进行了详细介绍，为今后藏医药的传承和创新奠定了一定的理论基础。对一名刚刚入门且诊疗经验不足的医生来说，本医著在医学基础理论、临床诊疗经验、方剂配伍等方面具有较好的指导价值。

༄༅། །གསོ་རིག་བཅུད་བསྡུས་བདུད་རྩིའི་ཐིགས་པའི་གབ་ཡིག་ཞལ་ཤེས་བཀའ་རྒྱ་ཅན་ཀྱི་རྒྱ་མདུད་བསྡུས་པ་ཞེས་བྱ་བ་བཞུགས་སོ། །༼ ཤང་གི་ལྡེ་མིག ༽

གསུང་རྩོམ་འདི་《གསོ་རིག་མན་ངག་སྙིང་བྱང་ཕྱོགས་བསྒྲིགས་ཕན་བདེ་ནོར་བུའི་སྒྲོ་མ།》ཞེས་པའི་བམ་པོ་གཉིས་པའི་ཤོག་གྲངས་༤༣༨ནས་༤༤༡བར་གསལ། ཁྱོན་བསྡོམས་ཤོག་ངོས་༡༢བཞུགས།

ནང་དོན་གནད་བསྡུས།

གསུང་རྩོམ་འདིའི་ནང་གཙོ་བོ་རླུང་མཁྲིས་བད་ཀན་གྱི་ནད་གཞིར་བྱས་ནས་རྒྱུན་མཐོང་གི་ནད་རིགས་མང་པོ་ཞིག་གི་སྦྱོར་ཚད་ཐེབ་ཚུལ་སོགས་དམིགས་སུ་བཀར་ནས་མ་སྦས་པར་ཞིབ་པར་གསུངས་ཡོད།

གསོ་རིག་གི་རིན་ཐང་།

སྨན་ཡིག་འདིར་ཞལ་རྒྱུན་ཕྱག་ལེན་དམར་ཁྲིད་ཕྱོགས་བསྡུས་ཙམ་སྟོན་པ་ལ་ཐོག་མར་རླུང་སྨན་འགའི་སྦྱོར་བའི་སྐབས་དང་དེ་ནས་མཁྲིས་སྨན་གྱི་སྐབས། བད་ཀན་སྐྱ་བོའི་སྐབས། རིམ་བཞིན་གྲེ་ཐོག་ཚིག་དང་གྲང་ཐོག་སེལ་བའི་ཏྲེས་སམ་སྦྱོར་ཚུལ། སྐྲན་ནད། དམུ་ཆུའི་ནད། གཉན་རིམས་ནད། ཐུགས་ནད། མགོ་སྲིན་ཡ་མའི་ནད། ཁ་མེད་གཉན་སྲིན་ཡ་མ་ནག་པོའི་ནད་བཅས་ཀྱི་སྨན་སྦྱོར་དང་། ད་དུང་སྤྲོ་སྨན་གྱི་སྐབས་དང་ཆུ་སྨན་གྱི་སྐབས། གཅིན་སྙིའི་སྐབས། སླང་ཐབས་སྐབས་སོགས་བསྡོམས་པས་ནད་རིགས་ཉེར་ལྔའི་སྐབས་སོ་སོ་ལ་སྦྱོར་ཐེའི་བེད་སྤྱོད་བྱ་ཚུལ་དང་མིང་གི་མངོན་བརྗོད་དང་གབ་མིང་། ནད་ཚ་གྲང་སྐབས་སུ་སྨན་གྱི་སྦྱོར་ཚད་དང་ཐེབ་ཚུལ། ངོས་འཛིན་དང་ནད་གཉེན་སྤྱོད་ཚུལ་སོགས་རེ་རེ་གསལ་བཤད་བྱས་ཏེ་གསུངས་ཡོད་པས་སྨན་པ་དང་སྨན་སྦྱོར་ལས་གཉེར་བ་དག་ལ་ཁ་ཚ་དགོས་གདུགས་དང་གཞུང་ལུགས་ཀྱི་རྒྱབ་སྐྱོངས་བརྟན་པོ་ཞིག་བསྐྲུན་ཡོད།

ལོ་རྒྱུས་ཀྱི་རིན་ཐང་།

དེབ་འདིས་གསོ་རིག་གསུང་འབུམ་ཁྲོད་ན་འོད་ཀྱིས་མུན་པ་སེལ་བ་ལྟ་བུའི་ནུས་པ་ཁྱད་དུ་འཕགས་པ་ཐོན་པ་དང་། གཞན་ཡང་རྩོམ་པ་པོའི་རང་སློབ་ཡེ་ཤེས་རྒྱ་མཚོས་བསྐུལ་བ་ལ་བརྟེན་ནས་མི་ཕམ་རིན་པོ་ཆེའི་དངོས་སློབ་རིག་འཛིན་ཀརྨ་འཕྲིན་ལས་ཀྱིས་རྗེས་སུ་བཟུང་སྟེ་གསང་ཡིག་བཀའ་རྒྱ་ཅན་ཞིག་བརྒྱུད་དུ་སྤེལ་བར་མཛད་པ་ཞིག་དང་བཀའ་གསུངས་འདི་ལག་ལེན་བྱེད་པའི་ཐད་ནས་སྡིག་ཅན་དམ་ཉམས་ཅན་ལ་མི་སྟོན་པའི་རེ་བ་བཏོན་པ་དང་

ཞིང་སློན་དམ་ཙན་སྟེ་དགུ་ལ་གཉེར་གཏད་པ་ཞིག་ཀྱང་ཡིན་སྟབས་འགྲོ་བ་མིའི་རིགས་ནད་ཀྱི་སྡུག་བསྔལ་ལས་ཐར་བར་ཕྱོགས་གང་ཐད་ནས་ནོར་འཛོལ་ཅེ་ཡང་མེད་པར་བྱ་དགོས་པའི་སློ་དཀར་གྱི་རྒྱུ་དང་ལྡན་པའི་གཉིས་ལུགས་ཡང་མཚོན་ཐུབ་པས་གཞན་དང་མི་མཐུན་པའི་ཁྱད་ཆོས་ཡོད།།

《医学精华甘露滴藏书百令汇结（内钥）》

本医著收载于《藏医实践概论》第二部分中第438页至449页，共12页。

内容提要：

本医著基于藏医三大基因，介绍了以隆病、赤巴病、培根病为主的寒热病症等常见疾病的对应复方，从方药的组成到配伍规律，再到方剂剂型等内容进行了详细介绍，成为藏药实践过程中必不可少的工具书。

医学价值：

本医著是一本实践性极强的藏医药古籍。首先，列举隆病、赤巴病、培根病等三大基因的治疗药物，介绍了常见对应方剂。其次，列举培根病、咽喉炎、肿瘤、水肿、瘟疫疾病、皮肤病、亚麻病等疾病，阐述了治疗以上疾病的治疗方剂的组成、药材的选料、性味效的配伍、散丸膏等剂型等相关内容。最后，举例阐述藏医药治疗肺病、糖尿病、各种急腹症等二十五种病症的复方，尤其对复方的功能主治、特色疗效、方剂别名、方药鉴别等内容进行了详细介绍。为医疗从业者奠定了坚实的理论基础。

历史价值：

本医著内容简单明了，堪称一线医务人员黑暗中的明灯。本医著是作者受弟子益西嘉措的请求，对迷旁真传弟子嘎玛赤列之医术秘诀进行了传承，对藏医临床实践技能的推广和传播具有一定的指导价值。

༄༅། །རིམས་སྲུང་རྒྱུན་ཁྱེར་ཟབ་མོ་རྡོ་རྗེའི་གོ་ཆ་ཞེས་བྱ་བ་བཞུགས་སོ། །

གསུང་རྩོམ་འདི་《གསོ་རིག་མན་ངག་སྦྱོང་བྱང་ཕྱོགས་བསྒྲིགས་ཕན་བདེ་ནོར་བུའི་སྙེ་མ།།》ཞེས་པའི་བམ་པོ་གཉིས་པའི་ཤོག་གྲངས་༤༨༥ནས་༤༨༨བར་གསལ། ཁྱོན་བསྡོམས་ཤོག་ངོས་༤བཞུགས།

ནང་དོན་གནད་བསྡུས།

གསུང་རྩོམ་འདིའི་ནང་གཙོ་བོ་རིམས་ནད་སྲུང་བའི་ཐབས་ལམ་ཁྱད་དུ་འཕགས་པ་ཞིབ་ཏུ་གསུངས་ཡོད།

གསོ་རིག་གི་རིན་ཐང་།

སྨན་ཡིག་འདིར་བསྐལ་བ་དུས་ཀྱི་ཐ་མ་ལ་མཆོན་འཁྲུགས་རིམས་ནད་པར་པ་ཏས་སྙིགས་འགྲོའི་ལུས་སེམས་གདུང་བའི་ཚེ་ན་གྲོ་ལོད་ཏྲ་ཁྱུང་ལས་ཀྱི་མདེལ། རིམས་སྲུང་རྡོ་རྗེའི་གོ་ཆ་འདི་ཉིད་ལྷ་བདོའི་འགྲོ་བའི་གསོས་སུ་སྨིན། སྐལ་ལྡན་བུ་ཡི་དཔལ་དུ་རོལ། ཞེས་བསྟན་པ་དང་དེ་ཡིན་ན་ད་གཟོད་རིམས་ནད་གང་ཙང་ལས་ཐར་ཐུབ་པར་གསུངས་ཡོད་པ། དེ་མིན་ཤིན་ཏུ་ཟབ་པའི་རྫས་རྐོད་དང་སྨན་སྦྱོར་ཀུན་གྱི་བཅུད། རིལ་སྦྱོར་བདུད་རྩིའི་ཐིགས་པ་ཞེས་པ་ཡང་རྒྱས་པར་གསུངས་ཏེ་གཉན་སྲིན་དང་གདོན་དང་འབྱུང་པོའི་གནོད་པ། རིམས་སྨྲོན་ཏྲེ་ཏྲེ་ཧོར་ནག་པོས་གདུང་བའི་སྐབས་སུ་གདམས་པ་འདི་ལས་ལྷག་མེད་པར་བསྟན་ལ་དུས་ཀྱི་རྒུད་པ་སེལ་བར་སྨོན་ལམ་ཡག་པོ་བརྒྱབ་ཡོད་པས་གཞན་གྱི་གསོ་རིག་ལ་མ་མཆིས་པའི་མན་ངག་ཟབ་མོ་ཞིག་ཏུ་གྲུབ་ཡོད།།

《防瘟灵方金刚铠甲》

本医著收载于《藏医实践概论》第二部分中第485页至488页，共4页。

内容提要：

本医著结合历来瘟疫病的防治经验，在概括性总结瘟疫疾病的病因、病机、分类、诊治、预防措施的基础上，密切结合作者多年的瘟疫及传染性疾病的诊疗和防治经验，阐述了富有特色的防治措施。

医学价值：

本医著从瘟疫疾病的病因病机出发，介绍了由于破坏自然环境和生态平衡，导致瘟疫疾病的外缘和内因的并存，致使各种传染性疾病的蔓延，危及人们的正常生活。因此，作者介绍了防治瘟疫疾病的藏药复方“九味防瘟散”等方剂，详述了防瘟制剂品种的防治效果和使用方法。还对历史上蔓延的瘟疫疾病及以上复方和咒语疗法的作用和功效作了介绍。由于以上配方是祖祖辈辈传下来的经典古方，对于传染性疾病的新药研发等具有较好的医学指导和研究价值。

༄༅། །སྨན་བརྒྱུད་མཁའ་འགྲོའི་ཐུགས་ཐིག་ལས། འཇམ་དཔལ་ནག་པོའི་རྒྱུན་ཁྱེར་སྙིང་ནོར་དྲིལ་བ།།

གསུང་རྩོམ་འདི་《གསོ་རིག་མན་ངག་སྒྲོན་བྱང་ཕྱོགས་བསྒྲིགས་ཕན་བདེ་ནོར་བུའི་སྡེ་མ།།》ཞེས་པའི་བམ་པོ་གཉིས་པའི་ཤོག་གྲངས་༤༨༨ནས་༤༩༣བར་གསལ། ཁྱོན་བསྡོམས་ཤོག་ངོས་༦བཞུགས།

ནང་དོན་གནད་བསྡུས།

སྨན་དཔེ་འདིར་གཙོ་བོ་སྔགས་ཀྱིས་གཉན་རིམས་དང་ཆུ་སེར། གཟའ་ཀླུ་མ་མོའི་གདོན་ནད་སེལ་བ་དང་གྲིབ་དང་སྐྱོ་བརྒྱལ་ནད་ཀུན་སྲུང་བར་བྱེད་པའི་ཐབས་ལ་ཞིབ་བརྗོད་བྱས་ཡོད།

གསོ་རིག་གི་རིན་ཐང་།

གསུང་རྩོམ་འདིའི་ནང་གཙོ་བོ་སྔགས་ཀྱི་བཅོས་ཐབས་ལས་གཞན་སྔགས་ཇི་ལྟར་བསྒྲུབ་ཚུལ་དང་བཅས་པ་གསུངས་ཡོད་ལ་ལྷག་ཏུ་སྔགས་ཆུ་སྦྱིན་ཚུལ་ལག་ལེན། གྲིབ་བདུག་དུ་བ་མཐོང་ཚོག དུས་ནད་གཉན་རིམས་ཀུན་འཇོམས་སྔགས། ཁྲག་གཅོད་པའི་གདམས་པ། མན་ངག་རྫས་རྐོད་རིལ་བུ། ཟློག་པའི་སྔགས་སོགས་རྒྱས་པར་བསྟན་ཏེ་གདོན་དང་བགེགས། ཁྱད་པར་དུ་དུས་ཀྱི་རིམས་ཡམས་དང་གཉན་ནད་ཏེ་ཏེ་ཧོ་ཡི་རིགས་མི་ཐུབ་པ་མེད་པ་དང་། འགྲོ་བ་ནད་ཀྱིས་གདུང་བའི་ཚེ་ན་མན་ངག་འདི་དག་བསྟེན་པར་གྱུར་ན་ཕན་ཐོགས་རྒྱ་ཆེན་པོ་ཡོད་པ་གནད་དུ་གསུངས་པས་གསོ་རིག་གཞུང་ལུགས་གཞན་གྱིས་གླིང་མེད་པའི་ངོ་མཚར་གྱི་གནས་ཞིག་ཡིན་པས་ཞིབ་འཇུག་བྱེད་རིན་ཡོད་པས་རིན་ཐང་ཆེན་པོ་ལྡན་ནོ།།

《康珠灵滴文殊长存精华集》

本医著收载于《藏医实践概论》第二部分中第488页至493页，共6页。

内容提要：

本医著重点介绍了藏医特殊治疗方法之咒语疗法，通过案例详述了藏医咒语疗法治疗瘟疫、肿胀、黄水病、邪魔病、癫痫、疯癫、中风、晕厥、心脏病等复杂性病症的治疗效果和具体措施。

医学价值：

本医著介绍了咒语疗法中医生的咒语成效过程和咒语治疗经验，藏医临床治疗瘟疫病、止血、血热、邪魔病等复杂性疾病的治疗过程和注意事项，尤其强调对传染性疾病定要结合藏药复方，加大咒语治疗力度。并结合瘟疫等传染性疾病的病因病机和发病机制，强调在饮食、药物、外治疗法的同时，注重通过咒语来治疗。对瘟疫等疾病的防治有一定的指导价值。

༤༠ སྨན་བསམ་རིན་ཆེན།
40 玛桑仁钦

སྨན་བསམ་རིན་ཆེན་གྱི་ངོ་སྤྲོད་མདོར་བསྡུས།
玛桑仁钦简介

སྨན་བསམ་རིན་ཆེན་ནམ་མིང་གཞན་ལ་ངག་དབང་བསྟན་འཛིན་ཞེས་པ་ནི་དུས་རབས་བཅུ་དགུ་པའི་མཇུག་དང་ཉི་ཤུ་པའི་སྟོད་དུ་འཁྲུངས་པའི་མཁས་ཆེན་ཞིག་ཡིན་སྙམ། ཁོང་གིས་སློབ་དཔོན་འབྲོང་བྱང་པ་མཚན་སྔོས་པར་དཀའ་བ་བསྟན་འཛིན་ཚེ་རིང་ངམ་སྟོབས་ལྡན་དབང་པོ་སོགས་བསྟེན་ནས་རིག་གནས་སྤྱི་དང་སྒོས་སུ་གསོ་བ་རིག་པའི་ཐད་ལ་ནང་བྱན་ཆུབ་པར་སྦྱངས། རང་ལོ་སོ་བརྒྱད་ཀླུ་མེར་འཁྱོར་པས་རང་ཉིད་དང་རིགས་མཐུན་པའི་ལྷ་རྗེ། སློབ་བུ་རིགས་བརྒྱུད་བཅས་པར་ཕན་སླད་ལྷག་བསམ་ཀུན་ནས་བསླངས་ཏེ་ཤིང་མོ་གླང་ལོའི་སྟོན་ཟླའི་གྲལ་ཆེས་བུག་གཟུགས་དང་། རེས་གཟའ་དཀར་པོ། རྒྱུ་སྐར་ཐ་ཆར་བྱི་བཞིན་ཕྱི་ཆར་གྲོ་བཞིན་དང་འགྲོགས་པའི་ཉིན་ལྷ་ལྡན་གཙུག་ལག་ཁང་གི་ཉེ་འདབས་འཕྲོང་ཤག་ཤག་ཆུང་བདུད་རྩིའི་རེ་སྐོང་དུ་གསོ་རིག་གཞུང་ལུགས་ཀུན་ལ་ཞིབ་མོར་དཔྱད་པ་ཟབ་བཅུད་མན་ངག་ཉེར་མཁོ་གཅེས་བསྡུས་སུ《ཨེམ་སྨྱོན་ཉམས་མྱོང་དྲན་པའི་གསལ་བྱེད་》ཅེས་པ་འདི་བརྩམས་ནས་འགྲོ་བའི་ལས་དོན་གཉེར། ཡིད་སྐྱོ་བ་ཞིག་ལ་ཡབ་ཡུམ་གྱི་མཚན་དང་། གཞན་རིགས་རྗེས་སྨྲངས་ཀྱི་སྡོད་ལྡན་སློབ་མ་སུ་དག་བསྐྱངས་པའི་ལོ་རྒྱུས་ཡིག་ཆ་ཞིབ་ཏུ་མ་རྙེད།།

玛桑仁钦（又名昂旺丹增），于19世纪末至20世纪初出生的大学者。他拜师仲强巴·丹增才让（又名多布丹旺布）等系统学习了十明文化，特别是精通了医药文化。他38岁时为了利益同行医生及传承学子大发慈悲，于木阴牛年六月吉日在圣地甘波拉附近撰写了汇集了藏医学理论精粹与实践秘诀的《安年医生经验备忘录》，可惜暂未找到其父母姓名和传承学子等有关资料。

སྨན་བསམ་རིན་ཆེན་གྱི་གསུང་འབུམ།
玛桑仁钦医著

༄༅། །ཨིམ་སྨྲོན་ཉམས་སྦྱོང་དྲན་པའི་གསལ་བྱེད་ཅེས་བྱ་བ་བཞུགས་སོ། །

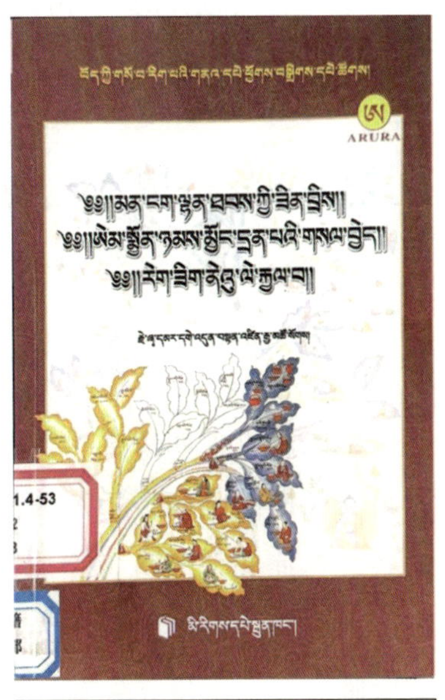

གསུང་འབུམ་འདི་དེབ་གཅིག་ཡོད། ཤོག་བསྒྲིགས་ཤོག་གྲངས་༨༨བཞུགས། ༢༠༠༨ལོའི་ཟླ་༡༢པར་མི་རིགས་དཔེ་སྐྲུན་ཁང་གིས་དཔར་དུ་བསྐྲུན།

ནང་དོན་གནད་བསྡུས།

དཔེ་ཆ་འདིའི་ནང་དུ་ཚད་ནད་རིགས་ཀྱི་བཅོས་ཐབས་མི་ཉུང་བ་དང་། གཅོང་ནད་སྐྱེ་དུག ཁ་འཁོར་གྱི་ནད། དོན་ནད། བྱིས་པའི་ནད། རྨས་པ་བསྲིང་ཐབས། རིམས་ནད་ནག་པོ་སྲུམ་འགྲིལ། ཟླ་གནས་བཙེ་རྩུབ་སོགས་ལ་ཨིམ་སྨྲོན་མཁས་པའི་སྦྱོང་བྱང་ཐུན་མོང་མ་ཡིན་པས་བརྒྱན་ཡོད།

གསོ་རིག་གི་རིན་ཐང་།

འདི་ནི་དཔལ་ལྡན་རྒྱུད་ཀྱི་དགོངས་པ་དང་མི་འགལ་ཞིང་། སྔོན་བྱོན་མཁས་དབང་རྣམས་ཀྱི་མན་ངག་གདམས་པའི་རྒྱན་དུ་བཀོད་པའི་ནད་ཐོག་དངོས་ཀྱི་སྦྱོང་བྱང་ཐུན་མོང་མ་ཡིན་པས་བརྒྱན་ཡོད་པ་འདིའི་ནང་དུ་ཚད་ནད་རིགས་དང་། གཅོང་ནད། ཁ་འཁོར་གྱི་ནད། དོན་ནད། བྱིས་བུ། རྨས་པ་རོ་ཙ། རིམས་ནད་སོགས་ཀྱི་རྒྱུ་རྐྱེན་དབྱེ་བ་རྟགས་དང་བཅོས་ཐབས་རྣམས་རང་རང་གི་སྦྱོང་བྱང་དང་སྦྱར་ནས་གསལ་བར་སྟོན་ཡོད། གཞན་དང་མི་འདྲ་བའི་རང་

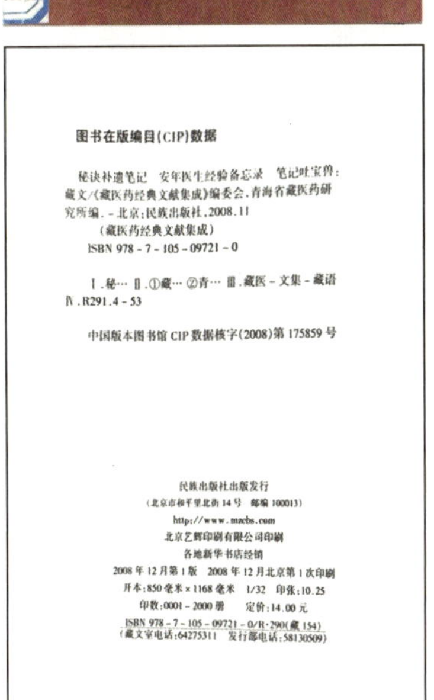
图书在版编目(CIP)数据

秘诀补遗笔记 安年医生经验备忘录 笔记吐宝聲：藏文/《藏医药经典文献集成》编委会，青海省藏医药研究所编. －北京：民族出版社，2008.11
（藏医药经典文献集成）
ISBN 978－7－105－09721－0

Ⅰ.秘… Ⅱ.①藏… ②青… Ⅲ.藏医－文集－藏语
Ⅳ.R291.4－53

中国版本图书馆 CIP 数据核字(2008)第 175859 号

民族出版社出版发行
（北京市和平里北街 14 号 邮编 100013）
http://www.mzcbs.com
北京艺辉印刷有限公司印刷
各地新华书店经销
2008 年 12 月第 1 版 2008 年 12 月北京第 1 次印刷
开本：850 毫米×1168 毫米 1/32 印张：10.25
印数：0001－2000 册 定价：14.00 元
ISBN 978－7－105－09721－0/R·290(藏 154)
（藏文室电话：64275311 发行部电话：58130509）

རང་ལུགས་ཀྱི་ཁྱད་ཆོས་མང་པོ་མཚོན་ཡོད་པས། གསོ་རིག་ནད་ཐོག་ལག་ལེན་དང་རིག་གཞུང་ཞིབ་འཇུག་ཐད་རིན་ཐང་གལ་ཆེན་ལྡན་ཡོད།།

《安年医生经验备忘录》

本医著共1册88页，由民族出版社于2008年12月出版。

内容提要：

本医著主要记载了治疗热症和“迥乃”等杂病、五脏疾病、痹症、瘟疫病的疗法，以及“拉奈”①算法等以作者独特的经验总结而成的治疗方法。

医学价值：

本医著以《四部医典》的基本原理以及历代学者的经验秘籍为基础，结合作者自身长期的临床经验及独特见解，补充完善了诸多临床医学的独特秘诀，记载了各类热症和“迥乃”等杂病、五脏疾病、痹症、瘟疫病疾病的病因、分类、诊断、治疗等方面的知识。为临床医学提供了许多自身独到的经验和特殊秘诀，对藏医临床及学术研究具有重要参考价值。

---

① 拉奈：星相家所说人体内神魂每日所在部位。

༤༡ མཁན་ཆེན་ཁྲོ་རུ་ཚེ་རྣམ།
41 堪布措如·次朗

མཁན་ཆེན་ཁྲོ་རུ་ཚེ་རྣམ་གྱི་ངོ་སྤྲོད་མདོར་བསྡུས།
堪布措如·次朗简介

ཁྲོ་རུ་མཁན་ཆེན་ཚེ་རྣམ་རིན་པོ་ཆེ་ནི་ཕྱར་སྤེ་དགེའི་མངའ་ཁོངས། དེང་སང་ཆབ་མདོ་ས་ཁུལ་འཛོ་མདའ་རྫོང་གཉེར་སྟོན་ཆུས་ཁྲོ་རུ་དགོན་གྱི་འདབས་ཞོལ་ཁྲོ་རུ་སྡེ་པར། ཤ་འཚོའི་རུས་ལས་ཡབ་རིན་ཆེན་བསམ་གྲུབ་དང་། ཡུམ་བཀྲ་ཤིས་སྒྲོལ་མ་གཉིས་ཀྱི་སྲས་སུ་བོད་ཀྱི་རབ་བྱུང་བཅུ་དགུ་པའི་མེ་ཕོ་སྟག（སྤྱི་ལོ་༡༩༢༨）བོད་ཟླ་བརྒྱད་པའི་ཚེས་དྲུག་གི་ཉིན་སྐུ་འཁྲུངས། མཚན་ལ་ཚེ་རིང་རྣམ་རྒྱལ་ཞེས་བཏགས། སྐུ་ཆུང་དུས་ནས་སི་ཏུ་པདྨ་དབང་མཆོག་རྒྱལ་པོ་ལ་གཙུག་ཕུད་ཕུལ། དགུང་ལོ་ལྔ་ལ་ཕེབས་དུས་ཉིད་ཀྱི་ཁུ་བོ་དགོན་དེའི་མཁན་པོ་དང་སྒྲུབ་དཔོན་གཅིག་ཤོས་ཨ་ཚེ་དཔལ་ལྡན་གྱི་མདུན་ནས་ཡི་གེ་ཀློག་འདོན་བསླབས་པས་སྔོན་གྱི་བག་ཆགས་སད་པའི་སྟོབས་ཀྱིས་ཚེགས་མེད་དུ་མཁྱེན། དགུང་ལོ་དྲུག་གི་དུས་ཁྲོ་རུ་དགོན་དུ་སྒྲིག་ཞུགས་མཛད། དགུང་ལོ་བདུན་ལ་ཕེབས་དུས། དཔལ་སྤུངས་སི་ཏུ་པདྨ་དབང་མཆོག་རྒྱལ་པོའི་མདུན་ནས་དགེ་ཚུལ་གྱི་སྡོམ་པ་བཞེས། མཚན་ཀརྨ་བསོད་ནམས་དགེ་ལེགས་ཞེས་གནང་། ལྷག་པར་ཀློག་ཤིན་ཏུ་བདེ་བས་བྱིས་པའི་དུས་ནས་ཉེ་སྐོར་གྱི་གྲོང་མིའི་སར་འབུམ་འདོན་པར་ཕེབས་ཐུབ་ཀྱི་ཡོད་པ་རེད། དེ་ནས་སྔ་མཐུད་དེ་ཁུ་བོ་དེ་ཉིད་དགེ་རྒན་དུ་བསྟེན་ཏེ་ཡི་གེ་འབྲི་རྒྱུ་ནས་བཟུང་དགོན་པའི་འདོན་ཆོས་དང་། ཚོ་ག་ཕྱག་ལེན། གདངས་དབྱངས་རོལ་མོ་སོགས་ཆ་ཚང་བྱང་ཆུབ་པར་སྦྱངས། སྡོམ་གསུམ་རྣམ་ངེས་སོགས་ཀྱང་བཀའ་ཁྲིད་གསན། སྐུ་མཆེད་རྟ་མགྲིན་ནོར་བུའི་དྲུང་ནས་སུམ་རྟགས་དང་ནག་རྩིས་གསན། དགུང་ལོ་བཅུ་གཉིས་ཙམ་ལ་དགོན་པའི་སྒྲུབ་ཁང་ནང་དུ་སྒྲུབ་གཡོག་མཛད་ནས་བཞུགས། དེའི་སྐབས་སུ་སྒྲུབ་བླ་གུ་རུའི་མདུན་ནས་སྨན་གཞུང་རྒྱུད་བཞི་ལས་རྩ་མདོ་དང་ཆུ་མདོ་སོགས་གསོ་རིག་གི་རྨང་གཞིའི་ཤེས་བྱ་རྣམས་ལེགས་པར་སྦྱངས། དེ་ནས་དགུང་ལོ་བཅོ་ལྔ་ལ་ཕེབས་

སྐབས། ཉིན་ཞིག་གཡུ་ཐོག་སྙིང་མའི་རྣམ་ཐར་ལས། བདག་བཟུང་གནས་ལ་མ་བརྟེན་པར་རྒྱལ་ཁམས་ཕྱོགས་མེད་འགྲིམས། ཞེས་པའི་གདམས་ངག་ཐུགས་ལ་ཤར་ཏེ་ད་ལུང་ཆུང་འདིར་བསྡད་ན་ཐོས་བསམ་རྒྱ་ཆེན་པོ་ཞིག་ཡོང་དཀའ་བས་ཕྱོགས་གཞན་དང་གཞན་དུ་ཐོས་བསམ་བྱ་བར་འགྲོ་དགོས་འདུག་དགོངས་ནས་ཐོས་བསམ་ཆེད་དུ་ཞལ་ཐང་ལ་འཇོ་མདའ་ཆབ་མདོ་གོང་པོ་སོགས་བརྒྱུད་ལྷ་ལྡན་དང་། དབུས་གཙང་། འབྲུག་ཡུལ། རྒྱ་བལ་སོགས་སུ་ཕེབས་ཏེ་ལོ་གསུམ་ཙམ་འགོར། དེ་སྐབས་འབྲུག་རྫོང་གསར་དགོན་དུ་སློབ་གཉེར་དང་བཀའ་འགྱུར་གསུངས་ནས་ཟླ་བ་བདུན་ཙམ་བཞུགས། དགོན་པ་དེའི་མཁན་པོའི་མདུན་ནས་ཀྱང་ཆོས་སོགས་ཞུས། དབུས་གཙང་སོགས་སུ་ལོ་གསུམ་ཙམ་འགོར། དེ་ནས་ལྷ་ས་བརྒྱུད་འཁྲུངས་ཡུལ་དུ་ཕྱིར་ཕེབས་ཤིང་། རྗེས་སུ་ཡང་ཀཿཐོག་དགོན་དུ་སློབ་གཉེར་ལ་ཕེབས་ཅིང་དགེ་རྩེ་རིན་པོ་ཆེ་འགྱུར་མེད་བསྟན་པ་རྣམ་རྒྱལ་གྱི་སྐུ་མདུན་དུ་བཟོ་གསོ་རིག་སྒྲ་ཚད་མ་སོགས་ཐུན་མོང་རིག་གནས་ཡན་ལག་དང་བཅས་པ། ནང་རིག་སྡེ་སྣོད་གསུམ་དང་། ཁྱད་པར་གསང་སྔགས་གསར་སྙིང་གི་སྨིན་གྲོལ་རྒྱབ་རྟེན་དང་བཅས་པ་སྤྱི་དང་། ཐུར་གཞན་སུ་ལ་ཡང་གནང་མ་མྱོང་བའི་ཁྲིད་རྒྱུན་འགའ་ཞིག་ཀྱང་བུམ་པ་གང་བྱོའི་ཚུལ་དུ་གནང་སྟེ་ཐུགས་སྲས་ཀྱི་ཐུ་བོར་གྱུར།

དགུང་ལོ་ཉེ་ཤུའི་སྐོར་ལ་ཀཿཐོག་མཁན་ཆེན་རྒྱལ་མཚན་འོད་ཟེར་གྱི་མདུན་ནས་བསྙེན་པར་རྫོགས་པ་དགེ་སློང་གི་སྡོམ་པ་བཞེས། མཚན་ཀརྨ་བསོད་ནམས་མཆོག་ལྡན་ཞེས་གསོལ། མཁན་པོ་ནུས་ལྡན་གྱི་མདུན་ནས་ཐེག་ཆེན་སེམས་བསྐྱེད་ཀྱི་སྡོམ་པ་བཞེས། ཀཿཐོག་རིག་གནས་མཁས་ཆེན་ཧྭ་ཆུང་བླ་མ་ཚེ་རིང་ཆོས་འཕེལ་གྱི་མདུན་ནས་དངུལ་ཆུ་བཙོ་བཀྲུ་ཆེན་མོའི་ལག་ཁྲིད་ཞིབ་པར་བསླབས། ནང་ཆེན་རྒྱལ་པོའི་དབུ་བླ་མཁན་ཆེན་རྣམ་རྒྱལ་བཟང་པོའི་མདུན་ནས་སྒྲ་ཙནྡྲ་པ་ས་རིས་གོ་དོན་དང་བཅས་པ་མཐར་ཕྱིན་སྦྱངས། བརྡ་སྤྲོད་ཀུན་བཤད་ཀྱི་མཚན་དུ་ལེགས་བཤད་སྨྲ་བའི་ཟླ་བ་ཞེས་གསོལ། དེ་མཚུངས་མཁན་པོ་བསོད་ནམས་དང་། འཇམ་དབྱངས་བསྟན་པའི་སྒྲོན་མེའི་མདུན་ནས་སྒྲ་ཀ་ལཱ་པ་དང་། དབྱངས་ཅན་སྒྲ་མདོ་གསན། ཀུན་བཤད་ཀྱི་མཚན་དུ་ཚངས་སྲས་དགྱེས་པའི་རང་མདངས་གཙུག་ལག་སྨྲ་བའི་སྡེ་ཞེས་གསོལ། ཀཿཐོག་སི་ཏུ་ཆོས་ཀྱི་ཉིན་བྱེད་ཀྱི་དྲུང་ནས་དུས་ཀྱི་འཁོར་ལོའི་དབང་དང་དགོངས་འདུས་སོགས་མང་པོ་གསན། གནམ་ལྷ་རིན་ཆེན་མདུན་ནས་རྫོགས་ཆེན་གྱི་ཆོས་སྐོར། དཔལ་སྤྲུངས་རྫོང་སློབ་ཧྭ་མཁྱེན་མགོན་པོའི་མདུན་ནས་ཀརྨ་བཀའ་བརྒྱུད་ཀྱི་ཆོས་སྐོར་མཐའ་དག་གསན། དེ་ལྟར་ནང་ཆོས་དང་ བཟོ་གསོ་རིག་སོགས་རིག་གནས་ཀུན་ལ་གསན་སྦྱངས་མཐར་ཕྱིན་ཏེ་མཁས་པ་ཆེན་པོར་གྱུར་ནས་ཐོག་མར་ཀཿཐོག་དགོན་དུ་རྒྱུད་སྡེའི་སྐྱོར་དཔོན་དང་། དེ་ནས་རིག་གནས་མཁན་པོ་མཛད་དེ་སྒྲ་གཞུང་ཆེན་པོ་སྒྲ་ཀ་ཙན་དབྱངས་གསུམ་དང་། སྙན་ངག་ཐེབ་སྦྱོར། རྩིས་དཀར་ནག་སོགས་རིག་གནས་ཆ་ཚང་སློབ་ཁྲིད་གནང་བས་སློབ་གྲྭ་དངོས་གཞི་དང་། ཕྱོགས་ཁག་ནས་ཕེབས་པའི་བླ་སྤྲུལ་སོགས་སློབ་མ་མང་པོ་འདུས་ཤིང་མཁས་པ་ཡང་མང་པོ་ཐོན།

ནད་པ་བརྟག་བཅོས་མཛད་ཚུལ་ནི། སྤྱིར་སྨན་པའི་ཕྱག་ལས་གནང་བ་ནས་བཟུང་ནད་པ་རིས་མེད་ཀྱི་དོན་མཛད་ཅིང་ཁྱད་པར་ལས་མི་ཊ་ཁག་གི་སྨན་པ་གནང་སྟེ། སྐབས་འགར་ལོ་རེར་ནད་པ་སྟོང་ཕྲག་མང་པོ་ལ་སྨན་བཅོས་མཛད། རྗེས་སུ་ལྷ་སར་གདན་དྲངས་ནས་བཞུགས་དུས་རྒྱུན་དུ་གཞུང་ལས་ཀྱི་བར་གསེང་ཡོད་ཚད་ལ་གཟིམས་ཤག་ཏུ་ནད་པར་རྩ་ཆུ་གཟིགས་རྒྱུ། སྨན་གནང་རྒྱུ། ཁྲག་གཏར་རྒྱུ། མེ་བཙའ་འདེབས་རྒྱུ། རྭ་འཇིབ། མེ་བུམ་རྒྱག་པ། བཤལ་གཏོང་བ་སོགས་ཀྱིས་ལོ་ལྟར་ལས་ཞོར་རྒྱང་པར་གཟིགས་པའི་ནད་པ་མི་གྲངས་སྟོང་ཕྲག་གཉིས་ཡན་ཟིན་གྱི་ཡོད། མདོར་ན་གཟིམས་ཤག་ཏུ་བཞུགས་ཕྱིན་ཉིན་ལྟར་ཞོགས་པ་ནམ་ལངས་ནས་མཚན་མོ་ཆུ་ཚོད་དུ་མའི་བར་ལ་སློབ་གཉེར་བ་དང་དོས་དྲག་ནད་པས་གཟིམས་ཤག་ཁེངས་ནས་སྐུའི་ངལ་གསོ་གནང་ནས་མེད་རྐྱེན་དུས་རྟག་ཏུ་སྨྱུན་དམར་རྒྱང་ཆགས་པ་དང་། སྐབས་རེར་གསོལ་ཆས་ཀྱང་བཞེས་ཁོམ་མེད་པ་ནི་ཡང་ཡང་སྐུ་མདུན་དུ་བཅར་མཁན་ཚོས་ཤེས་ཀྱི་ཡོད། དེ་ལྟར་རྒྱུན་དུ་ནད་པའི་ལས་དོན་ལ་ཁྲལ་མདོན་སླ་བཅོས་གཏན་ནས་མི་མཛད་པར་ནད་པ་མཆོག་དམན་ཐམས་ཅད་ལ་བྱམས་བརྩེ་ཆེན་པོས་བལྟ་རེག་དྲི་བས་ནད་ངོས་བཟུང་ནས། སྨན་གསར་བཟོ་དང་། ཁ་ཚར་རྒྱག་པ། འཇམ་རྩུབ་དཔྱད་བཅོས་སྣ་ཚོགས་ལ་བརྟེན་ནས་བཅོས་དཀའ་བའི་ནད་པ་མཁྲིས་པའི་ཇོ་སྙན་ཅན་དང་། བརྒྱལ་གཟེར་འགྲིལ་ནད་ཅན་སོགས་སེང་དྲག་སོང་བ་མང་པོ་ཡོད།

སྨན་སྦྱོར་ཕྱག་ལས་དང་རྒྱུད་འཛིན་སློབ་མ་གསོ་སྐྱོང་གནང་ཚུལ་ནི། མཁས་དབང་འདི་ཉིད་དུས་རྟག་ཏུ་སྐྱེ་དངོས་དང་། གཏེར་རྫས། སྔོག་ཆགས་བཅས་ལས་བྱུང་བའི་སྨན་རྫས་སྣ་ཚོགས་ངོས་འཛིན་དང་། འཚོལ་སྒྲུབ་ལས་སྔོན་གྱི་བྱ་བ་ལ་སྐུ་ངལ་འཛེམ་མེད་གནང་མཁན་ཞིག་རེད། དཔེར་ན་སྤོ་མེས་སྨན་ཁང་དུ་བཞུགས་དུས་ཡུལ་དེར་ཡོད་པའི་སྨན་རིགས་སྣ་ཚོགས་བསྡུ་རུབ་གང་ཐུབ་གནང་ཞིང་། ཁྱད་པར་དབྱར་ཁ་ཡར་རིའི་སྤང་གངས་ཀྱི་མཚམས་དང་། དགུན་ཁ་མར་པདྨ་བཀོད་སོགས་ལ་སྨན་འཐོགས་ལ་ཕེབས་ནས་སྨན་འཐུ་སྒྲུབ། སྐམ་གསེད། བརྟུང་རྒྱུ། རིལ་བུ་བསྒྲིལ་རྒྱུ་ཚང་མ་ཁོང་ཉིད་སྐུ་དངོས་ཀྱིས་ཕྱག་ལས་གནང་བ་ལྟ་བུ་རེད། ཐ་ཕྱིར་ཁ་ཚར་སྔོན་པ་དང་། བསྡུ་སྦྱོར་མཛད་པ་སོགས་སྨན་རྣམ་གྲངས་མང་པོ་གསར་བཟོ་གནང་སྐྱོང་ཞིང་། སྨན་གང་སྦྱོར་ཡང་ངོས་འཛིན་མ་ནོར་བ་དང་། སྨན་རྒྱུའི་སྤུས་ཚད་ལ་དོ་སྣང་། སོ་སོའི་རོ་ནུས་ཞུ་རྗེས་དང་སྦྱིབ་སྦྱོར་གྱི་ཕན་ནུས་ཚང་མ་མཁྱེན་ཅིང་། བསྡུ་སྦྱོར་གནང་དུས། དུག་འདོན། རྣོ་འདོགས། འདུལ་སྦྱོང་། ཁཊྲ། ཐལ་བསྲེག་སོགས་ལག་ལེན་གང་དགོས་ཚང་མ་ཚད་དང་ལྡན་པར་མཛད་པ་དང་། དུས་ཡུན་རིང་པོའི་ནང་ནད་པ་མང་པོའི་ནད་མི་འདྲ་བར་དབྱེ་ཞིབ་དང་། ནད་སྨན་སྤྱོད་པའི་ཉམས་མྱོང་ཕུན་སུམ་ཚོགས་པ་ཡོད་པའི་རྒྱུ་མཚན་གྱིས་གཞན་ལས་ཁྱད་པར་འཕགས་པའི་ཕན་ནུས་ཐོན་ཡོད་པ་རེད། དཔེར་ན། ཁྲ་མེན་མང་སྦྱོར་ཆེན་མོ་དང་། དྲངས་བཙོ་བདུད་རྩི་དར་ཡ་ཀན་སོགས་ནད་ཐོག་ལག་ལེན་དངོས་ཀྱི་ནང་ངོ་མཚར་སྐྱེད་པའི་ཕན་འབྲས་ཐོབ་པས། རྒྱ་རིགས། བོད་རིགས། ཕྱི་རྒྱལ་བ་སོགས་ནད་པ་མང་པོས་མཐོང་ཆེན་གྱིས་ཉོ་སྒྲུབ་བྱེད་ཀྱི་ཡོད་པ་རེད། རིན་ཆེན་རིགས་ཀྱི་སྨན་སྦྱོར་ཁྱད་

དུ་འཕགས་པ་རཏྣ་བསམ་འཕེལ་དང་། གྲང་སྦྱོར། མང་སྦྱོར་སོགས་རྒྱུན་སྤྱོད་རིན་ཆེན་རིགས་དང་། གཞན་ཡང་དབང་རིལ་ཧྲ་རི་མ་དང་། དབང་རིལ་ཤེལ་དཀར་མཆོད་རྟེན། རིན་ཆེན་ཡང་ཟབ་རིལ་བུ་སོགས་ཀྱི་སྨན་རྒྱུ་ངོས་འཛིན་དང་། དུག་འདོན་ལས་སྟོན། སྦྱོར་ཚད་སོགས་ལ་ཕྱག་ལེན་སྦྱོང་གྲུབ་ཡོད་ཅིང་། རང་ཉིད་ཀྱིས་ནད་པ་བཅོས་པའི་ཉམས་མྱོང་གཞིར་བཟུང་། རྒྱུད་དང་གཅེས་བཏུས་སོགས་ནས་བདམས་པའི་སྨན་ཟབ། ནད་ཚང་མའི་སྨན་བཅོས་ཚང་ཞིང་། སྨན་རྫས་མང་ཉུང་འཚམས་པ་དང་། ནུས་པ་མངོན་གསལ་ཆེ་བའི་སྨན་སྦྱོར་༢༥༠ཙམ་གྱི་སྦྱོར་ཚད་གཏན་འཁེལ་གནང་བ་དེང་སྐབས་བོད་སྨན་སློབ་གྲྭ་ཆེན་མོ་སོགས་ཀྱིས་བེད་སྤྱོད་གཏོང་བཞིན་པ་ལགས། ཁྱད་པར་དངུལ་ཆུ་བཙོ་བཀྲུའི་ཕྱག་ལེན་ཡང་རྩེར་སོན་པ་ནི་ཇི་སྐད་དུ། མ་བཏུལ་ལོག་པའི་དུག་གིས་སྲོག་འཕྲོག་ཞིང་།། བཏུལ་ན་འཆི་མེད་སྲོག་གི་དཔལ་སྟེར་བ།། ཞེས་གསུངས་པ་ལྟར་རིན་ཆེན་དངུལ་ཆུ་འདི་ནི་རང་བཞིན་གདུག་ཅིང་རྩུབ་པའི་ཁམས་དང་ལྡན་པས་ལྷེ་འབིག་རྩེ་ཡི་དུག་རྣམས་བཙོ་བཀྲུའི་ལག་ལེན་ཚད་ལྡན་གྱིས་འདུལ་སྦྱོང་མ་བྱས་ན་ལུས་སྲོག་ལ་གནོད་པའི་དུག་ཆེན་ཞིག་ཡིན་ཡང་། དེ་ཉིད་གཉེན་པོའི་རྫས་སྦྱོར་དུ་མས་གཡའ་འཕྲི། དུག་འདོན། བཅུད་དུ་འགྱུར་བ་རྣམས་ལེགས་པར་གྲུབ་ན་བཅུད་ལེན་ཐམས་ཅད་ཀྱི་རྒྱལ་པོ། བཅོས་བརྟགས་ནད་ཆེན་མང་པོ་དྭངས་ནས་འབྱིན་པའི་སྨན་མཆོག་བདུད་རྩི་ལྟ་བུ་ཞིག་ཡིན། སྔོངས་འདིར་སྔོན་དུས་སུ་བོད་སྨན་མཁས་པ་གྲུབ་ཆེན་ཨོ་རྒྱན་པ་སོགས་དང་། བར་དུ་སི་ཏུ་ཆོས་འབྱུང་དང་། མཁྱེན་གོང་རྣམ་གཉིས། འཇམ་མགོན་མི་ཕམ་རིན་པོ་ཆེ་སོགས་སྐྱེས་ཆེན་དམ་པ་རེ་ཟུང་གིས་སྟོབས་འབྱོར་མངའ་ཐང་ལྡན་པའི་ཆེ་རྒྱ་འགའ་ཞིག་གིས་ཡོན་སྦྱོར་བྱས་ནས་ལན་ཁ་ཡར་ཙམ་ཕྱག་བཞེས་མཛད་པ་ལས། སྨན་པ་ཕལ་གྱིས་ལག་ལེན་དུ་མི་ཐེབས་པར་དུག་ལྡན་གྱི་སྦྲུལ་ཆེན་ལྟར་འཇིགས་པའི་གནས་སུ་བྱེད་པས་ཐྲ་ཞིབ་ཀྱི་ཕྱག་ལེན་ཉག་ཕྲར་གྱུར་ཏེ་རྒྱུན་ཆད་ཁ་རང་དུ་སྨན་རྒྱལ་འགྲོ་བའི་མགོན་པོ་འདི་ཉིད་ཀྱིས་གཞུང་དང་མན་ངག་དམ་པའི་ཕྱག་ལེན་མཐོང་བརྒྱུད་བཅས་འཕྲུལ་མེད་དུ་སྤེལ་ནས་ཆེས་ཆེར་གསལ་བར་མཛད་པ་ཡིན་ཏེ། རིག་གསར་དུས་འགྱུར་གྱི་རྗེས་༡༩༧༧ལོར་སྤྲོ་མེས་སུ་བཙོ་ཐལ་ཐོག་མར་བཟོས་པ་ལེགས་གྲུབ་བྱུང་སྟེ་ཡིད་རྟོན་རུང་བའི་གདེང་ཚོད་རྙེད། དེ་རྗེས་༡༩༨༨ལོར་ཁམས་སྡེ་དགེ་བོད་སྨན་ཁང་གིས་གདན་ཞུས་ལྟར་ཕེབས་ནས་དངུལ་ཆུ་བཙོ་བཀྲུ་ཚད་དང་ལྡན་པའི་སྡེབ་སྦྱོར་མཛད་པ་ནས། ད་ལྟ་སྤྱི་ལོ་༢༠༠༠ལོའི་བར་ལ། སི་ཁྲོན་སྡེ་དགེ་དཔལ་ཡུལ་དང་མགར་ཐར། མཚོ་སྔོན་རྨ་སྟོད་ཁུལ་དང་། མཚོ་སྔོ་ཁུལ། སྐྱེ་རྒུ་མདོ། ཀན་སུའུ་ཀན་ལྷོ་ཁུལ། ཆབ་མདོ་ས་ཁུལ་དང་། འཛོ་མདའ། བོད་ལྗོངས་གསོ་རིག་སློབ་གྲྭ་ཆེན་མོ་བཅས་སུ་བཙོ་བཀྲུ་ཐེངས་བཅུ་གཉིས་ཙམ་བཟོ་གནང་མཛད་ཅིང་། ཞིང་ཆེན་དང་ལྗོངས་བཞིའི་སྨན་པ་༢༠༠ལྷག་ལ་དཔེ་མཁྱུད་མེད་པར་ཕྱག་ཁྲིད་གནང་བས་དེའི་ནང་ནས་ལག་ལེན་ལ་མཁས་པའི་སྨན་པ་ཐམ་ག་ངག་དབང་རྒྱ་མཚོ་དང་། རྫོང་གསར་བློ་གྲོས་ཕུན་ཚོགས། སྤྲུལ་སྐུ་ཀླུ་སྒྲུབ་རྒྱ་མཚོ། མདོ་དཀའ་བུ་རྡོ་རྗེ། མཚོ་སྔོན་སྐུ་འབུམ་དགོན་གྱི་བོད་སྨན་དཀོན་མཆོག་རྒྱལ་མཚན། མཚོ་སྔོན་ཀྲུང་ལུགས་བོད་སྨན་ཚན་ཁག་གི་དགེ་རྒན་ཀླུ་བྱང་

རྒྱལ། ཨ་ལགས་སྐལ་བཟང་རིན་ཆེན། རྩེད་ཐང་འཛམ་དབྱངས་ལྷུན་གྲུབ། བོད་ལྗོངས་གསོ་རིག་སློབ་གྲྭ་ཆེན་མོའི་མཁས་དབང་ཉི་མ་ཚེ་རིང་། ཉིད་ཀྱི་སྐུ་ཚབ་ཁང་སར་བསྐོད་ནམས་འཆི་མེད་སོགས་ལག་ལེན་ཐེབས་ངེས་ཀྱི་སློབ་མ་༣༠ཙམ་བསྐྱེད་བསྲིང་བྱུང་བ་རེད། དེ་ལྟར་བཙོ་ཐལ་འདུལ་སྦྱོང་ཐེངས་གྲངས་མང་པོ་དེ་ལྟ་བུ་དང་། སྨན་རྫས་ཕོན་ཆེན་དེ་ཙམ་ལས་སྒྲོན་མཛད་ཀྱང་དཔོན་སློབ་གཅིག་ལ་ཡང་དངུལ་དུག་ཕོག་པས་ན་བ་དང་། སྨན་རྒྱུ་རྒྱུད་ཐོས་ཤོར་བ་ཙུང་ཟད་ཀྱང་མེད་པར་ཐམས་ཅད་ཐུགས་བཞིན་ལྟར་ལེགས་གྲུབ་བྱུང་བ་དེ་ལྟ་བུ་ནི་ཐོན་ཆད་དམ་པ་འདི་ཉིད་ལས་གྲོན་མེད་པ་དེ་ནི་གཡུ་ཐོག་སྨན་གྱི་བླ་མའི་ཡེ་ཤེས་གཟིགས་པ་དངོས་སུ་ཞུགས་པའི་འབྲས་རྟགས་ཡང་དག་པར་ངེས་ཤིང་། དེ་དག་ནི་བོད་ཀྱི་གསོ་རིག་ལོ་རྒྱུས་དེབ་ཐེར་ཐོག་འཁོད་པའི་བླ་ན་མེད་པའི་ལེ་ཚན་ཞིག་རེད་ལ། བོད་ཀྱི་གསོ་རིག་གི་ཁྱད་ཆོས་མངོན་པར་གསལ་ཞིང་མི་ཉམས་གཏན་དུ་གནས་པའི་མཛད་རྗེས་རིན་ཐང་བྲལ་བ་ཞིག་ཀྱང་རེད། འཕྲིན་ལས་ཁྱབ་གདལ་དུ་སོང་བའི་ཚུལ་ནི། དེ་ལྟར་མཁས་པའི་གཙུག་རྒྱན་དམ་པ་འདིས་སྐུ་ཚེའི་སྟོད་ལ་ཐོས་བསམ་དང་འཆད་སྤེལ་གཙོ་བོར་མཛད། བར་དུ་དུས་འགྱུར་གྱི་སྐབས་ངལ་རྩོལ་བསྒྱུར་བཀོད་ཀྱི་ལས་འགུལ་ནང་ལས་མི་ཏྲ་ཁག་གི་སྨན་པ་མཛད་ནས་སྨན་གྱི་ཕྱག་ལས་གནང་ཚོག་པ་ནས་བཟུང་ཉམ་ཐག་ནད་པ་བགྲང་ལས་འདས་པའི་ལུས་སེམས་ཀྱི་སྡུག་བསྔལ་སེལ་ཞིང་ཚེ་སྲོག་གི་སྐྱིན་པས་བསྐྱབས།

ཁོང་གིས་ཕྱི་རབས་གདུལ་བྱའི་དོན་དུ་བསྟན་བཅོས་མཛད་པ་ནི། ༡༨༥༨ལོ་ཕན་ཆད་བརྩམས་པར་གནང་བའི་བསྟན་བཅོས་ནི། དབྱངས་ཅན་སྒྲ་མདོའི་འགྲེལ་པ་ཚིག་དོན་གསལ་བྱེད། ཙནྡྲ་པའི་དེ་ཕན་ལ་ཉེ་བར་མཁོ་བ་བྱིས་པ་དགའ་བའི་རྒྱན། ཙནྡྲ་པའི་བསྡུ་བའི་དཔེར་བརྗོད་རྒྱུགས་ཆེ་བའི་མདོ་རྣམས་ཕྱོགས་གཅིག་ཏུ་བསྒྲིགས་པ་ནག་པོ་འགྲོ་ཤེས་ཞེས་པ་དང་། སུམ་རྟགས་ཀྱི་འགྲེལ་པ། སྔོན་ངག་ལེའུ་བར་ཐ་གཉིས་ཀྱི་དཔེར་བརྗོད་སོགས་མཛད་ཡོད་ཀྱང་། སྒྲ་འགྲེལ་མ་གཏོགས་གཞན་རྣམས་དུས་འགྱུར་སྐབས་བོར་བརླག་ཏུ་སོང་། ཕྱིས་༡༩༧༨ལོར་ཕྱག་ལས་ཀྱི་བར་གསེང་དུ་བརྩམས་གནང་བ་དངུལ་ཆུ་བཙོ་བཀྲུ་ཆེན་མོ་དང་རིན་ཆེན་རིལ་བུ་ཁག་གི་ལག་ལེན་ཟིན་བྲིས་ཟླ་བའི་འོད་ཟེར། སྔར་རྩོམ་སྒྲ་འགྲེལ་ལ་བསྐྱར་དུ་འཕྲི་སྣོན་མཛད་པའི་དབྱངས་ཅན་སྒྲ་མདོའི་འགྲེལ་པ། ཙནྡྲ་པའི་ཨུ་ཎཱའི་འགྲེལ་པ། སྨན་རྫས་གཉིས་ནམ་ཡང་ཁ་བྲལ་ཐབས་མེད་པ་ཞིག་ཡིན་ཞེས་པ་དང་། གསོ་རིག་གཞུང་ལས་ལུས་ནད་གཉེན་པོ་བདག་ཉིད་གཅིག་ཏུ་འབྲེལ་བའི་སྐོར། བོད་ལུགས་སྨན་བཅོས་བྱ་ཐབས་འགའ་ཞིག ཀླུང་ཁྲག་འཕེལ་འགྲུགས་ཀྱི་ངོ་བོ་ངོས་འཛིན་དང་དེའི་བཅོས་ཐབས་སྐོར་ཆེ་ལོང་ཙམ་བརྗོད་པ། གནམ་རིག་སྐར་རྩིས་ཀྱི་བྱུང་བ་མདོ་ཙམ་བརྗོད་པ། རྩ་དང་ཀླུང་གི་རིགས་རགས་ཙམ་བརྗོད་པ། ཛྱོ་ཡི་བུ་མོ་སྤྲུན་བདུན་གྱི་རྟོགས་པ་བརྗོད་པ། སྨན་འཛུ་སྦྱུབ་དང་བདག་ཉར་བྱ་ཐབས་སྐོར་གྱི་རྒྱུན་ཤེས་མེས་པོའི་དགའ་སྟོན་ཞེས་པ། རྒྱལ་སྲས་ལག་ལེན་གྱི་འགྲེལ་པ་བྱང་ཆུབ་སྒྲུབ་པའི་ས་བོན། དཀོན་མཆོག་རྗེས་དྲན་དང་། ལམ་སྒྲོན་གྱི་འགྲེལ་པ། ཐ་འགྱུར་སྙིང་མའི་ལུགས་ཀྱི་ལྟ་སྒོམ་སྤྱོད་གསུམ་གྱི་རྣམ་གཞག་མདོ་ཙམ་བརྗོད་པ་ཚེས་པའི་ཟླ་བ་ཞེས་པ་དང་། བཀའ་བརྒྱུད་ཀྱི་གྲུབ་པའི་མཐའ་རྣམ་པར་ངེས་པར་བྱེད་

པ་མདོར་བསྡུས་སུ་བརྗོད་པ་དགས་བརྒྱད་གྲུབ་པའི་མེ་ལོང་ཞེས་པ། རི་བོ་རྩེ་ལྔའི་རྟོགས་པ་བརྗོད་པ། ནན་ཏེ་པོ་ཏ་ལའི་རྟོགས་པ་བརྗོད་པ་སོགས་གསུང་རྩོམ་པོད་༡༥ཙམ་བཞུགས་པ་ཐམས་ཅད་དོན་ལ་མཁས་པས་བརྟག་ཀྱང་དགག་བྱ་བྲལ་ཞིང་། ཚིག་སྦྱོར་ལྷུན་པོས་ཀློག་ཀྱང་གོ་བར་སླ་བའི་ཁྱད་ཆོས་དང་ལྡན་པ་ཤ་སྟག་ཡིན་ཞིང་། ཁྱད་པར་རྒྱུད་བཞིའི་འགྲེལ་ཆེན་ནི་ངོ་སྤྲོད་ཟུར་དུ་འཕོད་པ་ལྟར་འདས་པའི་ལོ་གྲངས་༣༠༠ནང་ཚུན་དུ་བྱུང་བའི་རྒྱུད་འགྲེལ་ཐམས་ཅད་ཀྱི་ནང་ནས་རྒྱས་ཤོས་དང་གསལ་ཤོས་ཡིན་ཞིང་། ཐ་འགྲེལ་རྣམས་ཀྱི་ལེགས་བཤད་ཀྱི་སྙིང་པོ་བསྡུས་པའི་ཁར་མཁས་དབང་རང་གི་རྣམ་དཔྱོད་ཀྱིས་རྩལ་བཤད་གནང་བའི་རྒྱུད་དགོངས་འགྲེལ་ཚུལ་ཁྱད་དུ་འཕགས་པའི་ལེགས་བཤད་དུ་མ་བཞུགས་པ་དང་། བར་སྐབས་སུ་རྒྱུད་ཚིག་ཆད་པ་དང་། ས་བཅད་འཁྲུགས་པ། ཡི་གེ་པ་དང་། ཞུ་དག་མཁན་གྱི་དཔྱད་པས་མ་ཁྱབ་པའི་ལྷག་ཆད་ནོར་འཁྲུལ་མ་དག་རྒྱུན་འབྱམས་སུ་སོང་བ་དུ་མ་རྒྱུ་མཚན་དང་བཅས་ཏེ་ནོར་བཅོས་མཛད་ནས་ལུང་དང་རིགས་པའི་དཔྱད་བཟོད་དུ་བསྒྲུབས་པ་ནི་བློ་གསལ་དོན་གཉེར་ཅན་རྣམས་ལ་རྒྱུད་དོན་ཟབ་མོ་འཁྲུལ་མེད་དུ་སྟོན་པའི་ལེགས་བཤད་ཀྱི་དགའ་སྟོན་རྨད་དུ་བྱུང་བ་ལགས་སོ།

སྐུ་ཚེའི་སྨད་ལ་རྒྱུད་འཛིན་གསོ་སྐྱོང་། བསྟན་བཅོས་རྩོམ་པ། ནད་པ་བརྟག་བཅོས། སྨན་རྫས་སྦྱེབ་སྦྱོར་གྱི་ཕྱག་ལས་བཅས་ཆ་སྙོམས་སུ་བསྒྲུབས་ཏེ་རང་གིས་གསན་སྦྱངས་གནང་བའི་རིག་གནས་ཐམས་ཅད་ལ་བཤད་སྒྲུབ་ལས་གསུམ་གྱི་ཕྱག་རྗེས་མ་བཞག་པ་མེད་ལ། ལྷག་པར་སྒྲ་དང་གསོ་བ་རིག་པ་གཉིས་ལ་དེང་དུས་མཁས་པར་གྲགས་པ་དང་། ཆེན་མོར་རྩོམ་པ་སུས་ཀྱང་མ་གྲུབ་པའི་མཛད་རྗེས་གཟེངས་སུ་ཐོན་པས་འཛམ་གླིང་རྒྱལ་ཁབ་མང་པོར་མཚན་སྙན་དང་འཕྲིན་ལས་ཆེས་ཆེར་དར། དེ་ལྟར་ཕྱོགས་གང་ཅིའི་ཆ་རྐྱེན་བཟང་པོའི་འོག་མཁས་མཆོག་གང་གི་མཁྱེན་ཡོན་སྤྱོད་པའི་གོ་ཡུལ་བྱུང་ཞིང་མཚན་གྱི་གོ་གནས་བཞེས་པ་ཡང་བོད་ལྗོངས་བོད་སྨན་སློབ་གྲྭ་ཆེན་མོའི་ཡོན་ཀྲང་དང་། རྒྱལ་ཡོངས་སྲིད་གྲོས་ཀྱི་ཨུ་ཡོན། ཀྲུང་གོ་ནང་བསྟན་མཐུན་ཚོགས་ཀྱི་རྒྱུན་ལས་ལས་འཛིན། བོད་ལྗོངས་ནང་བསྟན་མཐུན་ཚོགས་ཀྱི་རྒྱུན་ལས་ཚོགས་གཙོ་གཞོན་པ། རྒྱལ་ཡོངས་མི་རིགས་མཐུན་ཚོགས་ཀྱི་རྒྱུན་ལས་ཚོགས་གཙོ་གཞོན་པ་དང་པོ་སོགས་གོ་གནས་ཀྱི་མཚན་གྱི་རྣམ་གྲངས་བཅུ་ཕྲག་ལྷག་དང་། ༢༠༠༠ལོར་རྒྱལ་སྤྱིའི་བོད་ལུགས་གསོ་རིག་རིག་གཞུང་གྲོས་ཚོགས་དེ་བོད་ལུགས་གསོ་རིག་སློབ་ཆེན་དུ་འཚོགས་སྐབས། གྲོས་ཚོགས་ཐེངས་དང་པོའི་གཡུ་ཐོག་གསེར་གྱི་བུམ་པའི་བྱ་དགའ་སོགས་སྤྱི་ཕྱིར་གཟེངས་བསྟོད་དུ་མས་མངའ་གསོལ་ཕུལ་ཡོད་པ་རེད། མཐར་སྤྱི་ལོ་༢༠༠༤ལོའི་ཟླ་བ་༡༠པའི་ཚེས་༡༨ཉིན་པེ་ཅིང་དུ་སྐུ་གཤེགས།།

堪布措如・次朗大师于藏历第十五绕迥火虎年（1926）八月初六，伴着奇异的祥瑞诞生在位于横断山脉金沙江畔的江达县措如村（今西藏自治区昌都市所辖）的一个普通藏民家庭。父亲为酿措姓氏的仁青桑珠，母亲是贤良端庄的扎西卓玛。父母为他取次仁朗嘉作乳名，一早便让他接受了大活佛司徒・白玛旺确嘉布的发薪剃度（藏俗初出家时由堪布动手剃去的一撮头发），5岁时他随叔叔堪布和主持喇嘛吉教·阿才巴登接受启蒙和藏语基础学习，由于天生聪慧，很快就掌握了藏语文的拼读规律。6岁就能背诵经文，随后进入到措如寺学习。7岁时在八邦司徒·白马旺确嘉布处受沙弥戒，赐法名嘎玛四朗格勒。在丹增罗布处学习《三十颂》和《音势论》（藏文语法）以及《五行历算》。此时他已经可以到周边村民家中颂持《大般若经》和《般若十万颂》。在跟随叔父学习基础的藏文读写能力之余，对于措如寺的各种颂课和仪轨也是驾轻就熟，各种法器乐器也能熟练使用，在此期间他还闻习了《三律仪》。12岁时因在措如寺中做护禅的机缘下，他得到了禅修上师咕如的医学启蒙，学习了《脉诊》《尿诊》等藏医药基础理论知识。至15岁时，由于深受藏医医圣宇妥·云丹贡布"不应自持居本土，漫游各地多求学"的启发，他立志游学四方，遍访名山大川、名寺古刹，向智慧大师们取经请教。历时三年，他走遍了西藏大部分地区，还跨越喜马拉雅山远涉不丹、尼泊尔、印度等国。途经不丹时他居住在宗萨寺研读《大藏经》达七个月之久，还曾得到该寺堪布的许多教诲和传承。

17岁时，他回到西藏，不久便前往噶拖寺继续深造，在噶拖寺格泽活佛·久美登巴郎杰处系统地学习了工巧明、声明、医方明、因明等，得到各种新旧密乘的圆满传承和灌顶，接受了不少单传的不二密法，成为格泽活佛的心传弟子。

20岁时，他在噶拖寺大堪布坚赞威色尊前受比丘戒，并赐予法名噶玛四郎曲登，他恪守戒律，惜如眼睛。在堪布里丹尊前受大乘发心戒律，并闻习受持更多佛法；尤其在大学者堪布大穹喇嘛泽仁群培处系统学习了"水银洗炼'佐塔'法"的全流程制作，为后来自主研制开发珍贵藏药积累了丰富经验。他在囊谦吐司经师大堪布朗嘉绒布处系统学习了《声明·赞扎巴》，由于悟性极高，掌握极好，在语言学领域得到了"妙语善言"之称号，同时他还在堪布丹贝准美处进一步学习了《嘎巴拉》（或名《旃陀罗波字经》）、《央金占多》等声明学经典著作。获得"妙音天女欢喜本色说教经典类品"之美称。他师从嘎托寺司徒确吉宁协，得到《时轮金刚》的传承灌顶以及受持和听闻许多秘密诀窍。他师从朗拉仁青受《大圆满》传承。他师从八邦多罗达真贡布受噶玛噶举派的传承。

大师由于先天聪慧加之后天努力，很快便从同门中脱颖而出。逐步担任了嘎托寺密续经院的复诵师（寺庙中学经时从同班僧徒中选出，在讲经法师口诵指定篇章以后负责当众背诵者），担任十明导师，负责本部僧徒和各方前来寺庙学习和深造的喇嘛活佛的文化教学，包括《语法》《声明学》《辞藻学》《诗词学》《韵律学》以及《天文历算》等，成就了后世许多大学者。

在治病救人的过程中，大师每年都要接诊几千名患者，为广大病患解除疾病困扰。1980年，他因工作调动至拉萨，即使是休息时间，也会为前来家中求医问药的患者亲自进行尿诊、脉诊，根据病情调配给药，并身体力行地为患者行放血疗法、火灸疗法、牛角拔罐法、火罐法、泻下法等不同疗法。大师的住所不分昼夜节假，从来都是门庭若市，无论高低贵贱、贫富亲疏，他都以极大的慈悲心与医者仁心做到了一视同仁。以藏医特有的望、问、触三诊法进行细致的诊断，在明确诊断后，或即时配药，或咔嚓（密调）配药，或运用柔、峻等外治疗法为患者进行悉心的辩证治疗，很多反复发作难愈的胆石症、癫痫病的患者经大师治疗后痊愈。措如·次朗大师对于认药、采药、制药总是抱有极为浓厚的兴趣。他在波密县藏医院就职期间，更是对该地区生长的药材了如指掌，制药生产过程中也会尽可能地首选本地药材，在采集、晾晒、炮制、加工以及制剂等的每一个环节都亲力亲为。在药物的祛毒、做锐（提升药效）、炮制、熬膏、烧灰等配方制剂过程中从来都是以最高标准进行制作。在长期的诊疗过程中，大师通过分析研究各种疾病的病因，结合自身临床治疗经验，积累总结出许多药物配方和诊疗方案，治疗效果也是有口皆碑。例如，由大师潜心研制的“察美芒觉”“当佐杜仔达雅甘”“珍宝月光”等药物均在临床上取得了非常显著的疗效。大师根据多年的行医经验结合典籍古方，精益求精地选材、炮制、配方，精心设计配制出“仁青然纳桑佩（珍珠七十丸）”“仁青常觉”“仁青芒觉”等常用珍宝类药物。同时，还配制了独一无二的“常觉达日玛”“旺日西嘎曲登”“仁青扬扫日宝”等珍品制剂。经大师厘定，达到“能满足临床各科用药，药物配方合理，疗效稳定”等特点的药物配方约260种。西藏藏医学院、西藏自治区藏医院，以及其他医疗机构，至今依然将这些药物广泛用于临床治疗。常言道：“不调夺命之毒，调伏回生甘露。”这是对于水银毒性（具有“粗犷、重、穿”之性）的描述。尤其是作为藏医药制剂的顶尖炮制工艺——“水银洗炼‘佐塔’法”。如果不能依据“水银洗炼‘佐塔’法”严格炮制水银，那么它便是夺命的毒药。而通过“探锈”“祛毒”“聚精”等工艺加工炮制之后，水银成为祛病健身、延年益寿的百药之王，治疗各种疑难杂症的灵丹妙药。历史上，除了像早期的莲花生大师和中期的司徒·曲吉迥乃、降央钦孜、贡珠·云丹嘉措、居·迷旁等高僧大德，或是在中央、地方政府的资助下，以及自身具有丰厚的经济实力，才能实现屈指可数的“水银洗炼‘佐塔’法”实践制作。普通医生对水银洗炼的复杂工艺流程总有畏难情绪。而在这一传统高难度藏药制剂“水银洗炼‘佐塔’法”濒临失传之际，措如·次朗大师使这一绝技得以恢复。1977年，措如·次朗通过向各方机构争取，在波密县组织了“水银洗炼‘佐塔’法”炮制加工工作，这是自西藏民主改革以来整个藏医界的首次实践研制。1978年，在德格县藏医院的邀请下，大师随即前往指导“水银洗炼‘佐塔’法”，并获得成功。措如·次朗大师曾先后亲临四川省成都市、甘孜州白玉县，青海省黄南州、海南州、玉树州，甘肃省甘南州，西藏江达县（属昌都市辖）以及西藏藏医学院等地，实地指导“水银洗炼‘佐塔’法”多达12次。大师不辞辛劳，以身示范，先后培养出一大批藏医从业者。其中有30多位现已成为具有较高学术造诣和实践水平的大医师，包括阿拉·格桑仁波切和汤嘎·阿旺嘉措等大医师。至此，“水银洗炼“佐塔’法”工艺得以继承，炮制技艺得以成熟、稳定，大师精湛的技艺及成就亦可谓“药师再世”。所谓“水银洗炼‘佐塔’法”是传统藏药制作的一种高难度技术，它需将金、银、铜、铁、锌、铅、锡及汞等“闭毒八金”与许多名贵藏药的合炼出用作炮制“引子”之一——佐塔，没这“佐塔”，一些名贵藏药品种就无法炮制。因此，“水银洗炼‘佐塔’法”是继承和发展藏药生产的关键技术。措如·次朗潜心研究、精心设计、历尽艰辛成功地提炼出“佐塔”。而要想进行简单的水银加工者虽不乏其人，但能够将剧毒水银加工炮制成为治疗百病的良药，且具有滋补强身和延年益寿功效的“水银洗炼‘佐塔’法”，同时能掌握炮制方法和工艺秘诀的在当时却只有措如·次朗大师一人。在长期的、多次的、大剂量的运用“水银洗炼”加工制作“佐塔”的过程中，从未发生过加工失败或加工人员中毒事件，如此高的成功率至今无人能及。而这些成就离不开大师平日里一丝不苟的治学态度和业精于勤的学术品格。

措如·次朗大师使失传五十年之久的“水银洗炼‘佐塔’法”绝技得以恢复，为传统藏医药学的发展作出了重大贡献，成为近代藏医药发展史上最浓墨重彩的一笔。

措如·次朗大师的前半生几乎将所有精力都投入“闻”“思”“辩”的学习中，造就了其深厚的文化造诣与医术成就。他用自己的知识与智慧济世救人、救死扶伤，帮助万千患者解除疾病困扰，给予绝望的患者以“寿命布施”，渡人渡己。

自1959年起，大师先后著有《央金占多·声明学论著注疏》《声明学·占查巴本入门》《声明学·占查巴本范例汇编》《十三颂新解》《诗学明鉴·中、后章列释》等多部著作，但因历经时代波折，除《央金占多·声明学论著注疏》外，其余作品惨遭遗失。1978年以来，大师充分利用业余时间，编写了《藏药水银加工洗炼法实践论》《珍宝藏药常觉、然纳钦波、然纳桑培等的药性鉴别与配制法精要》《声明学·占查巴本注释》《〈四部医典〉大详解》《声明学·占查巴本乌那释义》《藏医与历算的关系》《藏医学关于人体元素、疾病与治疗三者间的辩证关系》《简易藏医疗法》《隆查（气血）旺乱及其辨证治疗》《天文历算史概要》《脉气学说略论》《草药七姐妹的功能》，以及《药物的鉴别、采集、配剂与保管常识》等。佛学方面的著作及论文有《菩提行注疏》《菩提道灯注释》《十相自在注疏》《宁玛教义闻思修论述》《噶举教派正义》《五台山传记》《南海普陀山本生》等15卷函。尤其值得一提的是措如·次朗大师在藏医药文化的另一个重要文献，即注释《四部医典》。他对《四部医典》现存的原文中的错词漏字、章节次序错排、校对错误、以误传真等情况给予纠正，并作了深层的解析，力求准确无误地对《四部医典》进行全面解读，使之成为学习和研究藏医药学的一本重要参考。这也是目前《四部医典》释义类著作中内容最全面、最详实的一部，更是填补了用现代通俗藏语文注释《四部医典》的空白。

大师的后半生主要从事有关“传承培养”“著书立说”“诊治病患”“研制方药”等方面的事业。他将自己毕生学到的理论经典，以“论”“修”“行”的方式化于实践，身体力行，其成就数不胜数，尤其在声明学和藏医学的传承事业上作出了非凡的贡献，也声名大振，美誉传遍国内外。自改革开放以来，措如·次朗大师的学术地位和事业声望不断上升，曾先后担任西藏藏医学院院长、教授、硕士生和博士生导师，全国政协委员，中国佛教协会常务理事，西藏佛教协会副会长，全国民族医药学会首席常务副会长等职务。2000年，国际藏医药学术研讨会在西藏藏医学院召开，各参会代表一致同意将首个“玉妥金杯奖”授予措如·次朗大师，以表彰大师在藏医药传承和发展事业上作出的重要贡献。大师还曾获得“国家级科技成果二等奖”、西藏自治区首届科技特殊贡献奖等奖项。

为确保藏族文化的传承与振兴，推动中华优秀传统文化的繁荣发展，大师倾注了全部精力与热情，不懈地培育了一代又一代优秀的藏医药人才。他不仅是一位杰出的教育家，更是一位文化的守护者与传播者。

2004年10月19日，这位卓越人物在北京安详地离世，享年78岁。大师的离世，无疑是我国藏医药界的重大损失。我们在此深切缅怀大师，他的教诲与精神将永远激励我们继续前进，致力于藏医药文化的传承与发展。

མཁན་ཆེན་ཁྲོ་རུ་ཚེ་རྣམ་གྱི་གསུང་འབུམ།

堪布措如·次朗医著

༄༅། །བདུད་རྩི་སྙིང་པོ་ཡན་ལག་བརྒྱད་པ་གསང་བ་མན་ངག་རྒྱུད་ཀྱི་འགྲེལ་ཆེན་དྲང་སྲོང་དགྱེས་པའི་ཞལ་ལུང་ཞེས་བྱ་བ་བཞུགས་སོ། །

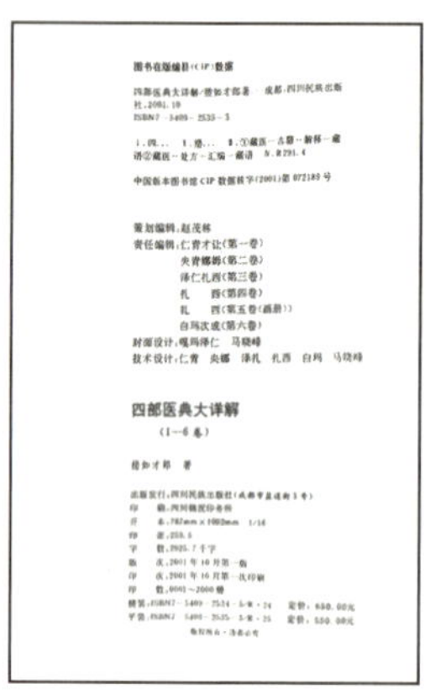

图书在版编目(CIP)数据

四部医典大详解/措如才郎著. —成都:四川民族出版社,2001.10
ISBN7-5409-2535-3

Ⅰ.四… Ⅱ.措… Ⅲ.①藏医—古籍—解释—藏语②藏医—处方—汇编—藏语 Ⅳ.R291.4

中国版本图书馆CIP数据核字(2001)第072189号

策划编辑:赵茂林
责任编辑:仁青才让(第一卷)
央青娜姆(第二卷)
泽仁扎西(第三卷)
扎 西(第四卷)
扎 西(第五卷(函册))
白玛次成(第六卷)
封面设计:嘎玛泽仁 马晓峰
技术设计:仁青 央娜 泽扎 扎西 白玛 马晓峰

四部医典大详解
(1—6卷)

措如才郎 著

出版发行:四川民族出版社(成都市盐道街3号)
印 刷:[illegible]
开 本:787mm×1092mm 1/16
印 张:[illegible]
字 数:[illegible]千字
版 次:2001年10月第一版
印 次:2001年10月第一次印刷
印 数:0001—2000册
精装:ISBN7-5409-2534-5/R·24 定价:650.00元
平装:ISBN7-5409-2535-3/R·25 定价:550.00元
版权所有·违者必究

གསུང་འབུམ་འདིའི་ནང་གསོ་རིག་སྐོར་དེབ་པོ་ཉི་ཁག་ལྔ་ཡོད་ལ། ཁྱོན་བསྡོམས་ཤོག་ངོས་༢༨༨༤བཞུགས། ༢༠༠༡ལོའི་ཟླ་༡༠པར་སི་ཁྲོན་མི་རིགས་དཔེ་སྐྲུན་ཁང་གིས་པར་བསྐྲུན་བྱས་ནས་བཀྲམ།

ནང་དོན་གནད་བསྡུས།

རྒྱུད་བཞིའི་འགྲེལ་ཆེན་དྲང་སྲོང་ཞལ་ལུང་ཞེས་པའི་གསུང་འབུམ་འདི་ཉིད་དེབ་པོ་ཉི་ཁག་ལྔ་ལ་ཕྱེ་ནས་རྩོམ་སྒྲིག་བྱས་ཡོད་པ་སྟེ། ཐོག་མའི་དེབ་བཞིའི་ནང་དོན་གནད་བསྡུས་ནི།

༡ དཔལ་ལྡན་གསོ་བ་རིག་པའི་རྒྱུད་དགོངས་དོན་གྱི་འགྲེལ་བ་རྒྱུད་ཉིད་ཀྱི་རྩ་བའི་དགོངས་གཞི་གཞིར་བཟུང་སྟེ་རྒྱུད་བཞི་དང་། ཡན་ལག་བརྒྱད། གནས་བཅུ་གཅིག སྐབས་བཅོ་ལྔ། མདོ་བཞི། ལེའུ་བརྒྱ་ལྔ་བཅུ་དྲུག་སོ་སོའི་དོན་རྒྱུད་རང་གི་དངོས་བསྟན་ས་བཅད་གཞིར་བཟུང་རྒྱས་བསྡུས་འཚམས་པར་ཕྱེ་བ་དང་། རྗེས་འཛིན་རྣམས་ཀྱིས་འཆད་སྤེལ་ཞིབ་འཇུག་བདེ་བའི་སླད་དུ་ས་བཅད་སོ་སོའི་ཐད་དུ་གཞུང་དངོས་ཀྱི་རྩ་བ་དང་། དེ་འཕྲལ་དེ་དོན་འགྲེལ་བ་བཅས་ཐད་ཀར་བཀོད་ནས་དཀའ་གནད་དང་། དོགས་གནད། གཙོ་གནད་སོགས་ལ་གཞན་འགྲེལ་མི་

ཞུང་བ་ལ་དཔྱད་དེ་སློབ་དཔོན་ཉིད་ཀྱི་རིགས་མན་ངག་གི་ཚད་མ་གསུམ་གྱིས་དབུ་མར་གཏན་ལ་ཕབ་ཡོད།

༢ ཚིག་སྦྱོར་བསྡུས་ཤིང་དོན་གྱི་སྙིང་པོ་གཅིག་ཏུ་སྒྲིལ་བ། སློབ་དཔོན་ཉིད་ཀྱི་རྣམ་དཔྱོད་ཀྱི་རྩལ་དང་། ཉམས་མྱོང་གི་གདམས་ངག་ཟབ་མོས་ལེགས་པར་བཅིངས་ཏེ་ཆད་པ་གསབ། འཁྲུགས་པ་སྒྲིབས། གབ་པ་མངོན་ཕྱུངས། ཐེ་ཚོམ་རྩད་ནས་འཁྲིན་ཏེ། ཚན་རིག་གི་ལྟ་བ་དང་། རིག་གཞུང་གི་ལྟ་བ། དེང་དུས་ཀྱི་ལྟ་བ་མཚོན་པའི་སྒོ་ནས་རྒྱུད་ཀྱི་དངོས་བསྟན་དགོངས་དོན་གསལ་ཞིང་ཞིབ་པར་འགྲེལ་བཤད་བྱས་ཡོད།

༣ རྒྱུད་དགོངས་ཉིད་ལ་ལྟ་བ་གཞན་གྱི་དྲི་མས་མ་གོས་པར་ཡང་དག་གི་རིགས་མན་ངག་གི་ཚད་མས་གྲུབ་སྟེ་འཆད་པ་དཔེར་ན་དཔལ་ལྡན་རྩ་རྒྱུད་ཀྱི་ལེའུ་དང་པོར་བསྟན་པའི་ཕྲན་སུམ་ཚོགས་པ་ལྔ་ལྡན་སྐབས་རྗེ་བཙུན་གཡུ་ཐོག་པ་ཆེན་པོས་རྒྱུད་བཞི་བརྩམས་ཤིང་འཆད་པ་ལ་མངོན་པར་ཕྱོགས་པ་དེའི་ཚེ་སྐུ་ཉིད་ལ་སྟོན་པ་སྨན་བླའི་དག་པའི་གཟིགས་སྣང་འཆར་བ་ལས་རྒྱུད་འཆད་པའི་ཚུལ་དུ་དྲང་སྲོང་རིག་པའི་ཡེ་ཤེས་དང་དྲང་སྲོང་ཡིད་ལས་སྐྱེས་གཉིས་ཞུ་བ་ཞུ་ལན་གྱི་ཚུལ་དུ་ཇི་ལྟར་མཛད་པ་གསལ་འགྲེལ་བྱས་ཡོད།

༤ གཞུང་གི་རྩ་བའི་ཚིག་ལ་ཡི་གེ་བས་རྐྱེན་པས་ཆད་ལྷག་དང་གོ་རིམ་འཛོལ་བ་དག་ཕྱིས་འགྲེལ་བ་མཁན་གྱིས་གོ་བ་དེ་དོན་དུ་བླངས་ནས་འགྲེལ་བཤད་བྱས་པ་དག་དོན་དངོས་དང་གོ་བ་ལེན་དཀའ་བས་འགྲེལ་ཆེན་འདིའི་ནང་ལེགས་པར་དཔྱད་དེ་བཅོས་པ་དཔེར་ན།བཤད་རྒྱུད་ཆགས་ཚུལ་སྐབས། མངལ་བ་ཕྱེ་ནས་ཞག་ནི་བཅུ་གཉིས་བར། དང་པོའི་ཞག་གསུམ་བཅུ་གཅིག་བུ་མི་ལེན། ཞེས་པ། དང་པོའི་ཞག་གསུམ་བཅུ་གཅིག་བུ་མི་ལེན། མངལ་ཁ་ཕྱེ་ནས་ཞག་ནི་བཅུ་གཉིས་བར།ཞེས་རྒྱུད་དོན་གྱི་དགོངས་དངོས་ཡིན་པ་འགྲེལ་བ་བྱས་པ་དང་། ཡང་ཟླ་མཚན་ལྡན་པ་སྐྱེས་པ་འདོད་པའི་རྟགས། ཞེས་པ་སྐྱེས་པ་འདོད་པ་ཟླ་མཚན་ལྡན་པའི་རྟགས་ཞེས་གོ་དོན་དངོས་དང་། གཞན་ཡང་ལོང་ནད་གསོ་བའི་སྐབས།རྩ་བར་ལོང་གི་ནད་ལ་རྟགས་དང་བཅོས་ཐབས་གཉིས་ཞེས་པར།ལོང་གི་ནད་ལ་རྒྱུ་རྐྱེན་དབྱེ་བ་དང་། རྟགས་དང་བཅོས་ཐབས་རྣམ་པ་བཞི་ཡིས་བསྟན། རྒྱུ་རྐྱེན་ལུས་གྲང་འཁྲུགས་བརླན་སྙིང་ལྷང་།ཕོ་བ་རྒྱ་མའི་ནད་རོ་ལོང་དུ་འཕྱུགས།ཞེས་པ་ཆད་པ་རྣམས་ཁ་གསབ།རྩ་དཀར་གསོ་བའི་སྐབས།རྩ་དཀར་ནད་ལ་གྱིས་ཚུལ་རྒྱུ་རྐྱེན་དང་། རྟགས་དང་བཅོས་ཐབས་རྣམ་པ་བཞི་ཡིས་བསྟན་ཞེས་པར་དབྱེ་རྟགས་དང་བཅོས་ཐབས་ལྔ་ཡིས་བསྟན།ཞེས་དེ་དང་དེ་འདྲ་བའི་རྩ་བའི་ཚིག་ལ་ཞུས་དག་དང་། རྒྱུད་དགོངས་དངོས་མི་ཤུང་བ་གསལ་འགྲེལ་བྱས་ཡོད།

༥ རྒྱུད་ཚིག་གི་བརྡ་རྙིང་དང་གབ་ཚིག་སོགས་བརྡ་ཆད་གོ་དཀའ་བ་སྨན་གྱི་ངོས་འཛིན་མི་མཐུན་པ་དག་སོ་སོའི་སྐབས་དང་སྦྱར་སྟེ་གོ་བ་ལེན་དགོས་པ་དཔེར་ན།

སྐྲན་ནད་སྐབས་ཀྱི་བྱེ་ཤང་དཀར་མོ་ཞེས་རྡོ་ཐལ་དང་། རྒྱ་གཟེར་སྐབས་ཀྱི་ཆིག་ཐུབ་དཀར་པོ་ཞེས་སྤང་རྩི་དོ་

པོ། མི་དཔལ་སྐབས་ཀྱི་ཤི་ཀྲུ་ཞེས་ཕོ་རིལ་དཀར་པོ། མོ་ནད་སྐབས་ཀྱི་ཏི་ཅི་ཏ་ཞེས་དུར་བྱེད། མིག་ནད་སྐབས་ཀྱི་ཏ་ཙ་ཞེས་གསེར་རྗེ་སོགས་སོ་སོའི་སྐབས་བསྟུན་གྱིས་གོ་བ་ལེན་དགོས་པ་ཇི་སྙེད་འགྲེལ་ཆེན་འདིའི་ནང་གབ་མེད་གསལ་བར་བྱས་ཡོད།

༤ རྒྱུད་ཀྱི་གཞུང་དོན་འགྲེལ་ཆེན་མེས་པོ་སྔོན་མ་རྣམས་ཀྱིས་བཞེད་སྲོལ་མི་འདྲ་བ་དང་དཀའ་གནད་ཁག་དཔེར་ན་བཤད་རྒྱུད་ཀྱི་ལུས་ཀྱི་གནས་ལུགས་དང་མཚན་ཉིད། ཟས་དང་སྨན་གྱི་རོ་ནུས་ཞུ་རྗེས་སྐོར་དང་། མན་རྒྱུད་ཀྱི་ནད་རིགས་སོ་སོའི་ཁྱད་པར་གྱི་རྟགས་དང་། སྨན་སྦྱོར་ངོས་འཛིན། ཕྱི་རྒྱུད་ཀྱི་ལག་ལེན་དངོས་སོགས་ལ་སློབ་དཔོན་ཉིད་ཀྱི་བློ་རིག་གི་རྩལ་དང་། དབུ་མའི་ལྟ་བ། ཉམས་ལེན་དངོས་ཀྱི་མྱོང་གྲུབ་ཀྱིས་ཁ་བསྐང་ཞིང་གསལ་འགྲེལ་བྱས་ཡོད།

༥ རྒྱུད་ཀྱི་གཞུང་རྩ་བའི་ཚིག་ལ་ཡི་གེ་བས་མ་དག་པ་མི་ཉུང་བ་ཡོད་འདུག་པ་རྣམས་ཞུ་འགྲེལ་འགའ་དང་། འཆད་ཁྲིད་མང་པོ་གོམས་བགྲོས་དེ་ལྟར་སོང་བ་རྣམས་འགྲེལ་ཆེན་འདིར་དག་བཅོས་ལེགས་པར་ཞུས་ཏེ་རྒྱུད་དགོངས་འཁྲུལ་མེད་གཏན་ལ་དབབ།

གཉིས་པ། རྒྱུད་འགྲེལ་དཔེ་རིས་པོད་གཅིག་གི་ནང་དོན་གནད་བསྡུས།

རྒྱུད་ཀྱི་འགྲེལ་ཆེན་འདི་དང་མཐུན་པའི་རྒྱུད་ཀྱི་དགོངས་པ་འདས་པའི་ལོ་ངོ་སུམ་བརྒྱ་ཙམ་གྱི་ནང་སྡེ་སྲིད་སངས་རྒྱས་རྒྱ་མཚོས་རྒྱུད་ཀྱི་སྨན་ཐང་དཔེ་རིས་ཀྱིས་གསལ་འགྲེལ་བྱས་པ་འདིའི་ཐོག་དེང་དུས་དང་མཐུན་པའི་སྒོ་ནས་བོད་ལུགས་གསོ་རིག་གི་ཐུན་མོང་མ་ཡིན་པའི་ཁྱད་ཆོས་མངོན་པར་བྱས་ཏེ་དཔེ་རིས་༢༠༠ལྷག་ཙམ་མཚོན་པའི་སྒོ་ནས་གསལ་འགྲེལ་བྱས་པ་སྟེ།

༡ དཔལ་ལྡན་རྒྱུད་ཀྱི་གྲུབ་པ་ལུས་ཀྱི་སྐབས་ལས་བསྟན་པའི་ཆགས་ཚུལ་དང་། རུས་དུམ། ཤ་གནད་དང་། རྩ་གནད། ཆུ་བ་དང་རྒྱུས་པ། དོན་ལྔ་སྣོད་དྲུག བྱང་ཁོག་ཡུལ་ཐིག་སོགས་མཚོན་པའི་ནང་དོན་རྣམས་དཔེ་རིས་སུ་བཀོད་ནས་གསལ་འགྲེལ་བྱས་ཡོད།

༢ རྒྱུད་ལས་བསྟན་པའི་ཆ་བྱད་ཁག་དང་། གཏར་དམིགས། མེ་དམིགས། གསེར་མེ། ཧོར་མེ། ཚུགས། ར་འཛིབ་སོགས་ལག་ལེན་ཇི་སྙེད་རི་མོར་ཕབ་སྟེ་གསལ་འགྲེལ་ཞུས་ཡོད།

༣ བཤད་རྒྱུད་ནུས་པ་རྐྱང་སེལ་སོགས་ལས་བསྟན་པའི་སྨན་ངོ་རྣམས་དཔར་ལེན་སོགས་ལ་བརྟེན་ནས་ངོས་འཛིན་འཁྲུལ་བ་མེད་པར་གསལ་འགྲེལ་ཞུས་ཡོད།

གསུམ་པ། སྨན་སྦྱོར་ལག་ལེན་སྐོར་པོ་ཏི་གཅིག་གི་ནང་དོན་གནད་བསྡུས།

རྒྱུད་ལས་བསྟན་པའི་སྨན་དང་སྨན་སྦྱོར། སྨན་གྱི་ལག་ལེན་དངོས་གཙོ་བོའི་སྟེང་སློབ་དཔོན་ཉིད་ཀྱི་ཐུན་མོང་

མ་ཡིན་པའི་ཁྱད་ཆོས་དང་ལག་ལེན་དངོས་ཀྱི་ཕྱག་བཞེད་གཅིག་ཏུ་བསྡུས་ཏེ་སྨན་གྱི་སྙོར་གྱི་དེབ་གཅིག་རྩོམ་འབྲི་ཞུས་པ་སྟེ།

༡ རྒྱུན་མཁོའི་སྨན་སྦྱོར་རྒྱ་ཆ་ཕུན་སུམ་ཚོགས་ཤིང་། ནུས་པ་ཁྱད་པར་ཅན། ས་མཐོའི་སྨན་རྒྱུ་ཕུལ་དུ་ཕྱིན་པའི་ཁྱད་ཆོས་ལྡན་པ། བེད་སྤྱོད་ཆེ་བའི་སྨན་རིགས་ཀྱི་ལག་ལེན་དང་། སྦྱོར་བཟོ། བེད་སྤྱོད་བྱེད་སྟངས། ཕན་ཡོན་སོགས་ཚུད་པའི་སྨན་རིགས་ཁག་དེང་དུས་དང་འཚམས་པའི་དགོས་མཁོ་དང་ཉམས་མྱོང་དངོས་ཇི་བཞིན་བཀོད་ཡོད།

༢ རིན་ཆེན་རིགས་ཀྱི་སྨན་སྦྱོར་ཁྱད་དུ་འཕགས་པ་རཏྣ་བསམ་འཕེལ་དང་། གྲང་སྦྱོར། མང་སྦྱོར་སོགས་རྒྱུན་སྤྱོད་རིན་ཆེན་རིགས་དང་། གཞན་ཡང་དབང་རིལ་ཧྲ་རི་མ་དང་། དབང་རིལ་ཤེལ་དཀར་མཆོད་རྟེན། རིན་ཆེན་ཡང་ཟབ་རིལ་བུ་སོགས་ཀྱི་སྨན་རྒྱུ་ངོས་འཛིན་དང་། དུག་འདོན་ལས་སྣོན། སྦྱོར་ཚད་དང་ཕན་ཡོན་སོགས་སློབ་དཔོན་ཉིད་ཀྱི་ལག་ལེན་དངོས་ཀྱི་མྱོང་བ་ཇི་ལྟ་བ་བཀོད་ཡོད།

༣ བོད་ལུགས་གསོ་བ་རིག་པའི་སྨན་རྫས་ལག་ལེན་གྱི་ཚད་གཞི་མཐོ་ཤོས་དང་། དཀའ་གནད། ཉིན་ཚབ་ཆེ་བ་མཐོང་བརྒྱུད་ཀྱི་ལག་ལེན་དངོས་ལ་བརྟེན་ནས་ཤེས་དགོས་པའི་ལྕགས་ཁམས་ཐལ་བསྲེགས་ཀྱི་ལག་ལེན་དམིགས་བསལ་གསང་དགོས་པ་ཕུད། ཐོག་མའི་སྔ་གོན་དང་། ལྕགས་ཁམས་ངོས་འཛིན། དུག་འདོན་གཡའ་ཕྱིས། བསྲེགས་རྫོང་བྱ་ལུགས། བསྲེགས་ཐབས་དང་། ཆུ་བསིང་བྱ་ཚུལ་སོགས་སློབ་དཔོན་ཉིད་ཀྱིས་ཐེངས་མང་ལག་ལེན་བྱས་པའི་སྙིང་བཅུད་རྣམས་བཀོད་ཡོད།

༤ དངུལ་ཆུ་བཙོ་བཀྲུ་ཆེན་མོའི་ལག་ལེན་ནི་སློབ་དཔོན་ཉིད་ཀྱིས་ཐེངས་མང་ལག་ལེན་བྱས་པའི་ཁྱད་ཆོས་གཟེངས་སུ་ཐོན་པ་ཡིན་པས་དམིགས་བསལ་ལག་ལེན་དམར་ཁྲིད་ལས་ཤེས་དགོས་པ་ཕུད་དེ་བྱིངས་ཀྱི་སྤྱིའི་ལས་སྣོན་དངུལ་ཆུའི་འབྱུང་ཁུངས། ངོ་བོ། ཉེར་མཁོའི་སྔ་གོན། གཡའ་ཕྱི་དང་དུག་འདོན། བཙོ་ཐབས། བསྐོལ་ཐབས། དཀྲི་སྒྲིད་དང་ཕན་ཡོན་ལ་སོགས་པ་སྤྱིའི་ལག་ལེན་རྣམས་ཇི་བཞིན་བཀོད་ཡོད།

གསོ་རིག་གི་རིན་ཐང་དང་དམིགས་བསལ་ཁྱད་ཆོས།

བོད་ལུགས་གསོ་བ་རིག་པའི་ཆེས་རྩ་བར་གྱུར་པའི་དཔལ་ལྡན་རྒྱུད་བཞི་འདིར་ལོ་ངོ་སུམ་བརྒྱའི་གོང་ནས་བརྩམས་པའི་འགྲེལ་བ་དང་ཕྱིས་དུམ་བུ་ཁག་ཅིག་དང་། ཆ་ཤས་ཙམ་ལ་འགྲེལ་བ་གནང་རུང་འགྲེལ་བྱེད་ཐུ་མ་རྣམས་དང་མི་འདྲ་བར་འགྲེལ་ཆེན་འདིར་གཞམ་གསལ་གྱི་རིན་ཐང་དང་ཁྱད་ཆོས་འདི་ལྟར་ཏེ།

༡ རྒྱུད་རང་ནས་བསྟན་པའི་རྩ་བའི་གཞུང་དངོས་ཀྱི་ས་བཅད་གཙོ་བོར་བཟུང་བའི་རྨང་གཞིའི་ཐོག་ས་

བཅད་མི་འདྲ་བ་མང་པོར་དཔྱད་བསྡུར་གྱིས་གོ་རིམ་མི་འཁྲུགས་པ་དང་། གཞུང་དོན་རྟོགས་སླ་བ། རྒྱས་བསྡུས་འཚམས་པ། འཇུག་པ་བདེ་བའི་ས་བཅད་གསལ་བར་དབྱེ་ཞིང་། དེ་དང་འབྲེལ་བའི་གཞུང་དོན་དངོས་ཀྱི་རྩ་བ་སོ་སོའི་ངོས་སུ་བཀོད་པ་དང་ཆབས་ཅིག་དོན་གྱི་འགྲེལ་བ་ཟུང་དུ་བཀོད་ཡོད་པས་བློག་པ་པོ་རྣམས་ཀྱིས་བལྟ་བློག་བདེ་ཞིང་གཞུང་ཆེན་འདིའི་ས་བཅད་དང་། རྩ་བ་འགྲེལ་པ་གསུམ་མི་འཁྲུགས་པའི་སྒོ་ནས་སྙིང་དོན་ཐད་ཀར་གོ་བ་ལེན་ཐུབ་པར་མ་ཟད་འཆད་ཁྲིད་རྟོགས་སླ་བའི་ཁྱད་ཆོས་ལྡན་པ་ཞིག་ཡིན།

༢ གཞུང་གི་དངོས་བསྟན་དང་ཤུགས་བསྟན་ལས་རྟོགས་དགོས་པའི་གཙོ་གནད་དང་། དཀའ་གནད། དོགས་གནད་ཀྱི་རིགས་སུ་གྱུར་པའི་ནང་དོན་ཐད་ལ་གསོ་བ་རིག་པའི་དཔེ་རྙིང་མི་འདྲ་བར་ཞིབ་དཔྱད་དང་། སྔོན་བྱོན་མཁས་པོ་རྣམས་ཀྱིས་འགྲེལ་ལུགས་མི་མཐུན་པ་ཀུན་བླངས་ཤིང་བརྟག་ནས་སློབ་དཔོན་ཉིད་ཀྱི་བློ་རིག་གི་རྩལ་དང་། ཕྱུལ་དུ་བྱུང་བའི་ལག་ལེན་གྱི་གདམས་ངག་དངོས་ལ་བརྟེན་ནས་བསྲེག་བཅད་བརྡར་བའི་སྒོ་ནས་རིས་སུ་མ་ཆད་པར་དབྱེ་མར་འགྲེལ་ཡོད་པས་གཞུང་དོན་དངོས་དགོངས་ཕྱིན་ཅི་མ་ལོག་པ་ཐ་མལ་བའི་ལུས་ཀྱི་ཁམས་དང་། དེ་ལ་འབྱུང་བའི་ནད། དེ་ཉིད་རྟོགས་པའི་ཐབས། གང་གིས་གསོ་བའི་ཚུལ་སོགས་རིག་པ་གཞན་གྱིས་མ་སླད་པར་རྟོགས་ནུས་པའི་ཁྱད་ཆོས་ཡོད།

༣ སློབ་དཔོན་ཉིད་ཀྱིས་རྒྱུད་བཞི་འདི་ཉིད་ཀྱིས་གཙོས་པའི་གསོ་བ་རིག་པའི་གཞུང་ལུགས་སྤྱི་དང་། ལག་ལེན་གྱི་ཟིན་ཏིག་ཀུན་ལ་ཞིབ་འཇུག་དང་སློབ་ཁྲིད་གནང་བ་བརྒྱུད་གཞུང་ཆེན་འདིའི་ཚིག་རྐང་རེ་རེ་དང་ཚིག་ཁྱིམ་རེ་རེར་ལེགས་པར་དཔྱད་དེ་མཆན་འགྲེལ་གྱིས་གཏན་ལ་དབབ་པ་རྣམས་ཇི་བཞིན་འགྲེལ་ཆེན་འདིའི་ནང་འཁོད་ཡོད་པས་རྩོམ་པ་པོ་ཉིད་ཀྱི་ལྟ་བ་གསལ་བའི་ཁྱད་ཆོས་ལྡན་ཡོད།

༤ རྩོམ་པ་པོ་ཉིད་ཀྱི་ལོ་མང་ནང་ནད་ཐོག་དངོས་ཀྱི་ཉམས་མྱོང་དང་། རྒྱུད་ཀྱི་དགོངས་དོན་ཟུང་དུ་འབྲེལ་ནས་ནད་རིགས་ངོས་འཛིན། སྨན་བཅོས་ཀྱི་རྩ་དོན་མི་ཉུང་བ་ཟིན་བྲིས་ཀྱིས་གཏན་ལ་དབབ་པ་དང་། ཕྱུལ་དུ་བྱུང་བའི་མན་ངག་གི་གདམས་པའི་བཅུད་ཀུན་བསྡུས་ཏེ་འགྲེལ་ཆེན་འདིའི་ནང་འཁོད་ཡོད་པས་མན་ངག་གིས་ཕྱུག་པའི་ཁྱད་ཆོས་ལྡན་ཡོད།

༥ རྩོམ་པ་པོ་ཉིད་བཅུ་ཕྲག་རིག་པའི་གནས་གང་ལ་ཡང་ཐོགས་པ་མེད་པའི་བློ་གྲོས་དང་ལྡན་པས་གཞུང་དོན་དཔྱད་ཞིབ་དང་འགྲེལ་བ་བྱས་པའི་ནང་རིག་པ་གཞན་གྱིས་མི་དོགས་པར་བློ་སྒོ་ཡངས་པ་དང་། དབྱེ་ཞིབ་དང་། ཐག་གཅོད་ཀྱི་ནུས་པ་མངོན་པར་མཐོ་བས་རྒྱུད་ཆེན་འདིའི་གཞུང་དོན་དངོས་སྒྲིབ་མེད་གཏིང་ཕྱིན་པ་འགྲེལ་ཆེན་འདི་ཉིད་དུ་གསལ།།

༦ དཔལ་ལྡན་གསོ་བ་རིག་པའི་རྒྱུད་ལས་ལུས་ཁམས་ཀྱི་ཆགས་ཚུལ་དང་གནས་ལུགས་སོགས་རྒྱུད་ལས་ཇི་

སྙད་བསྟན་པ་དེང་དུས་ཀྱི་ལུས་ཁམས་རིག་པ་དང་བསྡུར་ནས་དཔེ་རིས་སུ་ཕབ་ནས་འགྲེལ་བཤད་བྱས་ཡོད་པས་དེ་ཡིས་བོད་ལུགས་གསོ་བ་རིག་པའི་ཐུན་མོང་མ་ཡིན་པའི་རིག་གནས་དེ་ཉིད་མུ་མཐུད་དུ་འཕེལ་རྒྱས་གསར་བ་འབྱུང་བ་དང་སྨན་ལུས་ཁམས་རིག་པ་ལ་ཞིབ་འཇུག་དང་སློབ་ཁྲིད་བྱ་རྒྱུའི་ཐད་ཚད་མཐོའི་དོན་སྙིང་ལྡན།

༧ རྒྱུད་ལས་དངོས་སུ་བསྟན་པའི་སྨན་རིགས་དང་། གཏར་དམིགས་དང་། མེ་དམིགས། རྡ་འཛེབ། རྩུགས་དང་། རྟོར་མེ་སོགས་ལག་ལེན་དངོས་ཀྱི་བྱ་ཐབས་ཁག་དཔར་རིས་དང་དཔེ་རིས་ཀྱི་ཐོག་ནས་མཚོན་པར་བྱས་པ་དེར་ཚེ་རིག་འཛིན་པ་རྣམས་ཀྱིས་རྟོགས་སླ་ཞིང་ལག་ལེན་དུ་ཁྱེར་བདེ་བའི་ཁྱད་ཆོས་ལྡན།

༨ རྒྱུད་ལས་བསྟན་པའི་རྒྱུན་སྤྱོད་ཀྱི་སྨན་དང་རིན་ཆེན་རིགས་ཀྱི་སྨན་སྦྱོར་རྣམས་བོད་སྨན་རང་ཉིད་ཀྱི་གཞུང་དང་། ལག་ལེན་དངོས་ཀྱི་ཁྱད་ཆོས་ལྡན་པའི་སྦྱོར་རྩལ་དང་། སོ་སོ་ཕན་ཡོན་སོགས་རྩོམ་པོ་ཉིད་ཀྱི་ལག་ལེན་དངོས་ཀྱི་ཉིང་ཁུ་གཅིག་ཏུ་དྲིལ་ནས་བཀོད་ཡོད་པ་དེས་སྨད་བོད་ལུགས་གསོ་རིགས་ཀྱི་སྨན་རྫས་རིག་པར་ཞིབ་འཇུག་དང་། སློབ་ཁྲིད། ལག་ལེན་དངོས་བྱེད་རྒྱུར་ནུས་པ་ཐོན་ངེས་ཡིན།

༩ བོད་ལུགས་གསོ་བ་རིག་པའི་རྒྱུན་སྤྱོད་ཀྱི་སྨན་རིགས་རྣམས་ཀྱི་སྨན་རྒྱུ་ངོས་འཛིན་པ་དང་། དུག་འདོན། འདུལ་སྦྱངས། ཁཎྜ། ཐལ་བསྲེགས་སོགས་རྩུད་པའི་རྒྱུན་མཐོའི་ལག་ལེན་ཕྲ་རགས་ཀུན་གསལ་འགྲེལ་བྱས་ཡོད་པས་རྒྱ་ཆེའི་སྨན་དོན་མི་སྣ་རྣམས་ཀྱི་ལག་ལེན་གྱི་གཞི་འཛིན་ས་དང་། མཇུབ་ཁྲིད་ཀྱི་ནུས་པ་ཐོན་ཐུབ།

༡༠ ལྷུགས་ཁམས་ཐལ་བསྲེགས་ཀྱི་ལག་ལེན་དེ་ནི་བོད་སྨན་སྨན་བཟོའི་ལག་ལེན་གྱི་དམིགས་བསལ་ཁྱད་ཆོས་ཡིན་པས་འདིའི་གོ་རིམ་དང་། ལག་ལེན་དངོས་ཀྱི་སྤུས་ཚད་འགན་སྲུང་ཡོང་ཆེད་སློབ་དཔོན་ཉིད་ཀྱིས་ཐེངས་མང་ལག་ལེན་བྱས་པའི་སྙིང་བཅུད་དམིགས་བསལ་མཐོང་བརྒྱུད་ལས་ཤེས་དགོས་པ་ཕྲུད་སྦྱིའི་ལག་ལེན་ཇི་བཞིན་གསལ་འགྲེལ་ཞུས་ཡོད་པ་དེས་བོད་སྨན་སྨན་རིགས་ཆེད་ལས་མི་སྣར་མགོ་བའི་ཁྲུངས་གཏུགས་སའི་ཟིན་ཏིག་དངོས་ཞིག་ཡིན།

༡༡ དངུལ་ཆུ་བཙོ་བཀྲུ་ཆེན་མོའི་ལག་ལེན་གྱི་གདམས་ངག་དམིགས་བསལ་མཐོང་བ་བརྒྱུད་པའི་ཕྱག་ལེན་ལས་ཤེས་དགོས་པ་ཕྲུད་སྦྱིའི་རིག་པའི་གཞུང་ལུགས་ཀྱི་ཤེས་བྱ་གོ་རིམ་ལྡན་པའི་སྒོ་ནས་གཏན་འབེབ་དང་། གསལ་འགྲེལ་ཞུས་ཡོད་པས་བོད་ལུགས་གསོ་རིག་གི་སྨན་གྱི་ལག་ལེན་གྱི་ཁྱད་འཕགས་རང་བཞིན་མངོན་པར་བྱས་ཤིང་མ་འོངས་ལག་ལེན་དངོས་ཀྱི་མ་ཟིན་དང་། མུ་མཐུད་ཞིབ་འཇུག་འཕེལ་རྒྱས་གཏོང་རྒྱུའི་ཐད་མི་ནུབ་པའི་ཕན་འབྲས་ཐོན་ངེས་ཡིན།

༡༢ གཞུང་འགྲེལ་བོད་ལྡེ་ཡོད་པ་དེའི་བརྗོད་བྱ་རྒྱ་ཆེ་ཞིང་། བརྗོད་བྱེད་ཚིག་ཉུང་བ། བོད་ལུགས་གསོ་བ་རིག་པའི་གཞུང་ལུགས་དང་ལག་ལེན་དངོས་ཀྱི་སྙིང་པོ་གཅིག་ཏུ་བསྡུས་ཤིང་རྩོམ་པ་པོས་ལྷ་བ་གསར་བ་དང་ཐབས་

ཤེས་གསར་བར་བརྟེན་ནས་རྩོམ་འབྲི་བྱས་ཤིང་། དེར་ཚད་མཐོའི་ཚན་རིག་གི་རང་བཞིན་དང་། གསར་གཏོད་ཀྱི་རང་བཞིན། དེང་རབས་རང་བཞིན་ལྡན་པའི་ལོ་ངོ་སུམ་བརྒྱའི་ནང་ཚུད་ཐོན་པའི་རྒྱུད་བཞིའི་འགྲེལ་ཆེན་ཕུལ་དུ་བྱུང་བ་ཞིག་ཡིན་གཤིས། དེས་མ་འོངས་པར་བོད་ལུགས་གསོ་བ་རིག་པར་སློབ་སྦྱོང་དང་། ཞིབ་འཇུག རྒྱུན་འཛིན། དར་སྤེལ་གཏོང་རྒྱུའི་ཐད་ཕན་འབྲས་ཤིན་ཏུ་བཟང་པོ་ཐོན་དང་ཐོན་བཞིན་པའོ།།

《甘露精要八支隐秘秘诀续大疏·章松喜言》

本医著共5册2998页，由四川民族出版社于2001年10月出版。

内容摘要：

一、本医著编写情况

（1）大师以《四部医典》原著内容章节为基础，对不同版本的章节排列进行认真比较，在对勘研究的基础上不混淆先后排列次序，使读者能正确理解原著内容，详细与简略适中，便于入门研读。同时将与每个章节内容有直接关联的原著正文摘录汇编于每个章节内，并作了翔实的注释。为了能全面理解这部巨著中直接叙述的或间接暗示的要点、难点、疑点等相关内容，大师系统研读了不少藏医古籍经典，并参考借鉴历代先辈医师们的不同注释论著。用他自己精准的鉴别力和超群绝伦的实践诀窍，以详细考察研究的方法，不偏不倚、正确全面地作了翔实可靠的解释。

（2）大师在多年研究与传授以《四部医典》为主的藏医经典及其他医疗实践的精要论著的基础上，对《四部医典》逐字逐句进行系统研究。大师结合多年临床实践的经验、五明学科、现代理论的比较研究与判断，使得《四部医典》的精华内容完整、系统、透彻地呈现在这部诠释论著中。

（3）客观正确系统地阐述医典原意。

（4）对《四部医典》现存的原文的错词漏字、章节次序错排、校对错误、误传等情况给予纠正并作了深层的解析，力求准确无误地对《四部医典》进行全面解读。

（5）从《四部医典》的基本概念和原则出发，深入浅出地诠释了大量术语、药物的辨认等内容，结合实际情况作了翔实的注释。

（6）对于《四部医典》不同注释论著，大师用自己精准的鉴别力和超群绝伦的实践诀窍，以详细考察研究的方法，不偏不倚、正确全面地作了翔实可靠的解释。

（7）在本医著中，对于因医典原文所出现的诸多错字，而在一些前人的注释以及传授讲解过程中进一步加深了对原文的曲解的篇章进行了校正。

二、本医著中部分插图的内容简介

大约在三百年前，第司·桑杰嘉措等人用系统的曼唐对《四部医典》进行了图注讲解。在此基础上，本医著结合现代理论进一步用200多幅图片进行注释，形象地展现了藏医系统知识。

（1）本医著对《四部医典》人体学章节中所示的身体的形成、骨节、肌肉、脉络、韧带、肌节、五脏六腑、腹腔线等内容作了图示解释。

（2）本医著对《四部医典》中所说的器械类、剖刺穴、火灸穴、角吸疗法、霍尔美等治疗方法在实践中应用的药物器具等，以形象的插图作了具体说明。

（3）本医著对《论述部》章节中的药物通过摄影等方式进行了准确的解释。

三、本医著中药物实践部分的简介

《四部医典》中所说的常用药和贵重药物类的配方如何按藏药自身的理论与实践特色配制，包括各自的效能等，大师结合本人的亲身实践经验，归纳总结为一体，这对研究、传授和实践藏医学的药物理论起到了重要作用。

（1）常用药物类的配方有多种，针对功能独特的高原药材的优点，大师结合当前的临床需求和经验来介绍该药物的配制、使用方法及疗效。

（2）珍宝矿物类的药尤其是然纳桑培、常觉、芒觉等常用的矿物药类，还有旺日达日玛、旺日西嘎曲登、仁青扬扫日宝等药材的辨认、祛毒、炮制、剂量与疗效等，大师结合自身的临床经验都一一作了详细的解释。

（3）金属类烧灰法的实践是藏药炮制用药实践的特色，其标准高、难度大、风险高。除了要通过具体实践掌握的铁质炭火特殊实践需要保密，还包括初步准备、认识铁质、脱毒脱锈、烧金机制、烧法、水浸式等，大师通过多次实践总结的精华均收录在此。

（4）水银洗炼法是大师经过多年亲自实践总结而成的，除一些特殊实践必须经过面授或单传的秘诀外，其余的部分如总加工法，水银的来源、性质，必备的前期准备、除锈消毒、提炼法、洗濯酿制法、札折和效能等总实践过程均按传承的要求一一作了详细解释。

本医著主要内容是措如·次朗大师对宇妥·云丹贡布所著的《四部医典》从词义到内容进行全面详细的诠释，是一部《四部医典》的通俗解释本，且被举世公认为是《四部医典》的最明确的标准诠释本。全书分四大部分，分别论述了基础理论、生理解剖、日常起居、疾病诊断、治则治法、方药剂型和外治等内容。通过对《四部医典》原文的提炼与整合，以图文并茂的形式穿插了人体解剖、药物实物、藏医器械实物、放血疗法、火灸疗法穴位图等大量配图，让读者可以轻松读懂这部伟大的经典，并且从中了解到有益自身的养生智慧。此外，在本医著的编辑过程中，措如·次朗大师精益求精，从《四部医典》的基本概念和原则出发，深入浅出地诠释了大量术语，对《四部医典》现存的原文的错词漏字、章节次序错排、校对错误、误传等情况给予纠正并作了深层的解析，力求准确无误地对《四部医典》进行全面解读，使本医著成为后世医者学习和研究藏医药学的一本重要参考书，也是目前《四部医典》释义类著作中内容最全面最翔实的一部，更是填补了用现代通俗藏语文注释《四部医典》的空白。

医学价值和临床应用价值：

措如·次朗大师在藏医药文化中的重要贡献之一，即注释《四部医典》。《四部医典》在藏医药学中的地位相当于中医学中的《黄帝内经》。它形成于公元8世纪，由著名藏医学家宇妥·云丹贡布所著。由于《四部医典》原文十分深奥、艰涩难懂，使得很多读者望而却步，从而失去了阅读和深入理解这部书的机会。《四部医典》诠释当中较为标准的注释本是五世达赖喇嘛时期，著名学者第司·桑杰嘉措进行校对、修订和注解的《医学广论药师佛意庄严四续光明蓝琉璃》，但对于普通人或初学者而言，仍存在学术性太强、不易读懂的问题，极大地限制了《四部医典》在藏医药教育和临床治疗中发挥的作用。因此，措如·次朗大师将已有的各种《四部医典》注疏作为基础，以自己多年总结下来的临床经验和修炼感悟为素材，历经十余年光阴，呕心沥血，最终完成了120万字的《〈四部医典〉注疏》一书，既保有学术的严谨和权威，又增添了阅读的趣味性，令人爱不释手。

（1）大师以《四部医典》原著内容章节为基础，对不同版本的章节排列进行认真比较，在对勘研究的基础上不混淆先后排列次序，使读者能正确理解原著内容，详细与简略适中，便于入门研读。同时将与每个章节内容有直接关联的原著正文摘录汇编于每个章节内，并作了翔实的注释，便于读者阅读和正确理解这部巨著的各篇章节、原著正文、原文注释，使文章易于传授、便于记忆。

（2）为了能全面理解这部巨著中直接叙述的或间接暗示的要点、难点、疑点等相关内容，大师系统研读了不少藏医古籍经典，并参考借鉴历代先辈医师们的不同注释论著，用他自己精准的鉴别力和超群绝伦的实践诀窍，以详细考察研究的方法，不偏不倚、正确全面地作了翔实可靠的解释。

（3）大师在多年研究与传授以《四部医典》为主的藏医经典及其他医疗实践的精要论著的基础上，对《四部医典》逐字逐句进行系统研究，将注释的成果毫无保留地列入了这部医典诠释中，学术观点非常明确。

（4）大师将多年临床实践的经验同《四部医典》内容相结合来辨认确定的疾病种类、记录确认的各种医疗原则以及绝妙的秘诀集精都收录于这部医典诠释中，因而书中的诀窍秘法极为丰富。

（5）因大师精通大小五明学科、学识渊博，在研究与注释原著时不拘泥于参考借鉴其他学说的理论界限，故而思维广大，比较研究与判断力强，使得《四部医典》的精华内容完整、系统、透彻地呈现在这部诠释论著中。

（6）本医著结合现代人体生理学的思想理论，把《四部医典》中阐述的生理结构形象完整地绘图并作了翔实的注释，使藏医学的独特文化获得源源不断的生命力，对未来生理学的研究与教学实践具有重要的学术意义及价值。

（7）本医著对《四部医典》中所说的药物类、剖刺穴、火灸穴、角吸疗法、霍尔美等治疗方法在实践中应用的药物器具等，以形象的插图作了具体说明，对从事藏医学的初学者来说具有易读易解、便于操作等特点。

（8）本医著将《四部医典》中所说的常用药和贵重药物类的配方如何按藏药自身的理论与实践特色配制，包括各自的效能等，结合作者的亲身实践经验，归纳总结为一体，对研究、传授和实践藏医学的药物理论起到了重要作用。

（9）本医著对藏医学的常用药类的药物性能的辨认、祛毒、磨炼、膏剂、烧灰法等常用方法都一一作了详细的解释，这将会成为广大藏医工作者的实践参考依据，且对医疗工作起指导作用。

（10）金属类烧灰法的实践是藏药炮制用药实践的特色。因此，为了保证其精确的炼制程序和实践质量，大师把非经特殊私传掌握的知识以及其余由他多年亲自实践的精华部分均收录在此，并予以详细注释。

（11）水银洗炼法是大师经过多年亲自实践总结而成的，除一些特殊实践必须经过面授或单传的秘诀外，其余的部分如总加工法，水银的来源、性质，必备的前期准备、除锈消毒、提炼法、洗濯酿制法、札折和效能等总实践过程均按传承的要求一一作了详细解释。

（12）此部诠释共有五卷，论题广泛，文字简练，集藏医学的理论与实践和秘诀精华于一体，作者用新视角、新观点和新方法进行写作论述，因而具有一定的科学性、独创性和时代性特点，不但具有文献研究价值，也是一部很好的实用性医学典籍。可谓是近300年以来产生的对《四部医典》的解读来说不可多得的诠释本，它将为继续开拓藏医学的研究、继承和发展方面产生重要的推动作用。总之，本医著内容具有较高的学术指导价值和临床应用价值。

༄༅། །དངུལ་ཆུ་བཙོ་བཀྲུ་ཆེན་མོ་དང་། ལྷུགས་ཁམས་ཐལ་བཟློ། རིན་ཆེན་རིལ་བུ་ཁག་གི་སྦྱོར་ཐབས་ལག་ལེན་བཅས་ཀྱི་ཟིན་བྲིས་གངས་དཀར་བདུད་རྩི་ཀུན་བསྡུས་ཞེས་བྱ་བ་བཞུགས་སོ། །

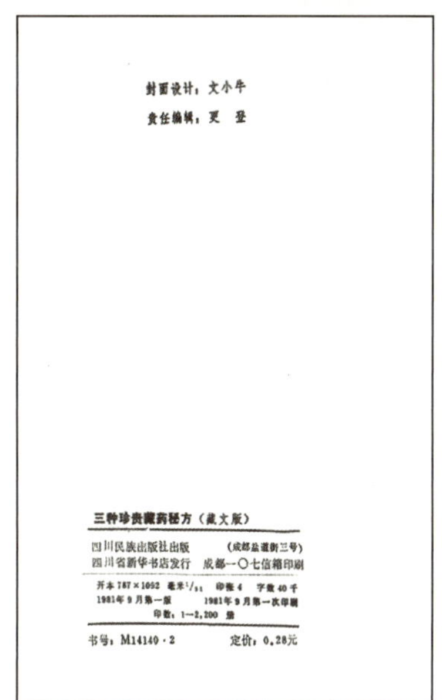
封面设计：文小牛
责任编辑：更 登

三种珍贵藏药秘方（藏文版）
四川民族出版社出版 （成都盐道街三号）
四川省新华书店发行 成都一〇七信箱印刷
开本 787×1092 毫米 1/32 印张 4 字数 40 千
1981年9月第一版 1981年9月第一次印刷
印数：1—2,200 册
书号：M14140·2 定价：0.28元

གསུང་འབུམ་འདི་དེབ་གཅིག་ཡོད། ཁྱོན་བསྡོམས་ཤོག་ངོས་༡༡༥བཞུགས། ༡༩༨༡ལོའི་ཟླ་༩པར་སི་ཁྲོན་མི་རིགས་དཔེ་སྐྲུན་ཁང་གིས་པར་བསྐྲུན་བྱས།

ནང་དོན་གནད་བསྡུས།

གྲུབ་པའི་དབང་ཕྱུག་ཆེན་པོ་ཨོ་རྒྱན་པ་ནས་རིམ་པར་བརྒྱུད་དེ་མཁས་དབང་ཁྲོ་རུ་ཚེ་རྣམ་ཁོང་ཉིད་ལ་ཐུག་གི་བར་དུ་དངུལ་ཆུ་བཙོ་བཀྲུ་ཆེན་མོའི་ལུང་དང་། མཐོང་བརྒྱུད། སྙན་བརྒྱུད་ཞལ་ཤེས་སོགས་བར་མ་ཆད་པར་བརྒྱུད་པའི་ལོ་རྒྱུས་ཀྱི་བརྒྱུད་རིམ་དང་། ལྷག་པར་དུ་ཁོང་ཉིད་ཀྱིས་དངུལ་ཆུ་བཙོ་བཀྲུ་ཆེན་མོའི་ལག་ལེན་ཟིན་བྲིས་ནག་འགྲོས་སུ་བཀོད་པ་རྣམས་ཀྱི་ཉིང་བཅུད་དང་། མཐོང་བ་བརྒྱུད་པའི་ལག་ལེན་བརྒྱུད་ཚུལ་གྱི་གོ་རིམ་བཅས་ཞིབ་རྒྱས་སུ་བསྟན་པར་མ་ཟད། ཁོང་གིས་དངུལ་ཆུ་བཙོ་བཀྲུ་ཆེན་མོ་ཐེངས་འགའ་ཞིག་མཛད་པའི་སྐབས་ཀྱི་གནས་དུས་དང་། རྐང་འཛིན་གྱི་སློབ་མ་སུ་དང་སུ་ཡོད་ཀྱི་མིང་སོགས་བཀོད་ཡོད།

གསོ་རིག་གི་རིན་ཐང་།

ལྷུགས་ཁམས་ཐལ་བསྲེགས་ཀྱི་ལག་ལེན་དེ་ནི་བོད་སྨན་སྦྱོར་བཟོའི་ལག་ལེན་གྱི་དམིགས་བསལ་ཁྱད་ཆོས་ཡིན་པས་འདིའི་གོ་རིམ་དང་། ལག་ལེན་དངོས་ཀྱི་སྦྱར་ཚད་འགན་སྲུང་ཡོང་ཆེད་མཁན་པོ་ཉིད་ཀྱིས་ཐེངས་མང་ལག་ལེན་མཛད་པའི་སྙིང་བཅུད་དམིགས་བསལ་མཐོང་བརྒྱུད་ལས་ཤེས་དགོས་པ་ཕུད་སྤྱིའི་ལག་ལེན་ཇི་བཞིན་གསལ་འགྲེལ་ཞུས་ཡོད་པ་དེས་

བོད་སྨན་སྨན་རིགས་ཆེད་ལས་མི་སྐར་མགོ་བའི་ཁུངས་གཏུགས་སའི་ཟིན་ཏིག་དངོས་ཤིག་ཡིན།

དངུལ་ཆུ་བཙོ་བཀྲུ་ཆེན་མོའི་ལག་ལེན་གྱི་གདམས་ངག་དམིགས་བསལ་མཐོང་བ་བརྒྱུད་པའི་ཕྱག་ལེན་ཤེས་དགོས་པ་ཕུད་སྤྱིའི་རིག་པའི་གཞུང་ལུགས་ཀྱི་ཤེས་བྱ་གོ་རིམ་ལྡན་པའི་སྒོ་ནས་གཏན་འབེབས་དང་། གསལ་འགྲེལ་ཞུས་ཡོད་པས་བོད་ལུགས་གསོ་རིག་གི་སྨན་གྱི་ལག་ལེན་ཁྱད་འཕགས་རང་བཞིན་མངོན་པར་བྱས་ཤིང་མ་འོངས་པར་ཆེ་རིག་འཛིན་པ་ཡོངས་ཀྱིས་སྲུ་མཐུད་ནས་རྒྱུད་འཛིན་ཞིབ་འཇུག་གོང་འཕེལ་གཏོང་རྒྱུའི་ཐད་ཕན་ནུས་ཐོན་ངེས་པའི་སྙིང་པོ་ལྡན་པའོ།།

《雪山甘露之广治功能初集·所述水银大煮洗法·操作实践》

本医著共1册115页，由四川民族出版社于1981年9月出版。

内容提要：

本医著记载了水银大煮洗法是通过经教、眼见、耳传、口传等方式从得道者大师邬坚巴·仁钦贝逐次传到措如·次朗的连绵不断的传承史。详细记载了作者本人撰写的水银大煮洗实践笔记中所记载的具体炮制指导精髓和眼见耳传的实际操作规程，介绍了作者本人以前几次进行水银煮洗炮制的地点、时间、执事的各医生名单等内容。

医学价值：

金属类烧灰法的实践是藏药炮制用药实践的特色。因此，为了保证其精确的炼制程序和实践质量，堪布大师把非经特殊私传掌握的知识以及其余由他多年亲自实践的精华部分均收录在此，并予以详细注释。

措如·次朗大师在藏药学上的重大贡献首推挖掘恢复了“水银洗炼法”。当时，这门绝技已失传五十余年。大师通过潜心研究藏药，成功地继承和发展了这项濒于灭绝的藏药绝技，把藏药的发展推向了一个崭新的历史阶段，用自己的心血在世界屋脊上写下了藏药开发的辉煌成就。

“水银洗炼法”，藏语称之为“仁青欧曲佐珠钦木”。13世纪的藏医大师邬坚巴·仁钦贝经过反复实践操作后编著心得笔记《水银炮制汇集》，使得水银炮制形成了一套系统完善的洗、煮、炼的炮制工艺，开创了藏药“水银洗炼法”系统完整的实践操作先河。千百年来，历代藏医药学者都非常重视该技术的实践与传承，并代代相传，使此技术至今得以发扬光大。“水银洗炼法”将水银经过洗涤、去垢、去锈、蒸煮等工艺后除去汞毒，再加入金、银、铜等八金八矿煅烧的灰剂，与硫磺合炼而成黑色粉末。“水银洗炼法”加工的制成品称为“佐塔”，“佐塔”炮制质量的优劣，直接关系到藏药临床用药的安全，如果不能依据“水银洗炼法”严格炮制水银，那么它将是夺命的毒药，而通过“擦锈”“祛毒”“聚精”等工艺加工炮制之后，水银则是祛病健身、延年益寿的百药之王，能够成为治疗疑难杂症的灵丹妙药。

“佐塔”也是配制珍珠七十、仁青常觉、仁青芒觉等名贵藏成药不可或缺的原料，也是用来配合普通药物增加疗效的制剂。加工后的“佐塔”与其他药物配制对治疗心脑血管、肝胆、胃肠等部位的疾病具有奇特的疗效，对普通人也有滋补强身、提高免疫力、养颜、抗衰老等方面的特殊功效。

大师对“佐塔”中常用药物的辨认、祛毒、冶炼、烧灰法等都作了详细的注释，这将会成为广大藏医药工作者制药的实践依据，并对临床医疗工作起指导作用。

总之，以“佐塔”为代表的重金属矿物药制剂具有鲜明的民族性与地域性，以珍贵矿物药为主要成分的藏药方剂配伍及其传统的炮制工艺蕴含了藏族特有的价值观念、思维方式、想象力以及文化知识，在其传承发展的历史长河中形成了特有的认知思想、诊疗方法和用药技术，具有完整性、独特性以及传播广泛的鲜明特征，因此成为我国宝贵的非物质文化遗产。相信随着科学技术的不断进步及药品市场的进一步规范管理，这种具有民族特色、疗效独到的药物会逐步被人们认识，得到进一步研究，从而更好地造福于全人类。